Liebe Leserinnen und Leser!

Ihr Lehrbuch trägt den Namen **Sprungbrett Soziales** – Das Wort „Sprungbrett“ weckte bei uns Autoren vielfältige Assoziationen: Aufbruch und Weite, aber auch Ungewissheit und Spaß. Und es verdeutlicht recht gut, welche Herausforderungen wir mit dem vorliegenden Buch angegangen sind, aber auch welche Herausforderungen Sie bei der Entscheidung für einen sozialen Assistenzberuf vor sich haben.

**Aufbruch** – Soziale Berufe sind der Arbeitsmarkt der Zukunft. Sie bieten abwechslungsreiche Tätigkeiten im Kontakt mit anderen Menschen. Dabei können Sie verschiedene Qualifizierungsstufen erreichen, der Assistenzberuf ist keine „Einbahnstraße“. Ziel dieses Fachbuches ist es, praxisrelevantes Basiswissen in verschiedenen Ausbildungsfächern zu vermitteln, dabei wird eine klassische Fächersystematik bewusst aufgebrochen.

**Weite** – Sie haben sich für eine Basisqualifikation im sozialen Bereich entscheiden, je nach Bundesland können Sie Sozialassistentin, Pflegeassistentin, Alltagsbetreuerin oder Sozialpflegeassistentin werden. Einer damit einhergehenden thematischen Vielfalt wird im vorliegenden Buch Rechnung getragen. Vertiefende Textpassagen sollen Ihnen eine Orientierung bieten, wenn sich fachliche Inhalte besonders auf die Tätigkeit mit einer Zielgruppe, z. B. mit alten Menschen, beziehen.

**Ungewissheit** – Wie jeder Anfang geht auch der Beginn einer Ausbildung mit vielen Unwägbarkeiten und offenen Fragen einher. Deshalb möchte dieses Buch ein „Schülerinnen-Buch“ sein. Wir haben als Autorenteam Wert darauf gelegt, in Gestaltung und Sprachwahl von den Schülerinnen auszugehen und ein angemessenes Verhältnis von Fordern und Verstehen umzusetzen. Sie sollen sich angesprochen fühlen und angeregt werden, damit sich Ungewissheit in Sicherheit sowie persönliche und fachliche Weiterentwicklung wandeln kann.

**Spaß** – Effektives Lernen funktioniert nicht ohne Freude und Motivation. Um dies auch für ein Fachbuch zu erreichen, finden Sie in den einzelnen Texten verschiedene Elemente zur „Auflockerung“ der fachlichen Dichte, aber auch zur Anregung, sich mit den dargestellten Inhalten weiter zu beschäftigen. Selbstreguliertes Lernen ist ausdrücklich erwünscht.

Die Tätigkeit in sozialpflegerischen und sozialpädagogischen Arbeitsfeldern fordert fachliche Kompetenzen in gleicher Weise wie methodische und personale Fähigkeiten und Fertigkeiten. Im Fachbuch finden Sie daher, neben Kapiteln, die sich mit grundlegenden Lerntechniken befassen, Wissen aus den Bereichen Pädagogik, Pflege, Psychologie, Philosophie, Recht, Soziologie, Medizin oder Hauswirtschaft.

Ganz herzlich möchten wir den Mitarbeiterinnen des Cornelsen Verlages für die fachlich sehr kompetente und engagierte redaktionelle Betreuung danken. Wir wünschen allen Lehrenden und Lernenden viel Freude bei der Arbeit mit diesem Buch und einen erfolgreichen „Sprung in die soziale Arbeit“.

Es bleibt noch zum Schluss die ausdrückliche Bitte an alle Leserinnen, uns ihre Anregungen und Kritik mitzuteilen.

Berlin, im Juli 2009

Für das Autorenteam
Silvia Gartinger

**Matthias Dahl, Jahrgang 1975**

Studienrat, Schulpsychologe, Lehrer an einer beruflichen Schule für medizinische Assistenzberufe in München, staatlich examinierter Krankenpfleger, Praxisanleiter für Pflegeberufe
„Praxis-Spicker“

**Silvia Gartinger, Jahrgang 1969**

Diplom-Pädagogin, Schulbereichsleitung der Fachschule für Sozialpädagogik des Evangelischen Johannesstiftes Berlin, Rahmenplankommission der Fachschulen für Sozialpädagogik Berlin, Fachbeirat des Projektes der Robert-Bosch-Stiftung „Profis in Kitas“, Lehrkraft für sozialpädagogische und organisationsbezogene bzw. verwaltungsrechtliche Themen
Berufliche Identität, Sozialpädagogik, Beobachtung, Bildung und Beschäftigung

**Tobias Greiner, Jahrgang 1976**

Diplom-Berufspädagoge (univ.), Lehrer für berufliche Schulen im Bereich Gesundheits- und Pflegewissenschaften, Schulpsychologe, staatl. examinierter Krankenpfleger, Akademischer Rat am Lehrstuhl für Pädagogik der TU München
„Praxis-Spicker“

**Bianca Hempel, Jahrgang 1977**

Technikerin für Hauswirtschaft und Ernährung, Meisterin der städtischen Hauswirtschaft, Lehrerin an der Berufsfachschule für Hauswirtschaft und Sozialwesen Torgau
Hauswirtschaft

**Martina Hoffhaus, Jahrgang 1961**

Journalistin. Selbstständig tätige Kommunikationsexpertin in Nachhaltigkeitskommunikation/CSR mit eigener Agentur messagepool. Politologin – Master of Science der London School of Economics, Gründerin des LOHAS Competence Centers, Pressesprecherin großer Unternehmen
Nachhaltige Gesundheitsförderung

**Claudia Krause-Jahn, Jahrgang 1974**

Diplom-Pflegelehrerin (univ.), staatlich examinierte Krankenschwester, Praxisanleiterin, Studienrätin BBS II Leer
Sterben und Tod, „Praxis-Spicker“

**Alma Mühlenbrok, Jahrgang 1964**

Krankenschwester und Fachkrankenschwester für Anästhesie und Intensivmedizin, Diplom-Pflegelehrerin (Dipl.-Pfl.), Diplom-Gesundheitslehrerin (Dipl.-Ghl.), Studienrätin an Berufsbildenden Schulen
Schmerzen

**Dr. med. Anja Panosch, Jahrgang 1965**

Ärztin, Oberstudienrätin für Gesundheit und Biologie an der Karl Kübel Schule Bensheim, Lehrplanentwicklung für das Berufliche Gymnasium, Fachrichtung Gesundheit, Erstellung der Aufgaben für das Zentralabitur Fachrichtung Gesundheit
Gesundheit, Medizin

**Anke Paul, Jahrgang 1959**

Diplom-Pflegepädagogin (univ.), staatlich examinierte Krankenschwester, Lehrerin am Diakonischen Bildungszentrum Lobetal
Pflege, Medizin

**Jacqueline Prügel, Jahrgang 1962**

Krankenschwester, Diplom-Medizinpädagogin, Lehrerin am Diakonischen Bildungszentrum Lobetal
Pflege, Medizin, Hygiene

**Katrin Rohde, Jahrgang 1971**

M.A. Germanistik, cand. Pflege- und Gesundheitswissenschaftlerin, Kinderkrankenschwester, Lehrkraft für Pflege an der Evangelischen Fachhochschule Berlin
Ethik, Lernmethoden, Kommunikation

**Ruth Scharringhausen, Jahrgang 1968**

M.A. Schulmanagement, Diplom-Pädagogin, Heilerziehungspflegerin, Lehrkraft für Pflege, Pädagogik, Didaktik, Soziologie und Gesundheitslehre, Koordinatorin und stellvertretende Schulleiterin Berufsbildende Schulen der Rotenburger Werke, Arbeitskreis Ausbildung der BAG Heilerziehungspflege
Kommunikation, „Praxis-Spicker“

**Gregor Schöffel, Jahrgang 1972**

Oberstudienrat, Lehrer am Staatlichen Beruflichen Zentrum Starnberg, Dozent an der Medizinischen Akademie Starnberg
Entwicklung, Pädagogik, Lerntheorien

## Berufliche Identität entwickeln

## Berufliche Identität entwickeln



## Soziale Beziehungen aufbauen und mitgestalten

## Soziale Beziehungen aufbauen und mitgestalten

## Soziale Beziehungen aufbauen und mitgestalten



## Einen Haushalt führen

## Einen Haushalt führen

## Gesundheit fördern und Menschen in pflegerischen Situationen begleiten

## Gesundheit fördern und Menschen in pflegerischen Situationen begleiten

## Gesundheit fördern und Menschen in pflegerischen Situationen begleiten

## Gesundheit fördern und Menschen in pflegerischen Situationen begleiten

| Montag | Dienstag | Mittwoch | Donnersta |
|---|---|---|---|
| Hauswirtschaft | Deutsch | Spielgestaltung | Pflege |
| Hauswirtschaft | Deutsch | Spielgestaltung | Pflege |
| ommunikation | Englisch | Biologie | Politische Bildung |
| mmunikation | Englisch | Biologie | Politische Bildung |
| | Praxis-Besprechung | Religion | |
| | Praxis-Besprechung | Religion | |
| | | | |
| | | | |

Auch aus Steinen, die dir in den Weg gelegt wurden, kannst du etwas Schönes bauen.
Erich Kästner

NACHRICHTEN

## Ausbildung zum Sozialassistenten

*Martin Klesmann*

Junge Menschen mit Hauptschulabschluss können sich ab September erstmals an Berliner Berufsschulen zum Sozialassistenten ausbilden lassen, teilte die Bildungsverwaltung mit. Während der zweijährigen Ausbildung würden Kenntnisse vermittelt, um in sozialpädagogischen oder hauswirtschaftlichen Einrichtungen tätig zu sein. (mak.)

*Quelle: Berliner Zeitung vom 30.08.2008*

Adressliste Praktikumsinstitutionen:

Kita Sonnenhof
Ansprechpartner: Frau Bolle
Tel. 43 78 28 90

Kita Kleeblatt
Ansprechpartner: Frau Thielmann
Tel. 54 55 53 22

Förderschule für Körperbehinderte Neue Straße
Ansprechpartner: Herr Schulze
Tel. 53 21 54 19

Behinderten-WG Neustein
Ansprechpartner: Frau Franke-Hausinger
Tel. 66 70 65 21

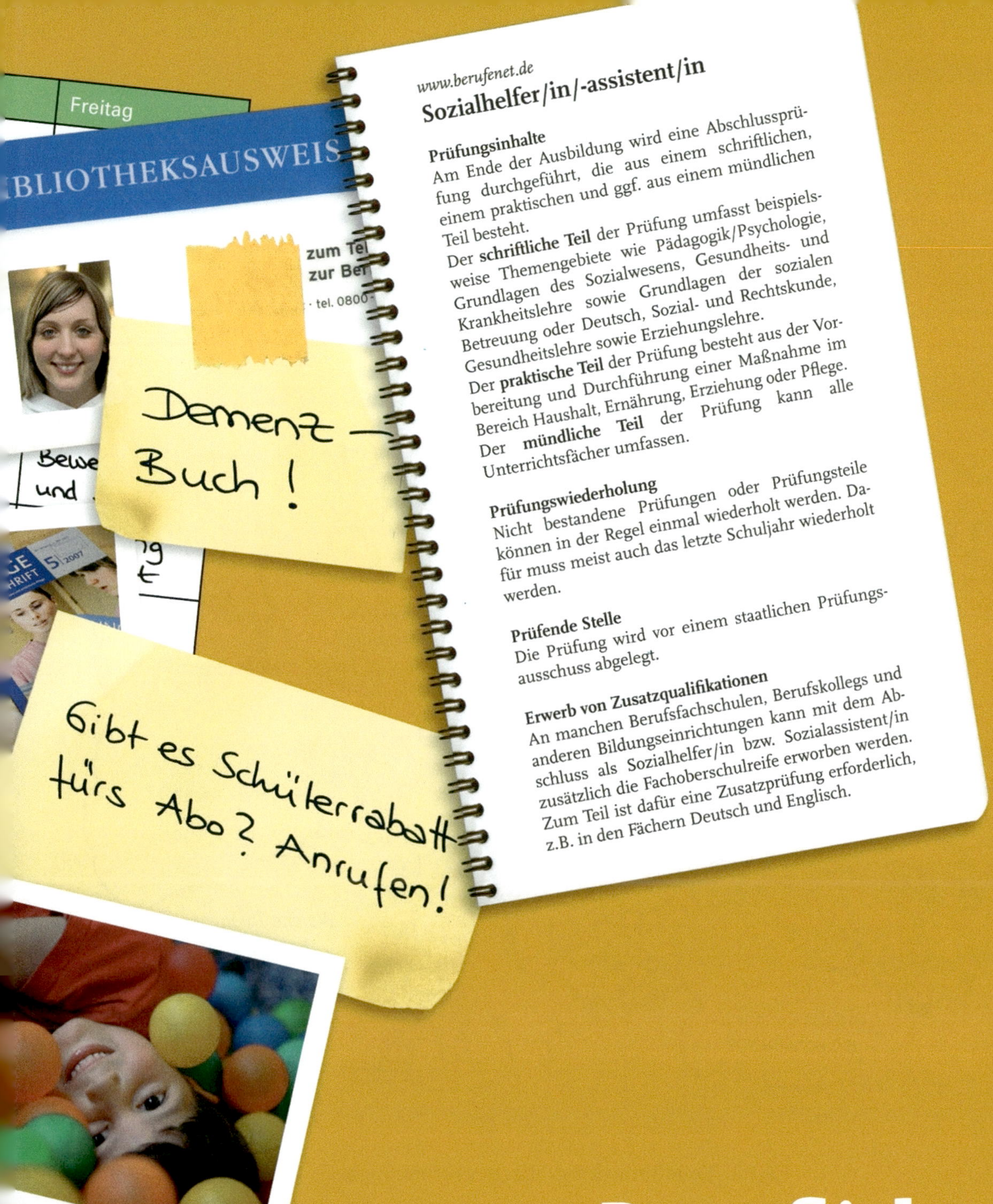

# Berufliche Identität entwickeln

*Biografische Erfahrungen beeinflussen die Entscheidung für den Beruf.*

# 1. Berufsmotivation – „Woher komme ich, wohin gehe ich?"

## 1.1 Biografie und Berufswunsch – „Was hat die Familie mit der Berufswahl zu tun?"

### 1.1.1 Bedeutung biografischer Erfahrungen

Es gibt sicherlich viele verschiedene Gründe für Sie jetzt in diesem Moment, hier in dieser Schule Ihre Ausbildung im sozialen Arbeitsfeld zu absolvieren. Wie in allen Bereichen des Lebens, in denen es um Entscheidungen geht, hat auch die Auswahl des „richtigen" Berufes viele Aspekte. Einer davon ist unsere Biografie.

Es ist durchaus ein Unterschied, ob man als Mädchen oder Junge, in einer Kleinfamilie ohne Geschwister, in einer Großfamilie mit vielen Brüdern und Schwestern, bei einem allein erziehenden Elternteil oder einer anderen Form der Familie, z. B. Patchwork, aufwächst. Diese Erfahrungen im sozialen Miteinander prägen das ganze Leben genauso wie die individuellen genetischen Anlagen und die Selbststeuerung. Das Leben ist immer eine Verbindung dieser Ebenen und Entscheidungen werden auf dieser Grundlage gefällt.

genetische Anlagen ► S. 86
Selbststeuerung ► S. 89

**Familie ist bei Berufswahl wichtiger als Freunde**

**Bielefeld (dpa/tmn)** Bei der Berufswahl von Mädchen spielen die Eltern eine wichtige Rolle. Dagegen ist der Einfluss Gleichaltriger eher gering. Das ergab eine qualitative Studie des Kompetenzzentrums Technik, Diversity, Chancengleichheit in Bielefeld. Vor allem bei Mädchen ist die Ausbildung zur Friseurin sehr beliebt.

In der Untersuchung wurden ausführliche Interviews mit Teilnehmerinnen des „Girls' Day“ geführt. Die Befunde bestätigten andere Studien, in denen Mädchen und Jungen erklärten, ihre Eltern seien bei der Berufswahl die wichtigsten Ansprechpartner.
Die befragten Schulabgängerinnen gaben an, dass sie sich zwar mit Gleichaltrigen über ihre Berufsziele ausgetauscht haben. Sie sahen diese Gespräche aber nicht als besonders einflussreich an, so das Kompetenzzentrum.

www.main-netz.de/themen/beruf-bildung/dpa-serviceline/beruf_bildung/art7022,426709, download am 11.10.2008

## 1.1.2 Persönliche Motivation

Jeder sollte sich einmal ganz persönlich mit den Gründen beschäftigen, die ihn zu seiner Berufsentscheidung geführt haben.

*Jeder Mensch sollte seine Berufswahl selber treffen.*

*Wann haben Sie von dieser Ausbildung erfahren und durch wen?*
*Was hat Ihnen an der Vorstellung, Betreuerin im Sozialwesen zu werden, gefallen?*
*In welchem Bereich der sozialen Arbeit würden Sie gerne tätig sein und warum?*
*Warum halten Sie sich für geeignet, später in diesem Bereich zu arbeiten?*
*Wie hat Ihr Umfeld auf Ihre Berufsentscheidung reagiert? Wer hat Sie unterstützt, wer war skeptisch oder ablehnend?*

Wenn Sie Ihre Antworten betrachten, können Sie die Frage nach dem Warum Ihrer Berufswahl jetzt vielleicht klarer beantworten. Sehen Sie sich als ein Produkt vielfältiger Einflüsse in Ihrem bisherigen Leben und die Entscheidung für einen Beruf als logische und richtige Konsequenz Ihrer bisherigen biografischen Erfahrungen.

Die Berufwahl sollte immer eine eigene Entscheidung sein und nicht von anderen getroffen werden.
Darüber hinaus darf die Entscheidung für eine Ausbildung keine spontane Idee sein, sondern deren Tragweite muss angemessen überdacht werden.

*Bei der Entscheidung für einen Beruf spielen mehrere Faktoren eine Rolle.*

## 1.2 Berufswahlmotive – „Es gibt viele Wege zum passenden Beruf“

Es gibt eine Vielzahl von Beweggründen (Motiven), sich für einen Beruf im sozialen Arbeitsfeld zu entscheiden:

- „Meine Oma ist letztes Jahr gestorben und ich habe sie die ganze Zeit begleitet. Das war eine ganz intensive Erfahrung und ich würde mich später gerne beruflich um alte Menschen kümmern.“
- „Ich mache Babysitting, seit ich zwölf Jahre alt bin, und kann mir gar nichts anderes vorstellen, als später mit Kindern zu arbeiten.“
- „In der Schule wurde uns die Ausbildung vorgestellt, und da ich nicht so richtig weiß, was ich machen will, dachte ich mir, ich versuche mal diese Ausbildung.“

Der Sozialpädagoge Armin Krenz hat sich mit den häufigsten Berufsmotiven für den Beruf der Erzieherin beschäftigt und diese in acht Bereiche eingeteilt:

- Motiv „Abgrenzung“
- Motiv „Leben mit Kindern“
- Motiv „Selbstverwirklichung“
- Motiv „Aktivität“
- Motiv „Vorbereitung auf die eigene Familie“
- Motiv „Wiedergutmachung“
- Motiv „Gefühlsbetonte Tätigkeit“
- Motiv „Abwesenheit von Stress“

Diese Motive lassen sich auch auf das gesamte soziale und pflegerische Arbeitsfeld übertragen. In der Praxis liegt häufig eine Kombination dieser Motive für eine Berufentscheidung vor.

*Ausschluss anderer Berufsfelder kann eine Motivation sein.*

**Motiv „Abgrenzung“**

Häufig fällt die Entscheidung für einen sozialen oder pflegerischen Beruf, weil man bestimmte Tätigkeiten auf gar keinen Fall tun will. Oft berichten Schülerinnen, dass sie nicht im Büro sitzen oder mit Maschinen arbeiten wollen. Wer bestimmte berufliche Alternativen auf diese Weise von vornherein ausschließt, „landet“ oft im sozialen Arbeitsfeld.

Diese Form der Entscheidungsfindung ist nicht unproblematisch, da es eigentlich keine klare Entscheidung für etwas, sondern nur gegen etwas ist. Im Verlauf der Ausbildung kann man von der Wirklichkeit im Arbeitsfeld enttäuscht sein.

**Motiv „Leben mit Kindern“**

Auf den ersten Blick erscheint diese Begründung sehr wichtig für die Berufsentscheidung. Natürlich sollte man Freude am Umgang mit Menschen jeglichen Alters haben, wenn man sich dazu entschließt, in sozialen Einrichtungen zu arbeiten.
Doch die Anforderungen an die Mitarbeiterinnen hier sind umfassend und vielfältig. Außer der Beschäftigung mit den zu betreuenden Menschen zählen dazu z. B.:

- pflegerische Tätigkeiten
- Tätigkeiten in der Hauswirtschaft
- Zusammenarbeit mit Kolleginnen und anderen Fachkräften oder Einrichtungen sowie Ämtern
- Dokumentationsaufgaben und Bürotätigkeiten
- Zusammenarbeit mit Eltern und Angehörigen

Wichtig ist, dass man sich dieser Anforderungen bewusst ist und diese Vielfalt in die Berufsentscheidung mit einbezieht.

*Ein Beruf im sozialen Arbeitsfeld bedeutet mehr als der Umgang mit Menschen.*

**Motiv „Selbstverwirklichung“**

Im sozialen Arbeitsfeld kann man sich im lebendigen Austausch mit anderen Menschen auch gut selbst verwirklichen. Als alleinige oder bestimmende Motivation besteht aber die Gefahr, dass die zu betreuenden Menschen, die eigentlich Mittelpunkt der Arbeit sind, zur „Nebensache“ werden. Zentral ist es, sich immer wieder auf die Lebenssituation und die Bedürfnisse dieser Menschen einzustellen und sie individuell zu begleiten.

*Selbstverwirklichung als Grund für die Berufswahl reicht nicht aus.*

*Aktivität und Ruhephasen sollten in einem ausgewogenen Verhältnis stehen.*

**Motiv „Aktivität“**

Dieses Motiv beschreibt den Wunsch, im Beruf viel mit anderen Menschen zu erleben. Nicht nur in der Betreuung von Kindern und Jugendlichen ist Aktivität ein wichtiges Element, um Entwicklungs- und Bildungsprozesse anzuregen bzw. zu begleiten, auch in der Arbeit mit alten Menschen und Menschen mit Behinderung muss eine Mitarbeiterin aktivierend und „belebend“ wirken. Dennoch sollte diese Lebendigkeit nicht in einen „Aktivitätsdruck“ umschlagen. In der heutigen Zeit beklagen sich viele Menschen über eine permanente Hektik und zeitlichen Druck. Kinder werden oft von einer Aktivität zur nächsten gebracht: erst in die Schule, dann zum Sportverein, danach zum Musikunterricht.
Wichtig ist auch für Tätige im sozialen Arbeitsfeld, einen „Tempowechsel“ umzusetzen, auf Ruhephasen im Tagesablauf der von ihnen betreuten Menschen zu achten.

*Die professionelle Ausbildung im sozialen Arbeitsfeld ist viel mehr als die Vorbereitung auf die eigene Elternrolle.*

**Motiv „Vorbereitung auf die eigene Familie“**

Diese Begründung wird häufig von Frauen angeführt, die sich vor allem für den Bereich der Kinderbetreuung interessieren. Sie hoffen, über ihre berufliche Ausbildung und spätere Tätigkeit in die Mutterrolle hineinzuwachsen, und betonen in ihrer Arbeit besonders den Aspekt der Fürsorglichkeit.

Im heutigen modernen Verständnis der sozialen Arbeit ist diese Betonung allerdings zu einseitig. Gerade in der Kindertagesbetreuung stehen unter anderem folgende Aufgaben im Vordergrund:

- individuelle Anregung und Begleitung von Bildungsprozessen
- Vermittlung ethischer und sozialer Werte
- Erziehung zur Selbstständigkeit und Eigenverantwortlichkeit
- Förderung der Konfliktfähigkeit

Deutlich werden diese umfassenden Ziele z. B. im gesetzlichen Auftrag der Kindertageseinrichtungen:

**SGB VIII (KJHG)**
Dritter Abschnitt
Förderung von Kindern in Tageseinrichtungen und in Kindertagespflege
§ 22 Grundsätze der Förderung
(2) Tageseinrichtungen für Kinder und Kindertagespflege sollen
1. die Entwicklung des Kindes zu einer eigenverantwortlichen und gemeinschaftsfähigen Persönlichkeit fördern,
2. die Erziehung und Bildung in der Familie unterstützen und ergänzen,
3. den Eltern dabei helfen, Erwerbstätigkeit und Kindererziehung besser miteinander vereinbaren zu können.

(3) Der Förderungsauftrag umfasst Erziehung, Bildung und Betreuung des Kindes und bezieht sich auf die soziale, emotionale, körperliche und geistige Entwicklung des Kindes. Er schließt die Vermittlung orientierender Werte und Regeln ein. Die Förderung soll sich am Alter und Entwicklungsstand, den sprachlichen und sonstigen Fähigkeiten, der Lebenssituation sowie den Interessen und Bedürfnissen des einzelnen Kindes orientieren und seine ethnische Herkunft berücksichtigen.

Ziel der sozialpädagogischen und sozialpflegerischen Arbeit ist es, Menschen jeden Alters zu begleiten und dabei zu unterstützen, ihren eigenen Lebensweg zu gehen.

**Motiv „Wiedergutmachung“**
Gerade wenn man selber keine angenehmen Erfahrungen gemacht hat oder schlechte Erinnerungen an die eigene Kindheit bzw. Familie hat, entscheidet man sich oft aus idealistischen Beweggründen für einen sozialen Beruf. Dem liegt der Wunsch nach Wiedergutmachung selbst erfahrener Ungerechtigkeiten und Unfreiheiten zu Grunde, die man anderen Menschen (Kindern, Jugendlichen) ersparen möchte. Eigene Kindheitserlebnisse werden mit Hilfe der beruflichen Tätigkeit verarbeitet. Nicht selten führt dies zu Tendenzen der Überbehütung, die, wie im Motiv „Vorbereitung auf die eigene Familie“ beschrieben, dem Recht des Einzelnen auf Selbstbestimmung entgegenstehen.

*Die Arbeit im sozialen Bereich darf kein „Therapieersatz“ sein.*

**Grundgesetz**
Artikel 2
(1) Jeder hat das Recht auf die freie Entfaltung seiner Persönlichkeit, soweit er nicht die Rechte anderer verletzt und nicht gegen die verfassungsmäßige Ordnung oder das Sittengesetz verstößt.

*Einfühlungsvermögen ist wichtig, aber die professionelle Handlungsfähigkeit muss erhalten bleiben.*

**Motiv „Gefühlsbetonte Tätigkeit“**
Eine Tätigkeit im sozialen Arbeitsfeld hat auch immer etwas mit dem Umgang mit fremden und eigenen Gefühlen zu tun. Empathie ist ein grundlegender Baustein einer professionellen Grundhaltung. Aber über die emotionale Eignung hinaus gibt es weitere wichtige Kompetenzen, die eine gute Betreuerin im sozialen Arbeitsfeld auszeichnen, z. B.:

- fachliches Wissen
- Zuverlässigkeit und Sorgfalt
- Verantwortungsbewusstsein
- Bereitschaft zur Arbeit im Team

Emotionalität kann einen Menschen besonders in Entscheidungsprozessen oder schwierigen Situationen handlungsunfähig machen.

Es ist wenig hilfreich, wenn eine alte Frau über Schmerzen klagt, sich mitfühlend und mitweinend an ihr Bett zu setzen. Hier ist fachlich fundiertes Handeln gefragt. Sie informieren eine Pflegefachkraft, die dann die notwendigen weiteren Schritte einleitet.

Ein Jugendlicher freut sich über den bestandenen Mofa-Führerschein und betrinkt sich im Außengelände der Jugendfreizeiteinrichtung. Sie kommen dazu und stoßen aus Begeisterung über seinen Erfolg mit an. Fachliches Handeln wäre hier, den Jugendlichen nach einer Gratulation auf das Verbot des Alkoholkonsums in der Einrichtung hinzuweisen und alternative Möglichkeiten des Feierns vorzuschlagen.

Marya, Sabine: Pflege hat viele Gesichter: Ein Selbsthilfebuch für Menschen, die in der privaten oder beruflichen Pflege tätig sind. Autorengemeinschaft Artep, Freiburg 2005

**Motiv „Abwesenheit von Stress“**
Ein verbreitetes Bild in der Gesellschaft ist das des sozialen Arbeitsfeldes als idyllischer Ort ohne Leistungs- und Zeitdruck – im Gegensatz zu einer Tätigkeit in der freien Wirtschaft. Dieses Vorurteil kann ein Entscheidungskriterium für die Berufswahl sein. Die Wirklichkeit sieht in den meisten sozialen Einrichtungen allerdings ganz anders aus. Die Mitarbeiterinnen sind häufig Belastungen wie Personalmangel, Notfallsituationen und anderen Herausforderungen, die eine hohe Belastbarkeit erfordern, ausgesetzt.

*Die Betreuung von Menschen unterschiedlichen Alters ist eine große Herausforderung.*

## Nachwuchsmangel

Schon heute herrscht bei Berufen im Sozialwesen Nachwuchsmangel, in den Pflegeberufen ist fast Vollbeschäftigung zu beobachten. Und die Zahl der pflegebedürftigen Menschen steigt in unserer Gesellschaft weiter. Nach Berechnungen des Deutschen Instituts für Wirtschaftsforschung ist im Jahr 2010 von 2,4 Millionen Pflegebedürftigen auszugehen, 2020 von 2,9 Millionen und 2050 sogar von 4,7 Millionen. Nach Einschätzung des Deutschen Berufsverbands für Altenpflege (DBVA) ist der „Pflegenotstand, über den immer geredet wurde, inzwischen eingetreten“.

(Bundesagentur für Arbeit, BBZ 10, Ausgabe 2007/2008)

**Die eigenen Motive für die Berufswahl sollten auf jeden Fall immer kritisch hinterfragt werden, um im gewählten Arbeitsfeld auch zufrieden tätig sein zu können.**

## 1.3 Eigene Erfahrungen und die Ausbildung im sozialen Arbeitsfeld – „Wo ich meine Erfahrungen einbringe“

### 1.3.1 Rollenerwartungen

In der Gesellschaft gibt es gegenüber Berufen im sozialen Feld bei den meisten Menschen bestimmte Erwartungen. Oft wird das Bild, das wir von einem Beruf haben, bestimmt durch unsere eigenen biografischen Erfahrungen.

Von einer Heilerziehungspflegerin oder Altenpflegerin in einem Wohnheim, die alte Menschen und Menschen mit Behinderungen betreut und pflegt, wird häufig erwartet, dass sie selbstlos, fachlich kompetent und fürsorglich ist.

Eine Erzieherin, die sich um die Betreuung, Erziehung und Bildung von Kindern kümmert, sollte geduldig, einfühlsam und „kinderlieb“ sein.

Mit dem Begriff der Rolle werden die Erwartungen an die Verhaltensweisen einer Person zusammengefasst. Dabei wird die soziale Rolle als die Gesamtheit der Erwartungen an das soziale Handeln eines Menschen, der innerhalb eines sozialen Systems (z. B. einer Gruppe) einen bestimmten Platz einnimmt, beschrieben.

Ein Mensch hat viele Rollen. Diese richten sich nach der Situation, in der er sich gerade befindet. In der Arbeitsstelle werden andere Rollenanforderungen gestellt als in der Freizeit oder in der Familie. Klassische Rollen sind z. B.:

- Kind (im Umgang mit den Eltern)
- Freundin oder Vertraute (im Umgang mit Freunden)
- Schülerin (in der Ausbildung)

*Rollenerwartungen werden auf Grund der eigenen Erfahrungen formuliert.*

Klare Erwartungen formulieren auch Einrichtungen, z. B. in Stellenausschreibungen.

**Ambulanter Pflegedienst sucht Helfer/in in der mobilen Alten- und Krankenpflege**

**1 Teilzeitstelle ca. 20 Wochenstunden**
Für eine Pflege- und Betreuungsaufgabe suchen wir eine/n Mitarbeiter/in, der/die sowohl im hauswirtschaftlichen Bereich als auch in der Pflege erfahren ist.

**Unsere Erwartungen:**
Sie besuchen unsere Klienten in deren Wohnung, leisten Hilfestellung im Alltag und führen die Grundpflege sowie anfallende Haushaltsarbeiten im Außendienst durch. Sie unterstützen unsere pflegebedürftigen Patienten beim Aufstehen, An- oder Umziehen und bei der persönlichen Körperpflege. Den Fachkräften gehen Sie beim Umlagern oder Baden der Klienten zur Hand und helfen diesen bei der Nahrungsaufnahme.

**Voraussetzungen:**
3 Monate Erfahrung in der pflegerischen Arbeit
Führerschein Klasse B; Deutschkenntnisse in Wort und Schrift
Flexibilität und Einsatzbereitschaft; absolute Zuverlässigkeit; einwandfreie Umgangsformen
Arbeitszeiten: Wechselschichtdienst / Arbeit am Wochenende
Vergütung: nach Vereinbarung
**Einstellungstermin: sofort**

### 1.3.2 Rollenkonflikte

Durch unterschiedliche Erwartungen können Konflikte entstehen. Man kann zwei Formen von Rollenkonflikten unterscheiden:

*Unterschiedliche Erwartungen an das Rollenverhalten können Konflikte auslösen.*

**Intrarollenkonflikt**
Von einem Intrarollenkonflikt spricht man, wenn man innerhalb einer einzigen Rolle, die man ausfüllt, in einen Konflikt gerät.

Sie arbeiten in einer Wohngruppe für Menschen mit Behinderungen und haben die Rolle der Pflegenden. Die Erwartung der Wohngruppenleitung ist, dass Sie alle Bewohner in der zur Verfügung stehenden Zeit betreuen. Ihre eigene Anforderung an sich als Pflegende ist, dass Sie Ihren Dienst in der Wohngruppe erst beenden, wenn alle Bewohner versorgt sind, auch wenn dadurch Überstunden entstehen.

In der Krippengruppe sollen Sie nach Rücksprache mit der begleitenden Lehrkraft in den ersten Tagen zunächst nur die Kindergruppe kennen lernen. Die Anleiterin teilt Sie für den zweiten Tag aber bereits für die Spielplatzaufsicht ein. Sie sind verunsichert und fühlen sich als Praktikantin in Ihrer Rolle überfordert.

*Abb. 1 Rollenkonflikte können zu Überforderung führen.*

**Interrollenkonflikt**
Von einem Interrollenkonflikt spricht man, wenn verschiedene Rollen, die ein Mensch einnimmt, und die damit verbundenen Verhaltenserwartungen nicht vereinbar sind.

Ihr Großvater hatte einen Schlaganfall und braucht jetzt täglich mehrere Stunden pflegerische und hauswirtschaftliche Unterstützung. Sie übernehmen diese Tätigkeiten als Pflegende (Rolle 1), haben jedoch Angst, dass Ihr Großvater Sie nicht mehr als Enkelin (Rolle 2) wahrnimmt.

In der Kindertagesstätte sind Sie als Betreuerin (Rolle 1) aller Kinder tätig. In der Gruppe befindet sich seit ein paar Tagen auch Ihr eigener kleiner Bruder. Ihre Mutter sagt Ihnen morgens bei der Verabschiedung des Bruders: „Gut, dass du hier arbeitest, kümmere dich als Schwester mal ein bisschen um ihn." Bei der Freispielaufsicht ertappen Sie sich immer wieder dabei, sich (in der Rolle 2 als Schwester) stärker um Ihren Bruder als um die anderen Kinder zu kümmern.

Um Rollenkonflikte zu lösen, ist es notwendig, sich der eigenen Erwartungen an die jeweilige Rolle bewusst zu werden und sich auch mit anderen Menschen über deren Erwartungen auszutauschen.

# 1.4 Kompetenzerwerb in der Ausbildung – „Der ganze Mensch ist gefragt“

## 1.4.1 Fach-, Human- und Sozialkompetenz

Ist man in einem sozialen Arbeitsfeld tätig, sind Fähigkeiten und Fertigkeiten in vielen Bereichen gefragt. Es gibt verschiedene Möglichkeiten, diese zu strukturieren. Die folgende Einteilung basiert auf dem Konzept beruflicher Handlungskompetenz.

Berufliche Handlungskompetenz ist die Fähigkeit und Bereitschaft, in beruflichen Zusammenhängen fachgerecht, selbstreflektiert und gesellschaftlich verantwortlich zu handeln. Sie kann unterteilt werden in:
- Fachkompetenz
- Humankompetenz
- Sozialkompetenz

Die Kompetenzbereiche lassen sich jedoch auf Grund der Ganzheitlichkeit beruflicher Handlungen nicht klar voneinander trennen und bedingen einander.

*Die Betreuung von Menschen fordert die Mitarbeiterinnen in allen Kompetenzbereichen.*

**Fachkompetenz**
Fachkompetenz meint die Fähigkeit, Aufgaben und Probleme zielorientiert, sachgerecht, methodengeleitet und selbstständig zu lösen und das Ergebnis zu beurteilen. Folgende Fähigkeiten sind in der Betreuung und Begleitung von Menschen unterschiedlicher Altersgruppen unter anderem gefragt:

- (aktivierende) Grundpflege unter Berücksichtigung der Fähigkeiten und Einschränkungen der betreuten Person
- Begleitung alltäglicher Tätigkeiten
- Durchführung gesundheitsfördernder Maßnahmen
- Haushaltsführung
- Kochen
- Wäsche- und Kleiderpflege

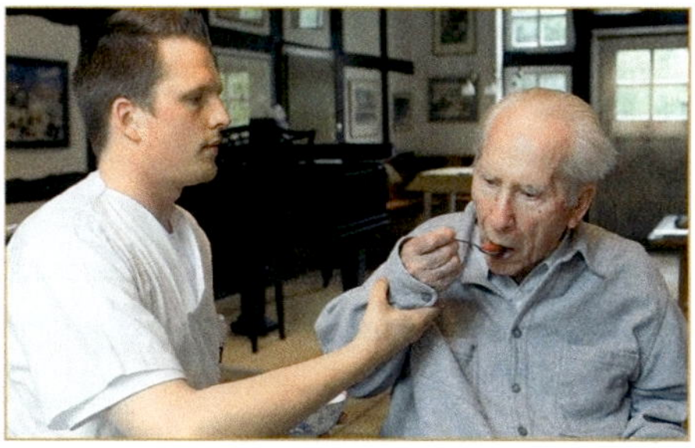
*Abb. 2 Unterstützung der Armführung beim Essen*

**Humankompetenz**
In der Arbeit mit Menschen ist es wichtig, über eine grundlegende persönliche Eignung zu verfügen. Die Humankompetenz bezieht sich auf die Entwicklung der individuellen Persönlichkeit und durchdachter Wertvorstellungen.
Besonders wichtig sind hierbei z. B.:
- Selbstständigkeit
- Kritikfähigkeit
- Selbstvertrauen
- Zuverlässigkeit
- Verantwortungs- und Pflichtbewusstsein

Außerdem ist die Fähigkeit zur (freischwebenden) Aufmerksamkeit eine weitere wichtige Kompetenz. Man ist umsichtig und wachsam, hat den „Rundumblick“, ohne auf etwas Bestimmtes achtzugeben.

**Sozialkompetenz**
Sozialkompetenz brauchen wir, um Beziehungen zu anderen Menschen zu gestalten. Wichtig ist hierbei auch die Entwicklung sozialer Verantwortung und Solidarität. Zu diesem Kompetenzbereich zählen unter anderem:
- die Kontaktbereitschaft und -fähigkeit
- die Kommunikationsfähigkeit
- die Kooperationsfähigkeit
- die Fähigkeit zuzuhören

Lern- und Methodenkompetenz ► S. 38

Lern-, Methoden- und Sprachkompetenz bilden darüber hinaus die Basis für eine erfolgreiche Ausbildung.

## 1.4.2 Berufsspezifischer Kompetenzerwerb

*Die fachtheoretische Ausbildung in der Schule wird durch fachpraktische Ausbildungsphasen ergänzt.*

In der Ausbildung werden Basisqualifikationen im Sinne einer beruflichen Handlungskompetenz im schulischen Unterricht und während der Praktikumszeiten erworben und vertieft. Eine Weiterentwicklung erfolgt durch die weitere Anwendung der Kenntnisse, Fähigkeiten und Fertigkeiten in der späteren Berufslaufbahn.
Da sich eigene Interessen verändern können bzw. auch die beruflichen Anforderungen in den verschiedenen Arbeitsfeldern wechseln, ist es notwendig, sich ständig fortzubilden.

*Lebenslange Fort- und Weiterbildung ist wichtig.*

**Immer auf dem Laufenden**

Soziales Engagement, Liebe zum Mitmenschen und die Bereitschaft, anderen Menschen zu helfen, reichen längst nicht mehr aus, um sich als Mitarbeiter in einem sozialen Beruf wohlzufühlen.
Bei Berufen im Sozialwesen kommen ständig neue pädagogische und therapeutische Methoden und Ansätze auf den Einzelnen zu. Darüber hinaus müssen Beschäftigte die aktuellen gesetzlichen und informationstechnischen Entwicklungen verfolgen.
Um der starken Belastung im Sozialwesen besser standhalten zu können und die eigenen Fähigkeiten und Kenntnisse stets auf dem Laufenden zu halten, ist gezielte Weiterbildung erforderlich.
Die schulische Fortbildung im Gesundheits- und Sozialwesen ist landesrechtlich geregelt. Daneben gibt es Bildungsgänge mit ähnlichen Inhalten, die von privaten oder kirchlichen Einrichtungen angeboten werden. (…)

(Bundesagentur für Arbeit, BBZ 10, Ausgabe 2007/2008)

# 2. Berufsfeld Soziale Arbeit – „Hauptsache, was mit Menschen“

## 2.1 Soziale Arbeit – „Kein Beruf wie jeder andere“

> „Die Profession Soziale Arbeit fördert den sozialen Wandel, Problemlösungen in menschlichen Beziehungen sowie die Ermächtigung und Befreiung von Menschen, um ihr Wohlbefinden zu heben. Unter Nutzung von Theorien menschlichen Verhaltens und sozialer Systeme vermittelt soziale Arbeit am Punkt, wo Menschen und ihre sozialen Umfelder aufeinander einwirken. Dabei sind die Prinzipien der Menschenrechte und sozialer Gerechtigkeit für die soziale Arbeit fundamental.“
>
> (Internationale Definition der Profession Soziale Arbeit im 21. Jahrhundert, Weltkonferenz des IFSW / International Federation of Social Workers, vom Juli 2000 in Montreal, Kanada)

Unter dem Begriff der sozialen Arbeit werden alle Berufe zusammengefasst, die sich auf die Beziehungen der Menschen untereinander und mit dem sie umgebenden sozialen Umfeld richten. Aufgabe von Mitarbeiterinnen in sozialen Berufen ist es, die von ihnen begleiteten Menschen darin zu unterstützen, die eigenen Möglichkeiten (Ressourcen) zu nutzen und in einem sozialen Miteinander zu bleiben.

*Soziale Arbeit wird in sozialpflegerischen und sozialpädagogischen Arbeitsfeldern geleistet.*

Ziel der Ausbildung in sozialen und pflegerischen Assistenzberufen, wie z. B. Sozialassistentin oder Sozialpflegerin, ist die Vermittlung von Kenntnissen, Fähigkeiten und Fertigkeiten, die erforderlich sind, um in sozialpädagogischen und sozialpflegerischen Institutionen nach Anweisung (in begrenztem Umfang auch verantwortlich) tätig zu sein. Die Schülerinnen erwerben Basisqualifikationen für eine weiterführende Ausbildung an Fachschulen.

Die Bezeichnung „Soziale Arbeit" als Überschrift für die beschriebenen Arbeitsbereiche setzte sich seit Beginn der 1990er-Jahre zunehmend durch. Dabei werden sozialpflegerische und sozialpädagogische Berufe zusammengefasst.

Um die aktuelle berufliche Situation in den einzelnen Tätigkeitsfeldern der sozialen Arbeit zu verstehen, ist es wichtig, sich einen Überblick über die Geschichte dieser Berufe zu verschaffen.

**Geschichtlicher Überblick über die Entwicklung der Berufe in der „Sozialen Arbeit"**

*Abb. 1 Diakonissenanstalt in Kaiserwerth*

Pädagogik ► S. 104

Man geht davon aus, dass sich die ersten sozialen Berufe mit dem beginnenden 19. Jahrhundert entwickelten.

Im Bereich der Pädagogik liegen die Ursprünge in den damaligen Rettungs- und Waisenhäusern. Mit Blick auf diese Arbeitsfelder entstanden erste Ausbildungsgänge. So richtete der evangelische Theologe Theodor Fliedner (1800–1864) gemeinsam mit seiner Frau Friedericke (1800–1842) in Kaiserwerth eine Diakonissenanstalt (Abb. 1) als Ausbildungsstätte für evangelische Pflegerinnen und Kleinkinderlehrerinnen ein.

*Abb. 2 Friedrich Fröbel*

Fröbel-Pädagogik ► S. 106

Der weithin bekannte Pädagoge dieser Zeit war Friedrich Fröbel (1782–1852, Abb. 2), der Begründer des „Kindergartens". Auf seine Initiative hin entstand ein Ausbildungsseminar zur „Kindergärtnerin".

*„Evangelische Pflegerin" und „Kleinkinderlehrerin" waren erste Berufe im Bereich der sozialen Arbeit.*

Aber nicht nur im Bereich der Kleinkind- und Vorschulerziehung wurden Möglichkeiten der Qualifizierung von Fachkräften entwickelt. Es entstand die Berufskrankenpflege, deren bekannteste Vorreiterin die Krankenschwester Florence Nightingale (1820–1910, Abb. 3) war. Sie setzte sich für die öffentliche Anerkennung des Pflegeberufs als sozialen Lehrberuf ein und gründete 1860 in London die erste nicht konfessionelle krankenhausunabhängige Krankenpflegeschule.

*Abb. 3 Florence Nightingale*

In der „Heimerziehung" und „Sozialarbeit" konzipierte der Pädagoge und Theologe Johann Hinrich Wichern (1808 bis 1881, Abb. 4) verschiedene soziale Berufsausbildungen, z. B. Hausvater, Pilgernde Brüder und die heute noch angebotene Ausbildung zum Diakon bzw. zur Diakonin.

*Im 19. Jahrhundert entwickelten sich weitere soziale Ausbildungsberufe.*

In den folgenden Jahrzehnten des Kaiserreichs differenzierte sich das Angebot an Ausbildungsberufen weiter aus und im Jahre 1911 wurde die erste staatliche Ausbildungs- und Prüfungsordnung für eine soziale Berufsausbildung (zunächst für den Kindergärtnerinnenberuf und den Beruf der Jugendleiterin) erlassen. Viele weitere folgten.

*Abb. 4 Johann Hinrich Wichern*

Mit den gesellschaftspolitischen Veränderungen in der Weimarer Republik (1919 bis 1933) weitete sich das Angebot an sozialen Berufen aus. Es wurden neue Ausbildungsstellen errichtet, neue Arbeitsfelder in die Ausbildungsinhalte integriert und ähnliche Ausbildungsgänge zusammengelegt, z. B. die Ausbildung für den Vorschul- und Hortbereich.

Amthor, R. C.: Die Geschichte der Berufsausbildung in der Sozialen Arbeit. Auf der Suche nach Professionalisierung und Identität, Juventa, 2003

Insgesamt fand eine Öffnung der fast ausschließlich für Frauen erlaubten sozialen Berufe für männliche Interessenten statt. Darüber hinaus entstanden im Bereich der sozialen Arbeit immer umfangreichere Angebote der Wohlfahrtspflege neue Ausbildungszweige und Möglichkeiten von Zusatzausbildungen, ähnlich den heutigen Strukturen.

Die Zeit des Nationalsozialismus (1933–1945) wurde zum Niedergang der sozialen Ausbildung. Diese wurde vollständig ideologisiert und verkam zur „Volkspflege“. Besonders die Entwicklungen im Bereich der Heilpädagogik, aber auch der beruflichen Qualifizierung, z. B. in der Heimerziehung und Familienpflege, an Schulen wie auch Hochschulen wurde eingeschränkt oder völlig unterbrochen, trotz steigender Zahl der Ausbildungsstätten.

*Abb. 5 „Braune Schwester“ der NS-Zeit*

Nach 1945 kam es zu einem Neubeginn in der sozialen Arbeit. Ende der 1960er-Jahre entstand aus den vormaligen Berufen der „Kindergärtnerin und Hortnerin“ sowie der „Heimerzieherin“ die Ausbildung zur „Erzieherin“.

§ Erst in den 1950er-Jahren wurde der Beruf der „Altenpflegerin“ als ein von den Pflegeberufen unabhängiger neuer sozialer Beruf mit einem eigenen sozialpflegerischen Profil eingerichtet. Seit einer Grundsatzentscheidung des Bundesverfassungsgerichtes (24. 10. 2002) ist der Beruf der Altenpflege ein Heilberuf im Sinne des Grundgesetzes und die Ausbildung wird seit der Verabschiedung des Altenpflegegesetzes (25. 08. 2003) bundeseinheitlich geregelt.

***In den 1950er-Jahren wurde der Beruf der „Altenpflegerin“ ein eigener Pflegeberuf mit sozialpflegerischem Profil.***

Die Fachhochschulen wurden Anfang der 1970er-Jahre gegründet und es entstand das Studium zur „Sozialpädagogin“. An den Hochschulen wurden „Diplom-Pädagoginnen“ ausgebildet. Eine deutliche Ausweitung der grundständigen Ausbildungen geschah auch in der Arbeit mit Menschen mit Behinderungen. Die Ausbildung zur „Heilerziehungspflegerin“ entstand. Der Beruf der „Heilpädagogin“ wurde als Zusatzqualifikation sowie als Studienangebot der Fachhochschulen initiiert.

Es gibt heutzutage im sozialen Bereich eine große Vielfalt unterschiedlicher Berufe auf verschiedenen Qualifikationsstufen, z. B. Sozialassistentin, Kinderpflegerin, Familienhelferin, Altenpflegerin, Heilerziehungspflegerin, Heilpädagogin, Erzieherin, Diplom-Sozialpädagogin und Diplompädagogin (bzw. Bachelor- und Masterabschlüsse in diesen Fächern). Darüber hinaus bestehen zahlreiche Möglichkeiten der beruflichen Weiterqualifizierung, die jedoch häufig bundeslandspezifisch bzw. trägerbezogen angeboten werden.

***Trotz der Offenheit sozialer Ausbildungen für Frauen und Männer ist die soziale Arbeit bis heute ein von Frauen dominiertes Feld.***

! Der relative Anteil männlicher Mitarbeiter im pädagogischen Bereich der Kindertagesbetreuung lag 2012 bei etwa 3,8%. (Statistik der Kinder- und Jugendhilfe Teil III, Statistisches Bundesamt Deutschland, www.destatis.de)

## 2.2 Soziale Berufe – „Was heißt das eigentlich?"

### 2.2.1 Arbeit mit alten Menschen und Menschen mit Behinderung

#### Arbeitsfelder und Einrichtungen

Der Tätigkeitsbereich in der Altenpflege und der Arbeit mit Menschen mit Behinderung umfasst ein breites Spektrum von stationären und ambulanten Betreuungsangeboten.

- Stationärer Bereich: z. B. Altenpflegeheime, Wohnheime, Wohngruppen
- Ambulanter Bereich: z. B. betreutes Wohnen, ambulante Pflegedienste

#### Anforderungsprofile / Besondere Herausforderungen

Über die Begleitung im Alltag hinaus, sind die Unterstützung von Menschen mit alters- und/oder behinderungsbedingten Beeinträchtigungen bei der täglichen Pflege sowie die stellvertretende Übernahme der pflegerischen Versorgung wichtige Bestandteile der täglichen Arbeit in diesem Bereich (Abb. 1).

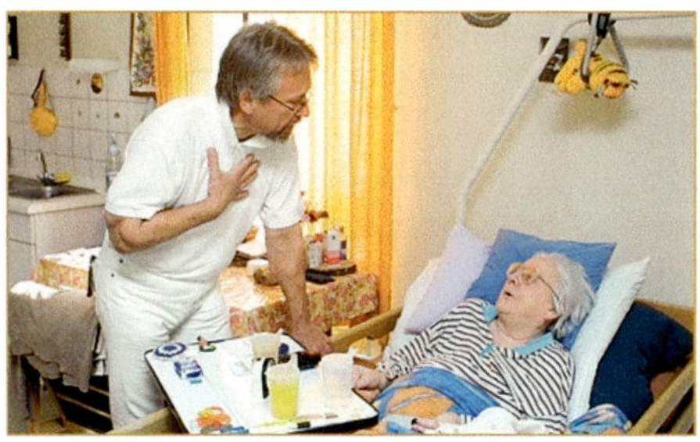

*Abb. 1 Pfleger mit einer bettlägerigen Pflegebedürftigen*

Der Umgang mit Medikamenten und Hilfsmitteln (Lifter, Rollstuhl etc.) bildet einen weiteren Schwerpunkt. Das Bereitstellen und Verabreichen von Medikamenten ist eine sehr verantwortungsvolle Aufgabe von Fachkräften, die aufmerksam und umsichtig durchgeführt werden muss, um den betreuten Menschen keinen Schaden zuzufügen. Jede Medikamentengabe (Bedarfs- und Notfallmedikation) bzw. -bereitstellung muss dokumentiert werden (Abb. 3).

*Die Verabreichung von Medikamenten verlangt von den Pflegekräften größte Sorgfalt.*

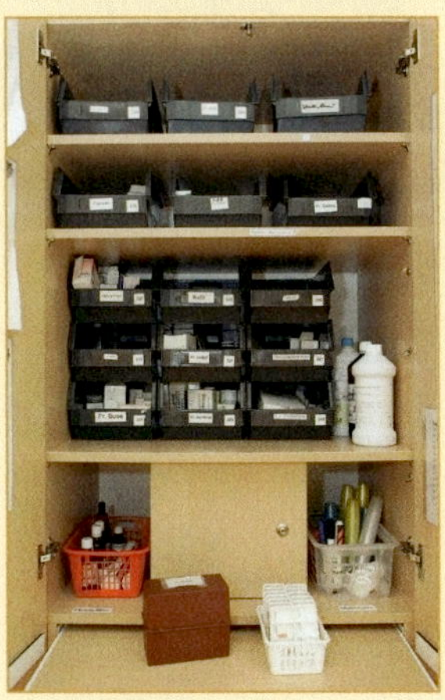

*Abb. 2 Medikamentenschrank in Pflegeeinrichtung*

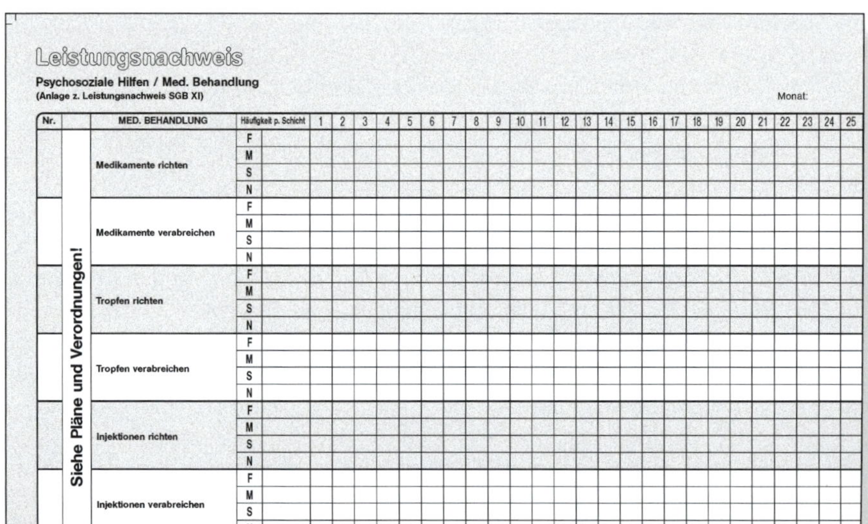

**Leistungsnachweis**
**Psychosoziale Hilfen / Med. Behandlung**
(Anlage z. Leistungsnachweis SGB XI)
Monat:

| Nr. | MED. BEHANDLUNG | Häufigkeit p. Schicht | 1 | 2 | 3 | 4 | 5 | 6 | 7 | 8 | 9 | 10 | 11 | 12 | 13 | 14 | 15 | 16 | 17 | 18 | 19 | 20 | 21 | 22 | 23 | 24 | 25 |
|---|---|---|---|---|---|---|---|---|---|---|---|---|---|---|---|---|---|---|---|---|---|---|---|---|---|---|---|
| | Medikamente richten | F | | | | | | | | | | | | | | | | | | | | | | | | | |
| | | M | | | | | | | | | | | | | | | | | | | | | | | | | |
| | | S | | | | | | | | | | | | | | | | | | | | | | | | | |
| | | N | | | | | | | | | | | | | | | | | | | | | | | | | |
| | Medikamente verabreichen | F | | | | | | | | | | | | | | | | | | | | | | | | | |
| | | M | | | | | | | | | | | | | | | | | | | | | | | | | |
| | | S | | | | | | | | | | | | | | | | | | | | | | | | | |
| | | N | | | | | | | | | | | | | | | | | | | | | | | | | |
| | Tropfen richten | F | | | | | | | | | | | | | | | | | | | | | | | | | |
| | | M | | | | | | | | | | | | | | | | | | | | | | | | | |
| | | S | | | | | | | | | | | | | | | | | | | | | | | | | |
| | | N | | | | | | | | | | | | | | | | | | | | | | | | | |
| | Tropfen verabreichen | F | | | | | | | | | | | | | | | | | | | | | | | | | |
| | | M | | | | | | | | | | | | | | | | | | | | | | | | | |
| | | S | | | | | | | | | | | | | | | | | | | | | | | | | |
| | | N | | | | | | | | | | | | | | | | | | | | | | | | | |
| | Injektionen richten | F | | | | | | | | | | | | | | | | | | | | | | | | | |
| | | M | | | | | | | | | | | | | | | | | | | | | | | | | |
| | | S | | | | | | | | | | | | | | | | | | | | | | | | | |
| | | N | | | | | | | | | | | | | | | | | | | | | | | | | |
| | Injektionen verabreichen | F | | | | | | | | | | | | | | | | | | | | | | | | | |
| | | M | | | | | | | | | | | | | | | | | | | | | | | | | |
| | | S | | | | | | | | | | | | | | | | | | | | | | | | | |
| | | N | | | | | | | | | | | | | | | | | | | | | | | | | |

Siehe Pläne und Verordnungen!

*Abb. 3 Leistungsnachweis der Verordnungsdurchführung in ambulanten oder stationären Pflegebereichen. (Ausriss optiplan®)*

Hilfsmittel bringen Menschen mit Beeinträchtigungen in die Lage, Tätigkeiten, zu denen sie ohne Unterstützung nicht mehr fähig sind, selbstständig auszuführen. So können Gehbehinderungen durch die Nutzung eines Stocks oder Rollstuhls kompensiert werden. Menschen mit Einschränkungen der Sehfähigkeit tragen eine Brille oder Kontaktlinsen, um eine ausreichende Sehstärke zu erlangen. Grundsätzlich gilt für den Einsatz von Hilfsmitteln jedoch immer die Regel: „So viel wie nötig und so wenig wie möglich", um noch vorhandene Fähigkeiten des Bewohners zu erhalten. Bei vielen unterstützenden Tätigkeiten sind die Mitarbeiterinnen auch auf die Arbeitserleichterung durch Hilfsmittel angewiesen. Dies ist vor allem auch sinnvoll, wenn man die Pflege alleine (ohne zweite Mitarbeiterin) gewährleisten muss.

*Der Gebrauch von Hilfsmitteln kann die Arbeit in der Pflege erleichtern und hilft den betreuten Menschen, eine größtmögliche Selbstständigkeit zu erhalten.*

Sehfähigkeit ► S. 315

Der Umgang mit spezifischen Krankheitsbildern kann für Mitarbeiterinnen eine besondere Herausforderung und Belastung darstellen. Im Arbeitsfeld der Altenpflege sind z. B. demenzielle Erkrankungen häufig. Die Betreuung der Betroffenen erfordert viel fachliche und personale Kompetenz. Hilfreich ist auch der Austausch im Team.
Die Auseinandersetzung mit Themen wie Leid, Sterben und Tod gehört zu jedem Leben dazu. In der täglichen Arbeit mit älteren Menschen und Menschen mit Behinderung sind die Mitarbeiterinnen in der Regel häufiger damit konfrontiert. Gespräche mit den Kolleginnen und Fortbildungen erweitern die Handlungskompetenz und helfen, Erfahrungen zu verarbeiten und mit ihnen persönlich zu wachsen.

demenzielle Erkrankungen ► S. 323
Austausch im Team ► S. 68
Sterben und Tod ► S. 380
Handlungskompetenz ► S. 25

**Möglichkeiten und Grenzen**

Gerade auf Grund der vielfältigen Anforderungen des sozialpflegerischen Arbeitsfeldes und der besonderen Herausforderungen für die Mitarbeiterinnen ist es hilfreich, in einem Team mit verschieden ausgebildeten Kolleginnen (interdisziplinäres Team) zu arbeiten. Ein Team in einer Wohngruppe für Menschen mit Behinderung kann z. B. aus Heilerziehungspflegerinnen, Erzieherinnen, Altenpflegerinnen, Krankenschwestern und Sozialassistentinnen bestehen.
Diese Form der Zusammenarbeit ermöglicht einen intensiven Austausch, in dem sich jeder mit seinen spezifischen Kenntnissen und individuellen Erfahrungen einbringen kann. So lassen sich in schwierigen Situationen (Konfliktsituationen) besser Lösungswege finden und beschreiten.
Der Umgang mit Menschen in verschiedenen Lebensaltern trägt zum Abwechslungsreichtum in der sozialpflegerischen Arbeit bei und ermöglicht den hier Tätigen vielfältige Erfahrungen und Begegnungen. Von älteren Menschen kann man z. B. lernen, wie das Leben in vergangenen Zeiten ablief, und entwickelt so ein besseres Verständnis für historische Zusammenhänge.

*Die Zusammenarbeit in einem interdisziplinären Team bildet eine gute Basis für die Arbeit in sozialen Berufen.*

Konfliktlösung ► S. 74

Da es sich bei sozialen Helferberufen um unterstützende Qualifikationen handelt, gehört es zum spezifischen Anforderungsprofil, den Fachkräften im jeweiligen Einsatzbereich zu assistieren. Das beinhaltet z. B. die Übernahme grundpflegerischer und hauswirtschaftlicher Tätigkeiten nach Absprache mit der Fachkraft. Einige Aufgaben dürfen nicht übernommen werden. Hierzu gehören z. B. das Bereitstellen und die Gabe von Medikamenten. Zur eigenverantwortlichen Übernahme aller sozialpflegerischen Handlungen muss eine weiterführende Ausbildung an einer Fachschule bzw. Fachakademie absolviert werden.

### 2.2.2 Arbeit mit Kindern, Jugendlichen und Familien

#### Arbeitsfelder und Einrichtungen

Im sozialpädagogischen Bereich gibt es eine große Auswahl von unterschiedlichen Arbeitsfeldern, z. B.:

- ambulante Angebote der Jugendhilfe, wie z. B. Einrichtungen der Kindertagesbetreuung (Krippe, Kindertagesstätte, Kindergarten), schulbezogene ergänzende Betreuung (Hort, Ganztagsschule)
- stationäre Angebote der Jugendhilfe, wie z. B. Kinderheim, Erziehungswohngruppe
- Unterstützung im familiären Kontext (auch hauswirtschaftliche Unterstützung), wie z. B. Familienpflege bzw. -hilfe, Haushaltshilfe

#### Anforderungsprofile / Besondere Herausforderungen

In der Arbeit in Einrichtungen für Kinder und Jugendliche sind die individuelle Begleitung der Heranwachsenden und die Unterstützung von Entwicklungs- und Bildungsprozessen zentrale Anforderungen an die dort Tätigen. Über die konkrete Betreuung und Begleitung des Kindes bzw. Jugendlichen hinaus muss auch das jeweilige soziale Umfeld in die Arbeit miteinbezogen werden.

Kommunikation mit Eltern ► S. 77

***Kommunikation mit unterschiedlichen Personen und Gruppen ist ein zentraler Bestandteil der Arbeit.***

*Abb. 1 Gespräch mit einem Vater in einer Kita*

Im sozialpädagogischen Kontext spielt die Kommunikation mit Eltern bzw. Angehörigen eine große Rolle (Abb. 1). So ist z. B. die Kontaktaufnahme zu und Beziehungspflege mit den Eltern im Kindergarten notwendig, um weiterführende Informationen über das Kind zu erhalten und dessen Verhalten besser zu verstehen. In Formen der aufsuchenden Arbeit ist die Mitarbeiterin direkt vor Ort in der Familie eingesetzt und hilft z. B. bei der Versorgung der Kinder mit. Dabei ist es besonders wichtig, die eigene Rolle zu kennen und ausfüllen zu können. Gerade die Arbeit in einem komplexen System wie der Familie erfordert ausgeprägte soziale Kompetenzen.

Rollenkonflikte ► S. 24

Kompetenzerwerb ► S. 25

In sozialpflegerischen und -pädagogischen Einrichtungen arbeiten Sie überwiegend im Mehrschichtsystem, das heißt, die Mitarbeiterinnen sind in Früh-, Spät- und teilweise auch Nachtschichten im Dienstplan (Einsatzplan) eingeteilt. Eine Flexibilität und gewisse Belastbarkeit sind dabei Voraussetzungen. Die Arbeit im Schichtsystem hat auch immer Auswirkungen auf die eigene Freizeitplanung und Familiensituation.

Besonders wenn Sie in einer stationären Einrichtung der Jugendhilfe tätig sind, haben Sie es oft mit Kindern und Jugendlichen zu tun, die bereits viele belastende Erfahrungen in ihrem Leben hinter sich haben. Die Mitarbeiterinnen müssen in der Lage sein, mit schwierigen biografischen Hintergründen der betreuten Personen umzugehen und diese auch persönlich auszuhalten. Jeder Mensch hat hierzu eigene Strategien, wie er belastende Erlebnisse am besten verarbeiten kann, z. B. durch Gespräche oder durch sportliche Betätigung.

Einflüsse auf die Gesundheit ► S. 204

**Möglichkeiten und Grenzen**

Attraktiv ist die Tätigkeit im sozialpädagogischen Arbeitsfeld durch den täglichen Umgang mit vielen verschiedenen Menschen. Damit bleibt der Arbeitsalltag abwechslungsreich und interessant. Kein Tag ist wie der andere.

*Abb. 2 Teambesprechung*

Die Arbeit im Team, mit anderen Kolleginnen, stellt die Möglichkeit des Austausches und der gegenseitigen Beratung sicher (Abb. 2). Demgegenüber kann es jedoch auch zu Konflikten und Meinungsverschiedenheiten innerhalb des Teams kommen. Eine gelingende Zusammenarbeit erfordert von allen Beteiligten Einsatz und Kompromissbereitschaft sowie Offenheit gegenüber anderen Standpunkten.

*Zusammenarbeit im Team ist nicht immer einfach – aber unerlässlich und wertvoll.*

Konfliktgespräche ► S. 74

Auch für diesen Tätigkeitsbereich gilt, dass es sich bei der Ausbildung zur Sozialassistentin um eine unterstützende Basisqualifikation in der sozialen Arbeit handelt. Einschränkungen bestehen hier z. B. in der eigenständigen Führung und Beaufsichtigung einer Kindergruppe, in der alleinigen Elternzusammenarbeit, in Absprachen mit Ämtern. Zur eigenverantwortlichen Übernahme aller sozialpädagogischen Handlungen muss eine weiterführende Ausbildung an einer Fachschule bzw. Fachakademie absolviert werden.

## 2.2.3 Rechtliche Rahmenbedingungen

Im beruflichen Alltag in sozialen Berufen gilt es zahlreiche rechtliche Bestimmungen zu kennen und in der Praxis zu beachten.
Besonders haftungsrechtliche, aber auch arbeitsrechtliche Vorschriften legen den Rahmen der sozialen und pflegerischen Arbeit fest. Schließlich übernehmen die im sozialen Arbeitsfeld beschäftigten Mitarbeiterinnen eine verantwortungsvolle Aufgabe, indem sie Sorge für Menschen tragen, die ihrer Unterstützung bedürfen.

*Die Tätigkeit in sozialen Berufen unterliegt zahlreichen rechtlichen Bestimmungen.*

Wichtige rechtliche Fragen betreffen in der Praxis der sozialen Arbeit z. B. die Aufsichtspflicht, die Unfallverhütung sowie Vertraulichkeit und Datenschutz.

- Aufsichtspflicht

Betreuungspersonen haben die Pflicht, dafür Sorge zu tragen, dass die ihnen anvertrauten Menschen weder selber Schaden nehmen noch anderen Personen (Dritten) Schaden zufügen.
Im Bereich der Kindertagesbetreuung delegieren die Eltern ihre Aufsichtspflicht zunächst für die Zeit der Betreuung an den Einrichtungsträger. Dieser wiederum kann dann eine Übertragung der Aufsichtspflicht an die Gruppenleitung bzw. die betreuenden Fachkräfte vornehmen. Einer Assistenzkraft bzw. einer Praktikantin in einem sozialen Beruf kann die Aufsichtspflicht übertragen werden, wenn beim Delegierenden die Einschätzung besteht, dass dies verantwortbar ist. Folgende Faktoren sind hierbei z. B. wichtig: Verantwortungsbewusstsein, Zuverlässigkeit und Erfahrung.
Wird die Aufsichtspflicht verletzt (fahrlässig oder vorsätzlich), kann dies sowohl zivilrechtliche als auch strafrechtliche und arbeitsrechtliche Folgen haben. Rechtlich zur Verantwortung gezogen wird hierbei die delegierende Person.

*Die Aufsichtspflicht sollte nur an verantwortungsvolle und erfahrende Mitarbeiterinnen übertragen werden.*

*Für die Ausstattung von Einrichtungen und das Verhalten in besonderen Situationen gibt es Vorschriften zur Unfallverhütung.*

Unfallverhütung ► S. 197

- Unfallverhütung

Mitarbeiterinnen in sozialen Einrichtungen haben die Pflicht, darauf zu achten, dass die von ihnen betreuten Menschen keinen Schaden nehmen (vgl. auch Aufsichtspflicht). Um die Gefahr von Unfällen gering zu halten, gibt es Vorschriften zur Unfallverhütung. In diesem Zusammenhang sind z. B. Brandschutzbestimmungen (Abb. 1) und Vorgaben zur Ausstattung der Einrichtungen zu nennen.

*Abb. 1 Hinweisschild in einer Einrichtung*

- Vertraulichkeit und Datenschutz

Grundsätzlich ist es unerlässlich, dass die Persönlichkeitsrechte der betreuten Personen gewahrt werden. Das bedeutet, dass keine personenbezogenen bzw. personenbeziehbaren Informationen ohne Einverständnis des Betroffenen an Dritte weitergegeben werden dürfen. Bei Kindern werden diese Rechte von den Eltern wahrgenommen. Personen, die unter Betreuung stehen, werden für Teilbereiche durch gesetzliche Vertreter in der Ausübung ihrer Rechte vertreten.

Schweigepflicht ► S. 129

In der Praxis bedeuten diese Vorgaben auch, dass Betreuungspersonen diese vertraulichen Daten auch nicht in privaten Gesprächen mit Freunden oder Familienangehörigen weitergeben dürfen.

*Vertrauliche Daten dürfen nicht an Dritte weitergegeben werden.*

## 2.2.4 Möglichkeiten der Weiterqualifizierung

Eine Ausbildung in einem sozialen Assistenzberuf kann ein Sprungbrett in weitere Berufe sein. Es gibt eine Vielzahl an Weiterbildungen und Qualifizierungsmöglichkeiten, um die eigene berufliche Kompetenz zu vertiefen, zu erweitern oder einfach eine höhere Qualifizierungsstufe zu erwerben (z. B. einen höheren Schulabschluss bzw. einen Studienabschluss).

*Auch im sozialpädagogischen Arbeitsfeld gibt es Möglichkeiten zur Weiterqualifizierung.*

Nach dem erfolgreichen Abschluss der Ausbildung in einem sozialen Assistenzberuf stehen z. B. folgende Möglichkeiten der Weiterqualifizierung zur Auswahl:

- Altenpflegerin (Ausbildung an einer Berufsfachschule bzw. Fachakademie)
- Heilerziehungspflegerin (Ausbildung an einer Fachschule bzw. Fachakademie)
- Erzieherin (Ausbildung an einer Fachschule bzw. Fachakademie)

Informationen, z. B. über die jeweils erforderlichen Zulassungsvoraussetzungen, die Ausbildungsstruktur und die Ausbildungsinhalte, erhalten Sie direkt bei den Ausbildungsstätten bzw. den Trägerverbänden oder der Arbeitsagentur.

Bei allen Möglichkeiten gilt, dass es keine einheitlichen Regelungen im Bereich der Fort- und Weiterbildung gibt. Es ist wichtig, sich über die Angebote, deren Struktur und inhaltliche Ausgestaltung im jeweiligen Bundesland zu erkundigen.

*Die Möglichkeiten zur Qualifizierung sind vielfältig und bundeslandabhängig unterschiedlich geregelt.*

*Internetseiten der Trägerverbände für Fort- und Weiterbildungen:*

- *www.berufenet.arbeitsagentur.de (Agentur für Arbeit)*
- *www.dbsh.de (Berufsverband für soziale Arbeit)*
- *www.awo.de (Arbeiterwohlfahrt)*
- *www.der-paritaetische.de (Deutscher Paritätischer Wohlfahrtsverband)*
- *www.caritas.de (Caritas / katholische Kirche)*
- *www.diakonie.de (Diakonisches Werk der evangelischen Kirche)*
- *www.zwst.de (Zentralwohlfahrtsstelle der Juden)*

Berufsfeldbezogene Fortbildungen werden von vielen Einrichtungsträgern (z. B. den Wohlfahrtsverbänden), aber auch von freien Anbietern konzipiert. Es ist hier sinnvoll, sich im Vorfeld genau zu informieren.

## 2.3 Soziale Arbeit – „Ein Tätigkeitsfeld mit Zukunft“

Auf Grund der Veränderungen in der Altersstruktur der Bevölkerung in Deutschland kommt den Berufen in der sozialen Arbeit eine immer größer werdende Bedeutung zu.

*Die Bevölkerungsentwicklung hat auch Auswirkungen auf die soziale Arbeit.*

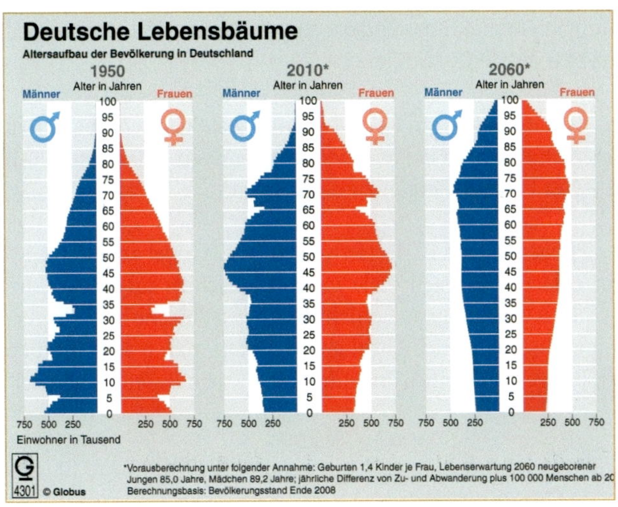


Die Zahl der Kinder geht zurück und gleichzeitig wächst ihre Bedeutung für die Gesellschaft. Kinder werden seltener und damit kostbarer. Deutlich ablesbar ist dieser Trend am Ausbau und an der Verbesserung der frühkindlichen Betreuung und Bildung sowie an politischen Entscheidungen zur Reform der schulischen Ausbildung.

## Krippenkinder kommen öfter aufs Gymnasium

Von Katrin Schmiedekampf

Die Bildungschancen von Kindern steigen deutlich, wenn sie in eine Krippe gehen. Gerade benachteiligte Familien profitieren, zeigt eine neue Studie. Die klare Botschaft: Schluss mit den „Rabenmütter"-Schmähungen, gute Kinderbetreuung lohnt sich – auch für den Staat.

„Was? Dein Kind ist nicht mal zwei Jahre alt und geht schon in die Krippe?" Diesen Satz muss die Osnabrücker Studentin Yasmin (Name wurde von der Redaktion geändert) sich immer wieder anhören. Viele ihrer Freunde und Bekannten können einfach nicht verstehen, dass die 23-Jährige ihren kleinen Sohn schon so früh in fremde Hände gibt – nur weil sie studieren will. Und schon gilt Yasmin als Rabenmutter: Es schade doch dem Kind, für mehrere Stunden am Tag von seiner Mama getrennt zu sein.

Wirklich? Eine neue Untersuchung zeigt: Es schadet nicht, es nützt. Denn Kinder, die eine Krippe besuchen, haben später deutlich höhere Bildungschancen. Das ergab eine Studie im Auftrag der Bertelsmann-Stiftung. Schweizer Forscher untersuchten die Bildungskarrieren von über tausend Kindern, die zwischen 1990 und 1995 in Deutschland geboren wurden. Sie waren alle zwischen wenigen Monaten und drei Jahren alt. (...)

(Mit Material von AP und dpa)

Quelle: www.spiegel.de/schulspiegel/0,1518,539032,00.html; download am 01.02.2009

Eine zweite Konsequenz aus der Umkehrung der Alterspyramide ist die zunehmende Zahl von alten und beeinträchtigten Menschen, die auf Unterstützung in der täglichen Lebensführung angewiesen sind. Daraus resultiert ein zunehmender Bedarf an qualifizierten Mitarbeiterinnen im Bereich der Pflege und sozialpflegerischen Betreuung. Durch eine deutlich gestiegene Lebenserwartung erhöht sich auch die Zahl der Menschen mit verschiedenen, teilweise altersbedingten Krankheiten (Multimorbidität). Das Betreuungspersonal muss entsprechend gut ausgebildet sein und sich regelmäßig fortbilden bzw. weiterqualifizieren.

*Der Bedarf an qualifizierten Mitarbeitern in allen Feldern der sozialen Arbeit wird auch langfristig steigen.*

Die Berufe in der sozialen Arbeit werden auf Grund des stetig steigenden Bedarfs zu den „Zukunftsberufen" gezählt, in denen auch in den kommenden Jahrzehnten mit einer deutlichen Zunahme von Erwerbstätigen zu rechnen ist.

Nachwuchsmangel ► S. 22

Besonders im Bereich der Pflege warnen Experten vor einem Mangel an gut ausgebildetem Personal. Nicht zuletzt, weil sich viele junge Menschen auf Grund der häufig sehr belastenden Arbeitssituation (z. B. Schichtdienst, psychische und körperliche Belastungen, Zeitmangel) in den Einrichtungen der stationären und bei den Anbietern der ambulanten Pflege gegen eine Ausbildung in diesem Bereich entscheiden.

Gerade um die Situation im Arbeitsfeld zu verbessern, ist es notwendig und sinnvoll, kompetente und engagierte Mitarbeiterinnen auszubilden, die eine professionelle Betreuung und Unterstützung von Menschen aller Altersstufen gewährleisten. Nur so kann sich die Situation in der sozialen Arbeit langfristig positiv verändern.

Gesundheit erhalten ► S. 202

Für die eigene Gesunderhaltung ist es wichtig, sich mit den Themen „Selbstpflege" und „gesunde Lebensführung" zu beschäftigen, um den Herausforderungen im Beruf auch langfristig gewachsen zu sein.

# Zum Weiterarbeiten in den Arbeitsbüchern

| Betreuung und Pflege von alten Menschen und Menschen mit Behinderung | | | |
|---|---|---|---|
| | **Schwerpunkt** | **Lernsituation** | **Seite** |
|  | • Berufswahlmotive<br>• Hautbeobachtung<br>• Ekel<br>• Respekt | „Schau dir mal den verkrüppelte Zeh an" | 20 |
|  | • Umgang mit Erwartungen<br>• Vereinbarkeit von Dienstzeiten und Privatleben<br>• Schweigepflicht<br>• Einsatzort Krankenhaus | „Mein Start" | 29 |

| Betreuung und Pflege von Kindern, Jugendlichen und Familien | | | |
|---|---|---|---|
| | **Schwerpunkt** | **Lernsituation** | **Seite** |
|  | • eigene Biografie<br>• Berufswahl und berufliches Handeln<br>• berufliche Perspektiven<br>• Weiterbildung | „Und nach der Ausbildung will ich Erzieherin werden" | 08 |
|  | • Bewerbung um einen Praktikumsplatz<br>• Träger von Einrichtungen<br>• Frauen und Männer im sozialen Arbeitsfeld | „Und nun soll ich mich auch noch auf dem Elternabend vorstellen" | 15 |
|  | • Berufsrolle, Praktikantenrolle<br>• Tageseinrichtungen für Kinder<br>• rechtliche und organisatorische Rahmenbedingungen | „Was darf ich und was nicht?" | 25 |

# 3. Lern- und Methodenkompetenz – „Mit der richtigen Technik leichter lernen“

## 3.1 Lernen als Verknüpfung von Erfahrung und Wissen – „Was ist Lernen eigentlich?“

Gelernt wird in vielen Situationen und in jedem Alter. Das Lernen beginnt schon vor der Geburt. Kinder haben eine natürliche Neugierde. Jeder Tag bietet viel Neues. Und je spannender eine Information ist, desto besser können Menschen jeden Alters sich diese merken. Die Gehirnstruktur von älteren Menschen kann sich durch kontinuierliche Lernvorgänge ändern. Viele ältere Menschen haben ein hervorragendes Gedächtnis, aber oft eine abnehmende Erinnerungsfähigkeit an Vorgänge in der Gegenwart.

*Lernen ist abhängig von Emotionen, Motivationen und Lernbedingungen.*

Was wir beim Lernen aufnehmen und wie tief es sich einprägt, hängt von unterschiedlichen Bedingungen ab. Emotionen, Motivation und Lernbedingungen tragen ebenso dazu bei, ob wir uns etwas merken, wie die Struktur unseres Gedächtnisses. Hierbei lassen sich zwei Formen des Gedächtnisses unterscheiden:

- das explizite Gedächtnis, das bewusst erinnertes Sachwissen speichert, und
- das implizite Gedächtnis, das Verhalten und Handlungswissen speichert, das wir manchmal einsetzen können, ohne es beschreiben zu können (so können wir auch nach Jahren Pause schnell wieder Fahrrad fahren).

## Der Lernprozess und das Gehirn

Die Speicherung und Verarbeitung von Informationen findet im Gehirn statt. Es befindet sich in einem stetigen und sehr aktiven Prozess der Informationsaufnahme und -verarbeitung. Wie bei einem Computer wird laufend umorganisiert, abgespeichert und verlinkt. Dieser Prozess ist uns meist nicht bewusst und kann nur anhand seiner Ergebnisse – also dessen, was wir wissen oder können – nachvollzogen werden, sei es im Alltag oder bei einer Prüfung. Das Gehirn speichert Gelerntes ab. Je besser es trainiert ist, desto leichter gelingt ihm die Speicherung. Durch Übung und Wiederholung von Lerninhalten steigert sich die Geschwindigkeit der Informationsverarbeitung im neuronalen Netzwerk über die Synapsen. Wie beim Sport kann auch hier zu viel Lernen zu einer Überlastung führen, sodass Pausen zur Erholung des Gehirns notwendig sind.

*Im Gehirn findet die Verarbeitung und Speicherung von Informationen statt.*

Gehirn ► S. 318
Wiederholung ► S. 46
Neuronen ► S. 313
Synapsen ► S. 313
Lernpausen ► S. 44

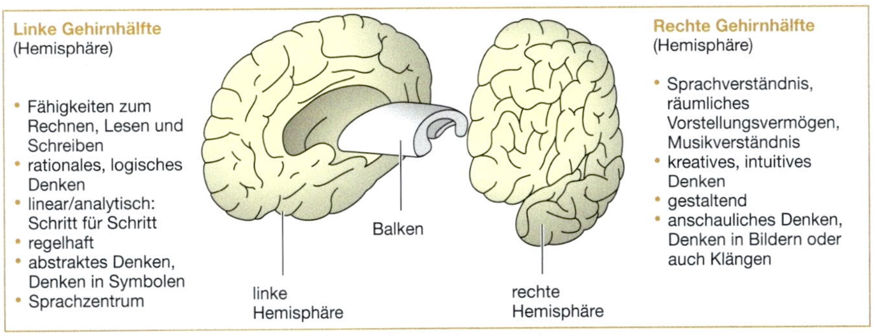


*Abb. 1 Linke und rechte Gehirnhälfte mit ihren Schwerpunkten*

Das Organ Gehirn ist ein komplexes Netzwerk mit zwei symmetrischen Großhirnhälften. Diese stehen durch den Balken mit seinem massiven Netzwerk aus Nervenfasern miteinander in Verbindung und tauschen Informationen aus. Bei der Informationsverarbeitung übernehmen sie unterschiedliche Aufgaben: Die linke Hälfte ist bei den meisten Menschen vorrangig für begriffliches Denken und die rechte eher für das bildhaft-schöpferische Denken zuständig.

*Die beiden Großhirnhälften sind für unterschiedliche Denkprozesse zuständig.*

Die Verknüpfung und Nutzung der sich ergänzenden Gehirnhälften ist bei jedem Menschen anders. Das wirkt sich auch auf die Wahrnehmung (hören, riechen, schmecken, tasten) aus und führt zu individuellen Lernstilen. Für alle Menschen gilt, dass beim Lernen beide Gehirnhälften aktiviert werden sollten, um das Lernen zu verbessern.

Wahrnehmung ► S. 117

| Menschen mit einer Linkshirndominanz … | Menschen mit einer Rechtshirndominanz … |
| --- | --- |
| • können sich sprachlich gut ausdrücken.<br>• können sehr gut mit Symbolen (Zahlen, Buchstaben, Rechenzeichen) umgehen.<br>• sammeln alle ihnen verfügbaren Fakten, bevor sie eine Entscheidung fällen.<br>• haben eine große Sachkenntnis.<br>• können ihre Gedanken gut zu Papier bringen.<br>• beginnen eine Sache gradlinig von Anfang an, bleiben dabei, bis sie ein logisches Ergebnis haben. | • lassen sich eher von ihren Gefühlen leiten.<br>• haben eine große Fantasie.<br>• schweifen während eines Vortrages schnell mit den Gedanken vom Thema ab, besonders wenn der Vortragende sein Thema nicht visualisiert.<br>• werden von Mustern, Farben und Formen stark angesprochen.<br>• verstehen Körpersprache, erfühlen Gedanken.<br>• müssen Dinge anfassen bzw. eine Sache tun, damit sie sie verstehen. |

## 3.2 Informationen strukturieren – „Das Lernen vorbereiten"

### 3.2.1 Informationen sammeln

Als Grundlage zur Unterrichtsvorbereitung dient das in der jeweiligen Schule gängige Lehrbuch. Es reicht häufig nicht aus, sich auf eine einzige Quelle zu konzentrieren. Bei Bedarf sollte Fachliteratur hinzugezogen werden. Um die richtige Literatur zu finden, gibt es im Unterricht und in Lehrbüchern Literaturhinweise oder Empfehlungen.

*Fachinformationen bekommen Sie z. B. in der Bibliothek, im Internet oder durch Gespräche mit Experten.*

Informationsquellen zur Sammlung von Informationen sind z. B.:
- ausbildungsspezifische Literatur
- Fachbücher
- Zeitungs- und Zeitschriftenartikel
- Internet
- Experten, Lehrende und Kolleginnen

Fachbücher und -zeitschriften finden Sie z. B. in Bibliotheken. Fachtexte können auch im Internet recherchiert werden.

**Recherche in Bibliotheken**

Bevor die Suche in einer Bibliothek beginnt, ist es gut zu wissen, was genau gesucht wird und wie die Bibliothek sortiert ist. Die Mitarbeiter von Bibliotheken unterstützen dann die gezielte Suche. Generell gilt:
- Zum Einstieg in eine Thematik eignet sich ein Fachlexikon oder eine Enzyklopädie (Abb. 1).
- Für aktuelle Informationen oder Vertiefung in Spezialthemen kann man Fachzeitschriften oder aktuelle Zeitungsartikel nutzen.
- Für grundlegende Auseinandersetzungen über ein bestimmtes Thema benötigt man Fachliteratur und Originalliteratur.

*Abb. 1 Enzyklopädien und andere Nachschlagewerke erleichtern den Einstieg in die Recherche.*

Wenn Sie sich entscheiden wollen, ob es sich lohnt, ein Buch oder einen Aufsatz zu lesen, werfen Sie einen ersten Blick auf den Umschlag: Die Klappentexte sind meist kurze Zusammenfassungen. Hilfreich ist, wie bei Fachartikeln auch, der Blick auf das Inhaltsverzeichnis oder die Gliederung.

Wenn spezielle Literatur benötigt wird, stehen in den Bibliotheken unterschiedliche Kataloge zur Verfügung:
- Autorenkataloge, wenn der Autor bereits bekannt ist
- Sachkataloge, um Texte zu einem bestimmten Themengebiet, Stichwort oder Schlagwort zu finden

*Abb. 2 Online-Katalog*

Die Kataloge sind inzwischen meist digitalisiert, sodass wie in Suchmaschinen im Internet mit Stichwörtern gesucht werden kann (Abb. 2). Dies kann häufig auch „online" von zu Hause aus geschehen.

Quellenangaben der Fachliteratur werden folgendermaßen angelegt:
- Autor
- Titel
- evtl. Zeitschrift mit Jahrgang (Publikationsjahr) und Heftnummer,
- Verlag mit Ort, Erscheinungsjahr
- Seitenzahl

Bsp: Kiphard, Ernst: Wie weit ist ein Kind entwickelt?; Verlag Modernes Lernen, Dortmund, 2006, S. 53

**Informationen aus dem Internet**
Im Internet finden Sie Unmengen von Texten. Diese sind von sehr unterschiedlicher Qualität. Es gibt keine Kontrollsysteme, die die Qualität von Dokumenten automatisch überprüfen. Experten gehen davon aus, dass ca. 90 % der Informationen im Internet als Datenmüll bezeichnet werden können. Deshalb reicht ein oberflächliches Surfen nicht aus.

Um zu verhindern, dass Dinge gelernt werden, die falsch oder veraltet sind, gilt es zuverlässige Daten zu finden. Durch die richtigen Suchbegriffe kann die Menge an Treffern gesteuert und reduziert werden. Um die gefundenen Dateien verwenden zu können, müssen sie kritisch beurteilt werden. Das kann länger dauern als die Suche selbst, ist jedoch in jedem Falle notwendig und kann trainiert werden.

Formale Kriterien wie die Frage nach der Herkunft der Texte, den Autoren und deren Zielen können helfen, die Menge an zu lesenden Texten zu reduzieren. Sie wirken wie ein Filter, der Brauchbarkeit und Qualität überprüft.

***Mit bestimmten Kriterien kann die Brauchbarkeit und Qualität von Texten überprüft werden.***

| Überprüfungskriterien | Erläuterung der Kriterien (die Bewertung und Gewichtung der Antworten hängt davon ab, wofür Sie den Text benötigen) |
|---|---|
| Herkunft des Textes | Kann durch die Herkunft erschlossen werden, wie gut der Text ist? Texte aus Bibliotheken oder Zeitschriften sind bereits überprüft. Texte auf Homepages von Universitäten und wissenschaftlichen Instituten lassen meist auf eine hohe Qualität schließen. |
| erster Eindruck | Wie brauchbar und interessant erscheint die Seite, der Text? Prüfung der Struktur: Aufbau und Übersichtlichkeit, Überschriften. |
| Zielgruppe | Ist der Text bzw. die Seite für Laien, Fachpersonen oder Freunde verfasst? Ist es ein Angebot, mit dem Geld verdient werden soll? |
| Inhalt | Sind die beschriebenen Informationen für die Fragestellung wichtig und glaubwürdig? |
| Verständlichkeit | Wie verständlich und wie gut nutzbar ist der Text? |
| Aktualität | Wie aktuell sind die Daten des Dokumentes? |
| Fachkenntnis | Wer ist für den Inhalt der Seite verantwortlich? Welche Erfahrungen können die Verfasser vorweisen? Welches Ziel verfolgen sie? Welcher Institution gehören sie an? |
| Objektivität | Wie klar und fundiert ist die Meinungsbildung der Verfasser? Werden unterschiedliche Aspekte, Ansichten und Informationsquellen, Literaturangaben und Verweise erbracht? |
| Glaubwürdigkeit | Wie glaubwürdig sind die Inhalte und Zusammenhänge? Welche Quellen wurden verwendet? |
| visuelle Darstellung | Wie sind die Inhalte aufbereitet? |
| Verlinkung | Mit welchen Internetseiten sind die Inhalte verknüpft und was sagt das über die Inhalte aus? |

Achten Sie darauf, dass Sie immer mehrere Quellen miteinander vergleichen. Die Quellen können außerdem ergänzt und gegenübergestellt werden.

### 3.2.2 Informationen verarbeiten

*Zwischenüberschriften, Signalwörter und Randbemerkungen helfen, erste Informationen über den Text zu bekommen.*

**Umgang mit Fachliteratur (Lese- und Markierungstechniken)**
Beim Lesen werden die wichtigsten Inhalte und Aussagen herausgefiltert. Wenn nach einem Blick auf den Klappentext und das Inhaltsverzeichnis klar ist, welche Kapitel notwendige Informationen enthalten, können diese erst einmal überflogen werden. Dabei helfen Zwischenüberschriften, Randbemerkungen, Signalwörter sowie erläuternde Zeichnungen, Bilder und Diagramme. Dann wird entschieden, welche Beiträge genauer gelesen werden.

**!** Beim Markieren, z. B. mit einem Textmarker, oder beim Herausschreiben aus Texten gilt „weniger ist mehr“. Wenn mehr als 20 % des Textes markiert sind, wird es unübersichtlich. Das Markieren eines Textes gilt natürlich nur für Kopien des Textes oder eigene Materialien.

**Fünf-Schritt-Lese- und -Erarbeitungstechnik**

1. Verschaffen Sie sich einen Überblick: Überfliegen Sie den Text mit Blick auf Kapitelüberschriften, Untertitel, Zusammenfassungen oder Hervorhebungen im Fließtext.

2. Stellen Sie Fragen: Sammeln Sie, was Sie speziell am Text interessiert, z. B. die zentralen Aussagen der Verfasser, das Neue, was diese beschreiben.

3. Nehmen Sie Detailinformationen auf: Lesen Sie den Text mit einer Zielsetzung: Markieren oder notieren Sie Kernaussagen, überlegen Sie, ob Sie den Text verstanden haben, und schlagen Sie Fachwörter nach.

4. Überdenken Sie, was wichtig ist, und fassen Sie es zusammen: Notieren Sie in Stichworten das Wesentliche, um so Informationen sinnvoll zu reduzieren und zu fixieren.

5. Bearbeiten Sie den Text nach und reflektieren Sie ihn unter Fragestellungen wie: „Was wurde Neues erarbeitet?“, „Welche Zusammenhänge konnten erschlossen werden?“, „Was ist für mich besonders wichtig?“.

**Dokumentieren von Fachinformationen**
Die Dokumentation von Fachinformationen erfolgt z. B. durch:

1. Mitschriften und Protokolle in der Schule
   Mitschriften im Unterricht oder bei einer Gruppenarbeit sind ein erster Schritt der Informationsverarbeitung. Deshalb werden sie nach bestimmten Regeln verfasst. So geht es nicht darum, jedes Wort zu Papier zu bringen, sondern aktiv zu entscheiden, welche Information wichtig ist. Je übersichtlicher und strukturierter die Mitschrift, desto hilfreicher ist sie. Notieren Sie auf übersichtlichen karierten DIN-A4-Blättern auch offene Fragen. Mitgeschrieben werden Informationen,
   - die evtl. nur an dieser Stelle in dieser Form vermittelt werden,
   - auf die die Vortragenden ihre Betonung legen,
   - die für den eigenen Lernprozess oder bestimmte Themengebiete, mit denen man sich auseinandersetzt, relevant sind,
     - wie Grundaussagen, Schwerpunkte, Fachbegriffe und Definitionen,
     - wie wesentliche Argumente, die die Sprechenden zu ihrer Sicht veranlassten,
     - wie Daten, die das Dargestellte unterstreichen und untermauern,
     - wie Entscheidungen, die gefällt wurden, und Arbeitsaufträge.

2. Sitzungs- und Arbeitsprotokolle
   Bei Protokollen von Sitzungen oder Gruppenarbeiten wird neben den Namen der Anwesenden und den wesentlichen Inhalten notiert, wer welche Aufgaben übernommen hat und bis wann diese zu erledigen sind. Außerdem werden Beschlüsse festgehalten. Ein Ergebnisprotokoll enthält nicht jeden einzelnen Schritt der Sitzung, sondern die wesentlichen Beiträge, Erkenntnisse und Pläne in Stichpunkten oder Sätzen. Das muss im Gegensatz zum Verlaufsprotokoll nicht streng chronologisch geschehen, sondern kann nach einer inhaltlichen Logik angeordnet sein. Das Protokoll wird häufig als Einstieg in die nächste Sitzung besprochen. Fehler oder Missverständnisse werden umgehend verbessert.

Modul: Pflegequalität
Gruppe: POL A
Moderation: Peter

Datum: 12.06.2004
Protokollantin: Frauke

**PROTOKOLL**

**Vorbereitung der nächsten Gruppenarbeit: Qualität messen**

- *Brainstorming zur Frage:* Was ist ein Indikator?
  - zeigt etwas an (Chemie - Lackmuspapier),
  - etwas sehr Konkretes/etwas Messbares
  - objektiv
  - ein Teil von etwas Gesamtem
  - über Indikatoren ist die Messung eines Konstruktes möglich, Indikatoren müssen das Konstrukt genau wiedergeben,
  - Indikatoren „sind direkt wahrnehmbare Phänomene, mit deren Hilfe man begründet auf das Vorliegen der nicht unmittelbar wahrnehmbaren Phänomene schließen zu dürfen glaubt“ (Lamnek, 1993).

- *Brainstorming zur Frage:* Was sind Indikatoren für Pflegequalität:
  - Indikatoren müssen richtig definiert sein, ...
    Während Brainstorming taucht die Frage auf: Ist die Anzahl der Stürze eher ein Indikator für Pflegequalität oder eher ein Kriterium?
  - Bsp: Pflegequalität anhand von Sturzereignissen
  - Merkmal: Sicherheit
  - Kriterium: Sturz, gibt aber auch noch andere, z.B. Vermeidung von Infektionen
  - Indikatoren: Anzahl der Stürze, Anzahl der OSH-Frakturen
  - Fazit der Gruppe: ja, Anzahl der Stürze ein Indikator für Pflegequalität

- *Diskussion der Fragen:*
  - Ist es sinnvoll, die Anzahl der Stürze als Indikator für Pflegequalität zu nehmen?
    Meinungen:
    - gewagt, nur dies allein zu sehen
    - Sturzereignis ist Outcome, Outcome ergibt sich aus Struktur und Prozess, daher leistet Heim mit wenigen Stürzen gute Pflege
    - kann man nicht von Risikofaktoren trennen (Bsp. ein Heim hat nur 3 Risikopersonen, ein anderes hat 50 Risikopersonen)
    - ist ein wichtiger Indikator, aber es gibt auch noch andere, die berücksichtigt werden müssen
    - Welche Gefahren verbergen sich hinter dieser Outcome-Orientierung?
    - Welche anderen Indikatoren werden für die Messung von Pflegequalität noch zu Grunde gelegt?
    - Wie kann man (Prozess)Qualität messbar machen?
    - Welche Merkmale, Kriterien und Indikatoren sind geeignet, um Pflegequalität messbar zu machen?

3. Schriftliche Praktikumsberichte
   Praktika geben Gelegenheiten zur berufsbezogenen Orientierung und zur Reflexion persönlicher Voraussetzungen, Interessen und Lernerfolge sowie von Problemen des Arbeitens in einem institutionellen Rahmen. Dies wird in einem Praktikumsbericht aufgearbeitet. Inhalte und Länge von Praktikumsberichten variieren und hängen z. B. von der Dauer des Praktikums ab.

Häufig wiederkehrende Inhalte eines Praktikumsberichtes sind:

- Deckblatt
- Inhaltsverzeichnis
- Praktikumsbescheinigung,
- Kurzbeschreibung der Praktikumsinstitution (z. B. Aufgabenstellung, Kontaktpersonen, Ziele, Zielgruppe, Größe, Personalstruktur, Träger, Besonderheiten)
- Begründung der Praktikumsauswahl
- Beschreibung der Praktikumsaufgaben
- persönliche Erfahrungen
- Reflexion von Lernergebnissen, Erkenntnissen, erworbenen Kompetenzen, aber auch von Problemen in der Aufgabenerfüllung
- offene Fragestellungen, selbst gestellte Aufgaben für kommende Einsätze oder andere Konsequenzen für das persönliche Handeln
- evtl. Literatur- oder Quellenverzeichnis

*Abb. 1 Das Verfassen von Praktikumsberichten dient der Aufarbeitung und Vertiefung des Lernprozesses.*

# 3.3 Lernen organisieren – „Wie kriege ich das alles in meinen Kopf?“

## 3.3.1 Zeitmanagement beim Lernen

**Leistungskurve und Biorhythmus**

Konzentrationsfähigkeit und Leistungsbereitschaft eines Menschen sind abhängig von Gewohnheiten und vom persönlichen Biorhythmus. So gibt es Nachteulen oder Morgenmuffel, während andere frühmorgens ihre bevorzugten Lernzeiten haben.

**!** Forschungen zufolge liegen gemeinsame Leistungshochs gegen 11:00 Uhr und um 16:00 Uhr. Leistungstiefs um 8:00 Uhr und um 14:00 Uhr sowie nachts gegen 2:00 Uhr. Beobachten Sie Ihren eigenen Rhythmus, wählen Sie danach für Sie günstige Lernzeiten aus.

*Lernzeiten sollten eingeplant und in einem festen Zeitplan notiert werden.*

**Zeit- und Arbeitspläne**

Wann immer möglich, sollten feste Lernzeiten geplant werden. In einem Zeitplan wird notiert, wann und wie viel Zeit für die Ausbildung (Theorie oder Praxis) nötig ist und welche anderen Termine in einer typischen Woche ihren Raum bekommen. In einer Art Stundenplan (Abb. 1) ist auf den ersten Blick zu erkennen, wo sich noch Freiräume zum Lernen finden. Bei der Entscheidung für eine Lernzeit wird die persönliche Leistungskurve beachtet. Schon bei der Planung kann mit bedacht werden, dass beim Lernen vom Einfachen zum Schwierigen übergegangen wird. Der Stoff wird gegliedert, um nicht zu große Lernmengen auf einmal aufnehmen zu müssen. Um die Ermüdung hinauszuzögern, wird zwischen Stoffgebieten und Tätigkeiten gewechselt. Arbeits- und Erholungsphasen werden klar getrennt.

| | Montag | Dienstag | Mittwoch | Donnerstag | Freitag | Samstag | Sonntag |
|---|---|---|---|---|---|---|---|
| 8.00 – 10.00 | Schule | Schule | Praxistag | | Schule | Arbeiten | |
| 10.00 – 12.00 | | | | Schule | | | |
| 12.00 – 14.00 | ↓ | | | | ↓ | ↓ | |
| 14.00 – 16.00 | Pause | ↓ | | | Lerngruppe | Pause | LERNEN |
| 16.00 – 18.00 | LERNEN | Sport | ↓ | ↓ | Sport | LERNEN | Sport |
| 18.00 – 20.00 | Arbeiten | LERNEN | Pause | Pause | Pause | LERNEN | ↓ |
| 20.00 – 22.00 | ↓ | LERNEN | ↓ | LERNEN | LERNEN | | LERNEN |
| Σ möglicher Lernzeiten | 2h | 4h | 0h | 2h | 4h | 4h | 4h |

*Abb. 1 Wochenarbeitsplan vor einer großen Prüfung*

**Pausen**

Gehirn ► S. 318

Wenn die Gedanken in die Ferne schweifen, erholt sich das Gehirn für einen Moment und speichert die neuen Informationen ab. Bewusst einzuplanen sind:

- kleine Pausen von 3–5 Minuten nach ca. 30 Minuten
- Entspannungspausen möglichst außerhalb des Arbeitszimmers von 15–20 Minuten nach 90 Minuten
- ausführliche Erholungspausen mit einer völlig anderen Tätigkeit (1–3 Stunden) nach ca. 4 Stunden Lernarbeit

### 3.3.2 Lerntypen und Lernkanäle

So wie jeder Mensch seine individuelle biologische Leistungskurve hat, gibt es auch verschiedene Lerntypen. Das bedeutet, dass ein Mensch auf einem bestimmten Lernkanal Informationen besser verarbeiten kann als auf einem anderen Lernkanal. Man unterscheidet:

- Lernkanal „Hören": Dieser Lerntyp kann sich Informationen durch Hören (z. B. einen Vortrag über den Aufbau des Herzens) besonders gut merken.
- Lernkanal „Lesen": Dieser Lerntyp kann sich Informationen durch Lesen (z. B. das Lesen eines Kapitels über den Aufbau des Herzens) besonders gut merken.
- Lernkanal „Sehen": Dieser Lerntyp kann sich Informationen durch Sehen (z. B. eine Abbildung des schematischen Aufbaus des Herzens) besonders gut merken.
- Lernkanal „Tasten": Dieser Lerntyp kann sich Informationen durch Anfassen (z. B. das Anfassen der einzelnen Teile des Herzens bei einem Modell) besonders gut merken.

Letztlich sind alle Menschen Mischtypen und es empfiehlt sich, beim Lernen möglichst viele Sinne anzusprechen, das heißt die Lernkanäle miteinander zu kombinieren. So könnten Sie z. B. während der Betrachtung von Grafiken das Gesehene laut beschreiben.

Sinnesorgane ▸ S. 314

### 3.3.3 Lerntechniken und Arbeitsmethoden

**Konzentration**

Konzentrationsfähigkeit kann geübt werden. Nicht immer ist es leicht, alle Nebengedanken und Störfaktoren auszublenden und sich ganz und gar auf eine Sache zu konzentrieren. Um sich konzentrieren zu können, ist ein gedankliches und emotionales Einlassen auf die Aufgabe notwendig. Eine positive Haltung zum Lernprozess und zur eigenen Leistungsfähigkeit sowie die weitestmögliche Befreiung von Zeitdruck sind wichtige Helfer. Wenn wir an uns glauben, verbessern sich unsere Ergebnisse. Ein klares Lernziel vor Augen hilft, die Aufgabenstellung und den Weg, es zu erreichen, zu erfassen. Nach dem Motto: Wer das Ziel nicht kennt, für den ist kein Weg der richtige. Frustrationen können vermieden werden, wenn schon zu Beginn klar ist, dass der Lernprozess seine Zeit dauern wird, deshalb aber keineswegs aussichtslos ist. Wenn der Stoff in kleine Etappen geteilt wird, ist jeden Tag ein Erfolgserlebnis möglich.

*Die Fähigkeit zur Konzentration ist Voraussetzung für gutes Lernen und kann geübt werden.*

Achten Sie darauf, dass Sie nicht dort lernen, wo Sie schlafen oder Ihre Freizeit verbringen. Lernen Sie nicht neben dem laufenden Fernseher, denn wie soll Ihr Gehirn sonst wissen, worauf es sich gerade konzentrieren soll? Organisieren Sie Ihren Arbeitsplatz übersichtlich (Abb. 2) und versuchen Sie, Ablenkungen zu reduzieren. Wenn Sie nun noch ausreichend schlafen, frische Luft tanken und auf eine ausgewogene und regelmäßige Ernährung samt ausreichender Flüssigkeitszufuhr achten, fällt Ihnen das Lernen bestimmt schon leichter.

*Abb. 2 Konzentrationsfördernder Arbeitsplatz*

*Um die Konzentrationsfähigkeit zu trainieren, kann man verschiedene Gedächtnistechniken anwenden.*

**Gedächtnistechniken**

Ein Training der Konzentrationsfähigkeit ist in jedem Alter möglich, ja notwendig. Hierzu gibt es unterschiedliche Techniken:

- **Eselsbrücken**

Eselsbrücken sind Merksprüche, -sätze, -worte, Reime und Rhythmen, die mit Bildern und Symbolen arbeiten. Gerade wenn die Sprüche witzig oder auch irrsinnig sind, bleiben sie im Gedächtnis. Es kommt darauf an, kreativ zu sein. Die fettlöslichen Vitamine E, D, K und A lassen sich z. B. mit dem Namen der Lebensmittelkette EDEKA merken.

- **Wiederholung**

Damit der Stoff abrufbar bleibt, gilt es bei der Wiederholung des Lernstoffes auf bestimmte Rhythmen zu achten. Wiederholt wird

1. kurz nach der ersten Aufnahme der neuen Informationen,
2. am darauffolgenden Tag, meist für wenige Minuten, da der Inhalt noch präsent ist,
3. nach etwa einer Woche,
4. nach etwa einem Monat.

Eine sinnvolle und wenig anstrengende Wiederholung ermöglicht ein Gespräch mit Freunden über den Lernstoff.

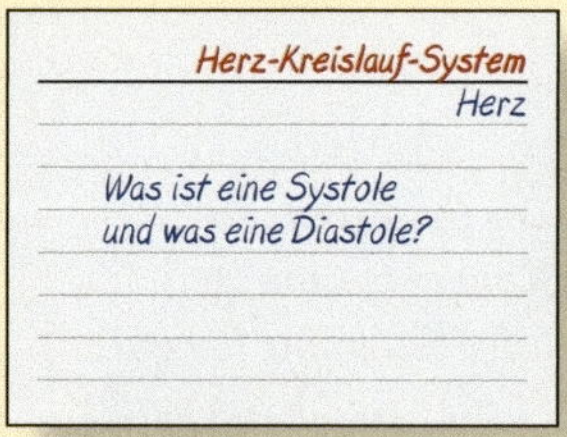


*Abb. 1 Mögliche Gestaltung einer Karteikarte*

- **Lernkartei**

Wenn eine große Menge an neuen Begriffen gelernt werden soll, kann neben einem Vokabelheft eine Lernkartei (Abb. 2)angelegt werden.
Die übliche Form der Karteikarten ist DIN A 6, zum Vokabellernen können sie auch kleiner sein. In der Kopfzeile der Karte (Abb. 1) werden Fachgebiet und Thema (evtl. mit Nummerierung) eingetragen, auf der Vorderseite z. B. eine Frage oder ein Fremdwort und auf der Rückseite die Antwort bzw. die Übersetzung. Als Aufbewahrungs- und Sortierungssystem kann ein Karteikasten genutzt werden.

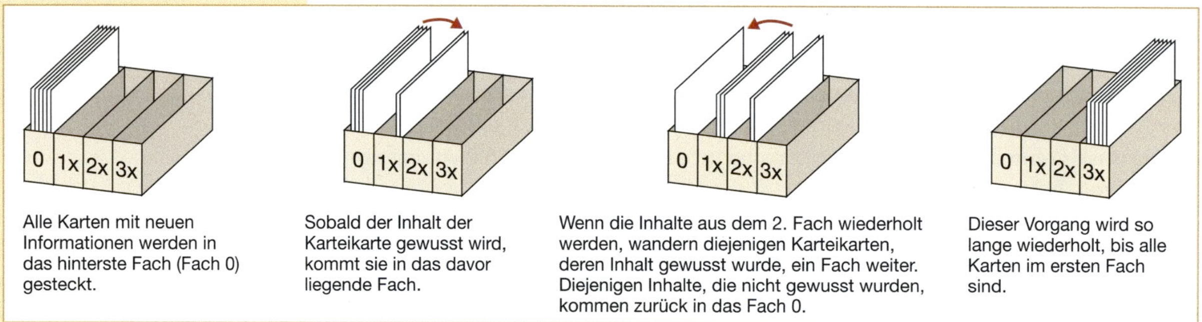


*Abb. 2 Lernkartei*

- **Assoziationskette**

Die Methode hilft, sich Begriffe in einer bestimmten Reihenfolge zu merken. Begriffe werden verbildlicht und immer zwei Bilder miteinander verknüpft.

> Schülerin Magda will sich die Begriffe Selbstpflege und aktives Zuhören einprägen. Sie stellt sich vor, wie sie sich die Zähne putzt (sich selbst pflegt) und dabei aktiv ihrer Zahnbürste zuhört, die Magda von ihren Erlebnissen erzählt.

- **Chunking (Neuordnen und Klumpen bilden)**

Es ist dem Gedächtnis nicht möglich, eine unüberschaubare Menge an neuen Informationen innerhalb einer kurzen Zeit aufzunehmen. Deshalb gilt es diese so zu bündeln, dass die Anzahl von Einzelinformationen reduziert wird.
Es ist nicht ganz leicht, eine Zahlenreihe wie die folgende auswendig zu lernen: 3 6 5 0 0 7 2 9 2. Mit der zusätzlichen Vorstellung, soeben 365 Millionen und 7 292 Euro im Lotto gewonnen zu haben, würde dies wahrscheinlich leichterfallen.
Unabhängig von der verständlichen emotionalen Reaktion auf eine solche Mitteilung hat das einfachere Merken an dieser Stelle auch damit zu tun, dass die Information neu geordnet und als ganze aufgenommen wird. Die Zahlen werden in Gruppen (Chunks) zusammengefasst und erhalten so eine zusätzliche Bedeutung.

*Beim Chunking werden Informationen gebündelt und so die Anzahl von Einzelinformationen reduziert.*

> Pflegeassistent Chris möchte sich die Telefonnummer einer Praktikumsstelle merken, da er gerade nichts zu schreiben dabei hat. Er bildet aus den Ziffern 86492337 „Zweierpäckchen“ (Chunks) und merkt sich 86-49-23-37. Damit reduzieren sich die Einzelinformationen also von 8 Zahlen auf nur 4 Zahlen und Chris kann sich die Telefonnummer leichter merken.

- **Mindmapping**

Gedankenlandkarten ähneln den Verknüpfungen unseres Gehirns und helfen, schwierige Zusammenhänge klar darzustellen. Der Vorteil von Mindmaps ist, dass bei ihrer Entwicklung beide Gehirnhälften aktiviert werden. Sowohl zur Prüfungsvorbereitung als auch, um Unterrichtsinhalte zusammenzufassen, können sie genutzt werden.
Mittig auf dem Papier (im Querformat) steht zu Beginn eine zentrale Aussage oder ein Stichwort. Von dort gehen „Äste“ mit wichtigen Stichpunkten aus (Abb. 3). Wie bei einem Baum gibt es starke Äste und kleine Zweige (Einzelheiten oder spezielle Informationen). Querverbindungen von Informationen ergeben weitere Verzweigungen. Für eine gute Lesbarkeit wird nur das Wesentliche eingetragen und es können kleine Symbole genutzt werden.

*Mindmaps sind Gedankenlandkarten, die schwierige Zusammenhänge einfach darstellen.*

Gehirn ► S. 318
Gehirnhälften ► S. 39

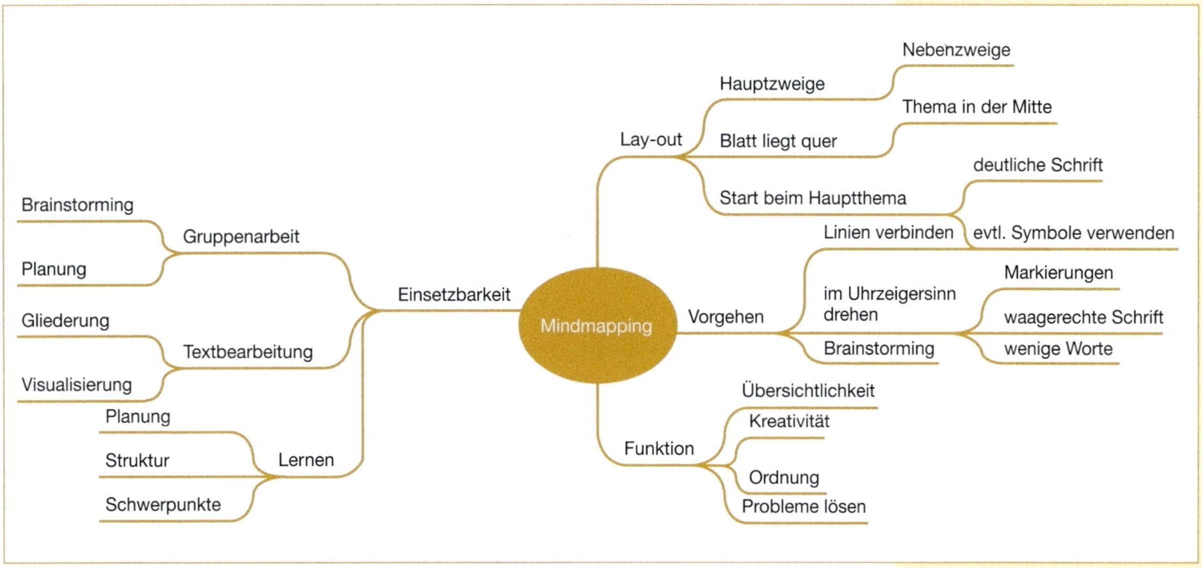


*Abb. 3 Mindmap zum Thema „Mindmapping“*

## 3.4 Lernen in der Gruppe – „Gemeinsam geht es leichter"

*Abb. 1 Soziales Lernen im Klassenverband*

Feedback ► S. 72

Neben dem Lernen in Einzelarbeit wird es in Ihrer Ausbildung immer wieder Anlässe für das Lernen in der Gruppe geben. Lernen im sozialen Austausch beginnt in der Familie und setzt sich in gesellschaftlichen Institutionen wie Kindergarten und Schule (Abb. 1) fort. Bei der Arbeit in Gruppen werden folgende Prozesse gefördert:

- die Fähigkeit, das eigene Verhalten zu analysieren und zu steuern, Kritik anzunehmen und eigene Grenzen zu erkennen
- durch Informationsvermittlung, konstruktive Kritik und Feedback wird die Kommunikations- und Kooperationsfähigkeit weiter entwickelt
- die Fähigkeit zum Lösen von Problemen in der Gruppe
- eigene Gefühle wahrzunehmen und ausdrücken zu können, Zuwendung zu geben, Vertrauen auszustrahlen, Niederlagen aufzuarbeiten und Angst zu ertragen
- das Selbstwertgefühl zu stärken– ein Gleichgewicht herzustellen zwischen den Ansprüchen Anderer und den eigenen
- die Gefühle Anderer wahrnehmen zu können und angemessen darauf zu reagieren
- Formen bzw. Methoden sozialen Lernens

### 3.4.1 Soziales Lernen

***Soziales Lernen in der Gruppe kann in verschiedenen Formen stattfinden.***

Rollenspiel ► S. 147
Entspannung ► S. 238
Bewegung ► S. 241
Konzentration ► S. 45

Soziales Lernen findet z. B. in folgenden Formen statt:

- Gruppenaktivitäten: Gruppenarbeit, problemorientiertes oder -basiertes Lernen, Projektarbeit, Spiele. Zusammengehörigkeitsgefühle und Voneinander-Lernen werden dabei gestärkt.
- Theatralische Ausdrucksformen/Rollenspiel: Durch das Einnehmen verschiedener Rollen und das Einfühlen in andere Personen werden Empathie und die Akzeptanz anderer Meinungen gefördert.
- Entspannungsübungen, Bewegung und Körperarbeit: Bewegung und Entspannung verbessern Lernatmosphäre und Konzentration.
- Situatives Lernen: Das Lernen geschieht aus der Situation heraus, ist in die Lebenswelt eingebunden, wie bei einer spontanen Anleitungssituation.

Methoden des sozialen Lernens sind z. B.:

- Partnerarbeit
- Kleingruppenarbeit
- Kreisgespräche
- Debatten/Diskussionen

*Abb. 2 Gruppenarbeit kann bei entsprechenden Rahmenbedingungen auch mal „im Grünen" stattfinden.*

Sicherheit im Umgang mit beruflichen Anforderungen kann mit Hilfe von praxisnahen Lernsituationen gewonnen werden. Durch die beispielhafte Problemlösung – oft in Partner- oder Kleingruppenarbeit – bereiten Sie sich auf vergleichbare Situationen vor. Im theoretischen Unterricht werden praktische, berufsrelevante Fälle analysiert und unter unterschiedlichen Fragestellungen bearbeitet. Lehrende schaffen den für eine aktive Beteiligung notwendigen Rahmen, stehen als Experten zur Seite, begleiten den Prozess, machen Lernangebote und geben Rückmeldungen. In der Umsetzung im Berufsalltag festigt sich dieses Erfahrungswissen.

### 3.4.2 Voraussetzungen für gemeinsames Lernen

*Klare Aufgabenstellungen und ein gutes Lernklima sind Voraussetzungen von Gruppenarbeit.*

Voraussetzung für eine erfolgreiche Gruppenarbeit sind klare Aufgabenstellungen, eine arbeitsbereite, arbeitsfähige Gruppe und gutes Informationsmaterial. Die Einteilung der Gruppe erfolgt z. B. nach dem Zufallsprinzip, nach Interesse oder durch die Lehrkraft. Hilfreich für ein gutes Arbeitsergebnis ist ein angenehmes Lernklima. Vorteile von Gruppenarbeit sind:

- Durch die geringere Anzahl der Teilnehmer bleibt mehr Raum für die einzelne Meinung.
- Am Ende der Erarbeitung steht die gemeinsame Verantwortung für das Ergebnis.
- Die Mitglieder einer Gruppe können voneinander profitieren, indem sie sich gegenseitig in dem anleiten, was ihnen jeweils am leichtesten fällt.

Problematisch wird die Gruppenarbeit, wenn durch mangelnde Beteiligung und Kommunikation oder Missstimmungen die Aufgaben nicht oder nur wenig zufriedenstellend erledigt werden können. Disziplin, gegenseitige Akzeptanz, Offenheit und Kooperation ermöglichen einen Entwicklungsprozess. Voraussetzungen dafür werden geschaffen, indem z. B. gemeinsam Gruppenregeln vereinbart werden.

**Beispiele für Gruppenregeln:**

- Es spricht immer nur eine Person. Ihr geht es um den Inhalt und nicht um die Selbstdarstellung.
- Alle fassen sich möglichst kurz und drücken sich klar aus.
- Alle bringen ihr Können und Wissen ein und bleiben an Aufgabenstellung und Ziel orientiert.
- Unterschiedliche Meinungen werden diskutiert, aber nicht bewertet, und führen vor allem nicht zum persönlichen Angriff.

### 3.4.3 Gruppenarbeit

**Rollen und Aufgabenverteilung**

Gruppenarbeit ist Teamarbeit. Die Mitglieder des Arbeitsteams übernehmen unterschiedliche Rollen oder teilen sich Rollen zu:

Rollenkonflikte ► S. 24

- Moderatorin zur Leitung des Treffens
- Protokollantin, um die Ergebnisse zu sichern und immer einsehen zu können
- Zeitwächterin, um die Aufgaben in der gegebenen Zeit fertig stellen zu können
- Präsentierende, um gemeinsam das Ergebnis angemessen vorzustellen

Moderierende gliedern den Sitzungsverlauf und passen auf, dass alle Teilnehmenden zu Wort kommen und sich sinnvoll einbringen. Sie achten darauf, dass kleine Pausen gemacht werden und die Arbeit weitergeht. Inhaltlich halten sie sich in größeren Gruppen zurück, fassen Meinungen zusammen, ohne zu kommentieren. In kleineren Gruppen arbeiten sie häufig mit, um den Erfahrungs- und Wissensspielraum groß genug zu halten. Sie achten auf die Erstellung und Einhaltung von Gruppenregeln (s. o.) sowie darauf, dass die Arbeitssitzungen mit einer kurzen Reflexion über den aktuellen Stand und dem Befinden der Teilnehmenden hinsichtlich der Zusammenarbeit abschließen.

Feedback ► S. 72

**Möglicher Verlauf einer Gruppenarbeit**

1. Vorbereitung: Was ist konkret zu tun?
   - Ankommen (z. B. Tische so stellen, dass mit der ganzen Gruppe Blickkontakt möglich ist)
   - Lesen der Arbeitsaufgabe, des Fallbeispiels o. Ä.
   - Klärung von evtl. aufkommenden Fragen oder Verständnisschwierigkeiten

2. Wie soll vorgegangen werden? Was ist das Ziel?
   - Klärung der Fragestellungen und Zielsetzungen, unter denen die Aufgabe bearbeitet werden soll

3. Durchführung: Wie werden welche Aspekte in welcher Aufgabenverteilung bearbeitet?
   - Informationssammlung (z. B. Texte, Bilder)
   - Auswählen und Sortieren der gesammelten Beiträge
   - Fragen und Ziele überprüfen und evtl. neu anlegen, ausrichten oder konkretisieren
   - die Lernziele in Einzelarbeit, Untergruppen oder in der Gruppe erarbeiten und überprüfen
   - sich die Arbeitsergebnisse mit Blick auf die Zielsetzung vorstellen und ggf. diskutieren

Informationssammlung ► S. 40

4. Abschluss: Wie soll das Ergebnis aussehen und präsentiert werden?
   - Arbeitsergebnisse zusammenstellen und der Zeitvorgabe anpassen
   - endgültige Absprache, Aufteilung und Vorbereitung der Präsentation

5. Bewertung: Wie ist die gemeinsame Arbeit verlaufen?
   - Evaluation/Feedback: Reflexion des Gesamtablaufes und des Gruppenprozesses

Feedback ► S. 72

## 3.5 Präsentationstechniken – „Anderen Wissen vermitteln“

*Einen Vortrag, der mit Folien oder Schautafeln unterstützt wird, nennt man Präsentation.*

Wird ein Vortrag oder ein Referat visualisiert, also mit Folien oder Schautafeln bebildert, spricht man von einer Präsentation. Das Vorstellen von Ausarbeitungen ist eine Möglichkeit, Wissen mit anderen zu teilen und die Ergebnisse darzustellen.

### 3.5.1 Planung einer Präsentation

Der Weg zur Präsentation (Abb. 1) wird strukturiert, um erfolgreich zu sein:

- Ziele setzen, grobe Gliederung entwerfen
- Literatur beschaffen
- ausgewählte Texte bearbeiten
- Informationen auswählen (Prioritäten, Themenbezug)
- Gliederung konkretisieren und aktualisieren
- Handzettel (Thesenpapier/Hand-out) für die Präsentation ausarbeiten
- Visualisierung konkret planen und vorbereiten
- Präsentation üben

Visualisierung ► S. 52

*Abb. 1 Eine erfolgreiche Präsentation muss gut geplant werden.*

**Vorüberlegungen**

| | |
|---|---|
| **Thema Stoffsammlung** | Was sind Hauptaussagen und Ziele der Präsentation? (Information, Überzeugung, Anleitung, Selbstpräsentation etc.)<br>Wie können Bezüge zum bisherigen Unterricht und zu anderen Präsentationen hergestellt werden?<br>Wie können die Inhalte am besten dargestellt werden? Was ist mir/uns besonders wichtig? Wie viel Zeit steht für die Präsentation zur Verfügung? |
| **Zuhöreranalyse Zielgruppe** | Welches Vorwissen haben die Zuhörenden?<br>Welche Erwartungen haben sie an den Vortrag, welche Interessen?<br>Welche Haltung haben sie zu dem Thema und wie kann ich/können wir das konstruktiv aufnehmen bzw. darauf eingehen? Mit welchen Fragen und Meinungen ist zu rechnen? Wie kann das Publikum mit einbezogen werden? |
| **Gestaltung des Einstieges** | Wie gewinne ich/gewinnen wir das Interesse des Publikums?<br>Was will ich/wollen wir der Präsentation noch vorausschicken oder ankündigen? |
| **Gliederung** | Gestaltung der Inhaltsübersicht<br>Platz der Gliederung im weiteren Verlauf |
| **Untergliederung** | Wie werden die Aufgaben geteilt? Wie wird zwischen den Vortragenden oder Schwerpunkten übergeleitet? |
| **Medieneinsatz** | Welche Hilfsmittel eignen sich besonders für die Darstellung?<br>Wie wird das Informationsmaterial übersichtlich gestaltet?<br>Was sollen die Zuhörenden mitschreiben und was bekommen sie wann ausgehändigt? |
| **Gestaltung der Zusammenfassung** | Wie werden die wesentlichen Aussagen zusammengefasst?<br>Wie können ein Ausblick oder Anregungen gegeben werden? |
| **Gestaltung des Abschlusses** | Mit welchen Fragen ist zu rechnen?<br>Wie kann eine Diskussion angeregt werden?<br>Wie wird die gesamte Präsentation (deutlich) beendet? |

Die in der folgenden Feinstruktur benannte Zeiteinteilung für Einleitung, Hauptteil und Schluss der Präsentation variiert, wenn das Publikum viele Rückfragen stellt.

| Struktur | Ziel | Inhalte | Zeitanteil |
|---|---|---|---|
| Einleitung | • Kontaktaufbau<br>• Ansprechen des Publikums<br>• Interesse wecken<br>• Orientierung geben | • Begrüßung, Eröffnung<br>• Vorstellung der Person oder Gruppe, der Thematik oder Fragestellung<br>• Einbindung in den Gesamtzusammenhang/Grobgliederung | 15 % |
| Hauptteil | • Inhalte überzeugend und sinnvoll vermitteln<br>• Argumente klar darstellen und vertreten<br>• die richtige Auswahl treffen | • Informationen<br>• Schwerpunkte<br>• Argumente | 75 % |
| Schluss | • positiver Abschluss<br>• Aufforderung zur Reflexion und Handlung<br>• Transfer anregen<br>• Schwerpunkte betonen | • Zusammenfassung der Kernaussage<br>• Ausblick oder Handlungshinweis<br>• Möglichkeit für Rückfragen<br>• Abschluss | 10 % |

## 3.5.2 Vortragstechniken

*Abb. 1 Gestik*

*Abb. 2 Haltung*

**Körper- und Sprechhaltung beim Referieren**
Der Auftritt der vortragenden oder präsentierenden Person ist von großer Bedeutung. Körpersprache und Aussprache des Redners bestimmen maßgeblich die Wirkung der Rede:

| Körper/Körpersprache 55 % | Stimme und Sprechtechnik 38 % | Inhalt 7 % |
|---|---|---|
| Mimik | Betonung | inhaltliche Sicherheit |
| Gestik (Abb. 1) | Stimmmodulation | klare Struktur |
| Haltung (Abb. 2) | Sprechtempo | angemessene Wortwahl |
| Blickkontakt | Atmung | klarer Ausdruck |
| Stand | Pausen | |
| Kleidung | | |

Beachten Sie folgende Aspekte, um Ihre Wirkung zu verbessern:
- Richten Sie Ihren Blick zum Publikum (nicht auf eine Person fixieren).
- Achten Sie auf eine positive Mimik, z. B. bei Rückfragen das aufmerksame Zuhören auch nonverbal signalisieren. Lächeln Sie zwischendurch.
- Verwenden Sie eine offene, nicht zu ausladende Gestik.
- Stehen Sie nicht zu steif oder zu lässig, fest mit beiden Beinen auf dem Boden.
- Variieren Sie in Ihrer Betonung, vermeiden Sie monotones Vortragen.
- Wählen Sie der Situation angemessene Kleidung.

**Unsicherheit und Lampenfieber**
Wer kennt das nicht: Kurz vor der Präsentation kommt das „Muffensausen". Das ganze Wissen scheint wie weggeblasen und auch sonst ist der Körper nicht mehr richtig unter Kontrolle. Folgende Gegenmaßnahmen können helfen:
- eine gute inhaltliche Vorbereitung
- Einsatz von unterstützenden und funktionierenden Hilfsmitteln
- Blickkontakt zu einer stärkenden Person im Publikum
- lautes und deutliches Sprechen und Mut zu Pausen
- Vorbereitung eines guten Einstiegs und Abschlusses
- wenn der Faden reißt: kurz nachdenken und zum nächsten Punkt übergehen

## 3.5.3 Gestaltung und Einsatz von unterstützenden Medien

*Zur Unterstützung eines Vortrages können verschiedene Medien eingesetzt werden.*

Zur Unterstützung der Argumentation und zur abwechslungsreichen Gestaltung des Vortrages können je nach Thema, Zeit, Anforderungen, räumlichen Bedingungen, Publikum und Vorbereitungszeit Medien hinzugezogen werden, z. B.:
- Schreibtafel/Whiteboard
- Metaplanwand/Flipchart
- Beamer/Diaprojektor
- audiovisuelle Medien

Der Einsatz der Medien wird vorbereitet und geübt, um peinliche Situationen zu vermeiden und Zeit zu sparen. Wenn die Technik nicht funktioniert und die Zuhörer lange warten müssen oder die Medien nicht wie geplant eingesetzt werden können, entsteht oft eine unnötig belastende Situation. Üben vermittelt Sicherheit und reduziert das Lampenfieber.

**Foliengestaltung**
Für die Foliengestaltung, auf klassischen Folien oder bei einer Power-Point-Präsentation, gelten folgende Maßstäbe:
- klare Gliederung
- jede Folie hat eine Überschrift
- eher Stichworte als Sätze
- Farben zurückhaltend einsetzen
- angenehme Schriftgröße, nicht mehr als drei Schriftgrößen auf einer Folie
- Folien nicht überladen – „weniger ist mehr“
- nicht mehr als 10 Zeilen pro Seite, ausreichend Abstand zwischen den Zeilen
- Großbuchstaben sind schwerer lesbar – zurückhaltend einsetzen
- nicht zu viele Spielereien – die Ernsthaftigkeit betonen
- Quellen benennen (v.a. bei Zitaten und Bildern)

Bei größeren Themengebieten bietet es sich an, ein Hand-out mit den Schwerpunkten zu verteilen. Dessen Gliederung hilft, konzentriert bei der Sache zu bleiben. Die Länge sollte nicht mehr als 1–2 Seiten betragen.

*Abb. 3 Folien für einen Vortrag sollten klar strukturiert sein.*

**Gelingender Medieneinsatz**
- Allen eine freie Sicht ermöglichen, sodass die Inhalte gut lesbar sind.
- Es braucht Zeit, die Inhalte zu erfassen. So kann z. B. nicht gleichzeitig gehört und gelesen werden.
- In Erklärungen immer wieder einen Bezug herstellen, wie mit einem Laserpointer oder einem Zeigestock.
- Während des Medieneinsatzes den Blickkontakt zum Publikum aufrechterhalten.
- Raum, Materialien und ggf. Sitzordnungen frühzeitig vorbereiten, Folien nummerieren, Stifte überprüfen.
- Eine Medienschlacht vermeiden. Wenn ein Medium nicht mehr genutzt wird: abgeschalten bzw. abdecken.

## Zum Weiterarbeiten in den Arbeitsbüchern

| Betreuung und Pflege von alten Menschen und Menschen mit Behinderung | | | |
|---|---|---|---|
| | Schwerpunkt | Lernsituation | Seite |
|  | • Lernmethoden<br>• Arbeitstechniken<br>• rechtliche Rahmenbedingungen der Ausbildung | „Der Unterrichtsstoff hatte es ganz schön in sich“ | 08 |

| Betreuung und Pflege von Kindern, Jugendlichen und Familien | | | |
|---|---|---|---|
| | Schwerpunkt | Lernsituation | Seite |
|  | • Prüfungsangst<br>• Prüfungsvorbereitungen<br>• Lernmethoden | „Am schlimmsten war meine Angst vor den mündlichen Prüfungen“ | 31 |

# 4. Ethik – „Woher soll ich wissen, was richtig ist?"

## 4.1 Grundfragen des Menschseins – „Was macht den Menschen zum Menschen?"

*Ethik ist die Lehre vom sittlichen Wollen und Handeln des Menschen in verschiedenen Situationen seines Lebens.*

Pflichtenethik ► S. 57

Die Ethik ist ein Teilgebiet der Philosophie und beschäftigt sich mit Moral und dem menschlichen Handeln. Ethik fragt danach, was gutes und was schlechtes Handeln ist. Das hört sich zunächst recht einfach an. Doch woher können wir wissen, ob z. B. Lügen gut oder schlecht ist?

Der Philosoph Immanuel Kant sagt, das Gebot „Du sollst nicht lügen!" gilt immer und muss unter allen Umständen eingehalten werden. Er vertritt damit einen ethischen Standpunkt, den man Pflichtenethik nennt. Doch hat Kant recht? Verwendet nicht jeder Mensch an jedem Tag eine Menge von Notlügen? Gibt es nicht Situationen, in denen die Lüge gerechtfertigt ist – z. B. wenn jemand geschützt werden soll? Muss man z. B. Patienten unter allen Umständen, ohne Rücksicht auf ihren Zustand oder ihre Belastbarkeit, über ihre Krankheit und deren Verlauf aufklären?

Andere Philosophen empfehlen, das Gute am Nützlichen auszurichten. Gut ist, was mir oder der Gesellschaft nützt. Dieser ethische Standpunkt wird Utilitarismus genannt (utile = Nutzen) also „Nutzenethik". Doch was nützt mir – was nutzt einem anderen? Ist der Nutzen etwas ganz Individuelles, das wir erkennen können, indem wir fragen, was uns gut tut, angenehm ist oder einfach Spaß macht? Nicht alles, was gut tut, angenehm ist oder Spaß macht, ist auch wirklich gut. Süßigkeiten zu essen kann unangenehme Folgen haben, z. B. für die Zähne. Sport treiben kann mitunter anstrengend und unangenehm sein, ist aber gut für die Gesundheit. Das Internet bietet viele nützliche Informationen, kann aber auch süchtig machen.

Es ist schwierig, einfach zu sagen, was gut oder schlecht ist. Und doch müssen wir immer wieder – eigentlich täglich – Prinzipien des Handelns als gut oder schlecht bewerten. Die Auseinandersetzung mit solchen Fragen ist für eine verantwortliche Lebensführung und Berufsausübung notwendig. Ethisches Handeln erfordert ein strukturiertes Nachdenken über die Maßstäbe unseres Handelns. Dieses Nachdenken hilft uns, im Privaten und im Beruflichen so zu handeln, dass wir uns selbst und den Menschen in unserem Umfeld bestmöglich gerecht werden. Ein Leitwert, an dem wir uns dabei orientieren, ist das Wohl derer, die sich in unserer Obhut befinden. Das sind Menschen, mit denen wir in Kontakt treten, für die wir sorgen oder die mit Fragen an uns herantreten.

*Abb. 1 Nachdenkliche Frau*

| Formen der Ethik | |
|---|---|
| **Sozialethik:** Wie können wir handeln? | **Individualethik:** Was will und kann ich tun? |
| **Deskriptive Ethik:** Wie wird gehandelt? | **Normative Ethik:** Was sollen wir tun? |
| **Methaethik:** Wie begründen wir unser Handeln? | |

### 4.1.1 Menschenbilder

Wenn wir uns für einen Menschen einsetzen, ist das, was wir wollen und was wir tun, abhängig davon, wie wir den Menschen sehen, also von unserem Menschenbild. Aber was ist der Mensch? Was macht den Menschen zum Menschen? In unserer Gesellschaft existieren vor allem das christliche, das naturwissenschaftlich-medizinische und das humanistische Menschenbild.

| Naturwissenschaftlich-medizinisches Menschenbild | Christliches Menschenbild | Humanistisches Menschenbild |
|---|---|---|
| Der Mensch ist die Summe seiner Teile und von anatomisch-physiologischen (körperlichen) Funktionen, die repariert und behandelt werden können. | Der Mensch ist eine von Gott geschaffene Einheit von Körper, Geist und Seele und wird von Gott geliebt. Das verleiht ihm Würde, unabhängig von seinem Tun. Die Würde gehört zum Menschen und geht auch durch Alter oder Krankheit nicht verloren. | Der Mensch ist ein potenziell aktives, ganzheitliches Wesen, das die Fähigkeit zum Denken, Wollen, Fühlen, Entscheiden und Handeln besitzt. Er tritt in Beziehung zu seiner Umwelt und zu seinen Mitmenschen. |

### 4.1.2 Menschenwürde

*Durch einen von Würde geprägten Umgang der Menschen miteinander ist ein Leben in Anerkennung möglich.*

§ In Art. 1 Abs. 1 des deutschen Grundgesetzes heißt es: „Die Würde des Menschen ist unantastbar.“ Dem Staat erwächst daraus eine Schutzpflicht für die Würde des Einzelnen.

Die Würde des Menschen beinhaltet:

1. Schutz der körperlichen Integrität, etwa vor Folter und sonstigen erniedrigenden und grausamen Strafen.
2. Schutz der elementaren Lebensgrundlagen, etwa durch die Garantie des materiellen Existenzminimums.
3. Schutz der persönlichen Ehre, etwa durch Schutz vor Erniedrigungen und schwersten Beleidigungen.
4. Schutz der personalen Identität, beispielsweise vor Eingriffen in die Intimsphäre ebenso wie vor Eingriffen in den sexuellen Bereich.
5. Schutz elementarer Rechtsgleichheit.

Dass dem Menschen Würde zukommt, dass er geachtet werden soll, ist eine alte Überzeugung. Durch das Christentum wurde diese Überzeugung ins allgemeine Bewusstsein gehoben. Die Verbrechen des Zweiten Weltkrieges haben der Welt ins Bewusstsein gebracht, dass die Achtung der Würde und des Wertes der menschlichen Persönlichkeit keine Selbstverständlichkeit ist. Deshalb wurde sie als grundsätzliches Recht aller Menschen formuliert.

! In der Charta der Vereinten Nationen vom 26.06.1945 – knapp zwei Monate nach dem Ende der nationalsozialistischen Diktatur – wird das Bekenntnis zur Achtung der Menschenwürde als Ziel der Vereinten Nationen ausgesprochen. Am 10.12.1948 folgte die Verkündung der „Allgemeinen Erklärung der Menschenrechte“ vor der Generalversammlung der Vereinten Nationen. Doch nicht alle Staaten der Weltgemeinschaft setzen die Menschenrechte so um, wie sie in der westlichen Welt verstanden werden.

### 4.1.3 Werte und Normen

*Normen und Werte prägen unser Miteinander und schaffen Orientierung.*

Das Ziel der Ethik ist die Erarbeitung von Werten und Normen, die Grundlage unserer Entscheidungen sein sollten. Diese ermöglichen eine kritische Abwägung von Handlungsmöglichkeiten.

| Werte | Normen |
|---|---|
| Ein Wert ist das, was im Handeln als wertvoll angesehen und deshalb angestrebt und geschützt wird. Es ist eine von der Mehrheit einer Gruppe (z. B. einer Berufsgruppe, der Gesellschaft) geteilte Vorstellung darüber, was gut oder schlecht, was erwünscht oder unerwünscht ist. Werte bestimmen unsere Handlungen. Sie unterliegen einem Wandel und können in jeder Gesellschaft oder Gruppe anders sein. Auch wir selbst können durch Reflexion unser Denken und unsere Werte ändern. Ethik fragt nicht nur danach, welche Werte tatsächlich gelten und wie sich diese entwickeln, sondern sie interessiert sich vorrangig dafür, welche Werte gelten sollen.<br><br>Beispiele: Freundschaft, Liebe, Fairness, Gerechtigkeit | Normen sind verpflichtende Verhaltenserwartungen, Regeln, die vorschreiben, wie man in bestimmten Situationen handeln soll. Kinder lernen die Normen in ihrem Umfeld, ihrer Kultur von Anfang an, sie sind eng mit der Sozialisation verknüpft. Normen können als geschriebene Gesetze vorliegen (z. B. unser Grundgesetz oder die Zehn Gebote der Bibel) oder wie Sitten oder Bräuche als selbstverständlich gelten. Die Einladung zu einer Sportveranstaltung z. B., zu der wir nicht so gerne gehen wollen, lehnen wir wegen der Norm der Höflichkeit, nicht einfach ab, sondern versuchen, unsere Entscheidung zu erklären.<br><br>Beispiel: Du sollst nicht töten. |

Sozialisation ► S. 105

### 4.1.4 Ethische Fragen

*Im Mittelpunkt der Ethik stehen Urteile, durch die menschliches Handeln bewertet wird.*

Ethische bzw. moralische Fragen begegnen uns fast täglich, z. B. wenn wir uns entscheiden, ob wir in einem vollen Raum rauchen können oder nicht: „Wen könnte das stören? Wen könnten wir schädigen? Wie gefällt es uns selbst, wenn die Luft schon sehr dünn ist und dann noch jemand raucht? Welche Regel würden wir mit unserem Rauchen brechen und was bedeutet uns das?“ Im Mittelpunkt der Ethik stehen Urteile, durch die ein menschliches Handeln positiv oder negativ bewertet, gebilligt oder missbilligt wird.

*Abb. 1 Ein Interesse an der Natur begründet die Pflicht, diese zu erhalten.*

Wie am Beispiel des Rauchens deutlich wird, kann die Antwort darauf je nach Erfahrung und Denkweise unterschiedlich ausfallen. Entscheidend ist die Frage, welche Auswirkung mein Handeln auf andere hat. Doch warum sollten wir auch nach anderen Fragen, wenn wir etwas für uns Positives tun – z. B. rauchen – wollen? Auf einer etwas abstrakteren Ebene lässt sich diese Frage leicht beantworten:
Da wir unser Leben gar nicht ohne Andere führen könnten – fast alles, was wir können und sind, haben wir von anderen Menschen (z. B. Eltern, Verwandte, Freunde, Lehrerinnen) gelernt – haben wir ein Interesse daran, dass es anderen gut geht. Denn wenn es unseren Mitmenschen gut geht, können wir uns leichter entwickeln. Dies gilt auch für unseren Umgang mit der Natur. Wir selbst sind mit unserem Körper ein Teil der Natur und sind mit der Natur untrennbar verbunden (Nahrung, Luft etc.). Daraus begründet sich ein vitales Interesse an einer gesunden Natur und die Pflicht, diese zu erhalten.

Themen der Ethik, die heute in der Gesellschaft diskutiert werden, sind z. B.:
- Sterbehilfe
- Schwangerschaftsabbrüche
- Gen- und Stammzellenforschung
- Todesstrafe

## Abtreibung in einer Notsituation

Im Jahr 2000 wurde der Polin Alicja Tysiac eine legale Abtreibung verweigert, obwohl das Risiko bekannt war, dass die zweifache Mutter nach einer weiteren Geburt ihr Augenlicht verlieren könnte. Geld für einen illegalen Abbruch hatte sie nicht. Nach der Geburt ihrer heute sechs Jahre alten Tochter konnte nur eine Notoperation die sofortige Erblindung der Mutter verhindern. Alicja Tysiac ist heute schwerbehindert und bezieht eine kleine Invalidenrente. Vor vier Wochen wurde ihrer Klage vor dem Europäischen Gerichtshof für Menschenrechte stattgegeben; der polnische Staat muss eine Entschädigung zahlen. Wie die drastischen Reaktionen in Polen auf das Urteil zeigen, geht die Debatte jetzt erst richtig los. Die rechtsextreme Regierungspartei „Liga Polnischer Familien“ (LPR) hat angekündigt, über eine Verfassungsänderung ein totales Abtreibungsverbot ohne Ausnahmen (bei Vergewaltigungen, Inzest oder gesundheitlichen Schäden für Mutter und Kind) anzustreben, unterstützt von den Bischöfen und dem ultrakatholischen Sender Radio Maryja. Meinungsumfragen bestätigen eine tiefe Spaltung der polnischen Gesellschaft in der Abtreibungsfrage. Einer Zahl von 225 legalen Schwangerschaftsabbrüchen (im Jahr 2005) sollen nach Schätzungen jährlich bis zu 200.000 illegale Abtreibungen gegenüberstehen.

(Quelle: Frankfurter Allgemeine Zeitung vom 17.04.2007)

**Bewertungsansätze**

An eine Handlung, die positiv oder negativ, gebilligt oder missbilligt werden kann, können unterschiedliche Maßstäbe angelegt und zur Bewertung verschiedene Ansätze genutzt werden:

| Deontologischer Ansatz (deon = Pflicht) | Teleologischer Ansatz (telos = Ziel/Zweck) |
|---|---|
| Die Pflichtenethik konzentriert sich auf die innere Einstellung und auf das, was Pflicht ist, wie das Gebot „Du sollst nicht töten“. Der Mensch ist ein vernunftbegabtes Wesen, das sein Handeln überdenken kann. Daraus leitet der Philosoph Immanuel Kant den kategorischen Imperativ ab: Handle so, dass dein Handeln jederzeit zum Prinzip für eine allgemeine Gesetzgebung werden kann, unabhängig von der jeweiligen Situation. Als Test für die Gültigkeit schlägt er vor, dass wir uns fragen, ob das, was wir tun wollen, ein allgemein gültiges Gesetz werden könnte.<br>Typische Fragen sind: Ist das richtig? Bin ich dazu verpflichtet? Ist das vernünftig? Darf ich das? | Der zweite Ethikansatz fragt nach dem Ziel, nach dem Zweck einer Handlung. Handlungen sind dann gut, wenn der Zweck, dem sie dienen, gut ist. Es kommt einzig darauf an, einen guten Zweck zu verfolgen. Doch was ist ein guter Zweck? Hier orientiert sich die teleologische Ethik am größtmöglichen Nutzen bzw. Glück möglichst vieler Menschen.<br><br>Typische Fragen sind: Wem nutzt das? Welchen Zweck soll das haben? Welchen Sinn hat das? |

Im beruflichen Alltag ist es nicht einfach zu entscheiden, welchem Ethikkonzept gefolgt werden soll. Wie soll man z. B. mit dem Wunsch von Angehörigen umgehen, einen Patienten, der hirntot ist und nie wieder zu Bewusstsein kommen wird, durch Abschaltung von Geräten sterben zu lassen? Die deontologische Ethik wird auf dem Tötungsverbot bestehen und aktive Sterbehilfe ablehnen – weil es Pflicht und deshalb richtig ist. Die teleologische Ethik wird nach dem Sinn des Lebens fragen und überlegen, welcher Nutzen für den Patienten mit dem Weiterleben verbunden ist. Aktive Sterbehilfe würde sie dann befürworten, wenn kein Nutzen oder Glück für den Patienten mehr benannt werden könnte. Nur: Diese Aussage zu treffen ist recht schwer.

## 4.2 Ethische Konflikte und Fragen im Beruf – „Auch wenn ich finde, dass es anders besser wäre..."

Um ethische Konflikte im Umgang mit Menschen meistern zu können, ist es hilfreich, sich an fünf Prinzipien zu orientieren, die Reinhard Lay für die Pflege herausgearbeitet hat. In schwierigen Situationen können diese Prinzipien als Orientierung dienen:

- Förderung von Wohlergehen und Wohlbefinden
- Förderung von Autonomie und Selbstständigkeit
- Gerechtigkeit und Fairness
- Aufrichtigkeit
- dialogische Verständigung

### 4.2.1 Menschenwürdiges Leben und Sterben

*Ethische Konflikte begegnen uns tagtäglich im Kleinen und im Großen.*

Ethische Konflikte beginnen schon dann, wenn wir uns überlegen, ob wir an der Supermarktkasse vordrängeln wollen, und enden bei Entscheidungen über Leben und Tod. In der Arbeit mit Menschen, die schwer krank sind, in schwierigen Zusammenhängen leben oder gar im Sterben liegen, sehen sich Pflegende und andere Betreuungspersonen vor viele Herausforderungen gestellt. Dies bezieht sich sowohl auf eigene Emotionen als auch auf den möglichen Wunsch nach Erleichterung oder Sterbehilfe. Besonders schwierig ist die Situation, wenn Kinder begleitet werden, die das Leben eigentlich noch vor sich haben, oder Menschen mit einer chronischen Erkrankung oder einer stark beeinträchtigenden Behinderung, die aktuell in ihrem Leben keinen Sinn mehr erkennen können. Schwierig ist es auch, wenn an die Betreuenden die Bitte nach Sterbehilfe herangetragen wird. Obgleich die Entscheidung zur passiven (z. B. Einstellen der lebenserhaltenden Maßnahmen) oder aktiven (z. B. Verabreichung von tödlichen Medikationen) Sterbehilfe in den Händen der betreuenden Ärzte liegt, werden auch Sozialassistentinnen möglicherweise in die Diskussion einbezogen. Insbesondere wenn sie ein Vertrauensverhältnis zu den Betroffenen aufgebaut haben. Auf Grund ihrer Rolle und ihrer Rechte und Pflichten können sie den Betroffenen gegenüber ihr Verständnis ehrlich äußern und gleichzeitig darauf verweisen, dass ihnen eine entsprechende Handlung nicht möglich ist. Um gemeinsam ins Gespräch zu kommen, kann von allen Beteiligten eine ethische Fallbesprechung angeregt werden.

### 4.2.2 Ethische Fallbesprechung

*Fallbesprechungen ermöglichen eine systematische Auseinandersetzung mit ethischen Fragestellungen.*

Es gibt Situationen, in denen es notwendig wird, sich mit einer Person und deren Geschichte intensiv auseinanderzusetzen – wenn z. B. eine mögliche Behandlung hinsichtlich des Erfolgs oder Nutzens für den Patienten fraglich wird oder wenn ein Kind oder ein Mensch mit einer Behinderung vermutlich gewaltvollen Übergriffen ausgesetzt ist. Dann kann es für die, die mit diesem Menschen zusammenarbeiten, hilfreich sein, sich über Sichtweisen und Beurteilungen auszutauschen, um gemeinsam einen Weg zu finden, der allen gerecht wird. Hierzu werden ethische Fallbesprechungen genutzt. Diese können in Vorbereitung auf eine Situation, inmitten der Situation oder im Rückblick auf das Geschehene erfolgen. Die Personen, die an der Fallbesprechung teilnehmen, variieren je nach Situation und Fragestellung.

## Verschiedene Aspekte der ethischen Fallbesprechung

**extern:**
an Verantwortliche übertragen, die nicht selbst eingebunden sind

**retrospektiv:**
im Rückblick auf Geschehenes, um es zu verstehen und sich auf ähnliche Situationen vorzubereiten

ethische Fallbesprechung:
gemeinsam die Situation verstehen und einen Weg finden.

**prospektiv:**
vorausblickend, wenn eine Schwierigkeit ansteht

**intern:**
Besprechung im verantwortlichen Team

Eine Broschüre zur ethischen Fallbesprechung finden Sie unter:

www.soziales.bremen.de
▹ Ethische Fallbesprechung

## Ablauf einer ethischen Fallbesprechung

Fallbesprechungen folgen bestimmten Strukturen:

Zu Beginn wird die Situation vorgestellt, die Problematik, die besprochen werden soll.

Dann wird beschrieben, wer welche Frage beantwortet haben will, wie z. B.: „Sollen beim Patienten lebensverlängernde Maßnahmen erfolgen, wenn seine Prognose schlecht ist, er seine Meinung dazu aber nicht eindeutig geäußert hat?“

Nachdem die Frage und ihre Begründungen klar sind, werden alle Fakten gesammelt, die für die Entscheidung wichtig sind (Patientenverfügungen, Krankheitsberichte, Sozialanamnese, Erfahrungen der Angehörigen und Bezugspersonen, Befunde, ähnliche Situationen usw.).

Dann werden die Fakten gemeinsam betrachtet und im Gespräch bewertet. Dabei kommen alle Beteiligten zu Wort und beschreiben ihre Sicht auf die Situation. Die fünf ethischen Prinzipien der Pflege können dabei sinnvoll eingesetzt und diskutiert werden:

- Fördern wir das Wohlergehen und das Wohlbefinden des Patienten?
- Fördern wir seine Autonomie und Selbstständigkeit?
- Ist das, was wir tun wollen, gerecht?
- Ist das, was wir tun wollen, aufrichtig?
- Ist unsere Kommunikation am Patienten orientiert?

Nach ausgiebigen Diskussionen wird eine Entscheidung getroffen. Diese kann nicht nur „Ja“ oder „Nein“ lauten, sondern auch eine Zwischenerkenntnis sein, wie z. B., dass es wichtig ist, noch andere Daten zu sammeln, bis eine Entscheidung getroffen werden kann.

**Vorstellung**
▼
**Anlass und Fragestellung**
▼
**Sammlung der Fakten**
▼
**Bewertung der Fakten**
▼
**Ergebnis**

# Einladung

Kita Blumenthal

Rosenstr. 8-11/ Schönhausen

zum

## „Tag der offenen Tür"

Wir würden uns sehr d… …euen, wenn du uns am **4. April 2009** von **14.0…** Uhr besuchen kommst!

Salzteigrezept

Zutaten:
1 Tasse Salz
1 Tasse Mehl
6–8 Esslöffel Wasser

Alle Zutaten in eine Schüssel geben und kräftig zu einem geschmeidigen Teig kneten. Zu trockener Teig bekommt noch etwas Wasser, zu feuchter Teig bekommt noch etwas Mehl. Tischfläche vor dem Ausrollen des Teiges mit Mehl bestäuben. Backblech mit Backpapier auslegen. Salzteig ausstechen oder Figuren formen. Die fertigen Salzteigwerke werden im Backofen ca. 30 Minuten bei 150°C gebacken.

# Soziale Beziehungen aufbauen und mitgestalten

# 1. Kommunikation – „Verstehen wir uns richtig?"

## 1.1 Miteinander kommunizieren – „Quatschen, Simsen, Chatten & Co."

Wir tauschen mit unseren Mitmenschen ständig Informationen aus. Sei es in einem Gespräch, mit einer SMS, beim Chatten, durch ein Telefonat, einen Blick oder eine bestimmte Körperhaltung.

*Jeder Mensch ist ständig mit seiner Umwelt in Kommunikation.*

Der Kommunikationsforscher Paul Watzlawick stellte fest: „Wir können nicht nicht kommunizieren." Auch wenn wir dies gar nicht beabsichtigen, senden wir Botschaften aus, die von anderen aufgenommen und gedeutet werden. Sitzen wir z. B. schweigend in einem Raum und starren auf den Boden, so kommunizieren wir beispielsweise: „Ich möchte nicht gestört werden."

Kommunikation ist abhängig davon, mit wem wir kommunizieren. Mit Kindern kommunizieren wir anders als mit Erwachsenen. Im Berufsleben oder in der Schule sind Art und Inhalt der Kommunikation anders als im Umgang mit Freunden. Mit Familienmitgliedern werden andere Themen besprochen als mit Vorgesetzten und Kolleginnen.

Nicht jede Kommunikationsform ist jedem Anlass und Kommunikationspartner angemessen. Eine Krankmeldung für den Dienst kann nicht per SMS erfolgen, eine Verabredung mit Freunden schon. Die Freunde würde man nicht mit einem Geschäftsbrief zu sich einladen, eine Bewerbung um einen Arbeitsplatz erfolgt immer förmlich und schriftlich.

### 1.1.1 Grundlagen der Kommunikation

*Es wird zwischen verbaler und nonverbaler Kommunikation unterschieden.*

Man unterscheidet zwischen verbaler, also sprachlicher Kommunikation und nonverbaler, also nicht-sprachlicher Kommunikation.

**Kommunikation**

- **sprachlich/verbal**
  - **gesprochen**
    - Lautstärke
    - Sprechgeschwindigkeit
    - Sprechpausen
    - Stimmvariationen
  - **geschrieben**
    - Schreibstil
    - Fachwörter
    - Textlänge
- **nicht-sprachlich/nonverbal**
  - **Körper**
    - Körperhaltung (Gestik)
    - Körperkontakt
    - Blickkontakt
    - Gesichtsausdruck (Mimik)
  - **Objekt**
    - Kleidung
    - Statussymbole
  - **Raum**
    - räumliche Distanz zwischen den Komunikationspartnern

**Verbale Kommunikation**
Die verbale Kommunikation erfolgt auf unterschiedlichen Wegen:
- im direkten Gespräch
- in einem Telefonat
- per Fax, E-Mail, Brief oder SMS

Verschiedene Aspekte gestalten die verbale Kommunikation mit und tragen dazu bei, dass die Gesprächspartner in Kontakt treten und einander verstehen:
- Sprechtempo
- Aussprache
- Lautstärke
- Sprachniveau (Wortwahl, Satzbau)
- Ausdrucksweise

Vor allem sollten bei einem Gespräch beide Kommunikationspartner den gleichen Sprachcode besitzen. In einem Krankenhaus ist den Patienten z. B. die medizinische Fachsprache oft nicht bekannt, es können schnell Verständigungsprobleme entstehen.

**Nonverbale Kommunikation**
Die nonverbale Kommunikation umfasst
- Mimik (z. B. Bewegungen von Augen und Mundpartie),
- Gestik (z. B. Bewegungen von Händen, Armen oder des Kopfes),
- Verhalten im Raum (z. B. Nähe und Distanz zum Gesprächspartner) und
- Körperhaltung (z. B. Haltung des Oberkörpers und der Beine).

**nonverbale Kommunikation**

**Gestik**

Durch Bewegungen mit Händen und Füßen werden die Worte unterstrichen, zuviel Gestik kann auch auf Unsicherheit deuten.

**Blickkontakt**

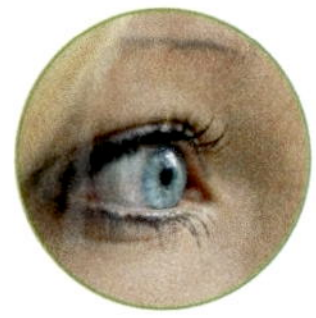

Ein Kommunikationspartner kann in die Augen blicken oder ausweichen.

**Körperhaltung**

Eine offene Haltung signalisiert Offenheit und Wohlbefinden, hängende Schultern können auf Erschöpfung oder Unwohlsein hinweisen.

**Mimik**

Der Gesichtsausdruck zeigt Emotionen wie Freude, Angst, Trauer oder Zorn.

**Bewegung**

Reduzierte Bewegungsaktivität kann auf Schmerzen oder Gleichgewichtsmangel hindeuten, Bewegungsüberschuss auf Unruhe, Angst oder Bewegungsbedarf.

**Körperkontakt**

Berührung oder gezielte Distanz verweisen auf den Vertrautheitsgrad oder das Nähebedürfnis bzw. auf den Wunsch nach eigenem Raum.

**Kleidung**

Die Zugehörigkeit zu bestimmten Gruppen oder ein Lebensstil kann durch Kleidung symbolisiert werden.

Nonverbale Kommunikation kann das gegenseitige Verstehen erleichtern, denn schon der Blick auf einen Gesichtsausdruck oder die Körperhaltung hilft zu erkennen, wie es einem Menschen geht. Freut er sich, hat er Schmerzen, ist er interessiert oder eher verschlossen?
Menschen kommunizieren stimmig, wenn sich ihre verbalen und nonverbalen Signale gegenseitig ergänzen und unterstützen.

Nonverbale Kommunikationssignale werden oft unbewusst gesendet und können im Widerspruch zur verbalen Kommunikation stehen. Dann kann es zu Missverständnissen kommen.

**!** Das erste „echte“ Lächeln eines Babys ist im Alter von etwa sechs Wochen zu beobachten. Lächeln seine Eltern dann zurück, strahlt das Baby bald häufiger und immer mehr: So entsteht eine wertvolle vorsprachliche, nonverbale Kommunikationsform zwischen Eltern und Kind.

## 1.1.2 Kommunikationsmodelle

Wenn Menschen miteinander kommunizieren, gibt es immer wieder Missverständnisse und Fehlschlüsse. Diese treten auf, wenn sie sich falsch verstanden oder angegriffen fühlen oder Informationen mehrdeutig sind.
Um die Ursache hierfür zu finden, ist es wichtig, die Bedingungen zu kennen, die die Kommunikation beeinflussen. Dazu kann man auf verschiedene Kommunikationsmodelle zurückgreifen. Diese helfen zu erklären, weshalb Kommunikation einmal gelingt und ein anderes Mal nicht.

*Kommunikationsmodelle helfen dabei, Kommunikation zu verstehen.*

**Sender-Empfänger-Modell**
Dieses Grundmodell der Kommunikation besagt, dass Kommunikation mindestens drei Anteile hat: einen Sender, eine Nachricht und einen Empfänger. Der Sender codiert (verschlüsselt) die Nachricht, die dann vom Empfänger decodiert (entschlüsselt) wird. Dieses Modell wird durch Medium und Wirkung ergänzt.

| Element | Bedeutung für die Kommunikation |
|---|---|
| **Sender** | Wer sendet eine Botschaft?<br>Wer vermittelt eine Information? |
| **Nachricht/ Information** | Was wird gesagt?<br>Worum geht es in der Botschaft?<br>Welche Inhalte werden vermittelt? |
| **Empfänger** | An wen richtet sich die Nachricht? |
| **Intention** | Mit welcher Absicht wird etwas gesagt? |
| **Kanal/Medium** | Auf welchem Weg (z. B. direkt, Telefon) wird die Nachricht vermittelt? |
| **Wirkung/ Effekt** | Mit welcher Wirkung wird etwas gesagt?<br>Was löst die Nachricht beim Empfänger aus? |

Die Rollen des Senders und Empfängers wechseln ständig. Wenn der Empfänger auf eine Nachricht reagiert, wird er damit zum Sender und umgekehrt.
Wie der Empfänger Kommunikationsinhalte wahrnimmt und versteht, hängt von verschiedenen Faktoren ab. Diese Faktoren bzw. Einflüsse können z. B. durch das Kommunikationsquadrat nach Schulz von Thun analysiert werden.

*Die eigene Rolle bei der Kommunikation wechselt ständig zwischen Sender und Empfänger.*

Kommunikationsquadrat nach Schulz von Thun ► S. 66

*Nach Schulz von Thun werden Nachrichten auf vier verschiedenen Ebenen gehört und gesendet.*

**Kommunikationsquadrat nach Schulz von Thun**

In seinem Kommunikationsmodell stellt der Psychologe Friedemann Schulz von Thun die Bezüge der Kommunizierenden und die Einflüsse, die auf sie wirken, in einem Quadrat dar und unterscheidet vier Anteile einer Nachricht:

- Sachinhalt: „Darüber informiere ich dich.“
- Selbstoffenbarung: „Das lasse ich von mir wissen, das gebe ich von mir preis.“
- Beziehungshinweis: „Das halte ich von dir und so stehen wir zueinander.“
- Appell: „Dazu möchte ich dich veranlassen.“

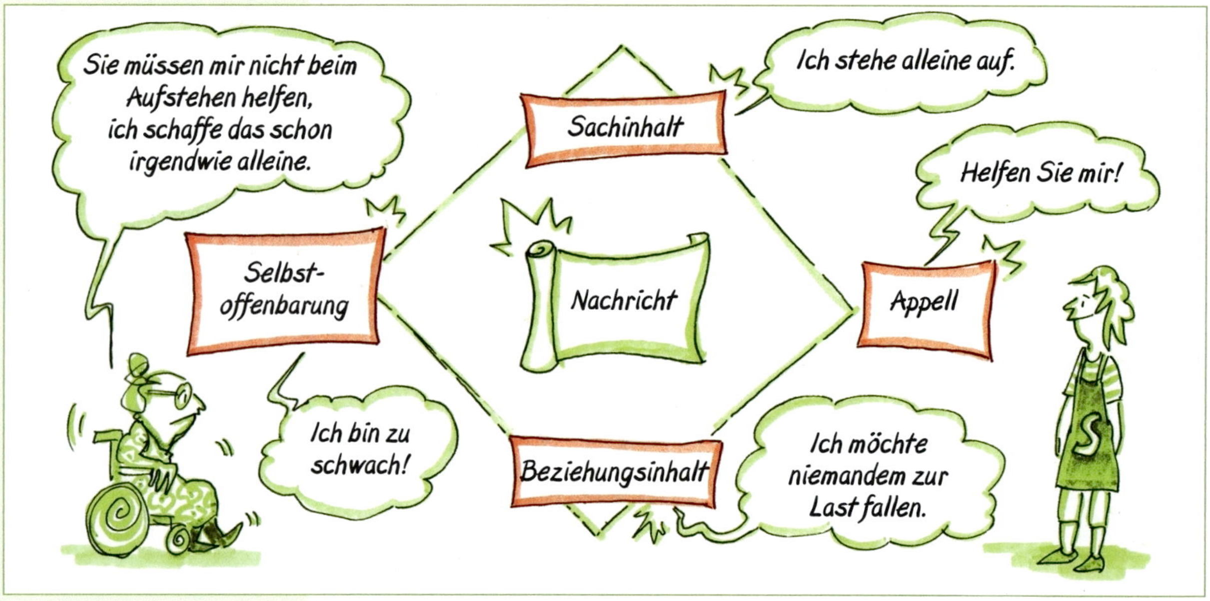


*Auf der Ebene der 4 Ohren erzeugt jede Nachricht ihre besondere Wirkung.*

Mit Hilfe des Kommunikationsquadrates lassen sich Nachrichten analysieren und so mögliche Störungen aufdecken. Dazu müssen die vier Ohren des Empfängers einbezogen werden, denn jede Nachricht löst eine Reaktion aus. Das bedeutet, dass wir auch immer auf einer der genannten Ebenen „besser“ hören:

- Sachohr: Was will er mir sagen? Worüber redet er?
- Selbstoffenbarungsohr: Was ist das für ein Mensch? Was ist gerade mit ihm los?
- Beziehungsohr: Wie sagt er mir das? Was kann ich seinem Tonfall entnehmen? Wie denkt er über mich? Was halte ich von ihm?
- Appellohr: Was will er von mir? Welche Reaktion erwartet er?

Feedback ► S. 72

Reagiert ein Empfänger auf eine Nachricht, wird er selbst zum Sender. Gelungene Kommunikation ist beschrieben durch das Senden verschiedener und eindeutiger Signale sowie eine „ausgewogene Vierohrigkeit“. In der Regel hört aber jeder Mensch auf einem der „vier Ohren“ besonders gut. Aufgabe des Empfängers ist es, Inhalts- und Beziehungsaspekte der Nachricht zu entschlüsseln und auf diese zu reagieren. Ist Ihnen z. B. bekannt, dass Ihr Gesprächspartner auf dem „Beziehungsohr“ besonders sensibel hört, können Sie den Beziehungsaspekt ansprechen, um Missverständnisse zu vermeiden. Dies ist z. B. durch eine Frage nach dem aktuellen Befinden oder durch Feedback möglich.

Jede empfangene Nachricht ist also eine Konstruktion des Empfängers. Das Gesendete und das Empfangene sind nie ganz identisch, denn alle Botschaften müssen interpretiert werden, um ihnen einen Sinn zu verleihen. Das, was beabsichtigt wurde, kann sich von dem, was verstanden wurde, unterscheiden.

*Die gesendete und die empfangene Nachricht sind nie ganz identisch.*

Luca (5) kommt aus dem Garten in den Gruppenraum, wo die Praktikantin Jenny bereits auf ihn wartet. Luca sagt: „Meine schöne Hose ist schmutzig.“

Luca (Sender) könnte folgende Botschaften auf den vier Ebenen mitsenden:
**Sachinhalt:** „Meine Hose ist schmutzig.“
**Selbstoffenbarung:** „Ich habe beim Spielen nicht auf meine Kleidung geachtet. Das ist mir nun peinlich.“
**Beziehungshinweis:** „Ich weiß, dass du möchtest, dass ich mich nicht schmutzig mache. Sei bitte nicht böse.“
**Appell:** „Bitte gib mir eine andere Hose, damit ich nicht so nach Hause komme.“

Die Empfängerin Jenny könnte auf den vier Ebenen folgende Botschaften verstehen:
**Sachohr:** Er informiert mich darüber, dass die Hose schmutzig ist.
**Selbstoffenbarungsohr:** Er wühlt einfach so gerne im Dreck und vergisst dabei alles und jetzt ist ihm das doch peinlich.
**Beziehungsohr:** Er weiß, dass er sich auf mich verlassen kann, und geht davon aus, dass ich wegen solcher Dinge nicht böse auf ihn bin.
**Appellohr:** Er will, dass ich ihm aus der Patsche helfe, und weiß noch nicht, wie ich reagieren werde.

„Einseitige“ Hörgewohnheiten oder Sendeabsichten stehen in Bezug zu Vorerfahrungen, Gewohnheiten, der Lebenssituation sowie der Beziehung von Sender und Empfänger.

## 1.2 Erfolgreich kommunizieren im Beruf – „Wie kann ich meine Kommunikation verbessern?“

*Die Fähigkeit, sich auf andere Menschen einzulassen, ist Voraussetzung für gute Kommunikation.*

Kommunikation ist eines der wichtigsten Instrumente der sozialen Arbeit. Sie begleitet alle praktischen Hilfen und Angebote, ermöglicht schriftliche, mündliche sowie nonverbale Mitteilungen. Ohne Kommunikation können die beruflichen Beziehungen zu Kollegen oder Hilfebedürftigen nicht gestaltet, Hilfen und Angebote nicht geplant, Ergebnisse und Veränderungen nicht benannt und festgehalten werden.

Voraussetzung für die Entwicklung guter Kommunikationsfähigkeit ist, dass wir uns auf andere Menschen einlassen, ihnen zuhören, hilfreiche Kritik annehmen und auch umsetzen. Diese Grundhaltung, sich in andere einzufühlen, deren Meinungen und Lebensstile wertzuschätzen und anzuerkennen und anderen Menschen grundsätzlich aufgeschlossen, positiv und ehrlich zu begegnen, ist für die Arbeit mit Menschen bedeutsam. Sie ist immer die Voraussetzung für eine gelungene Beziehungs- und Kommunikationsgestaltung, jenseits aller Techniken und Strategien.

In der sozialen Arbeit arbeiten Sie häufig im Team, also in einer Gruppe. Eine Gruppe bildet eine gemeinsame Identität aus, die sich in ihrer Kommunikation ausdrückt. Es gibt gruppenspezifische Formen der Gesprächsgestaltung, der positiven und negativen Kritik und der Diskussionsführung. Das gilt für jede Schulklasse, jedes Mitarbeiterteam, aber auch jede Familie.

### 1.2.1 Kommunikationsanlässe im Beruf

In sozialen und pflegerischen Berufen wird schriftliche und mündliche Kommunikation mit Kolleginnen, Ausbildern, Vorgesetzten, hilfebedürftigen Menschen und deren Angehörigen benötigt. Es müssen Absprachen getroffen und Informationen weitergegeben werden. Auch Lieferanten, Behörden und andere Fachkräfte sind wiederkehrende Kommunikationspartner. Im Rahmen der schriftlichen Kommunikation sind vor allem die tägliche Dokumentation erbrachter Hilfen und der aktuellen Situation, Hilfeplanung sowie Berichte zu nennen. Jede Einrichtung und jede Angebotsform hat hier ihre Standards. Wichtig ist die genaue Einarbeitung und die sorgfältige Ausführung schriftlicher Kommunikation, von ihr hängt die Qualität der täglichen Arbeit und der Zusammenarbeit mit anderen Kolleginnen ab.

Dokumentation ► S. 127

Innerhalb der mündlichen Kommunikation treten sehr unterschiedliche Anforderungen auf, z. B. die Anleitung und Beratung von Hilfebedürftigen und deren Angehörigen, Konfliktgespräche mit Kolleginnen oder fachliche Diskussionen im Team.

Konfliktgespräche ► S. 73

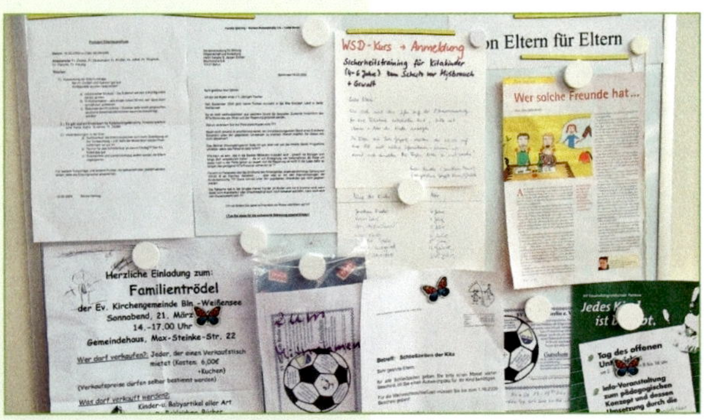


*Abb. 1 An „schwarzen Brettern“ in Kindertagesstätten werden Informationen an die Eltern weitergegeben.*

*Abb. 2 Absprachen unter Kolleginnen sind eine wichtige Form der verbalen Kommunikation im Beruf.*

**Diskussionen**

Diskussionen dienen dem Austausch von unterschiedlichen Haltungen, Standpunkten und Informationen. Sie können im direkten Kontakt oder aber auch über Medien wie Briefe, Radio, Fernsehen oder Internet erfolgen. Dienst- und Teambesprechungen, Klassengespräche, aber auch Kritik- und Streitgespräche sind Formen der Diskussion.

*In einer Diskussion tauscht man sich über unterschiedliche Standpunkte aus.*

Eine gelungene Diskussion ist von gegenseitigem Respekt geprägt. Sie findet unter Einhaltung von Gesprächsregeln statt und wird häufig von einer Person moderiert. Diese bringt sich inhaltlich eher nicht ein.

Moderatoren einer Diskussion
- koordinieren die Redebeiträge,
- fassen Ergebnisse zusammen,
- achten auf die Einhaltung der Zeit,
- eröffnen und beenden die Diskussion.

Bei großen Gruppen kann es auch vorkommen, dass bestimmte Personen dafür eingeteilt werden, auf die Zeit zu achten.

**Telefongespräche**

Berufliche Telefongespräche zu führen ist eine alltägliche Anforderung. In ihnen werden z. B. Anfragen, Informationen, Terminwünsche und Kritik vermittelt. Auch wenn die Gesprächspartner sich beim Telefongespräch (ohne Bildtelefon oder Kamera) nicht ins Gesicht sehen können, ist es wichtig, während des Gesprächs auf Mimik und Körperhaltung zu achten. Ob ein Gesprächspartner gemütlich im Sessel hängt, ob er lächelt oder Grimassen zieht, das ist auch am Telefon „hörbar“. Die Stimme verändert sich mit. Wichtige Telefonate sollten deshalb im Sitzen oder gar im Stehen geführt werden.

*Auch bei Telefongesprächen sind Körperhaltung und Mimik von Bedeutung.*

Wie Sie sich zu Beginn des Telefonates vorstellen:
- Nennen Sie den Namen der Einrichtung.
- Nennen Sie Ihren eigenen Namen und evtl. Ihre Funktion.
- Begrüßen Sie den Gesprächspartner.
- Fragen Sie, wie Sie dem Anrufer weiterhelfen können.

Um am Telefon verständlich zu sein, wird in klaren Sätzen laut und deutlich gesprochen. Da man Mimik und Gestik des Partners nicht sehen kann, sind Betonung und Pausen wichtig. Jedes Telefonat wird dokumentiert. Telefonate für andere Ansprechpartner werden an diese weitergeleitet. Ist z. B. eine Kollegin nicht erreichbar, so werden wichtige Daten notiert und schnellstmöglich weitergeleitet.

*Dokumentation eines Telefongesprächs:*

*- Datum, Uhrzeit, Gesprächspartner des Telefonats*

*- Name und Telefonnummer des Anrufers*
*- Anliegen und Dringlichkeit*
*- zusätzliche Daten und Hinweise*
*- Absprachen und Termine (Datum, Uhrzeit, Ort)*

## 1.2.2 Gesprächsverläufe

Jedes Gespräch ist bestimmt durch seinen Anlass und unterscheidet sich in Inhalt, Aufbau und Verlauf. Ein Vorstellungsgespräch gestaltet sich anders als ein Kritikgespräch, eine Besprechung anders als ein Verkaufsgespräch.

*Der Verlauf eines Gespräches ist von verschiedenen Einflussfaktoren abhängig.*

Auf den Verlauf eines Gesprächs haben z. B. Einfluss
- der Zeitpunkt,
- die Vorbereitung,
- der Raum,
- die Teilnehmer und
- die Sitzordnung.

Viele Gespräche folgen einem Grundaufbau in sechs Phasen:

| Phase | Erläuterung |
|---|---|
| **Eigene Vorbereitung** | Stellen Sie den Gesprächsbedarf fest. Klären Sie Ihr eigenes Interesse. |
| **Kontaktaufnahme** | Sprechen Sie Ihre Gesprächspartner an und stellen Sie eine positive Gesprächsbasis her. |
| **Bestimmung des Anlasses und des Ziels** | Stellen Sie Ihren Gesprächspartnern Ihr Anliegen und Ihre Absichten kurz dar. |
| **Inhaltlicher Austausch** | Tauschen Sie sich mit den Gesprächspartnern über Informationen, Standpunkte und Fragen aus. Halten Sie den Kontakt aufrecht, hören Sie genau zu und bleiben Sie beim Thema. |
| **Abschluss** | Halten Sie Ergebnisse, Ziele und offene Punkte fest. Verabreden Sie wenn nötig weitere Termine. Beenden Sie das Gespräch in einer positiven Weise. |
| **Auswertung** | Reflektieren Sie Verlauf, Inhalte und Ergebnisse des Gesprächs. Halten Sie dies wenn nötig schriftlich fest. |

*Die Kontaktaufnahme ist entscheidend für den weiteren Erfolg eines Gesprächs.*

Nicht auf jedes Gespräch kann man sich lange und gezielt vorbereiten, seine Argumente überlegen und sich Fragen zurechtlegen. Oft entstehen Gespräche aus einer passenden Situation heraus. Bereits die Kontaktaufnahme entscheidet wesentlich über die Kommunikationsbereitschaft und Offenheit der Gesprächspartner, was besonders bei Kritikgesprächen und unangenehmen Themen bedeutsam ist.

Wichtig bei der Gesprächsführung ist
- ein ausgewogenes Gewicht der Redebeiträge,
- zuzuhören,
- nachzufragen und
- einen konstruktiven Abschluss zu finden.

Gespräche sollten nicht zu umfangreich werden, indem viele Nebenthemen hinzugezogen werden. Es ist sinnvoll, einen Zeitrahmen zu verabreden oder für komplizierte und langwierige Themen gesonderte Termine zu vereinbaren, damit alle gut vorbereitet sind.

*Abb. 1 Auch im Gespräch mit Freunden ist Zuhören wichtig.*

### 1.2.3 Hilfreiches Kommunikationsverhalten

Gelingende Gespräche setzen die Kommunikationsfähigkeit der Gesprächspartner und günstige äußere Bedingungen voraus. Der bewusste Einsatz von Gesprächstechniken erleichtert das Gespräch. Sie sichern ab, dass das Gespräch erfolgreich verläuft und die Gefahr von Missverständnissen sinkt.

*Gesprächsförderer beeinflussen die Kommunikation positiv, Gesprächshemmer negativ.*

In der nachfolgenden Tabelle werden Verhaltensweisen beschrieben, die ein Gespräch positiv beeinflussen (Gesprächsförderer), und andererseits Verhaltensweisen, die Ursache für schwierige Gesprächsverläufe sein können (Gesprächshemmer).

| Gesprächsförderer | Gesprächshemmer |
|---|---|
| **Aktiv zuhören:** Gute Gespräche brauchen konzentrierte Aufmerksamkeit. Geben Sie Ihrem Gesprächspartner die Chance, seine Ansichten und Wünsche zu beschreiben. | **Unterbrechen:** Vermeiden Sie es, Ihren Gesprächspartner nonverbal (wie mit verdrehten Augen oder umherschweifendem Blick) oder verbal zu unterbrechen, wenn er zu lange braucht, um „auf den Punkt“ zu kommen. |
| **Ich-Botschaften senden:** Formulieren Sie Ihre persönlichen Ansichten, Gefühle und Wünsche in der „Ich-Form“. So wird die Verantwortung für Ihre Einschätzung, Bedürfnisse und Gefühle deutlich. | **Du-Botschaften senden:** Diese klingen schnell bestimmend, wertend und vorwurfsvoll oder besserwisserisch. Damit verletzen Sie den Angesprochenen oder lösen einen Streit aus. Eine Formulierung in der „Man-Form“ ist oft wenig greifbar. |
| **Paraphrasieren und Respekt zeigen:** Wiederholen Sie zentrale Punkte des Gehörten, um sicherzugehen, dass Sie alles richtig verstanden haben. | **Eigene Erfahrungen und Ratschläge in den Vordergrund stellen:** Jeder Mensch hat seine eigene Vorgehensweise. Arbeiten Sie gemeinsam Lösungsansätze heraus, statt eigene Handlungsweisen weiterzuempfehlen. |
| **Rückfragen stellen:** Wenn Sie etwas nicht verstehen, fragen sie frühzeitig nach, um dem Gespräch besser folgen zu können. Das Fragen zeigt Ihr Interesse. | **Bewerten statt akzeptieren:** Verletzende Rückmeldungen und Verhaltensweisen blockieren das Gespräch. Vermeiden Sie persönliche Angriffe, auch wenn die Lösungsansätze des anderen nicht logisch erscheinen. |
| **Zugewandt sein:** Konzentrieren Sie sich auf Ihren Gesprächspartner und seine Aussagen. Das vermittelt ihm ein positives Gefühl. | **Unkonzentriert sein:** Planen Sie so, dass Sie während eines Gespräches nicht weitere Absprachen, z. B. Telefonate, „nebenher“ erledigen müssen. |
| **Feedback geben:** Geben Sie konstruktive und wertschätzende Rückmeldungen dazu, wie Sie den Gesprächspartner und die Situation wahrnehmen. | **Herunterspielen:** Reagieren Sie nicht mit Hinweisen auf Menschen, die es noch schwerer haben oder dass alles nicht so schlimm sei. |
| **Ausreden lassen:** Um sich gegenseitig richtig zu verstehen, ist es wichtig, dass jeweils nur ein Gesprächspartner spricht. In einem guten Gespräch wechselt der Sprechende regelmäßig. Ein Sprecherwechsel ist am Ende eines Satzes möglich. | **Ins Wort fallen:** Reden Sie Ihrem Gesprächspartner nicht dazwischen. Wenn er länger braucht, um sich auszudrücken, und laufend unterbrochen wird, fällt es ihm schwerer, seinen Standpunkt zu vertreten. Unterbrechungen sind nur dann erlaubt, wenn für ein Thema ein anderer Gesprächspartner zuständig ist oder wenn auf Grund der Zeitplanung ein Gesprächstermin neu vereinbart werden muss. |

Weitere Gesprächshemmer sind z. B. Befehle, Anordnungen, Warnungen, Drohungen, Angebote fertiger Lösungen, zu lange eigene Redebeiträge, zu komplizierte Ausführungen, Belehrungen, Verurteilungen, unangemessene Kritik, Beschimpfungen oder Interpretationen.

*Unter Feedback versteht man die Rückmeldung an eine Person zu deren Verhalten.*

**Feedback – Rückmeldung zur Verbesserung der Kommunikation**

Feedback umfasst die Rückmeldung auf ein bestimmtes Verhalten einer Person oder einer Gruppe. Das kann unbewusst geschehen, z. B. durch eine nonverbale Reaktion wie ein Kopfnicken oder ein Lächeln, oder auch zielgerichtet wie durch ein Klatschen oder eine verbale Rückmeldung. Feedback kann spontan sein oder erbeten werden.

Durch eine Rückmeldung erfährt man von der Einschätzung des Gesprächspartners. Dies kann sich z. B. so anhören:

- „Das sehe ich genauso.“
- „Da kann ich Ihnen nicht zustimmen.“
- „Ich schätze Ihr geduldiges Engagement sehr.“

Durch Feedback können Sie Ihre Selbstwahrnehmung und die Fremdwahrnehmung überprüfen. Wir wirken auf andere oft anders, als wir uns es selber vorstellen. Nicht jeder Gesprächspartner erlebt uns auf die gleiche Weise. Empfindet jemand eine Verhaltensweise als lustig und hilfreich, kann jemand anderes das gleiche Verhalten als störend und distanzlos einschätzen. Gibt ein Gesprächspartner gar keine Rückmeldung, so kann das sehr irritierend sein. Wir legen uns dann automatisch eine Deutung zurecht.

Wie Feedback sein sollte:

- erbeten bzw. erwünscht
- beschreibend, klar formuliert, brauchbar, zielgerichtet
- angemessen und nicht wertend oder interpretierend
- konkret und nicht allgemein
- sachlich richtig, verhaltens- und nicht charakterbezogen
- frühzeitig und rechtzeitig
- neue Informationen beinhaltend

Feedback gelingt erst dann richtig, wenn es auch angenommen wird. Wir sollten

- es uns ruhig anhören,
- die Information darin suchen, nicht die Wertung,
- nachfragen, was wir nicht verstehen,
- nicht abwerten, entschuldigen, relativieren,
- den positiven Nutzen und Wert für uns erkennen,
- uns bewusst entscheiden, unser Verhalten zu ändern oder nicht zu ändern.

Sozialassistentin Tina fragt Frau Müller bei der Körperpflege. „Frau Müller, ist meine Unterhaltung mit Ihnen für Sie angenehm? Oder benötigen Sie mehr Ruhe?“ „Ja, bitte, denn bei den Dingen, die ich selber noch kann, muss ich mich so konzentrieren, dass ich Ihnen gar nicht richtig zuhören kann.“

Nach der Gruppenstunde möchte Praktikant Tom, dass die Skatergruppe des Jugendclubs Maxim ihm ein Feedback zur Übungsstunde gibt. Kurz und knapp kann sich so jeder äußern, was ihm gefallen hat und was nicht. Anfangs hat das die Jugendlichen genervt. Jetzt finden es alle gut, dass sie am Schluss der Stunde sagen können, wie es ihnen geht und was sie gestört hat.

## 1.2.4 Schwierige Gespräche führen

**Umgang mit Beschwerden**

*Beim Umgang mit Beschwerden geht es um das Finden einer gemeinsamen Lösung.*

Wenn Menschen sich nicht verstanden, nicht ausreichend betreut oder ungerecht behandelt fühlen, beschweren sie sich evtl. über die Auslöser des Unmuts. Wenngleich eine Beschwerde peinlich oder schmerzhaft sein kann, geht es an erster Stelle nicht um eine Verteidigung der eigenen Position, sondern um die Verbesserung der Situation.

Deshalb wird zunächst Kritik angenommen und eingehend betrachtet:

- Wodurch wurde das Empfinden des anderen ausgelöst?
- Wo liegen evtl. Schwierigkeiten oder Fehler vor?
- Was könnte von wem geändert werden?
- Welche Schritte, Absprachen, Umgangsformen sind jetzt angebracht?
- Kann die Situation allein geklärt werden oder ist der Rat anderer Personen (z. B. einer Kollegin oder eines Vorgesetzten) notwendig?

Auch für das Beschwerdegespräch selbst gibt es Regeln:

- Jede Beschwerde wird zeitnah und mit den richtigen Gesprächspartnern bearbeitet.
- Die Beschwerdeführer können ausreden, um ihren Ärger loszuwerden.
- Die wichtigsten Aussagen werden zusammengefasst. Es wird nachgefragt, um das Verständnis abzusichern.
- Es werden Rückmeldungen gegeben und erläutert, weshalb was passiert ist oder wie die Problematik geklärt werden kann.
- Das Bedauern wird ausgedrückt und Lösungswege werden aufgezeigt.

Herr Besser ist im Krankenhaus empört darüber, dass niemand Zeit für ihn hat. Er beschwert sich bei Schwester Anne. „Ich weiß, dass Sie noch andere Patienten haben. Aber Sie können ja trotzdem mal nach mir schauen. Sonst habe ich das Gefühl, Sie denken, ich sei ein Simulant.“ Schwester Anne versucht, ihn zu beschwichtigen: „Das tut mir leid. Ich werde das Essen verteilen und dann komme ich zu Ihnen.“

Als Frau Semirci ihre Tochter Indira von der Kinderkrippe abholt, riecht sie gleich, dass Indira eine volle Windel hat: „Ich sehe mir das jetzt schon seit Wochen an. Es kann nicht sein, dass die Kinder hier keine frischen Windeln kriegen. Ich glaube, ich muss mal die Leitung sprechen.“ Beim Elternabend wird vereinbart, dass Beschwerden immer direkt besprochen werden. Wenn ein Kind kurz vor dem Nachhausegehen in die Windel macht, werden die Eltern gleich informiert.

**Konfliktgespräche**

Streitigkeiten oder Konflikte kann man mit sich selbst (z. B. Rollenkonflikte), anderen Personen oder auch Gruppen haben. Sie können offen oder verdeckt sein. Ausdrücken können sie sich in kleinen Spannungen bis hin zu heftigen Streitgesprächen. Gespräche in Konfliktsituationen nehmen in der sozialen Arbeit und in Teams eine besondere Stellung ein. Wird in einem Anfangskonflikt kein gemeinsamer Nenner gefunden, gestaltet sich die Zusammenarbeit schwieriger. Es sollte deshalb frühzeitig ein klärendes Gespräch geführt werden. Auch bei kleinen Konflikten können wir uns förderlich oder hinderlich verhalten und die Konfliktentwicklung beeinflussen.

Rollenkonflikte ► S. 24

*Viele Konflikte entstehen aus Missverständnissen.*

4-Ohren-Modell ► S. 66

**Konfliktentstehung**
Konflikte entstehen häufig aus Kommunikationsmangel. Menschen hören einander nicht empathisch genug zu, akzeptieren unterschiedliche Auffassungen nicht, reagieren nur auf einer der angesprochenen Ebenen einer Botschaft oder unterliegen einseitigen Kommunikationsgewohnheiten. Der Faktor Zeit spielt eine wichtige Rolle, Zeitmangel verhindert oft die notwendige Ausführlichkeit der Kommunikation.

Wenn eine Situation von verschiedenen Seiten beleuchtet wird, werden die Problematik und die Rolle der Konfliktpartner deutlich. Eine gute Argumentation wägt Gründe für und gegen eine Behauptung, Handlung oder Sichtweise gegeneinander ab. Sie ermöglicht es, dass Missverständnisse aus dem Weg geräumt werden und die Konfliktpartner eine gemeinsam akzeptierte Lösung entwickeln. Um ein Zerwürfnis zu klären und den unterschiedlichen Interessen und Ansichten gerecht zu werden, werden Konfliktgespräche genutzt. Können im Zweiergespräch oder im Team keine Lösungen gefunden werden, ist Hilfe von außen notwendig.

Vorüberlegungen zur Planung eines Konfliktgesprächs:
- Wer ist an dem Konflikt beteiligt?
- Wie ist der Konflikt entstanden? Was ist die Ursache?
- Was sind die Bedürfnisse der Konfliktpartner? Wie verhalten sie sich?
- Wie kann die Situation gelöst werden?
- Welche Vor- und Nachteile hat welche Lösung?
- Welche Vereinbarungen müssen getroffen werden?

Nicht immer treffen gleichberechtigte und gleichwertige Interessen und Konfliktpartner aufeinander. Konflikte mit Vorgesetzten oder Hilfebedürftigen unterliegen bestimmten Rahmenbedingungen. Hier kann eine Einigung mit Gewinn für beide Seiten nicht in jedem Fall erzielt werden.

**Konfliktlösung**
Konflikte können auf verschiedene Art und Weise gelöst werden:

| | |
|---|---|
|  | 1. Die stärkere Person oder Gruppe setzt sich durch. Der Gewinner fühlt sich meist gut und der Verlierer fühlt sich schlecht oder ärgert sich. |
|  | 2. Es kommt zu keiner Lösung, weil alle auf ihrer Position und Ansicht beharren. Dann kann sich das Einbeziehen eines neutralen Partners anbieten. |
|  | 3. Beide Partner ziehen ihre Ansichten und Forderungen so weit zurück, dass sie sich auf dem „kleinsten gemeinsamen Nenner“ einigen können, ihr Gesicht wahren und einen Kompromiss bilden. |
|  | 4. Beide Konfliktpartner ziehen einen Gewinn aus der Situation. Sie haben gemeinsam eine neue Lösung entwickelt, die nicht nur die Nachteile im Gleichgewicht hält, sondern auch wirkliche Veränderungen ermöglicht. |

**Phasen kooperativer Konfliktlösung**

| Phase | Beispiel |
|---|---|
| 1. Der Konflikt wird benannt, das gemeinsame Anliegen betont. | „Wir haben uns zusammengesetzt, um Probleme bei der Verteilung der Wochenenddienste hier in unserem Pflegeheim zu klären.“ |
| 2. Der Ist-Zustand wird beschrieben. Über den konkreten Konflikt sollte Einigkeit bestehen. | „Alle wollen höchstens zwei Wochenenden im Monat arbeiten. Das ist jedoch nicht immer möglich. So kam es zu Reibereien. Manche fühlten sich ungerecht behandelt.“ |
| 3. Allen Beteiligten wird ermöglicht, ihre Meinung zu sagen. | „Nicht jeder von uns kann gleich oft einspringen und Wochenenddienste übernehmen.“ „Für jeden ist die Belastung vergleichbar. Nur weil man keine eigene Familie hat, hat man trotzdem ein Recht auf Privatleben.“ „Die Kolleginnen, die schon lange im Team sind, mussten zu Beginn ihrer Tätigkeit auch mehr einspringen, das ist eben so.“ |
| 4. Der Konflikt wird bearbeitet. Es werden mögliche Vorgehensweisen und Alternativen benannt, ein Lösungsweg ausgewählt bzw. erarbeitet. | „Ich schlage vor, dass alle jeden zweiten Monat zwei Wochenenden frei haben, bis wir wieder alle Stellen besetzt haben.“ „Wir sollten die Wochenenddienste für das nächste Vierteljahr fest vorplanen, jeder sollte alle zwei Wochen frei haben. Für das Einspringen wird eine Art Bereitschaftsplan erstellt.“ „Wir versuchen gemeinsam, eine gerechte Vorplanung zu erstellen. Wer am Wochenende flexibel ist, sollte dann in der Woche frei haben.“ |
| 5. Offene Fragen werden geklärt. | „Gibt es noch irgendwelche Fragen?“ „Wie wollen wir mit den Mehrstunden verfahren, die beim Einspringen entstehen?“ „Können wir wie für das Einspringen auch eine Art Bereitschaftsplan für zusätzliche freie Tage entwickeln?“ |
| 6. Der Erfolg des Gespräches wird gesichert und Anerkennung ausgesprochen sowie die Verbindlichkeit betont. | „Ich freue mich sehr, dass wir so schnell eine Lösung gefunden haben. Die getroffene Vereinbarung ist bis zu einer neuen Entscheidung für alle gültig.“ |

**!** Beim Verfahren der Mediation soll mit Hilfe einer unparteiischen Person (Mediator) eine gemeinsame Vereinbarung getroffen werden. Die durch die Teilnehmenden – nicht durch den Mediator – getroffene Vereinbarung entspricht den Bedürfnissen und Interessen aller Beteiligten. Eine Mediation wird auch als Schlichtung bezeichnet. Bei der Schulmediation werden Schüler zu Mediatoren ausgebildet. Sie helfen durch Gespräche und Vereinbarungen, Gewalt an Schulen zu reduzieren. Vereinbarungen, die mit den Mediatoren getroffen werden, sind verbindlich.

Über den Bundesverband Mediation können Sie sich unter www.bmev.de informieren.

Informationen zu Schulmediation finden Sie unter www.schulmediation-leipzig.de

## 1.3 Mit unterschiedlichen Zielgruppen kommunizieren und Gespräche führen – „Mit wem sprichst du?“

*Die Kommunikationsmöglichkeiten unterscheiden sich in verschiedenen Lebensaltern und Situationen.*

Neben allgemeinen Regeln und Hilfsmitteln zur Kommunikation gibt es situations- und altersspezifische Formen der Gesprächsführung. Das Gespräch orientiert sich immer an dem, was der andere braucht, und setzt bei seinen Stärken an. So kann es notwendig sein, folgende Punkte einzubeziehen bzw. dem Gesprächspartner anzupassen:

- vorausgegangene Ereignisse
- augenblickliche und nachfolgende Situation
- Anredeform, Stimmlage, Betonung und Körperhaltung, Körperkontakt
- Sprachniveau und Wortwahl
- Themenauswahl

### 1.3.1 Kommunikation mit Kindern und Jugendlichen

*Abb. 1 Babys kommunizieren hauptsächlich nonverbal. So müssen ihre Signale gedeutet werden.*

**Altersgerechte Kommunikation mit Kindern**

Kinder brauchen oft Zeit, um Vertrauen zu Kommunikationspartnern aufzubauen und sich in einem Gespräch wohlzufühlen. Sie brauchen Raum, um ihre Gefühle zu verarbeiten. Sie möchten, dass man ihnen zuhört und sie ernst nimmt. Sie reagieren empfindlich, wenn Erwachsene ihnen nicht offen und ehrlich begegnen. Vielen Themen nähern sie sich spielerisch an und kommunizieren mit ihren Gesprächspartnern teils direkt und teils mit Hilfsmitteln wie ihrem Teddy oder einem Buch, aus dem sie „vorlesen“. Durch aktives Zuhören, Beobachten und Offenheit für das kreative Denken der Kinder kann verstanden werden, was sie ausdrücken wollen.

aktives Zuhören ► S. 71
Beobachten ► S. 119

Kinder möchten, dass ihre Gesprächspartner ihnen in die Augen sehen. Durch den Blick ins Gesicht kann das Kind leichter erkennen, wie ernst es dem Gesprächspartner mit seiner Aussage, Bitte oder Grenzziehung ist.

Das sollten Sie bei der Kommunikation mit Kindern beachten:

- Sprechen Sie mit einer klaren, ruhigen und überzeugenden Stimme.
- Nutzen Sie eine eindeutige Sprache mit kurzen, verständlichen Sätzen und vertrauten Worten.
- Seien Sie ehrlich zu Kindern.
- Formulieren Sie Bitten um Verhaltensänderungen oder Anregungen zu Vorgehensweisen deutlich und begründet, z. B.: „Bitte zieh in der Spielecke die Hausschuhe an, damit der Straßendreck nicht an die Spielsachen kommt.“
- Fordern Sie Kinder bei Erklärungen, ohne sie zu überfordern.
- Beziehen Sie Kinder in Entscheidungen und Tätigkeiten mit ein.

Über Kommunikationsmöglichkeiten mit Kindern mit Behinderungen können Sie sich unter www.behinderte-kinder.de/uk/uk.htm informieren.

**!** Kinder hören mehr, als man denkt, und beobachten genau. Sie erkennen, ob die Aussagen, die gemacht werden, mit dem Verhalten übereinstimmen. Sie sind verwirrt, wenn sie sehen, dass Erwachsene bedeutungsschwere Blicke austauschen oder leiden und ihnen gegenüber Normalität „spielen“. Die Kinder machen sich dann ein eigenes Bild von der Situation, das ist vielleicht sogar schlimmer als die Wahrheit.

### Kommunikation mit Jugendlichen

Jugendliche haben ihre eigene Sprache. Sie haben diese in Cliquen, durch Medien und den Wunsch nach Eigenständigkeit geprägt und entwickelt. Für Emotionen oder Verhaltensweisen existieren eigene Begriffe, die oft nur innerhalb einer bestimmten Gruppe verstanden werden.
Um ein Gespräch mit Jugendlichen zu führen, muss eine Vertrauens- und Verständnisgrundlage geschaffen werden. Man benötigt viel Feingefühl, denn Heranwachsende können sehr sensibel auf Gesprächsangebote reagieren. Jedoch erfahren sie im Gespräch, dass sie ernst zu nehmende Kommunikationspartner sind. Versuchen Sie, die Sichtweisen der Jugendlichen nachzuvollziehen, und verstärken Sie positive Ansätze.
Wichtig im Umgang mit ihnen ist die Achtung ihrer Person und ihrer individuellen Haltung. Dennoch brauchen und wollen Jugendliche klare Absprachen und Grenzen. Auch für Sie selbst ist es in Ihrer beruflichen Rolle wichtig, Grenzen einzuhalten.

*Abb. 2 Cliquen haben oft eigene Kommunikationsmuster.*

***Jugendliche brauchen klare Absprachen und Grenzen, aber auch die Chance mit zu entscheiden und zu gestalten.***

**!** Das persönliche Gespräch spielt bei vielen Jugendlichen nur noch eine untergeordnete Rolle. Zwei Drittel der unter 20-Jährigen kommunizieren gern per Chat im Internet. Laut einer Umfrage des Instituts für Demoskopie Allensbach zieht jeder Zweite auch ein ausgiebiges Telefonat und das Schreiben einer SMS oder E-Mail dem Meinungsaustausch mit einem direkten Gegenüber vor. Die Folge: Durch den regelmäßigen SMS-Verkehr wird jeder dritte Teenager bei den ungewohnten längeren Gesprächen recht schnell ungeduldig.
Quelle: www.pchome.de; download vom 02.04.09

## 1.3.2 Kommunikation in und mit Familien

Familien haben eigene Kommunikationsstrategien. Insbesondere bei kleinen Kindern muss die Erfahrung der Angehörigen genutzt werden, um das Gespräch zu gestalten. Das Kind wird entwicklungsgerecht direkt in das Gespräch einbezogen. Damit sammelt es positive Erfahrungen und kann eigene Wünsche und Bedürfnisse benennen und vertreten.
Eltern wollen wissen, wie es ihren Kindern geht. Der Austausch mit den Familien erfolgt über spontane oder geplante Gespräche, über Elternabende und mit Hilfe von schriftlichen Informationen.
Eltern wollen in die Betreuung ihrer Kinder eingebunden werden. Die Integration von Eltern, ob in der Kindertagesstätte oder im Krankenhaus, unterstützt die Entwicklung des Kindes. So werden Angehörige in Entscheidungen einbezogen, aktuell informiert und unterstützt. Ohne den Austausch mit Eltern und Angehörigen ist eine fachliche Arbeit mit den Kindern und der Familie kaum möglich.
Familienstrukturen können problembelastet sein. Hier ist der Einsatz von Kommunikationstechniken wichtig. Sie dienen der Unterstützung der Familien, aber auch dem Selbstschutz. Manche Konflikte können nicht umgehend gelöst werden, deshalb gilt die Konzentration der aktuellen Situation und der Stärkung des Kindes. Das Kind sollte dabei jedoch nicht aus dem komplexen System Familie herausgelöst werden.

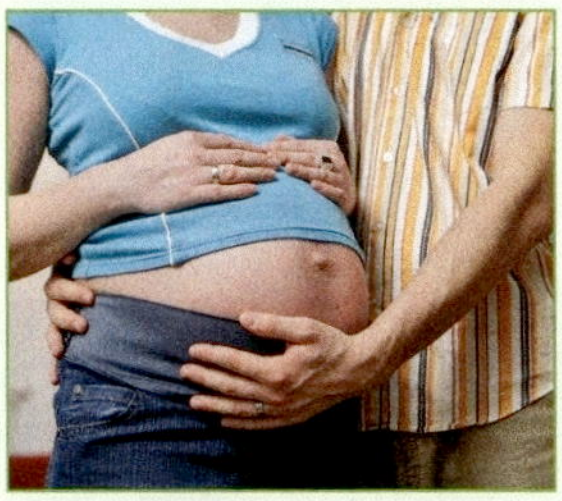

*Abb. 3 Mit der Geburt wird aus einem Paar ein Elternpaar, dem der Austausch über ihr Kind wichtig ist.*

Über die Bundeskonferenz für Erziehungsberatung e.V.
www.bke.de
findet man eine Übersicht von verschiedenen Beratungsstellen für Erziehungs- und Familienberatung.

## 1.3.3 Kommunikation mit alten Menschen

*Kommunikation mit alten Menschen sollte von gegenseitiger Achtung geprägt sein.*

Ältere Menschen wollen geachtet und gleichberechtigt behandelt werden. Sie verfügen über viel Erfahrung und haben individuelle Bedürfnisse. Die Kommunikation sollte durch gegenseitige Achtung und gemeinsam gefällte Entscheidungen geprägt sein. So ist es wichtig, eine Position nachzuvollziehen, bevor ihr widersprochen wird. Ältere Menschen werden nicht mit Vornamen oder „Oma“ bzw. „Opa“, sondern mit ihrem Nachnamen angesprochen.
Selbstständigkeit und Erfahrungen der alten Menschen müssen geachtet werden. Biografische Erfahrungen bieten viel Gesprächsstoff, der Annäherung ermöglicht. Für viele ältere Menschen ist Zuverlässigkeit und Planbarkeit wichtig. Im hohen Alter sind Menschen häufig körperlich, geistig oder seelisch beeinträchtigt. Daraus ergeben sich Gesprächshindernisse wie z. B.:
- Gedächtnisprobleme oder Demenz
- Wortfindungsstörungen, Sprachstörungen oder Hörprobleme
- emotionaler Rückzug oder Depressionen

Demenz ► S. 323
Sprachstörungen ► S. 96
Hörprobleme ► S. 81/316
Depression ► S. 326

Bei Einschränkungen werden Überforderungen vermieden und Hilfe sowie positive Zuwendung angeboten. Die Kommunikation ist eindeutig und von Geduld geprägt. Bei Bedarf werden Hilfsmittel eingesetzt. Körperliche Tätigkeiten wie ein Spaziergang werden zur Kommunikation genutzt.

## 1.3.4 Kommunikation mit Menschen mit Demenz

*Menschen mit Demenz brauchen ein Gefühl der Sicherheit und des Vertrauens.*

Menschen mit Demenz haben Schwierigkeiten, sich in aktuellen Situationen zurechtzufinden. Sie handeln manchmal unpassend, da sie z. B. Tag und Nacht, Personen oder Räume verwechseln. Sie können sich an viele Dinge nicht erinnern und nicht planen. Ziel der individuellen Begleitung ist es in diesen Phasen, auf ihre aktuellen Bedürfnisse und Erlebnisse einzugehen, ohne diese unangemessen zu vertiefen. Es ist wichtig, Sicherheit und Vertrauen zu vermitteln.
Allgemein gilt für die Kommunikation mit Menschen mit einer Demenz:
- Nehmen Sie eine verständnisvolle Grundhaltung ein.
- Beginnen Sie jeden Kontakt neutral, freundlich und offen.
- Haben Sie Geduld, geben Sie dem Gesprächspartner Zeit, sich zu äußern.
- Halten Sie Augenkontakt oder gehen Sie auf Augenhöhe.
- Treffen Sie klare Absprachen und Anweisungen.
- Sprechen Sie in kurzen klaren Sätzen mit einer deutlichen (Aus-)Sprache.
- Bieten Sie Erinnerungshilfen, wie Ortsangaben, Zeitangaben oder Namen.
- Wiederholen Sie bei Bedarf wichtige Informationen.
- Beharren Sie nicht auf der eigenen Meinung.
- Gehen Sie mit Angriffen oder Anschuldigungen zurückhaltend um.
- Verwenden Sie keine Verniedlichungen und sprechen Sie nicht in der „Wir-Form“, z. B. „Ein Löffelchen Suppe schaffen wir doch noch.“

*Abb. 1 Die Kommunikation mit an Demenz erkrankten Menschen benötigt viel Geduld und Einfühlungsvermögen.*

Bei einer guten Vorbereitung, z. B. durch die Beschäftigung mit der Biografie, der Erkrankung und den Vorlieben, können Sie mit befremdlichen Verhaltensweisen leichter umgehen.

## 1.3.5 Kommunikation mit Menschen mit Sprachbeeinträchtigungen

*Methoden und Hilfsmittel können die Kommunikation von Menschen mit Sprachbeeinträchtigungen unterstützen.*

Körperliche oder geistige Beeinträchtigungen erschweren den Austausch. Verbale und nonverbale Ausdrucksformen können kurzfristig oder dauerhaft eingeschränkt sein. Um Betroffene nicht von der Kommunikation auszuschließen, werden bestehende Ausdrucksmöglichkeiten genutzt. Die Betroffenen können z. B. ihre vor- und lautsprachlichen Kompetenzen zur Verständigung nutzen. Jede Form der eigenen Äußerung ist unterstützungswürdig. Entsprechend den Voraussetzungen der Betroffenen werden individuelle und bedürfnisorientierte Kommunikationsstrategien gesucht bzw. eingeübt. Methoden und Hilfsmittel hierbei sind z. B.:

- eindeutige und kongruente Körperhaltung und Körperbewegung
- eindeutige und kongruente Mimik und Gestik
- stetiger Blickkontakt
- angepasste Wortwahl, Satzbau, Sprechgeschwindigkeit und Betonung

Ergänzend können hinzukommen

- verschiedene Formen der Gebärdensprache (laut- oder sprachunterstützende Gebärden),
- elektronische und nicht elektronische Hilfsmittel und
- Schriftsprache, Symbole, Bilder (Abb. 3) und kombinierte Systeme.

Gebärdensprache ▸ S. 80

Die Hilfen müssen der jeweiligen Sprachkompetenz angepasst sein. Symboltafeln, Fotos oder elektronische Hilfen können für einen Menschen mit Behinderung nur nach individueller Auswahl und Anpassung hilfreich sein. Der Gebrauch der Hilfen muss oft mühsam erlernt werden, bevor diese gut eingesetzt werden können.
Gewohnte Kommunikationsstrategien erleichtern den Austausch. Angehörige haben zumeist individuelle Kommunikationsstrategien entwickelt, um den ihnen vertrauten Menschen zu verstehen und mit ihm in Austausch zu treten. So ist die Zusammenarbeit mit den Angehörigen an dieser Stelle besonders wichtig.

*Abb. 2 Der berühmte an einer Nervenerkrankung leidende Astrophysiker Stephen Hawking nutzt zur Kommunikation einen Sprachcomputer.*

*Abb. 3 Symboltafel mit Alltagssymbolen*

*Es gibt viele verschiedene Formen der unterstützten Kommunikation, die der jeweiligen Sprachkompetenz angepasst sind.*

*Abb. 1 Makaton-Gebärde*

**Unterstützte Kommunikation**

Es gibt sehr unterschiedliche Formen und Hilfsmittel unterstützter Kommunikation. Sie können hier nicht alle dargestellt und in ihren Vorzügen, Einschränkungen, Nutzungs- und Entwicklungsmöglichkeiten diskutiert werden. Weltweit gibt es zahlreiche grafische Symbolsysteme mit 400, 1 200 oder wie im Bliss-System mit etwa 2 400 vorgegebenen Symbolen.

- Die Bliss-Symbolsprache ist kompliziert und eignet sich für Personen mit sehr gutem Sprach- und Symbolverständnis, aber eingeschränkten Sprechfunktionen (z. B. Cerebralparese).
- Das LÖB-System hingegen bietet nur ca. 60 Symbole, es ist für geistig schwer beeinträchtigte Menschen und als Einstieg geeignet.
- Das Boardmaker-System ermöglicht nicht-sprechenden und nicht-schreibenden Menschen grafische und begrenzt schriftliche Kommunikation.

*Abb. 2 Dieses Beispiel der Bliss-Symbolsprache bedeutet: „Ich möchte ins Kino gehen.“ Das letzte Zeichen stellt eine Filmrolle dar.*

Auf der Ebene der Gebärdensprachen gibt es ebenfalls große Unterschiede in Bezug auf Komplexität der Gebärden.

| | |
|---|---|
| **Deutsche Gebärdensprache (DGS)** | Diese Gebärdensprache ist wie die deutsche Wortsprache eine eigene Sprache. Sie kann nicht Wort für Wort übersetzt werden und gliedert sich in regionale Dialekte. |
| **Gebärdenunterstützte Kommunikation (GUK)** | Wichtige Wörter werden als Einsatzgebärde genutzt. Ursprünglich wurde diese Kommunikationsform für Kinder mit Down-Syndrom entwickelt. Sie unterstützt die Sprachanbahnung und Sprechentwicklung. |
| **Lautunterstützende Gebärden (LUG)** | Diese Gebärden vermitteln begleitend zu Lautäußerungen die Inhalte. Kenntnisse und Gebrauch der aktiven Sprache sind also erforderlich. |
| **Lautbegleitende Gebärden (LBG)** | Für jedes Wort gibt es eine Gebärde und auch eine Grammatik. |
| **System MAKATON** | Dieses System verbindet Gebärden und Symbolschrift. In neun Entwicklungsstufen steigern sich Vokabular und Satzbau entwicklungsbezogen. Wie alle Gebärdensprachen greift MAKATON auf andere Gebärden als die DGS zurück. |

Einrichtungen, Dienste, Schulen für Menschen mit geistiger Behinderung arbeiten häufig mit unterstützter Kommunikation und haben sich innerhalb der Institution für die Verwendung eines oder einiger weniger Systeme entschieden. Diese integrieren dann individuelle Hilfen für Einzelpersonen.

Computerbasierte Hilfen kommen bei Personen mit eingeschränkter Sprechfunktion und gutem Sprach- und Symbolverständnis zum Einsatz. Sie sind eine moderne und mobile Form, grafische Symbole zu nutzen. Computer arbeiten mit und ohne Sprachausgabe. Sogenannte „Talker“ sprechen für den Nutzer einprogrammierte Wörter oder Sätze, andere geben am Bildschirm Texte oder kombinierte Texte und Symbole heraus. Die Tastatur wird mit Symbolen belegt, die ganze Sätze oder Zusammenhänge darstellen. Für andere Personen werden hinter den Tasten einzelne Begriffe oder Satzelemente hinterlegt, die dann vom Nutzer kombinierbar sind.

Büros für leichte Sprache helfen Menschen mit geistiger Beeinträchtigung, komplizierte Texte in einfache Sprache zu übersetzen, z. B. www.lebenshilfe-bremen.de.

Weitere Informationen zur unterstützten Kommunikation finden Sie unter www.isaac-online.de

## 1.3.6 Kommunikation mit Menschen mit Sinnesbeeinträchtigungen

### Menschen mit Sehbeeinträchtigungen

Beeinträchtigungen durch Sehstörungen können vielfältig auftreten. Farbwahrnehmung, Entfernungen, Umrisse, Details, Rand oder Zentrum des Blickfeldes können nicht gesehen werden. Beeinträchtigungen werden durch einen empathischen Gesprächspartner so weit wie möglich ausgeglichen. Menschen mit starken Sehstörungen ist es nicht möglich, Mimik und Gestik ihrer Gesprächspartner wahrzunehmen. Sie sind darauf angewiesen, dass diese sich vorstellen und ihre Gesprächsbereitschaft signalisieren. Zusätzlich nehmen der Tastsinn, das Gehör und der Geruch an Bedeutung zu.

Sehstörungen ► S. 315

*Bei Menschen mit Sehbeeinträchtigungen gewinnen Tastsinn, Gehör und Geruchssinn an Bedeutung.*

Im Umgang mit Menschen mit deutlichen Sehstörungen ist es hilfreich,
- sich bemerkbar zu machen, wenn man sich annähert, und anzukündigen, wenn man sich wieder entfernt,
- sich vorzustellen,
- jede Handlung anzukündigen und, wenn sie neu ist, genau zu beschreiben,
- sich klar und eindeutig auszudrücken,
- wenn das gewünscht wird, die Aussagen durch kleine Berührungen zu unterstreichen (z. B. gemeinsam über einen Gegenstand streichen),
- die Ordnung des Betroffenen in jedem Fall einzuhalten, Dingen nur gemeinsam einen neuen Platz zu geben und sie dort zu belassen.

Der Alltag kann durch Hilfsmittel erleichtert werden. Wenn Menschen nicht mehr sehen können, benötigen sie Hilfsmittel oder freuen sich über eine Person, die ihnen vorliest oder erzählt, was sie gerade sieht. So können sie „durch die Augen anderer sehen“. Es gibt zahlreiche Hilfsmittel mit Sprachausgabe (Uhren, Farberkennungshilfen). Um eine größtmögliche Selbstständigkeit zu ermöglichen, werden Gegenstände nicht ohne Absprache umgeräumt und Markierungen genutzt. So werden beispielsweise Mahlzeiten nach dem Prinzip der Nahrungsuhr angerichtet. „Die Kartoffeln liegen auf 9.00 Uhr, das Gemüse auf 3.00 Uhr und das Fleisch auf 6.00 Uhr.“

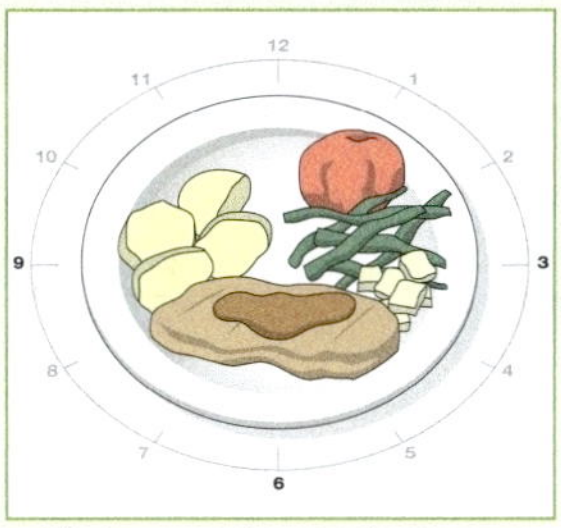

*Abb 3. Essen nach dem Ziffernblatt*

### Menschen mit Hörbeeinträchtigungen

Beeinträchtigungen durch Hörstörungen können sich auf Sprache und andere Geräusche wie z. B. Musik beziehen. Bestimmte Töne werden gehört, andere nicht. Gezielter Blickkontakt, Mimik, Gestik sind dann wichtige Unterstützungsmittel. Eine deutliche und langsame Aussprache und Betonung, ein klarer Satzbau und eine angemessene Lautstärke sind unverzichtbar. Personen mit Hörgeräten (Abb. 4/5) können nicht alles so hören wie Normalhörende. Vergewissern Sie sich, ob Ihr Gesprächspartner Sie wirklich hört und versteht.

*Ein gezielter Blickkontakt, Mimik und Gestik unterstützen die Kommunikation mit Menschen mit Hörbeeinträchtigungen.*

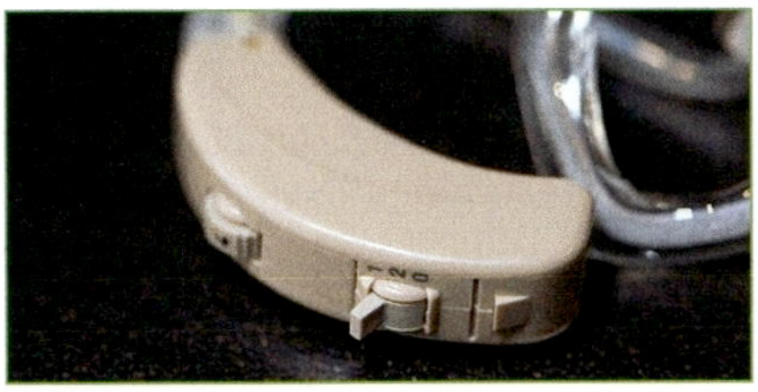
*Abb. 4 Eingeschaltetes Hörgerät*

*Abb. 5 Ausgeschaltetes Hörgerät*

### 1.3.7 Kommunikation mit Menschen aus anderen Kulturen

*Eine einfühlsame und wertschätzende Herangehensweise erleichtert die Kommunikation mit Menschen anderer Kulturen.*

Wenn von der Kommunikation mit Menschen anderer Kulturen die Rede ist, meint man damit meist, dass diese eine andere Sprache sprechen. Mit Hilfe von Sprache können Ansichten, Emotionen, Wünsche und Vorgehensweisen verständlich gemacht werden. Wenn eine andere Sprache gesprochen wird, ist dieser Vorgang erschwert. Andererseits können Menschen aus anderen Kulturen auch Sichtweisen und Einstellungen haben, die von unseren abweichen. Manche Dinge sind jedoch gar nicht so unterschiedlich, wie es auf den ersten Blick erscheint. Oft hat man gegenüber fremden Kulturen Vorurteile. Damit muss man umzugehen lernen.
Eine tolerante Kommunikation bedeutet nicht, dass alles akzeptiert wird, sondern dass in angemessener Art und Weise und mit Respekt aufeinander zugegangen und miteinander umgegangen wird. Das ist möglich, wenn alle sich so weit wie möglich und nötig auf die Lebenswelt des anderen einlassen und sich eigener Bedürfnisse und Vorurteile bewusst werden.

*Abb. 1 Wörterbücher gibt es auch speziell für pflegerische Berufe.*

Bestimmte Hilfsmittel erleichtern den Austausch bei fehlendem Sprachverständnis. Wenn niemand da ist, der Fragen oder Informationen übersetzen kann, können einfachste Absprachen nur schwer getroffen werden. Es ist sinnvoll, nicht nur das verbale Sprachverständnis einzuschätzen, sondern auch zu berücksichtigen, ob die Person die deutsche Sprache auch lesen oder schreiben kann. Sprachprobleme können auch durch die Hilfe von Dolmetschern behoben werden.
Je nach Bedarf werden Hilfsmittel eingesetzt, z. B.:
- Wörterbücher (Abb.1)
- Übersetzungstafeln
- Bildtafeln (Abb.2)
- zweisprachiges Informationsmaterial
- Mimi und Gestik

| | | | | | | | |
|---|---|---|---|---|---|---|---|
| **الصحة العامة الكلية**<br>كيف تقيم صحتك عموما خلال الاسبوعين الماضيين؟ | ممتازة | 1 | | ausgezeichnet | 1 | | **Allgemeine Gesundheit**<br>Während der letzten zwei Wochen …<br>Wie würden Sie Ihren Gesundheitszustand insgesamt beurteilen? |
| | جيدة جدا | 2 | | sehr gut | 2 | | |
| | جيدة | 3 | | gut | 3 | | |
| | متوسطة | 4 | | mäßig | 4 | | |
| | سيئة | 5 | | schlecht | 5 | | |

*Abb. 2 COOP-WONCA-Charts: arabische und deutsche Übersetzung*

Bedacht wird die unterschiedliche Bedeutung von nonverbalen Ausdrucksformen in unterschiedlichen Kulturen. Schmerz, Trauer oder Freude werden oft anders erlebt und ausgedrückt. Kommunikation kann das Verstehen anderer Sichtweisen ermöglichen. Ihnen sollte z. B. bewusst sein, dass Krankheit in manchen Kulturen auch als Ausdruck von höheren Mächten gedeutet wird. Bei einem magischen Krankheitsverständnis kann das möglicherweise bedeuten, dass Krankheiten passiv erduldet und als Zeichen oder Strafe betrachtet werden.

# Zum Weiterarbeiten in den Arbeitsbüchern

| Betreuung und Pflege von alten Menschen und Menschen mit Behinderung | | | |
|---|---|---|---|
| | Schwerpunkt | Lernsituation | Seite |
|  | • Biografiearbeit<br>• Gesprächsführung<br>• wertschätzender Umgang mit alten Menschen | „Frau Hummel ist ständig unzufrieden“ | 56 |
|  | • Hörbeeinträchtigungen<br>• Kommunikation und Gesprächsführung<br>• Hilfsmittel | „Manchmal spricht er so leise, dass ich ihn kaum verstehe“ | 186 |
|  | • Demenz<br>• Selbstbestimmung<br>• personenzentrierte Pflege<br>• Kommunikation | „Wo haben Sie meinen Koffer gelassen?“ | 192 |

| Betreuung und Pflege von Kindern, Jugendlichen und Familien | | | |
|---|---|---|---|
| | Schwerpunkt | Lernsituation | Seite |
|  | • Kommunikation<br>• Erziehungsstile<br>• Zusammenarbeit mit Eltern | „Ich möchte nicht, dass ihr meinem Sohn dabei helft“ | 58 |
|  | • interkulturelle Arbeit in der Kindertagesstätte<br>• Religionszugehörigkeit<br>• Zusammenarbeit mit Eltern | „Sie durften nicht unter den Rasensprenger“ | 65 |

# 2. Verhalten des Menschen – „Warum bin ich, wie ich bin?“

## 2.1 Entwicklung des Menschen – „Wird man denn nie fertig?“

*Die Entwicklung des Menschen findet in der gesamten Lebensspanne statt.*

### 2.1.1 Der Mensch verändert sich

Menschliche Entwicklungen sind Veränderungen im Laufe des Lebens, die sich einer bestimmten Altersstufe zuordnen lassen, aufeinander aufbauen und die dauerhaft sind. Die Entwicklung beginnt mit der Zeugung und hört mit dem Tod auf. Das heißt, sie endet nicht nach der Pubertät, wie manchmal behauptet wird, sondern spielt auch im Erwachsenenalter eine wichtige Rolle. Entwicklung findet also in der gesamten Lebensspanne statt.

Folgende Prinzipien spielen bei der Entwicklung des Menschen eine Rolle:

**Logische Reihenfolge:** Die Entwicklung verläuft nicht sprunghaft, sondern kontinuierlich. Der Mensch lernt zuerst das Krabbeln, erst später das Laufen – eine Umkehrung ist nicht möglich. Die einzelnen Schritte bauen logisch aufeinander auf. Es gibt aber auch Kinder, die nicht krabbeln und gleich laufen lernen.

**Kanalisierung:** Von Geburt an hat der Mensch eine Fülle von Möglichkeiten, sein Verhalten zu entwickeln. Aber durch Einflüsse aus der Umwelt werden diese Möglichkeiten eingeschränkt. Zur Umwelt gehören z. B. Eltern, Geschwister oder der Freundeskreis. Sprechen die Eltern Deutsch, lernen die Kinder die gleiche Sprache, obwohl sie auch jede andere lernen könnten. Die riesige Menge an Möglichkeiten wird kanalisiert, also reguliert.

**Verfestigung:** Die kanalisierten Möglichkeiten werden zu festen Gewohnheiten. Ein Kind, das Deutsch lernt, eignet sich diese Sprache an und verfestigt sie. Eine neue Sprache zu lernen würde dem Kind und auch Erwachsenen sehr schwer fallen.

**Sensible Phase:** Zu bestimmten Zeiten herrscht eine höhere Empfänglichkeit für das Erlernen bestimmter Fähigkeiten. In diesen Phasen lernt das Kind besonders intensiv und motiviert. Wird die Zeitspanne verpasst, können die Fähigkeiten nur mit hoher Anstrengung und großem Willen erlernt werden. Der Erwerb von Fremdsprachen fällt z. B. Erwachsenen schwerer, da sich das Entwicklungsfenster für die Aneignung dieser Fähigkeit immer weiter schließt.

## 2.1.2 Individuelle Entwicklung

Menschen entwickeln sich völlig unterschiedlich. Manche Kinder sprechen früher, andere später. Entwicklungstabellen machen einen Vergleich zwischen den Individuen möglich. So lässt sich der Entwicklungsstand eines Menschen abschätzen. Allerdings kann man nur grobe Aussagen über den Verlauf der Entwicklung eines Menschen treffen.

Entwicklungstabellen ► S. 131

Die eine oder andere Phase durchläuft man schneller oder eben langsamer. Finden die Fortschritte insgesamt in den entsprechenden Zeiträumen statt, so spricht man von einer normalen oder altersgemäßen Entwicklung. In Ausnahmefällen kann die individuelle Entwicklung von der Norm abweichen, entweder ist dann die Entwicklung beschleunigt oder verlangsamt. Die beschleunigte Entwicklung nennt man Akzeleration. Die verlangsamte Entwicklung heißt Retardation. Hier ist dann eine besondere Förderung des Kindes notwendig. Dabei kann ein Bereich, z. B. die Sprache oder die Bewegung, oder aber auch die Gesamtentwicklung betroffen sein. Es muss immer die ganze Entwicklung einbezogen werden. Eine Beurteilung des Entwicklungsstandes auf Grund nur eines Bereiches ist nicht ausschlaggebend. In den Vorsorgeuntersuchungen für Neugeborene, den Früherkennungsuntersuchungen für Kinder und Jugendliche achtet der Kinderarzt auf den individuellen Entwicklungsstand.

*Die beschleunigte Entwicklung nennt man Akzeleration.*
*Die verlangsamte Entwicklung heißt Retardation.*

Mehr Informationen zu den Früherkennungs- und Vorsorgeuntersuchungen finden Sie unter:

www.kindergesundheit-info.de
▹ Für Eltern
▹ Gesundheitsrisiken vorbeugen

## 2.1.3 Die Entwicklung des Menschen wird beeinflusst

*Anlage, Umweltfaktoren und Selbststeuerung bestimmen die Entwicklung des Menschen.*

Jeder Mensch entwickelt sich zu einem einzigartigen Individuum. Die Ursachen dafür sind unterschiedliche Faktoren, die das Aufwachsen des Kindes, des Jugendlichen und des Erwachsenen beeinflussen. Das sind
- Anlagen, also Erbanlagen,
- Einflüsse aus der Umwelt und
- der eigene Wille, also die Selbststeuerung.

So bilden sich individuelle Fähigkeiten und Verhaltensweisen heraus.

**Anlage**
Mit der Ei- und Samenzelle geben Mutter und Vater ihre Erbanlagen an ihre Kinder weiter. Die Gene bestimmen von Anfang an die Entwicklung des Individuums entscheidend mit: Haar-, Augen- und auch die Hautfarbe werden von den Vorfahren übernommen. Dies sind ganz offensichtliche Zeichen der Vererbung. Aber wird auch Verhalten vererbt? Wenn ein Kind aggressiv ist, hat es seine Aggressivität dann z. B. vom Vater oder von der Mutter geerbt? Oder hat jeder Mensch eine etwa gleiche Veranlagung zu einem bestimmten Verhalten? Dann würde dieses Verhalten ein Produkt der Umwelt und der eigenen Entscheidungen sein. In vielen Untersuchungen hat sich herausgestellt, dass nicht nur Äußerlichkeiten vererbt werden, sondern auch Verhalten.

Es kann die Tendenz zu einem bestimmten Verhalten vererbt werden, nicht aber konkrete Verhaltensweisen. Das Verhalten wird eben nicht nur von den Genen, sondern natürlich auch von der Umwelt und dem Individuum selbst bestimmt. Deshalb ist menschliches Verhalten nicht unbedingt durch die Gene festgelegt, aber beeinflusst.

**!** Psychologen nutzen die Zwillingsforschung, um den Zusammenhang zwischen Erbanlagen und Verhalten nachzuweisen. Zwillinge wachsen meist unter sehr ähnlichen Bedingungen auf, das heißt, deren Umweltbedingungen sind gleich.

*Abb. 1 Genetisch gleiche Zwillinge empfinden oft auch gleich.*

Nun kann man das Verhalten oder die Gefühle von eineiigen oder zweieiigen Zwillingen untersuchen. Eineiige Geschwister haben genau die gleichen Gene, während bei zweieiigen die Gene zu 50 % unterschiedlich sind. In einer Langzeitstudie zeigte sich, dass Menschen mit den exakt gleichen Genen auch eine ähnliche Grundstimmung haben, also sich beispielsweise glücklich fühlen. Bei Menschen mit verschiedenem Erbmaterial gibt es im Gefühlsleben eher keine Übereinstimmung. Das heißt, die Gene beeinflussen offensichtlich unser Gefühlsleben. Ein „Glücksgen“ wurde bisher allerdings noch nicht gefunden.

(Quelle: Zimbardo: Psychologie, Pearson Studium, 16.Aufl., S.75)

Es können auch schwere psychische Erkrankungen, wie Schizophrenie, vererbt werden. Nicht jeder, dessen Eltern schizophren sind, wird selbst irgendwann an dieser Krankheit leiden, aber die Wahrscheinlichkeit ist überdurchschnittlich hoch, selbst wenn die Kinder in Adoption leben und ihre biologischen Eltern nicht kennen. Man nennt diese Anlagen innere (endogene) Faktoren. Endogene Faktoren beeinflussen auch die Intelligenz, die Neigung zur Aggressivität oder die innere Ausgeglichenheit.

*Die Entwicklung des Menschen wird durch die Gene beeinflusst. Diese Einflüsse heißen endogene Faktoren.*

Den Entwicklungsvorgang, der durch endogene Faktoren, also die Anlagen, ausgelöst und vorangetrieben wird, bezeichnet man als Reifung.
Die Reifung läuft dabei wie ein biologisches Programm ab, sodass die Veränderungen in der Entwicklung auch immer in einer bestimmten Reihenfolge auftreten, zum Beispiel beim Erlernen des aufrechten Gangs. Bevor das Kind mit durchschnittlich 13 Monaten selbstständig gehen kann, krabbelt es, steht allein frei und läuft mit Hilfe von Erwachsenen. Eine Umkehrung dieser Reihenfolge ist nicht möglich.

*Reifung beschreibt Entwicklungsprozesse, die in einer bestimmten Reihenfolge durchlebt werden.*

**Umwelt**
Weitere wichtige Faktoren, die die Entwicklung entscheidend lenken, sind Einflüsse aus der Umwelt des Menschen, sogenannte exogene Faktoren. Die Entwicklung des Menschen wird von der Befruchtung bis zum Tod von direkten und indirekten äußeren Eindrücken beeinflusst.

Die Umwelteinflüsse, denen die Entwicklung des Menschen ausgesetzt ist, lassen sich in unterschiedliche Faktoren aufteilen:
- natürliche Faktoren: z. B. das Klima, die Landschaft, die Ernährung
- ökonomische Faktoren: z. B. die persönlichen Vermögensverhältnisse, die Wohnverhältnisse, die Wohnungseinrichtung
- soziale Faktoren: z. B. die Zugehörigkeit zu einer bestimmten Schicht, die Familienverhältnisse, die Stellung in der Geschwisterreihe
- kulturelle Faktoren: z. B. der Einfluss verschiedener Medien (Bücher, Fernsehen, Internet) und der Religionen

*Die Umweltreize, welche die Entwicklung des Menschen beeinflussen, nennt man auch exogene Faktoren.*

Menschen leben in einer bestimmten materiellen und sozialen Umwelt, in einer bestimmten Kultur, unter bestimmten ökonomischen Bedingungen und zu einem bestimmten historischen Zeitpunkt. Zusammen bilden diese Umstände die soziokulturelle Umwelt im Leben des Menschen.

> Bedeutend für die Entwicklung ist die soziokulturelle Umwelt in der Kindheit. Eltern, Geschwister, Erzieherinnen, Freunde, aber auch das materielle Umfeld, in dem Kinder leben, also Wohnung, Wohngegend, Kindergarten oder Schule, spielen eine Rolle.
> Kinder, die zum Beispiel in verwahrlosten Verhältnissen aufwachsen, haben leider schlechtere Entwicklungsmöglichkeiten als andere.
> Auch bei psychischen Erkrankungen sind Umwelteinflüsse nicht ohne Bedeutung. Kinder aus sogenannten Problemfamilien entwickeln z. B. mit höherer Wahrscheinlichkeit Schizophrenie als Kinder in normalen Verhältnissen.

Anlage ► S. 86
Umwelt ► S. 87

*Verhaltenseigenschaften des Menschen werden durch das gemeinsame Wirken von Anlage und Umwelt beeinflusst.*

**Zusammenwirken von Anlage und Umwelt**

Die Entwicklung des Menschen wird sowohl von den Genen als auch von der Umwelt beeinflusst. Alle Verhaltenseigenschaften, z. B. Persönlichkeit, Intelligenz, Gefühle, werden durch das gemeinsame Wirken von Anlage und Umwelt hervorgerufen.

**Warum sind Menschen so unterschiedlich?**

Die Individualität der Menschen ist beeindruckend. Es gibt keinen Menschen doppelt, sondern jeder ist absolut einzigartig. Die Unterschiede bestehen nicht nur im Aussehen, sondern auch in anderen Dingen, wie z. B. Temperament, Intelligenz und Emotionalität.

Die Unterschiede ergeben sich bereits in frühester Kindheit. Manche Kinder schauen sich Gegenstände lange an, andere spielen sofort damit. Auch Kinder aus derselben Familie sind oft sehr unterschiedlich, obwohl sie ähnliches Genmaterial und eine ähnliche Umwelt haben. Abgesehen von eineiigen Zwillingen stimmt die biologische Anlage bei Geschwistern nur zu 50 % überein.

**!**

**Hospitalismus**

Es entstehen immer wieder Umstände, unter denen Kindern die Zuwendung fehlt. Ein Mangel an engen und liebevollen Beziehungen beeinflusst das Wachstum und sogar das Überleben negativ. Bereits vor 100 Jahren berichtete ein Arzt vom renommierten John Hopkins Hospital (Baltimore/USA), dass viele der Kleinkinder in den Waisenhäusern der Stadt innerhalb eines Jahres starben, obwohl sie eine angemessene körperliche Versorgung bekamen. Jahrelang wurde dieses Phänomen untersucht und festgestellt, dass die Waisenkinder trotz guter Ernährung an Krankheiten unbekannter Herkunft litten.

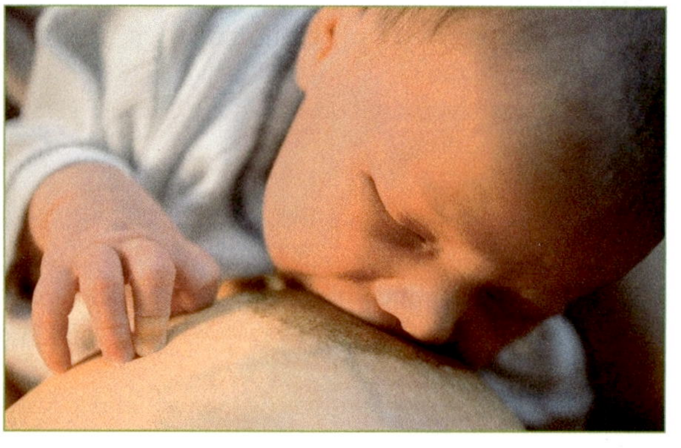

*Abb. 1 Das Säugen des Kindes an der Brust der Mutter ist auch körperliche Zuwendung.*

Die wichtige Gewichtszunahme beim Säugling bleibt aus und der Körper verfällt mehr und mehr. Zusätzlich lassen sich oft schwere emotionale Störungen feststellen. Das heißt, ohne Zuwendung aus der Umwelt ergeben sich psychische Störungen. Die Gesamtheit aller körperlichen und seelischen Schäden, die durch eine Kontaktarmut bei Kindern entstehen können, nennt man Hospitalismus.

**Deprivation**

Negative Umweltbedingungen wirken sich ebenfalls schlecht auf die Entwicklung aus. So konnte festgestellt werden, dass misshandelte und vernachlässigte Kleinkinder (zwischen ein und drei Jahren) nicht angemessen auf das Leid eines gleichaltrigen Kindes reagierten. Der Zustand der mangelnden Umsorgung oder Vernachlässigung wird als Deprivation bezeichnet.

Sozialentwicklung/Bindungstheorie ► S. 98

**Aktive Selbststeuerung**

Das Verhalten des Menschen wird nicht nur durch Anlage- und Umweltfaktoren beeinflusst. Menschen tragen auch durch aktive Selbststeuerung und Selbstbestimmung zu ihrer individuellen Entwicklung bei.

*Durch aktive Selbststeuerung wird die eigene Entwicklung beeinflusst.*

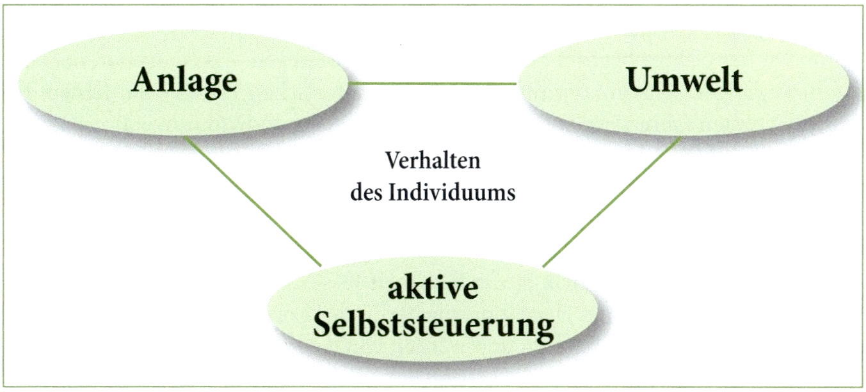


Bereits bei Kleinkindern und Säuglingen lässt sich der wichtige Beitrag erkennen, den das Individuum selbst beisteuert. Säuglinge beeinflussen ihre Entwicklung in erster Linie dadurch, worauf sie ihre Aufmerksamkeit richten (Abb. 2). Sie schauen auf Dinge, die sich bewegen, und lernen so wichtige Teile der Welt kennen. Besonders Gesichter stehen im Mittelpunkt der Aufmerksamkeit und sie erkennen auch Personen. Bereits im ersten Lebensmonat entscheiden sich Kinder für den Blick zur Mutter, wenn mehrere Gesichter zur Wahl stehen. Dies ist sogar wichtig für die weitere Entwicklung, denn so entsteht die intensive Bindung zwischen Mutter und Kind.

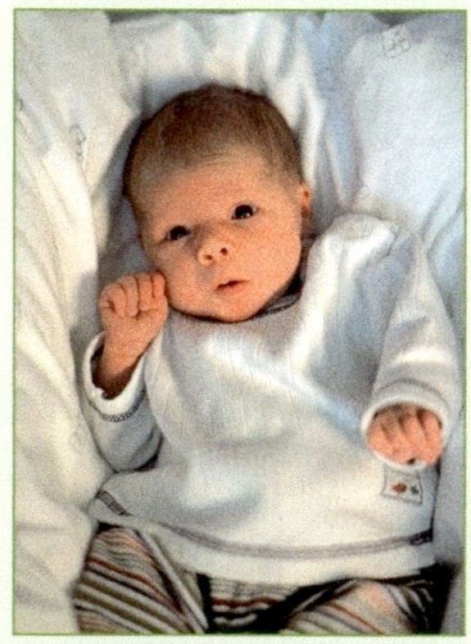

*Abb. 2 Aufmerksamer Säugling*

Bindung ► S. 98

Sprachentwicklung ► S. 94

Beim Erlernen der Sprache ist der eigene Beitrag ersichtlich. Wenn Kinder zwischen neun und 15 Monaten mit dem Sprechen beginnen, „brabbeln“ sie oft, obwohl niemand reagiert oder auch nur im Raum ist. Dieses seltsame Verhalten ist sehr positiv, denn das motivierte Kind übt und verbessert die Sprache. Kinder spielen nicht nur, weil es ihnen Spaß macht, sondern sie lernen dabei auch. Zum Beispiel erfahren sie Eigenschaften von Gegenständen, wenn sie diese anfassen, aufeinanderprallen oder herabfallen lassen (Abb. 3). Unmotivierte Kinder lernen ihre Umwelt viel langsamer kennen.

*Abb. 3 Die Eigenschaften von Bauklötzen werden durch Herunterfallenlassen erkundet.*

Motivation ► S. 102

Während bei Kindern in der Regel die Eltern die Umgebung bestimmen, entscheiden Jugendliche und Erwachsene selbst, ob sie außer Haus gehen, sich mit Freunden treffen, sich fortbilden oder auch gewalttätig sind. Diese Entscheidungen können für die Zukunft weitreichende Folgen haben. Wer sich z. B. entscheidet, in der Schule regelmäßig zu lernen (Abb. 4), schreibt gute Prüfungen, bekommt einen guten Job und ausreichendes Gehalt.

*Abb. 4 Auch zu Hause kann man Lernfortschritte aktiv steuern.*

### 2.1.4 Körperliche Entwicklungen und Veränderungen

**Bewegungen entwickeln sich**
Alle Bewegungen eines Menschen werden als Motorik bezeichnet. Unter Grobmotorik versteht man die Bewegungen von Kopf, Rumpf, Beinen und Armen. Die Bewegungen von Fingern, Zehen und Gesicht sind die Feinmotorik.
Schon vor der Geburt beginnt der Mensch, sich zu bewegen. Als Neugeborener sind die Bewegungen sehr unkoordiniert, weil die motorischen Fähigkeiten fehlen. Im Laufe der ersten Jahre werden sie entwickelt, bis sie dem Individuum voll zur Verfügung stehen. Mit dem Alter verkümmert das motorische Vermögen wieder auf Grund körperlicher Einschränkungen. Die Motorik entwickelt sich über die gesamte Lebensspanne hinweg.

**Entwicklung der Motorik in der Kindheit**
Reflexe sind die ersten Handlungsmuster in der Entwicklung der Motorik. Sie sind angeborene Reaktionen und werden von einem Reiz ausgelöst.
- Durch den Schmerzreflex, also das Zurückziehen vom Schmerzreiz, schützen sich Menschen.
- Der Greifreflex wird beim Säugling in Gang gesetzt, wenn die Handinnenflächen berührt werden.
- Die Berührung der Wange in der Nähe des Mundes löst den Suchreflex aus. Das Kind dreht den Kopf in Richtung der Berührung und öffnet den Mund. Es erwartet die Brust der Mutter.
- Sobald der Mund an der Brust ist, wird der Saugreflex ausgelöst. Diese Bewegungen steuert das Kind nicht mit seinem Willen, sondern sie laufen automatisch ab.

Die meisten kindlichen Reflexe verschwinden im Laufe der Zeit, einige bleiben erhalten, z. B. der Hustenreflex, wenn ein Fremdkörper in die Atemwege gelangt, der Niesreflex, das Blinzeln oder der Schmerzreflex.
Um die grundlegenden menschlichen Bewegungsmuster zu erreichen, machen kleine Kinder schnelle Fortschritte (Abb. 1). Das freie Laufen ermöglicht es den Kindern, ihren Erfahrungsraum erheblich zu erweitern. Sie sind nicht mehr von anderen abhängig, sondern entdecken ihre Umwelt auf eigene Faust.

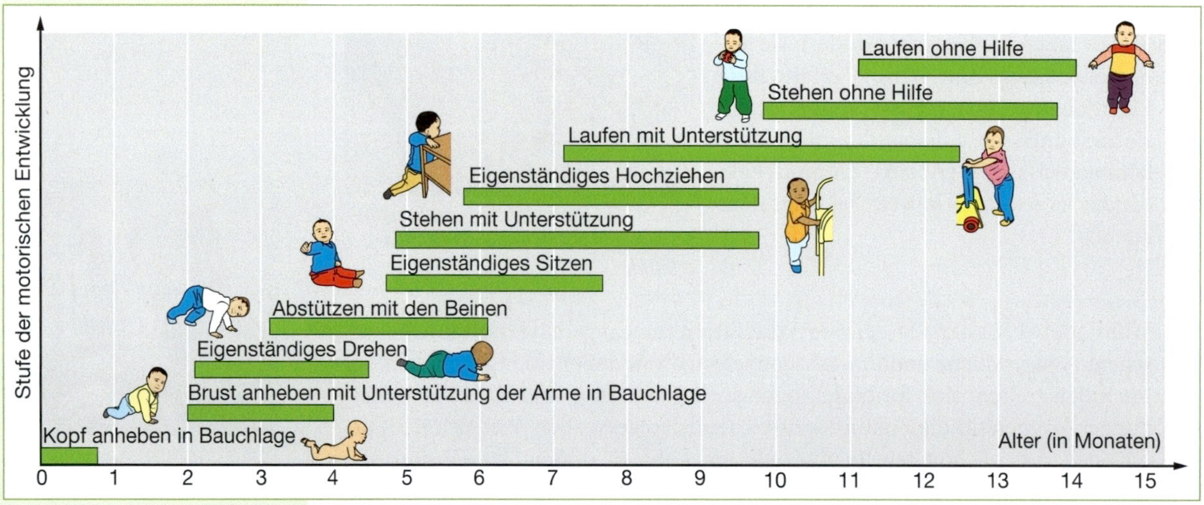


*Abb. 1 Wichtige Meilensteine der motorischen Entwicklung bei gesunden Kindern*

**Körperliche Veränderungen beim Jugendlichen**

Das Ende der Kindheit ist von der Pubertät geprägt. Im Alter von zehn Jahren bei Mädchen und zwölf Jahren bei Jungen treten Wachstumshormone in den Blutkreislauf, die die Entwicklung beschleunigen. Der Mensch erreicht damit die sexuelle Reife. Diese körperlichen Veränderungen haben auch Auswirkungen auf die Psyche des jungen Erwachsenen. Sie beschäftigen sich mit dem eigenen Körper und nehmen ihr Aussehen selbst wahr. Eine verzerrte Selbstwahrnehmung kann zu erheblichen Problemen führen, wie Essstörungen. Im Laufe der Zeit akzeptieren die Erwachsenen ihr Aussehen immer mehr.

*Abb. 2 Junge Männer erleben die körperlichen Veränderungen später als junge Frauen.*

Blutkreislauf ► S. 254

Essstörungen ► S. 279

**!** Der Begriff „Pubertät" kommt aus dem Lateinischen und bedeutet „mit Haaren bedeckt". Gemeint ist damit das Haarwachstum auf Armen und Beinen, unter den Achseln und im Genitalbereich.

*Körperliche Veränderungen im Alter betreffen hauptsächlich die Haut, die Haare sowie die Sinnesorgane.*

**Körperliche Veränderungen beim Erwachsenen**

Ganz offensichtlich sind die körperlichen Veränderungen, die mit dem Alter einhergehen. Wenn Menschen älter werden, müssen sie sich darauf einstellen, dass die Haut Falten bildet, die Haare dünner werden und auch die Körpergröße um ein paar Zentimeter zurückgeht. Auch die Sinneswahrnehmung, wie z. B. das Sehen, lässt mit zunehmendem Alter nach.

Hautveränderungen im Alter ► S. 339
Veränderung der Körpergröße ► S. 247

Besonders die Fähigkeit des Hörens geht bei über 60-Jährigen häufig zurück. Für Senioren ist es deshalb oft schwer, Gesprochenes, besonders in hohen Tonlagen, zu verstehen. Dies hat auch Konsequenzen für die sozialen Kontakte. Durch die Schwerhörigkeit kann der ältere Mensch schlechter mit anderen kommunizieren.
Die Altersschwerhörigkeit kann ausgeglichen werden, z. B. durch

- Hörgeräte,
- deutliche Aussprache,
- Vermeidung von Hintergrundgeräuschen und
- eine tiefere Stimme.

Kommunikation mit älteren Menschen ► S. 78

Diese Entwicklungen treten natürlich nicht schlagartig mit dem Rentenalter auf, sondern sind ein „schleichender Prozess", der im Erwachsenenalter beginnt.

Auch die Sexualität entwickelt sich im Erwachsenenalter weiter. Die Pubertät ist der Beginn der Fortpflanzungsfähigkeit. Im späteren Leben schwindet die Fortpflanzungsfähigkeit: Frauen treten in die Menopause ein und können keine Kinder mehr bekommen – bei Männern sinkt die Menge an Spermien und Samenflüssigkeit. Aber diese körperlichen Veränderungen müssen nicht zu Einschränkungen in der Sexualität führen. Ein erfülltes Sexualleben kann das Älterwerden positiv unterstützen, denn es ist mit körperlicher und geistiger Aktivität verbunden. Außerdem ist der sexuelle Kontakt für das Wohlbefinden wichtig.

Menopause ► S. 331
Spermien ► S. 329

## 2.1.5 Kognitive Entwicklung

**Das Denken in der Kindheit**
Wissenschaftler waren schon immer fasziniert von der Entwicklung der kognitiven Fähigkeiten am Anfang des Lebens – also wie sich das Denken von frühester Kindheit an entwickelt. Große Pionierarbeit leistete der Schweizer Forscher Jean Piaget. Piaget teilte die kognitive Entwicklung des Kindes in vier Stadien ein. Alle Kinder durchlaufen diese vier Stufen, können keine überspringen, jedoch ist die Geschwindigkeit verschieden. Manche Kinder entwickeln ihr Denken schneller, andere langsamer.

**Das sensumotorische Stadium**
Das sensumotorische Stadium dauert von der Geburt bis zum Alter von ca. zwei Jahren. Am Anfang ist das Denken noch nicht sehr ausgeprägt, denn die meisten Handlungen des Säuglings sind instinktorientiert, wie das Saugen oder das Greifen. Sobald die Kinder aber entdecken, dass ihre Handlungen Auswirkungen auf die Umwelt haben, wird auch das Denken angeregt. Sie erkennen, dass Dinge existieren, unabhängig von den eigenen Handlungen. Es ist eine wichtige Einsicht für Kinder, dass Objekte da sind, auch wenn sie außerhalb der eigenen Sichtweite liegen. Piaget nannte dies Objektpermanenz.

Saug- und Greifreflexe ► S. 90

*Abb. 1 Dieses sechsjährige Mädchen erkennt, dass beide Gläser gleich viel Früchtetee enthalten.*

*Abb. 2 Jetzt wird der Früchtetee in ein hohes und schmales Glas umgefüllt.*

*Abb. 3 Das sechsjährige Mädchen denkt nun, dass im hohen, schmalen Glas mehr Früchtetee enthalten ist.*

**Das präoperatorische Stadium**
Das präoperatorische Stadium dauert von zwei bis zu ca. sieben Jahren. Diese Zeit ist vom Egozentrismus geprägt. Kinder sehen die Welt nur aus der eigenen Perspektive und sind nicht in der Lage, sich in eine andere Person hineinzuversetzen.
Sie können sich nicht auf mehr als ein Merkmal konzentrieren. Ein Beispiel dafür ist der Umschüttversuch, dabei achten die Kinder in der Regel auf die Höhe des Wasserstandes. Demnach geben sie an, dass in einem Glas A und B gleich viel Wasser ist (Abb. 1). Schüttet man das Wasser in ein hohes Glas (Abb. 2), glauben sie, dort wäre jetzt mehr Wasser, weil der Wasserstand höher ist (Abb. 3). Sie berücksichtigen nur dieses Merkmal und nicht weitere, wie z. B. die Breite des Glases. Das Fehlen dieser Fähigkeit nannte Piaget Zentrierung.

**Das Stadium der konkreten Denkoperationen**
Dieses Stadium erstreckt sich vom siebten bis zum elften Lebensjahr. Dann können Mädchen und Jungen den Umschüttversuch aus dem präoperatorischen Stadium richtig beantworten. Sie können sich auf mehrere Merkmale gleichzeitig konzentrieren. Kinder in dieser Phase stellen sich den Versuch auch geistig vor. Durch logisches Denken sind sie in der Lage, eigene Rückschlüsse zu ziehen.

**Das Stadium der formalen Denkoperationen**
Dieses Stadium kann mit dem elften Lebensjahr beginnen. In der letzten Phase wird das Denken abstrakt. Jugendliche fangen dann oft an, sich über bestimmte Fragen Gedanken zu machen, wie z. B. die Daseins-Frage (Wer bin ich?). Sie können sich, um ein Problem zu lösen, systematisch einen Überblick verschaffen, logische Schlussfolgerungen ziehen und neue Lösungen finden.

Jean Piagets Untersuchungen der kognitiven Entwicklung bieten eine umfangreiche Theorie, wie sich das Denken bei Kindern verändert. Dadurch können sie besser verstanden und gezielter gefördert werden.
Zum Teil hat Piaget die Entwicklung der Kinder unterschätzt. Die Versuche lassen sich mit jüngeren Kindern auch schon erfolgreich durchführen.

**Das Denken im hohen Erwachsenenalter**

Während der Kindheit entwickelt sich das Denken immer weiter hin zum „reifen“ Geist. Bisher konnte nicht nachgewiesen werden, dass die kognitiven Fähigkeiten bei gesunden Menschen im Alter insgesamt abnehmen. Eine Abnahme betrifft in der Regel wenige Fähigkeiten, z. B. die Fähigkeit zum gründlichen und schnellen Lernen. Grund dafür ist die Verlangsamung der Verarbeitungsgeschwindigkeit des Gehirns. Bei schnellen geistigen Prozessen, die beim Lernen erforderlich sind, sind Senioren eingeschränkt. Altersbedingte Zugewinne lassen sich jedoch bei der Weisheit erkennen.

*Alte Menschen haben oft Einschränkungen bei schnellen Denkprozessen.*

Weisheit zeichnet sich aus durch
- reichhaltiges Faktenwissen über die Umstände des Lebens,
- Wissen über bestimmte Abläufe und Strategien,
- Wissen über die Zusammenhänge und Hintergründe im Leben und
- Wissen über die Unbestimmtheit des Lebens und Lösungen, damit umzugehen.

*Abb. 4 Albert Einstein gilt als großes Genie.*

„Wer rastet, der rostet.“
In vielen Studien konnte nachgewiesen werden, dass bei alten Menschen das Gehirn beschäftigt und „auf Trab“ gehalten werden sollte. Vieles spricht dafür, dass mangelnde geistige Aktivität für den Abbau intellektueller Leistungen verantwortlich ist. So können Trainingsprogramme den Verfall kognitiver Fähigkeiten nicht nur stoppen, sondern sogar umkehren.
Alternde glauben oft, dass sie sich bestimmte Dinge nicht mehr so gut merken können wie früher. Das ist nur zum Teil richtig. Senioren können ihr Allgemeinwissen sehr gut abrufen und sich an lange zurückliegende Ereignisse erinnern. Kurz vorher erworbenes Wissen lässt sich nicht mehr so gut merken wie bei jungen Menschen. Erhebliche Gedächtnisbeeinträchtigungen haben in der Regel medizinische Ursachen: Dazu zählt insbesondere die Alzheimer-Erkrankung, bei der der Mensch Gedächtnis und Persönlichkeit verliert.

Alzheimer ► S. 323

*Abb. 5 Spiel für Senioren mit Bilderkarten, das auf dem Langzeitgedächtnis aufbaut*

*Komplexe Sprache steht nur den Menschen zur Verfügung. Das Erlernen vollzieht sich in einer rasanten Geschwindigkeit.*

Sprachstörungen ► S. 96
Vorsorgeuntersuchungen ► S. 85

## 2.1.6 Sprachentwicklung

### Der Anfang des Sprechens

| Stufe der Sprachentwicklung | Alter (circa) | Erläuterung |
|---|---|---|
| Schreiperiode | bis zum 3. Monat | Säuglinge verfügen über sieben Varianten des Schreiens, z. B. für Hunger oder Langeweile |
| Lallmonologe | 6 Monate bis 1 Jahr | Aneinanderreihung von Silben, z. B. „Dadada“ |
| Einwortsätze | 1 bis 1½ Jahren | mit einem Wort wird ein ganzer Satz ausgedrückt, z. B. „Ball“ für „Ich will den Ball haben“ |
| Zwei- und Mehrwortsätze | 1½ bis 2 Jahre | Wörter werden aneinandergereiht; erstes Fragealter |
| Auf- und Ausbau | 2 bis 3 Jahre | einfache Satzgefüge entstehen, Grammatik wird immer besser, zweites Fragealter |
| Festigung | 3 bis 4 Jahre | Grammatik wird sicherer, Sätze werden umfangreicher |
| vollständige Beherrschung | 4 bis 5 Jahre | Grammatik und Wortschatz werden beherrscht |
| Verfeinerung | 5 bis 6 Jahre | Sprache wird perfektioniert |

Neugeborene Kinder hören eine sehr große Summe von Geräuschen um sich herum. Sie begreifen, dass bestimmte Signale für die Kommunikation zwischen Menschen wichtig sind. Sie filtern Schallereignisse heraus, die Sprache sind und keine Geräusche aus der Umwelt. Die Fähigkeit, diese Laute zu unterscheiden, ist angeboren. Bis zum achten Monat muss das Kind die Unterscheidung verinnerlicht haben, sonst kann es Sprache nicht erlernen. Dafür benötigt es ein gesundes Hörvermögen. Mögliche Entwicklungs- bzw. Sprachstörungen werden bei den Vorsorgeuntersuchungen erkannt.

Babys geben die ersten vokalartigen Laute ganz beiläufig ab, beim Atmen, Verdauen oder Schreien. Mit etwa zwölf Wochen beginnt das „Juchzen“, wenn das Kind vor allem auf Gesichter oder andere interessant aussehende Dinge um sich herum reagiert.

Sechs Monate alte Kinder beginnen zu brabbeln oder zu lallen. Vokale (a, e, i, o, u) und Konsonanten (alle anderen Buchstaben) werden zu einsilbigen „Wörtern“ verbunden. Zwei Monate später versuchen Kinder, einzelne Silben nachzumachen, und üben diese auch, z. B. „da da da“. Einige der Silben werden nun schon mit bestimmten Objekten in Verbindung gebracht und es entstehen so mit einem Jahr die ersten Wörter. Das Kind verwendet diese bereits gezielt. So kann mit „da da da“ der Vater, die Mutter oder der Babysitter gemeint sein.
In den weiteren Monaten eignet sich das Kleinkind einige hundert Wörter an, verwendet aber nur ein oder zwei Wörter in einem Satz. Mit dem Wort „Milch“ kann gemeint sein, dass das Kind Milch haben will, dass Milch verschüttet wurde oder „Das ist Milch“.

Ein- und Zweiwortsätze treten in erster Linie nur in der Kindheit auf. Es fehlen ihnen viele Merkmale der Erwachsenensprache, aber dennoch übermitteln sie Sinn. Dem Kind ist es dadurch möglich, mit seiner Umwelt ausgiebig in Kontakt zu treten.

Mit dem Ende des dritten Lebensjahres beherrschen Kinder schon über tausend Wörter und stellen immer kompliziertere Sätze zusammen. Es können an die Umwelt erste Fragen gestellt werden. Mit der Einschulung verfügen Kinder über eine Sprache, die von der Erwachsenensprache kaum zu unterscheiden ist.

**Warum ist Sprache wichtig?**
Durch Sprache lassen sich
- neue Kontakte knüpfen,
- soziale Beziehungen aufrechterhalten,
- eigene Gefühle und Gedanken ausdrücken und
- Gedanken strukturieren.

*Die Sprache ist für andere Entwicklungsbereiche von großer Bedeutung.*

In der Schule erfassen Kinder den Lehrstoff viel besser, wenn sie die Sprache gut beherrschen. Kinder müssen geschriebene Texte und Erklärungen gut verstehen und auch produzieren können, wenn sie erfolgreich sein wollen. Die Sprache gliedert die Gedankengänge beim Überlegen und Lernen. Sie spielt also auch für die kognitive Entwicklung eine wichtige Rolle.
Sprache ist für den sozialen Bereich von großer Bedeutung. Durch zunehmende Sprachentwicklung werden Kinder auch immer selbstsicherer und selbstständiger. Sie können jemanden fragen, irgendetwas begründen oder beschreiben, wie sie sich fühlen. Dadurch haben Eltern z. B. die Möglichkeit, besser auf ihre Kinder einzugehen oder bestimmte Maßnahmen auch zu rechtfertigen. Sprache ist also auch für die emotionale Entwicklung förderlich.

kognitive Entwicklung
► S. 92

**Die sprachliche Entwicklung beim Kind fördern**
Ammensprache
Eltern passen sich oft durch die Ammensprache dem Sprachniveau der Kinder an. Sie sprechen in einer höheren Tonlage, verwenden kurze Sätze sowie kindgemäße Bezeichnungen und betonen bestimmte Silben. Dadurch bauen die Eltern eine positive Beziehung zum Kind auf und schaffen auch eine Basis für Verständigung. Durch die Ammensprache wird die emotionale Beziehung zum Kind gestärkt. Säuglinge bevorzugen die höhere Stimmlage, weil ihre Hörschwelle höher ist als bei Erwachsenen. Die an das Kind gerichtete Sprache gibt dem Verhalten des Kindes Bedeutung und bietet Kontakt und Beziehung, die soziale Funktion von Sprache wird erlernt. Neben dem singenden Auf und Ab der Ammensprache reagieren Kinder von Anfang an besonders positiv auf einfache Lieder. Bei großer Aufregung und heftigem Schreien können Melodie und Tonfall zur Beruhigung und Entspannung des Säuglings beitragen.

A, B, C, die Katze lief im Schnee...

A B C, die Katze lief im Schnee,
und als sie dann nach Hause kam,
da hatt' sie weiße Stiefel an.
O jemine, o jemine,
die Katze lief im Schnee.

(aus Thüringen)

Kinder lernen Begriffe und Laute kennen. Sie verstehen diese aber nur, indem der Erwachsene den Gegenstand zeigt oder die Tätigkeit vormacht, z. B. „winke – winke“. Das Kind ahnt, dass das Gesprochene etwas mit Tätigkeit zu tun hat. Somit versucht das Kind, das Gesprochene nachzusprechen. Die Ammensprache ist nicht mit Verniedlichung zu verwechseln.

Unter www.kinderreimeseite.de finden Sie viele Reime, Gedichte und Lieder für Kinder.

Lernen durch Beobachtung
► S. 112

Die Eltern als Vorbild
Kinder lernen Sprache durch Beobachtung und Nachahmung. Damit sie besser verstehen und nachahmen können, müssen die Bezugspersonen ein gutes Vorbild abgeben. Die Wörter sollten langsam und deutlich gesprochen werden, die Sätze einfach, aber vollständig sein. Der Umfang des Wortschatzes, den ein Kind lernt, hängt stark vom Umfeld ab – je öfter die Eltern mit dem Kind sprechen, desto mehr Wörter können gelernt werden.

*Abb. 1 Gemeinsam in Büchern zu lesen macht Spaß.*

Literacy-Erziehung
Unter Literacy versteht man Lesen, Erzählen und Schreiben. Die Möglichkeiten, mit Kindern in diesem Bereich etwas zu tun, sind vielfältig, z. B. Bilderbücher ansehen, Gutenachtgeschichten vorlesen, Märchen erzählen oder Puppenspiele ausdenken. Kinder, die mit vielfältigen Literacy-Erfahrungen aufgewachsen sind, haben häufig deutliche Entwicklungsvorteile im Bereich der Sprach- und Lesekompetenz. Als besonders sinnvoll hat sich das „dialogisierende Lesen“ erwiesen.

Je nach dem Alter des Kindes und der Art des Bilderbuches gibt es verschiedene Möglichkeiten des dialogisierenden Lesens:
- Einfaches Benennen: Das Kind wird aufgefordert, das Gesehene zu benennen: „Was siehst du hier?“
- Definieren, umschreiben, erweitern: Kinder fangen an zu fragen: „Was ist das?“ Kinder erweitern die Frage: „Wozu braucht man das?“ – „Was macht die Frau da?“
- Beziehungen und Abfolge zwischen einzelnen Bildern und Szenen herstellen: „Wie schaut das Mädchen?“ – „Warum schaut es so?“
- Bezüge zum Leben des Kindes herstellen: „Ist dir das auch schon mal passiert?“ – „Was würdest du tun, wenn dir das passiert?“
- Vorausdeuten: „Was könnte der Junge jetzt tun?“ – „Wie geht die Geschichte wohl zu Ende?“

**Sprachstörungen**
Kinder mit einer Sprachstörung brauchen besondere Zuwendung. Eine professionelle Unterstützung bieten Fachpersonen wie Logopäden. Durch ständiges Verbessern geht die Freude am Sprechen verloren, dies sollte vermieden werden. Probleme in der Sprachentwicklung haben in den letzten Jahren stark zugenommen. Ursachen können Defekte an den Sprachorganen sein, z. B. am Kehlkopf. Ebenso können auch soziale Faktoren, wie mangelnde Ansprache, ein übertrieben autoritärer Erziehungsstil oder Überforderung, Sprachstörungen auslösen:

autoritärer Erziehungsstil
► S. 109

- Stammeln ist eine Störung der Aussprache. Einzelne Laute können dabei nicht richtig ausgesprochen werden, also ein Laut wird ausgelassen („Sonne“ – „Onne“), durch einen anderen ersetzt („Kuh“-„Tuh“) oder falsch gebildet (lispeln).
- Beim Dysgrammatismus handelt es sich um eine Störung des Sprachaufbaus. Sätze können grammatikalisch nicht richtig gebildet werden. In seiner schwersten Form sind die Äußerungen sehr kurz. Es bestehen Schwierigkeiten, den Sinn des Gesagten zu erschließen. (z. B. statt „Mama fährt mit dem Auto“ – „Das Auto Mama.“)
- Stottern kommt bei Kindern zwischen 2 ½ und 3 ½ Jahren sehr häufig vor. Diese Redeflussstörung verschwindet nach drei bis vier Monaten oft von allein.
- Näseln tritt in zwei unterschiedlichen Formen auf. Das offene Näseln ist das Reden durch die Nase durch organische Schäden oder psychische Belastungen. Das geschlossene Näseln klingt, als ob die Nase zugehalten wird. Ursache sind eine verstopfte Nase, große Rachenmandeln oder Schwellungen.

**Bilingualität – Aufwachsen mit zwei Sprachen**

Nicht nur Kinder aus Migrantenfamilien, die mit der Landessprache der Eltern aufwachsen und Deutsch im Kindergarten lernen, sondern auch Mädchen und Jungen, deren Eltern aus verschiedenen Ländern stammen, wachsen zweisprachig, also bilingual auf. Es ist zu beachten, dass das Kind dabei eine sehr große Leistung zu erbringen hat.

Die Familie eines zweisprachig erzogenen Kindes hat im Hinblick auf die Sprachförderung eine besondere Bedeutung. Nicht-deutschsprachige Eltern sollten mit ihrem Kind in abgegrenzten Situationen ausschließlich in ihrer Muttersprache sprechen, möglichst nie in einer Mischung aus beiden Sprachen. Sonst bringt das Kind die beiden Sprachen durcheinander. Manchmal gibt es jedoch in der Landessprache der Eltern keine Wörter für z. B. „Ostern“, „Supermarkt“, „Weihnachten“ oder „U-Bahn“ und die Begriffe werden auf Deutsch verwendet. Damit erlernen gerade Kinder aus Migrantenfamilien eine Mischsprache.

Weitere Informationen zur Zweisprachigkeit finden Sie unter:

www.zweisprachigkeit.net

## Zweisprachigkeit – mehrere Sprachen von Geburt an

…was tun, wenn die Eltern unterschiedliche Muttersprachen haben oder das Kind in einem Land aufwächst, das nicht das Geburtsland der Eltern ist?
Nach neuestem Forschungsstand haben zweisprachig erzogene Kinder nicht mehr Probleme beim Spracherwerb als Kinder, die einsprachig aufwachsen. Offenbar hat das menschliche Gehirn genügend Platz für mehr als eine Muttersprache, und zwar von Geburt an.
Demnach kann die sogenannte Erstsprache auch aus zwei Sprachen bestehen. Kinder, die mit dieser „muttersprachlichen Zweisprachigkeit“ groß werden, haben meist keine Probleme, ihre beiden Sprachen auseinanderzuhalten. Bewährt hat sich hier das Prinzip „Eine Person – eine Sprache“, bei dem sich Mutter und Vater für jeweils eine Sprache entscheiden, in der sie mit dem Kind kommunizieren.
Zwar kann es in den ersten Jahren zu gelegentlichen Überlagerungen der beiden Erstsprachen kommen, doch sehen Fachleute darin kein Problem. Auf die allgemeine Intelligenzentwicklung hat die Zweisprachigkeit, wenn überhaupt, dann einen leichten positiven Effekt: Die Kinder gehen oft bewusster mit Sprache um.

Quelle: Onmeda-Redaktion, www.onmeda.de, Alles über Medizin und Gesundheit im Internet, Stollwerckstr. 7a, 51149 Köln

Da das Kind von der Zweisprachigkeit sehr profitiert, lohnt es sich, diese früh zu fördern. Der sprachliche Entwicklungsstand des Kindes sollte überprüft werden, um festzustellen, ob es in seiner Sprache überhaupt altersgerecht entwickelt ist. Ein Kind, das in der Muttersprache bereits Defizite hat, hat natürlich auch Schwierigkeiten, die deutsche Sprache zu lernen, und muss besonders betreut werden.

Das Kind kann beim Zweitspracherwerb in der Kita z. B. folgendermaßen unterstützt werden:

- Schaffen Sie eine sprachanregende Atmosphäre, z. B. durch Stuhlkreisgespräche oder Fragesituationen.
- Ermöglichen Sie genaues Zuhören und Rückfragen in alltäglichen Situationen.
- Korrigieren Sie die Kinder nicht, sondern verbessern Sie sie, indem Sie die richtige Form als eine Feststellung oder Frage formulieren.
- Beschreiben Sie die alltäglichen Tätigkeiten und Inhalte, damit die Kinder Handlungen und Situationen verstehen.
- Spielen Sie Spiele in der gewünschten Sprache, hören Sie mit dem Kind deutsche Lieder oder lesen Sie deutsche Bücher vor.

## 2.1.7 Entwicklung des Sozialverhaltens

Umwelt ► S. 87

In der persönlichen Entwicklung des Menschen ist nichts wichtiger als der Aufbau befriedigender Verhältnisse zu seiner sozialen Umwelt. Wir brauchen schon im Kindergarten Spielkameraden, Freunde aus der Schule begleiten uns oft ein ganzes Leben. Aber wie verändern sich die sozialen Beziehungen in Laufe des Lebens?

Hospitalismus ► S. 88

Sozialisation ► S. 105

**Soziale Beziehungen bei Kindern**

Für Kinder hängt das Überleben davon ab, ob sie funktionierende Beziehungen zu anderen Menschen herstellen können. Sie müssen sich in die Gesellschaft integrieren und ein Verhalten entwickeln, wie sie mit anderen Personen umgehen.

**!** Bei manchen Tierarten wird der Nachwuchs auf das erste sich bewegende Objekt geprägt, das er sehen oder hören kann. Dadurch binden sich die Tiere in der Regel an die Elterntiere. Beim Menschen sind solche instinktiven Bindungsmechanismen nicht in diesem Ausmaß vorhanden. In fast allen Krankenhäusern versucht man aber, die Mutter-Kind-Bindung zu fördern, indem man der Mutter unmittelbar nach der Geburt das Kind auf den Bauch legt.

*Unter Bindung versteht man die enge emotionale Beziehung zwischen einem Kind und einer Person, die sich regelmäßig um das Kind kümmert.*

**Kinder binden sich**

Mit der engen und gefühlvollen Beziehung zwischen Mutter und Kind beginnt die soziale Entwicklung. Diese intensive Beziehung zu Mutter, Vater oder auch einer anderen Bezugsperson bezeichnet man als Bindung. Die wichtigste Funktion dieser ist die Sicherung des Überlebens, weil Säuglinge noch nicht in der Lage sind, sich allein zu versorgen.

*Abb. 1 Körperliche Zuwendung und die Bindung an eine Bezugsperson sind wichtig für die Entwicklung.*

Angeborene Verhaltensweisen des Kindes, wie Lächeln oder Schreien, fördern die Nähe zwischen Kind und Bindungsperson. Sie signalisieren, dass andere reagieren sollen. Ob die Bindung ein Erfolg wird, hängt davon ab, ob das Kind Signale sinnvoll aussendet und wie der Erwachsene auf diese Signale reagiert. Das Kind wird mit demjenigen Menschen eine enge Bindung eingehen, der kontinuierlich und angemessen auf die Signale antwortet. Die körperliche Zuwendung ist für die Bindung ebenso wichtig. Kinder, die nicht auf den Arm genommen werden und nicht gestreichelt werden, entwickeln selbst kein normales Sozialverhalten. Sie haben später Schwierigkeiten, normale soziale und geschlechtliche Beziehungen einzugehen.

So um den achten Lebensmonat beginnen die Kinder zu fremdeln. Das heißt, sie stehen fremden Personen abwehrend gegenüber. Kinder fangen an, vertraute Personen von fremden zu unterscheiden. Nimmt eine unbekannte Person das Kind auf den Arm, versteift sich die Körperhaltung, es fängt an zu weinen oder zu schreien. Wenn es von der Bindungsperson in einer unbekannten Umgebung allein gelassen wird, reagiert das Kind ebenfalls unsicher und ängstlich. Man spricht von Trennungsangst.

Um herauszufinden, wie das soziale Umfeld funktioniert und was das Kind bewirken kann, legt es zwischen dem ersten und zweiten Lebensjahr ein sehr trotziges Verhalten an den Tag. Kinder sind in diesem Alter bestrebt, ihre Eigenständigkeit zu erproben. Man nennt diese Phase auch Trotzphase oder Autonomiealter.

**Beziehungen zu Gleichaltrigen**
Schon während des Säuglingsalters nehmen Kinder Kontakte zu anderen Kindern auf. Eine zunehmend wichtige Rolle spielen Interaktionen mit Gleichaltrigen ab dem dritten Lebensjahr. Kinder spielen dann nicht mehr allein oder nebeneinander, sondern tauschen sich im Spiel aus. Dies zwingt sie, mit dem eigenen Standpunkt zurechtzukommen, insbesondere dann, wenn der Spielpartner eine andere Auffassung vertritt. Dies trägt sehr zur Entwicklung der sozialen Fähigkeiten und zum Aufbau der dauerhaften Beziehungen des Kindes zu anderen Menschen bei. Es lernt dabei zum Beispiel,

- nachzugeben,
- sich durchzusetzen,
- Kompromisse zu schließen,
- Teilen und Geben,
- Vermeidung von schädlichen Verhaltensweisen wie Schlagen oder Stehlen.

**Auffälliges Sozialverhalten**
Der Umgang eines Menschen mit seinen Mitmenschen wird ebenfalls bereits in der Kindheit erlernt. Kinder müssen bestimmte soziale Fähigkeiten lernen, um mit anderen Menschen friedlich zusammenleben zu können. Dazu gehören:

- Selbstkontrolle: Unter emotional anstrengenden Bedingungen verlieren manche Menschen die Selbstkontrolle. Sie „rasten aus“, bekommen einen „Weinkrampf“ (Abb. 2). Der Verlust der Selbstbeherrschung erschwert den Umgang mit Menschen.
- Kontaktfähigkeit: Oft ist es ziemlich schwierig, neue Kontakte zu knüpfen. Man muss sich überwinden, sich auf einen Unbekannten einlassen und mit ihm reden.
- Frustrationstoleranz: Es ist ganz normal, dass es im Leben immer wieder zu Enttäuschungen kommt, z. B. bei schlechten Noten in der Schule. Jugendliche müssen mit solch anstrengenden Gefühlssituationen umgehen können, ohne in Depressionen oder Aggressionen zu verfallen.

*Abb. 2 Aggressives Verhalten bei einem dreijährigen Kind*

Nur wenn diese Fähigkeiten ausreichend gelernt wurden, können soziale Kontakte gelingen. Falls nicht, kommt es zu Störungen im Sozialverhalten. Diese Störungen können übertriebene Hilfsbereitschaft, Überangepasstsein oder Ängstlichkeit sein. Auf der anderen Seite können sich Störungen auch als Aggression, Verwahrlosung oder Suchtverhalten zeigen.

**Förderung des Sozialverhaltens**
Grundlage der sozialen Entwicklung ist die feste und sichere Bindung zur Bezugsperson vom Beginn des Lebens an. Übergänge von der Familie in die Krippe oder später in den Kindergarten sind für viele Kinder nicht leicht zu verkraften. In solchen Situationen ist dem Kind besonders viel Aufmerksamkeit zu widmen. Sinnvoll ist ein langsames Eingewöhnen in die neue Umgebung, z. B. indem man dem Kind am Anfang der Krippen- oder Kindergartenzeit noch mehrere Stunden beisteht. Ein geordneter Tagesablauf und feste Rituale erleichtern den Übergang ebenfalls.
Im Autonomiealter ist es schwer, immer genügend Geduld aufzubringen, um die Trotzanfälle zu ertragen. Dennoch ist oberstes Gebot, ruhig zu bleiben, denn die Kinder wollen ihre Grenzen erfahren.
Möglichst früh sollten gerade Einzelkinder mit Gleichaltrigen zusammengebracht werden, damit Sozialverhalten besser erlernt werden kann. Zu guter Letzt hat das Vorbild durch Erwachsene entscheidenden Einfluss. Das Kind schaut sich z. B. ab, wie die Mutter mit ihrer Freundin umgeht oder die Erzieherin mit ihren Kollegen.

***Eine feste Bindung zu einer Bezugsperson ist die Grundlage unserer sozialen Entwicklung.***

*Abb. 1 Jugendliche vertreten auch im Streit mit den Eltern ihre eigenen Standpunkte.*

**Jugendliche gehen neue Bindungen ein**

Die Pubertät ist der erste Lebensabschnitt, in dem für den Jugendlichen nicht mehr die Eltern im Mittelpunkt stehen, sondern auch Freunde. Durch die Beeinflussung Gleichaltriger bestimmen die Jugendlichen selbst, welcher Typ sie sein wollen und welche Beziehungen sie haben wollen. Dadurch sind sich Freunde häufig sehr ähnlich, auch was unvorteilhafte Verhaltensweisen wie z. B. Drogenkonsum angeht. Gleichaltrige werden zu einem wichtigen Rückhalt. Der Jugendliche hat aber auch Angst vor Zurückweisung und will mit seinen Freunden gleichziehen. Dieser Gruppendruck erreicht seinen Höhepunkt mit ca. zwölf Jahren. Diese Veränderung in der Beziehung zu den Eltern muss die Familie überstehen, damit aus dem Kind ein Erwachsener mit eigener Identität und Selbstverantwortung werden kann. Für Eltern kann dieses Lösen des Kindes aus ihrer Autorität ganz besonders schwierig sein, wenn der Jugendliche Entscheidungen fällt, die seine Zukunft gefährden könnten.

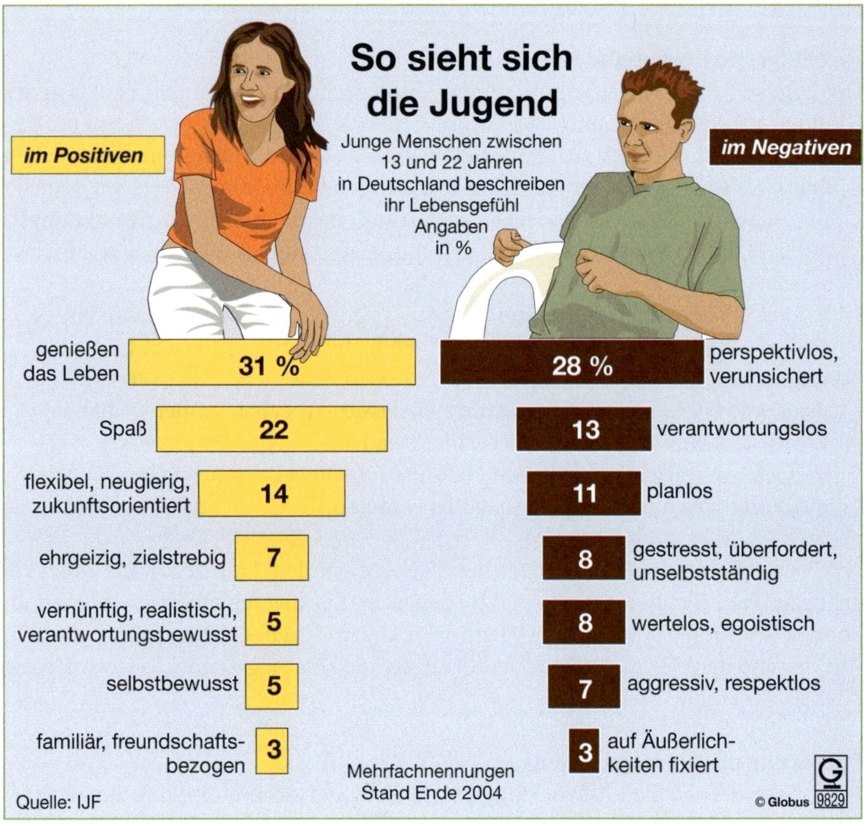


**Junge Erwachsene**

Sobald Menschen die Pubertät überwunden haben, müssen sich Erwachsene mit neuen Herausforderungen auseinandersetzen: Sie wollen vielleicht eine dauerhafte und enge Vertrauensbeziehung zu einer geliebten Person aufbauen.

Menschen mit einem gefestigten Charakter sind bereit, wichtige Teile ihres Innenlebens mit dieser Person zu teilen. Menschen, deren Identität eher zerbrechlich ist, wollen nicht riskieren, von anderen verletzt zu werden. Sie beschränken sich deshalb auf oberflächliche Beziehungen. Oft tritt zum ersten Mal im Leben das Gefühl der Stagnation auf, das heißt, junge Erwachsene haben das Gefühl, sich nicht mehr weiterzuentwickeln. Es gilt in dieser Phase herauszufinden, wie sie ihr Leben gestalten wollen, etwa durch das Aufziehen eigener Kinder, gesellschaftliches Engagement oder einen schöpferischen Beitrag.

**Soziale Bindungen bei Erwachsenen und Senioren**

Die meisten Menschen begeben sich lange nach der Identitätskrise in der Pubertät oder im jungen Erwachsensein erneut auf die Suche nach ihrer Identität. Solche Krisen ergeben sich häufig nach dem Eintritt in die Rente, dem Verlust der Arbeit oder auch der Trennung vom Partner. Um nicht zu verzweifeln, kämpfen Menschen um ein Gefühl der Ganzheit und Zufriedenheit. Dieses Gefühl nennt man „Ich-Integrität". Wenn jemand mit Blick auf das zurückliegende Leben für sich erkennt, dass man seine Zeit „sinnlos" und ohne Hingabe verbracht hat, stellt sich oft eine schwerwiegende emotionale Spannung ein.

Das Seniorenalter ist eine Zeit, in der sich Ziele im Hinblick auf das soziale Umfeld ändern. Die sozialen Kontakte werden im letzten Lebensabschnitt meist erheblich weniger. Dies hat Ursachen, z. B.:

- Der Lebenspartner ist bereits verstorben, sodass eine wichtige Bezugsperson fehlt.
- In der mobilen Gesellschaft einer modernen Zivilisation sind die nächsten Angehörigen, also z. B. Kinder, nur selten greifbar, da sie in weiterer Distanz entfernt wohnen.
- Gleichaltrige Freunde werden pflegebedürftig oder sterben. Sie stehen dann nicht mehr als Kommunikationspartner zur Verfügung.

Dies kann zu einer Alterseinsamkeit führen, die sich auf die psychische Verfassung der Senioren sehr bedrückend auswirken kann.

Auch das Heim ist für viele Menschen keine Lösung, sondern der Spruch „Gemeinsam einsam" trifft eher zu. Manche Heimbewohner sind wegen der verschiedenen personenbedingten, heimstrukturellen und umweltbedingten Faktoren nicht in der Lage, mit den Mitbewohnern in Kontakt zu treten. Nicht allein auf Grund einer Ansammlung von Menschen entwickelt sich automatisch menschliche Nähe. Das Risiko, im Alter und vor allem, wenn man ins Heim muss, zu vereinsamen, ist also nicht unbegründet. Viele neue Wohnformen, z. B. Generationenhäuser, versuchen, diesem Problem zu begegnen. In das Miteinander zwischen Jungen und Alten werden Senioren integriert und auch deren Können und Erfahrung genutzt. Viele pflegebedürftige alte Menschen werden zudem auch heute noch im Kreise der Familie zu Hause gepflegt.

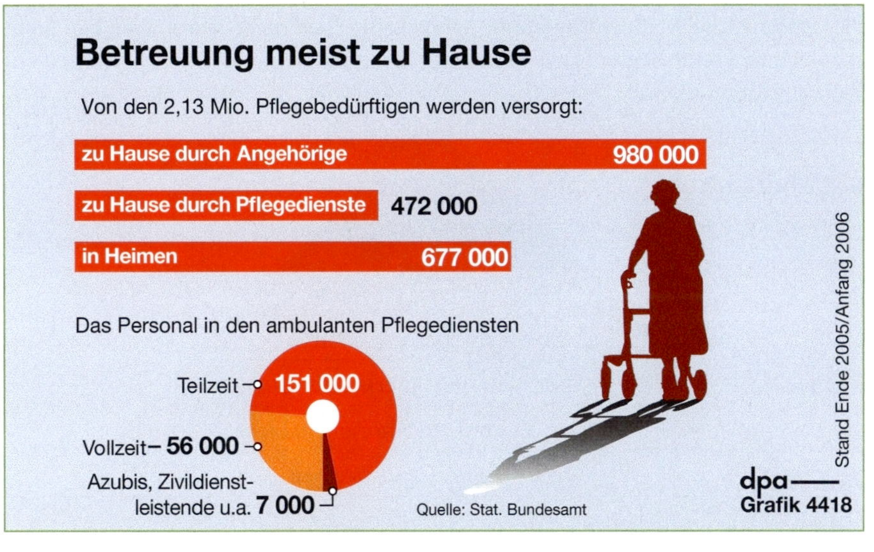

*Motivation ist die Kraft, die uns zu einem bestimmten Verhalten antreibt.*

## 2.1.8 Entwicklung der Motivation

Warum handelt der Mensch überhaupt? Warum engagiert sich ein Mensch sozial? Warum ist der eine in der Schule fleißiger als der andere? Warum macht jemand Sport? Warum sind manche Menschen in ihrem Verhalten konsequenter als andere? Warum machen Sie eine Ausbildung?
Unterschiedliche Menschen verhalten sich in gleichen Situationen völlig anders. Manche Menschen treiben Sport, andere aber nicht. Dies sind Verhaltensunterschiede bei verschiedenen Menschen. Sie sind motiviert, etwas zu tun oder auch nicht. Motivation ist die Kraft, die Menschen zu einem bestimmten Verhalten antreibt, dieses steuert und aufrechterhält.
Es gibt auch Unterschiede beim Verhalten ein und derselben Person. Manchmal wird sie joggen gehen, manchmal kann sie sich nicht aufraffen, sich zu bewegen.
Es gibt unterschiedliche Faktoren, die die Motivation fördern:

**Triebe**
Wenn wir Durst empfinden, trinken wir, wenn wir Hunger verspüren, essen wir. Dies sind innere Triebe, die auf Grund biologischer Bedürfnisse entstehen. Unser Organismus wird immer versuchen, diese lebenswichtigen Bedürfnisse zu befriedigen. Wenn Sie am Computer spielen, kann es aber sein, dass Sie eine Mahlzeit vergessen, weil Sie das Spiel so sehr fesselt. Das Bedürfnis, Ihren Hunger zu stillen, tritt mit dem Trieb, das Spiel zu beenden, in Konkurrenz. Es besteht offensichtlich ein enger Zusammenhang zwischen Triebstärke und Bedürfnisstärke. Obwohl Sie zu wenig gegessen haben, ist kein Bedürfnis entstanden. Bevor Sie aber verhungern, würde die Triebstärke zur Ernährung ansteigen und das Bedürfnis nach dem Computerspiel sinken.

**Menschliche Bedürfnisse**
Bedürfnisse lenken und leiten unser Leben. Der Psychologe Abraham Maslow ordnete sie in eine Bedürfnispyramide (Abb. 1) ein. Auf der untersten Ebene stehen rein biologische Grundmotive, wie Hunger und Durst. Erst wenn niedere Verlangen erfüllt sind, strebt der Mensch nach der Befriedigung höherer Motive. So wird kaum ein Mensch seinen Wunsch nach Wissen stillen wollen, wenn er gerade verhungert. Auf den Ebenen weiter oben findet man Bedürfnisse zur Selbstverwirklichung, wie Macht, Wissen oder sinnvolle Ziele im Leben. Viele Verhaltensweisen lassen sich in die Maslow'sche Bedürfnispyramide einordnen, aber nicht jedes: Wer hat nicht schon einmal seine Begierde nach Nahrung ignoriert, wenn man verliebt mit seinem Partner zusammen war?

**Bedürfnis nach ...**

*Abb. 1 Bedürfnispyramide nach Abraham Maslow*

**Leistungsmotivation**

Warum ist ein Mensch sehr erfolgreich, während andere weniger Erfolg haben? Warum gewinnen manche Leute Goldmedaillen, während andere nur am Fernseher zuschauen? Der Grund für diese Unterschiede liegt natürlich einerseits an den Erbanlagen. Manche Menschen entwickeln genetisch einen sportlicheren Körperbau. Andere haben von Geburt an eine höhere Intelligenz. Aber manche Menschen wollen auch erfolgreicher sein als andere. Das Interesse, ein höheres eigenes Niveau zu erreichen, ist die Leistungsmotivation.
Bereits in der Kindheit wird das Fundament der späteren Leistungsmotivation gelegt. Eltern leben Kindern die eigene Leistungsbereitschaft vor.
Ein ehrgeiziger Vater ist z. B. im Beruf sehr erfolgreich. Er lebt dem Kind vor, dass beruflicher Erfolg sehr wichtig im Leben ist.

*Abb. 2 Für viele Erfolge ist eine hohe Motivation erforderlich.*

Ein gewisser Leistungsdruck in der Kindheit bewirkt auch Leistungsmotivation im Erwachsenenalter. Aber Achtung: Übertriebener Leistungsdruck bei Kindern demotiviert sie eher und setzt sie unter Druck. Eltern sollten die Schulleistungen ihrer Kinder kontrollieren und sie bei guten Noten regelmäßig loben.

Bei Kindern und Erwachsenen ist gleichermaßen wichtig, wie sie sich selbst ihren Erfolg oder Misserfolg erklären. Daraus resultiert dann die weitere Motivation.
Nach einem Erfolg bzw. Misserfolg haben Menschen eine der folgenden beiden Grundhaltungen:

- Pessimismus, also eine eher negative Stimmung: Pessimistische Menschen glauben, dass sie immer wieder versagen und nie erfolgreich sein werden. Stellen sich im Leben des Pessimisten Erfolge ein, erklärt er: Der Erfolg ist rein zufällig und ihm in den Schoß gefallen, er selbst ist am Erfolg unbeteiligt. Diese pessimistische Grundhaltung führt dazu, dass es ziemlich sinnlos erscheint, höhere Leistung zu bringen, weil man sowieso zum Misserfolg verdammt ist. Die Leistungsmotivation ist damit gesunken.
- Optimismus, also eine eher positive Stimmung: Optimistische Menschen glauben, dass Erfolgserlebnisse nur auf ihr eigenes Vermögen zurückzuführen sind. Misserfolge dagegen führen sie auf externe Ursachen zurück: „Der Test war unfair." Oder „Ich hätte die Aufgabe leicht erfüllen können, aber ich habe mich nicht richtig angestrengt."

**!** Optimisten sind auf Grund ihrer positiven Sichtweise im Leben wesentlich erfolgreicher. Sie gehen mit höherer Lebenszufriedenheit, mehr Glück und besserer Grundstimmung durchs Leben.

Anreize sind Ziele, die ein bestimmtes Verhalten beim Menschen ausüben. Zu unterscheiden sind dabei positive und negative Anreize. Positive Anreize versuchen, Menschen zu erreichen. Für einen Schüler ist der positive Anreiz der Schulabschluss, den er erreichen will. Für den Läufer ist es ein positiver Anreiz, ein Rennen zu gewinnen oder die Strecke in einer bestimmten Zeit zu schaffen. Positive Anreize motivieren zur Leistung.
Negative Anreize motivieren ebenfalls, nämlich bestimmte Situationen zu vermeiden. Für den Schüler ist das Wiederholen der Klasse ein negativer Anreiz, den er umgehen will. Der Geschäftsmann möchte nicht pleite gehen.

***Anreize sind Ziele, die ein Mensch verfolgt. Durch diese Ziele ist man motiviert.***

Lernen durch Verstärkung
► S. 111

## 2.2 Kinder erziehen – „Großziehen oder wachsen lassen?"

### 2.2.1 Erziehung

*Erziehung ist die Förderung der Entwicklung eines Menschen und die Formung seines Charakters.*

Unter Erziehung versteht man die Förderung der Entwicklung eines Menschen und die Formung seines Charakters. Neues erwünschtes Verhalten wird beim Kind durch Erziehung absichtlich und bewusst herbeigeführt. Die Wissenschaft, die sich mit Erziehung beschäftigt, wird Pädagogik genannt. Mit der Erziehung eines Menschen sollen bestimmte Ziele erreicht werden:

- Enkulturation (das Hineinwachsen in eine Kultur)
- Sozialisation (die Anpassung an die Gesellschaft)
- Personalisation (die Entwicklung der Persönlichkeit)

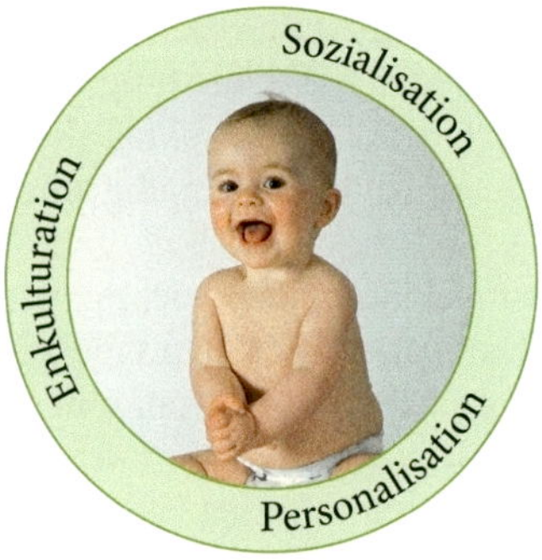


**Enkulturation**

Enkulturation ist der Prozess, eine Kultur anzunehmen und die Inhalte zu lernen. Die Aufgabe der Enkulturation ist es, dem jungen Menschen zu helfen, sich in die Kultur einer Gesellschaft einzugliedern.

Zu unserer kulturellen Lebensweise gehören z. B.:

- unsere Sprache
- wie wir Gefühle ausdrücken (Abb. 1), z. B. reagieren wir aggressiv oder friedlich, zeigen wir überhaupt Gefühle
- Regeln, die das Miteinander gestalten (Abb. 2), z. B. grüßen wir uns, kümmern wir uns um Freunde, respektieren wir andere Menschen
- Arbeitsformen, also z. B. seinen Lebensunterhalt verdienen, regelmäßiges Arbeiten
- Recht, z. B. die Regeln des Kaufvertrags, grundlegende Menschenrechte, Bestrafung von Kriminellen

Kaufvertrag ► S. 159

*Abb. 1 Ein älteres Ehepaar zeigt sich seine Gefühle füreinander.*

*Abb. 2 Freunde gehen beim Sport fair und respektvoll miteinander um.*

### Sozialisation

Alle durch die Gesellschaft vermittelten Lernprozesse werden als Sozialisation bezeichnet. Sozialisation ist somit ein lebenslanger Prozess. Von Geburt an sind wir auf unsere Mitmenschen und sozialen Beziehungen angewiesen. Völlig auf sich allein gestellt könnte kaum ein Mensch überleben. Für unser Glück ist es ebenfalls wichtig, ein fundiertes soziales Umfeld, also einen verlässlichen Bekannten- bzw. Freundeskreis und am besten auch eine funktionierende Familie zu haben.

***Sozialisation ist ein lebenslanger Prozess der Vermittlung von Werten, Normen und Rollenerwartungen.***

Im Prozess der Sozialisation werden dem Menschen Normen (verbindliche Verhaltensvorschriften) und Werte (übergeordnete Regeln) vermittelt. Ohne solche Werte und Normen wäre ein Zusammenleben in unserer Gesellschaft gar nicht möglich. Sie bildet die Grundlage für viele unserer Entscheidungen, was wir tun oder besser lassen sollten.

Normen ► S. 56
Werte ► S. 56

Werte und Normen sind ganz unterschiedlich, je nachdem, welche Position Menschen in der Gesellschaft haben. Diese Position nennt man auch Rolle. Unter Rolle versteht man das Verhalten, das Menschen auf Grund ihrer Position in der Gesellschaft zeigen. Jeder Mensch hat eine Reihe von Rollen inne.
Ein Lehrer befindet sich z. B. in verschiedenen Rollen: In der Schule wird von ihm ein anregender Unterricht erwartet, während er zu Hause die Rolle des Ehegatten erfüllt und sich in der Partnerschaft ganz anders verhält. Es wird von der Gesellschaft erwartet, dass man sich auch so verhält, wie es die entsprechende Rolle vorgibt. Die Gesellschaft richtet an Menschen bestimmte Verhaltenserwartungen, nämlich dass sich der Einzelne an Werte und Normen bzw. seine Rolle hält.

Rollenerwartungen ► S. 23

In der Erziehung lernt das Kind, wie es sich in der Gesellschaft mit anderen Menschen zu verhalten hat. Anfangs orientiert es sich nur an Verboten oder Geboten, die ihm von Eltern oder Erziehenden auferlegt werden. Später verinnerlicht es diese Vorschriften. Daraus entsteht ein Gewissen. Es gibt Menschen Orientierung, was sie tun dürfen oder eben zu unterlassen haben. Das Gewissen überprüft als „innere Stimme“, ob das Verhalten mit den Normen und Werten übereinstimmt.

> Thorsten und Markus machen sich in der Schule über ihre pummelige Mitschülerin Martha lustig. Die Lehrerin findet das Verhalten von den beiden nicht in Ordnung und spricht Thorsten und Markus darauf an. So stellt sich bei ihnen ein schlechtes Gewissen ein, als sie darüber nachdenken, wie sich Martha dabei fühlt.

### Personalisation

Personalisation ist die Bildung einer eigenen, unverwechselbaren Persönlichkeit, eines Individuums.
Der einzelne Mensch soll sich aber nicht nur den bestehenden Wert- und Normvorstellungen unterwerfen, sondern sich auch als einmalige und unverwechselbare Persönlichkeit begreifen. Personalisation bezeichnet den Prozess der Entwicklung dieser Persönlichkeit. Erziehung sollte bewirken, dass der Mensch lernt, seine individuellen Fähigkeiten zu entwickeln. Damit der Mensch sich zu einem Individuum entwickeln kann, gibt es bestimmte Voraussetzungen:

- Der Mensch kann sein Handeln selbst bestimmen.
- Der Mensch hat die Freiheit, frei zu entscheiden.
- Der Mensch kann sich selbst und auch seine Umwelt verändern.
- Der Mensch hat die Fähigkeit, über sein Handeln selbst nachzudenken.
- Der Mensch ist für sein Handeln verantwortlich.

## 2.2.2 Pädagogische Ansätze in der Erziehung

*Die Erziehungsarbeit orientiert sich oft an pädagogischen Ansätzen.*

Ein pädagogischer Ansatz ist wie ein roter Faden, der sich durch die Erziehungsarbeit, z. B. im Kindergarten, zieht und an dem man sich orientieren kann. Es gibt eine Reihe von verschiedenen pädagogischen Ansätzen, z. B.:
- die Fröbel-Pädagogik
- den situationsorientierten Ansatz
- die Montessori-Pädagogik
- die Waldorf-Pädagogik

**Fröbel-Pädagogik**

*Die zentrale Kraft der Selbstentwicklung des Kindes ist laut Fröbel dessen Gestaltungs- und Tätigkeitstrieb.*

Friedrich Fröbel (1782–1852) ist neben Maria Montessori einer der wichtigsten Pädagogen. Er gründete 1840 den ersten deutschen Kindergarten in Thüringen. Er meinte, dass Kinder von Natur aus gut sind. Die zentrale Kraft der kindlichen Selbstentwicklung ist deren Gestaltungs- und Tätigkeitstrieb. Nach Fröbel ist der Mensch dazu bestimmt, die Gesetze der Natur zu erkennen und eine Einheit zwischen Natur und Geist herzustellen. Dieses „ewige Gesetz" nannte er Sphärengesetz.

Pädagogische Umsetzung:
Der natürliche Tätigkeitstrieb ist für Fröbel der Ausgangspunkt der Erziehung. Daraus folgt, dass Kindern möglichst viel Selbstständigkeit und Selbstbestimmung ermöglicht werden muss. Die beste Beschäftigungsform für das Kind ist das freie Spiel, bei dem sich Erwachsene möglichst nicht einmischen. Erziehende sollen sich mit dem Kind beschäftigen, aber sich nicht aufdrängen. Fröbel entwickelte ein umfassendes, aufeinander aufbauendes Beschäftigungssystem. In der frühen Kindheit sollen „Mutter- und Koselieder", Fingerspiele und Bilderbücher im Mittelpunkt stehen.

Im Kindergarten hat er drei Angebote vorgesehen:
- Spielzeug: Durch einfache und klare Formen sollen die Kinder angeregt werden, zu konstruieren und zu experimentieren, z. B. einfache Bauklötze aus Holz (Abb. 1).
- Kreis- und Bewegungsspiele: Das Kind soll sich in der Gruppe zurechtzufinden.
- Gartenarbeit: Die direkte Verbindung zur Natur wird hergestellt.

*Abb. 1 Bauklötze aus Holz*

**Situationsorientierter Ansatz**

*Der situationsorientierte Ansatz strebt eine ganzheitliche Entwicklung der Persönlichkeit an.*

Personalisation ► S. 105

Beim situationsorientierten Ansatz ist die Personalisation besonders wichtig. Diese Pädagogik strebt eine ganzheitliche Entwicklung der Persönlichkeit an. Ganzheitlich heißt, dass Körper, Geist und Seele gefördert werden sollen. Die Kinder sollen lernen, mit sich selber, mit ihren Mitmenschen und mit einer Sache gut zurechtzukommen. Die Erziehungsziele dieses Ansatzes sind:
- Selbstbestimmung: Dies wird durch Personalisation erreicht.
- Solidarität: Menschen sollen einander respektieren und sich helfen.
- Kompetenz: Dies sind Fähigkeiten und Fertigkeiten, Probleme lösen zu können.

Diese Ziele werden durch die Verknüpfung von sachbezogenem und sozialem Lernen erreicht. Die Kinder erlernen bestimmte Kompetenzen miteinander und tauschen sich auch gegenseitig aus. Sie können Probleme selbst erkennen, selbstständig Lösungen suchen und dann auch Entscheidungen treffen.

Pädagogische Umsetzung:
Durch die Einrichtung von altersgemischten Gruppen profitieren die Jüngeren von den Erfahrungsvorsprüngen der Älteren. Die Älteren wiederum lernen, auf die Bedürfnisse der Jüngeren Rücksicht zu nehmen. Die Erziehung findet in realen Lebenssituationen statt, in denen Kinder besonders gut lernen können. Diese Situationen lassen sich in der Kindertagesstätte finden (z. B. die Schulung der Motorik am Klettergerüst) oder auch bei Ausflügen (z. B. das Lernen des sicheren Überquerens der Straße). Die Erziehenden schaffen Situationen und führen Projekte durch, sodass sich die Kinder fantasievoll und kreativ mit der Lebensumwelt auseinandersetzen können. Oftmals treten ganz spontan neue Lernsituationen ein, die dann genutzt werden können. Ein Kind findet z. B. einen Regenwurm, der dann untersucht und erklärt werden kann. Eine absolut festgelegte Planung kann es deshalb in einer Kindertagesstätte nach dem situativen Ansatz nicht geben. Der situationsorientierte Ansatz fördert auch die Integration von Kindern mit Migrationshintergrund und von Kindern mit Behinderungen. Dieses Zusammenleben bietet ein reichhaltiges Angebot, Wissen über den anderen auszutauschen, Verständnis aufzubauen und dadurch den anderen so zu akzeptieren, wie er ist.

**Montessori-Pädagogik**

***Die Montessori-Pädagogik geht davon aus, dass das Kind Motor seiner Entwicklung ist.***

Maria Montessori (1870–1952) wurde in Italien geboren. Sie praktizierte als Kinderärztin und lehrte als Professorin in Rom. Sie hatte eine hohe Achtung vor der Persönlichkeit des Kindes. Sie sah das Kind als eigenständiges Wesen, das zu seiner Entfaltung auf die Hilfe von außen angewiesen ist. Im Kind wirkt ein Trieb zur Aktivität, der auch die Entwicklung antreibt. Das Kind selbst ist also der Motor seiner eigenen Entwicklung. Bereits nach der Geburt lernt der Säugling unbewusst und unzensiert mit allen Sinnen, was um ihn herum geschieht. Auf Grund dieser vielen Eindrücke wird die Grundlage der Persönlichkeit gelegt.
Im Laufe der Entwicklung sind Kinder aber unterschiedlich empfänglich für bestimmte Reize aus der Umwelt. Diese zeitlich begrenzten Entwicklungsabschnitte, in denen gute Lernmöglichkeiten für spezielle Fähigkeiten bestehen, werden in der Montessori-Pädagogik sensible Perioden genannt. Die gesamte Entwicklung des Kindes läuft nach einem inneren Bauplan ab, in dem alle Entwicklungsschritte genau festgelegt sind.

*Abb. 2 Montessori-Spielzeug, z. B. Farbzylinder*

Pädagogische Umsetzung:
Nach Montessori müssen sich Kinder selbst entwickeln wollen. Die Lust, etwas zu lernen, kommt am besten zu Stande, wenn die Kinder sich frei für eine Tätigkeit entscheiden können und auch selbst bestimmen, wie lange sie sich damit beschäftigen wollen. Dafür müssen auch das entsprechende Material und eine kindgerechte Umgebung bereitstehen. Durch genaue Beobachtung finden die Erziehenden heraus, wann Kinder bestimmte Spielzeuge/Materialien bekommen sollten, um sich damit zu beschäftigen. Der Erwachsene ist in der Montessori-Pädagogik eher ein Helfer, der das Kind nach dem Leitwort „Hilf mir, es selbst zu tun!“ unterstützt.
Montessori unterscheidet zwischen verschiedenen Materialbereichen, die Kindern zur Verfügung gestellt werden:

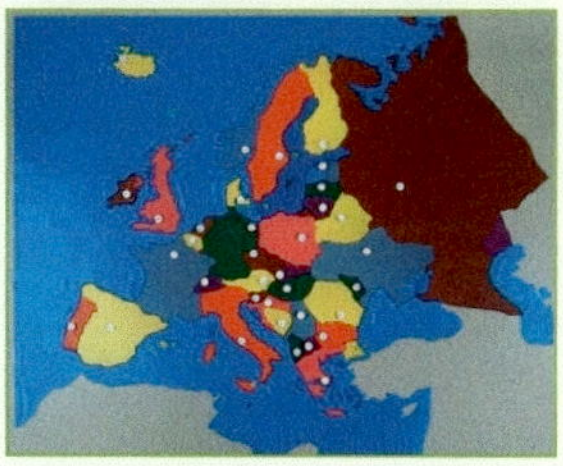

*Abb. 3 Montessori-Spielzeug, z. B. Länder-Puzzle*

- Material zu den Übungen des praktischen Lebens (z. B. Eimer, Besen)
- Sinnesmaterial (z. B. Farbtäfelchen, Tastbrettchen, Geräuschdosen, Zylinder zum Einsetzen in Formen)
- Sprachmaterial (z. B. „bewegliches Alphabet“ aus Kartonscheiben, Sprachkästen zum Einsortieren von Kärtchen mit Wortarten)
- Material zur kosmischen Erziehung (z. B. spezielle Globen, deren Länder und Meere sich mit den Fingern ertasten lassen, Länder-Puzzle)

*Grundlage der Waldorf-Pädagogik ist die Verbindung zwischen dem Körper, der Seele und dem Geist.*

**Waldorf-Pädagogik**

Der Begründer der Waldorf-Pädagogik, Rudolf Steiner (1861–1925), wurde in Österreich in einfache Verhältnisse geboren. Er beschäftigte sich intensiv mit Philosophie und Pädagogik. Steiner sah im Menschen ein kosmisches Wesen. Er entwickelte eine eigene Philosophie, die er Anthroposophie nannte. Grundlage der Pädagogik der Anthroposophie ist die Verbindung zwischen dem Körper, der Seele und dem Geist.

Die Waldorf-Pädagogik teilt den Menschen in vier Wesensglieder:

- den physischen Leib, damit ist der Körper gemeint
- den Ätherleib, der die Wachstums- und Fortpflanzungskräfte in sich trägt
- den Astralleib, in dem sich die menschlichen Empfindungen befinden
- das Ich, das die Individualität und das Bewusstsein beherbergt

Auf die Entwicklung der einzelnen Wesensglieder versucht man in der Waldorfpädagogik einzugehen. Wenn sich z. B. der physische Leib gerade ganz besonders entwickelt, soll darauf auch besonders eingegangen werden. Zu frühe, zu späte oder unangemessene Anforderungen an das jeweilige Glied haben nach Ansicht der Waldorf-Pädagogen Entwicklungsstörungen oder Krankheiten zur Folge.

Die Entwicklung des Kindes verläuft im Siebenjahresrhythmus. Jedes Jahrsiebt ist durch bestimmte Besonderheiten geprägt:

- 1. Jahrsiebt (0–7 Jahre): Das kleine Kind nimmt mit den Sinnesorganen die Umwelt auf und ahmt das Verhalten der Menschen nach.
- 2. Jahrsiebt (8–14 Jahre): Das Kind lernt durch die Autorität der Personen, die es erziehen. Es nimmt Gewohnheiten und Rhythmen an, die ihm später Kraft geben und die Selbstständigkeit verstärken.
- 3. Jahrsiebt (15–21 Jahre): Die Pubertät bestimmt diese Phase. Das jugendliche Kind erlebt starke Stimmungsschwankungen und intensives seelisches Erleben. Es überprüft die Erfahrungen von seinen Vorbildern kritisch und sucht seinen eigenen Lebensweg.
- 4. Jahrsiebt (22–28 Jahre): Der eigene Wille hat sich gebildet. Das nun erwachsene Kind entscheidet jetzt für sich selbst.

Sinnesorgane ► S. 314

*Abb. 1 Bunte Naturwolle kann für Filzarbeiten verwendet werden.*

Pädagogische Umsetzung:

In der Waldorf-Pädagogik sind elementare Sinneserfahrungen an Naturmaterialien z. B. Wolle (Abb. 1), Holz, und natürlichen Urformen, z. B. Kreis, Dreieck, Viereck, die Grundlage des Lernens. Mit den natürlichen Materialien sollen Kinder ihre Fantasie entwickeln. Andere Spielsachen, wie Lernspiele (z. B. Memory, Puzzle) oder Konstruktionsspielzeug (z. B. Legosteine), findet man in waldorfpädagogischen Einrichtungen eher nicht.

Im Jahresablauf erleben die Kinder Erwachsene bei vielfältigen Arbeiten, wie Nähen, Backen, Sähen oder Ernten. So lernen sie vielfältiges Arbeiten durch eigenes Mittun kennen. Das Rollenspiel ist ebenfalls ein wichtiges Element. Die Kinder spielen Märchen nach und lernen dadurch rhythmische Bewegungen, Gebärden und Lieder. Der seelische Bereich wird durch eine besondere Form der Bewegung, die Eurythmie, angesprochen. In Tänzen und Gesten werden Töne dargestellt und Gefühle ausgedrückt.

Die pädagogische Grundidee soll auch in der Raumgestaltung und der Architektur widergespiegelt werden. Die Räume sind oft rund und möglichst naturnah mit viel Holz konstruiert.

### 2.2.3 Erziehungsstile

Erziehungsstile sind Methoden und Grundsätze, die vor allem bei der Kindererziehung bewusst oder meist unbewusst angewendet werden. Man unterscheidet verschiedene Erziehungsstile, die jedoch in der Praxis überwiegend in Mischformen auftreten, also nicht klar abgegrenzt sind. Der Psychologe Kurt Lewin hat verschiedene Erziehungsstile in Gruppen untersucht und bestimmte Auswirkungen festgestellt.

*Man unterscheidet verschiedene Methoden bei der Erziehung in Erziehungsstile.*

| Autoritärer Erziehungsstil | |
|---|---|
| • Der Erziehende lenkt und kontrolliert das Kind übermäßig.<br>• Das Kind führt nur das aus, was der Erziehende vorgibt.<br>• Beziehung zum Kind ist eher distanziert<br>• Eigeninitiativen des Kindes sind unerwünscht<br>• Es wird mit viel Tadel, Verboten, Drohungen oder sogar körperlichen Züchtigungen gearbeitet. | Sozialpfleger Tobias möchte mit der kleinen Alexandra auf den Spielplatz gehen.<br>Tobias: „Zieh deine Jacke an.“<br>Alexandra: „Warum?“<br>Tobias: „Zieh sie an!“<br>Alexandra: „Warum denn?“<br>Tobias: „Mach gefälligst, was ich dir sage!“<br>Alexandra: „Ich will aber nicht.“<br>Tobias: „Zieh dich sofort an, sonst kracht's!“ |
| Auswirkung: In autoritär geführten Gruppen herrscht eher ein aggressives, gereiztes und dominantes Verhalten. Aggressionen richten sich gegen Schwächere oder den Erziehenden. Häufig gibt es Außenseiter, die als „Sündenböcke“ fungieren. Sobald der Erziehende nicht anwesend ist, halten sich die Kinder nicht mehr an Anweisungen. | |
| **Demokratischer Erziehungsstil** | |
| • Regeln der Gruppe/Familie ergeben sich aus einer Diskussion zwischen den Gruppenmitgliedern.<br>• Entscheidungen werden gemeinsam getroffen und dabei die Interessen des Kindes berücksichtigt.<br>• Der Erziehende lobt und tadelt sehr sachbezogen.<br>• Bei Problemen hilft der Erziehende den Kindern in persönlichen Gesprächen, er fördert die Eigenaktivitäten.<br>• Kinder werden als Partner behandelt, das Miteinander ist durch gegenseitiges Verständnis und Akzeptanz geprägt. | Tobias: „Zieh bitte deine Jacke an.“<br>Alexandra: „Warum?“<br>Tobias: „Weil wir zum Spielplatz gehen und es draußen kalt ist. “<br>Alexandra: „Warum?“<br>Tobias: „Weil du dich sonst erkältest und krank wirst.“<br>Alexandra: „Okay. Ich zieh sie an.“ |
| Auswirkung: Demokratisch geführte Gruppen zeigen ein sehr hohes Maß an schöpferischem und konstruktivem Verhalten. Die Atmosphäre zwischen den Kindern ist eher entspannt, freundlich und zufrieden. Es gibt kaum Außenseiter. Die Kinder beschäftigen sich auch selbstständig. Sie erhalten nicht nur vom Erziehenden Aufmerksamkeit und Anerkennung, sondern auch von anderen Kindern der Gruppe. | |
| **Laissez-faire-Stil** | |
| • Der Erziehende hält sich völlig zurück, sodass die Gruppe unbeeinflusst entscheidet; er bietet nur Materialien an, damit die Kinder selbstständig weiterarbeiten können.<br>• Ergebnisse werden vom Erziehenden nicht kommentiert, es gibt weder Lob noch Tadel.<br>• Die Beziehung zum Kind ist eher neutral und unpersönlich.<br>• Das Kind kann grundsätzlich alles machen, was es will, es bestimmt selbst und ist für sich selbst verantwortlich.<br>• Der Erziehende greift nur ein, wenn das Kind gefährdet ist. | Tobias: „Zieh deine Jacke an.“<br>Alexandra: „Warum?“<br>Tobias: „Weil's einfach so ist.“<br>Alexandra: „Warum denn?“<br>Tobias: „Ist mir egal. Mach's, wie du willst.“ |
| Auswirkung: Gruppen, die nach dem Laissez-faire-Stil „geführt“ werden, werden bald regellos. Die Gruppenziele werden nicht konsequent verfolgt, da sich die Kinder nicht einig werden. Die Beziehungen der Kinder untereinander sind eher gereizt und aggressiv, der Kontakt lose und instabil. Dem Erziehenden gegenüber verhalten sich die Kinder mal freundlich, mal hilfesuchend oder auch aggressiv. | |

*Lernen ist die dauerhafte Veränderung des Verhaltens, die auf Erfahrung und Übung zurückgeführt werden kann.*

Lernen lernen ► S. 38

## 2.3 Lerntheorien – „Wie lernen Menschen Verhalten?“

Die Fähigkeit zu lernen ist für Mensch und Tier eine Grundvoraussetzung dafür, sich den Gegebenheiten des Lebens und der Umwelt anpassen zu können, sich darin sinnvoll zurechtzufinden und sie gegebenenfalls im eigenen Interesse zu verändern. Lernen ist eine Methode der Verhaltensänderung. Der Vorgang des Lernens lässt sich nicht beobachten. Nur auf Grund des veränderten Verhaltens kann man darauf schließen, dass eine Person gelernt hat.

Im Folgenden wird theoretisch dargestellt, wie Menschen neues Verhalten erlernen. Die vier wichtigsten Lerntheorien sind

- die klassische Konditionierung oder das Signallernen,
- das Lernen durch Verstärkung,
- das Lernen durch Beobachtung und
- das Lernen durch Einsicht.

*Beim Signallernen wird ein Verhalten durch einen neutralen Reiz hervorgerufen, das zunächst an einen biologisch bedeutsamen Reiz gebunden war.*

### 2.3.1 Klassische Konditionierung oder Signallernen

Der russische Forscher Iwan Pawlow (1849–1936) war der Erste, der das Phänomen des Signallernens bzw. des klassischen Konditionierens beschrieben hat. Er untersuchte bei seinen Studien den Speichelfluss bei Hunden, wenn ihnen Futter angeboten wird. Wurde ihnen ein Glockenton präsentiert, reagierte der Hund nicht. Der Hund speichelte nicht, denn er bekam schließlich kein Futter.

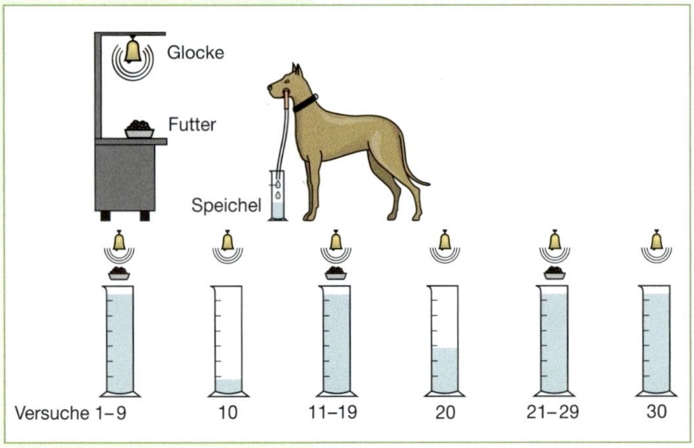


*Abb. 1 Versuchsaufbau von Pawlow*

Bekam er Futter, speichelte er natürlich. Pawlow präsentierte dem Hund nun etwas Futter (biologisch bedeutsamer Reiz) zusammen mit dem Ton (neutraler Reiz). Der Hund gab Speichel ab. Er wiederholte den Ton zusammen mit der Futtergabe immer wieder. Der Hund gab dann in der Folge auch Speichel ab, wenn man nur mit der Glocke schellte, ohne ihm Futter darzubieten. Die Konditionierung erfolgt, wenn die beiden Reize räumlich und zeitlich nah dargeboten werden. Nachdem mehrmals das Futter und der Ton zusammen präsentiert wurden, lernte der Hund, dass er nach dem Ton Futter bekommen wird, und speichelte.

**Das Signallernen im Alltag**

Im Alltag kommt das Konditionieren sehr häufig vor, insbesondere bei emotionalen Reaktionen. Ängste sind oft das Produkt einer Konditionierung. Nehmen Sie an, jemand erlebt wegen einer wilden Autofahrt schreckliche Angst, weil die Raserei mit einem Unfall und schlimmen Schmerzen endet. Die Ängste und Schmerzen wurden im Zusammenhang mit dem Reiz „Auto“ hervorgerufen. Das Auto an sich verursacht weder einen Unfall noch Furcht, ist also ein neutraler Reiz, so wie der Ton beim pawlowschen Hund. Dennoch ruft der Anblick eines Autos beim Unfallopfer später eine Angstreaktion hervor, weil sich der Reiz „Unfall“ bzw. „Schmerzen“ mit dem neutralen Reiz „Auto“ verbunden hat.

**Signallernen in der Erziehung**
Pawlows Lerntheorie lässt sich auch in der Erziehung verwenden. Man kann bewusst mit bestimmten Signalen für Ruhe sorgen oder für Wohlbefinden sorgen. Ebendiese Gefühle herzustellen kann in Krisensituationen helfen. Kinder verbinden mit einer Kuschelecke Ruhe und Geborgenheit, dort überwinden sie dann leichter Ärger, Wut oder Enttäuschungen. Auch vor dem Zubettgehen lassen sich entsprechende Signale beim Kind einsetzen, sodass es automatisch ruhiger wird, z. B. Geschichten erzählen oder ein Lied vorsingen. Dennoch ist Pawlows Theorie der klassischen Konditionierung auf den Menschen nur bedingt übertragbar, denn Menschen funktionieren längst nicht immer auf „Knopfdruck“.

**!** Auch die Werbung bedient sich des Konditionierens. Das Produkt ist der neutrale Reiz. Es wird nun mit einem biologisch bedeutsamen Reiz verbunden, der eine angenehme Reaktion auslöst. Durch wiederholtes Zeigen des Produkts mit dem angenehmen Reiz soll das Produkt auch angenehme Reaktionen beim Kunden auslösen.

## 2.3.2 Lernen durch Verstärkung

*Ein bestimmtes Verhalten wird erlernt, wenn man eine angenehme Konsequenz herbeiführt.*

Burrhus Frederik Skinner (1904–1990) erkannte, dass durch Konsequenzen aus der Umwelt auf unser Verhalten ebenfalls gelernt wird. Er führte ein sehr interessantes Experiment durch: Eine Ratte läuft in einer kleinen Holzkiste (Skinnerbox) umher. Skinner hatte dort einen kleinen Futtertrog installiert, den die Ratte mit einem Hebel füllen konnte. Durch die Gabe von Pellets (Futter) lernt sie die Futterschale kennen. Zufällig berührt sie den Hebel und drückt ihn. Auf den Hebeldruck erhält sie sofort ein Pellet (Belohnung). Der Hebeldruck mit anschließender Belohnung durch Pelletgabe führt dazu, dass das Tier nach einer Weile vermehrt den Hebel drückt. Eine Handlung (Hebeldrücken) wird gelernt. Voraussetzung für den Versuch ist natürlich, dass das Tier hungrig, also motiviert ist. Seine Fressbereitschaft muss hoch sein. Der Ratte wurde ein Pellet als Belohnung gegeben, wenn sie das gewünschte Verhalten (Betätigen des Hebels) zeigte. Die Belohnung ist eine angenehme Konsequenz – sie wird auch positiver Verstärker genannt. Würde die Ratte beim Betätigen des Hebels einen Stromschlag bekommen, wäre dies ein negativer Verstärker. Sie würde das Verhalten nicht mehr wiederholen.

*Verstärker sind die Verhaltenskonsequenzen, die das Auftreten eines Verhaltens erhöhen.*

**Lernen durch Verstärkung in der Erziehung**
Lernen durch Verstärkung in der Erziehung findet einerseits durch Belohnung (auf ein gewünschtes Verhalten wird mit einem angenehmen Verstärker reagiert) und andererseits durch Bestrafung (auf ein unerwünschtes Verhalten erfolgt ein unangenehmer Verstärker) statt.

Frau Meier ist pflegebedürftig. Sie weigert sich oft, zu Mittag zu essen. Sozialpfleger Kai reicht ihr das Essen an. Nachdem sie das gesamte Menü gegessen hat, lobt Kai die alte Dame. Er verstärkt durch Lob das erwünschte Verhalten.

In der Schule bekommt David Anerkennung und Lob vom Lehrer, weil er sich gut am Unterricht beteiligt. Bei der Anerkennung handelt es sich um einen positiven Verstärker, der das Verhalten „Mitarbeit im Unterricht“ unterstützt und wahrscheinlicher macht. Falls David den Unterricht stört, wird er vom Lehrer getadelt. Das Zurechtweisen ist eine Bestrafung.

### 2.3.3 Lernen durch Beobachtung

Nach der Theorie von Albert Bandura (geb. 1925) wird Verhalten meist durch die Beobachtung von Modellen erlernt. Modelle sind dabei Personen, die als Vorbilder dienen. Das Lernen durch Beobachtung beruht auf unserer Fähigkeit zu denken. Es wird deshalb auch als kognitives Lernen bezeichnet. Menschen nehmen dabei ein Modell wahr, sie sehen, wie es sich verhält. Sie nehmen sich das Modell zum Vorbild und verhalten sich auch so.

***Lernen durch Beobachtung heißt, dass ein Mensch dadurch neues Verhalten lernt, dass er etwas beobachtet und nachahmt.***

Der Lernende lernt, indem er etwas beobachtet. Er nimmt durch Lesen, Zuhören, Zusehen, Anfassen oder auf eine andere Art wahr. Diese Lernart scheint ein passiver Vorgang zu sein, bei dem der Lernende nichts tun muss. Der Beobachter ist aber sehr wohl aktiv: Er verarbeitet die ankommenden Informationen und speichert sie im Gedächtnis. Es gibt keine Verstärkung wie beim Lernen durch Verstärkung und auch keine Reizreaktion, die wir vom Signallernen kennen.

Beobachtung ► S. 119
Gedächtnis ► S. 318
Lernen durch Verstärkung ► S. 111
Signallernen ► S. 110

**Wann orientieren sich Menschen an Modellen?**

| Voraussetzung für das Modelllernen | Beispiel |
|---|---|
| Das Modell muss positiv wirken und beliebt sein. | Der kleine Lukas ist vom Fußballspieler Michael Ballack ganz begeistert und findet ihn genauso toll wie seine Freunde auch. Er will jetzt auch Fußballprofi werden. |
| Das Modell muss mit seinem Verhalten erfolgreich sein. | David sieht, wie sein Freund bei einem Wettrennen am schnellsten läuft, nach dem Sieg über beide Ohren strahlt und den Pokal gewinnt. Er will das auch. |
| Der Beobachter muss sich selbst für fähig halten, das beobachtete Verhalten erfolgreich nachahmen zu können. | David ist genauso groß und ähnlich sportlich wie sein Freund. Wenn sich David anstrengt, kann er genauso schnell laufen. |
| Der Beobachter verspricht sich Erfolg oder Vorteile vom Nachahmen des Modells. | Alexandra sieht bei ihrer Freundin, wie schön es ist, einen Hasen zu streicheln. Jetzt will sie auch mit dem Tier kuscheln. |
| Der Nachahmende muss sich für das Verhalten des Modells interessieren. | Steffi schaut ihrer Mutter gespannt beim Schminken zu. Sie achtet auf jedes Detail. Als ihre Mutter weg ist, versucht sie es selbst. |

*Abb. 1 Das Verhalten eines Vaters kann sich das Kind zum Vorbild nehmen.*

*Abb. 2 Erfolgreiche Fußballer sind oft Vorbilder.*

**Lernen durch Beobachtung in der Erziehung**

Wenn die Erzieherin das Kind zu einem anderen Verhalten animieren will, muss das Kind natürlich Gelegenheit haben, das erwünschte Verhalten zu beobachten. Die Erzieherin sollte die Verhaltensweisen mit Überzeugung und sicherem Auftreten demonstrieren. Eine positive Beziehung zum Kind steigert die Vorbildwirkung.

Die Kinder der Kita Sonnenblume sollen lernen, nur bei grüner Ampel die Straße zu überqueren. Die Erzieherin Frau Glockenmeier macht es richtig vor. Die Kinder nehmen sich die Erzieherin zum Vorbild und machen es nach. Sie warten auch an der Ampel und schauen nach links und rechts, bevor sie über die Straße gehen.

Während ihres Praktikums erlebt die angehende Sozialpflegerin Tina, wie umsichtig die erfahrene Pflegerin Schwester Monika den pflegebedürftigen Herrn Thomas umlagert und ihre Handlungen ankündigt. Tina ahmt das Verhalten am nächsten Tag bei der Lagerung von Herrn Thomas nach und verfestigt es durch wiederholtes Üben.

**!** Auf Lernen durch Beobachtung trifft man im Alltag sehr häufig. Mode wird von attraktiven Menschen vorgeführt. Viele Tausend Kunden kaufen sich daraufhin die Kleidungsstücke und tragen sie, weil sie selbst so aussehen möchten. Auch werden bestimmte Wortphrasen von einzelnen anerkannten Teenagern oder auch Stars geprägt und von vielen nachgeahmt.

## Experiment „Rocky“ von Albert Bandura (1963):

Kinder im Alter von durchschnittlich 4 Jahren wurden in drei Gruppen eingeteilt. Jede Gruppe sah zunächst den gleichen Film: Ein Erwachsener (Rocky) beschimpfte eine Puppe, schlug und trat sie. Den einzelnen Gruppen wurde ein unterschiedliches Filmende präsentiert:

- Erste Gruppe: Rockys Verhalten im Film wird belohnt.
- Zweite Gruppe: Rockys Verhalten im Film wird bestraft.
- Dritte Gruppe: Rockys Verhalten im Film hat keine Konsequenzen.

Nach dem Film spielten die Kinder in einem Raum mit vielen Puppen.
Diese Ergebnisse beobachtete Bandura:

- Die erste Gruppe ahmte Rockys Verhalten am häufigsten nach, da die Kinder sahen, dass Rockys Verhalten positiv bekräftigt wurde.
- Die zweite Gruppe ahmte Rockys Verhalten am wenigsten nach, da sie beobachtet hatten, dass das aggressive Verhalten negative Konsequenzen hat.
- In der dritten Gruppe wurde das aggressive Verhalten von einigen nachgeahmt; von mehr Kindern als in der zweiten Gruppe, von weniger Kindern als in der ersten Gruppe.
- Bandura stellte zusätzlich fest, dass Jungen das aggressive Verhalten mehr nachahmen als Mädchen.

## 2.3.4 Lernen durch Einsicht

*Menschen lernen neues Verhalten, indem sie verschiedene Elemente einer Situation erkennen und neue Zusammenhänge herstellen.*

Der deutsche Psychologe Wolfgang Köhler (1887–1967) führte 1917 Experimente mit Schimpansen durch. Die Schimpansen benutzten z. B. Stöcke als Instrumente, um sich weit vom Käfig entfernt liegende Bananen heranzuholen. Köhler beschreibt die Tiere so, als ob ihnen plötzlich die Lösung eines Problems gelingen würde, als ob sie zur Einsicht kommen würden. Ein Schimpanse konnte sogar Bambusstöcke ineinanderstecken, sodass er eine unerreichbare Banane heranziehen konnte. Offensichtlich hatten die Affen neues Verhalten durch Nachdenken gelernt.
Was Köhler bei Tieren erforschte, gibt es natürlich auch bei Menschen. Menschen lernen eine Verhaltensweise dadurch, dass sie geistig den Zusammenhang zwischen den verschiedenen Teilen einer Situation herstellen und ihre Beziehung erkennen. Das Erkennen des Zusammenhangs ist die Einsicht und oft ein sogenanntes „Aha-Erlebnis“.

Zur Veranschaulichung ein Beispiel:

| Problem/Situation: | Nachdenken/Erkennen des Zusammenhangs: | Lösung: |
|---|---|---|
| Sie wollen von Wolfratshausen nach Olching (Abb.1). Dazu haben Sie eine Landkarte zur Verfügung. | Sie werden sich wahrscheinlich die Karte genau anschauen und sich überlegen, welchen Weg Sie nehmen. Nach einer gewissen Zeit erkennen Sie den günstigsten Weg. | Sie speichern die Lösung als neues Verhalten in Ihrem Gedächtnis ab. |

*Abb. 1 Ausschnitt einer Landkarte von München und Umgebung*

Aber es gibt noch bestimmte andere Faktoren, damit Lernen durch Einsicht funktionieren kann:

- Um das Problem zu lösen, müssen Sie alle Elemente der Situation kennen. Wenn Sie z. B. die Landkarte nicht haben, können Sie den Weg nicht finden.
- Sie müssen Gedanken neu strukturieren können und neue Zusammenhänge erkennen. Sie suchen sich also z. B. einen Weg vom einen zum anderen Ort.
- Sie müssen auch immer wieder das Problem von verschiedenen Blickwickeln sehen können. So ist es z. B. ein erheblicher Unterschied, ob Sie mit dem Auto oder mit dem Fahrrad fahren wollen.
- Es ist sinnvoll, wenn Sie auf bereits vorhandenes Wissen zurückgreifen können oder frühere Erfahrung in den Problemlösevorgang einbinden können. Wenn sie z. B. schon einmal von Wolfratshausen nach München gefahren sind, sollte es leichter sein, die Aufgabe zu lösen.

**Lernen durch Einsicht in der Erziehung**
Einsicht lässt sich nicht erzwingen, denn Einsicht muss ein Kind selbst finden. Der Erziehende kann das Problemlöseverhalten aber unterstützen.
Manchmal verstehen Kinder schlicht und ergreifend nicht, welches Problem vorliegt, weil sie mit bestimmten Situationen noch keine Erfahrungen haben. Erziehende können mit Denkanstößen helfen und die Situation erläutern. Die Problemstellung kann für das Kind genau gefasst werden. Oder man versucht, das Problem aus einem anderen Blickwinkel mit dem Kind zu betrachten.

> Sozialpfleger Tobias will Alexandra erklären, dass ein Lkw-Fahrer kleine Kinder nur sehr schwer sieht. Alexandra sieht das zunächst natürlich nicht ein. Erst nachdem Tobias sie in den Lkw auf den Fahrerplatz setzt, erlangt sie die Einsicht, dass der Fahrer ein kleines Kind unmittelbar vor der Motorhaube nicht sieht.

## Zum Weiterarbeiten in den Arbeitsbüchern

| Betreuung und Pflege von alten Menschen und Menschen mit Behinderung | | | |
|---|---|---|---|
| | Schwerpunkt | Lernsituation | Seite |
|  | • Biografiearbeit<br>• Gesprächsführung<br>• wertschätzender Umgang mit alten Menschen | „Frau Hummel ist ständig unzufrieden“ | 56 |
|  | • Selbstbestimmung<br>• Individualität und Regeln<br>• Reflexion des eigenen Handelns | „Der pinke Morgenmantel“ | 65 |

| Betreuung und Pflege von Kindern, Jugendlichen und Familien | | | |
|---|---|---|---|
| | Schwerpunkt | Lernsituation | Seite |
|  | • Vorbild-Sein<br>• gesundheitsrelevante Verhaltensweisen<br>• Suchtprävention<br>• Einsatzort Jugendclub | „Eigentlich sollte ich doch Vorbild sein“ | 39 |
|  | • Kommunikation<br>• Erziehungsstile<br>• Zusammenarbeit mit Eltern | „Ich möchte nicht, dass ihr meinem Sohn dabei helft“ | 58 |
|  | • Wahrnehmung und Beobachtung<br>• Sprachentwicklung<br>• Sprachförderung<br>• Konfliktlösung | „Luta maht“ | 73 |

# 3. Wahrnehmen und Beobachten – „Ich sehe was, was du nicht siehst"

## 3.1. Wahrnehmung als alltägliches Handeln – „Mit allen Sinnen"

Wahrnehmen – mit dieser Fähigkeit erschließen wir uns die Welt. Wir nehmen wahr, was uns umgibt (z. B. die Temperatur im Raum, die Lichtverhältnisse), und nicht zuletzt die Menschen in unserem näheren und weiteren Umfeld (z. B. ihre Gestalt, ihren Geruch, ihre Stimme).

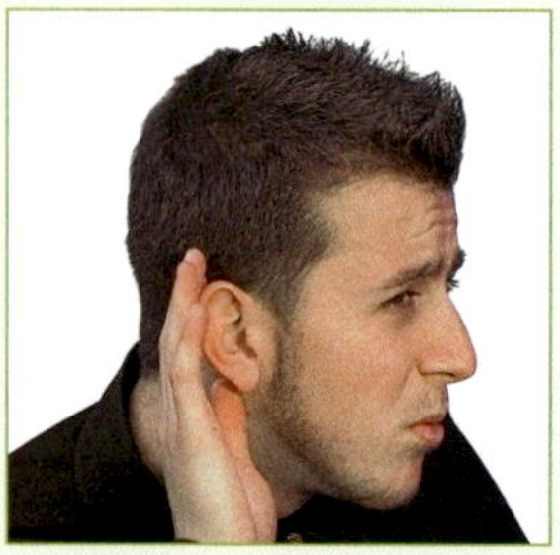

**Das Ohr sieht mit**

Hören und Sehen sind keine unabhängigen Sinneseindrücke, sondern beeinflussen sich gegenseitig. So entscheidet nicht nur das Aussehen, sondern auch die Stimme einer Person darüber, ob sie eher als männlich oder als weiblich wahrgenommen wird. Das haben amerikanische Forscher nachgewiesen, indem sie Versuchspersonen Gesichter mit nur schwach ausgeprägten weiblichen oder männlichen Merkmalen zeigten. Entscheidend dafür, welchem Geschlecht die Probanden die Gesichter zuordneten, war dabei die Höhe eines gleichzeitig eingespielten Tons, zeigte die Auswertung. Ihre Ergebnisse stellen die Wissenschaftler um Eric Smith von der Northwestern-University in Evanston/Illinois im Fachmagazin „Current Biology" vor.

Quelle: DDP, Stern, Das Ohr sieht mit, 25. 10. 2007, (http://www.stern.de/wissenschaft/mensch/:Sinneswahrnehmung-Das-Ohr/600963.html) 15. 05. 2008

### 3.1.1 Prozess der Wahrnehmung

Unter Wahrnehmung versteht man die Aufnahme von Umweltreizen und deren Verarbeitung im Gehirn. Dieser Prozess verläuft in mehreren Stadien:
- Aufnahme der Reize
- Verarbeitung der Informationen in einen Erfahrungszusammenhang
- zuletzt die Sinngebung

*Wahrnehmung erfolgt durch die Aufnahme, die Verarbeitung und die Sinngebung von Reizen.*

**Aufnahme von Reizen**
Alle Umweltreize nehmen wir über die verschiedenen Sinnesorgane auf, diese bilden die Voraussetzung dafür, dass Wahrnehmung stattfinden kann (Abb. 1). Fünf Möglichkeiten der Sinneswahrnehmung stehen dem Menschen hierbei zur Verfügung:
- Sehen über das Sinnesorgan Auge
- Hören über das Sinnesorgan Ohr
- Riechen über das Sinnesorgan Nase
- Schmecken über das Sinnesorgan Zunge
- Tasten und Fühlen über das Sinnesorgan Haut

Sinnesorgane ► S. 314

Außerdem spricht man weiterhin vom Sinn für das Spüren von Temperaturen, dem Gleichgewichtssinn oder dem Sinn für das Empfinden vom eigenen Körper (der Lage, der Bewegung und der Kraft).

In den Sinnesorganen befinden sich Sinneszellen in unterschiedlicher Anzahl, die die Umweltreize aufnehmen und an das Gehirn weiterleiten.

**Verarbeitung der Informationen in Erfahrungszusammenhänge**
In einem zweiten Schritt werden die aufgenommenen Informationen verarbeitet. Dabei werden frühere Erfahrungen herangezogen, um z. B. die Form und Größe feststellen zu können. Das Gehirn hat ein Abbild des wahrgenommenen Gegenstandes organisiert. Dieses Abbild wird mit Bildern, die wir bereits vielmals gesehen haben, verglichen. So können wir erkennen, um was genau es sich handelt (Abb. 2).

**Sinngebung**
Im Gehirn kommt es zur Einordnung der Informationen hinsichtlich ihrer Funktionen, dies geschieht im Zusammenhang mit früheren emotionalen Erfahrungen (z. B. ist die Information gut oder schlecht). Die Informationen (Abbild) erhalten so einen individuellen Sinn (Abb. 3).

*Abb. 1 Person nimmt mit dem Sinnesorgan „Auge“ etwas wahr.*

*Abb. 2 Das Gehirn setzt die wahrgenommenen Informationen zu bekanntem Bild „Hund“ zusammen: Fell, 4 Beine, Schwanz = Hund.*

*Abb. 3 Das Gesehene wird mit Erfahrungen verbunden: Hund wedelt mit dem Schwanz, ist freundlich.*

### 3.1.2 Einflussfaktoren auf die Wahrnehmung

*Die Wahrnehmung wird von vielen Faktoren beeinflusst.*

Es gibt viele Faktoren, die Wahrnehmung beeinflussen. Ganz praktisch können das Bedingungen sein,

- die mit der Situation zu tun haben, in der Wahrnehmung geschieht,
- mit den am Wahrnehmungsprozess beteiligten Personen oder
- Bedingungen, die mit der Intensität des Reizes zu tun haben.

| Situationsbezogene Aspekte | |
|---|---|
|  | Ungünstige äußere Rahmenbedingungen, wie Lärm, Kälte oder Hitze, viele Menschen (viele Reize), Dunkelheit, beeinflussen die Wahrnehmung.<br>**Beispiel:** Herrscht im Klassenzimmer ein hoher Geräuschpegel (Lärm), ist es schwieriger, dem Unterricht zu folgen. |
| **Personenbezogene Aspekte** | |
|  | Das körperliche Befinden (z. B. die Stimmungslage, Hunger, Durst, Schmerz), eigene Interessen, individuelle körperliche Voraussetzungen (Sinnesleistung, z. B. eine besonders ausgeprägte Fähigkeit zu schmecken), soziale Voraussetzungen und Vorerfahrungen (z. B. die eigenen Umwelterfahrungen) beeinflussen die Wahrnehmung.<br>**Beispiel:** Wenn man mit Hunger einkaufen geht, sieht und riecht man plötzlich viele leckere Lebensmittel. |
| **Reizbezogene Aspekte** | |
|  | Der Reiz an sich beeinflusst die Wahrnehmung, z. B. wenn er besonders intensiv oder häufig auftritt.<br>**Beispiel:** Ein schreiendes, trotziges Kind, z. B. in der Kirche oder in einer Bibliothek, wo es sonst eher ruhig ist, fällt einem besonders stark auf. |

Je nach Art und Intensität wirken die genannten Einflussfaktoren wahrnehmungsstörend (wahrnehmungseinschränkend) oder wahrnehmungsfördernd.

Eindrucksvoll erfahrbar wird die Beeinflussbarkeit der Wahrnehmung bei optischen Täuschungen. Diese beruhen auf der Tatsache, dass Wahrnehmung subjektiv ist und von Einstellungen und Erfahrungen beeinflusst wird:

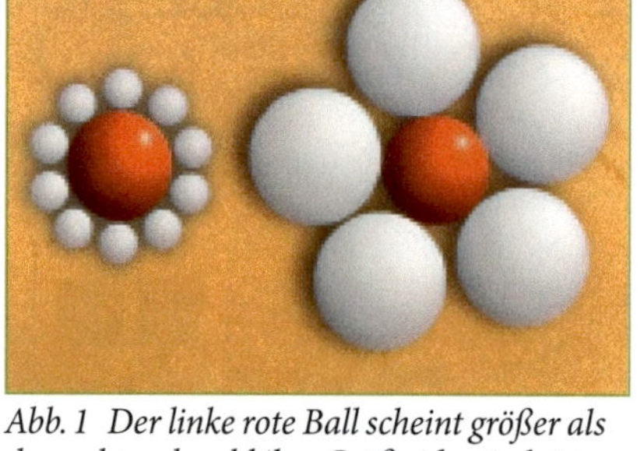

*Abb. 1 Der linke rote Ball scheint größer als der rechte, obwohl ihre Größe identisch ist.*

*Abb. 2 Die Linien scheinen gekrümmt, sind aber gerade und parallel.*

## 3.2 Fachliches Beobachten als Grundlage der sozialen Arbeit – „Nur Wahrnehmen ist zu wenig“

Täglich nehmen wir unsere Umgebung wahr, ohne dass wir damit ein bestimmtes Ziel verfolgen. Erfolgt Wahrnehmung jedoch zielgerichtet, spricht man von Beobachtung. Diese ist Grundlage für professionelle pädagogische und sozialpflegerische Arbeit mit Menschen verschiedener Altersstufen. Sie erfolgt immer dann, wenn ich eine Person und/oder ihr Verhalten unter einem bestimmten Gesichtspunkt einschätzen oder mein Handeln darauf abzielen möchte.

*Unter Beobachtung versteht man die zielgerichtete Wahrnehmung von Reizen.*

Es wird zwischen der Alltagsbeobachtung und der fachlichen Beobachtung unterschieden.

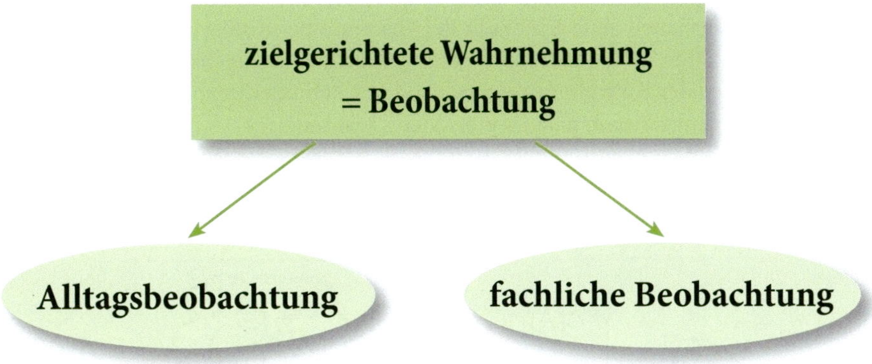


**Alltagsbeobachtung**
Will man grundsätzliche Informationen über einen Menschen sammeln, so geschieht das über eine Alltagsbeobachtung.

> An Ihren ersten Praktikumstagen im Pflegebereich ist es wichtig, die betreuten Bewohnerinnen erstmal unvoreingenommen kennen zu lernen. Das heißt, Sie versuchen, so viele Informationen wie möglich aufzunehmen, da Sie ja noch nicht wissen, welche in Zukunft bedeutsam sein werden. Wichtige Beobachtungen können hier z. B. Rituale und Gewohnheiten der Bewohnerinnen im Tagesablauf sein.

> Im Bereich der Kinderbetreuung sollten Sie sich am Anfang Ihres Praxiseinsatzes zunächst einmal auf die Kinder einlassen. Versuchen Sie herauszufinden, welche Interessen die einzelnen Kinder haben, z. B. um später entsprechende Angebote machen zu können.

Um nicht voreilige Schlüsse zu ziehen und um möglichst viele Aspekte einer Situation zu erfassen, sollten Sie mit einer offenen Grundhaltung beobachten. Eine Strukturierung der Beobachtungen und Erfahrungen erfolgt dann später, z. B. im Gespräch mit den Mitarbeiterinnen der jeweiligen Einrichtung. So könnten Sie anschließend gefragt werden, was Ihnen an einer bestimmten Person bzw. Personengruppe hinsichtlich des Sozialverhaltens aufgefallen ist. Oder aber, was Sie bezüglich der Körperhaltung feststellen konnten.

*Die fachliche Beobachtung ist planvoll, die Ergebnisse werden ausgewertet und in der täglichen Arbeit genutzt.*

**Fachliche Beobachtung**

Fachliche Beobachtung ist gekennzeichnet durch eine Planung der Beobachtung und eine Auswertung der erfassten Ergebnisse. Die gewonnenen Informationen sind keine „Zufallsprodukte“, sondern zielgerichtet wahrgenommen, um weitere Handlungen anzuschließen oder Sachverhalte zu klären. Bei der fachlichen Beobachtung ist auch eine größtmögliche Objektivität und Wertfreiheit wichtig, daher erfolgen Beobachtung und Auswertung strikt voneinander getrennt.
Nur über eine klar definierte und konzentrierte Beobachtung erhalten Sie die Informationen, die Sie benötigen, um die von Ihnen betreuten Menschen individuell und sinnvoll in ihrem Leben zu begleiten und anzuregen. Bei einer fachlichen Beobachtung werden wichtige Punkte aus der Vielzahl an beobachtbaren Aspekten herausgegriffen.

Das kann z. B.

- das Sozialverhalten eines Kindes in der Gruppe einer Kindertagesstätte,
- die sprachliche Ausdrucksweise eines Jugendlichen im Jugendfreizeitheim,
- der Umgang der Kollegin mit einem Kind mit Behinderung oder
- das Ernährungsverhalten eines alten Menschen sein.

Dokumentation ► S. 127
Auswertung ► S. 130

Nach der Dokumentation und Auswertung erfolgt die Nutzung der Ergebnisse in der täglichen pflegerischen und pädagogischen Arbeit.

Eine Mitarbeiterin in einer Altenpflegeeinrichtung bemerkt, dass ein Bewohner in letzter Zeit immer so laut spricht. Sie beobachtet nun gezielt sein Kommunikationsverhalten und stellt fest, dass er sehr häufig etwas nicht versteht und wiederholt nachfragen muss. Manchmal gibt er irgendwelche Antworten, die nicht immer zur gestellten Frage passen. Die Mitarbeiterin dokumentiert diese Beobachtungen und informiert die Pflegefachkräfte. Diese veranlassen eine ärztliche Untersuchung, bei der sich herausstellt, dass bei dem Bewohner eine Schwerhörigkeit vorliegt. Dieser erhält daraufhin ein Hörgerät.

Einer Mitarbeiterin im Kindergarten fällt auf, dass ein bisher eher ruhiges Mädchen in den letzten Wochen ein aggressives Verhalten gegenüber anderen Kindern zeigt. Sie informiert die Erzieherinnen und Erzieher, die nun gezielt das betreffende Kind beobachten. Dabei wird darauf geachtet, welche Formen das aggressive Verhalten annimmt, gegen wen es sich richtet usw. Die dokumentierten Ergebnisse bilden die Grundlage für ein Elterngespräch, um gemeinsam mögliche Hintergründe zu erkunden und die weiteren Maßnahmen festzulegen.

## 3.3 Grundlagen der fachlichen Beobachtung – „Mit Sinn und Verstand“

Um eine fachliche Beobachtung sorgfältig planen zu können, bedarf es einiger Vorüberlegungen zu dem Beobachtungsziel, der Beobachtungsmethode, dem Beobachtungsthema sowie den organisatorischen Voraussetzungen.

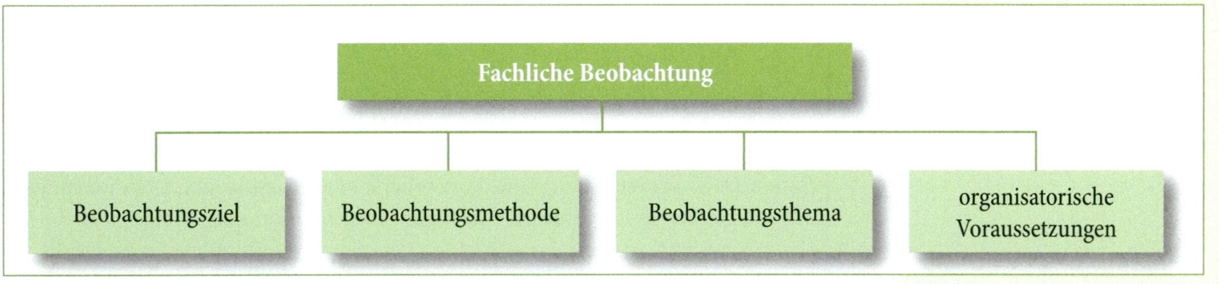


### 3.3.1 Beobachtungsziele

Soll eine Beobachtung durchgeführt werden, müssen Sie sich im Vorhinein darüber klar sein, welche Ziele mit der Beobachtung erreicht werden sollen. Je nachdem, was das Beobachtungsziel ist, müssen Sie eine oder mehrere Personen als Zielperson für die Beobachtung auswählen.

*Fachliches Beobachten setzt ein klares Handlungsziel voraus.*

Der Sozialwissenschaftler Dr. Hans-Rudolf Leu unterscheidet drei Beobachtungsziele:

**Beobachtung zur Entwicklung einer individualisierten Perspektive:**
Sie beobachten, um das Verhalten einer Person besser zu verstehen oder diesen Menschen kennen zu lernen.
**Beispiel:** Verhalten eines Kindes, das beim Spielen schlecht verlieren kann

**Beobachtung zur Kontrolle von Fortschritten anhand klar definierter Normen:**
Sie beobachten, um Informationen über den aktuellen Entwicklungsstand eines Kindes oder das Verhalten eines Menschen mit Behinderung zu erhalten, von denen Sie dann z. B. den Therapieerfolg oder den Unterstützungsbedarf ableiten können. Hierzu benötigen Sie eine Aufstellung klar definierter Normen, z. B. eine Entwicklungstabelle.
**Beispiel:** Fortschritte bei der Aussprache von „Sch“-Lauten bei einem Kind mit Sprachbeeinträchtigungen

Entwicklungstabelle ► S. 131

**Beobachtung zum frühzeitigen Erkennen von Problemen und Störungen:**
Bei dieser Betrachtungsebene beobachten Sie, um bereits vorhandene Hinweise auf Entwicklungs- bzw. Verhaltensstörungen zu überprüfen. Das bedeutet, dass Sie schon vorher den Eindruck hatten, es könnte eine Beeinträchtigung vorliegen, und diesen Eindruck mit einer gezielten Beobachtung und Auswertung kontrollieren möchten.
**Beispiel:** Erfassung der Häufigkeit eines bestimmten Verhaltens bei einem Kind (z. B. Schreien oder selbst- und fremdverletzendes Verhalten)

Je nach Ausrichtung der Beobachtung stehen verschiedene Dokumentationsmöglichkeiten zur Verfügung.

Dokumentationsmöglichkeiten ► S. 127

### 3.3.2 Beobachtungsthemen

***Je nach Arbeitsfeld spielen unterschiedliche Themen bei der Beobachtung eine Rolle.***

Beobachtungsthemen in der sozialen Arbeit sind beispielsweise

- menschliche Handlungen (z. B. Sozialverhalten, Fein- und Grobmotorik, Konsumverhalten),
- sprachliche und nichtsprachliche Äußerungen (Mimik, Körpersprache, Gestik, Sprachvermögen),
- Veränderungen des Körpers (Hautfarbe, Hautveränderungen, Zittern) und
- soziale Merkmale (Kleidung, Symbole).

In den Einrichtungen der Altenpflege haben auf Grund alters- oder krankheitsbedingter Einschränkungen in den Körperfunktionen pflegerische Themen ein sehr großes Gewicht. Die Beobachtung bezieht sich häufig auf Körperfunktionen (z. B. Essverhalten) und körperliche sowie psychische Veränderungen, um pflegerischen Handlungsbedarf frühzeitig zu erkennen.

| Tag | Datum | Mahlzeit | (Fast) nichts | Wenig | Etwa die Hälfte | Fast alles | Alles |
|---|---|---|---|---|---|---|---|
| | | | ○ | ◔ | ◑ | ◕ | ● |
| | | Frühstück | | | | | |
| | | Mittagessen | | | | | |
| | | Abendessen | | | | | |
| | | Sonstiges | | | | | |

*Abb. 1 Essprotokoll*

Neben körperlichen Veränderungen werden auch Auffälligkeiten im Verhalten immer wichtiger, nicht zuletzt auf Grund der zunehmenden Zahl demenzieller Erkrankungen.

Demenzielle Erkrankungen ▸ S. 323

**Aktuelle Zahlen zur Entwicklung demenzieller Erkrankungen**
Heute leben in Deutschland etwa 1,2 Millionen an Demenz erkrankte Menschen.

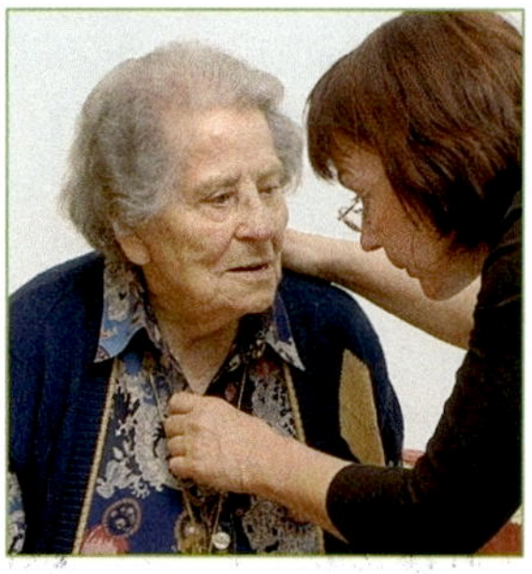

Je älter ein Mensch ist, desto höher ist das Risiko, an einer Demenz zu erkranken. Es verdoppelt sich ab dem 60. Lebensjahr alle fünf Jahre. Bis zum Jahr 2030 gehen Experten auf Grund der geburtenstarken Jahrgänge von ca. 2 Millionen Menschen aus, die von Demenz betroffen sein werden.

*Abb. 2 Menschen, die an Demenz erkrankt sind, fühlen sich oft falsch verstanden oder bevormundet.*

Auch das Sozialverhalten und die Gestaltung des sozialen Umfeldes sind bei der Betreuung und Förderung von alten Menschen und Menschen mit Behinderungen wichtige Faktoren. Aus der Teilnahme eines Menschen an seinem sozialen Umfeld kann man Rückschlüsse auf dessen Befinden ziehen (z. B. auf die Kommunikationsfähigkeit).

Weitere Informationen zum Thema demenzielle Erkrankungen finden Sie unter:
www.deutsche-alzheimer.de und www.alzheimerforum.de

In der sozialpädagogischen Betreuung von Kindern und Jugendlichen leiten sich Inhalte für Beobachtungen oft aus den Bildungs- und Entwicklungsbereichen ab.
Wichtige Themen sind hier z. B.
- das Sozialverhalten,
- die individuellen Lernwege der Kinder und Jugendlichen,
- das Konsumverhalten,
- das Spielverhalten sowie
- die kognitive Entwicklung.

Das soziale Miteinander in der Familie und der Umgang mit Konflikten sind wichtige Themen in diesem Arbeitsbereich. Aber auch die Beobachtung der Sprachentwicklung mit dem Ziel, diese frühzeitig zu unterstützen und besonderen Förderbedarf einzelner Kinder rechtzeitig zu erkennen, ist ein Schwerpunkt.

! **Frühzeitige Förderung in Kindertageseinrichtungen verbessert Bildungschancen.**
Mehr als ein Viertel der Kinder und Jugendlichen im Alter bis zu 25 Jahren in Deutschland stammt aus Zuwandererfamilien (27,2 Prozent). Das weist der Nationale Bildungsbericht 2006 aus. In der Altersgruppe der unter 6-Jährigen beträgt der Anteil fast ein Drittel.
(…)
Bei Kindern aus Zuwandererfamilien verbessert eine möglichst frühzeitige Förderung in Kindertageseinrichtungen ihre späteren Bildungschancen wesentlich. Der Anteil der Kinder aus Zuwandererfamilien in der Altersgruppe der über 4-Jährigen in Tageseinrichtungen ist mittlerweile so hoch wie der der Deutschen. In den jüngeren Altersgruppen bestehen hingegen noch deutliche Unterschiede: Nur ein Fünftel der zweijährigen Kinder aus Zuwandererfamilien besucht eine Kindertageseinrichtung.
Quelle: Die Bundesregierung, e.balance, Integration: Zahlen–Daten–Fakten, Nr. 054, 08/2007 (http://www.bundesregierung.de/Content/DE/Magazine/emags/ebalance/054/sb-integration-zahlen-daten-fakten.html) 15. 05. 08

| Sprachliche Entwicklung | | |
|---|---|---|
| **Name des Kindes:** | **Datum:** | |
| **Alter: Jahre: Monate:** | **Name der Dokumentatorin:** | |
| Schätzen Sie ein, ob die Fähigkeiten des Kindes denen der Gleichaltrigen entsprechen! | ja ☐ | nein ☐ |
| Wenn Sie „nein“ angekreuzt haben, dann beschreiben Sie, wodurch sich das ausdrückt! | | |
| Beschreiben Sie, welche herausragenden Fähigkeiten das Kind im Bereich der sprachlichen Entwicklung besitzt, oder beschreiben Sie eine positive Besonderheit! | | |

*Abb. 3 Die Sprachentwicklung des Kindes ist ein bedeutendes Beobachtungsthema in der sozialen Arbeit* (Quelle: Groot-Wilken, B.: Portfolioarbeit leicht gemacht. Cornelsen Scriptor, Berlin, Düsseldorf, Mannheim 2008)

### 3.3.3 Beobachtungsmethoden

*Es gibt viele Beobachtungsmethoden. Die Gelegenheitsbeobachtung ist die häufigste Art in der sozialen Arbeit.*

In der sozialen Arbeit werden neben der fachlichen Beobachtung und der Alltagsbeobachtung verschiedene Beobachtungsarten unterschieden:
Man kann offen oder verdeckt, teilnehmend oder nicht-teilnehmend beobachten. Unabhängig davon können Beobachtungen unstrukturiert oder strukturiert sein. Die folgende Übersicht stellt die Beobachtungsmethoden vor.

**Offene und verdeckte Beobachtung**
Bei der offenen Beobachtung weiß der Beobachtete davon, dass er beobachtet wird. Diese Form hat den Vorteil, dass die Zielperson Bescheid weiß und sich nicht hintergangen fühlen kann. Allerdings kann das Resultat der Beobachtung dadurch verfälscht werden, dass die beobachtete Person sich nicht mehr „echt“ verhält und z. B. vermeintlich unerwünschte Verhaltensweisen unterlässt.

Demgegenüber bedeutet die verdeckte Beobachtung, dass die Zielperson nichts von der Beobachtung weiß und somit ein unbeeinflusstes Verhalten zeigt. Der Beobachtete kann sich bei späterer Offenlegung jedoch hintergangen fühlen.

**Teilnehmende Beobachtung**
Hier nimmt der Beobachter unmittelbar und direkt an der Situation teil, die er beobachten will (z. B. an einem Gesellschaftsspiel mit alten Menschen). Dadurch kann er die Handlung, sich selbst, die beobachteten Personen und ihre Beziehung zueinander direkt erleben.

Eine Mitarbeiterin einer Altenpflegeeinrichtung blättert mit einer Bewohnerin in einem Fotoalbum mit Bildern vom letzten Heimausflug. Sie hat das Gefühl, dass die Bewohnerin oft nicht ganz bei der Sache ist.

Die Praktikantin leitet heute den Morgenkreis bei den unter Dreijährigen. Sie übt ein neues Lied mit den Kindern ein, bei dem sie den Liedtext mit Bewegungen begleiten. Alle sind konzentriert bei der Sache und haben viel Spaß, plötzlich weint hinter der Praktikantin ein Junge. Was ist passiert?

**Nicht-teilnehmende Beobachtung**
Hier wird die Distanz zum Geschehen genutzt. Man hat die Möglichkeit, Beziehungen zwischen den Handlungen der beobachteten Personen zu entdecken, die sonst schwer zu erkennen sind. Ist man nicht in das Geschehen eingebunden, fehlen zwar die eigenen Gefühle, aber man kann bestimmte Aspekte besser beobachten, da man nicht abgelenkt ist.

Eine Mitarbeiterin einer Altenpflegeeinrichtung beobachtet, wie ihre Kollegin mit einer Bewohnerin im Fotoalbum blättert. Vor dem Fenster läuft eine Kindergruppe vorbei, sodass die Bewohnerin abgelenkt ist.

Die Anleiterin der Praktikantin beobachtet das Geschehen im Morgenkreis. Sie sieht, dass ein Kind bei der Bewegungsübung einem anderen aus Versehen ins Gesicht schlägt, woraufhin der getroffene Junge zu weinen beginnt.

**Unstrukturierte Beobachtung**

- Gelegenheitsbeobachtung

Diese Beobachtungsmethode kommt in der sozialen Arbeit sehr häufig vor. Man hat die Möglichkeit, Hintergrundwissen aufzubauen, Neues und Unerwartetes zu erfahren sowie Entwicklungen, Wünsche, Bedürfnisse zu erkennen, um auf den einzelnen Menschen angemessen reagieren zu können. Die unstrukturierte Beobachtung unterscheidet sich von der strukturierten Beobachtung durch einen geringeren Differenzierungsgrad und bildet damit oft die Vorstufe zu strukturierten Beobachtungen.

Bei der täglichen Morgenpflege beobachtet die Praktikantin bei einer Bewohnerin eine rötlich gefärbte, raue Stelle auf der Haut im Bereich des Oberarmes. Sie setzt ihre Anleiterin darüber in Kenntnis.

Die Praktikantin ist zum ersten Mal in einer Familie, und sie beobachtet, dass sich der vierjährige Sohn gar nicht an den Gesprächen beteiligt. Sie bespricht ihre Beobachtung mit den Eltern.

**Strukturierte Beobachtung**

- Spezifische oder gezielte Beobachtung

Die Beobachtungsaufmerksamkeit wird auf ein bestimmtes Verhalten gelenkt. Es wird sehr gezielt beobachtet. Hierbei muss keine Systematik eingehalten werden, es kann sich auch um Einzelbeobachtungen handeln.

- Systematische Beobachtung

Bei dieser Beobachtungsart ist die Kontrolle und Wiederholbarkeit des Beobachtungsprozesses besonders wichtig. Die Dokumentation von Ergebnissen erfolgt oft in vorbereiteten Bögen oder Listen.

Um herauszufinden, ob eine Bewohnerin in einer Behinderteneinrichtung ausreichend Flüssigkeit zu sich nimmt, beobachten alle Mitarbeiterinnen deren Trinkverhalten und dokumentieren dies in einer Liste.

Die Mitarbeiterinnen in der Kindertagesstätte haben den Eindruck, dass ein Mädchen immer alleine spielt und sich zu Gruppenspielen nur sehr schwer motivieren lässt. Um Klarheit zu dieser Frage zu erhalten, beobachten sie gezielt das Spielverhalten des Mädchens über eine gewisse Zeit und dokumentieren dies auf einem Beobachtungsbogen.

## 3.3.4 Organisatorische Voraussetzungen von Beobachtung

Bevor die Beobachtung überhaupt beginnen kann, müssen Sie verschiedene Dinge organisieren und abklären, z. B.:

- den Zeitpunkt der Beobachtung (z. B. morgens, nachmittags oder abends)
- die Räumlichkeiten (z. B. Innen- oder Außenräume)
- die Art der Dokumentation (z. B. schriftlich, Tonband, Videokamera)
- die Personalsituation in der Einrichtung (z. B. Vertretung während der Beobachtung)
- die finanziellen Möglichkeiten zur Beobachtung (z. B. Ausgaben für die Dokumentation)
- die rechtlichen Voraussetzungen (z. B. Datenschutz)

Datenschutz ► S. 129

## 3.4 Der Beobachtungsprozess – „Schritt für Schritt zum richtigen Handeln"

*Der fachliche Beobachtungsprozess umfasst folgende Phasen: Planung, Durchführung, Beschreibung und Auswertung.*

Der fachliche Beobachtungsprozess verläuft in vier Phasen: Planung, Durchführung, Beschreibung und Auswertung.

### 3.4.1 Planen von Beobachtungen

| | |
|---|---|
| **Zielperson** → | Wen möchte ich beobachten? |
| **Beobachtungsziel** → | Was möchte ich mit der Beobachtung erreichen? |
| **Beobachtungsthema** → | Was möchte ich beobachten? |
| **Beobachtungsmethode** → | Welche Beobachtungsmethode wende ich an? |
| **organisatorische Voraussetzungen** → | Wo, wann und wie oft beobachte ich? Womit beobachte und dokumentiere ich? Was benötige ich dafür? |

Darüber hinaus wird die Beobachtungsplanung durch die individuellen Voraussetzungen des Beobachters sowie des Beobachteten (der Zielperson) beeinflusst. Wichtig sind z. B. die Lebensgeschichte und Erfahrungen (z. B. Kriegstrauma oder Verlusterfahrung), individuelle Möglichkeiten und Beeinträchtigungen (z. B. eine Behinderung), Vorlieben (z. B. Vertrauen nur zu weiblichen Bezugspersonen).

### 3.4.2 Durchführen von Beobachtungen

*Beim Beobachtungsprozess sind Planung und spontanes Handeln wichtig.*

Bei der Durchführung von Beobachtungen ist es wichtig, die Rahmenbedingungen und Vorüberlegungen aus der Beobachtungsplanung möglichst vollständig umzusetzen. Es muss jedoch daran gedacht werden, dass sich plötzlich eine Störung oder Veränderung in der Situation einstellen und die Beobachtung nicht wie vorher geplant ablaufen kann. In diesem Fall ist es entscheidend, dass der Beobachter spontan handelt, d. h. auch einen Spielraum für Veränderungen in der Planung mitdenkt, den er nutzen kann, wenn er merkt, dass die geplante Beobachtung so nicht durchzuführen ist. Die Beobachtung sollte möglichst objektiv ablaufen, Beobachtungsfehler sollten vermieden werden.

Beobachtungsfehler ► S. 132

### 3.4.3 Dokumentation von Beobachtungen

Mit der Dokumentation wird das Ergebnis der Beobachtung festgehalten und die Qualität der Beobachtung gesichert. Sie unterstützt die soziale Arbeit in vielfacher Hinsicht:

- Sie sichert die Transparenz der Beobachtungen für alle Teammitglieder.
- Sie bildet die Grundlage für den fachlichen Austausch sowie die Auswertung im Team.
- Sie unterstützt die Einbeziehung von Angehörigen (z. B. Elterngespräch).
- Sie dient zur Darstellung der eigenen Arbeit nach außen (z. B. Träger der Einrichtung, Ärzte usw.).

*Zur Dokumentation von Beobachtungen gibt es offene und standardisierte Verfahren.*

Auswertung im Team ► S. 130

Das Festhalten von beobachteten Informationen kann auf vielerlei Art erfolgen. Man kann Situationen und Handlungen aufzeichnen, z. B. Videoaufnahmen mit der Kamera oder Tonaufnahmen mit dem Diktiergerät bzw. einem MP3-Player. Die häufigste und gebräuchlichste Form der Dokumentation ist jedoch das Aufschreiben. Hierbei lassen sich Beobachtungsbögen nutzen, die es in vielen verschiedenen Ausführungen gibt. Auch wenn das Beschreiben der Beobachtungen zeitintensiv sein kann, so sind die gewonnenen Informationen unerlässlich für eine gute Betreuungsarbeit.
Da bei der Dokumentation persönliche Daten der betreuten Personen erfasst werden, muss in jedem Fall der Datenschutz beachtet werden.

Datenschutz ► S. 129

Die Dokumentation der Beobachtungen erfolgt in den Arbeitsfeldern der Alten- und Behindertenhilfe auf Grund der institutionellen Rahmenbedingungen in der Regel mit standardisierten Verfahren. Manche Einrichtungen verfügen über ein hausinternes Dokumentationssystem. Dazu können folgende Bestandteile gehören:

- Anamnesebogen: ein gedrucktes oder digitales Dokumentationsformular zur systematischen Erfassung der (gesundheitlichen) Vorgeschichte eines Patienten oder Bewohners
- Pflegedokumentation: ein System aus verschiedenen Dokumentationsformularen, z. B. Stammblätter, Überwachungsblätter, freie Berichtsbögen zum Pflege- und Tagesbericht, ärztliche und therapeutische Verordnungen, Jahres- und Monatsberichte

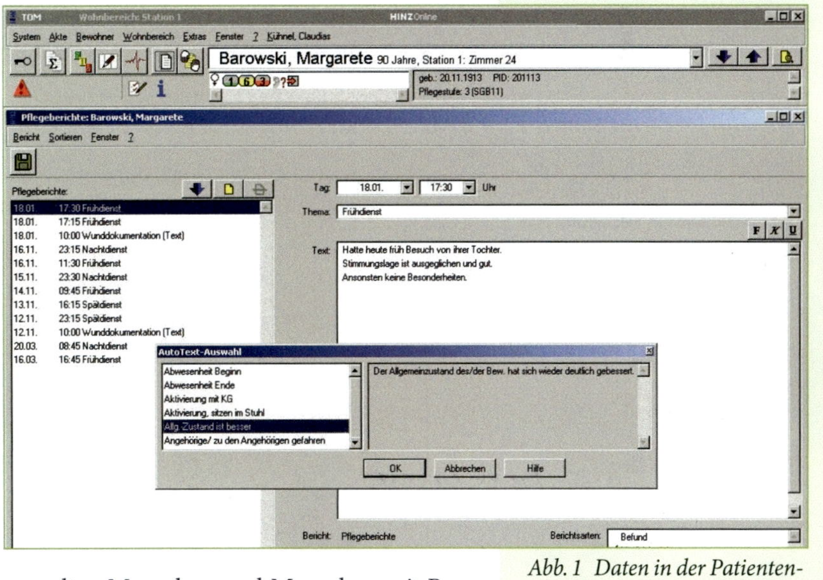


*Abb. 1 Daten in der Patientenakte können auch im Computer verwaltet werden.*

Beobachtungen in der Betreuung von alten Menschen und Menschen mit Behinderung werden häufig in der Patientenakte oder Bewohnerakte (Abb. 1) vermerkt.

In der Betreuung von Kindern, Jugendlichen und Familien wird oft auf die Methode der systematischen Beobachtung zurückgegriffen. Verhalten oder Entwicklungen werden von den Mitarbeiterinnen im Rahmen einer Entwicklungs- oder Bildungsdokumentation notiert.
Darüber hinaus gibt es viele verschiedene Beobachtungsbögen, die man nutzen kann. Für den Bereich der Sprachentwicklung wird z. B. das Sprachlerntagebuch (Abb. 1) verwendet.

**Das Bildungsinterview 1 - Das Kind in seiner Welt** Ben K. **Alter:** 24 Monate **Datum:** 21.8.2008

Diese Sprache (Sprachen) sprechen wir in meiner Familie: Deutsch und Englisch

In welcher Sprache spricht wer mit mir? Mutter - Deutsch Vater - Englisch

In welcher Sprache spreche ich mit wem? siehe oben
Erzieherin - Deutsch

Diese Sprache spreche ich am liebsten: Deutsch

Meine Lieblingswörter sind: (eventuell auch für andere Sprachen) Teddy, Bagger, Banane

Ich kenne schon Worte aus anderen Sprachen, und zwar: /

40

So schreibe ich meinen Namen:

*Abb. 1 Seite aus dem Sprachlerntagebuch*

Weitere Informationen zum Thema Förderung der Sprachentwicklung finden Sie unter:
www.sprachfoerderung-info.de

Beobachtungsergebnisse werden im Bereich der Kindertagesbetreuung oft in kreativer Form gesammelt und präsentiert, z. B. als Portfolio (Abb. 2).

*Abb. 2 Die Werke eines Kindes dokumentieren dessen Entwicklung im Portfolio.*

**Datenschutz**
Alle personenbezogenen Daten, also auch beschriebene Beobachtungen, unterliegen den Bestimmungen des Datenschutzes.

Weitere Informationen zum Thema Datenschutz finden Sie unter:

www.Bfdi.bund.de und www.pflege-deutschland.de

§ Ein vertraulicher Umgang mit Daten muss auch bei der Dokumentation von Beobachtungen selbstverständlich sein. Dies wird durch das Sozialgesetzbuch (SGB) geregelt: §§ 61–68 SGB VIII (jugendhilferechtlicher Sozialdatenschutz), §35 SGB I und §§ 67–85a (allgemeiner Sozialdatenschutz), SGB XI; Datenschutzgesetze der Länder.

Das bedeutet, dass man für die Aufzeichnung und Weiterverwendung von Daten das Einverständnis der betroffenen Person benötigt. Steht diese unter (gesetzlicher) Betreuung bzw. ist diese minderjährig, muss das Einverständnis durch die jeweiligen gesetzlichen Betreuungspersonen erfolgen. Dies sollte man besonders bedenken, wenn die Veröffentlichung von Beobachtungsergebnissen geplant ist.
Dabei ist es egal, auf welche Art die Beobachtungen dokumentiert wurden, z. B. als schriftlicher Vermerk oder als Foto.
Personenbezogene bzw. personenbeziehbare Daten unterliegen der Schweigepflicht und müssen in jedem Fall vertraulich behandelt werden. Das heißt auch, sie sind nicht allgemein zugänglich. In der Regel werden sie in verschließbaren Schränken aufbewahrt, sodass Unbefugte keinen Zugriff haben.

# Datenschutz kritisiert Sprachlerntagebücher

## Eltern wehren sich gegen Fragen in den Kindertagesstätten zur Religion und zum Privatleben

**Von Florentine Anders**

Die Sprachlerntagebücher in den Kitas sorgen nicht nur für Ärger bei vielen Eltern, sondern nun auch für Arbeit beim Datenschutzbeauftragten des Landes Berlin. Etliche Eingaben gingen in den vergangenen Wochen bei Datenschützer Alexander Dix ein. „Wir haben erhebliche Zweifel an der Rechtmäßigkeit dieses Sprachlerntagebuchs“, sagt der stellvertretende Datenschutzbeauftragte, Thomas Petri. Allerdings sei die Prüfung noch nicht ganz abgeschlossen.

(…) Auf Grund von Beschwerden hat die Senatsverwaltung nun noch einmal betont, dass diese Selbstauskunft gesondert von dem offen zugänglichen Sprachlerntagebuch in einem geschlossenen Schrank aufbewahrt werden soll.
(…) Die Eltern entscheiden selbst, ob sie die Dokumentation bei einem Kita-Wechsel weitergeben oder nicht, betont die Senatsbildungsverwaltung. Auch beim Schuleintritt seien sie nicht gezwungen, das Sprachlerntagebuch vorzulegen. Es sei Eigentum der Eltern und nur ein pädagogisches Hilfsmittel.
Der Datenschutzbeauftragte sieht das anders, denn schließlich befinde sich die Dokumentation nicht im Elternhaus, sondern in der öffentlichen Kita.

(…)
Der Landeselternausschuss Kita sieht in dem Tagebuch einen wichtigen Bestandteil des Bildungsprogramms für Kitas. Allerdings sollten alle Eltern darauf achten, dass der erste Teil sorgfältig aufbewahrt ist, heißt es in einer aktuellen Mitteilung.

### 3.4.4 Auswertung von Beobachtungen

*Durch die Auswertung der Beobachtung können Konsequenzen für die Arbeit gezogen werden.*

Beobachtungsfehler ► S. 132

Ziel der Auswertung ist es, aus den gesammelten und dokumentierten Informationen Konsequenzen für die tägliche Arbeit mit den betreuten Menschen abzuleiten. Zu der Auswertung gehört der Austausch mit anderen Mitarbeiterinnen, den Eltern bzw. Angehörigen oder der beobachteten Person selbst. Auf diese Weise lassen sich z. B. Beobachtungsfehler erkennen und korrigieren. Außerdem erhält man ein umfassenderes Bild, da man auf unterschiedliche Informationsquellen und Sichtweisen zurückgreifen kann.
Um die gewonnenen Informationen auszuwerten, d. h. um einschätzen zu können, ob z. B. ein beobachtetes Verhalten entwicklungsgerecht ist oder ob Sie pflegerische Maßnahmen ergreifen bzw. einen Arzt hinzuziehen müssen, brauchen Sie Referenznormen. Diese ermöglichen es, Ihre Beobachtungen mit „Normalwerten“ zu vergleichen, um z. B. das Verhalten oder die körperlichen Veränderungen der betreuten Person beurteilen zu können (Abb. 1).

| Gewichtstabelle | | | Größentabelle | | |
|---|---|---|---|---|---|
| Alter | Mädchen | Jungen | Alter | Mädchen | Jungen |
| 1. Monat | 4.100 g | 4.300 g | 1. Monat | 53 cm | 54 cm |
| 2. Monat | 4.800 g | 5.100 g | 2. Monat | 56 cm | 57 cm |
| 3. Monat | 5.400 g | 5.800 g | 3. Monat | 59 cm | 60 cm |
| 4. Monat | 6.000 g | 6.600 g | 4. Monat | 62 cm | 63 cm |
| 5. Monat | 6.700 g | 7.200 g | 5. Monat | 64 cm | 66 cm |
| Abweichungen dürfen betragen: +/– 0,8 kg | | | Abweichungen dürfen betragen: +/– 4 cm | | |
| 6. Monat | 7.400 g | 7.900 g | 6. Monat | 66 cm | 68 cm |
| 7. Monat | 8.000 g | 8.400 g | 7. Monat | 68 cm | 70 cm |
| 8. Monat | 8.500 g | 8.800 g | 8. Monat | 70 cm | 72 cm |
| 9. Monat | 8.900 g | 9.200 g | 9. Monat | 72 cm | 73 cm |
| 10. Monat | 9.300 g | 9.700 g | 10. Monat | 73 cm | 74 cm |
| 11. Monat | 9.600 g | 10,2 kg | 11. Monat | 74 cm | 75 cm |
| Abweichungen dürfen betragen: +/– 1,5 kg | | | Abweichungen dürfen betragen: +/– 4 cm | | |
| 12. Monat | 9.800 g | 10,4 kg | 12. Monat | 75 cm | 76 cm |
| 1 ½ Jahre | 11,1 kg | 11,6 kg | 1 ½ Jahre | 81 cm | 82 cm |
| 2 Jahre | 12,2 kg | 12,7 kg | 2 Jahre | 86 cm | 88 cm |
| 2 ½ Jahre | 13,3 kg | 13,7 kg | 2 ½ Jahre | 91 cm | 93 cm |
| Abweichungen dürfen betragen:+/– 2,5 kg | | | Abweichungen dürfen betragen:+/– 6 cm | | |
| 3 Jahre | 14,3 kg | 14,7 kg | 3 Jahre | 96 cm | 97 cm |
| 3 ½ Jahre | 15,2 kg | 15,6 kg | 3 ½ Jahre | 100 cm | 101 cm |
| 4 Jahre | 16,5 kg | 17,0 kg | 4 Jahre | 104 cm | 105 cm |
| Abweichungen dürfen betragen :+/–3 kg | | | Abweichungen dürfen betragen :+/– 7 cm | | |
| 4 ½ Jahre | 17,4 kg | 17,8 kg | 4 ½ Jahre | 107 cm | 108 cm |
| 5 Jahre | 18,6 kg | 19,2 kg | 5 Jahre | 111 cm | 112 cm |
| Abweichungen dürfen betragen:+/– 3,5 kg | | | Abweichungen dürfen betragen:+/– 8 cm | | |

*Abb. 1 Referenznormen in einer Größen- und Gewichtstabelle für Kinder bis 5 Jahre*

In der Betreuung von alten Menschen werden die Beobachtungsergebnisse im Rahmen von Pflegediagnosesystemen abgeglichen und weitere Maßnahmen abgeleitet. Für die Feststellung von Entwicklungsverzögerungen und Förderbedarf in der Betreuung von Menschen mit Beeinträchtigungen können Entwicklungstabellen, z. B. das Entwicklungsgitter nach E. Kiphard, sinnvoll sein.

Kiphard, Ernst: Wie weit ist ein Kind entwickelt? Verlag Modernes Lernen, Dortmund 2006

Es gibt besonders auf die Entwicklung von Kindern und Jugendlichen bezogene Auswertungsinstrumente, die eine Orientierung darüber geben, wo diese sich in ihrer Entwicklung gerade befinden.

Hier sind z. B.
- die Grenzsteine der Entwicklung nach R. Michaelis (Abb. 2),
- die Entwicklungstabelle nach K. Beller
- oder Beobachtungsbogen zur Erfassung von Entwicklungsrückständen und Verhaltensauffälligkeiten bei Kindergartenkindern (ifp Bayern) zu nennen.

Daraus werden dann sinnvolle Angebote abgeleitet, die dem Kind oder Jugendlichen entsprechen und diese in ihrer Entwicklung fördern. Auch das Erkennen von Verhaltensauffälligkeiten und Förderbedarf wird damit möglich.

Michaelis, Richard: Die ersten fünf Jahre im Leben eines Kindes – Wie sich Ihr Kind entwickelt. Knaur, München 2006

| Alter | Körpermotorik | Handmotorik | Kognitiv | Sprache | Sozialisation |
|---|---|---|---|---|---|
| 3 Monate | Sicheres Kopfheben in Bauchlage, Abstützen auf die Unterarme | Bringt Hände, Finger über die Körpermitte zusammen | Verfolgt bewegte Objekte mit den Augen | Schreit differenziert (Hunger, Unbehagen, Schmerz) | Anhaltender Blickkontakt. Lächeln auf Gesichter |
| 6 Monate | Beugt Arme beim Hochziehen zum Sitzen. Hält den Kopf | Transferiert Dinge von einer Hand in die andere | Bringt Objekte von einer Hand in die andere/in den Mund. Verfolgt Aktivitäten | Bildet Laute für sich alleine und auf Ansprache (Dialog) | Nimmt Kontakt auf. Freude an nonverbaler, positiver Kommunikation |
| 9 Monate | Sicheres, freies Sitzen mit geradem Rücken und Rumpfkontrolle | Gegenstände werden in einer oder beiden Händen gehalten | Intensive Hand-Mund-Augen-Erkundung von Objekten | Längere A-Laut-Reihen (wa-wa-wa-ra-ra-ra) | Unterscheiden von Personen, mit und ohne Fremdeln |
| 12 Monate | Stehen gelingt sicher mit Festhalten an Möbeln oder Wänden | Pinzettengriff mit Daumen und Zeigefinger | Findet Objekt, das vor den Augen versteckt wurde, rasch wieder | Silbenverdopplung mit „a“ (Mama, Papa, Dada) | Initiiert soziale Interaktionen, führt sie fort und beendet sie |
| 15 Monate | Gehen mit Festhalten an Händen oder an Möbeln/Wänden | Setzt zwei Klötzchen nach Aufforderung aufeinander | Prüft Objekte auf ihre einfachste Verwendbarkeit | Verwendet Mama/Papa sinngemäß. Pseudo–sprache | Reime, Fingerspiele, Nachahmspiele, rhythmische Spiele |
| 18 Monate | Freies Gehen mit sicherer Gleichgewichtskontrolle | Gibt festgehaltene Gegenstände zurück, tut sie in ein Gefäß oder holt sie raus | Baut kleine Türme. Betrachtet Bilderbücher. Zeigt auf Bekanntes | Symbolsprache (wauwau) mit „Überdehnungen“ oder „Einengungen“ | Einfache Gebote, Verbote werden verstanden und mehr oder weniger beachtet |
| 2 Jahre | Kind rennt sicher, umsteuert dabei Hindernisse | Blättert Buchseiten einzeln um. Wickelt Bonbons aus | Kleine Rollenspiele (Puppe, Bär). Ansätze zu konstruktivem Spiel | Ein- bis Zweiwortsprache | Spielt für sich alleine im Raum, in dem sich die Mutter nicht aufhält |
| 3 Jahre | Beidbeiniges Abhüpfen von einer untersten Treppenstufe | Greift kleine Gegenstände präzise mit den vordersten Fingeranteilen auf | Zeichnet Kopffüßler. Kommentiert, was gemalt wurde. „Als-ob“- und Rollenspiele | Drei- bis Fünfwortsätze. Ich / Du / Plural. Redet für sich beim Spielen | Hilft gerne bei Haus- und Gartenarbeit. Ahmt Tätigkeiten Erwachsener nach |
| 4 Jahre | Koordiniertes Treten und Steuern eines Dreirades oder ähnlichen Fahrzeugs | Malstift wird korrekt zwischen den ersten 3 Fingern der Hand gehalten | W-Fragen. Hört zu beim Vorlesen. Verständnis bei Erklärungen | Satzreihungen mit „und dann“. Erzählt Erlebtes zeitlich und logisch in etwa richtig | Versteht, dass beim Spielen auch andere Kinder an der Reihe sind. Kann teilen |
| 5 Jahre | Bewältigt Treppen beim Auf- und Abgehen freihändig und mit Beinwechsel ohne Schwierigkeiten | Benutzt Kinderschere. Kleben, einfaches Basteln möglich. Malt Vorlagen sauber aus | Intensives Rollenspiel auch mit anderen Kindern. Konstruktionsspiele mit und ohne Vorlagen | Praktisch fehlerfreie Aussprache. Berichtet Erlebtes in logischer Reihenfolge. Oft noch einfache Strukturen | Kooperiert im Spiel mit anderen Kindern. Versteht emotionale Äußerungen und kann trösten und helfen |

*Abb. 2 Grenzsteine der Entwicklung nach R. Michaelis*

### 3.4.5 Beobachtungsfehler

Der Beobachtungsprozess kann u. a. durch folgende Beobachtungs- und Beurteilungsfehler gestört werden:

| | **Einstellungsfehler** |
|---|---|
|  | Die eigene Meinung wird vom Beobachter zum Maßstab genommen, und damit ist er sich nicht mehr darüber bewusst, dass er subjektiv ist. |
| | **Halo-Effekt** |
|  | Bestimmte Einzeleigenschaften oder besonders hervorstechende Merkmale werden auf die ganze Person verallgemeinert. |
| | **„Mildeeffekt“** |
|  | Aus Mitleid werden negativ bewertete Verhaltensformen ausgeblendet. |
| | **Kontrastfehler** |
|  | Hier wird besonders das beobachtet, was im Gegensatz oder Kontrast zu den Persönlichkeitsmerkmalen oder Werteinstellungen des Beobachtenden steht. |
| | **Vorrangeffekt (primacy-effect)** |
|  | Der erste Eindruck, den wir gewonnen haben, beeinflusst das Bild der betroffenen Person entscheidend. |
| | **Der letzte Eindruck (recency-effect)** |
|  | Häufig tragen wir die letzten Eindrücke, die wir machen, als besonders prägend mit uns. Sie können nachträglich unser Urteil über eine Person oder Situation beeinflussen. |

## 3.5 Umsetzung von Beoachtungsergebnissen in praktisches Handeln – „Nutzen für den beruflichen Alltag“

Beobachtungsergebnisse bilden die Basis für das professionelle Handeln im sozialen Arbeitsfeld. Nur durch bewusste Wahrnehmung der Menschen unterschiedlichster Altersstufen können Sie diese kennen lernen, individuell begleiten und betreuen.

Im Bereich der Betreuung von alten Menschen und Menschen mit Behinderungen werden die festgehaltenen Beobachtungsergebnisse in verschiedenen Zusammenhängen genutzt.
In der Pflege und medizinischen Versorgung ist man auf die Wahrnehmung von körperlichen und psychischen Veränderungen angewiesen, um entsprechende Behandlungen einzuleiten und die Beobachtungen in den täglichen Pflegehandlungen zu berücksichtigen. Dabei sollten Sie sich als Beobachter darüber im Klaren sein, dass jeder Krankheitsverlauf individuell ist. Vorherige Erfahrungen lassen sich nicht einfach verallgemeinern, jeder Mensch reagiert anders. Manchmal sind die beobachteten Verhaltensweisen unklar und schwer zu deuten. Das kann daran liegen, dass der alte Mensch bzw. der Mensch mit Behinderung in seinen Ausdrucksmöglichkeiten eingeschränkt ist. Dann ist es hilfreich, die Person gut zu kennen und sich mit Angehörigen oder Kollegen auszutauschen, um das beobachtete Verhalten besser einordnen zu können.
Oft reicht jedoch eine Einzelbeobachtung nicht aus. Dann ist es notwendig, Patienten bzw. Bewohner über einen längeren Zeitraum zu beobachten, um eine Verbesserung oder Verschlechterung festzustellen.

***Die Auswertung der Beobachtungsergebnisse sollte immer im Austausch erfolgen.***

Die Bewohnerin einer Altenpflegeeinrichtung ist untergewichtig. Zur Stabilisierung ihres Allgemeinzustandes sind die Mitarbeiter dazu angehalten, das Ernährungsverhalten der Frau zu beobachten und in einer Liste zu dokumentieren. Ergänzend findet ein wöchentliches Wiegen der Patientin statt. Auch hier wird das Ergebnis aufgeschrieben. Nach zwei Wochen erfolgt eine Rücksprache mit dem Arzt. Da sich das Gewicht stabilisiert hat, soll der Frau nach wie vor eine kalorienreiche Ernährung empfohlen und die Kontrolle des Körpergewichts fortgeführt werden.

Nicht immer muss eine Beobachtung bereits ein Alarmsignal sein, oft gibt sie aber Hinweise auf Risiken, sodass präventiv (vorbeugend) gearbeitet werden kann. In der Zeit einer Neuaufnahme ergibt sich z. B. aus der Summe der Beobachtungen eines Menschen oft schon eine Idee, in welche Wohngruppe er besonders gut passen könnte.
Die Beobachtung von Gruppensituationen kann Mitarbeiter darauf aufmerksam machen, dass einzelne Menschen sich zurückziehen oder isolieren (Abb. 1).
Dann ist es notwendig, das Gespräch mit dem Betroffenen zu suchen, um Gründe für den sozialen Rückzug zu erfahren.
Auch Freizeitangebote, die die Interessen des Einzelnen ansprechen, können eine anregende und integrierende (einbeziehende) Wirkung haben.

*Abb. 1 Sozialer Rückzug, ein Phänomen, das in der Pflege häufig beobachtet wird*

Die Aufgabe von Mitarbeiterinnen in der Arbeit mit Kindern, Jugendlichen und Familien besteht in der Betreuung, Erziehung, Bildung und Beratung. Für alle Aufgabenbereiche ist die Beobachtung unerlässlich. Man kann ein Kind oder einen Jugendlichen nicht betreuen und in seiner Entwicklung fördern, wenn man diesem Menschen nicht vollkommen offen und unvoreingenommen gegenübertritt und ihn kennen lernt.
Dies geschieht z. B. über eine unstrukturierte Beobachtung in der Eingewöhnungsphase in der Kindertagesstätte. Die Erzieherin macht sich ein Bild vom Kind. Und da sich Menschen fortwährend entwickeln, ist es auch wichtig, regelmäßig in gewissen Abständen erneut zu beobachten. Aus den Ergebnissen können Sie dann für das Kind anregende und fördernde Angebote entwickeln. Im Jugendfreizeitbereich können Sie die Angebote auf die Jugendlichen abstimmen.
In der täglichen Arbeit helfen Beobachtungen, zu erkennen, wie der Umgang miteinander, z. B. in der Gruppe, funktioniert.

- Wer spielt mit wem?
- Gibt es Konflikte?
- Wie werden diese bewältigt?
- Sind vielleicht Hilfen von außen notwendig?

Die Mitarbeiter können so passgenaue Unterstützung leisten. Beobachtungsergebnisse können die Grundlage für familienbezogene Hilfen sein.
Eine besondere Herausforderung stellt die Beobachtung in der Familie dar. Mehrere Einzelpersonen bilden hier ein komplexes soziales Gebilde. Bei der Auswertung von Beobachtungsergebnissen muss daher auch der gesamte Zusammenhang berücksichtigt werden. Im Vorfeld sollte man sich die Lebensbedingungen der Familie genau ansehen. Dazu gehören auch die sozialen Kontakte wie Freunde oder Nachbarn.
Kinder und Jugendliche durchlaufen sehr unterschiedliche Entwicklungsphasen. Eine Betreuung muss dies berücksichtigen. Die Einbeziehung der Kinder und Jugendlichen ist unerlässlich. Beobachtungen sollten mit ihnen besprochen werden, um ihre ganz eigene Sicht mit aufnehmen zu können und das Verhalten somit besser zu verstehen.
Die Zusammenarbeit mit den Eltern ist hier besonders wichtig.

*Abb. 1 Streit in der Familie kann verschiedene Ursachen haben.*

In einer Familie gibt es täglich Streit. Im Zimmer der achtjährigen Tochter herrscht immer das totale Chaos. Eine Familienhelferin beobachtet die Situation über einen Zeitraum von zwei Wochen und regt dann ein Gespräch mit allen Beteiligten an. Zunächst berichten das Mädchen sowie die Eltern ihre Sicht zum Konfliktthema. Die Familienhelferin erzählt danach, wie sich die Frage des Aufräumens für sie dargestellt und was sie in den letzten Wochen beobachtet hat. Im Austausch wird den Familienmitgliedern deutlich, dass das Mädchen unter anderem auch darum Probleme hat aufzuräumen, weil sie ihre Freizeit fast vollständig im Nachhilfeunterricht verbringt. Jetzt werden von allen andere Lösungsmöglichkeiten für den Konflikt gesucht. Es haben sich neue Perspektiven aufgetan.

Portfolio ► S. 128

Im Gespräch mit Kindern, Jugendlichen oder Eltern sind aufgeschriebene Beobachtungen eine wichtige Grundlage, um die Situation zu verdeutlichen. Im Bereich der Kindertagesbetreuung werden Bildungstagebücher (z. B. Portfolios) der Kinder regelmäßig mit allen Beteiligten besprochen.

## Zum Weiterarbeiten in den Arbeitsbüchern

| Betreuung und Pflege von alten Menschen und Menschen mit Behinderung | Schwerpunkt | Lernsituation | Seite |
|---|---|---|---|
|  | • Berufswahlmotive<br>• Hautbeobachtung<br>• Ekel<br>• Respekt | „Schau dir mal den verkrüppelte Zeh an“ | 20 |
| 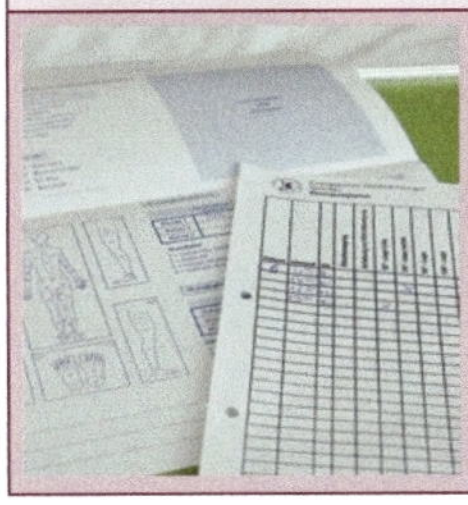 | • Hautbeobachtung<br>• Dekubitusprophylaxe<br>• Kommunikation<br>• Dokumentation | „Der Plan, wo lauter kleine Männchen drauf waren“ | 200 |

| Betreuung und Pflege von Kindern, Jugendlichen und Familien | Schwerpunkt | Lernsituation | Seite |
|---|---|---|---|
|  | • Wahrnehmung und Beobachtung<br>• Sprachentwicklung<br>• Sprachförderung<br>• Konfliktlösung | „Luta maht“ | 73 |
|  | • Umgang mit verhaltensauffälligen Kindern<br>• ADHS<br>• Beobachtung | „Das nervt mich total“ | 91 |
|  | • Beobachtung<br>• Umgang mit kranken Kindern<br>• Diabetes mellitus<br>• Einsatzort Schulhort | „Zuckerkrankheit – das haben doch nur alte Leute“ | 177 |

# 4. Beschäftigungs- und Bildungsangebote – „Mehr als Sport, Spiel und Spaß"

## 4.1 Bedeutung von Beschäftigung und Bildung – „Warum ist es wichtig, etwas zu tun?"

### 4.1.1 Begriffsklärung Beschäftigung

Soziale Kontakte, Aktivität und sinnvolle Beschäftigung sind zentrale Elemente eines erfüllten Lebens. Aktivität ist ein Grundbedürfnis des Menschen in jeder Altersstufe. Haben wir nichts zu tun, fühlen wir uns nach einer gewissen Zeit nicht mehr wohl.

Bedürfnispyramide Maslow ► S. 102

Damit hängen viele andere Bedürfnisse zusammen, die häufig mit der Ausübung einer Beschäftigung einhergehen, z. B. der Wunsch nach sozialem Kontakt und Anerkennung.

Beschäftigungsangebote ziehen eine Tagesstrukturierung nach sich bzw. setzen diese voraus. Durch die zeitliche Festlegung von z. B. Bastelstunden oder Sportaktivitäten wird eine Unterteilung des Tages erreicht und es entwickeln sich darüber hinaus Gewohnheiten und Rituale. Allein das Bewusstsein, „am Tag etwas vorzuhaben", erhöht die Lebensmotivation eines Menschen. Sinnvolle Beschäftigungen steigern damit die Lebensqualität. In der Arbeit mit Kindern ist das Angebot bildungsanregender und begleitender Aktivitäten ein zentrales Ziel. Bildung wird als Selbstbildung verstanden.

Motivation ► S. 102
Bildungsbereiche ► S. 146

Bildung kann definiert werden als „ein Prozess von Dauer, bei dem eine Person sich mit ihrer Umwelt sowie mit sich selbst auseinandersetzt. Bildung bedeutet grundsätzlich: stetige Veränderung der Person, und dies bezogen auf Wissen, Können und Verhalten. Betreuung versteht sich als Sorge, Hilfe, Unterstützung (engl. „care"). (Deutsches Jugendinstitut, 2007)

*Bildung findet in jedem Alter statt.*

Bildung ist demnach kein Prozess, der sich ausschließlich in jungen Jahren bzw. in der Kindheit vollzieht. Bildung findet in allen Lebensaltern statt.

Die ausgeführten Zielsetzungen machen das Angebot und die Gestaltung von Aktivitäten und Beschäftigungen zu zentralen Aufgaben für alle Mitarbeiterinnen in der Bildungs- und Betreuungsarbeit.

## 4.1.2 Alltag und besondere Anlässe

Man kann zwischen alltäglichen Verrichtungen und Beschäftigungen und den besonderen Anlässen unterscheiden.

**Alltag**

Fest terminierte, wiederkehrende Angebote im Ablauf des Tages, der Woche oder des Monates geben den betreuten Menschen Sicherheit. Angehörige haben die Möglichkeit, z. B. durch Aushänge von Wochenplänen (Abb. 1), etwas über die Lebensgestaltung in der Einrichtung zu erfahren. Wichtig sind feste Zeiten und persönliche Ankündigung bzw. Vorstellung, z. B. auch von speziellen Angeboten wie einer Englisch-Gruppe in einer Kindertageseinrichtung.

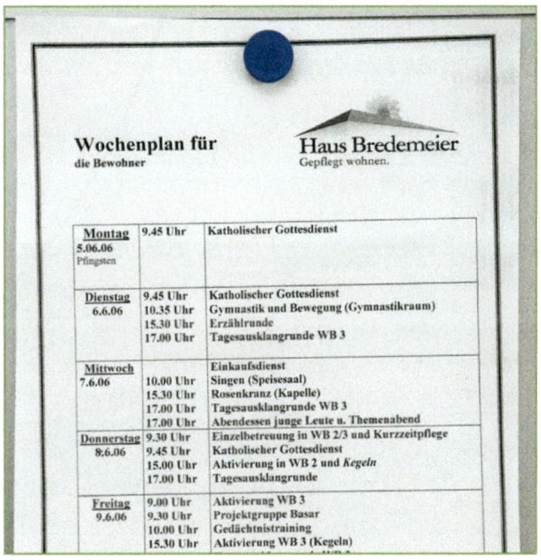


*Abb. 1 Übersichtliche Wochenpläne ermöglichen eine Orientierung.*

**Besondere Anlässe**

Es gibt viele Anlässe für besondere Beschäftigungen, z. B. Geburtstag, Jahrestag, Feiertag oder konfessionelle Feste. Diese Termine strukturieren den Jahreslauf und schaffen „Highlights", auf die man sich freuen kann. Es ist wichtig, diese Anlässe auch in einem besonderen Rahmen zu begehen. Viele festliche Anlässe haben bereits Traditionen oder Rituale. So gehören zur Weihnachtsfeier der Weihnachtsbaum, die Kerzen und ein Gottesdienstbesuch. Das „Geburtstagskind" erhält eine Torte, Geschenke, alle Gäste singen ein Geburtstagslied und gratulieren.

*Abb. 2 Geburtstage sind besondere Anlässe im Jahreslauf.*

## 4.2 Planung und Durchführung von Angeboten – „Wir haben heute etwas vor“

### 4.2.1 Strukturierte Angebotsplanung

Um eine geplante Beschäftigung durchzuführen, muss man sich im Vorfeld zu verschiedenen Fragen Gedanken machen. Die Vorbereitung kann unter Nutzung von W-Fragen erfolgen.

- *Was soll angeboten werden? Welches Thema soll das Angebot haben? (z. B. Musik, meine Schulzeit, Fit und Gesund)*
- *Mit wem bzw. für wen soll die Beschäftigung angeboten werden? Welche Voraussetzungen bringt die Person bzw. die Gruppe mit? (z. B. Fortgeschrittene in einem Chor, alte Menschen, Kinder, Jungen und Mädchen)*
- *Wozu wird dieses Angebot durchgeführt? Welches Ziel soll damit erreicht werden? (z. B. Förderung der Selbstständigkeit, mehr Abwechslung im Tagesablauf, Kennenlernen anderer Menschen)*
- *Wer will das Angebot durchführen? Welche Fähigkeiten und Erfahrungen bringt diese Person mit? (z. B. sportbezogene Kenntnisse)*
- *Welche Sozialform macht für das geplante Angebot Sinn? (z. B. Einzelbeschäftigung, Paar- oder Gruppenarbeit)*
- *Welche Möglichkeiten und Materialien stehen zur Verfügung? Was wird in der Einrichtung vorgefunden? (z. B. Gymnastikraum, Trommeln, Malutensilien)*
- *Wann soll das Angebot stattfinden? Welcher Zeitpunkt ist im Tagesablauf günstig? (z. B. nicht zu den Essens- bzw. Ruhezeiten)*
- *Wie kann das Angebot umgesetzt werden? Welche Methoden sollen angewandt werden? (z. B. Vormachen, Handführung, Kreisspiele)*

Nachbereitung von Angeboten ► S. 149

Nach der Durchführung eines Angebotes vergleicht man das Erlebte mit der Planung und kann so erkennen, welche Aspekte verwirklicht werden konnten oder wo etwas nicht so gut geklappt hat. Eine Entwicklung und Verbesserung der Angebote wird auf diese Weise möglich.

### 4.2.2 Praktische Hinweise

*Das Fehlen einer angemessenen personellen und finanziellen Ausstattung erschwert die Angebotsplanung.*

Bei allen Angeboten im Bereich der Beschäftigung gilt es grundlegende Vorgaben zu berücksichtigen. Es bedarf z. B. eines angemessenen Personalrahmens, damit ein Beschäftigungsangebot auch von Mitarbeiterinnen begleitet werden kann. Da eine Grundversorgung der betreuten Menschen immer gewährleistet sein muss, geht Personalmangel häufig auf Kosten zusätzlicher Angebote, die allerdings die Lebensqualität erhöhen würden. Auch ein gewisser Finanzrahmen sollte vorhanden sein, um z. B. Materialien zu kaufen oder Eintrittsgelder zu bezahlen. So kann das Beschäftigungsangebot vielfältig und abwechslungsreich gestaltet werden.

Denken Sie bei allen Angebotsplanungen daran, die Möglichkeiten und Interessen der Zielgruppe mit einzubeziehen. Häufig gibt es in einer Gruppe von Menschen besondere Talente oder Vorkenntnisse, die man nutzen kann. Auf alters- oder behinderungsbedingte Einschränkungen muss Rücksicht genommen werden, damit es allen Freude macht. Es ist etwas anderes, ob man ein Angebot für kleine Kinder, Jugendliche oder alte Menschen plant.

Beschäftigungsangebote sollten in den Tages- bzw. Wochenablauf der Einrichtung integriert sein. Berücksichtigen Sie daher bei der Angebotsplanung festgelegte Termine (Wann werden die Kinder aus der Kita abgeholt? Zu welchen Terminen finden Therapien der Bewohner statt?) und nutzen Sie „freie“ Zeitkontingente. Dabei ist es wichtig, keinen Zeitdruck entstehen zu lassen.

Machen Sie Ihre Angebote öffentlich. Es ist wichtig, sicherzustellen, dass alle Interessierten davon erfahren. In vielen Einrichtungen gibt es zu diesem Zweck Pinnwände, an denen geplante Aktivitäten und andere Termine ausgehängt werden können. Auch die persönliche Werbung für ein Angebot ist eine Möglichkeit, gerade für Menschen, die nicht lesen können oder denen es leichter fällt teilzunehmen, wenn sie persönlich angesprochen werden.

**Einladung**
**für alle Bewohnerinnen und Bewohner**

**Was?**
Angebot: Tanztee
**Wann?**
Termin: jeden Donnerstag zwischen 15.00 und 16.30 Uhr
**Wo?**
Ort: in der Aula
**Von wem?**
Leitung: Frau Müller (Physiotherapeutin)
Herr Huth (Tanztherapeut)

*Abb. 1 Aushang eines Angebotes zum Tanztee.*

### 4.2.3 Arbeit im Team

Ein Team besteht aus vielen Menschen mit unterschiedlichen Interessen und Talenten. Auch die von Ihnen betreuten Menschen sind keine einheitliche Gruppe. Das bedeutet, dass das Angebot an Beschäftigungen möglichst vielfältig und abwechslungsreich sein sollte. Jede Mitarbeiterin hat die Möglichkeit, die Aktivität zu gestalten, an der sie auch selber Freude hat. Dadurch können in einem Team sehr unterschiedliche Beschäftigungen angeboten werden, z. B. Chor, Rolli-Sportgruppe, Spazierengehen, Tanztee.
Verschiedene Berufsgruppen (z. B. Diätassistenten, Psychologen, Kunsttherapeuten) bieten in Institutionen eigene spezifische Angebote an (Abb. 2). Nutzen Sie auch die Möglichkeiten, andere Fachleute in die Angebotsplanung mit einzubeziehen. Oft ist es sinnvoll, z. B. Ergotherapeuten, Physiotherapeuten oder andere mit der Leitung einer Gruppe zu betrauen, besonders, wenn die individuellen Bedürfnisse der Teilnehmerinnen eine medizinische Fachausbildung voraussetzen.

***Die Zusammenarbeit unterschiedlicher Mitarbeiterinnen erweitert das Angebotsspektrum und sichert die Fachlichkeit.***

| | | | | |
|---|---|---|---|---|
| **Diätassistenz**:<br>Sie berät in Ernährungsfragen und hilft bei der gemeinsamen Zubereitung von Gerichten. | **Beschäftigungsbetreuung durch ehrenamtliche Besuchsdienste und Angehörige**:<br>Sie besuchen die Bewohner und beteiligen sich teilweise auch an den Aktivierungsangeboten. Begleitet und fortgebildet werden sie über kirchliche Organisationen oder Wohlfahrtsverbände. | **Physiotherapie**:<br>Sie unterstützt und trainiert vorwiegend die körperliche Aktivität. Instrumente: Bewegungsübungen, Gymnastik etc. | **Ergotherapie**:<br>Die Beschäftigungs- und Arbeitstherapie dient der Unterstützung und Einübung bzw. dem Wiedererlernen von Alltags- und Freizeitaktivitäten, von Hausarbeit und Arbeit. Sie erhöht die Selbstständigkeit und fördert Kreativität. | **Kunsttherapeutische Ansätze**:<br>Mit Hilfe von gestalterischen Mitteln lernen Menschen, ihre Gefühle auszudrücken, Kommunikation, Integration und soziale Kontakte werden aktiviert. Die Therapien setzen sich gezielt mit den gesunden Anteilen des Menschen auseinander und fördern diese. |
|  |  |  |  |  |

*Abb. 2 Berufsgruppen von unterstützenden Angeboten in einem Altenheim*

# 4.3 Beschäftigungs- und Bildungsangebote für alte Menschen und Menschen mit Behinderung – „Da geht noch was"

## 4.3.1 Besondere Herausforderungen

Bei Menschen mit Behinderung und alten bzw. pflegebedürftigen Menschen kommt es durch Erkrankungen oder altersbedingte Abbauprozesse zu Einschränkungen in verschiedenen Bereichen. Die körperlichen, geistigen und psychischen Möglichkeiten der Betroffen können beeinträchtigt sein, z. B. durch:

- angeborene körperliche Behinderungen, wie z. B. Spastiken, Lähmungen, Fehlbildungen
- erworbene körperliche Einschränkungen, wie z. B. rheumatische Erkrankungen, Arthrose
- geistige Behinderungen bzw. Lernbehinderungen, auch demenzielle Erkrankungen
- psychische Erkrankungen wie z. B. Depression
- Wahrnehmungsbeeinträchtigungen, wie z. B. vermindertes Hör- und Sehvermögen.

Lähmungen ► S. 247
rheumatische Erkrankungen ► S. 246
Arthrose ► S. 245
demenzielle Erkrankungen ► S. 323
Depression ► S. 362
vermindertes Hör- und Sehvermögen ► S. 315/316

*Eine Anknüpfung an (frühere) Erfahrungen und Interessen der betreuten Menschen erhöht die Motivation.*

Insgesamt kann man sagen, dass mit zunehmendem Alter die Lust und die Motivation zur Aktivität abnehmen und eine verstärkte Motivationsleistung durch die Betreuerinnen notwendig wird.
Dies lässt sich z. B. durch die Anknüpfung an biografische Erfahrungen der betreuten Menschen erreichen. Im Gespräch mit dem Betroffenen selbst bzw. dessen Angehörigen erfährt man frühere Lieblingsbeschäftigungen, Hobbys und Interessen.

*Angeboten sollte ein fester Platz im Tagesablauf gegeben werden.*

In Einrichtungen für alte Menschen und Menschen mit Behinderung besteht oft eine klare Tagesstruktur. Gruppenbezogene Routinen, wie Essenszeiten und individuelle Termine (z. B. Therapien oder Arzttermine), müssen berücksichtigt werden. Beschäftigungsangebote sollten sich in das Raster des Tages- und Wochenablaufes einfügen und nicht mit anderen wichtigen Aktivitäten konkurrieren.

Spielekartei: „Kürbis, Kleister, Knopf und Topf" – ungewöhnliche Spielideen für schwerbehinderte Menschen. Vektor-Verlag Grafschaft, 2001, 2. Aufl.

### 4.3.2 Themenvorschläge

*Bewegungsangebote steigern Mobilität und Wohlbefinden.*

Das Leben von alten Menschen und Menschen mit Behinderungen geht nicht selten mit einer zunehmenden Einschränkung der Beweglichkeit, z. B. durch Bettlägerigkeit, einher. Menschen, die an Demenz leiden, haben demgegenüber häufig ein gesteigertes Bedürfnis, sich zu bewegen.
Hier bieten aktivierende bzw. kompensierende auf die einzelnen Teilnehmerinnen abgestimmte Sportangebote, wie z. B. Seniorengymnastik, Spaziergänge, Bewegungsspiele im Sitzen, Ballsportarten, Schwimmen oder Bewegungstraining im Bett, eine gute Möglichkeit, das Wohlbefinden sowie die Mobilität des Einzelnen zu steigern. Bewegung trägt somit zu einer Erhöhung der Lebensqualität bei.
Bei Beschäftigungsangeboten ist es wichtig, die Betroffenen nicht zu über- bzw. unterfordern. Diese Balance sollte dabei genauso gewahrt werden wie die Einhaltung von Sicherheitsvorschriften, um z. B. Stürze zu verhindern.

Bewegungstraining im Bett ► S. 360

**Ziele von Bewegungs-, Spiel- und Sportaktivitäten**

**Bedürfnisorientierung**
Erhaltung und Verbesserung des körperlichen, geistigen und sozialen Wohlbefindens

**Kompetenzorientierung**
Erhaltung und Verbesserung körperlicher, geistiger und sozialer Funktionen

**selbstständige Alltagsbewältigung, anhaltende Lebensfreude**

Unfallverhütung ► S. 197
Sturzprophylaxe ► S. 358

Eine spezielle Form des Angebotes hat sich vor allem im Bereich der Altenpflege etabliert: Die 10-Minuten-Aktivierung. Ute Schmidt-Hackenberg entwickelte diese Methode, um besonders bei Menschen mit demenziellen Erkrankungen durch Erinnerungsimpulse das Langzeitgedächtnis anzuregen.
Hierzu werden Gegenstände, die Erinnerungen hervorrufen, als „Anker“ genutzt, um vergangene Erlebnisse wachzurufen und darüber ins Gespräch zu kommen. Die betreuten Menschen können die Gegenstände in die Hand nehmen und durch den körperlichen Kontakt und die damit aktivierten Assoziationen und Gefühle Erlebtes abrufen.

H. Dunkhorst: Gestaltung und Beschäftigung. Vincentz Verlag, 2001

*„Erinnerungsimpulse“ aktivieren das Gedächtnis.*

**Mögliche Materialien für eine 10-Minuten-Aktivierung:**

- Wäscheklammern
- Postkarten, Bilder
- alte Spielzeugautos oder Fahrräder
- Spitzendeckchen, Strick- und Nähzeug
- Knöpfe, alte Kochgeräte
- Materialien aus dem Puppenhaus, die realistisch nachgebaut sind, wie z. B. ein Herd
- große Schrauben
- Plastikblumen
- Puppen
- Stofftiere

Ähnlich wie die 10-Minuten-Aktivierung wirkt auch die Gestaltung eines Schlagerabends mit „Oldies“ aus der Jugend der betreuten alten Menschen. Schon junge Leute verbinden besonders schöne oder schwere Erfahrungen mit zu dieser Zeit oft gehörten Melodien. Lauscht man dieser Musik dann wieder, erinnert man sich auch an die damit verknüpften biografischen Erlebnisse. Diesen „Mechanismus“ kann man zum Erhalt der geistigen Flexibilität in der Betreuung alter Menschen nutzen.

Weitere Angebotsideen können z. B. verschiedene kreative Techniken sein. Hierbei nutzt man besondere Feste im Jahreslauf als Anlässe (Abb. 1). Es ist Tradition, zur Adventszeit oder für die Osterfeiertage den Wohnraum durch Bastelarbeiten, die im Vorfeld erstellt werden, passend zu schmücken. Hierbei ist es wichtig, die Angebote entsprechend den vorhandenen Fähigkeiten zu machen, also schwierige und leichte Bastelideen, damit für jeden Teilnehmenden etwas dabei ist. Dabei werden auch die feinmotorischen Kompetenzen gefördert und die Kreativität angeregt.

Feinmotorik ► S. 90

*Abb. 1 Feinmotorische Fähigkeiten können durch Bastelarbeiten erhalten werden.*

*Auch alltägliche Verrichtungen, wie das Kochen, eignen sich als Anlass für gemeinsame Aktivitäten.*

Bei einem gemeinsamen Kinobesuch werden soziale Kontakte gefördert und im Gespräch nach dem Film können Themen besprochen und mit eigenen Erfahrungen und Erlebnissen verknüpft werden. Eine gute Möglichkeit, sinnvolle Freizeitbeschäftigung mit Alltagstätigkeiten zu verknüpfen, bietet das gemeinsame Kochen bzw. die Einführung von Kochtagen für Bewohner.
Je nach Möglichkeit kann sich die Beteiligung von der Auswahl eines Gerichtes und einer grundsätzlichen Verantwortlichkeit bis zu der vollständigen Planung der Mahlzeit, dem Einkauf und der Zubereitung für die Gruppe erstrecken. Die Betreuerinnen stehen hierbei jederzeit hilfreich zur Seite und übernehmen bei Bedarf Tätigkeiten stellvertretend für den Bewohner. Solch eine Regelung bietet allen Gruppenmitgliedern die Möglichkeit,

Einkauf ► S. 166
Zubereitung ► S. 176

- Verantwortung zu übernehmen,
- vorhandene bzw. verbliebene Fähigkeiten zu erhalten sowie
- eigene Essenswünsche einzubringen und umzusetzen.

### 4.3.3 Ziele von Angeboten

*Beschäftigungsangebote dienen der individuellen Förderung und erhöhen die Lebensqualität.*

Angebote sollen an individuelle Erfahrungen und Interessen anknüpfen und vorhandene Kompetenzen fördern. Im aktiven Tun werden den Teilnehmerinnen die eigenen Fähigkeiten aufgezeigt, Erfolgserlebnisse werden gefördert. Darüber hinaus können durch das Angebot bisher noch nicht wahrgenommener Aktivitäten neue Tätigkeiten angeregt werden und das Erfahrungsspektrum erweitert sich.
Im Sinne des Normalisierungsprinzips werden die soziale Integration und die Teilhabe von Menschen mit Behinderung an der Gesellschaft unterstützt, Kontakte zu anderen Menschen werden gefördert. Durch regelmäßige Aktivitäten findet eine Strukturierung des täglichen Lebens statt. Zusätzlich kann hierdurch eine Förderung der zeitlichen Orientierung des betreuten Menschen erreicht werden.

### 4.3.4 Möglichkeiten und Grenzen

Vorteile, die Beschäftigungsangebote bieten, sind z. B.
- die Steigerung der Lebensqualität,
- die Förderung sozialer Kontakte,
- die Erhöhung des Selbstbewusstseins,
- das Erleben eigener Kompetenz trotz Beeinträchtigung,
- die Möglichkeit, alters-bzw. behinderungsbedingten Abbauprozessen entgegenzuwirken.

Daneben gibt es aber auch Grenzen oder Faktoren, die die Durchführung von Angeboten erschweren. Entstehen Probleme bei der Umsetzung der Angebotsplanung, so sollten verschiedene Lösungsmöglichkeiten in Betracht gezogen werden.

| Mögliche auftretende Probleme | Mögliche Lösungen |
|---|---|
| Niemand meldet sich für das Angebot an.<br><br> | – das Angebot stärker bekannt machen, z. B. durch Aushänge<br>– die Zielgruppe persönlich ansprechen und nach ihren Interessen fragen |
| Angemeldete Teilnehmerinnen kommen nicht zum geplanten Termin.<br><br> | – Zeit und Ort im Aushang stärker hervorheben<br>– Rücksprache mit den Fachkräften zu den Gründen halten und diese in der weiteren Planung berücksichtigen |
| Es kommen zu viele am Angebot interessierte Teilnehmerinnen.<br> | – das gleiche Angebot zu verschiedenen Zeiten anbieten (die Gruppe teilen)<br>– klären, ob personelle Verstärkung möglich ist |
| Die Teilnehmerinnen sind vom Angebot überfordert.<br> | – Angebote mit unterschiedlichem Schwierigkeitsgrad vorbereiten<br>– Rücksprache mit den Fachkräften zu den Fähigkeiten/zur Tagesform der Teilnehmerinnen halten |

Bei fortschreitenden (progredienten) Erkrankungen (z. B. Alzheimer-Erkrankung) ist eine besonders sensible Umgehensweise mit den Betroffenen gefordert. Was vor einem halben Jahr noch möglich war, kann heute schon undenkbar sein. Pflegende und Betreuende sollten hier unterstützend und motivierend zur Seite stehen, in dem Bewusstsein, Überforderungen zu vermeiden.
Je nach Zielgruppe kann sich die Durchführung von Angeboten sehr personal- und zeitintensiv gestalten. Oft sind nur kleine Schritte möglich. Dies gilt es in der Zielplanung zu berücksichtigen, um Enttäuschungen gering zu halten.

*In der Betreuung von progredient erkrankten Menschen ist die Einschätzung der aktuell vorhandenen Fähigkeiten besonders wichtig.*

# 4.4 Beschäftigungs- und Bildungsangebote für Kinder und Jugendliche – „Jeder Tag ein Abenteuer"

## 4.4.1 Besondere Herausforderungen

Planung, Durchführung und Auswertung von Bildungs- und Beschäftigungsangeboten sind zentrale Aufgaben in der Betreuung von Kindern und Jugendlichen.
Die Grundlage der Angebotsplanung sollte die Akzeptanz jedes Kindes oder Jugendlichen in seiner Einzigartigkeit sein. Bildungsarbeit ist geprägt von einer wertschätzenden Haltung gegenüber dem einzelnen Menschen und der Überzeugung, dass Entwicklung möglich ist.

Entwicklung des Menschen ► S. 84

*Frühkindliche Bildung und Förderung sind Kernpunkte der Arbeit mit Kindern.*

Kinder sind sehr begeisterungsfähig und motiviert. Sie sind neugierig auf alles und möchten Dinge aktiv ausprobieren. Diese Grundlage gilt es besonders im Rahmen der frühkindlichen Bildung und Betreuung zu nutzen.
Um eine individuelle und gezielte Förderung der einzelnen Kinder zu gewährleisten, ist es notwendig, den aktuellen Entwicklungsstand zu erfassen, z. B. durch Beobachtung und den Austausch mit Eltern bzw. im Team. Im Gruppenkontext, z. B. einer Kindergartengruppe, ist es darüber hinaus wichtig, Unterschiede in den Entwicklungsständen zu berücksichtigen.

*Abb. 1 Kinder begeistern sich sehr für Bewegungsangebote, die Spaß machen.*

Beobachtung ► S. 119
Kommunikationsanlässe im Beruf ► S. 68

*Einbeziehung in die Angebotsplanung kann die Motivation der Jugendlichen zur Teilnahme an Aktivitäten erhöhen.*

Das Jugendalter gilt als besonders „wechselhafte" Lebensphase. Angebote werden häufig nicht mehr ganz so begeistert angenommen wie in der Kindheit. Das bedeutet, es wird eine höhere Motivationsleistung durch die Betreuerinnen notwendig, welche jedoch nicht zwingend Erfolg hat.

In jedem Fall ist es sinnvoll, alle Beteiligten in die Planung von Angeboten mit einzubeziehen, z. B. durch das Erfragen von Interessen, Fähigkeiten und Wünschen.

## 4.4.2 Themenvorschläge

Je nach aktueller Situation der betreuten Kinder und Jugendlichen wird ein passendes Angebot gewählt. Jedes Kind/jeder Jugendliche sollte in seiner Individualität gesehen und „dort abgeholt werden, wo es/er gerade steht".
Darüber hinaus sind bei der Planung viele weitere Faktoren zu berücksichtigen (z. B. Raum-, Personal- und Finanzsituation, Gruppenzusammensetzung, Altersstruktur, Jahreszeit). Das bedeutet, dass didaktische und methodische Aspekte betrachtet werden, um nichts Wichtiges zu vergessen und einen Überblick über die Organisation zu erhalten.

W-Fragen ► S. 138

Fr. u. R. Steiner: Spielideen für alle Tage. Veritas Verlag, 2008

Ein Bildungs- bzw. Beschäftigungsangebot kann unterschiedlich lange dauern:

Recht kurze Aktivitäten sind z. B.:
- kleine Bastelarbeiten
- Spielaktionen (z. B. Brettspiele, Kreisspiele (Abb.))
- Vorlesen einer Geschichte

Zeitintensiver sind z. B.:
- themenbezogener Filmabend mit anschließender Diskussion, z. B. im Bereich Sexualerziehung, interkulturelles Zusammenleben
- Nutzung einer Bewegungsbaustelle (Abb.)

Einen hohen Zeitbedarf haben z. B.:
- Thementage, z. B. über den Wasserkreislauf (Abb.)
- Projektwochen zu einem bestimmten Motto, z. B. im Bereich interkulturelles Lernen oder Gesundheitsförderung

Bei allen Angeboten für Kinder und Jugendliche sollte man auf die Motivation selbstgesteuerten Lernens achten. Hierzu ist es wichtig, dass die Teilnehmer neugierig und interessiert sind und zum selbstständigen Ausprobieren bzw. Experimentieren angeregt werden.

Im Internet finden Sie auf folgenden Seiten Anregungen für Beschäftigungsthemen:

www.kinderspiele-tipps.de
www.kindergaerten-in-aktion.de
www.kinderreimeseite.de

*Bildungsbereiche strukturieren die Angebotsplanung in der Kindertagesbetreuung.*

### 4.4.3 Ziele von Angeboten

In Einrichtungen für Kinder und Jugendliche sollen Lern- und Entwicklungsverläufe (also Bildungsprozesse) angeregt und begleitet werden.
In der Kindertagesbetreuung kann man die folgenden sechs Bildungsbereiche unterscheiden, zu denen jeweils altersangemessene Bildungsziele formuliert werden. Angebote, die den Kindern gemacht werden, sollen ein möglichst breites Spektrum der Bildungsbereiche abdecken. Darüber hinaus gehören auch wichtige Querschnittsthemen wie Partizipation (Teilhabe) der Kinder, Integration, geschlechtsbewusste und interkulturelle Erziehung dazu.

| Bildungsbereich | Bildungsziele (Beispiele) | Angebote (Beispiele) |
|---|---|---|
| **Sprache, Schrift und Kommunikation**<br> | • Das Kind kann selber sagen, wie es heißt und wo es wohnt.<br>• Die Kinder können zusammenhängend miteinander sprechen.<br>• Das Kind ist in der Lage, kleine Reime, Gedichte und Lieder zu hören und mitzusingen. | • „Silbenspaziergang“: jede Silbe eines laut gesprochenen Wortes wird mit einem Schritt und einem rhythmischen Klatschen o. Ä. begleitet. Hinterher überlegen alle, wie viele Silben sie gehört haben.<br>• Hörspiel zu einem Bilderbuch erstellen<br>• „Montagskreis-Geschichten“: Alle Kinder erzählen, was sie am Wochenende erlebt haben.<br>• „Lesestunde“: regelmäßiges Angebot einer gemeinsamen (Vor-)Lesestunde mit Bilderbüchern, Büchern und Zeitschriften<br>• Kreisspiele mit Gesang |
| **Personale und soziale Entwicklung, Werteerziehung und religiöse Bildung**<br> | • Das Kind nimmt Bedürfnisse und Wünsche anderer wahr.<br>• Das Kind kann sich streiten und verfügt über Möglichkeiten zur Konfliktlösung.<br>• Das Kind akzeptiert Regeln und Grenzen.<br>• Das Kind trifft eigene Entscheidungen. | • Rollen- und Stegreifspiele<br>• „Spielstationen“: Die Kinder können unter verschiedenen Angeboten zu einem Thema (z. B. Insekten) selbstständig wählen und unterschiedliche Erfahrungen in wechselnden Gruppen verknüpfen.<br>• Erstellung von Fotos und Bildern der Kinder zum Thema „Wer bin ich und wer bist du?“ mit anschließendem Aushang in der Kita |
| **Mathematik, Naturwissenschaft und Technik**<br> | • Das Kind kann bis 10 zählen.<br>• Das Kind kann unterscheiden, was ist mehr, weniger oder gleich viel.<br>• Das Kind erkennt verschiedene geometrische Grundformen.<br>• Das Kind geht sachgerecht mit einfachen Haushaltsgegenständen um. | • Nutzen alltäglicher Tätigkeiten (z. B. Tischdecken, Backen und Kochen)<br>• Abzählreime<br>• Zählspiele, Lege- und Suchspiele<br>• Wahrnehmungs- und Schätzübungen: Ein Glas mit Erbsen o. Ä. wird im Gruppenraum aufgestellt. Alle schätzen, wie viele Erbsen sich darin befinden. Am Ende des Tages wird das Rätsel gelöst und ein Gewinner gekürt.<br>• Durchführen von Experimenten: Umgießen einer vorher abgemessenen Wassermenge in verschiedene Gefäße. Warum erscheint die Menge mal geringer und mal größer? |

| Bildungsbereich | Bildungsziele (Beispiele) | Angebote (Beispiele) |
|---|---|---|
| **Musische Bildung und Umgang mit Medien**<br> | • Das Kind erkennt und singt einfache Melodien.<br>• Das Kind bewegt sich zur Musik.<br>• Das Kind beherrscht verschiedene Maltechniken.<br>• Das Kind kennt Medien (z. B. Fernseher, Computer, Radio) und kann mit ihnen umgehen. | • „Kunstwerkstatt“ mit anschließender Ausstellung: Die Kinder können an verschiedenen Stationen mit unterschiedlichen Materialien (z. B. Wasserfarben, Kohle, Knete, Salzteig), z. B. zum Thema „Winter“, arbeiten.<br>• Puppentheaterstück mit Einsatz von Instrumenten, Medien und Material (z. B. Handpuppen)<br>• Rollenspiele und „Verkleide-Ecke“<br>• „Computerführerschein“: Die Kinder erlernen die Handhabung und wichtige Regeln für den Umgang mit dem Computer. Abschließend erhalten sie einen „Führerschein“, der es ihnen z. B. erlaubt, den Computerraum einmal in der Woche zu nutzen. |
| **Körper, Bewegung und Gesundheit**<br> | • Das Kind kann sich harmonisch und koordiniert bewegen.<br>• Das Kind ist in der Lage, seine Emotionen (z. B. Wut, Freude, Angst) körperlich auszudrücken.<br>• Das Kind führt unterschiedliche Bewegungen sicher aus (z B. auf einem Bein hüpfen, rückwärts laufen).<br>• Das Kind kann Körperteile benennen.<br>• Das Kind kann gesunde und ungesunde Lebensmittel unterscheiden. | • Bewegungsspiele<br>• Bastelangebote, z. B. Falten von Weihnachtssternen, Auffädeln von Schmuck<br>• Werken: Bauen einer neuen Garderobenleiste für die Kita<br>• Nagelbrett-Spiel: Wer den Nagel mit den wenigsten Schlägen versenkt, gewinnt.<br>• „Budenbau“-Projekt<br>• gesundes Frühstück: Alle Kinder bringen mit, was für sie ein gesundes Frühstück ist. Im gemeinsamen Gespräch und mit Hilfe eines vorbereiteten Plakates werden die mitgebrachten Lebensmittel „unter die Lupe genommen“. Eine Projektwoche zu gesunder Ernährung kann sich anschließen. |
| **Natur und kulturelle Welten**<br> | • Das Kind kennt die Natur und einzelne Abläufe (z. B. Wasserkreislauf) und Naturerscheinungen (z. B. Wetter).<br>• Das Kind verfügt über Heimatwissen (Wo lebe ich?).<br>• Das Kind erfährt Kunst und erlebt Ästhetik. | • Spaziergänge und Ausflüge in der Natur bei jeder Witterung<br>• Projekte, z. B. zum Wasserkreislauf, Müllentsorgung, Tiere in unserem Wald<br>• „Fingerreisen“ bzw. Quiz zum Thema „Kinder in der ganzen Welt“ unter Nutzung von Globen, Landkarten und Büchern<br>• Fotoausstellung zum Thema „Hier wohne ich“<br>• Theater- und Museumsbesuche<br>• Projektwochen zu verschiedenen Künstlern |

Bildungsarbeit sollte methodisch sehr vielfältig gestaltet sein. Dabei wirkt das Spiel bildungsfördernd, indem es kreativen und unvorhersehbaren Prozessen Raum gibt. Die Spielenden distanzieren sich vom Alltag, aber im Bewusstsein des So-tun-als-ob auch von der Spielsituation an sich. Für die Konzeption von Angeboten in allen Bildungsbereichen sind offene Methoden, wie die Nutzung des Spiels oder der Projektarbeit sinnvoll, nicht zuletzt um z.B. Tendenzen der „Verschulung“ frühkindlicher Bildung entgegen zu wirken.

Michael Renner: Spieltheorie und Spielpraxis: Ein Lehrbuch für pädagogische Berufe. Lambertus-Verlag; Auflage: 3., neu bearbeitete Auflage. Juni 2008 (Grundlagen zur Spielpädagogik)

*Im Umgang mit Jugendlichen ist es wichtig, deren eigenen Lebensweg unterstützend zu begleiten.*

Möglichkeiten zur Beschäftigung mit Jugendlichen finden Sie unter:

www.praxis-jugendarbeit.de

Die Zeit der Pubertät ist geprägt von der Suche nach der eigenen Identität. Daher ist es für Betreuerinnen der Jugendlichen ein wichtiges Ziel, den Prozess der Identitätsfindung zu erkennen und in angemessener Weise zu unterstützen.
Nicht selten geraten Jugendliche in dieser Zeit in Konflikte mit der Umwelt, da sie sich nun verstärkt mit den verschiedenen Einstellungen und Lebensmodellen von Erwachsenen auseinandersetzen, um ihren eigenen Weg zu finden.
Ziele für Angebote für diese Altersgruppe können z. B. sein:

- Erlangung von Konfliktfähigkeit
- Kennenlernen von künstlerischen Ausdrucksformen
- verantwortungsbewusstes Umgehen mit Geld
- Entwicklung eines Verständnisses für andere Kulturen
- Konkretisierung von Zukunftsplänen
- Stärkung der Medienkompetenz (Abb.1)

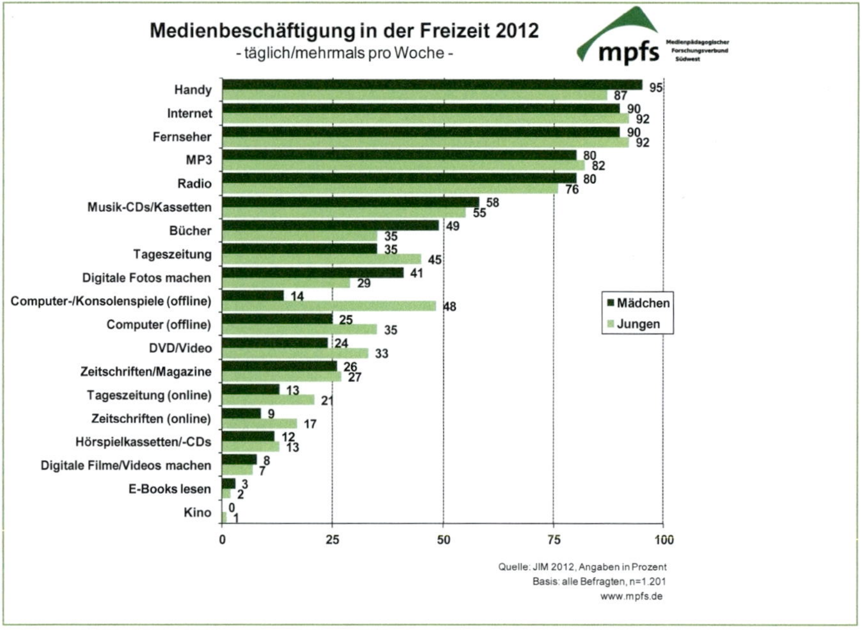


*Abb. 1 Das Interesse der Jugendlichen an allen Medien ist groß, dies kann als Ansatz für Beschäftigungen genutzt werden.*

### 4.4.4 Möglichkeiten und Grenzen

Bildungsprozesse brauchen eine entwicklungsanregende Umgebung. Die Gestaltung von Räumen, in denen Kinder und Jugendliche „wachsen“ können, ist eine Aufgabe, die unmittelbar mit der Angebotsplanung verbunden ist. Hierbei sollte man außer der Gebäude- und Außengeländeausstattung auch das Umfeld der Einrichtung kritisch betrachten.
Durch anregende Beschäftigungsangebote lassen sich kindliche Fähigkeiten frühzeitig erkennen und fördern. So erhält man z. B. bei Bastelarbeiten Informationen über feinmotorische Kompetenzen.
Gemeinsame Ausflüge und Unternehmungen schaffen Raum für Gespräche und intensiveren Beziehungsaufbau. So erfährt man z. B., was den Jugendlichen wirklich zurzeit bewegt, und kann gezielt Unterstützung anbieten bzw. Neues anregen.
Im Familienkontext soll der Spaß an gemeinsamen Aktivitäten den Zusammenhalt stärken und die Kommunikation der einzelnen Familienangehörigen fördern.
Nicht immer ist es leicht, die Interessen aller Beteiligten „unter einen Hut zu bringen“. Auch ist die Aktivität oftmals ein Kompromiss aus den Wünschen und Erwartungen der Einzelnen, den es auszuhalten gilt.

## 4.5 Nachbereitung von Bildungs- und Beschäftigungsangeboten – „Gut gelungen oder doch nicht?“

Beschäftigungsangebote oder Aktivitäten gliedern sich meist in drei Phasen:
- Aufwärmphase (10–15 min): In dieser Phase nehmen die Teilnehmenden Kontakt zueinander auf. Die Gruppenleitung kann über das stattfindende Angebot informieren und die Teilnehmer begrüßen.
- Aktivitätsphase (40–60 min): Das geplante Angebot wird in dieser Phase durchgeführt, dabei werden auch kleine Pausen eingeplant. Die Gruppenleitung gestaltet den Ablauf und ist Ansprechpartner für die Teilnehmenden.
- Ausklangphase (10–15 min): In dieser Phase kann man sich die Ergebnisse des Angebots ansehen, z. B. Bastelarbeiten oder ein einstudierter Tanz. Es wird noch einmal abschließend über das Angebot gesprochen, die Stimmung ausgewertet und, wenn möglich, auch ein Abschlussritual vollführt.

Darüber hinaus ist es im Anschluss an die Durchführung einer Aktivität, egal mit welcher Altersgruppe, wichtig, das Erlebte in geeigneter Form aufzubereiten. Zur Präsentation des gemeinsam Erlebten bieten sich z. B. Aushänge am „Schwarzen Brett“ oder Aufführungen an.

*Die gemeinsame Auswertung des Angebotes stellt eine Weiterentwicklung sicher.*

Im Bereich der Kindertagesbetreuung werden die Beschäftigungsergebnisse (wie z. B. Kinderzeichnungen, Bastelarbeiten) häufig im Gruppenraum bzw. Flur der Einrichtung ausgehängt und so für alle sichtbar gemacht (Abb. 2). Um den individuellen Bildungs- und Entwicklungsprozess der einzelnen Kinder deutlich zu machen, werden ausgewählte Beschäftigungsergebnisse im Rahmen einer Bildungsdokumentation, z. B. als Portfolio, gesammelt und aufbewahrt.

Portfolio ▸ S. 128

*Abb. 2 Präsentation von Arbeiten in einer Kindereinrichtung*

Nach einem Tanzabend in einer Altenpflegeeinrichtung lassen sich die gute Stimmung und der Spaß aller Beteiligten z. B. mit einer Fotoserie dokumentieren. Gleichzeitig wirkt ein solcher Aushang motivierend auf andere Bewohnerinnen, beim nächsten Mal auch dabei zu sein.

Auf der Basis der unterschiedlichen Erfahrungen aller Beteiligten und im Gespräch miteinander ist eine Weiterentwicklung aller möglich.

Um ein Feedback zu einem Angebot zu erhalten, kann man verschiedene Möglichkeiten nutzen.

*Für die Auswertung von Aktivitäten kann man auf persönliches und schriftliches Feedback zurückgreifen.*

**Persönliches, direktes Feedback:**
Zum Beispiel im Gespräch mit den Teilnehmern: Diese Form ist sehr unmittelbar und findet häufig im Anschluss an eine Aktivität statt („Wie hat es dir/Ihnen gefallen? Was war gut, was nicht? Welche Änderungsvorschläge gibt es?“). Erhält man direktes Feedback im Gespräch, kann man Rückfragen stellen, wenn eine Aussage nicht klar war bzw. nicht verstanden wurde. Es sind spontane Äußerungen möglich, die vielleicht nach längerem Nachdenken oder Aufschreiben anders ausfallen würden. Nach der Sammlung und dem Austausch der Erfahrungen ist es sinnvoll, wichtige Ergebnisse bzw. Verbesserungsvorschläge und Lob schriftlich zusammenzufassen, um sie zur Weitergabe oder beim nächsten Mal nutzen zu können.

*Abb. 1 Die Auswertung von durchgeführten Angeboten kann auch im Team erfolgen.*

**Schriftliches Feedback:**
Zum Beispiel mit Hilfe eines Fragebogens oder eines „Briefkastens“: Die Rückmeldungen sind hier häufig überlegter, nicht mehr so spontan.
Wird ein Fragebogen verwendet, sollte darauf geachtet werden, dass ausreichend Platz für die Antworten vorgesehen ist, damit der Schreiber auch wirklich alles notieren kann, was ihm wichtig ist.
Für den Feedback-Nehmer ergibt sich der Vorteil, dass er die Rückmeldungen auch später auswerten kann, da sie ihm bereits in schriftlicher Form vorliegen. Eine spontane Erwiderung bzw. Rückfrage ist jedoch nicht möglich.

*Kritische Rückmeldungen sind eine Chance, Angebote weiterzuentwickeln.*

Der Umgang mit nicht nur positiven Rückmeldungen zu einem Angebot setzt ein gewisses Maß an Kritikfähigkeit voraus. Oft ist es nicht leicht, mit Beschwerden oder anderen Formen der Kritik konstruktiv umzugehen. Besonders, wenn man sich mit der Angebotsplanung sehr viel Mühe gegeben hat, kann es enttäuschend sein, wenn es kein „voller Erfolg“ wird.

Hilfreich sein können dann
- der Austausch im Team, z. B. mit erfahrenen Kolleginnen,
- das Training der eigenen Kritikfähigkeit und Selbstreflexion, z. B. durch Rollenspiele,
- das (verstärkte) Einbeziehen der Feedback-Geber in die weitere Angebotsplanung.

## Zum Weiterarbeiten in den Arbeitsbüchern

| Betreuung und Pflege von alten Menschen und Menschen mit Behinderung | | | |
|---|---|---|---|
| | Schwerpunkt | Lernsituation | Seite |
|  | • Biografiearbeit<br>• Gesprächsführung<br>• wertschätzender Umgang mit alten Menschen | „Frau Hummel ist ständig unzufrieden“ | 56 |
|  | • Rituale und Traditionen<br>• Gestaltung von Festen und Feiern<br>• Beschäftigungsangebote<br>• Trost | „In drei Tagen ist 1. Advent“ | 74 |

| Betreuung und Pflege von Kindern, Jugendlichen und Familien | | | |
|---|---|---|---|
| | Schwerpunkt | Lernsituation | Seite |
|  | • Planung und Gestaltung von Ausflügen<br>• Einnässen<br>• Aufsichtspflicht | „Ich muss ganz nötig!“ | 81 |
|  | • Feste und Feiern<br>• Organisation und Gestaltung<br>• Zusammenarbeit mit Eltern | „Da habe ich mir nun eine Menge Arbeit aufgehalst“ | 105 |
|  | • gesunde Ernährung<br>• Übergewicht<br>• Planung und Gestaltung von Projekten | „Toast mit Schokolade“ | 153 |

Einkaufszettel:
Milch
Klopapier
Kaffeefilter
O-Saft
Cornflakes
Spaghetti
Zwiebeln
Äpfel
Möhren
Mittwoch :
Katzenklo putzen !!!
Susi
Ben
Thomas
Blaubeerkuchen
• 650g Blaubeeren
• 4 Eier
• 270g Zucker
• 180g zerlassene Butter
• 100ml Öl
• 150ml Milch
• 1 Vanilleschote
• 400g Mehl
• 2 TL Backpulver
• 1 Prise Salz
• 1 abgeriebene Zitronenschale
• 1 abgeriebene Orangenschale
VBB
Monatskarte
10-Uhr-Ticket
gültig: Jan 2009
Berlin AB
BAL
010109 1711
120445 0761
Energie
Hersteller
Modell
Niedriger Verbrauch
Hoher Verbrauch
Energieverbrauch kWh/Jahr
274
Nutzinhalt Kühlteil
ECB EZB EKT EKP

# Einen Haushalt führen

# 1. Haushaltsführung – „Was kann ich mir leisten?“

## 1.1 Haushaltsbuch – „Die Übersicht behalten“

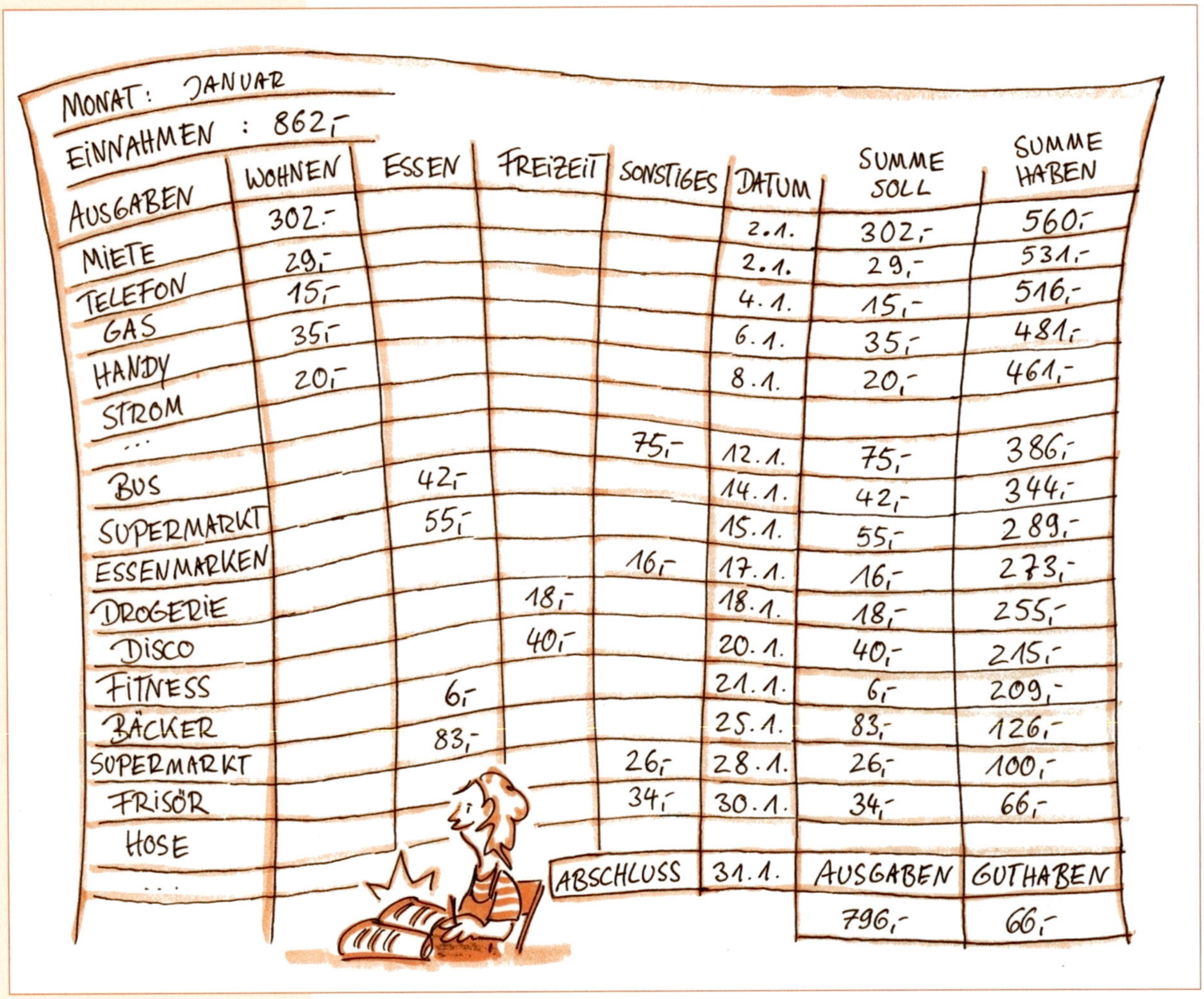


Geht es Ihnen in manchen Monaten auch so? Sie haben gerade Ihren Lohn erhalten und ein Großteil des Geldes ist für Dinge vorgeplant oder schon wieder weg. Somit kommt das Gefühl auf, dass ein Monat sehr lang sein kann. Nichts ist schlimmer, als den Überblick über seine Einnahmen und Ausgaben zu verlieren. Deshalb müssen Sie die finanzielle Seite im Haushalt im Auge behalten. Dabei hilft z. B. ein Haushaltsbuch. Darin werden Einnahmen und Ausgaben festgehalten. Hier können:

- fixe Ausgaben, die jeden Monat in gleicher Höhe anfallen, wie z. B. Miete, Versicherung, Telefon, Internet und
- variable Ausgaben, die in unterschiedlicher Höhe anfallen, wie z. B. Essen, Kosmetik oder Kosten für die Freizeitgestaltung, unterschieden werden.

## 1.2 Brutto und Netto – „Was bleibt vom Lohn übrig?“

Wenn Sie eine Arbeit haben, erhalten Sie jeden Monat Entgelt (Lohn oder Gehalt) auf Ihr Konto. Ausgezahlt wird Ihnen nur der Nettolohn, Geld, das Ihnen zum Leben zur Verfügung steht. Schauen Sie sich Ihre Lohn- oder Gehaltsabrechnung genauer an, sehen Sie die Brutto-Netto-Differenz. Beim Bruttolohn sind noch keine Abzüge wie Lohnsteuer, Solidaritätsbeitrag oder gesetzliche Sozialversicherungsbeiträge vorgenommen worden.

*Nach bestimmten Abzügen vom Bruttoentgelt erhält man den Betrag des Nettoentgelts.*

### 1.2.1 Lohn- und Gehaltsabrechnung

Jeden Monat bekommen Sie von Ihrem Arbeitgeber eine Lohn- oder Gehaltsabrechnung. Darauf sind im Detail alle Abzüge aufgelistet, die der Arbeitgeber sofort abführen muss. Diese Abzüge können sehr unterschiedlich ausfallen. So spielt z. B.
- der Familienstand,
- die Anzahl der Kinder oder
- der Wohnsitz eine wesentliche Rolle.

Unter www.lohnspiegel.de ▹ Brutto-Netto-Rechner können Sie Ihr Nettogehalt ausrechnen.

Wenn Sie einer Religionsgemeinschaft angehören, die Steuern erhebt, zahlen Sie die Kirchensteuer (8–9 % der zu zahlenden Lohnsteuer).

Im nachfolgenden Beispiel wird die Gehaltsabrechnung einer ledigen, kinderlosen 22-jährigen Sozialassistentin mit einem Bruttogehalt von 1.300,- € abgebildet.

| | | | |
|---|---|---|---|
| **Bruttogehalt** | | | **1.300,00 €** |
| **Abzüge** | Lohnsteuer | −55,41 € | |
| | Krankenversicherung | −106,60 € | |
| | Pflegeversicherung | −13,33 € | |
| | Rentenversicherung | −122,85 € | |
| | Arbeitslosenversicherung | −19,50 € | |
| | | | |
| | Abzüge gesamt: | −317,69 € | **−317,69 €** |
| | | | |
| **Nettogehalt** | | | **982,32 €** |

… laut Lohnsteuertabelle 2013

**!** Jedes Jahr veranlasst die Bundesregierung neue Beitragssätze der gesetzlichen Sozialversicherung. So wurde am 1.1.2011 ein einheitlicher Krankenversicherungsbeitrag von 15,5 % für alle Versicherten fällig. Diese Beiträge kommen in den sogenannten Gesundheitsfond. Von dort erhalten alle Kassen einen einheitlichen Beitrag. Wird ein positives Ergebnis der Krankenkasse erzielt, können sie ihren Versicherten eine Prämie auszahlen. Ist allerdings das Ergebnis negativ, so können sie von ihren Versicherten nochmals einen Zusatzbeitrag fordern. Die Höhe des Zusatzbeitrages ist seit 2011 nicht mehr begrenzt.

Durch die Pflegereform wurde seit dem 1.1.2013 der Pflegebeitrag erhöht. Damit soll eine Verbesserung für die Pflege und Betreuung der Menschen mit Demenz erreicht werden.

Demenz ▸ S. 323

## 1.2.2 Versicherungen

Um gegen die Risiken bei Krankheit, Pflegebedürftigkeit und Alter geschützt zu sein, gibt es gesetzliche und private Versicherungen. Auf staatlicher Seite entstanden die sogenannten fünf Säulen der gesetzlichen Sozialversicherung in Deutschland. Zusätzlich sind für jeden Bürger Individualversicherungen möglich.

*Das soziale System in Deutschland besteht aus fünf Pflichtversicherungen.*

Bruttoentgelt ► S. 155

**Fünf Säulen der gesetzlichen Sozialversicherung**
Die Pflichtversicherungen helfen Ihnen, wenn Sie krank sind, einen Unfall hatten, pflegebedürftig werden oder später Rente beziehen. Dafür müssen Sie jedoch vor allem im Arbeitsleben Ihre Beiträge leisten. In erster Linie durch die Versicherungsbeiträge, die abhängig von Ihrem Bruttoentgelt entrichtet werden.

| Fünf Säulen der gesetzlichen Sozialversicherung | | | | |
|---|---|---|---|---|
| **Krankenversicherung**<br>Beitrag: 15,5 %<br>– 7,3 % zahlt der Arbeitgeber (AG) und 8,2 % der Arbeitnehmer (AN)<br><br>Leistungen:<br>– übernimmt Kosten bei Vorsorgeuntersuchungen, für Arzt- und Zahnarztbesuche, Krankenhausaufenthalt, Zuschuss bei Medikamenten<br>– Krankengeld und Mutterschaftsgeld | **Rentenversicherung**<br>Beitrag: 19,8 %<br>– AG und AN zahlen jeweils die Hälfte des Beitrages<br><br>Leistungen:<br>– Rehabilitation, Kuren, Heilbehandlungen<br>– Altersrente, Erwerbsunfähigkeitsrente, Witwenrente, Halb- und Vollwaisenrente | **Unfallversicherung**<br>– wird vom Arbeitgeber zu 100 % allein bezahlt<br><br>Leistungen:<br>– Maßnahmen zur Verhütung von Unfällen<br>– Rehabilitationen, Kuren, Heilbehandlungen<br>– Verletztengeld, Rente, Witwen-, Halb- und Vollwaisenrente | **Arbeitslosenversicherung**<br>Beitrag: 3 %<br>– AG und AN zahlen jeweils die Hälfte des Beitrages<br><br>Leistungen:<br>– Arbeitsvermittlung<br>– Berufsberatung<br>– Arbeitslosengeld, Arbeitslosengeld II, Kurzarbeitergeld, Schlechtwettergeld, Übergangsgeld bei Insolvenz eines Betriebes | **Pflegeversicherung**<br>Beitrag: 2,05 %*<br>– 1,025 % zahlt der AG und 1,025 % der AN (in Sachsen AG 0,525 % und AN 1,025 %)<br><br>Leistungen:<br>– Leistungszuschüsse bei häuslicher, ambulanter, teilstationärer und stationärer Pflege in Form von Pflegegeld, Sachleistungen und Hilfsmitteln |

* Kinderlose Arbeitnehmer ab einem Alter von 23 Jahren zahlen einen Zuschlag in Höhe von 0,25 %.

**Individualversicherungen**
Die gesetzlichen Sozialversicherungen decken nicht alle Risiken ab. Ergänzungen sind durch private Versicherungen zu empfehlen. Die Beiträge und die Leistungen der Privatversicherungen können sehr unterschiedlich ausfallen. Je höher das Risiko ist, desto höher sind die Beiträge. Eine gewissenhafte Überprüfung der zusätzlich privat benötigten Versicherungen kann viel Geld und Ärger ersparen.

| Individualversicherungen | |
|---|---|
| **Personenversicherungen** | **Sachversicherungen** |
| Berufsunfähigkeitsversicherung<br>Kapitallebensversicherung<br>Risikolebensversicherung<br>private Unfall-, Renten- und Krankenversicherung | Haftpflichtversicherung<br>Kfz-Haftpflichtversicherung<br>Rechtsschutzversicherung<br>Hausratversicherung |

### 1.2.3 Steuern

Steuern sind festgelegte Abgaben des einzelnen Bürgers, die vom Staat erhoben werden, um seine Aufgaben und Funktionen zu finanzieren, z. B. den Ausbau der Infrastruktur (z. B. Bau von Straßen) sowie Maßnahmen der Familien- und der Bildungspolitik (z. B. Elterngeld, Schulen).
Bereits im Mittelalter existierten Steuern. Damals wurden andere Bezeichnungen benutzt, wie „Zehntel“ oder Kopfsteuer. Im Laufe der Entwicklung wurden neue Steuern erhoben, wie z. B. die Salzsteuer, die Einkommensteuer, die Zuckersteuer, die Teesteuer, die Kaffeesteuer, die Biersteuer oder die Spielkartensteuer. Sie galten den damaligen Luxusgütern. Durch die Abgaben von Erzeugnissen oder Ernteerträgen wurden die Kirche und ihre Grundherren mitversorgt. Einige der Steuern wurden hinfällig und andere abgeschafft. Heute erhebt der Staat die Steuern auf direktem oder indirektem Weg.

Weitere Informationen über die Geschichte der Steuern finden Sie unter:

www. bundesfinanzministerium.de

**Direkte und indirekte Steuern**

*Steuern werden auf direktem oder indirektem Weg vom Staat erhoben.*

| Direkte Steuern werden unmittelbar abgeführt. Dazu zählen z. B.: | Indirekte Steuern werden über Dritte abgeführt. Dazu zählen z. B.: |
|---|---|
| • Einkommensteuer<br>• Körperschaftssteuer<br>• Hundesteuer<br>• Kfz-Steuer<br>• Jagdsteuer | • Umsatzsteuer<br>• Mineralölsteuer<br>• Tabaksteuer<br>• Versicherungssteuer<br>• Lotteriesteuer |

**Bundes- und Landessteuern**
Die direkten und indirekten Steuern werden entweder dem Bund oder dem Land zur Verfügung gestellt, sodass deren Ausgaben finanziert werden können.

| Nach Grundgesetz Art. 106 Abs. 1 stehen z. B. folgende Einnahmen dem Bund zu: | Nach Grundgesetz Art. 106 Abs. 2 stehen z. B. folgende Einnahmen den Ländern zu: |
|---|---|
| • Mineralölsteuer<br>• Tabaksteuer<br>• Stromsteuer<br>• Branntweinsteuer | • Vermögenssteuer<br>• Erbschaftssteuer<br>• Biersteuer<br>• Kraftfahrzeugsteuer |

Neben den getrennten Einnahmen von Bund (gesamte Bundesrepublik) und Ländern (jeweiliges Bundesland) gibt es auch gemeinsame Einnahmen. Dazu zählen laut Grundgesetz Art. 106 Abs. 3:
- die Einkommenssteuer,
- die Körperschaftssteuer und
- die Umsatzsteuer.

*Abb. 1 Hundebesitzer zahlen für ihr Tier Hundesteuer.*

Weiterhin gibt es noch die Gemeindesteuern. Hierzu zählen laut Grundgesetz Art. 106 Abs. 6 die Gewerbesteuer, Grundsteuer, Jagdsteuer, Vergnügungssteuer, Fischereisteuer und die Hundesteuer (Abb. 1).

## 1.3 Verträge – „Verträge kommen von vertragen“

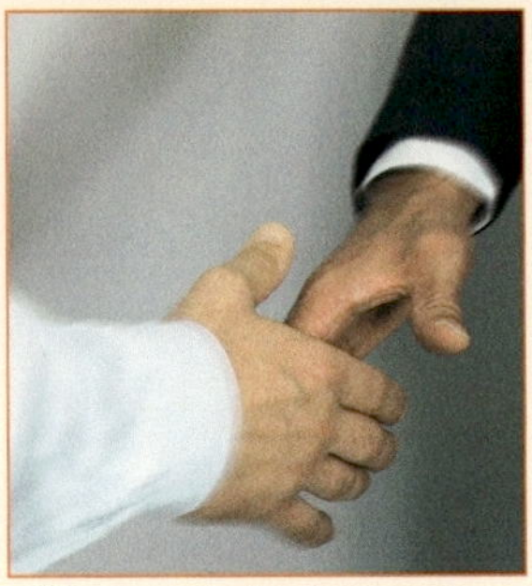

*Abb. 1 Auch durch einen Handschlag kann ein Vertrag zu Stande kommen.*

Damit ein Vertrag zu Stande kommt, benötigt man zwei übereinstimmende Willenserklärungen. Diese können z. B. mündlich, schriftlich, durch das Ablegen der Ware an der Kasse, durch das Abheben des Geldes am Automaten, durch ein Kopfnicken oder am Telefon geäußert werden. Aber nicht jeder Vertrag ist dadurch rechtskräftig abgeschlossen. Der Gesetzgeber sagt dazu etwas im Bürgerlichen Gesetzbuch (BGB).

### 1.3.1 Rechtsfähigkeit und Geschäftsfähigkeit

***Die Rechtsfähigkeit besitzt der Mensch von der Geburt bis zum Tod.***

Die Rechtsfähigkeit (BGB § 1) beginnt für jeden Mensch ab der Geburt. Daraus ergeben sich die Rechte (z. B. Menschenrechte) und Pflichten (z. B. Schulpflicht) eines jeden Menschen. Die Rechtsfähigkeit bezieht sich nicht nur auf natürliche Personen (lebende Menschen) sondern auch auf juristische Personen, z. B. Genossenschaften, Vereine, Stiftungen oder Kapitalgesellschaften. Neben der Rechtsfähigkeit benötigen wir ebenfalls die Geschäftsfähigkeit, um Verträge abschließen zu können (BGB §§ 104 ff.). Die Geschäftsfähigkeit bedeutet, dass Sie Rechtsgeschäfte, z. B. einen Vertrag, rechtswirksam abschließen können. Es werden drei Stufen der Geschäftsfähigkeit je nach Lebensalter unterschieden:

| Stufe | Geschäftsfähigkeit | Erklärung |
|---|---|---|
| 1 | Geschäftsunfähigkeit | Geschäftsunfähig sind Kinder von 0 bis 7 Jahren bzw. Menschen mit einer dauerhaften geistigen Behinderung. Sie dürfen keine Rechtsgeschäfte vornehmen, diese wären auch nicht gültig (nichtig). Es handeln stattdessen die gesetzlichen Vertreter. |
| 2 | beschränkte Geschäftsfähigkeit | Beschränkt geschäftsfähig sind Kinder und Jugendliche im Alter von 7 bis 18 Jahren. Sie dürfen nur Rechtsgeschäfte mit Einwilligung des gesetzlichen Vertreters vornehmen. Hier gibt es auch Ausnahmen, z. B. Ausgaben in Höhe des Taschengeldes, wenn diese sofort bar bezahlt werden. |
| 3 | volle Geschäftsfähigkeit | Alle Menschen ab 18 Jahren dürfen Rechtsgeschäfte uneingeschränkt vornehmen und sind somit voll geschäftsfähig. |

Demenz ▸ S. 323

In der Betreuung von älteren oder pflegebedürftigen Menschen spielt das Betreuungsrecht eine große Rolle. Sind ältere Menschen z. B. an Demenz erkrankt, können sie einen gesetzlichen Betreuer erhalten. Es gibt unterschiedliche Formen der gesetzlichen Betreuung, die sich durch Umfang, Art und Intensität unterscheiden. Dies ist im BGB (§ 189 ff.) geregelt. Auch bei beschränkter Geschäftsfähigkeit ist die Rechtsfähigkeit der Person unangetastet.

Verträge können bei Kindern und Jugendlichen im Alter von 7 bis 18 Jahren, durch die Regelung im BGB § 110, rechtwirksam abgeschlossen werden. Der sogenannte Taschengeldparagraph erlaubt Kindern und Jugendlichen ohne Zustimmung der Personensorgeberechtigten in Höhe ihres Taschengeldes Dinge zu kaufen oder Leistungen in Anspruch zu nehmen zu denen sie berechtigt sind.

## 1.3.2 Übersicht über verschiedene Verträge

Verträge können in mündlicher oder schriftlicher Form abgeschlossen werden. Um jedem Streit bei Verträgen aus dem Weg zu gehen, sollte möglichst die schriftliche Form bevorzugt werden. Die schriftliche Form eines Vertrages ist z. B. beim Kauf einer Immobilie vorgeschrieben.

***Verträge sollten immer in schriftlicher Form abgeschlossen werden.***

| Vertrag | Erklärung | Regelung | Beispiel |
|---|---|---|---|
| Kaufvertrag | Der Verkäufer muss die Sache in einem mangelfreien Zustand übergeben. Der Käufer hingegen muss die Sache annehmen und bezahlen. | BGB §§ 433– 514 | Einkauf von Lebensmitteln im Supermarkt |
| Darlehensvertrag | Der Gläubiger kann für einen vereinbarten Zeitraum dem Schuldner einen Geldbetrag oder eine Sache zum Gebrauch überlassen. Der Schuldner ist verpflichtet, den Geldbetrag oder die Sache in gleicher Art, Güte und Menge zurückzuerstatten. | BGB §§ 607– 610 | Kredit von der Bank |
| Dienstvertrag | Der Dienstberechtigte muss die vereinbarte Vergütung zahlen. Der Dienstverpflichtete hat die Pflicht, die versprochenen Dienste zu leisten. | BGB §§ 611– 630 | Fernunterricht, Zahnreinigung |
| Werkvertrag | Der Unternehmer ist verpflichtet, die Sache fehlerfrei herzustellen oder gemäß Vertrag zu ändern. Der Besteller muss die vereinbarte Vergütung zahlen. | BGB §§ 631–650 | Änderung einer Hose, Reparatur einer Jacke |

Wichtige Verträge sind z. B. der Mietvertrag und der Arbeitsvertrag. Gerade der Erstabschluss solcher Verträge ist für junge Menschen sehr bedeutend. Das gibt ein Gefühl von Unabhängigkeit vom Elternhaus.

**Mietvertrag**
Der Mietvertrag ist im BGB (§§ 535–580) geregelt. Im Vertrag können z. B. folgende Kriterien geregelt werden:

- Vertragspartner (Vermieter–Mieter)
- Mieträume, Nutzungsdauer und Kündigungsfristen
- Höhe der Miete und Betriebskosten sowie Zeitpunkt der Zahlung
- Reinigung
- Zustimmungen durch den Vermieter (z. B. Untervermietung, Tierhaltung)
- Ausbesserungen und bauliche Veränderungen
- Betreten der Wohnung durch den Vermieter

Weitere Informationen über das Thema Verträge finden Sie im BGB.

**!** Laut Deutschem Mieterbund ist jede zweite Betriebskostenabrechnung falsch. Es werden Posten abgerechnet, die der Vermieter selbst tragen muss. Deshalb ist es für Sie sehr wichtig, die Abrechnung genau zu überprüfen. Dabei kann Ihnen die Betriebskostenverordnung helfen. Oder Sie wenden sich gleich an den Mieterbund.

Weitere Informationen zur Betriebskostenabrechnung erhalten Sie unter:

www.bundesrecht.juris.de

*Aus einem Arbeitsvertrag ergeben sich für den Arbeitnehmer und den Arbeitgeber gewisse Rechte und Pflichten.*

**Arbeitsvertrag**

Ein Arbeitsvertrag wird zwischen Arbeitgeber und Arbeitnehmer bei abhängig beschäftigten Arbeitsverhältnissen abgeschlossen. Hier ist der Arbeitgeber zur Zahlung der vereinbarten Vergütung verpflichtet und der Arbeitnehmer ist verpflichtet, die vereinbarte Arbeit zu leisten. Es ergeben sich weitere Rechte und Pflichten. Zu den Pflichten des Arbeitgebers gehören z. B. die Fürsorgepflicht, die Gewährung von Urlaub und die Pflicht, ein Zeugnis auszustellen. Der Arbeitnehmer hat z. B. die Pflicht zur Verschwiegenheit und Treue. Bevor Sie einen Arbeitsvertrag unterschreiben, sollten Sie ihn auf folgende Inhalte überprüfen:

- Wer sind die Vertragspartner?
- Welche Tätigkeiten habe ich auszuführen?
- Wie hoch fällt meine Vergütung aus?
- Wo befindet sich mein Arbeitsort?
- Wie ist meine wöchentliche Arbeitszeit?
- Wann fängt meine tägliche Arbeitszeit an?
- Wie viele Urlaubstage stehen mir im Jahr zu?
- Erhalte ich Nebenleistungen, wie z. B. Urlaubsgeld oder Prämien?

(Zutreffendes ankreuzen, Nichtzutreffendes bitte streichen)

***§ 1 – Vertragschließende***

Zwischen ______________________________

______________________________ als Arbeitgeber

und ______________________________, geb. am ______________

zzt. wohnhaft ______________________________ als Angestellten

wird nachstehender Anstellungsvertrag geschlossen, in welchem die Parteien als „Arbeitgeber“ bzw. „Angestellter“ bezeichnet sind. – Jede Veränderung der Wohnanschrift hat der Angestellte dem Arbeitgeber sofort mitzuteilen.

***§ 2 – Tätigkeit / Probezeit***

Der Angestellte wird als ______________________________

______________________________

zum Dienstantritt am ______________________________ angestellt. Die Probezeit beginnt am ______________ und endet am ______________

Während der Probezeit kann das Anstellungsverhältnis beiderseits gekündigt werden mit einer Frist von ☐ zwei Wochen ☐ ______________

Die Gültigkeit dieses Anstellungsvertrages ist davon abhängig, dass spätestens bei Dienstantritt durch den Angestellten ordnungsgemäße Arbeitspapiere übergeben werden.

Besondere Obliegenheiten des Angestellten sind: ______________________________

______________________________

______________________________

Der Angestellte erklärt sich bereit, im Bedarfsfall einer Versetzung in einen anderen Verantwortungsbereich innerhalb des Hauses zuzustimmen oder eine andere zumutbare Tätigkeit zu übernehmen.

Der Angestellte hat seine ganze Arbeitskraft dem Unternehmen gewissenhaft zu widmen. Jede weitere Berufstätigkeit, auch wenn es sich um eine selbständige Tätigkeit oder eine geringfügige Nebenbeschäftigung handelt, bedarf der schriftlichen Zustimmung durch den Arbeitgeber.

Der Angestellte hat die Arbeitszeit pünktlich einzuhalten und an der Verbesserung und Verbilligung aller Erzeugnisse, der Arbeits- und Vertriebsverfahren mitzuarbeiten. Der Angestellte hat über die ihm bekannt gewordenen oder anvertrauten Geschäftsvorgänge, sowohl während der Dauer des Dienstverhältnisses als auch nach dessen Beendigung, Dritten gegenüber Stillschweigen zu bewahren und darf sie auch persönlich nicht auf unlautere Art verwerten. Dies gilt insbesondere für Kunden- und Lieferantenlisten, Umsatzziffern, Bilanzen und Angaben über die finanzielle Lage des Betriebes.

Der Angestellte verpflichtet sich, an Schulungs- bzw. Weiterbildungsmaßnahmen teilzunehmen, soweit der Arbeitgeber diese für notwendig erachtet und die Kosten übernimmt.

Die Annahme irgendwelcher Geschenke, Vergünstigungen in offener oder versteckter Form von Lieferanten oder Kunden ist dem Angestellten verboten; er ist verpflichtet, jeden solchen ihm gegenüber gemachten Versuch dem Arbeitgeber unverzüglich mitzuteilen.

***§ 3 – Gehalt / Arbeitszeit***

Der Angestellte erhält monatlich nachträglich ein Gehalt von brutto ***EUR*** ______________

Auf das Anstellungsverhältnis finden folgende einschlägige Tarifverträge ☐ in der jeweils gültigen ☐ nur in der derzeitigen Fassung Anwendung: ______________________________

______________________________ Tarifgruppe: ______________.

In diesem Anstellungsvertrag getroffene Regelungen gehen tariflichen Bestimmungen vor.

Der das Tarifgehalt etwa übersteigende Teil des Gehaltes ist keine Leistungszulage und wird ohne Rechtspflicht unter dem Vorbehalt des jederzeitigen Widerrufs und der Anrechnung bei Gehaltstarif-Erhöhungen gewährt. Vom Arbeitgeber gewährte Gratifikationen gelten nur als freiwillige Leistungen des Arbeitgebers, auch wenn sie wiederholt und ohne ausdrücklichen Hinweis auf die Freiwilligkeit erfolgen, und begründen keinen rechtlichen Anspruch für die Zukunft.

Gehaltsabtretungen sowie -verpfändungen bedürfen zu ihrer Wirksamkeit der ausdrücklichen Zustimmung des Arbeitgebers.

Die Arbeitszeit beträgt ______ Stunden wöchentlich ☐ unabhängig von Tarifverträgen ☐ abhängig vom obigen Tarifvertrag.

Der Angestellte ist verpflichtet, im Rahmen der gesetzlichen bzw. tariflichen Bestimmungen auf Verlangen des Arbeitgebers Mehrarbeit (Überstunden) sowie Wechselschicht zu leisten. Mehrarbeit kann durch freie Tage ausgeglichen werden.

*Abb. 1 Muster eines Arbeitsvertrages*

Bei einem Arbeitsverhältnis kommen verschiedene Gesetze wie z. B. Kündigungsschutzgesetz, Mutterschutzgesetz, Bundesurlaubsgesetz und Lohnfortzahlungsgesetz zum Tragen.

# 1.4 Umgang mit Geld – „Ohne Moos nix los“

## 1.4.1 Zahlungsmöglichkeiten

Früher wurde Ware gegen Ware getauscht. Heute erfolgt der Tausch auf anderen Wegen und Geld übernimmt die Funktion des Tauschmittels. Es gibt verschiedene Arten von Zahlungsweisen.

*Abb. 2 Münzen und Banknoten benötigt man zur Barzahlung.*

**Barzahlung:** Die Bezahlung erfolgt durch Münzen und Banknoten (Abb. 2). Für kleine Einkäufe im Alltag ist diese Zahlungsform ideal. Die Vorteile sind, dass der Zahlende (Kunde) und der Zahlungsempfänger (Verkäufer) kein Girokonto benötigen. Es fallen keine Kontoführungsgebühren an. Außerdem ist diese Zahlungsart schnell und unkompliziert.

**Halbbare Zahlung:** Bei dieser Zahlungsmöglichkeit muss entweder der Zahlende oder der Zahlungsempfänger ein Konto besitzen. Beispiele hierfür sind Barschecks oder Zahlungen per Nachnahme. Bei Bestellungen per Nachnahme muss die bestellte Ware gleich beim Postboten bezahlt werden. Bei Barschecks lässt sich der Empfänger den Geldbetrag bar auszahlen.

**Bargeldlose Zahlung:** Diese Zahlungsmöglichkeit funktioniert virtuell, ohne Münzen bzw. Banknoten. Der Zahlende und der Zahlungsempfänger müssen ein Girokonto besitzen. Das sogenannte Buchgeld wird von einem Konto zum anderen Konto elektronisch überwiesen. Verfahren dieser Zahlungsmöglichkeiten sind z. B.

- das Lastschriftverfahren (bei regelmäßigen Abbuchungen durch Einzugsermächtigung vom Konto, z. B. Handykosten),
- der Dauerauftrag (bei gleich bleibenden Abbuchungen über einen bestimmten Zeitraum, z. B. Sparraten auf ein Sparkonto, Miete) und
- die Überweisung (bei unregelmäßigen Zahlungen, z. B. Rechnung, Abb. 3).

*Die Belege für alle Zahlungen sollten für Reklamationen sorgfältig aufbewahrt werden.*

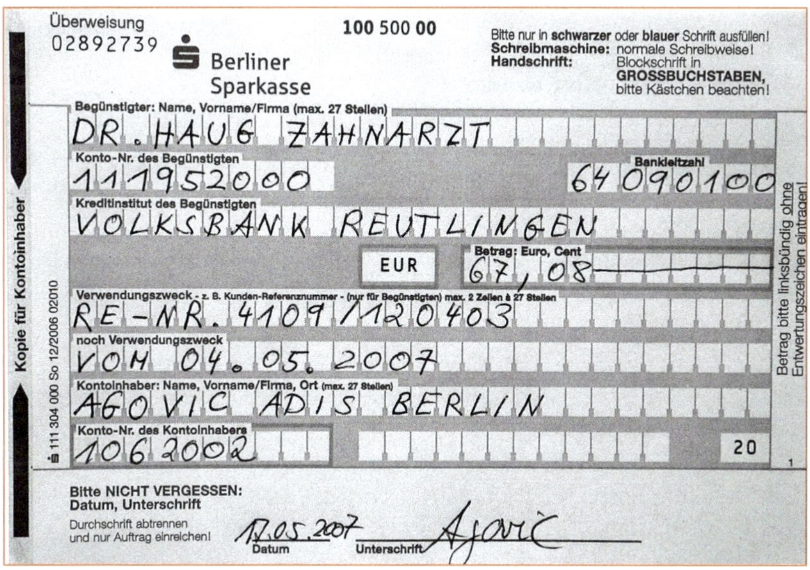
Überweisung
02892739
Berliner Sparkasse
100 500 00
Bitte nur in **schwarzer** oder **blauer** Schrift ausfüllen!
**Schreibmaschine:** normale Schreibweise!
**Handschrift:** Blockschrift in **GROSSBUCHSTABEN**, bitte Kästchen beachten!

Begünstigter: Name, Vorname/Firma (max. 27 Stellen): DR. HAUG ZAHNARZT
Konto-Nr. des Begünstigten: 111952000
Bankleitzahl: 64090100
Kreditinstitut des Begünstigten: VOLKSBANK REUTLINGEN
EUR
Betrag: Euro, Cent: 67,08
Verwendungszweck - z. B. Kunden-Referenznummer - (nur für Begünstigten) max. 2 Zeilen à 27 Stellen: RE-NR. 4109112 0403
noch Verwendungszweck: VOM 04.05.2007
Kontoinhaber: Name, Vorname/Firma, Ort (max. 27 Stellen): AGOVIC ADIS BERLIN
Konto-Nr. des Kontoinhabers: 1062002
20
Betrag bitte linksbündig ohne Entwertungszeichen eintragen!
Kopie für Kontoinhaber
111 304 000 So 12/2006 02010

Bitte NICHT VERGESSEN: Datum, Unterschrift
Durchschrift abtrennen und nur Auftrag einreichen!
17.05.2007
Datum
Unterschrift

*Abb. 3 Überweisungsformular*

Bei allen Zahlungen ist es wichtig, sämtliche Belege sorgfältig aufzubewahren. Diese müssen bei Reklamationen und Garantieansprüchen vorgezeigt werden.

### 1.4.2 Geldanlagemöglichkeiten

Informationen über Bundeswertpapiere finden Sie unter:

www.bundeswertpapiere.de

Waschmaschine ► S. 192

Was machen Sie mit Geld, das am Ende des Monats übrig bleibt? Ausgeben? Eine Alternative wäre, das Geld anzulegen. So erhalten Sie Zinsen für das angelegte Geld. Zinsen sind Beträge, die Sie nach einem vereinbarten Zeitraum für die „Lagerung“ Ihres Geldes von der Bank erhalten. Sie haben für Notsituationen etwas gespart und können darauf zurückgreifen. Vielleicht benötigen Sie Geld für Anschaffungen, z. B. den Kauf einer Waschmaschine. Für das Anlegen des Geldes gibt es verschiedene Möglichkeiten.

| | |
|---|---|
| **Sparbuch** | Bei dieser Sparform sind die Zinsen, aber auch das Risiko gering. Dafür können Sie Ihr Geld jederzeit am Bankschalter abheben oder auch Einzahlungen tätigen. |
| **Sparkarte** | Für diese Sparform wird ein Unterkonto von Ihrem Girokonto eingerichtet. Die Zinsen und das Risiko sind gering. Sie können jederzeit Aus- oder Einzahlungen am Automaten tätigen. |
| **Festzinssparen** | Höhere Geldbeträge (meist ab 5.000,– €) können für einen festgelegten Zeitraum (ab 6 Monaten) angelegt werden. Dafür gibt es höhere Zinsen. Nach dem vereinbarten Zeitraum können Sie wieder über Ihr Geld verfügen. |
| **Bausparen** | Hierbei schließen Sie einen Vertrag über eine bestimmte Bausparsumme, z. B. für den Bau eines Hauses, ab. Sie zahlen regelmäßig einen Betrag auf das Bausparkonto ein. Ist die Mindestbausparsumme eingezahlt, können Sie sich Ihr Guthaben auszahlen lassen und den Differenzbetrag zur Bausparsumme als Darlehen mit geringer Verzinsung in Anspruch nehmen. |
| **Aktien** | Sobald Sie Aktien erwerben, sind Sie Miteigentümer eines Unternehmens. Macht das Unternehmen Gewinn, erhalten Sie eine Dividende (Gewinnanteil dieser Aktie). Macht das Unternehmen aber Verluste, sinkt der Wert Ihrer Aktie und Sie müssen Verluste beim Verkauf der Aktien hinnehmen oder auf künftige Wertsteigerungen hoffen. |
| **Bundeswertpapiere** | Sie können Ihr Geld auch beim Staat anlegen, z. B. als Tagesanleihe, Bundesschatzbriefe, Finanzierungsschätze. Die Mindestbeträge, die Verzinsung und die Laufzeit sind sehr unterschiedlich. |

### 1.4.3 Finanzierungsmöglichkeiten

Falls Sie keine Rücklagen haben, sind Sie bei Anschaffungen auf Fremdkapital, z. B. durch Ratenkredit der Bank, angewiesen.

| | |
|---|---|
| **Dispositionskredit** | Dieser Kredit wird auch Überziehungskredit genannt, bei dem Sie Ihr Girokonto bis zu einer vereinbarten Summe (ca. 3 Nettolöhne) überziehen können. Dabei fallen hohe Zinsen an, die quartalsweise vom Konto abgezogen werden. |
| **Ratenkredit** (Anschaffungsdarlehen) | Für die Genehmigung eines Ratenkredites wird Ihre Bonität (Zahlungsfähigkeit einer Person) vorausgesetzt. Ist sie nicht gegeben, benötigen Sie eine Bürgschaft. Bei einem Ratenkredit fallen Zinsen und eine Bearbeitungsgebühr an. Die monatliche Rate bleibt für den gesamten Zeitraum gleich. |
| **Leasing** | Leasing ist einem Mietvertrag ähnlich. Sie bekommen für einen vereinbarten Zeitraum einen Gegenstand zur Nutzung, z. B. ein Auto. Dafür müssen Sie eine Leasingrate bezahlen. Nach Ablauf des Vertrages gehört Ihnen der Gegenstand jedoch nicht. |

# 2. Wohnen – „Endlich eine eigene Bude!“

## 2.1 Checkliste Einrichtung – „Alles, was man braucht“

Nun ist es so weit. „Hotel Mama“ ist Geschichte und Sie möchten eine eigene Wohnung. Alleine nach Hause kommen, für sich einkaufen, selbst entscheiden, was man kochen oder wie man sein Zuhause einrichten möchte, sein eigener „Herr“ sein. Aber wie soll das Traumheim aussehen? Und welche Dinge sind wichtig?
Die persönlichen Vorstellungen von der eigenen Wohnung sind sehr unterschiedlich. In erster Linie soll sie gemütlich, praktisch, schön sein und man muss sich in ihr wohlfühlen können. Doch was brauchen Sie dazu? Die nachfolgende Tabelle zeigt eine Übersicht über alle notwendigen Dinge eines neuen Haushaltes. Sie dient als Hilfestellung und kann nach eigenen Wünschen ergänzt werden.

Einkauf ▸ S. 166

***Vorstellungen von der eigenen Wohnung sind unterschiedlich, aber man benötigt eine gewisse Grundausstattung.***

| | |
|---|---|
| **Flur** | Schuhschrank, Garderobenschrank, Schuhanzieher |
| **Wohn- und Arbeitsbereich** | Wohnzimmerschrank, Schreibtisch, Schreibtischstuhl, Couch/ Sessel, Tisch<br><br>Uhr, Gläser,<br><br>Fernseher, Radio, evtl. DVD- Player |
| **Küche** | Spüle, Schränke mit Abstellfläche, Tisch, Stühle<br><br>Gläser, Geschirr, Auflaufform, Besteck, Messer, Sparschäler, Töpfe, Brettchen, Schüsseln, Sieb, Flaschen- und Dosenöffner, Korkenzieher, Zuckerdose, Suppenkelle, Schneebesen, Reibe, Zitronenpresse, Knoblauchpresse, Gewürzstreuer, Brotkorb, Brotkasten, Küchenwaage<br><br>Geschirrhandtücher, Topflappen, Tischwäsche, Besen, Handfeger, Schaufel, Abfalleimer, Wischeimer, Schrubber, Bodenputztücher, Flaschenbürste, Polier- und Geschirrtücher (Abb. 1)<br><br>Kühlschrank, Herd, Kaffeemaschine, Toaster, Wasserkocher, Pürierstab, Handrührgerät, evtl. Geschirrspüler |
| **Bad** | Schrank, Spiegel, Schmutzwäschekorb<br><br>Toilettenbürste, Handtücher, Föhn |
| **Schlafzimmer** | Kleiderschrank, Bett, Nachtschrank<br>Kleiderbügel, Bettwäsche, Bettdecke, Kopfkissen |
| **Sonstiges** | Teppiche, Beleuchtung, Gardinen, Vorhänge, Bilder, Dekoration, evtl. Blumen oder Pflanzen<br><br>Wäschekorb, Wäscheständer, Klammern, Bügelbrett, Bügeleisen |

*Abb. 1 Eine Auswahl an Putzutensilien sollte in keinem Haushalt fehlen.*

**!** Alle Geräte im Handel müssen dem Geräte- und Produktsicherheitsgesetz entsprechen. Kombinationsgeräte (z. B. Kühlschrank mit integriertem Gefrierschrank) sind gegenüber Einzelgeräten zum Teil günstiger, haben aber den Nachteil, dass bei einem kleinen Teildefekt alle anderen kombinierten Geräte auch nicht mehr funktionieren.

## 2.2 Unterschiedliche Wohnformen – „Wo man sich wohlfühlt“

Die ursprüngliche Bedeutung des Wortes „wohnen“ ist „zufrieden sein“. Im Wohnraum hat man seinen Lebensmittelpunkt. Sie wollen sich wohlfühlen, egal, wo Sie wohnen und leben. Vielleicht möchten Sie gern eine eigene kleine Wohnung mieten oder mit Freunden zusammen in einer Wohngemeinschaft leben?
Mit einem Partner mietet man oft eine gemeinsame größere Wohnung, wenn man eine Familie gründen möchte. Viele Menschen machen sich Gedanken darüber, wie sie einmal leben werden, wenn sie älter sind und vielleicht krank werden.

*Für ältere Menschen existieren verschiedene Wohnformen.*

Neben der Pflege und Betreuung in der Familie gibt es im Alter die Möglichkeit, in ein Alten- oder Pflegeheim umzuziehen. Es existieren aber auch noch andere Wohnformen für Senioren, die nicht unbedingt die Pflege rund um die Uhr benötigen:

1. Altersgerechtes Wohnen/barrierefreies Wohnen:
- Wohnungen ohne Hindernisse oder Barrieren für ältere oder behinderte Menschen

2. Betreutes Wohnen/Service-Wohnen
- Kombination einer eigenen altersgerechten, barrierefreien Wohnung und Betreuungsleistungen
- zusätzliche kostenpflichtige Grundleistungen des Betreuungsservices
- Grundbetreuung: Beratungs- und Informationsleistungen sowie die Notrufsicherung
- Wahlleistungen: Mahlzeiten (Abb.1), Reinigungs- und Pflegeleistungen

*Abb. 1 Seniorin im Speisesaal*

3. Betreute Wohngemeinschaften
- familienähnliches Zusammenleben von sechs bis zwölf hilfebedürftigen älteren Menschen in einer altersgerechten Wohnung
- eigenes Zimmer, teilweise mit eigenem Duschbad/WC, mit eigenen Möbeln
- gemeinsame Nutzung von Küche, Bad und Gemeinschaftsräumen
- Tagesablauf und Haushalt werden von angestelltem Betreuungspersonal organisiert, ambulante Dienste leisten weitere individuell notwendige Hilfe

4. Seniorenwohngemeinschaften
- Ältere Menschen wohnen in einer Wohngemeinschaft zusammen und unterstützen sich gegenseitig.

Unter www.mehrgenerationen-haeuser.de bietet das Ministerium für Familie, Senioren, Frauen und Jugend viele Informationen zu dieser Wohnform.

Gemeinschaftliche Wohnprojekte sind eine Alternative zu den genannten Wohnformen. Hierbei lernen sich die zukünftigen Bewohner vor dem Einzug in das Wohnprojekt kennen und entwickeln gemeinsame Vorstellungen über das Zusammenleben. Dazu gehört das „Mehrgenerationenwohnen“. Dies sind größere Wohnprojekte für Gebäude (Mehrgenerationenhaus) oder auch Siedlungen, in denen Bauträger oder auch junge Familien die Initiative ergreifen. Jung und Alt wohnen unter einem Dach. Der Vorteil ist, dass die Jüngeren den älteren Bewohnern z. B. beim Einkauf oder bei der Pflege helfen. Die Älteren können die Kinder betreuen oder bei Hausaufgaben helfen.

## 2.3 Besondere Bedürfnisse bei der Einrichtung – „Worauf man achten sollte“

Neben individuellen Einrichtungswünschen sollte man bei der Einrichtung von Haushalten mit Kindern, Menschen mit Behinderungen und älteren Menschen auf einige Besonderheiten Wert legen.

Beim Zusammenleben mit Kindern sollten Eltern ganz besonders auf Sicherheit achten. Wichtig sind z. B.
- stabile, funktionale und kippsichere Möbel,
- abschließbare Fenster (Abb. 2),
- geprüftes und altersgerechtes Spielzeug, bei Kleinkindern ohne verschluckbare Kleinteile,
- Steckdosenschutz (Abb. 3),
- regelmäßige Überprüfung von elektrischen Geräten,
- weicher, warmer, rutschfester und trittsicherer Bodenbelag und
- Treppengitter (Abb. 4).

*Abb. 2 Fensterschloss*

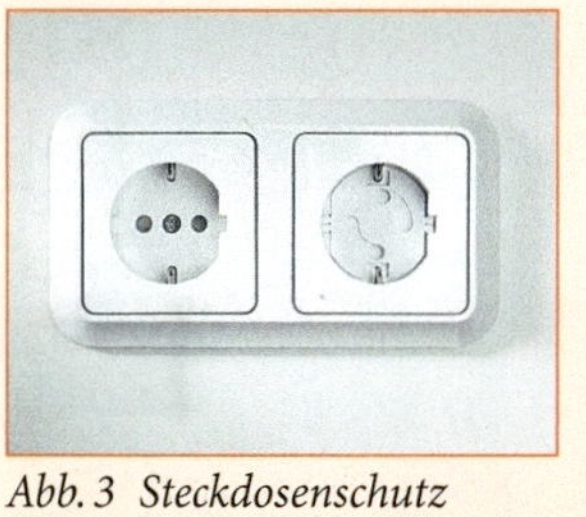
*Abb. 3 Steckdosenschutz (rechts)*

*Abb. 4 Treppengitter*

Menschen mit Beeinträchtigungen benötigen eine individuell auf ihre Behinderung abgestimmte Einrichtung der Wohnung, um sich selbstständig darin bewegen zu können.
Bei gehbehinderten Menschen kann z. B. der Einbau eines Liftes im Hausflur mehr Mobilität und Selbstständigkeit bedeuten.
Menschen mit Hörbeeinträchtigungen können für die Haustür die Türklingel anpassen, z. B. mit einem besser hörbaren Ton oder einem optischen Signal statt einer Klingel. Eine Türgegensprechanlage und elektrische Türöffner helfen, den oftmals schwierigen Weg zum Eingang zu vermeiden. Sturz- und Stolperfallen müssen in einer altersgerechten Wohnung beseitigt werden. Bodenbeläge sollten rutschhemmend, rollstuhlgeeignet, feuerfest, fest verklebt und gut zu reinigen sein.

Ältere Menschen sind oft in ihrer Mobilität eingeschränkt und benötigen Unterstützung für den Alltag. Sie möchten verschiedene Dinge so eigenständig wie möglich erledigen. Dafür gibt es z. B. unterschiedliche Hilfsmittel für den Haushalt. Ein Pflegebad, welches den besonderen Bedürfnissen der Bewohnerinnen angepasst wird, erhöht Sicherheit und Wohlbefinden bei der Körperpflege. Zum Beispiel gibt es Sitzbadewannen mit seitlicher Tür (Abb. 5), um ein gefährliches Klettern über den Wannenrand zu vermeiden. Toilettensitzerhöhungen (Abb. 6) und zusätzliche Haltegriffe, Handläufe und Abstützhilfen schaffen auch Sicherheit.

eingeschränkte Mobilität ▸ S. 358

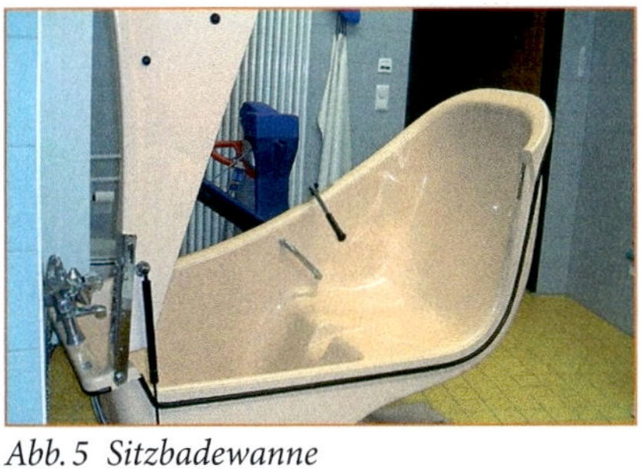
*Abb. 5 Sitzbadewanne*

*Abb. 6 Toilettenerhöhung*

# 3. Versorgung des Haushalts – „Mit Köpfchen eingekauft und gut gegessen"

## 3.1 Einkauf – „Augen auf beim Warenkauf"

Ein Einkauf muss gut durchdacht und geplant werden. Nur so lassen sich Geld, Zeit und Wege sparen. Denn schnell mal nach der Arbeit etwas einzukaufen bedeutet Stress. Dadurch kommen Dinge wahllos in den Korb oder es werden zusätzliche Lebensmittel eingekauft, die man nicht benötigt.

### 3.1.1 Tipps für den Einkauf

*Mit einem geplanten Einkauf können Sie Geld, Zeit und Wege sparen.*

Mindesthaltbarkeitsdatum ► S. 171

Saisonkalender ► S. 173

Mit den nachfolgenden Tipps können Sie einen entspannten Einkauf erleben.

- Holen Sie sich Informationen über Werbung ein und vergleichen Sie Preise.
- Gehen Sie niemals hungrig einkaufen, denn so kaufen Sie eventuell Dinge, die Sie gar nicht kaufen wollten.
- Schreiben Sie immer einen Einkaufszettel.
- Achten Sie auf das Mindesthaltbarkeitsdatum und das Zutatenverzeichnis.
- Kaufen Sie Saisonware, z. B. Erdbeeren im Juni/Juli und nicht im Dezember, die Saisonkalender helfen Ihnen dabei.
- Achten Sie auf preisgünstigere Ware, die in den unteren Regalen liegt.
- Überprüfen und vergleichen Sie die Qualität der Waren, kaufen Sie z. B. keine verbeulten Konserven oder Obst mit Druckstellen.
- Vermeiden Sie aufwändige Verpackungen, diese belasten die Umwelt und können die Produkte unnötig teuer machen.
- Heben Sie die Quittungen für eventuelle Reklamationen auf.

Da es eine für den einzelnen Kunden unüberschaubare Auswahl an Produkten (z. B. Lebensmittel, elektrische Geräte, Reinigungsmittel und Kleidung) gibt, hat der Gesetzgeber zum Schutz der Verbraucher Verordnungen für den Verkauf erlassen. Diese Vorschriften verpflichten Hersteller bzw. den Händler, die für eine Kaufentscheidung notwendigen Informationen über die Produkte zu kennzeichnen.
Solche Verordnungen sind z. B.

- die **Lebensmittelkennzeichnungsverordnung** (Zutaten, Mengen, Abb. 3)
- die **Preisangabenverordnung** (Auspreisen der Produkte, d. h. der Grundpreis in Kilogramm oder Liter und der Endpreis),
- das **Textilkennzeichnungsgesetz** (Kennzeichnung der verwendeten Rohstoffe in der Kleidung) und
- die **Gefahrstoffverordnung** (z. B. Gefahrensymbole auf Etiketten von Reinigungsmitteln).

*Abb. 1 TÜV-Siegel*

Reinigungsmittel ▸ S. 184

Neben den Verordnungen können sich Verbraucher zusätzlich an Gütezeichen, den sogenannten freiwilligen Angaben des Herstellers, orientieren. Dazu zählen unter anderem: Pflegesymbole in Kleidung, DIN (Siegel des Deutschen Instituts für Normung), GS (Siegel Geprüfte Sicherheit), TÜV (Siegel des Technischen Überwachungsvereins, Abb. 1), Blauer Engel (Abb. 2) und das Umweltgütezeichen.

Weitere Informationen finden Sie unter:
www.blauer-engel.de
www.din.de
www.vdtuev.de

*Abb. 2 Blauer Engel*

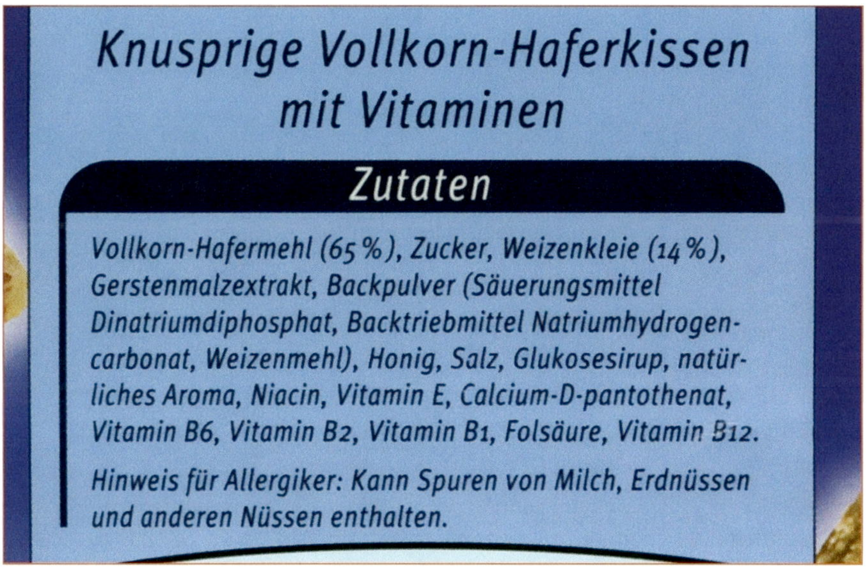


*Abb. 3 Zutatenliste auf der Verpackung*

Schreiben die Hersteller auf ihren Verpackungen z. B. „fettarm" oder „reich an Vitaminen", sind das nährstoffbezogene Angaben. Seit 2007 sind Hersteller laut EU- Verordnung verpflichtet, eine Nährwerttabelle anzugeben.
Außerdem müssen sie seit 2005 auf allen verpackten Waren die zwölf häufigsten Allergieauslöser vermerken, z. B. Eier, Soja, Milch, Nüsse, Fisch, Krebstiere oder glutenhaltige Getreideprodukte.

Beim Verkauf von losen Waren (z. B. Gemüse) müssen folgende Angaben kenntlich gemacht werden:

- Name des Lebensmittels
- Herkunftsland
- Güteklasse nach EU-Qualitätsnorm
- Preis pro Grundmenge (z. B. Kilo, Stück, Liter)

### 3.1.2 Einkaufsmöglichkeiten

Die Entscheidung, wo Sie am besten einkaufen, ist von verschiedenen Faktoren abhängig. Leben Sie z. B. auf dem Land, gibt es wenige Möglichkeiten, große Warenhäuser aufzusuchen. Wohnen Sie aber in der Stadt, ist es viel aufwändiger, frische einheimische Produkte direkt vom Erzeuger zu erwerben. Die nachfolgende Tabelle zeigt einige Einkaufsmöglichkeiten mit ihren Vor- und Nachteilen.

| Einkaufsmöglichkeiten | Vorteil | Nachteil |
|---|---|---|
| Fachgeschäfte (z. B. Fleischer, Bäcker, Elektroartikel) | Spezialisierung auf eine Produktgruppe mit einer großen Auswahl. Bedienung vom Fachpersonal, umfangreiche Beratung, hohe Qualität, Reparaturservice ist möglich. | Die Produkte sind teurer im Vergleich zu Produkten im Supermarkt oder Discounter. |
| Fachmärkte (z. B. Baumarkt, Möbelmarkt) | Die Auswahl der Produktgruppen ist sehr groß. Die Produkte sind eher günstig. | Wenig Beratung und Service, wenig Fachpersonal. |
| Direktkauf bzw. Kaufen beim Erzeuger (z. B. Eier, Honig, Obst) | Sehr frische Ware. Oft biologischer Anbau bzw. artgerechte Haltung der Tiere. | Sie befinden sich meist auf Dörfern oder in Kleinstädten, deshalb größere Anfahrtswege. |
| Warenhäuser (z. B. Uhren, Schmuck, Lebensmittel, Elektro- und Sportartikel) | Auf verschiedenen Etagen befinden sich die Produktgruppen; Gastronomie und z. T. Kinderbetreuung wird angeboten. | Wenig Beratung und Service. Die Produkte können eher teuer sein.<br>Sind meist in Großstädten zu finden. |
| Discounter | Bieten ein sehr großes Sortiment an Lebensmitteln. Die Produkte sind sehr günstig. Die Präsentation der Produkte ist zweckmäßig. | Kaum Beratung, Service und Fachpersonal. |
| Supermärkte | Bieten neben Lebensmitteln noch Haushaltswaren, Kosmetik und Blumen an. | Wenig Beratung, Service und Fachpersonal. |
| Katalog-Versandhandel (z. B. Kleidung, Möbel, elektrische Geräte) | Sehr bequem (die Ware wird von zu Hause bestellt und angeliefert), großes Sortiment, Ratenzahlung möglich. | Bei Ratenzahlung können Sie den Überblick verlieren und sich überschulden.<br>Keine Beratung, es kann zu Lieferverzögerungen kommen. Zusätzliche Versandkosten. |
| Internet-Versandhandel | Sehr bequem (Preisvergleiche können direkt von zu Hause durchgeführt werden, Ware kann bestellt werden und wird angeliefert). | Kein Vor-Ort-Service, keine Beratung, evtl. Probleme im Zahlungsverkehr (Missbrauch) und bei der Lieferung. Zusätzliche Versandkosten. |

Kinder mögen es, einzukaufen, aber es darf nicht zu lange dauern. Deshalb empfiehlt es sich, die Groß- oder Monatseinkäufe allein durchzuführen. Eltern müssen auch beim Einkaufen bedenken, dass bei Kindern beliebte Waren (z. B. Süßigkeiten, Spielwaren oder Zeitschriften) in den unteren Regalen oder im Kassenbereich zu finden sind. Beziehen Sie Kinder durch kleine Aufgaben mit ein, sie können z. B. bestimmte Lebensmittel holen oder den Einkaufswagen schieben. Benutzen Sie zum Bezahlen die süßigkeitenfreie Kasse.

Wenn Sie für eine oder mit einer Person, die beeinträchtigt ist, den Einkauf erledigen, sollten Sie darauf achten, dass nicht das eingekauft wird, was Sie für richtig halten. Beraten und unterstützen Sie den Menschen im Rahmen seines Budgets und seines Bedarfs. Wenn dieser in seiner Mobilität eingeschränkt ist, sollten Sie beim gemeinsamen Einkaufen mehr Zeit einplanen und geeignete Einkaufsmöglichkeiten wählen. Wählen Sie ein Geschäft, das barrierefrei ist (z. B. keine Treppen, breite Kassen).

# 3.2. Lagerung von Lebensmitteln – „Ein guter Rat: VorRAT“

## 3.2.1 Vorratshaltung

Weitere Informationen zur Lebensmittelkennzeichnung unter www.vzs.de

Wer kennt das nicht, es ist keine Zeit zum Einkaufen oder überraschend steht Besuch vor der Tür. In solchen oder anderen Situationen ist jeder froh, einen Vorrat angelegt zu haben. Aber wie lagert man Lebensmittel am besten, ohne dass diese zu schnell verderben? Die Lebensmittelverpackungen geben Auskunft über Lagerdauer und erforderliche Lagerbedingungen.

*Abb. 1 Verpackungsaufdrucke weisen auf das Mindesthaltbarkeitsdatum hin.*

**Grundsätze für das Lagern von Lebensmitteln**
- Halten Sie die auf der Verpackung abgedruckten Lagerbedingungen und Lagerdauer (Mindesthaltbarkeitsdatum) unbedingt ein.
- Bewahren Sie Lebensmittel in Vorratsbehältern auf. Die Vorratsbehälter müssen lebensmittelecht, gut verschließbar, leicht zu reinigen und beschriftbar sein.
- Kontrollieren Sie die Vorräte regelmäßig.
- Beachten Sie das Prinzip der Vorratshaltung: „First in, first out“. (Was zuerst reinkam, muss zuerst raus. Das bedeutet, neue Ware wird hinter der alten eingeordnet).
- Lebensmittel aus angebrochenen Verpackungen sollten Sie umfüllen, abdecken und kühl aufbewahren (sonst entwickeln z. B. in Konserven gelagerte Lebensmittel einen Metallgeschmack oder Milchprodukte nehmen schnell den Geschmack von anderen Lebensmitteln an.)

Bei der Vorratshaltung gibt es einen Grundsatz: „Weniger ist mehr.“ Das heißt, in jedem Haushalt sollte ein Grundsortiment an Lebensmitteln und Getränken vorhanden sein, wie z. B. Mehl, Zucker, Salz, Reis, Nudeln, Hülsenfrüchte, Konserven (Fisch, Gemüse, Obst), Käse, Butter, Wurst, Öl, Milch, Mineralwasser und Fruchtsaft.

*„Weniger ist mehr.“ Auch bei der Vorratshaltung ist das ein Grundsatz.*

In vielen Haushalten sind die Lagermöglichkeiten begrenzt. Deshalb sollte schon beim Einrichten der Wohnung auf Platz für einen Vorratsschrank geachtet werden. Um eine optimale Lagerung für einen 4-Personen-Haushalt zu gewährleisten, reichen schon ein Kühlschrank (240 Liter) mit Gefrierfunktion und ein Vorratsschrank für Konserven, Getränke und Trockenprodukte aus.

Kühlschrank ► S. 170
Vorratsschrank ► S. 171

**!** Werden Lebensmittel, vor allem Frischprodukte, falsch gelagert, können sich die darin befindlichen Bakterien schneller vermehren. In acht Stunden können so aus einem Bakterium mehr als 16 Millionen Bakterien werden.

### 3.2.2 Kühlschrank

Ein übersichtlich eingeräumter Kühlschrank hat den Vorteil, dass Sie sofort erkennen, was noch benötigt wird, und dass die Kühlschranktür nur kurz geöffnet bleibt. Damit verbraucht er weniger Energie und dies spart wiederum Kosten.
Die nachfolgende Abbildung zeigt eine mögliche Lagerung im Kühlschrank.

Weitere Informationen zur Lebensmittellagerung im Kühlschrank finden Sie unter: www.kuehlschrank-infos.de ▹ Temperaturzonen oder unter www.1000-haushaltstipps.de ▹ Küchentipps ▹ Lebensmittel im Kühlschrank

*Abb 1. Kühlschrank*

Vitamine ► S. 291

**!** Um größere Vitaminverluste zu vermeiden, sollte Obst und Gemüse immer frisch gekauft oder nur kurz gelagert werden. Nicht alle Obst- und Gemüsesorten sind für das kühle Lagern geeignet. Südfrüchte, Äpfel, Erdbeeren, Kartoffeln und Tomaten gehören nicht in den Kühlschrank.

Kühlschränke werden meist als Kombination mit Gefrierfunktion im Handel angeboten. Die Gefrierfunktion wird durch die Anzahl der Sterne gekennzeichnet.
*1-Stern-Fach: –6 °C, ca. zwei Tage können Lebensmittel aufgewahrt werden.
**2-Sterne-Fach: –12 °C, ca. eine Woche können Lebensmittel gelagert werden.
***3-Sterne-Fach: –18 °C, Lagerung laut Verpackung möglich.
****4 Sterne-Fach bis –24 °C, Lebensmittel sind mehr als drei Monate lagerfähig.

**Besonderheiten bei der Lagerung von Säuglingsnahrung**
Grundsätzlich sollte die Säuglingsnahrung immer frisch zubereitet werden. Doch es gibt Situationen, in denen dies nicht möglich ist, z. B. wenn Sie mit einem Baby unterwegs sind. Die Nahrung muss frisch angerührt oder kühl aufbewahrt werden. Angerührte Milchreste dürfen nicht aufgehoben, sondern müssen entsorgt werden.

## 3.2.3 Vorratsschrank

Der Vorratsschrank wird für das Lagern von Trockenprodukten (wie z. B. Mehl, Nudeln, Reis) sowie Konserven, Milch und Getränke benötigt. Hierfür ist es notwendig, dass die Produkte übersichtlich geordnet, in geeigneten Behältern gelagert und zweimal im Jahr auf das Mindesthaltbarkeitsdatum kontrolliert werden.

**Lagerdauer und Mindesthaltbarkeitsdatum von Lebensmitteln**
Die Lagerdauer gibt an, wie lange Lebensmittel aufbewahrt werden können, bevor sie ungenießbar sind. Dabei handelt es sich um Erfahrungswerte, die durch Tests bestimmt wurden. Das Mindesthaltbarkeitsdatum auf der Packung gibt detaillierte Auskünfte über die Lagerdauer eines bestimmten Lebensmittels.

| Lebensmittel | | Kühlschrank | Vorratsschrank | Bei Raumtemperatur | Lagerdauer |
|---|---|---|---|---|---|
| Eier | | • | | | 20 Tage |
| Butter | | • | | | 1 Monat |
| Marmelade | (geöffnet) | • | | | 5 Wochen |
| | (ungeöffnet) | | • | | 2 Jahre |
| Fleisch, Geflügel | | • | | | 1 Tag |
| Hackfleisch, Fisch | | • | | | sofort verzehren |
| Wurst | (frisch) | • | | | 2–3 Tage |
| | (verpackt) | • | | | 3–4 Wochen |
| Käse, Sahne | (geöffnet) | • | | | 2–3 Tage |
| | (ungeöffnet) | • | | | 4 Wochen |
| Jogurt | | • | | | 3 Wochen |
| Tomatenmark, Ketchup | (geöffnet) | • | | | 4 Wochen |
| | (ungeöffnet) | | • | | 2 Jahre |
| Fischkonserven | (geöffnet) | • | | | sofort verzehren |
| | (ungeöffnet) | • | | | 2 Jahre |
| Salat | | • | | | 2 Tage |
| Gurke, Paprika, Suppengrün, Zitronen | | • | | | 3 Tage |
| Milch | (geöffnet) | • | | | 2 Tage |
| | (ungeöffnet) | | • | | 3 Monate |
| Mehl, Kartoffel- und Maismehl, Zucker, Reis | | | • | | 1 Jahr |
| Kartoffeln, Zwiebeln | | | | • | 1 Woche |
| Brot, Brötchen | | | | • | 2 Tage |
| Konserven | | | • | | 2–3 Jahre |

§ Das Lagern von Lebensmitteln in Einrichtungen, wie z. B. im Altenpflegeheim, wird durch gesetzliche Bestimmungen geregelt. Das fängt bei der Dokumentation der Warenannahme an und hört bei der Rückstellprobe der Speisen auf. Solche Bestimmungen sind z. B. in der Lebensmittelhygieneverordnung sowie DIN 10508 und 10526 verankert.

Weitere Informationen unter:
www.bundesrecht.juris.de

! Kartoffeln sollten kühl und dunkel gelagert werden. Die Keime oder auch grüne Stellen der Kartoffel enthalten eine größere Menge an Solanin. Solanin ist ein natürliches Gift, das Magenbeschwerden, Erbrechen, Herzrhythmusstörungen, Krämpfe und Bewusstlosigkeit auslösen kann. Es ist außerdem auch in grünen, unreifen Tomaten enthalten.

## 3.3 Techniken der Speisenzubereitung – „Essen hält Leib und Seele zusammen"

### 3.3.1 Küchentechnische Fachbegriffe

| Fachbegriff | Erklärung |
|---|---|
| **Ablöschen** | Dem Lebensmittel (z. B. Gemüse) wird beim Bratvorgang heiße Flüssigkeit (z. B. Brühe) unter Rühren zugegeben, um es nach dem Anbraten durchzugaren. Auch bei der Herstellung einer Grundsoße spricht man vom Ablöschen. Mehlschwitze wird mit Flüssigkeit aufgefüllt und gerührt. |
| **Abschrecken** | Das heiße und gegarte Lebensmittel (z. B. Nudeln) wird sofort nach dem Garprozess unter kaltem Wasser abgespült. |
| **Auslassen** | Durch Wärmezufuhr werden tierische Fette (z. B. Speck) ausgebraten und flüssig. |
| **Binden** | Durch Zugabe eines Mehl-Wasser-Gemisches wird das Lebensmittel (z. B. Soße) angedickt. |
| **Blanchieren** | Das Lebensmittel (z. B. Brokkoli) wird für 1–2 Minuten gekocht und anschließend mit kaltem Wasser abgeschreckt. |
| **Einweichen** | Das Lebensmittel (z. B. getrocknete Pilze) wird roh für einige Stunden in kaltem Wasser eingelegt. Dabei kommt es zur Volumenzunahme. |
| **Fond** | Hier spricht man auch von konzentrierter Brühe. |
| **Gratinieren** | Die bereits gegarten Lebensmittel werden z. B. mit Käse überbacken. |
| **Karamellisieren** | Der Zucker wird in einem Topf erhitzt, dadurch wird er braun. |
| **Legieren** | Zur Verfeinerung und Geschmacksverbesserung wird Sahne oder Ei in nicht kochende Lebensmittel eingerührt. |
| **Marinieren** | Durch das Einlegen oder Einreiben des Lebensmittels (z. B. Fleisch) mit einer würzigen Flüssigkeit erhält es einen kräftigen Geschmack. |
| **Mehlschwitze** | Im Fett angedünstetes Mehl, wird mit heißer Flüssigkeit abgelöscht. |
| **Panieren** | Das Lebensmittel (z. B. Fleisch) wird gewürzt, in Ei und dann in Paniermehl gewendet. |
| **Pellen** | Die Schale eines Lebensmittels (z. B. Kartoffel) wird fein abgezogen. |
| **Pochieren** | Das Lebensmittel (z. B. Fisch) wird bei einer Temperatur unter 100 °C schonend gegart. |
| **Prise** | Ist die Menge, die sich zwischen Daumen-, Zeige- und Mittelfinger befindet (z. B. eine Prise Salz). |
| **Quellen** | Das Lebensmittel (z. B. Reis) wird roh in kochendes Wasser gegeben und gegart. Dabei kommt es zur Volumenzunahme. |
| **Reduzieren** | Das Lebensmittel (z. B. Soße) wird so lange erhitzt, bis die gewünschte Menge an Flüssigkeit aus dem Topf verdampft ist. |
| **Schlagen** | Luft wird als Lockerungsmittel unter das Lebensmittel (z. B. Sahne) geschlagen. |
| **Schwenken** | Die verzehrfertigen Lebensmittel (z. B. Gemüse) werden mit Butter oder einer Marinade durchmischt. |
| **Sieben** | Das Lebensmittel (z. B. Mehl) wird vor der Weiterverarbeitung durch ein Sieb gegeben. |
| **Stocken** | Das flüssige Lebensmittel (z. B. Eigelb) wird durch Hitzeeinwirkung, z. B. durch ein Wasserbad, fest. |
| **Stürzen** | Das Lebensmittel, das in einer Form gegart wurde, wird als Ganzes herausgenommen (z. B. Pudding). |
| **Unterheben** | Die Speise (z. B. Kuchenteig) wird vorsichtig mit einer luftgelockerten Masse, z. B. Eischnee, vermischt. |
| **Wasserbad** | Für ein Wasserbad benötigt man zwei Töpfe. Im ersten wird Wasser zum Kochen gebracht. Im zweiten befindet sich das Lebensmittel (z. B. Schokolade). Der zweite Topf wird in den ersten gestellt. Ohne dass das Lebensmittel mit dem kochenden Wasser in Kontakt kommt, wird es geschmolzen, aufgeschlagen oder gestockt. |
| **Wässern** | Beim Wässern wird das Lebensmittel in kaltes Wasser gelegt. Dadurch schwemmt man unerwünschte Stoffe aus (z. B. bei Innereien). |
| **Zerlassen** | Durch geringe Wärmezufuhr werden feste Lebensmittel (z. B. Butter) flüssig gemacht. |

## 3.3.2 Saisonkalender für Obst und Gemüse

Obst und Gemüse sollten nach Ernährungsempfehlungen wegen ihrer Vitamine, Mineralstoffe und ihrer Ballaststoffe mehrmals täglich auf den Tisch gelangen. Diese vorteilhaften Inhaltsstoffe sind vor allem in frischem saisonalem Obst und Gemüse zu finden. In der Saison sind die verschiedenen Sorten zudem günstig einzukaufen, da sie nicht über große Strecken aus fernen Ländern transportiert werden müssen. Saisonkalender geben Auskunft, wann Obst und Gemüse Erntezeit hat.

Ernährungsempfehlungen ► S. 301
Vitamine ► S. 291
Mineralstoffe ► S. 292
Ballaststoffe ► S. 293

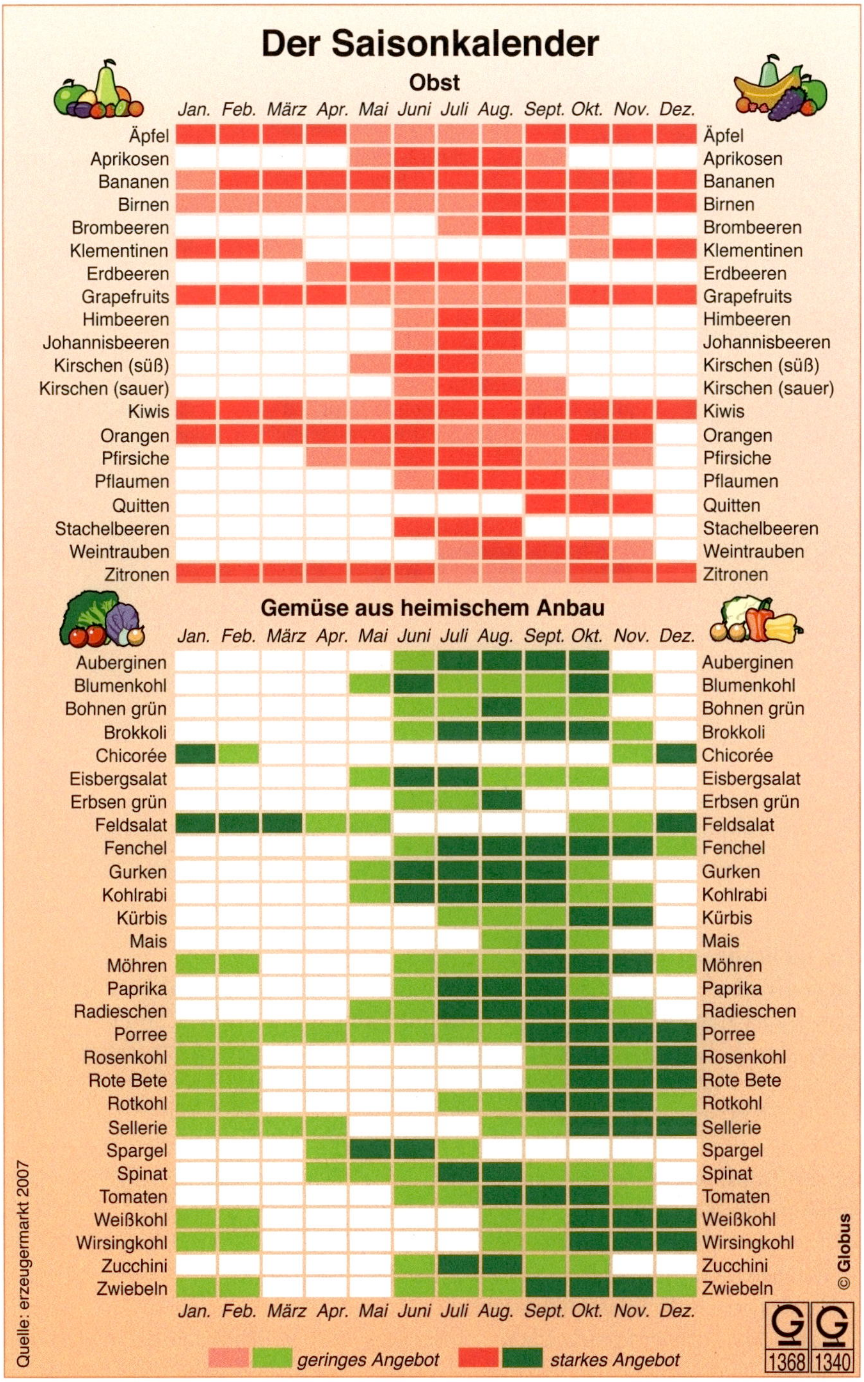


***Frisches saisonales Obst und Gemüse hat einen hohen Vitamin-, Mineralstoff- und Ballaststoffgehalt und ist dabei günstig einzukaufen.***

### 3.3.3 Portionsgrößen

*Tabellen mit Portionsgrößen helfen bei der Planung eines Gerichtes.*

Tabellen mit Portionsgrößen geben darüber Auskunft, welche Menge eines Lebensmittels pro Person beim Zubereiten eines Gerichtes benötigt wird.

**Mengenangaben**
Die Menge entspricht einer erwachsenen Person und bezieht sich auf die Rohware.

| | **Hauptgericht** | **Vorsuppe** | |
|---|---|---|---|
| **Suppe/Eintopf** | 500 ml | 200 ml | |
| | | | |
| | **Hauptgericht** | **Beilage/Snack** | **Suppeneinlage** |
| **Kartoffeln** | 250 g | 200 g | 125 g |
| **Reis** | 100 g | 50 g | 30 g |
| **Teigwaren** | 100 g | 60 g | 30 g |
| **Gemüse** | 250 g | 200 g | 125 g |
| **Salat** | 500 g | 150 g | |
| **Pikantes Gebäck** | ¼ Blech | ⅛ Blech | |
| | | | |
| **Fleisch** | mit Knochen 150 g | ohne Knochen 125 g | Hackfleisch 100 g |
| **Fisch** | mit Kopf 250 g | als Filet 150 g | |
| **Obst** | frisch 200 g | Kompott 100 g | |
| | | | |
| **Süßspeise** | 125 g | | |

### 3.3.4 Herstellen von Speisen

Die Herstellung von Speisen verläuft in drei Schritten:
- Vorbereitung
- Zubereitung
- Anrichten

*Abb. 1 Vitaminverluste bei knackigem Gemüse können verringert werden.*

Putzen ► S. 175

**Vorbereitungsarbeiten**
Zu den Vorbereitungsarbeiten gehört das Säubern und Zerkleinern von Lebensmitteln. Dabei spielt die Auswahl der Hilfsmittel eine große Rolle. Schon der Einsatz eines Messers beim Schälen von Gemüse kann große Vitaminverluste bedeuten. Die wertvollsten Vitamine liegen unter der Schale des Gemüses. Das Verwenden eines Sparschälers ist hier zu empfehlen.

Einige Tipps, wie vor allem Vitaminverluste bei Lebensmitteln verringert werden können:
- Waschen Sie Lebensmittel immer vor dem Putzen.
- Waschen Sie Lebensmittel nur kurz, aber gründlich.
- Zerkleinern Sie die Lebensmittel erst kurz vor dem Garen.
- Lassen Sie die Lebensmittel nicht im Wasser liegen (Wasser schwemmt die wasserlöslichen Vitamine aus).

Die Tabelle stellt dar, wie Lebensmittel geschnitten, zerkleinert und so weiterverarbeitet werden, dass im Anschluss die Zubereitung erfolgen kann.

**Vorbereitungsarbeiten**

| Vorbereitungsarbeit | Durchführung | Beispiele |
|---|---|---|
| **Putzen** | Es werden alle nicht verwertbaren Teile der Lebensmittel (z. B. verholzte Schale oder der Wurzelansatz) mit einem Messer entfernt. | Kohlrabi |
| **Waschen** | Es werden alle Verunreinigungen am Lebensmittel gründlich entfernt. Empfindliche Lebensmittel werden im stehenden Wasser gewaschen. | Beeren und Salat |
| **Schälen** | Unter Verwendung eines Sparschälers wird die Schale vom Lebensmittel entfernt. | Möhre |
| **Schneiden** | Um bei diesem Arbeitsschritt die Verletzungsgefahr so gering wie möglich zu halten, muss das Lebensmittel fest auf dem Brett liegen und der sogenannte Krallengriff sollte angewendet werden. Beim Schneiden wird, je nach Zubereitung, das Lebensmittel in Scheiben, Streifen, Stücke oder Würfel geschnitten. | Zwiebel |
| **Hacken** | Zunächst wird das Lebensmittel grob mit dem Messer zerschnitten und anschließend mit einem Wiegemesser zerkleinert. | Petersilie |
| **Hobeln** | Die Lebensmittel werden in feine Scheiben geschnitten. | Gurke |
| **Raspeln** | Durch das Raspeln entstehen aus dem ganzen Lebensmittel feine Streifen. | Möhre |
| **Reiben** | Die Lebensmittel werden sehr fein abgerieben.<br>Manche Lebensmittel werden durch Reiben auch vollständig zerkleinert (z. B. Kartoffeln, Äpfel). | Zitrone |
| **Passieren** | Die Lebensmittel werden durch ein Sieb gestrichen. | Tomate |
| **Pürieren** | Die weichen, gegarten Lebensmittel werden mit einem Pürierstab zu einem Brei verarbeitet. | Kartoffel |

***Die Auswahl des Garverfahrens in der Zubereitung spielt eine wesentliche Rolle, um die Qualitätsminderung gering zu halten.***

**Zubereitungsarbeiten**

Nachdem die Vorbereitungen abgeschlossen sind, kann die eigentliche Zubereitung beginnen. Damit weitere Qualitätsminderungen so gering wie möglich gehalten werden und man gleichzeitig Energie spart, sollten folgende Kriterien beachtet werden:

- Die Kochtöpfe müssen mit der Kochstelle des Elektroherdes übereinstimmen, der Topfboden muss plan sein. Verwenden Sie immer einen Topfdeckel, um die Energie optimal zu nutzen.
- Wählen Sie ein für das Lebensmittel geeignetes Garverfahren aus.

Die nachfolgende Tabelle gibt eine Übersicht zu den verschiedenen Garverfahren.

| Garverfahren | Beschreibung | Ernährungsphysiologische Besonderheiten | Geeignete Lebensmittel |
|---|---|---|---|
| **Backen** 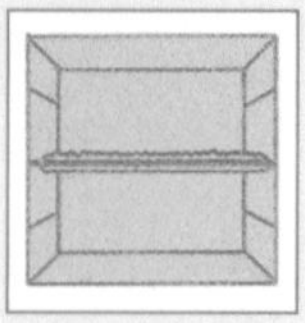 | Die Lebensmittel werden in einem Backofen bei einer Temperatur ab 100 °C gegart und erhalten dadurch eine goldgelbe Farbe. | Die Lebensmittel sollten beim Garen keine zu starke Bräunung erhalten. Es besteht ein erhöhtes Risiko einer Krebserkrankung. | Gebäck, Auflauf, Kuchen |
| **Braten in der Pfanne** 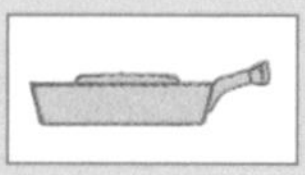 | Die Lebensmittel werden mit Zugabe von Fett bei einer Temperatur von ca. 170 °C gegart. | Durch den Verzehr zu stark gebräunter Lebensmittel kann Krebs entstehen. Beim Braten Öle verwenden, weil sie hohe Temperaturen vertragen. Nicht geeignet für Personen, die Magenprobleme haben. | Geflügel, Fisch, Eier, Gemüse, Kartoffeln |
| **Braten im Backofen**  | Die Lebensmittel werden mittels Backofen und Zugabe von Fett bei einer Temperatur bis zu 220 °C gegart. | Hier besteht die große Gefahr der Bildung von Acrylamid. Acrylamid steht unter Verdacht, Krebs auszulösen. | Geflügel, Hackbraten, Wild, Fisch |
| **Dämpfen**  | Die Lebensmittel werden durch Wasserdampf bei einer Temperatur von 100 °C gegart. | Vitamine und Mineralstoffe bleiben dem Lebensmittel weitgehend erhalten. | Klöße, Gemüse, Kartoffeln, Hefeklöße |
| **Druckgaren** 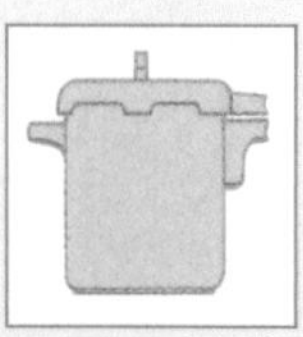 | Die Lebensmittel werden unter Druck bei einer Temperatur bis 125 °C gegart. | Auch wenn die Garzeit verkürzt wird, treten Vitaminverluste auf. | Fleisch, Hülsenfrüchte, Geflügel, Kohl |

| Garverfahren | Beschreibung | Ernährungsphysiologische Besonderheiten | Geeignete Lebensmittel |
|---|---|---|---|
| **Dünsten**  | Die Lebensmittel werden unter Zugabe von wenig Fett und Flüssigkeit bei einer Temperatur von 100 °C gegart. | Dieses Garverfahren ist schonend zu den Lebensmitteln. Die Ausschwemmung der Vitamine ist gering. | Obst, Gemüse, Fisch, Kartoffeln |
| **Frittieren** 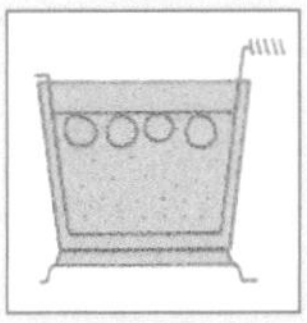 | Die Lebensmittel werden mit viel Fett, sodass sie schwimmen, bei einer Temperatur von ca. 175 °C gegart. | Hitzebeständige Öle zum Fritieren verwenden, sonst bilden sich gesundheitsschädliche Stoffe. Fritierte Lebensmittel sind auf Grund des Fettgehaltes sehr kalorienreich. | Fleisch, Kartoffeln, Gemüse, Gebäck, Fisch, Geflügel |
| **Garziehen**  | Die Lebensmittel werden mit viel Flüssigkeit bei einer Temperatur von ca. 95 °C gegart. | Es treten große Nährstoffverluste auf, deshalb das Garwasser weiterverwenden. | Klöße, Eier, Fisch, Königberger Klopse |
| **Grillen** 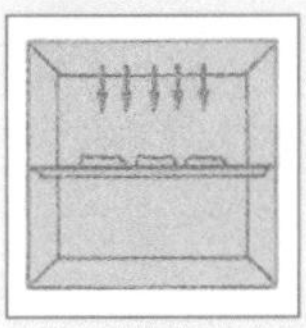 | Die Lebensmittel werden mittels Kontakt- oder Strahlungsgrill und Zugabe von wenig Fett bei einer Temperatur von ca. 220 °C gegart. | Kein gepökeltes Fleisch grillen. Das darin befindliche Nitrit verbindet sich durch starkes Erhitzen mit dem Eiweiß zu Nitrosaminen. Dadurch erhöht sich die Gefahr, an Krebs zu erkranken. | Fleisch, Fisch, Gemüse |
| **Kochen**  | Die Lebensmittel werden mit viel Flüssigkeit (Lebensmittel sind dabei bedeckt) bei einer Temperatur von 100 °C gegart. | Die Nährstoffe in den Lebensmitteln werden herausgeschwemmt, deshalb das Garwasser weiterverwenden. | Teigwaren, Reis, Hülsenfrüchte, Tafelspitz, Knochen zur Brüheherstellung |
| **Mikrowellengaren** 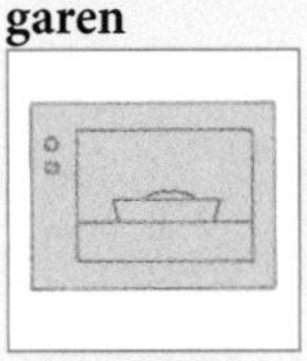 | Die Lebensmittel werden mittels elektromagnetischer Wellen von innen nach außen bei einer Temperatur bis 100 °C gegart. | Es treten geringe Nährstoffverluste auf. Zum Wiederaufwärmen der Speisen besonders geeignet. | Fleisch, Gemüse, Kartoffeln, Reis |
| **Schmoren**  | Die Lebensmittel werden zunächst bei einer Temperatur von ca. 180 °C in wenig Fett angebraten und anschließend bei einer Temperatur von 100 °C mit wenig Flüssigkeit gegart. | Bei diesem Garverfahren muss darauf geachtet werden, dass die Bräunung nicht zu stark wird. Auch hier besteht Krebsgefahr. | Fleisch, Wild, Kohlrouladen |

*Appetitlich angerichtete Speisen fördern den Genuss beim Essen.*

**Anrichten**
Nachdem die Speisen zubereitet sind, müssen sie dekorativ für den Tisch auf dem vorgewärmten Teller angerichtet werden, denn das Auge isst mit.
Auch hier gibt es einige Regeln zu beachten:
- Dekorieren Sie die Speisen mit passenden essbaren Dekorationen.
- Säubern Sie den Tellerrand vor dem Servieren.
- Überfüllen Sie keine Teller oder Schüsseln.
- Legen Sie das Vorlegebesteck immer vor oder neben die Schüsseln oder Platten auf einen Teller.

Für die Dekoration kann z. B. verwendet werden:
- Obst, Gemüse oder frische Kräuter
- Sahnehäubchen
- Zitronen- oder Orangenscheiben
- Schokoladenstreusel oder Mandelblättchen
- gekochte Eier und geröstete Brotwürfel

*Abb. 1–4 Es gibt viele unterschiedliche Möglichkeiten, Speisen dekorativ auf dem Teller anzurichten.*

# 3.4 Hygienische Anforderungen an die Speisenzubereitung – „Kein Haar in der Suppe"

## 3.4.1 Lebensmittelhygiene

*Durch Lebensmittelhygiene lassen sich viele Krankheiten vermeiden.*

Haare in der Suppe oder Schimmelpilze im Brot sind wohl für niemanden eine angenehme Vorstellung. Darüber hinaus können verunreinigte bzw. verdorbene Lebensmittel sogar Gifte bilden und schwere Erkrankungen auslösen. Das Bundesinstitut für Risikobewertung berichtet, dass in Deutschland in jedem Jahr etwa 200 000 Erkrankungen durch verdorbene Lebensmittel bekannt werden. Besonders Säuglinge, Kleinkinder und alte Menschen sind gefährdet. Durch Hygienestandards konnten die Risiken in der industriellen Verarbeitung von Lebensmitteln vermindert werden. Auch die Lagerung und die Zubereitung tierischer Produkte ist risikobehaftet. Sie können dazu beitragen, die Gefahr, an Lebensmittelvergiftungen zu erkranken, weitgehend zu minimieren, indem Sie sich im Umgang und bei der Zubereitung von Lebensmitteln an folgende Vorschriften und Regeln halten:

**Hygienevorschriften für Lebensmittel**

1. Die Anlieferung von Speisen aus einer Zentralküche muss in geschlossenen Behältern erfolgen.
2. Es werden nur Lebensmittel in einwandfreier Qualität gekauft und verwendet.
3. Lassen Sie rohes Fleisch oder ungewaschenes Gemüse nicht mit verzehrfertigen Lebensmitteln in Berührung kommen.
4. Schneiden Sie keinen Salat auf dem Brett, das Sie gerade für Geflügel benutzt haben.
5. Entsorgen Sie Auftauwasser von Fleisch oder Geflügel sofort, lassen Sie es nicht mit anderen Lebensmitteln in Berührung kommen.
6. Bewahren Sie leicht verderbliche Lebensmittel immer gekühlt auf (Abb. 5).
7. Halten Sie Speisen nur kurze Zeit und nicht unter 65 °C warm.
8. Warme Speisen dürfen nicht längere Zeit (über 3 Stunden) aufbewahrt werden, sondern müssen bei Bedarf im Kühlschrank zwischengelagert werden.
9. Nehmen Sie gekühlte Lebensmittel erst kurz vor dem Verzehr aus dem Kühlschrank.
10. Frieren Sie keine angetauten Lebensmittel, insbesondere Eiscreme, wieder ein.
11. Decken Sie Speisen immer ab (Abb. 6).

*Abb. 5 Kühlkammer*

*Abb. 6 Abdecken der Lebensmittel mit Folie*

Vorschriften zur Personalhygiene:
- Halten Sie Ihren Körper und Ihre Haare sauber.
- Verwenden Sie täglich frische Kleidung, Geschirrtücher und Vorbinder.
- Tragen Sie bei der Arbeit in einer Großküche immer eine Kopfbedeckung.
- Halten Sie Ihre Fingernägel sauber und kurz geschnitten.
- Legen Sie vor Arbeitsbeginn in der Großküche Handschmuck und Armbanduhr ab.
- Rauchen Sie nicht in der Nähe der Lebensmittel. Rauch oder Asche in den Lebensmitteln ist gesundheitsschädlich.
- Waschen Sie vor Arbeitsbeginn und nach jedem Toilettenbesuch die Hände.

Zubereitung ► S. 176
Lagerung ► S. 169

**Was bedeutet HACCP?**

HACCP ist das Kürzel für „Hazard Analysis Critical Control Points" und meint die Gefahrenanalyse, und zwar auf allen Stufen der Zubereitung, Verarbeitung, Herstellung, Verpackung, Lagerung, Beförderung, Verteilung, Behandlung und des Verkaufs.

Dokumentation ► S. 127

**Was bedeutet HACCP in Küchen für die Praxis?**

Die einzelnen Arbeitsschritte müssen lückenlos erfasst, kontrolliert und für die lebensmittelüberwachenden Organe (Kontrollbehörden) nachvollziehbar dokumentiert werden.

Das erfordert Wissen – Wissen, über das laut Verordnung alle Personen, die mit Lebensmitteln umgehen, verfügen müssen. Das heißt, jeder Mitarbeiter muss in Fragen der Lebensmittelhygiene geschult und motiviert werden, dies in seinem Tätigkeitsbereich umzusetzen.

§ Seit 1. Januar 2006 gilt die Verordnung (EG) Nr. 852/2004 über Lebensmittelhygiene des Europäischen Parlaments. Ein zentrales Anliegen dieser Verordnung ist die Sicherstellung eines einheitlichen Hygienestandards in der Europäischen Union.

*Leicht verderbliche Lebensmittel müssen kühl gelagert werden.*

**Leicht verderbliche Lebensmittel**

Zu den leicht verderblichen Lebensmitteln gehören:
- Fleisch und Erzeugnisse aus Fleisch
- Milch und Erzeugnisse auf Milchbasis
- Fische (Abb. 1), Krebse oder Erzeugnisse daraus
- Eiprodukte
- Säuglings- und Kindernahrung
- Speiseeis
- Backwaren mit nicht durchgebackener Füllung
- Feinkost-, Rohkost- und Kartoffelsalate, Marinaden, Majonäse, Soßen

Die leicht verderblichen Lebensmittel bieten Krankheitserregern gute Wachstumsbedingungen und sind deshalb kühl zu lagern.

Rohes Hackfleisch soll grundsätzlich nicht zum Verzehr ausgegeben werden, sondern nur gut durchgebraten. Rohe Eier werden nur zum Kochen, Braten oder Backen verwendet.

*Abb. 1 Der rohe Fisch im Sushi muss sehr frisch sein, sonst können sich Keime vermehren.*

§ Der § 42 des Infektionsschutzgesetzes fordert ein Verbot im Umgang mit Lebensmitteln für:
- Personen, die an bestimmten Krankheiten leiden, die über Lebensmittel übertragen werden
- Personen, die an infizierten Wunden oder Hauterkrankungen leiden
- Ausscheider (Keimträger)

## 3.4.2 Besonderheiten beim Umgang mit Lebensmitteln in der Betreuung

Bei der Verpflegung alter und pflegebedürftiger Menschen müssen an die Lebensmittelhygiene besonders hohe Anforderungen gestellt werden, da die Pflegebedürftigen oft schon ein geschwächtes Immunsystem haben. Offene Lebensmittel, die schon im Bewohnerzimmer waren, dürfen nicht mehr weiterverwendet werden. Auch Essensreste müssen weggeworfen werden, ein Einfrieren ist nicht gestattet.

Immunsystem ► S. 217

Wiesbaden

**Salmonellen-Alarm im Altenheim**

Mehrere Bewohner eines Wiesbadener Altenheims mussten mit einer Salmonellen-Infektion im Krankenhaus behandelt werden. Schuld war offenbar ein Erdbeerkuchen mit Puddingschicht.

Nach Untersuchungen von Veterinären und Lebensmittelkontrolleuren war möglicherweise ein Ei, das für den Kuchen verwendet wurde, mit Salmonellen infiziert. Der Erdbeerkuchen kam von einer Bäckerei. In der Küche des Altenheimes wurden keine Keime entdeckt.
Neun von 55 Bewohnern des Altersheims litten unter Durchfall. Sieben von ihnen mussten ins Krankenhaus eingeliefert werden. Inzwischen befänden sie sich auf dem Wege der Besserung, erklärte am Dienstag Holger Meireis, Leiter des Wiesbadener Gesundheitsamts.

Im vergangenen Jahr hatte ein Salmonellen-Skandal im Klinikum Fulda für Aufsehen gesorgt. Dort hatten sich rund 270 Menschen in zwei Wellen mit Salmonellen angesteckt. Zwei von ihnen waren gestorben, sechs weitere Todesfälle wurden mit der Epidemie in Verbindung gebracht. Inzwischen wurde eine neue Küche im Klinikum eingerichtet. Sie soll verhindern, dass sich ein ähnlicher Fall wiederholt.

www.hr-online.de 08.07.2008

Wenn in der Schule fertig zubereitete Menüs regeneriert und ausgegeben werden sollen, muss ein gefliester, separater Raum zum Aufstellen der Gefrier-, Kühl- und Regeneriergeräte sowie eine Spül- und Geschirreinrichtung vorhanden sein oder eingerichtet werden.

*Abb. 2 Küche in einer Kita*

*Abb. 3 Einblick in eine Großküche*

# 4. Haushaltspflege – „Alles muss sauber sein“

## 4.1 Grundlagen der Haushaltshygiene – „Nicht nur sauber, sondern rein?“

Reinigungsverfahren ► S. 185
Desinfektion ► S. 233
Sterilisation ► S. 233

Um hygienisch zu leben und gesund zu bleiben, genügen für den Privathaushalt die üblichen Reinigungsmaßnahmen. Spezielle Maßnahmen zur Vorbeugung von Krankheiten, insbesondere Maßnahmen der Desinfektion und Sterilisation, sind nur in Krankenhäusern oder Gemeinschaftseinrichtungen notwendig.

Im normalen Haushalt bedeutet Hygiene und Sauberkeit nicht, dass die Wohnung keimfrei sein muss. Desinfektionsmittel sind im Haushalt nicht nötig. Nur in seltenen Ausnahmefällen kann der Arzt bei gesundheitlichen Problemen entsprechende Produkte empfehlen. Auch Kombinationspräparate zum Reinigen und Desinfizieren sind nicht sinnvoll. Mehr Sauberkeit bringen sie nicht und als Desinfektionsmittel wirken sie nicht ausreichend. Staatliche Gesundheitsbehörden warnen übrigens vor Reinigungsmitteln mit „antibakteriellen“ oder „antimikrobiellen“ Zusätzen. Diese stehen im Verdacht, Allergien auszulösen oder sogar die Entstehung besonders widerstandsfähiger Erreger zu begünstigen.

Allergien ► S. 231
Erreger ► S. 218

# 4.2 Haushaltsreinigung – „Reinigen nach Plan“

## 4.2.1 Reinigungsarbeiten

Im Schmutz fühlen sich Bakterien sehr wohl und haben ideale Lebensbedingungen. Das kann zu Krankheiten führen und Allergien auslösen. Durch eine regelmäßige Reinigung Ihrer Wohnung beugen Sie dem vor und erhalten Ihre Gesundheit. Außerdem fühlen Sie und Ihre Gäste sich sicherlich in einer sauberen, aufgeräumten Wohnung viel wohler als in Schmutz, Staub und Dreck.

Bakterien ► S. 218

**Reinigungsarten**

Eine Reinigung erfolgt täglich, wöchentlich oder in noch größeren Abständen. Man unterscheidet in Sicht-, Unterhalts- und Grundreinigung. Wenn Sie Reinigungsarbeiten in Wohnheimen oder fremden Haushalten, z. B. in der häuslichen Pflege, durchführen, sollten Sie immer auf die Bedürfnisse der zu betreuenden Menschen eingehen.

***Reinigungsarten werden in Sicht-, Unterhalts- und Grundreinigung unterschieden.***

| Sichtreinigung: | Unterhaltsreinigung: | Grundreinigung: |
| --- | --- | --- |
|  |  |  |
| Es handelt sich vorwiegend um Aufräumarbeiten von Dingen, die Sie sehen. Die Sichtreinigung wird dann erledigt, wenn sie anfällt, mehrmals in der Woche, täglich oder mehrmals täglich. Dazu gehören Tätigkeiten wie z. B.<br>• Gegenstände oder Geschirr wegräumen,<br>• Oberflächen (z. B. Tisch) abwischen,<br>• Müllbehälter entleeren,<br>• Betten machen,<br>• verwelkte Blumenblätter beseitigen oder<br>• Spinnweben entfernen. | Hier handelt es sich um alle Aufräum- und Reinigungsarbeiten, die im Alltag wiederkehren und meist einmal in der Woche erledigt werden sollten, z. B.<br>• Staub saugen,<br>• Wäsche bügeln,<br>• Staub wischen,<br>• Fußböden reinigen,<br>• Kühlschrank auf verdorbene Lebensmittel kontrollieren und auswischen,<br>• WC, Waschbecken, Dusche /Badewanne reinigen oder<br>• Schuhe putzen. | Bei der Grundreinigung werden alle Einrichtungsgegenstände und Geräte intensiv gereinigt. Diese Reinigungsart benötigt viel Zeit und wird deshalb in größeren Abständen (z. B. 2- bis 3-mal im Jahr) durchgeführt, wie z. B.<br>• Reinigung von Geräten wie E-Herd, Geschirrspülmaschine,<br>• Fenster- und Türenreinigung,<br>• Abtauen des Gefrierschrankes,<br>• Schränke innen und außen reinigen, aussortieren und wieder einräumen. |

Nehmen Sie sich fünf Minuten Zeit, um alles für die Reinigung Ihrer Wohnung vorzubereiten. Räumen Sie alle Flächen frei, die abgewischt, gereinigt oder gesaugt werden müssen. Tragen Sie alles zusammen, was Sie zum Reinigen benötigen, damit Sie nicht immer wieder loslaufen müssen, um z. B. den vergessenen Lappen zu suchen.

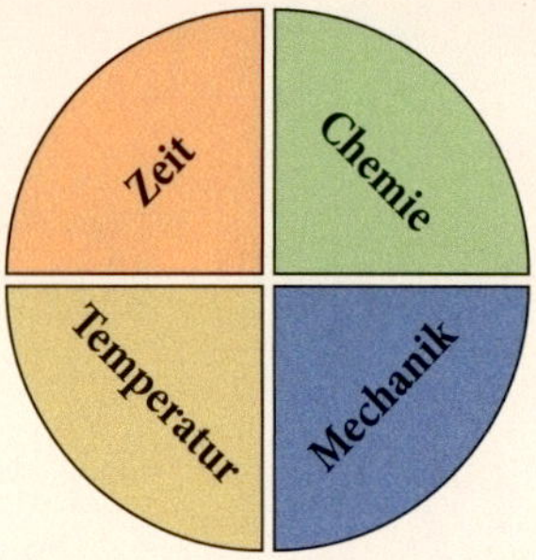


*Abb.1 Reinigungsfaktoren*

### 4.2.2 Reinigungsfaktoren

Zu den Reinigungsfaktoren gehören:
- Mechanik (z. B.: Wie kräftig reinigen Sie mit einem Spülschwamm einen Topf?),
- Chemie (z. B.: Welchen chemischen Reiniger verwenden Sie?),
- Temperatur (z. B.: Wie heiß muss das Wasser sein , mit dem Sie den Boden wischen?) und
- Zeit (z. B.: Wie lange müssen Sie ein Reinigungsmittel einwirken lassen?).

Die vier Faktoren sind abhängig voneinander. Wenn Sie z. B. bei der Topfreinigung weniger Reinigungsmittel verwenden, müssen Sie dann mit dem Topfschwamm kräftiger reinigen und mehr Zeit und Kraft (Faktor Zeit und Mechanik) aufbringen. Unter Umständen können dadurch im Topf Kratzer entstehen. Sie können aber auch Kraft sparen, indem Sie sehr verkrustete Verschmutzungen vor dem Reinigen mit heißem Wasser (Faktor Temperatur) für eine Weile einweichen lassen (Faktor Zeit). Informieren Sie sich darüber, welche Reinigungsmittel und Reinigungsgeräte Sie für welche Materialien verwenden können.

Reinigung verschiedener Materialien ► S. 185

### 4.2.3 Reinigungsmittel

Reinigungsmittel, auch Putzmittel genannt, sind Stoffe zur Reinigung verschiedener Gegenstände und Objekte. Bei vielen Verschmutzungen, z. B. bei Bratenfett in einer Pfanne, ist die Zugabe von Reinigungsmitteln (z. B. Geschirrspülmittel) unumgänglich, um die Verschmutzung (z. B. das Bratenfett) zu lösen. Um das richtige Reinigungsmittel einzusetzen, müssen Sie die Art des Schmutzes oder Flecks bestimmen. Verschmutzungen können Sie mit verschiedenen Reinigungsverfahren beseitigen.

Reinigungsverfahren ► S. 185

Neben den Reinigungsmitteln benötigen Sie Arbeitsgeräte, z. B.:
- Besen, Handfeger, Schaufel, Eimer
- Putzlappen, Schwamm, Bürste
- Wischgerät (z. B. Wischmopp)
- Geschirrtücher, Fensterleder

**Umgang mit Reinigungsmitteln**
Reinigungsmittel enthalten oft Inhaltsstoffe, die der Gefahrstoffverordnung unterliegen. Deshalb müssen sie mit Gefahrensymbolen gekennzeichnet werden. Die Gebrauchsanweisung gibt Hinweise über Dosierung und Handhabung des Reinigungsmittels sowie über Schutzmaßnahmen, z. B. ob Handschuhe getragen werden sollten oder ob beim Einsatz dieser Reinigungsmittel das Fenster geöffnet werden muss. Bewahren Sie Reinigungsmittel für Kinder unzugänglich auf, da z. B. durch fälschliche Einnahme Vergiftungen auftreten können. Belassen Sie deshalb Ihre Reinigungsmittel auch nur in der Originalverpackung, füllen Sie keinen Reiniger in Getränkeflaschen oder Ähnliches um. Die Gefahr der Verwechslung mit einem Lebensmittel ist groß.

Gefahrensymbole ► S. 198

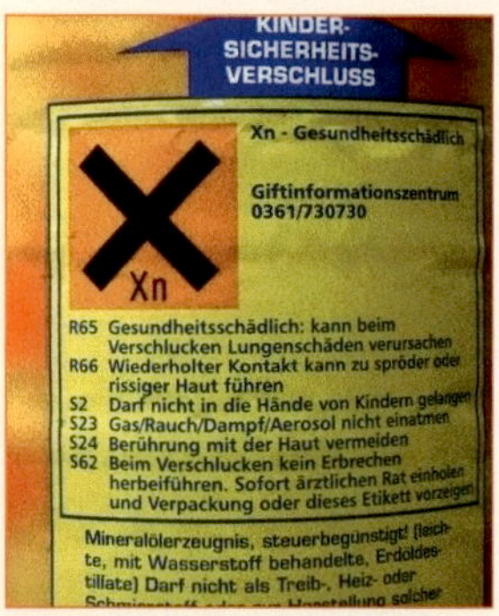


*Abb.2 Reinigungsmittel mit dem Symbol für reizende Inhaltsstoffe*

**!** Als Alternative für Reinigungsmittel können Sie auch „Hausmittel“ einsetzen. Kalkflecken in Ihrem Bad können Sie z. B. mit Essig oder Zitrone entfernen. Die Fugen von Fliesen bekommen Sie wieder weiß, indem Sie diese mit Zahnbürste und Backpulver behandeln.

**Reinigungsverfahren**

Die Reinigungsverfahren lassen sich in Trocken-, Feucht- und Nassreinigungsverfahren unterteilen. Diese Verfahren unterscheiden sich in ihrer Anwendung und ihrer Intensität.

| Trockenreinigungsverfahren | Feuchtreinigungsverfahren | Nassreinigungsverfahren |
|---|---|---|
| Dieses Verfahren wird angewendet, wenn es sich um groben, nicht anhaftenden Schmutz handelt. Für fast alle Oberflächen, auch textiler Art (z. B. Teppich oder Sofa), geeignet. | Dieses Verfahren wird angewendet, um feinen, leicht anhaftenden Schmutz zu beseitigen. Für empfindliche Oberflächen, wie z. B. Parkett, Laminat oder versiegelten Kork, geeignet. | Es handelt sich um ein intensives Reinigungsverfahren, bei dem anhaftender, hartnäckiger Schmutz entfernt wird. Für unempfindliche Oberflächen, wie z. B. PVC- oder Steinböden, geeignet. |
|  |  |  |
| Es wird bei diesem Verfahren viel Staub aufgewirbelt. | Der Staub wird bei diesem Verfahren gebunden. | Dieses Verfahren ist sehr gründlich, aber auch sehr arbeits- und zeitintensiv. |
| **Arbeitsgeräte**<br>Staubsauger, Besen, Handfeger und Schaufel | **Arbeitsgeräte**<br>Wischgerät, Wischtücher | **Arbeitsgeräte**<br>Eimer, Wischgerät, Wischbezug, Presse, Handfeger und Schaufel |
| Die Reinigung mit dem Besen wird auf der der Tür gegenüberliegenden Seite begonnen und bewegt sich in Türrichtung. Mit dem Staubsaugen beginnen Sie rechts neben der Tür und arbeiten weiter nach links. | Die Wischtücher dürfen nur leicht feucht sein. Zuerst die Außenkanten des Raumes wischen. In der rechten Raumseite beginnen. Reinigung schlangenförmig zur Mitte des Raumes in Türrichtung fortsetzen, dann die linke Raumseite wischen. | Dieses Verfahren geschieht in zwei Arbeitsgängen. Der erste Arbeitsgang ist das Trockenreinigungsverfahren (z. B. Fegen des Bodens), dann wird der Boden wie beim Feuchtreinigungsverfahren mit nassem Wischbezug (z. B. Lappen) gewischt. Die Feuchtigkeit kann im Anschluss mit einem trockenen Tuch aufgenommen werden. |
| Vorsicht: Bei empfindlichen Oberflächen kann es zur Kratzerbildung kommen. | Vorsicht: Gefahr bei Verwendung von zu viel Flüssigkeit. Die Oberflächen können aufquellen. | Vorsicht: Fußboden muss gegen Feuchtigkeit unempfindlich sein, vor allem an Kanten und Stößen. |

**Reinigung von verschiedenen Materialien**

Im Haushalt gibt es verschiedene Materialien, wie z. B. Glas, Keramik, Kunststoff, Holz, Metall und Leder. Jeder dieser Werkstoffe stellt an die Reinigung andere Anforderungen. Das ist auf die Oberflächenbeschaffenheit und damit die Empfindlichkeit der Materialien zurückzuführen. Deshalb ist es sehr wichtig, die Reinigungsmittel, Arbeitsgeräte und das Reinigungsverfahren auf das jeweilige Material abzustimmen. Daneben sollten Sie auch den Verschmutzungsgrad berücksichtigen. Die Tabelle auf der nächsten Seite gibt Ihnen dazu eine Übersicht.

| Was reinige ich? | Womit reinige ich? | Wie reinige ich? | Besonderheiten |
|---|---|---|---|
| **Gläser** | Geschirrspülmittel, Spülschwamm, Spültuch, Bürste, fusselfreies Geschirrtuch | Gläser spülen, nachspülen, kurz abtropfen lassen und sofort abtrocknen | Es können Trübungen und Kratzer des Glases entstehen. |
| **Fenster** | Allzweckreiniger, Spiritus, Essig, Fensterleder, fusselfreies Geschirrtuch, Fensterabzieher mit Einwascher, Handfeger und Kehrschaufel, Abfalleimer, Eimer mit warmem Wasser, Sicherheitsleiter | Von oben nach unten und von innen nach außen in folgender Reihenfolge reinigen: zuerst abkehren, Rahmen, Scheiben und Fensterbrett, dann Griffe und Scharniere abwischen | Fenster können „blind“ werden, wenn diese bei direkter Sonneneinstrahlung gereinigt werden. |
| **Tassen, Teller, Schüsseln aus Keramik** | Geschirrspülmittel, Essig, Salz, Spülschwamm, Spültuch, Geschirrtuch | Geschirr spülen, nachspülen, kurz abtropfen lassen und abtrocknen | Gegen Tee- oder Kaffeeränder helfen Essig und Salz. |
| **Waschbecken, Dusche, Badewanne, Toilette, Fliesen** | Allzweckreiniger, Scheuermilch, Essig, Salz, Backpulver, Reinigungsschwamm, Allzwecktuch, Geschirrtuch, Zahnbürste | Gegenstände mit Reiniger und Schwamm oder Allzwecktuch abreiben und gründlich nachspülen. Hartnäckige Verschmutzungen mit Zahnbürste beseitigen | Bei hartnäckigem Schmutz Scheuermilch verwenden. Kalkränder behandeln Sie mit Essig und Salz. |
| **Schüsseln, Vorratsdosen aus Kunststoff** | Geschirrspülmittel, Allzweckreiniger, Spültuch, Spülschwamm, Geschirrtuch | Gegenstände spülen, nachspülen und anschließend abtrocknen | Für die Reinigung kein Scheuermittel verwenden |
| **Pfannen (beschichtet, z. B. mit Teflon)** | Geschirrspülmittel, dunkles Geschirrtuch, Spültuch, evtl. Holzspieß o. Wattestäbchen | Gegenstände abwaschen, nachspülen, kurz abtropfen lassen und abtrocknen. Ecken und Stiel mit Holzspieß oder Wattestäbchen reinigen | Keine kratzenden Reiniger verwenden. Beschichtung ist nicht kratzfest. Beschädigungen sind gesundheitsschädlich. |
| **Holzbrettchen** | Geschirrspülmittel, Allzweckreiniger, Scheuermittel, Bürste, Spültuch, Geschirrtuch | Bretter abwaschen, Verschmutzungen mit Bürste und Scheuermittel entfernen, nachspülen und abtrocknen. Anschließend Bretter an der Luft trocknen lassen | Bretter nur mit der Hand spülen und nicht im Wasser liegen lassen. Sie quellen sonst auf. Trocknen an einer Heizung kann das Holz spalten. |
| **Möbel, poliert, aus Holz** | Möbelpflegemittel, Bienenwachs, Staubtuch, weiches Allzwecktuch, weiches Poliertuch | Gegenstände abstauben, Möbelpflegemittel auf das Allzwecktuch geben und mit der Maserung auftragen. Mit Poliertuch polieren | Für die Reinigung von Holzmöbeln möglichst kein Wasser verwenden, damit das Holz nicht quillt |
| **Kochgeschirr, Besteck aus Edelstahl** | Geschirrspülmittel, Scheuermilch, Spültuch, weicher Topfschwamm, dunkles Geschirrtuch | Gegenstände spülen, bei Bedarf mit Scheuermilch abreiben, nachspülen, kurz abtropfen lassen und sofort abtrocknen. Edelstahl bekommt sonst Flecken. | Edelstahl mit der Bezeichnung 18/10 ist spülmaschinengeeignet. Bei Verkrustungen Gegenstände einweichen. Kein Scheuerpulver oder grobe Topfschwämme verwenden |

## 4.3 Haushalte mit besonderen hygienischen Anforderungen – „Wenn Struppi mit dabei ist ..."

### 4.3.1 Sauberkeit und Hygiene in Heimen

*In Alten- oder Wohnheimen gelten Hygienepläne.*

In Altenheimen oder anderen Wohnheimen gibt es generelle Vorschriften in Bezug auf Hygiene, die in den Hygieneplänen der jeweiligen Einrichtung festgehalten sind. Einige generelle Aussagen zu Sauberkeit können in Bezug auf Sozialräume, Geräte, Sanitärräume und den Umgang mit Tieren gemacht werden.

Hygienepläne ► S. 236

**Hygiene der Sozialräume**
In Gemeinschaftsräumen, im Essenraum, Fernsehraum oder Sportraum genügt eine wöchentliche Grundreinigung.

Grundreinigung ► S. 183

**Hygiene von Geräten und Hilfsmitteln**
Gemeinsam benutzte Materialien oder Geräte in Wohngemeinschaften, wie z. B. Waschschüssel, Steckbecken, Rasierer, Sitzwaage, Rollstuhl oder Rollator, sollten nach Benutzung mit Flächendesinfektionsmittel abgewischt werden.

Rollstuhl ► S. 359
Rollator ► S. 359

**Hygiene in Sanitärräumen**
Zu den Sanitärräumen zählen Bäder, Duschen und Toiletten. Die Feuchtigkeit ist hier deutlich höher als im Wohnbereich, damit erhöht sich auch die Keimzahl. Besonders auf Resten vom Waschwasser, Speichel, Zahnpastaspuren und Seifenstücken vermehren sich die Krankheitserreger schnell. Toilettenbecken und Toilettenbürste sind stark mit Darmbakterien belastet. Normalerweise reicht eine tägliche Reinigung mit Sanitärreiniger aus. Wenn die Toilette von mehreren Personen benutzt wird bzw. im Falle einer Magen-Darm-Infektion kann eine routinemäßige Desinfektion des Sanitärbereichs angeordnet werden. Dann werden nach der Reinigung auch die Wischtücher desinfizierend bei mindestens 60 °C gewaschen. Leidet eine Person an einer Fußpilzinfektion, müssen die Badewanne, Waschschüssel und der Fußboden des Sanitärbereichs täglich bzw. nach Benutzung desinfiziert werden.

Desinfektion ► S. 233

**Hygiene im Umgang mit Tieren**
Wenn Tiere in Wohnheimen oder Altenheimen gehalten werden, können sie in sozialer und psychologischer Hinsicht viele Vorteile bringen. Sie fördern die Gesundheit und steigern die Lebensqualität der Menschen. Aus hygienischer Sicht müssen jedoch viele Grundvoraussetzungen geschaffen werden, z. B.:
- unbedingte Sauberkeit der Räume, Fußböden und der Käfige sowie der Trink- und Futterbehälter der Tiere
- regelmäßiges Lüften und feuchtes Wischen der Räume, in denen man Tiere hält
- artgerechte Haltung, regelmäßige Untersuchung und Impfung der Tiere durch den Tierarzt
- Überwachung der Tierpflege durch das Personal des Wohnheims
- gründliche Händehygiene nach dem Umgang mit den Tieren

*Abb. 1 Ein Tier in einem Wohnheim kann die Lebensqualität der Bewohner steigern.*

Tiere öffnen Welten – Ideen – Projekte – Leitlinien zum fachgerechten Einsatz von Hunden, Katzen und Kaninchen in der Altenhilfe; Kuratorium Deutsche Altershilfe (Hrsg.), 2008

### 4.3.2 Sauberkeit und Hygiene in Kindereinrichtungen

*In Hygieneplänen in der Kita sind Hygienemaßnahmen festgelegt.*

Hygienepläne ► S. 236

In einer Kindertagesstätte sind bestimmte Verhaltensweise in Bezug auf Sauberkeit und Hygiene vor allem in den Aufenthaltsräumen und im Sanitärbereich von Bedeutung. In Gemeinschaftseinrichtungen wie einer Kita liegen sogenannte Hygienepläne mit bestimmten Vorgaben vor.

**Hygiene in den Aufenthaltsräumen**

*Abb. 1 Kleiderablage in einer Kita*

Läuse ► S. 338

Bakterien ► S. 218

- Reinigen Sie Spiel- und Kuschelecken täglich.
- Versehen Sie Kleiderablage bzw. Kleiderhaken mit personengebundenen Motiven (Abb. 1), um die Übertragung von Läusen zu vermeiden
- Saugen Sie Teppiche und Polster täglich ab.
- Reinigen und desinfizieren Sie Spielgeräte regelmäßig.
- Wechseln Sie Bettwäsche in Kindereinrichtungen zweimal im Monat und waschen Sie diese bei mindestens 60 °C, um Schmutz und Bakterien zu entfernen.

**Hygiene im Sanitärbereich**

*Abb. 2 Zahnputzbecher in einer Kita*

Desinfektion ► S. 233

Mundpflege ► S. 346

- Achten Sie darauf, dass keine Stückseifen benutzt werden, da sich auf diesen Bakterien vermehren können. Nagelbürsten, Kämme und Handtücher werden nicht gemeinschaftlich benutzt.
- Führen Sie nach Benutzung der Wickelkommode eine Wischdesinfektion durch, da durch Bakterien in Stuhl und Urin Krankheiten übertragen werden können.
- Versehen Sie Zahnbecher und Zahnbürsten mit personengebundenen Motiven (Abb. 2), damit jedes Kind seine eigene Zahnbürste für die Mundpflege benutzt. Tauschen Sie benutzte Zahnbürsten regelmäßig gegen neue aus.

### 4.3.3 Sauberkeit und Hygiene in Großküchen

Hygienische Anforderungen an die Speisenzubereitung ► S. 179

Neben den hygienischen Anforderungen in der Speisenzubereitung sind folgende Kriterien für die Sauberkeit in Großküchen, sowohl in Kindertagesstätten als auch in Wohnheimen, von Bedeutung:

- Halten Sie Küche, Wirtschaftsräume und Arbeitsmittel sauber (z. B. Krümel im Brotkorb oder Spritzer an Schränken regelmäßig entfernen).
- Entfernen Sie Abfälle mindestens einmal täglich.
- Reinigen Sie Ihren Arbeitsplatz zwischendurch immer wieder, verwenden Sie dafür saubere Wischtücher bzw. Einwegtücher.
- Verwenden Sie in der Küche für die Hände und das Geschirr jeweils verschiedene Hand- bzw. Wischtücher. Lassen Sie die Spül- und Geschirrtücher gut trocknen, in feuchter Wärme vermehren sich Bakterien nämlich besonders schnell.
- Wischen Sie Türklinken, Kontaktflächen und Fußböden täglich nach Arbeitsende feucht. Reinigen und desinfizieren Sie Küchenschränke monatlich.

# 5. Wäsche- und Textilpflege – „Kleider machen Leute“

Folgende Arbeiten werden bei der Wäsche- und Textilpflege nacheinander durchgeführt: das Waschen, das Trocknen, das Bügeln und das Legen der Wäsche.

*Der Wäschekreislauf besteht aus dem Waschen, dem Trocknen, dem Bügeln und dem Legen der Wäsche.*

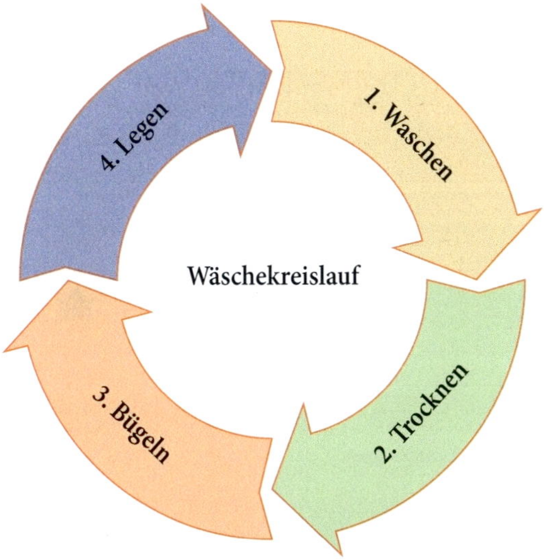


## 5.1 Waschvorgang – „Sehen statt Übersehen, sonst Nachsehen“

Der Waschvorgang beinhaltet
- das Vorsortieren der Wäsche,
- die Vorbehandlung der Wäsche,
- die Auswahl des Waschmittels und des Waschprogramms.

Vorbehandlung der Wäsche ► S. 190
Auswahl des Waschmittels und des Waschprogramms ► S. 191

### 5.1.1 Vorsortieren der Wäsche

Ein entscheidender Faktor beim Waschen von Wäsche ist das Vorsortieren. Hier sollten Sie sehr sorgfältig arbeiten, sonst haben Sie zusätzliche Arbeiten zu erledigen.
- Kontrollieren Sie vor dem Waschen immer alle Taschen, damit keine Kleinteile die Waschmaschine zerstören oder Fusseln eines Papiertaschentuches über die gesamte Wäsche verteilt werden.
- Verschließen Sie Knöpfe und Reißverschlüsse der Kleidung, damit keine unnötigen Beschädigungen auftreten. Bei Bettwäsche reicht es, wenn Sie jeden zweiten Knopf schließen und die Wäsche auf links wenden.
- Entkrempeln Sie Ihre Textilien, vor allem die Ärmel und Hosenbeine, damit diese optimal gereinigt werden. Bänder sollten Sie nur locker verknoten.
- Verwenden Sie für kleine oder empfindliche Wäschestücke (z. B. für BHs) einen Wäschesack, damit z. B. keine Bügel aus dem BH die Waschmaschine beschädigen.
- Sortieren Sie die Wäsche nach Hell und Dunkel, um Verfärbungen zu vermeiden. Haben Sie bestimmte Wäschestücke noch nie gewaschen, waschen Sie diese separat, sonst kann die restliche Wäsche verfärben.

*Pflegesymbole geben an, wie ein Kleidungsstück gewaschen, getrocknet und gebügelt werden sollte.*

**Pflegesymbole von Textilien**

In allen Kleidungsstücken befinden sich innen am Halsausschnitt oder an der Innennaht eingenähte Etiketten. Darauf sind auch die sogenannten Pflegesymbole abgebildet. Sie können ablesen, wie Ihre Textilien gewaschen, getrocknet und gebügelt werden sollten, damit das Material keinen Schaden nimmt. Außerdem können die Pflegesymbole zu einer Kaufentscheidung beitragen. Darf z. B. eine Bluse nur durch eine spezielle Reinigung gesäubert werden, entstehen zusätzliche Kosten und der Kauf ist nicht ratsam.

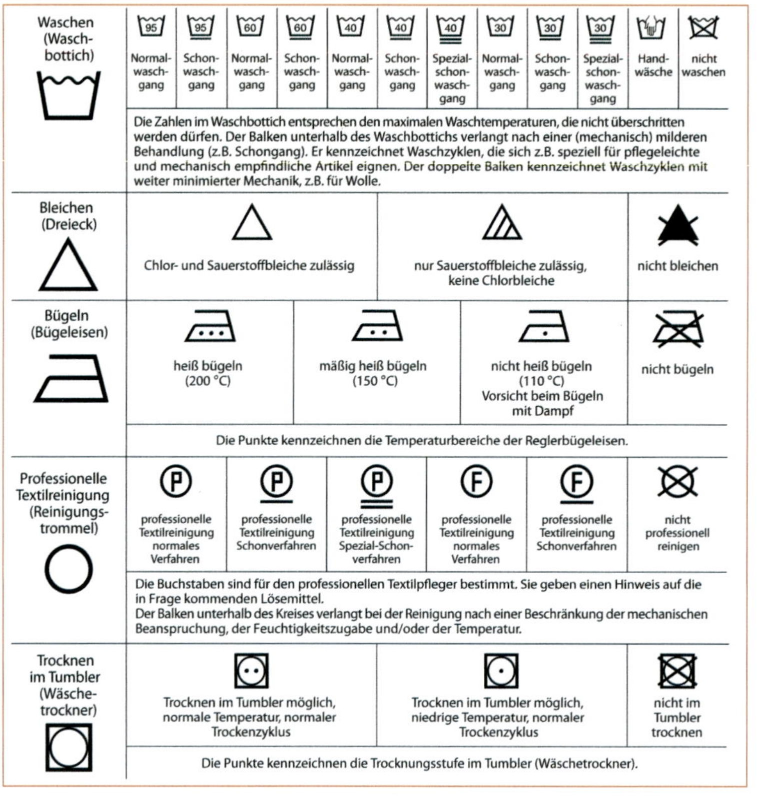


*Abb. 1 Übersicht über die Pflegesymbole*

## 5.1.2 Vorbehandlung der Wäsche

Gefahrstoffverordnung ► S. 167

Der meiste Schmutz lässt sich zwar durch Waschmittel entfernen, es gibt jedoch auch Flecken auf Kleidungsstücken, die man vor der Wäsche in der Waschmaschine behandeln sollte. Die folgenden Hinweise helfen Ihnen dabei, hartnäckige Flecken zu entfernen:

- Behandeln Sie die Flecken am besten sofort nach dem Missgeschick.
- Anhaftende Flecken können Sie vom Kleidungsstück entfernen, indem Sie diese vorsichtig mit einem Messer abschaben, z. B. Ei.
- Viele Fleckenmittel unterliegen der Gefahrstoffverordnung, weil sie z. B. eine reizende Wirkung haben. Deshalb Vorsicht beim Umgang, lesen Sie die Gebrauchsanweisung sorgfältig.
- Ist ein Einsatz von Fleckenmitteln notwendig, sollten Sie das Fleckenmittel an einer unsichtbaren Stelle (z. B. am Saum) ausprobieren. Dort können Sie eventuelle Farbveränderungen testen.
- Geben Sie das Fleckenmittel nicht direkt auf das Kleidungsstück. Verwenden Sie zum Auftragen ein Tuch und eine Unterlage, auf der das Kleidungsstück liegt.

*Abb. 2 Verschiedene im Handel erhältliche Fleckentferner*

**Fleckenbehandlung der Wäsche**

| Art des Fleckes | Behandlung |
|---|---|
| **Blut** | Waschen Sie den Fleck sofort mit kaltem Wasser aus. |
| **Butter, Öl, Make-up, Lippenstift** | Behandeln Sie diese Flecken mit Gallseife. |
| **Gras** | Behandeln Sie Grasflecken mit Spiritus oder Entfärber. |
| **Harz** | Geben Sie das Kleidungsstück in heiße Buttermilch und lassen diese einwirken. |
| **Kaugummi** | Frieren Sie das Kleidungsstück einige Stunden im Gefrierschrank ein. Anschließend lässt sich der Kaugummi gut abheben. |
| **Kerzenwachs** | Legen Sie über die Flecken ein Blatt Löschpapier und bügeln Sie über den Fleck. Das Wachs wird weich und zieht in das Löschpapier. |
| **Klebstoff** | Klebstoffflecken entfernen Sie vorsichtig mit Nagellackentferner. |
| **Obst** | Behandeln Sie Obstflecken mit Zitronensaft oder warmer Buttermilch. |
| **Rotwein** | Geben Sie sofort Salz auf den frischen Rotweinfleck, es zieht die Flüssigkeit aus dem Kleidungsstück. |

## 5.1.3 Auswahl des Waschmittels und des Waschprogramms

**Waschmittel**

Waschmittel werden in flüssiger, gelartiger, pulveriger, gepresster Form (z. B. Tabs) oder als „Perls“ im Handel angeboten. Sie enthalten waschaktive Substanzen, die Verunreinigungen in Textilien lösen. Welche Form und welche Art von Waschmittel Sie verwenden, hängt immer von den zu waschenden Kleidungsstücken ab. Waschen Sie z. B. Ihre schwarze Wäsche mit pulverförmigen Waschmitteln, kann es Rückstände des Waschpulvers auf der Wäsche geben. Hier besser ein flüssiges oder gelartiges Waschmittel verwenden. Die wichtigsten Waschmittel sind:

- Vollwaschmittel: Es eignet sich vor allem für weiße oder pastellfarbige Wäsche. Es enthält u.a. optische Aufheller und Bleichmittel. Dadurch erhalten Sie strahlend weiße Wäsche und die Farbe der pastellfarbigen Wäsche wird aufgefrischt.
- Colorwaschmittel: Es wird für Buntwäsche verwendet und frischt die Farben der Wäsche auf. Gegenüber dem Vollwaschmittel enthält es keine optischen Aufheller oder Bleichmittel, so sieht Ihre Buntwäsche nicht alt aus.
- Feinwaschmittel: Dies ist für empfindliche bunte Wäsche geeignet. Es enthält wie Colorwaschmittel keine optischen Aufheller oder Bleichmittel.
- Woll- und Seidenwaschmittel: Diese waschen besonders schonend und enthalten keine Enzyme. Da auch viele Flecken aus Eiweiß bestehen, enthalten Waschmittel normalerweise Enzyme, die Eiweiße angreifen. Wolle und Seide bestehen jedoch auch aus Eiweiß. Enzyme können nicht unterscheiden, ob es sich um einen Fleck oder um Wolle oder Seide handelt.

*Abb. 3 Verschiedene Waschmittel*



Informieren Sie sich über den Härtebereich Ihres Wassers beim zuständigen Wasserwerk Ihrer Stadt oder Gemeinde. Danach können Sie das Waschmittel richtig dosieren. Bei hohem Härtegrad des Wassers müssen Sie eventuell zusätzlich einen Enthärter verwenden, der auch die Heizstäbe Ihrer Waschmaschine schont.

Waschmaschine ► S. 192

Eine Zugabe von Weichspüler zum Waschmittel ist nicht unbedingt notwendig. Dieser enthält zwar Duftstoffe, die die Wäsche weich und duftend machen, belastet jedoch durch genau diese Stoffe die Umwelt und kann auch Allergien auslösen.

Allergien ► S. 231

*In einer Waschmaschine wird die Wäsche in einer Trommel gewaschen und geschleudert.*

Waschmittel ► S. 191

**Waschmaschine**

Eine Waschmaschine ist ein elektrisches Haushaltsgerät zur Reinigung von Textilien. In Deutschland ist die Trommelwaschmaschine, die durch die Ladeluke von oben (Toplader) oder von vorne (Frontlader) mit Wäsche befüllt wird, am häufigsten zu finden. Das Waschmittel wird in ein dafür vorgesehenes Fach eingefüllt.

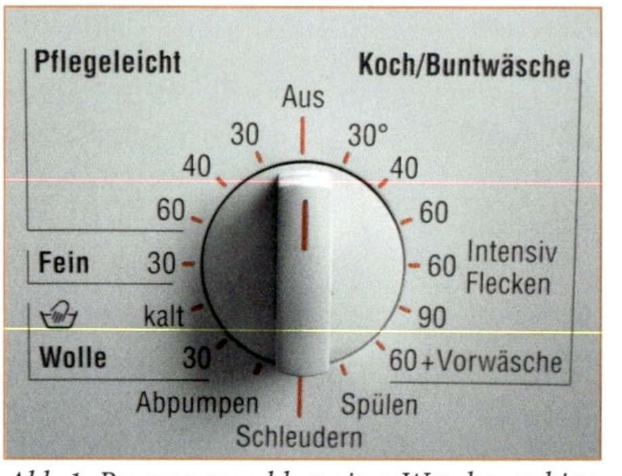


*Abb. 1 Programmwahl an einer Waschmaschine*

Bevor der eigentliche Waschvorgang beginnen kann, müssen Sie das Waschprogramm und die Waschtemperatur an der Waschmaschine einstellen. Die Programmwahl der Waschmaschine richtet sich nach dem Verschmutzungsgrad und der Beschaffenheit der Wäsche. Meist reicht das Normalwaschprogramm aus. Im Anschluss an das Waschprogramm wird die Wäsche geschleudert, das heißt, durch schnelles Drehen der Waschtrommel wird überschüssiges Wasser aus den Textilien herauskatapultiert. Die Schleuderumdrehungen pro Minute können Sie auch an der Waschmaschine einstellen, je höher die Schleudergeschwindigkeit, desto weniger feucht ist die Wäsche. Textilien aus Wolle oder anderen empfindlichen Materialien sollten mit weniger Umdrehungen geschleudert werden.

Pflegesymbole ► S. 190

Unter www.waesche-waschen.de finden Sie viele Tipps zum Waschen und ein Waschlexikon.

Übernehmen Sie im Rahmen der Betreuung von älteren Menschen den Bereich Wäschepflege, ist im Vorfeld abzuklären, welche Vorstellungen oder Gewohnheiten die älteren Menschen zum Waschen ihrer Wäsche haben. Sie verwenden möglicherweise andere Methoden zur Entfernung des Schmutzes aus ihrer Kleidung, wie z. B. das Waschen im Waschbecken mit Kernseife.

Allergien ► S. 231

Kinder haben eine sehr empfindliche Haut. Kommen sie oft mit bestimmten Stoffen in Kontakt, können sie Allergien entwickeln. Bei der Wäschepflege für Kinder ist darauf zu achten, dass Sie Waschmittel mit der Aufschrift „Hautverträglichkeit dermatologisch getestet“ und „parfümfrei“ verwenden. Damit wird eine gute Hautverträglichkeit gewährleistet.

# 5.2 Textilien schrankfertig machen – „Saubere Wäsche und doch nicht anziehfertig?"

## 5.2.1 Trocknen von Textilien

Das Trocknen der Wäsche schließt sich unmittelbar an das Waschen an. Dazu gibt es zwei Möglichkeiten: das Aufhängen der Wäsche auf einer Wäscheleine mit Wäscheklammern oder das Trocknen der Wäsche in einem elektrischen Wäschetrockner.

*Abb. 2 Wäsche im Wind auf der Leine*

*Abb. 3 Wäscheständer*

**Trocknen auf der Wäscheleine**
Die idealsten Bedingungen für das Trocknen der Wäsche sind Wärme, Luftzirkulation (Wind) und eine geringe Luftfeuchtigkeit. Diese sind am besten im Sommer im Freien zu finden. Doch nicht jeder hat die Möglichkeit, seine Wäsche draußen auf der Wäscheleine (Abb. 2) aufzuhängen, deshalb muss diese im Trockenraum oder in der Wohnung, z. B. auf einem Wäscheständer (Abb. 3), getrocknet werden. Die Wäsche wird mit Wäscheklammern auf der Leine aufgehängt. Dies ist eher zeit- und arbeitsintensiv, schont aber die Umwelt, da kein Strom verbraucht wird.
Beachten Sie beim Aufhängen Ihrer Wäsche folgende Hinweise:

- Schlagen Sie Ihre Wäsche vor dem Aufhängen aus, somit entstehen weniger Falten und Sie benötigen weniger Zeit beim Bügeln.
- Hängen Sie Ihre Wäsche so auf, dass Sie später die Abdrücke der Klammern kaum sehen, z. B. auf einem Bügel oder am Bund oder Saum.
- Seien Sie großzügig beim Aufhängen, lassen Sie zwischen den Wäschestücken viel Platz, damit die Wäsche schneller trocknen kann.
- Setzen Sie Ihre farbige Wäsche nicht der direkten Sonneneinstrahlung aus, da die Farben sonst verblassen.

Bügeln ► S. 194

**!** Nehmen Sie Ihre Wäsche von der Leine, wenn diese noch etwas feucht ist, so lässt sie sich leichter bügeln. Die Wäsche sollte dann jedoch sofort gebügelt werden und nicht feucht in einem Wäschekorb bleiben, da sonst Stockflecken entstehen. Lüften Sie Ihre Wohnung gut, wenn Sie die Wäsche auf dem Wäscheständer trocknen.

**Trocknen im Wäschetrockner**
Ein Wäschetrockner ist ein elektrisches Gerät, das sehr viel Energie verbraucht. Die Luft in der Trocknertrommel wird erwärmt, dadurch kann sie der Wäsche die Feuchtigkeit entziehen. Durch die Verwendung eines Wäschetrockners sind Sie unabhängig vom Wetter.
Beachten Sie beim Trocknen im Wäschetrockner Folgendes:

- Achten Sie auf die Pflegesymbolkennzeichnung, ob Ihre Wäsche für das Trocknen im Wäschetrockner geeignet ist und welches Programm Sie wählen müssen.
- Legen Sie Ihre Wäsche locker in die Trommel. Achten Sie dabei auf das Fassungsvermögen des Wäschetrockners.
- Nehmen Sie die Wäsche nach dem Trocknungsprogramm sofort aus dem Trockner und säubern Sie diesen nach Gebrauchsanweisung von Flusen und anderen Verschmutzungen.

Pflegesymbole ► S. 190

**!** Es empfiehlt sich, wenn Sie die Wäsche noch bügeln müssen, das Programm „bügelfeucht" zu wählen, damit ersparen Sie sich das Einsprühen der Wäsche.

Einsprühen der Wäsche ► S. 194

*Um Kleidung zu glätten, benötigt man ein Bügeleisen und ein Bügelbrett mit Bezug.*

Pflegesymbole ► S. 190

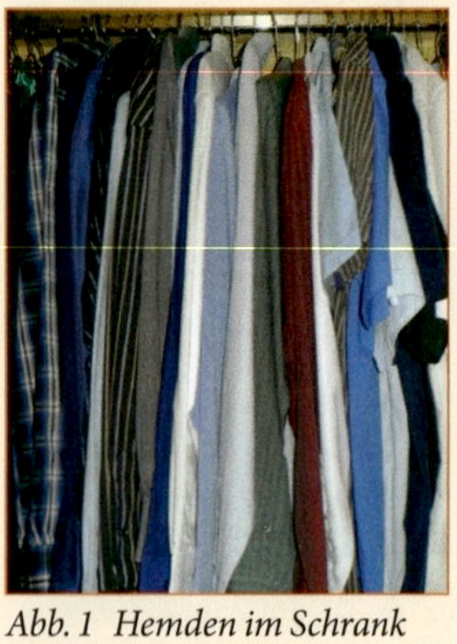

*Abb. 1 Hemden im Schrank*

## 5.2.2 Bügeln von Textilien

Das Glätten von Textilien mittels Hitze und Druck nennt man Bügeln oder auch Plätten. Dazu benötigt man ein Bügeleisen und ein Bügelbrett mit einem Bügelbezug. Das Bügeleisen besteht aus einer heizbaren Platte und einem Griff, moderne Dampfbügeleisen besitzen auch einen Wassertank. Die für den jeweiligen Stoff auf dem Pflegesymbol empfohlene Temperatur kann mit einem Wahlschalter eingestellt werden.

Folgende Hinweise für leichteres Bügeln sollten Sie beachten:

- Richten Sie Ihren Bügelplatz so ein, dass Sie ausreichend Licht und Platz haben, um von rechts nach links arbeiten zu können.
- Legen Sie Wäschestücke mit hoher Bügeltemperatur nach unten und die mit niedrigerer nach oben in den Wäschekorb, denn das Bügeleisen heizt sich nach und nach auf.
- Sortieren Sie die Wäsche nach Größe und Form.
- Sprühen Sie die Wäsche mit einer Sprühflasche und warmem Wasser ein. Ziehen Sie sie anschließend in Form oder streichen sie auf dem Bügelbrett glatt.
- Besonders große Wäschestücke (z. B. Bett- oder Tischwäsche) können Sie auch in der Mitte falten und doppelt gelegt bügeln.
- Legen Sie die gebügelten Stellen des Wäschestückes vom Körper weg über das Bügelbrett.
- Nutzen Sie die gesamte Bügelbrettbreite bzw. die Form des Bügelbrettes aus.
- Lassen Sie die gebügelten Wäschestücke auskühlen.

Für schwierige Kleidungsstücke, wie z. B. Hemden oder Blusen, empfiehlt sich folgende Reihenfolge beim Bügeln:

- Bügeln Sie zuerst alle doppelten Stoffteile (Passe, auch Schulterstücke genannt, Kragen, Manschetten, Knopflochleiste und Kopfleiste) zuerst von links, dann von rechts.
- Bügeln Sie anschließend die Ärmel. Bügeln Sie dabei immer vom weiten Ärmelteil zum engen.
- Bügeln Sie zum Schluss die rechte Vorderseite, das Rückenteil und die linke Vorderseite.

## 5.2.3 Zusammenlegen von Textilien

Je nach Schrankgröße und Kleidungsstück werden gebügelte Textilien entweder ordentlich zusammengelegt (Abb. 2) oder auf einen Kleiderbügel in den Schrank gehängt (z. B. Hemden, Blusen; Abb. 1).

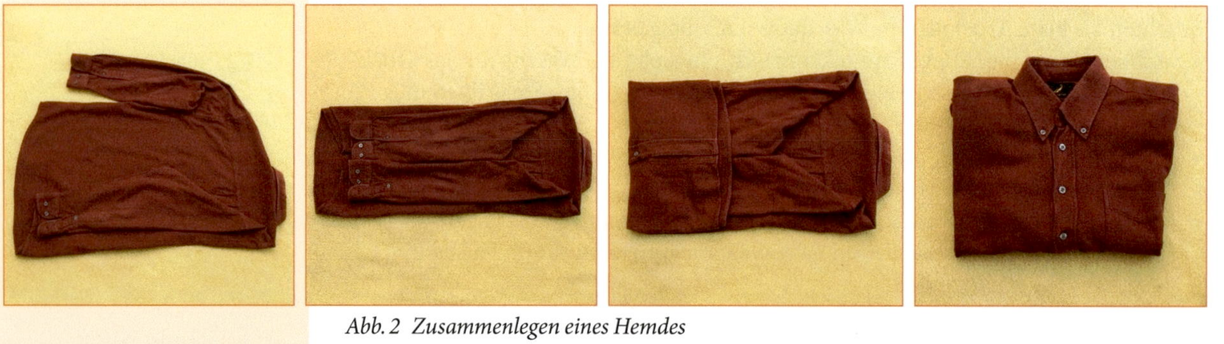

*Abb. 2 Zusammenlegen eines Hemdes*

# 6. Umweltbewusstsein – „Auf der Erde sind wir Gäste"

## 6.1. Umweltgerechtes Verhalten im Haushalt – „Kleine Dinge machen den Unterschied"

Umweltgerechtes Verhalten bedeutet, dass Sie in Ihrem alltäglichen Leben darauf achten, mit gegebenen Ressourcen (z. B. Strom, Wasser) sparsam umzugehen und die Welt, in der Sie leben, nicht zu sehr zu belasten.

Das Bundesministerium für Umwelt, Naturschutz und Reaktorsicherheit informiert über Klimaschutz, Umwelt und Energie unter:

www.bmu.de

**Allgemeine Umwelttipps**

- beim Neukauf von Elektrogeräten auf die Energieeffizienzklasse achten
- regelmäßiges Abtauen des Kühlschrankes
- Sortieren der Lebensmittel im Kühl- und Gefrierschrank
- bewusst Auto fahren, Fahrgemeinschaften bilden, öffentliche Verkehrsmittel nutzen
- Energiesparlampen verwenden, Standby-Modus unterlassen
- Heizkörper nicht verdecken und Räume nicht überheizen
- Spülstopp beim WC einbauen
- Brotboxen und Trinkflaschen verwenden
- Duschen statt Baden

**Umwelttipps bei der Reinigung und Wäschepflege**

- Hausmittel verwenden, wie z. B. Essig/ Zitrone zum Entkalken
- Wäsche auf die Leine hängen statt Wäschetrockner verwenden
- Waschtemperatur von 95 °C auf 60 °C senken
- Waschmaschine voll beladen
- Flecken sofort behandeln
- genaue Dosierung von Reinigungs- und Waschmitteln
- Vorwäsche vermeiden und auf Weichspüler verzichten
- Einzelteile mit der Hand waschen

**Umwelttipps für den Einkauf**

- auf überflüssige Verpackungen verzichten, Nachfüllpackungen bevorzugen
- Einkaufskorb oder Stoffbeutel verwenden
- Mehrwegverpackungen kaufen und Großeinkäufe tätigen
- beim Direktvermarkter kaufen, Transportwege werden so eingespart
- Saisonware kaufen
- keine Kleidung kaufen, die nur chemisch gereinigt werden kann

**Umweltgerechtes Verhalten bei der Speisenzubereitung**

- Restwärme nutzen und Topfdeckel verwenden
- Topfboden muss mit der Größe der Herdplatte übereinstimmen
- anfallenden Müll trennen
- wenn möglich, mehrere Portionen herstellen und evtl. einfrieren
- Speisereste nicht über das WC entsorgen

**Umwelttipps im Umgang mit Blumen und Garten**

- Komposthaufen anlegen, so entsteht wertvolle Erde
- Regenwasser zum Blumengießen verwenden
- sparsamer, gezielter Chemikalieneinsatz
- biologisch abbaubare Insektenvernichter verwenden, am besten natürliche Fraßfeinde (z. B. Marienkäfer gegen Blattläuse)

Kühlschrank ► S. 170
Reinigung ► S. 183
Wäschepflege ► S. 189
Wäschetrockner ► S. 193
Waschmaschine ► S. 192
Flecken ► S. 191

## 6.2 Sichtbar Energie sparen – „Für die Umwelt“

Das Umweltbundesamt für Mensch und Umwelt veröffentlicht unter:

www.umweltbundesamt.de Informationen zu Umweltbewusstsein, Energiesparen und Klimaschutz.

Der Gesamtenergieverbrauch in Deutschland ist im Vergleich zu anderen Ländern hoch. Niemand kann auf Energie verzichten, denn sie gehört zu unserem modernen Leben dazu. Die meisten Geräte im Haushalt funktionieren nur mit Energie in Form von Strom. Bei der Gewinnung von Strom, z. B. im Kohlekraftwerk, entstehen durch die Verbrennung von Kohle viele Schadstoffe, die die Umwelt und das Klima belasten. Außerdem ist unser Vorrat an Brennstoffen wie Kohle und Erdöl nicht unendlich. Wir müssen also sehr gewissenhaft mit der zur Verfügung stehenden Energie umgehen und sie sparsam verwenden. Dazu gehört neben einem umweltgerechten Verhalten im Haushalt auch, dass man z. B. beim Kauf von Elektrogeräten auf bestimmte Kennzeichnungen an energiesparenden Geräten wie dem Energielabel (Abb. 1) achten sollte.

umweltgerechtes Verhalten im Haushalt ► S. 195

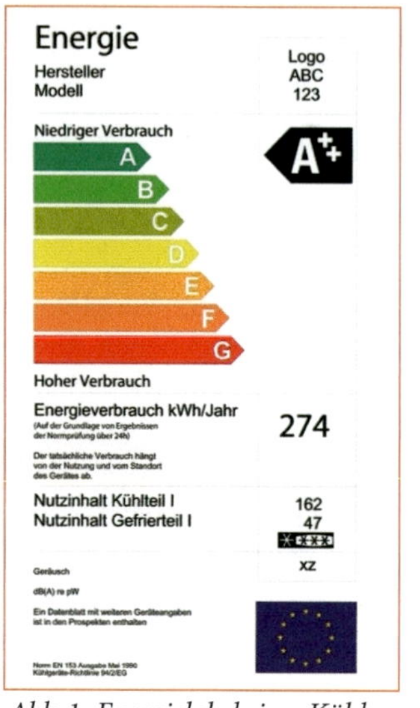


*Abb. 1 Energielabel eines Kühl-Gefrier-Kombinationsgerätes*

## 6.3 Abfälle richtig entsorgen – „Da gehört es hin“

Durch eine sorgfältige Mülltrennung im Haus und das Sortieren von Wertstoffen können viele „Abfälle“, wie z. B. Glas oder Papier, wiederverwertet werden.

*Abb. 2 Glascontainer*

| Wohin gehört welcher Müll? | |
|---|---|
| **Glascontainer** | weißes, braunes und grünes Glas (z. B. Flaschen, Konserven- und Marmeladengläser); blaues Glas wird im Container für grünes Glas entsorgt |
| **Papiercontainer** | z. B. Papier, Pappe, Kartonagen, Zeitungen, Zeitschriften |
| **Gelbe Tonne (Grüner Punkt)** | z. B. Konservendosen, Getränke- und Milchkartons, Joghurtbecher, Folien, Duschgel- und Haarwaschmittelflaschen, Zahnpastatuben, Margarinebecher |
| **Bioabfalltonne** | z. B. Gemüse- oder Obstschalen, Eierschalen, Kaffeesatz, Gartenabfälle |
| **Restmülltonne** | z. B. Staubsaugerbeutel, Asche, Babywindeln, gekochte Essensreste |
| **Altkleidercontainer** | z. B. getragene Kleidung, Schuhe |
| **Sperrmüll** | z. B. Betten, Matratzen, Schränke, Wäschekörbe, Regale, Polstermöbel, großes Spielzeug |
| **Sondermüll** | z. B. Altöl, Farb- und Lackreste, Energiesparlampen |

Abgelaufene oder angebrochene Medikamente werden in Apotheken zurückgenommen. In Verkaufsstellen gibt es Sammelbehälter, in denen Batterien entsorgt werden können. Einige Regionen in Deutschland bieten die „Gelbe Tonne plus“ an. Dort können außer Metallen, Verpackungen, Kunststoffen oder Verbundstoffen auch Töpfe, Besteck, kleine Elektrogeräte (z. B. Bügeleisen, Toaster, Handy), Spielzeug und Schlüssel entsorgt werden.

# 7. Unfallschutz – „Lieber vorbeugen als hinfallen“

## 7.1 Vorbeugung von Unfällen im Haushalt – „Auf sich und andere Acht geben“

Die meisten Unfälle passieren im Freizeitbereich und im privaten Haushalt. Die Hauptursachen sind Fehlverhalten und Überschätzung der eigenen Fähigkeiten. Beachten Sie im Haushalt folgende Kriterien zur Vorbeugung von Unfällen:

*Viele Unfälle passieren zu Hause.*

| Allgemeine Sicherheitshinweise |
| --- |
| • Planen Sie Ihre Arbeiten sorgfältig.<br>• Halten Sie Ordnung und sorgen Sie für ausreichende Beleuchtung.<br>• Beseitigen Sie alle Stolperfallen, z. B. durch Kabelverlängerungen, fixierte Teppiche.<br>• Lassen Sie keine Kerzen unbeaufsichtigt brennen. |
| **Sicherheitshinweise beim Umgang mit elektrischen Geräten** |
| • Unterbrechen Sie vor der Reinigung von Geräten immer den Stromkontakt.<br>• Lassen Sie niemals elektrische Geräte unbeaufsichtigt arbeiten.<br>• Lassen Sie defekte Geräte reparieren. |
| **Sicherheitshinweise bei der Speisenzubereitung** |
| • Heben Sie heruntergefallene Arbeitsgeräte und Speisereste sofort wieder auf.<br>• Wischen Sie verspritztes Fett mit Lappen und Reinigungslauge (Mischung aus Reinigungsmittel und Wasser) auf.<br>• Verwenden Sie bei der Zubereitung den Krallengriff und keine stumpfen Messer.<br>• Lassen Sie keine Messer im Spülbecken liegen.<br>• Löschen Sie heißes Öl niemals mit Wasser, sondern ersticken Sie es, z. B. mit einem Deckel.<br>• Verwenden Sie Topflappen. |
| **Sicherheitshinweise bei der Reinigung** |
| • Lesen Sie die Gebrauchsanweisungen von Reinigungsmitteln sorgfältig und beachten Sie die Hinweise.<br>• Bauen Sie keinen Turm mit Tisch und Stuhl, verwenden Sie eine Leiter.<br>• Füllen Sie niemals Reinigungsmittel in Getränkeflaschen um, da dies zu gefährlichen Verwechslungen führen kann. |

Lassen Sie niemals spitze Gegenstände in einer Wohnung, in der Kinder leben, liegen. Es dürfen auch keine Medikamente und Reinigungsmittel (Vergiftungsgefahr) oder Plastiktüten (Erstickungsgefahr) in Reichweite von Kindern aufbewahrt werden. Achten Sie beim Kauf von elektrischen Geräten (wie z. B. Herd oder Waschmaschine) auf Kindersicherungen und bei Einrichtungsgegenständen auf abgerundete Kanten. Lassen Sie ein Baby niemals unbeaufsichtigt auf dem Wickeltisch liegen. Kontrollieren Sie beim Anreichen der Nahrung die Temperatur des Essens und der Getränke.

Reinigungsmittel ► S. 184
Waschmaschine ► S. 192
Anreichen von Speisen ► S. 306

Durch die altersbedingten Beeinträchtigungen, besonders der Sinnesorgane, sind ältere Menschen unfallgefährdeter. Hier sollten Sie auf das Schuhwerk achten. Abgetragene Schuhe werden nach Rücksprache aussortiert, da die Sturzgefahr groß ist. Wenn ältere Menschen Heizdecken verwenden, achten Sie besonders auf das Kabel, durch Knicken besteht Kurzschlussgefahr. Elektro- und Telefonkabel müssen fest verlegt sein, damit sie nicht zu Stolperfallen werden.

Sinnesorgane ► S. 314

*Sicherheitszeichen machen uns auf Gefahren aufmerksam.*

## 7.2 Sicherheitszeichen – „Auf Nummer sicher gehen“

Für die Sicherheit im Alltag und in der Arbeitswelt gibt es sogenannte Sicherheitszeichen. Dazu gehören Gefahrensymbole, Verbots- und Rettungszeichen.

**Gefahrensymbole**
Gefahrensymbole finden Sie z. B. auf Reinigungsmitteln. Diese Reinigungsmittel müssen Sie mit Vorsicht verwenden. Sie können Ihre Gesundheit gefährden, aber auch schädlich auf die Umwelt wirken. Es ist deshalb sehr wichtig, dass Sie auf die Hinweise auf der Verpackung achten.

*umweltgefährlich* | *reizend* | *giftig* | *ätzend* | *leicht entzündlich*

**Verbotszeichen**
Überall dort wo, Gefahren drohen, werden diese Zeichen sichtbar angebracht; sie untersagen ein bestimmtes Verhalten, das diese Gefahren auslösen kann.

*Zutritt für Unbefugte verboten* | *Essen und Trinken verboten* | *Mobilfunk verboten* | *Verbot für Personen mit Herzschrittmacher* | *Feuer und offenes Licht verboten*

**Rettungs- und Fluchtwegszeichen**
Diese Schilder sind grün gekennzeichnet und weisen Ihnen den Weg aus einer Gefahrenzone bzw. zeigen Ihnen, wo Sie Hilfe erhalten.

*Rettungsweg Notausgang* | *Erste Hilfe* | *Notruftelefon* | *Krankentrage* | *Notarzt*

## Zum Weiterarbeiten in den Arbeitsbüchern

| Betreuung und Pflege von alten Menschen und Menschen mit Behinderung | | | |
|---|---|---|---|
| | **Schwerpunkt** | **Lernsituation** | **Seite** |
|  | • Einkauf<br>• Haushalten mit einem Budget<br>• Verdauungsprobleme<br>• Einsatzort Wohngruppe für Menschen mit Behinderung | „Einkaufswünsche" | 123 |
|  | • Erfahrungsaustausch im Internet<br>• hauswirtschaftliche Versorgung<br>• Rheuma<br>• rechtliche Rahmenbedingungen | „Ich war früher eine totale Perfektionistin" | 133 |

| Betreuung und Pflege von Kindern, Jugendlichen und Familien | | | |
|---|---|---|---|
| | **Schwerpunkt** | **Lernsituation** | **Seite** |
| 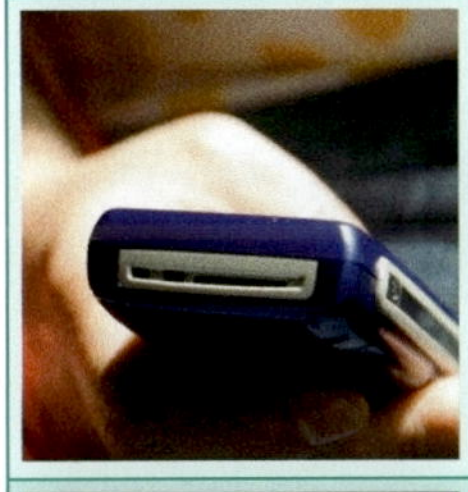 | • Haushalten mit Geld<br>• Schulden<br>• Einsatzort Kinder- und Jugendfreizeiteinrichtung | „150 Euro – nur fürs Telefonieren" | 133 |
|  | • umwelt- und kostenbewusste Haushaltsführung<br>• Ekel<br>• Einsatzort Familie | „Diese Familie hat den totalen Öko-Tick!" | 142 |

Nebenhöhle
(alle Zehen)
Augen
Ohren
Lungen
und Bronchien
Die Natur ist die beste Apotheke.
Sebastian Kneipp
Broschüren zur Kindergesundheit zum kostenlosen Anfordern bei:
BZgA, 51101 Köln oder www.bzga.de oder Fax 0221/8992257
Unsere Kinder Best.-Nr.: 11070000
Kinder schützen – Unfälle verhüten Best.-Nr.: 11050000
U7 – Gesund groß werden Best.-Nr.: 11122000
U9 – Alles klar für die Schule Best.-Nr.: 11123000
9 Chancen für Ihr Kind Best.-Nr.: 11121000
Impfungen – Sicherer Schutz vor Infektionskrankheiten für Kinder Best.-Nr.: 11128000
Yoga-Schnupperstunde am Donnerstag 19 Uhr (Schreinerstraße 17)
Fitness &
Aerobic · Indoor-Cycle · Wirbelsäulengym
Bonusheft
Zahngesundheitsuntersuch
Name: Hartleb
Vorname: Kay
Geburtsdatum: 18.12.79
Straße:
Sanddorn-Handcreme
Zahnarzttermin besorgen !!!

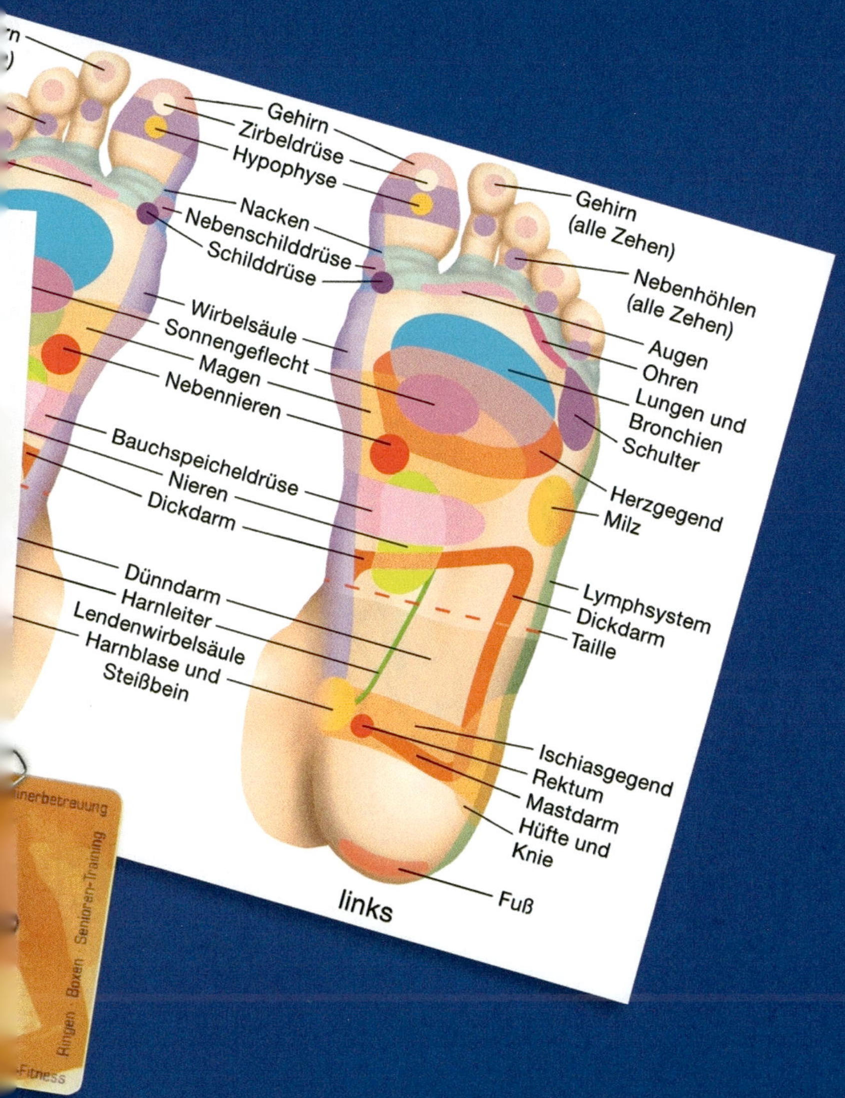


# Gesundheit fördern und Menschen in pflegerischen Situationen begleiten

# 1. Gesundheit und Leben erhalten – „Gib Krankheit keine Chance!“

## 1.1 Gesundheitsbegriff – „Was bedeutet Gesundheit eigentlich?“

### 1.1.1 Definition Gesundheit

*Gesundheit bedeutet mehr als die Abwesenheit von Krankheit.*

Gesundheit ist viel mehr als die bloße Abwesenheit von Krankheiten. Um den Begriff Gesundheit genau zu erfassen, wird häufig die folgende Definition der Weltgesundheitsorganisation (WHO) genutzt: „Gesundheit ist der Zustand vollständigen körperlichen, seelischen und sozialen Wohlbefindens.“ Aber was heißt das genau? Sind Sie z. B. krank, wenn Sie unter Liebeskummer leiden, weil Sie sich dann seelisch wirklich schlecht fühlen? Ist ein junges Mädchen mit leichter Akne krank, weil sie ihre Pickel ganz schlimm findet? Ist ein Herztransplantierter krank, der zahlreiche Medikamente nehmen muss, sich aber gut fühlt und voll arbeiten kann?

Jeder Mensch hat seine eigene Vorstellung davon, was für ihn Gesundheit bedeutet, und viele ändern ihre Meinung noch mehrfach im Leben. Gesundheit gehört zu den wichtigsten Gütern des Menschen. Sie wünschen anderen „viel Gesundheit zum Geburtstag“ oder ein „gesundes neues Jahr“ an Silvester. In anderen Situationen trösten sie sich mit „Hauptsache, wir sind gesund“.

Gesundheitsbeeinflussende Faktoren ► S. 204
Notfälle ► S. 206

Aber nicht nur das körperliche Befinden allein ist für unsere Gesundheit verantwortlich. Verschiedene Faktoren und Bedingungen tragen zur Gesunderhaltung bei, und bei Notfällen geht es oft nicht nur darum, die Gesundheit, sondern das Leben überhaupt zu erhalten.

### 1.1.2 Modell der Salutogenese

Es existieren verschiedene Modelle, um Gesundheit und Krankheit und deren Entstehung zu verstehen. Eines davon ist das Modell der Salutogenese von Antonovsky.

*Das Modell der Salutogenese sucht nach den Gründen, wie und warum Menschen gesund bleiben.*

Der Gesellschaftswissenschaftler Aaron Antonovsky entwickelte in den 70er-Jahren den Begriff der Salutogenese, was so viel bedeutet wie Gesundwerdung oder Ursprung von Gesundheit. In seinem Konzept fragt er nicht nach den Ursachen von Erkrankungen wie beim Pathogenese-Modell (Warum und wie werden Menschen krank?), sondern nach den Gründen, warum und wie Menschen gesund bleiben oder wie sie es wieder werden.

Antonovsky benutzt für die Gesundheitsentstehung das Bild eines Menschen, der sich in einem Fluss bewegt. Er gerät dabei im Laufe seines Lebens in Stromschnellen, muss Wasserfälle überwinden, gelangt auch in ruhigere Zonen – aber überlebt die Gefahren nur, wenn ihm ausreichend persönliche Widerstands- und Schutzfaktoren zur Verfügung stehen. Auch braucht der Mensch eine der Gesundheit zuträgliche Grundeinstellung. Wichtig ist z. B., dass der Mensch in seinem Leben Ziele hat, für die er sich gern einsetzt. Auch dass er das eigene Leben als geordnet, sinnvoll und stimmig erlebt, trägt zur Salutogenese bei. Wenn er das Gefühl hat, Aufgaben, die das Leben stellt, lösen zu können, und er über innere und äußere Hilfsquellen (Ressourcen) verfügt, die er zur Bewältigung von schwierigen Situationen einsetzen kann.
Ein wichtiger Begriff bei Antonovsky bezeichnet das „Kohärenzgefühl". Es beschreibt, dass der Mensch Sinn im Leben braucht und innere und äußere Grundsicherheiten besitzt, um innerlich er selber zu bleiben und sich außen zu „verankern", indem er Unterstützung und Halt findet in Familie und Freundeskreis. Das Kohärenzgefühl wird besonders gut entwickelt, wenn uns in der Kindheit und Jugend viele innere Starkmacher (z. B. gute Erfahrungen und Bestätigung) und äußere Stützen (z. B. intaktes Familienleben) zur Verfügung stehen. Dies gibt uns Sinn und macht uns stark und krisenfest.

Antonovsky stellt die Frage, warum Jugendliche, die z. B. von ihren Eltern geschlagen werden oder sonstige dauerhafte Dramen erleben, trotzdem „gesund" bleiben können oder werden. Anstatt ausschließlich krank machende Einflüsse zu betrachten und zu bekämpfen, legt er das Hauptaugenmerk auf den Gesundungsweg, also auf die Stärkung eigener Kräfte und Fähigkeiten, die gegen schwächende Einflüsse widerstandsfähig machen. Jede Maßnahme zur Erhaltung und Förderung der Gesundheit muss also die körperliche und seelische Widerstandskraft fördern.

## 1.2 Einflüsse auf die Gesundheit – „Was hält mich gesund, was macht mich krank?“

Faktoren wie das eigene Verhalten, das soziale Umfeld, die Umwelt und die genetischen Anlagen haben Einfluss auf die Gesundheit.

### 1.2.1 Verhaltensfaktoren

Bewegung ► S. 241
Immunsystem ► S. 217
gesunde Ernährung ► S. 274
Ernährungsempfehlungen ► S. 301
Stress ► S. 237

**Bewegung**
Körperliche Aktivität (Abb. 1) ist zur Prävention von Erkrankungen, insbesondere Herz-Kreislauf-Erkrankungen, sehr förderlich. Das Immunsystem wird gestärkt, wodurch die Abwehrkräfte gegen vielerlei Erkrankungen erhöht werden.

**Ernährung**
Neben genug Bewegung ist eine gesunde Ernährung (Abb. 2) von entscheidender Bedeutung für die Gesundheit. Dies bedeutet, ausgewogen und abwechslungsreich zu essen und sich mit allen notwendigen Nahrungsbestandteilen ausreichend zu versorgen.

*Abb. 1 Sportliche Aktivität*

**Stressbewältigung**
Jeder Mensch erlebt Stress, die natürliche Reaktion des Körpers auf jede Art von Anforderung, die uns das Leben stellt; auch Druck, Angst und Spannung. Eine gewisse Dosis Stress macht das Leben spannend und fordert uns heraus. Ständiger und überfordernder Stress kann dem Menschen aber schaden und ihn krank machen. Es ist wichtig, das Gleichgewicht zwischen Fordern und Überfordern zu finden.

### 1.2.2 Soziale Faktoren

*Abb. 2 Gesunde Ernährung*

**Armut**
Wer wenig Geld zur Verfügung hat, ernährt sich häufiger falsch oder mangelhaft. Und wer krank ist, wird meist auch arm. Dauerhaft bzw. chronisch kranke Personen haben es schwerer, in das Erwerbsleben integriert zu werden. Es gibt also einen Zusammenhang zwischen Armut, mangelnder Bildung und schlechterem Gesundheitszustand. In Deutschland nimmt auch die Kinderarmut stetig zu (Quelle: Armutsbericht der Bundesregierung 2008). Die Folge sind Entwicklungsverzögerungen, z. B. bei der Sprachentwicklung oder den intellektuellen und psychomotorischen Fähigkeiten.

Sprachentwicklung ► S. 94

**Arbeitslosigkeit**
Menschen, die dauerhaft ohne Arbeit sind, haben oft einen schlechteren Gesundheitszustand als Berufstätige (Quelle: Robert-Koch-Institut). Auch die Kinder sind betroffen: Sie sind häufiger entmutigt, können sich schlechter konzentrieren und zeigen sich psychisch labiler; es fehlt ihnen ein positives Beispiel, das Freude an Arbeit vorleben kann. Auch Suchtkrankheiten sind bei Arbeitslosen häufiger.

**Alleinerziehende**
Alleinerziehende Mütter und Väter gelten als gesundheitlich stärker belastet als Eltern, die gemeinsam ihre Kinder großziehen. Es sind nicht nur die finanziellen Probleme. Krank machen auch Zukunftsängste und Überforderungen, den Alltag alleine meistern zu müssen. Oft müssen Kinder zu früh eine Erwachsenenrolle spielen und „vernünftig sein“.

## 1.2.3 Umweltfaktoren

Auch Umweltfaktoren können unsere Gesundheit beeinträchtigen. Hierzu zählen:

**Physikalische Einflussgrößen**
Ein physikalischer Einfluss auf unsere Gesundheit ist Lärm. Dauerhafte Belastung, z. B. durch Baulärm, Straßenlärm oder die Geräuschkulisse einer Kindergartengruppe, kann krank machen. Auch wer fünf Stunden bei einer Musiklautsstärke von 95 Dezibel in der Disko oder auf einem Konzert (Abb. 3) verbringt, kann irreversibel (dauerhaft) sein Hörvermögen schädigen. Bei lange anhaltender lauter Musik sterben die Hörzellen ab. Selbst MP3-Player können eine Lautstärke von 100 Dezibel entwickeln und schwerhörig machen. Nach Rockkonzerten besuchen Jugendliche häufig Hals-Nasen-Ohren Ärzte: Sie leiden an Hörminderung und Ohrgeräuschen (Tinnitus).

*Abb. 3 Rockkonzert*

Ohr ► S. 316

**Biologische Einflussgrößen**
Biologische Einflüsse können z. B. Mikroorganismen sein. Dazu gehören Bakterien, Viren, Pilze und Protozoen. Diese kleinsten Organismen können den Menschen anstecken (infizieren) und Krankheiten auslösen.

Mikroorganismen ► S. 218
Pestizide ► S. 294

**Chemische Einflussgrößen**
Chemische Einflüsse wie Gifte in der Nahrung (z. B. Pestizide) oder giftige Bestandteile der Atemluft (z. B. Smog durch Industrie- und Autoabgase, Abb. 4) sowie chemische Drogen und Zigaretten gehören zu den chemischen Einflüssen auf unsere Gesundheit.

*Abb. 4 Smog*

**Elektromagnetische Felder**
Elektrotechnische Anlagen wie Hochspannungsleitungen (Abb. 5), Mobiltelefone, schnurlose Telefone, WLAN (schnurloses Surfen im Internet) und Mikrowellenherde erzeugen elektrische, magnetische oder elektromagnetische Felder. Es gibt Menschen, die darauf sehr sensibel reagieren und davon krank werden. Es ist bis heute wissenschaftlich strittig, ob bzw. wie sich der sogenannte Elektrosmog auf den Körper auswirkt.

*Abb. 5 Hochspannungsleitung*

## 1.2.4 Genetische Faktoren

Bei der Entstehung vieler Krankheiten wie z. B. Diabetes mellitus, Herz-Kreislauf-Erkrankungen und Allergien spielen Erbfaktoren (angeborene Neigungen) eine Rolle. Meistens kommt es zur Erkrankung, wenn zu den angeborenen Anlagen zusätzlich noch andere krank machende Faktoren hinzukommen.
Bei einer Person, die angeborene Anlagen für die Zuckerkrankheit (Diabetes mellitus Typ 2) besitzt, kann z. B. Übergewicht zum Ausbruch der Krankheit führen.
Früher hielt man das Erbgut für völlig unbeeinflussbar; heute weiß man, dass z. B. Erlebnisse, Ernährung, Fähigkeiten und Verhalten Spuren in unserem Erbgut hinterlassen können.
Man nennt diesen neuen Teil der Biologie Epigenetik. Das heißt, unsere Lebensweise und viele Umwelteinflüsse können prägender sein, als wir bisher annahmen.

Diabetes mellitus ► S. 287

## 1.3 Handeln in Notfällen – „Sind Unfälle Zufälle?"

*In Notfällen muss schnell gehandelt und Erste Hilfe geleistet werden.*

Ein Unfall ist ein nicht vorhersehbares, auf den Menschen einwirkendes Ereignis, das zu einer Verletzung oder sogar zum Tode führen kann. Lebensbedrohliche Unfälle können zu Notfällen werden. Die lebenswichtigen Körperfunktionen (Bewusstsein, Atmung und Kreislauf) sind gestört oder aufgehoben. Nun müssen Sie schnell und richtig handeln, um ein Leben zu retten und/oder weiteren Schaden der betroffenen Person zu verhindern. Die in Notfällen durchzuführenden Maßnahmen nennt man Erste Hilfe. Sie müssen in einer bestimmten Reihenfolge, der sogenannten Rettungskette, durchgeführt werden:

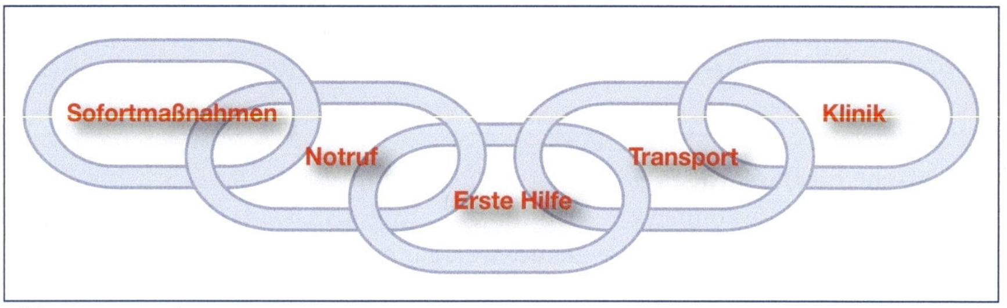


*Abb. 1 Rettungskette*

Ihre Aufgaben als Ersthelfer werden durch die drei ersten Glieder der Rettungskette beschrieben:

- Sie ergreifen lebensrettende Sofortmaßnahmen: prüfen Atmung und Puls (Vitalzeichenkontrolle), bringen den Betroffenen aus der Gefahrensituation heraus – z. B. wenn das Haus brennt – oder sichern die Unfallstelle bei Verkehrsunfällen ab.
- Sie melden schnellstmöglich den Unfall über den Notruf:
  Notrufnummern in Deutschland:
  Polizei/Unfall: 110 Feuerwehr: 112

Wenn Sie einen Notruf melden, ist es wichtig, dass Sie die „5-W-Fragen" genau beantworten und Ihren Namen nennen:

| | |
|---|---|
| **Wo ist es passiert?** | Geben Sie den Ort genau an, z. B. Feuerstraße 12, 2. Stock, Maier. |
| **Was ist geschehen?** | Schildern Sie die Situation genau: z. B. Brand, Sturz. |
| **Wie viele Verletzte gibt es?** | Geben Sie die Anzahl der betroffenen Personen mit ungefährem Alter an; z. B. ein ca. 8-jähriges Kind. |
| **Welche Verletzungen liegen vor?** | Sagen Sie, wie es um Verletzungen und lebensnotwendige Körperfunktionen (Atem, Puls, Bewusstsein) steht. |
| **Warten auf Rückfragen** | Legen Sie erst auf, wenn die Rettungsleitstelle Ihnen signalisiert, alle Informationen erhalten zu haben. |

- Jetzt leisten Sie Erste Hilfe: Stillen Sie Blutungen bei offenen Verletzungen, ergreifen Sie Wiederbelebungsmaßnahmen bei Herz-Kreislauf-Stillstand oder führen Sie Maßnahmen der Schockbekämpfung durch. Bringen Sie den Verletzten ggf. in die stabile Seitenlage.
- Weitere Erstmaßnahmen und den Transport in die Klinik übernimmt der Rettungsdienst und/oder der Notarzt.
- Die betroffene Person wird nun im Krankenhaus versorgt.

## 1.3.1 Kontrolle der Vitalfunktionen

Zur Kontrolle der Vitalfunktionen zählen die Überprüfung der Bewusstseinslage, der Atmung und der Herz-Kreislauf-Funktion (Puls und Blutdruck).

*Die Überprüfung von Bewusstsein, Atmung und Herz-Kreislauf-Funktionen nennt man Kontrolle der Vitalzeichen.*

**Überprüfung des Bewusstseins**
Bewusstlosigkeit ist für jeden Laien leicht feststellbar. Jeder Mensch – gleichgültig welchen Alters oder ob er schläft – lässt sich ansprechen und wird auf Ansprache die Augen öffnen. Reagiert die Person jedoch weder auf Ansprechen noch auf Anfassen, ist sie ohne Bewusstsein. Bei Bewusstlosigkeit besteht akute Erstickungsgefahr. Durch mangelnde Muskelaktivität kann die Zunge in den Rachen rutschen und die Atmung verhindern. Auch kann es wegen eventueller Störungen der Gehirnfunktion zum Erbrechen kommen. Das Erbrochene kann in die Atemwege gelangen und zum Ersticken führen.

- Alarmieren Sie den Rettungsdienst und weisen Sie darauf hin, dass es sich um eine bewusstlose Person handelt. Dadurch wird die Versorgung durch den Notarzt sichergestellt.
- Überprüfen Sie die weiteren Vitalfunktionen.

**Kontrolle der Atmung**
- Reagiert eine Person durch Antworten oder sogar Schreien, besteht kein Atemstillstand. Jedoch muss geklärt werden, ob die Person ausreichend Luft bekommt. Überprüfen Sie, ob Atembewegungen durch Heben und Senken des Brustkorbes sichtbar sind.
- Fühlen Sie den Atem, indem Sie Ihre Wange nah an die Nase der betroffenen Person halten. Spüren oder hören Sie Atemgeräusche?
- Können Sie die Atmung so nicht feststellen, überprüfen Sie den Mund-Rachen-Raum auf Fremdkörper. Wenn Sie z. B. Erbrochenes entdecken, drehen Sie den Kopf des Betroffenen zur Seite, öffnen den Mund und entfernen Sie den Inhalt des Mundes mit Ihren Fingern.
- Atmet der Betroffene, bringen Sie ihn in eine stabile Seitenlage. Atmet er nicht, beginnen Sie unverzüglich mit der Atemspende.

**Herz- Kreislauf-Kontrolle**
Die Überprüfung der Herz-Kreislauf-Funktion geschieht durch Pulstasten.
- Bei ansprechbaren Verletzten tasten Sie mit Ihrem Zeige- und Ringfinger den Puls am Handgelenk.
- Bei Bewusstlosen kann der Puls besser an der Halsschlagader ertastet werden, da in Stresssituationen die Durchblutung in der Körperperipherie (den Organen, die weit vom Herzen entfernt liegen) häufig eingeschränkt ist.
- Bei Säuglingen und Kleinkindern kann der Puls am zuverlässigsten am Oberarm unterhalb der Achselhöhle getastet werden.
- Ihre weiteren Handlungen sollten Sie je nach Vorhandensein der Vitalfunktionen schnell und entschlossen durchführen.

Pulsmessung ► S. 254

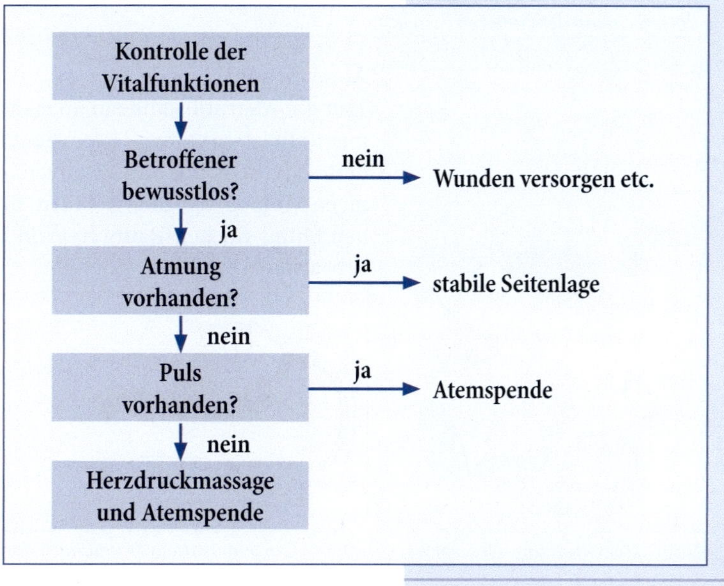

## 1.3.2 Erste-Hilfe-Maßnahmen

Aus der Prüfung der Vitalfunktionen bzw. deren Ergebnis ergibt sich Ihr weiteres Vorgehen. Sie müssen entweder nach Notwendigkeit Wunden versorgen, den Betroffenen in die stabile Seitenlage bringen oder mit der Atemspende beginnen.

**Stabile Seitenlage**

Bewusstlose sollten Sie bei vorhandener Atmung und Puls in die stabile Seitenlage bringen, damit die Atemwege frei bleiben, auch wenn sie erbrechen. So geht's:

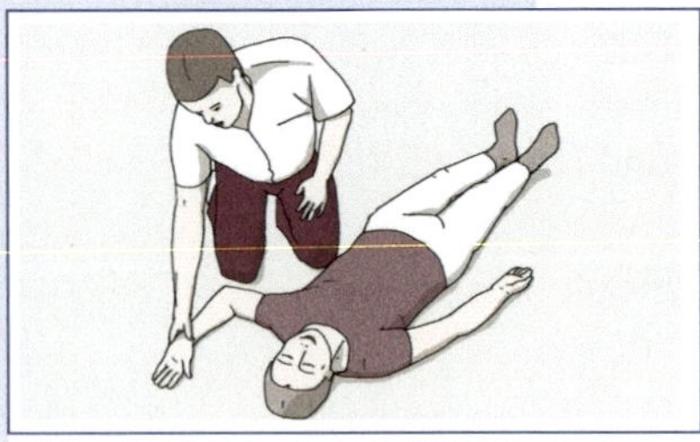

*Abb. 1 Nehmen Sie ggf. die Brille der Betroffenen ab und strecken Sie deren Beine aus. Knien Sie sich neben die Betroffene.*

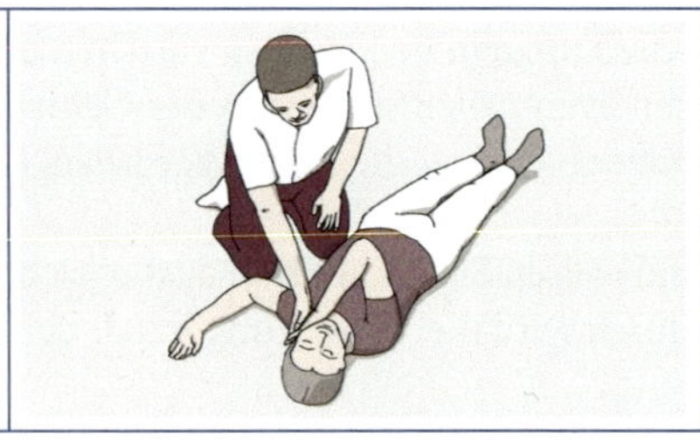

*Abb. 2 Lagern Sie den zugewandten Arm der Betroffenen mit gebeugtem Ellenbogen rechtwinklig aus.*

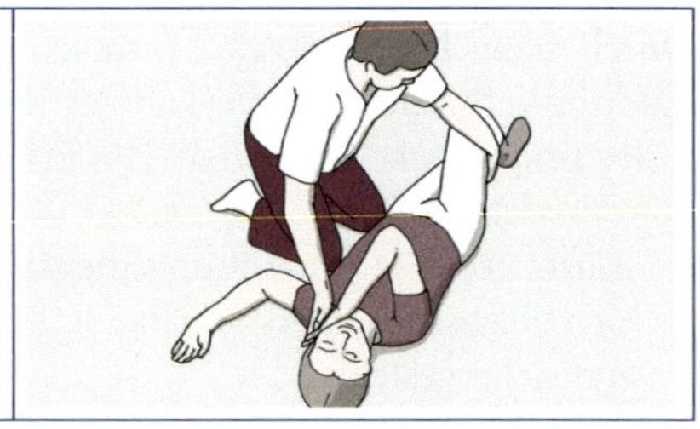

*Abb. 3 Führen Sie den anderen Arm der Betroffenen über deren Oberkörper an die zugewandte Wange heran und fixieren Sie ihn dort.*

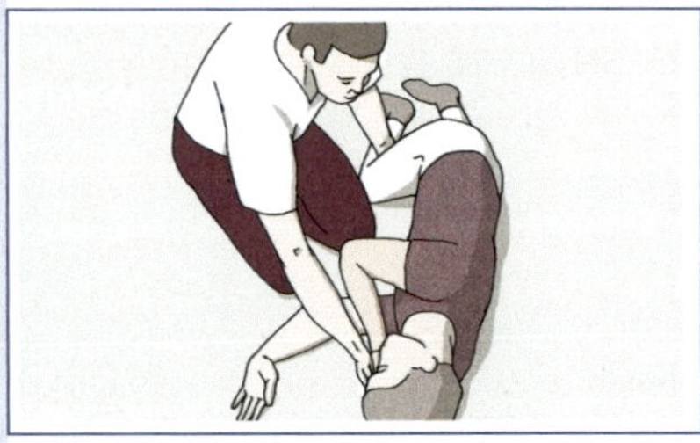

*Abb. 4 Fassen Sie mit der anderen Hand das abgewandte Knie der Betroffenen und ziehen Sie es zu sich heran, sodass die Betroffene auf die Seite rollt. Beugen Sie das jetzt oben liegende Bein in Hüfte und Knie rechtwinklig und nutzen Sie es als Stütze für den Körper, sodass die Betroffene jedoch nicht auf dem unteren Bein liegt.*

*Abb. 5 Überstrecken Sie den Kopf zum Freihalten der Atemwege und überprüfen Sie die Atmung regelmäßig.*

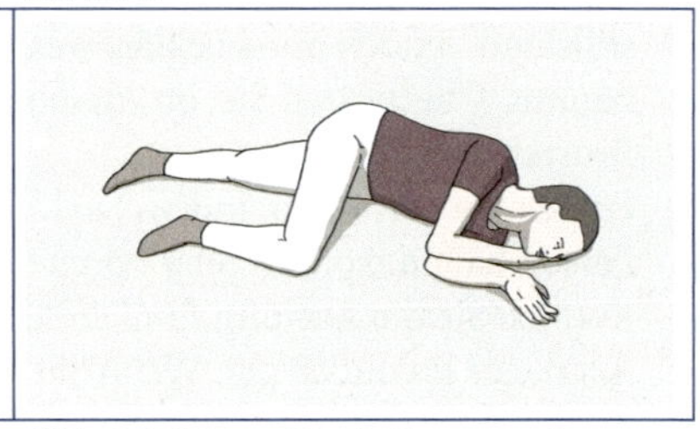

*Abb. 6 Schützen Sie die Person ggf. vor Kälte.*

**Atemspende**

Tritt ein Atemstillstand ein, muss sofort beatmet werden, da sonst der Körper nicht mehr mit lebensnotwendigem Sauerstoff versorgt werden kann. Durch eine verminderte oder fehlende Sauerstoffversorgung können die Gehirnzellen schon nach wenigen Minuten Schaden nehmen. Bevor Sie den Verunglückten beatmen, müssen Sie den Mund-Rachen-Raum frei von Fremdkörpern machen (z. B. Zahnprothese oder Erbrochenes) und den Kopf überstrecken (Abb. 7).

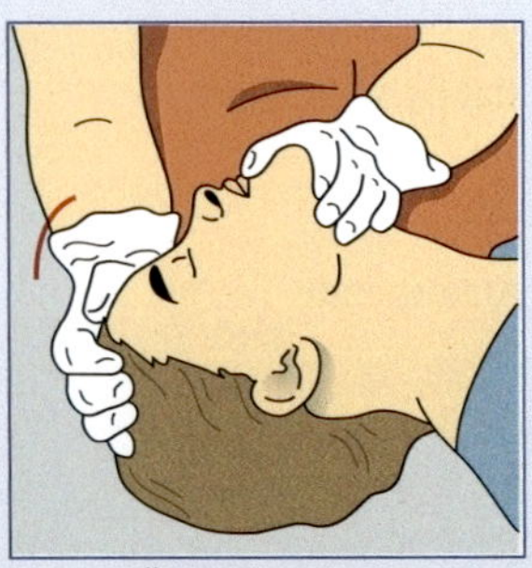

*Abb. 7 Überstreckung des Kopfes*

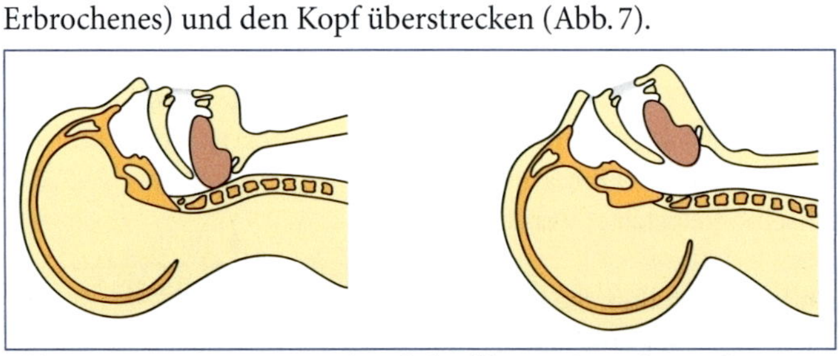

*Abb. 8 Zungenposition vor und nach der Überstreckung des Kopfes*

- Schützen Sie sich bei der Beatmung, indem Sie z. B. ein Taschentuch zwischen Ihren Mund und die Nase des Bewusstlosen legen.
- Führen Sie vorzugsweise die Mund-zu-Nase-Beatmung (Abb. 10) durch:
- Verschließen Sie mit dem Daumen der am Unterkiefer anliegenden Hand den Mund, sodass keine Luft entweichen kann. Atmen Sie dann selbst Luft ein und umschließen Sie mit Ihrem weit geöffneten Mund fest die Nase des Verletzten.

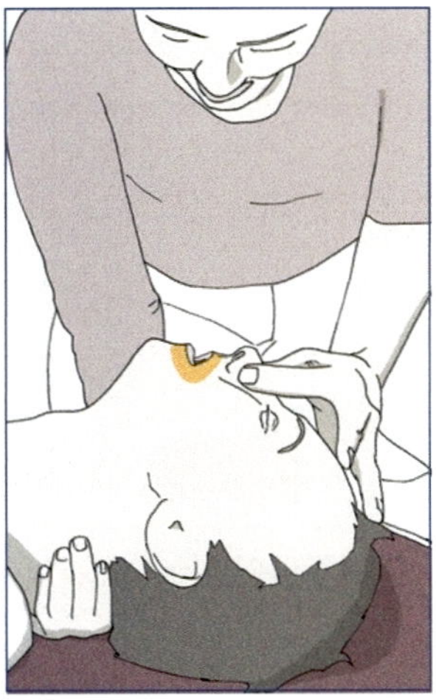

*Abb. 9 Mund-zu-Mund-Beatmung*

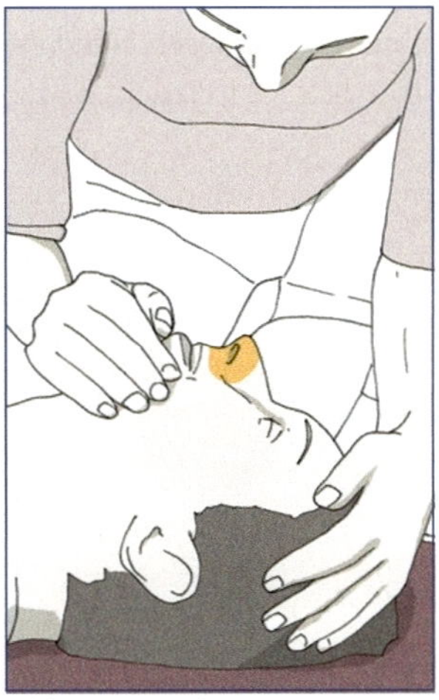

*Abb. 10 Mund-zu-Nase-Beatmung*

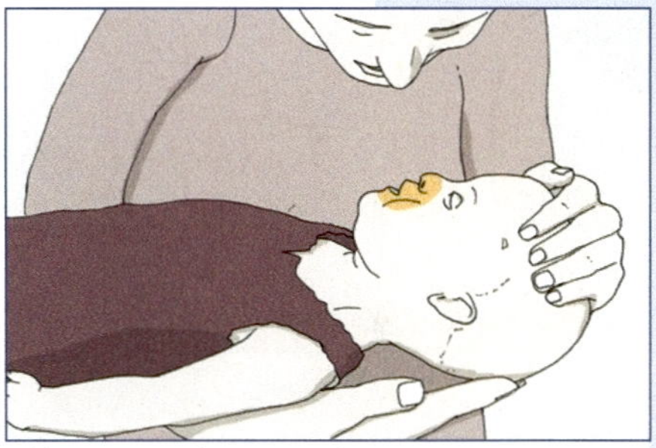

*Abb. 11 Mund-zu-Mund-Nase-Beatmung*

- Blasen Sie die eingeatmete Luft vorsichtig in die Atemwege.
- Heben Sie nach jeder Beatmung den Mund kurz ab, damit die Ausatmung des Betroffenen möglich ist.
- Kontrollieren Sie die Wirksamkeit Ihrer Maßnahme am Heben des Brustkorbes beim Einblasen der Luft und an der selbstständig erfolgenden Ausatmung.
- Führen Sie die Beatmung so lange durch, bis der Betroffene selbst wieder atmet oder bis fachliche Hilfe eintrifft.
- Für die Häufigkeit der Beatmung gelten folgende Richtwerte: Erwachsener 15-mal pro Minute, Kinder über acht Jahre 20-mal pro Minute, Kleinkinder 30-mal pro Minute, Säuglinge 35-mal pro Minute.
- Atmet der Patient wieder selbstständig, bringen Sie ihn in die stabile Seitenlage.
- Ist keine Mund-zu-Nase-Beatmung möglich, z. B. wegen Verletzungen der Nase, wird von Mund zu Mund (Abb. 9) beatmet:
  Der Hals des Verletzten wird ebenfalls überstreckt. Legen Sie Ihre Hand auf seine Stirn und verschließen Sie mit Daumen und Zeigefinger seine Nase. Öffnen Sie den Mund des Verletzten leicht, legen Sie Ihren Mund nach dem Einatmen fest über seinen Mund und beatmen Sie vorsichtig.

- Bei der Beatmung von Säuglingen und Kleinkindern wird der Kopf in die sogenannte „Schnüffelstellung" gebracht. Hierzu wird der Kopf des Kindes mit der einen Hand leicht nach hinten überstreckt, mit der anderen Hand wird mit Mittel- und Zeigefinger der Unterkiefer leicht nach vorne oben in Schnüffelstellung gebracht. Beatmen Sie Kinder von Mund zu Mund und Nase (Abb. 11). Vorsichtig! – zu viel Druck kann die kleine Lunge verletzen.

**Herz- Lungen-Wiederbelebung**

Ist neben dem Atemstillstand auch kein Puls mehr tastbar, müssen Sie eine Herz-Lungen-Wiederbelebung durchführen. Rufen Sie vorher den Rettungsdienst oder beauftragen Sie eine andere Person damit.

- Knien Sie sich neben den auf einer harten Unterlage liegenden Verunglückten.
- Legen Sie den Handballen Ihrer Hand auf das untere Drittel des Brustbeines in der Mitte des Brustkorbes.
- Platzieren Sie den Ballen Ihrer anderen Hand auf Ihrer ersten Hand (Abb. 1).

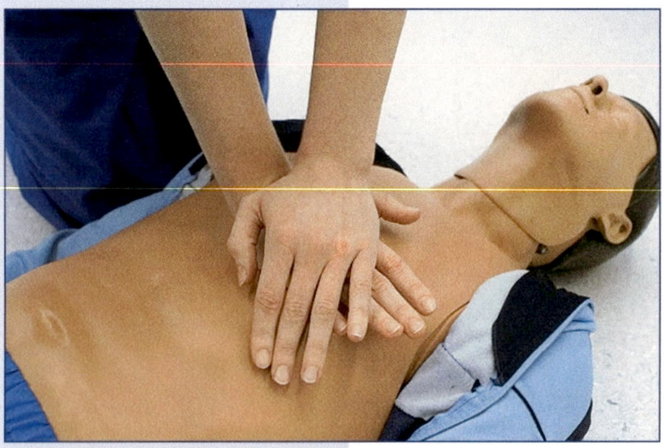

*Abb. 1 Herzdruckmassage*

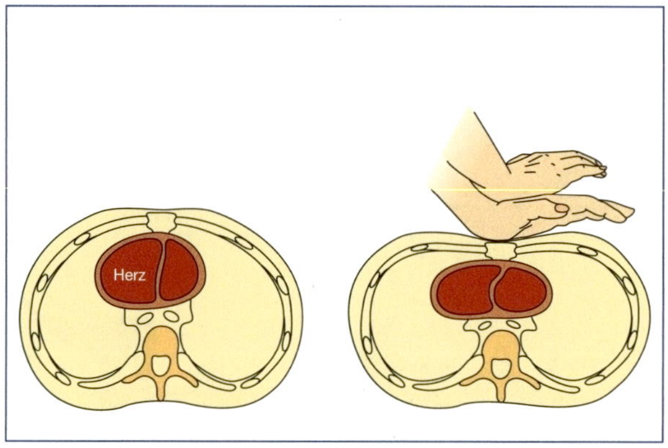


*Abb. 2 Effekt der Herzdruckmassage*

- Durch die Herzdruckmassage ersetzen Sie nun die Pumpfunktion des Herzens. Strecken Sie Ihre Arme aus und drücken Sie senkrecht von oben mit Ihrem eigenen Oberkörpergewicht ungefähr 30-mal auf den Brustkorb des Patienten. Entlasten Sie zwischen zwei Pumpstößen den Brustkorb komplett. Die Häufigkeit, mit der die Herzdruckmassage durchgeführt werden soll, beträgt ca. 80 bis 100 Kompressionen (Drücken und Loslassen) pro Minute.
- Führen Sie Herzdruckmassage und Beatmung abwechselnd durch: zwei Atemspenden im Wechsel mit 30 Herzdruckmassagen.
- Führen Sie diese Wiederbelebungsmaßnahmen durch, bis der Kreislauf wieder einsetzt bzw. bis der Rettungsdienst eintrifft.

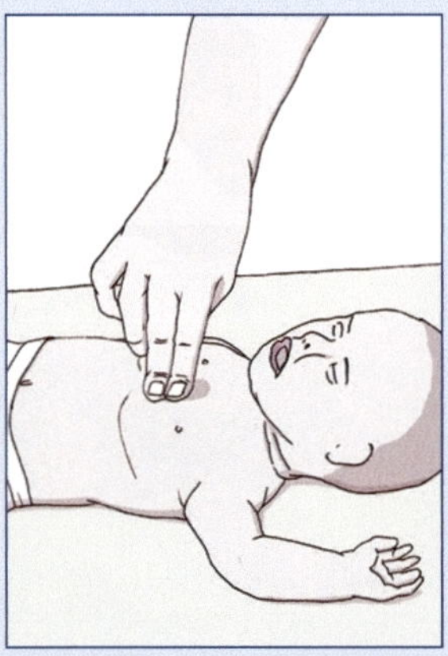

*Abb. 3 Herzdruckmassage bei Säuglingen*

- Bei Säuglingen wird die Herzdruckmassage nur mit Zeige- und Mittelfinger einer Hand durchgeführt (Abb. 3), bei Kleinkindern nur mit einer Hand. Außerdem gilt für Kinder eine andere Frequenz der Herzdruckmassage: Bei Säuglingen sollte die Herzdruckmassage mit einer Frequenz von 120- bis 140- mal pro Minute, bei Kleinkindern (Abb. 4) mit einer Frequenz von 100- bis 120-mal pro Minute durchgeführt werden. Nach jeweils 30 Herzdruckmassagen folgen 2 Beatmungen.

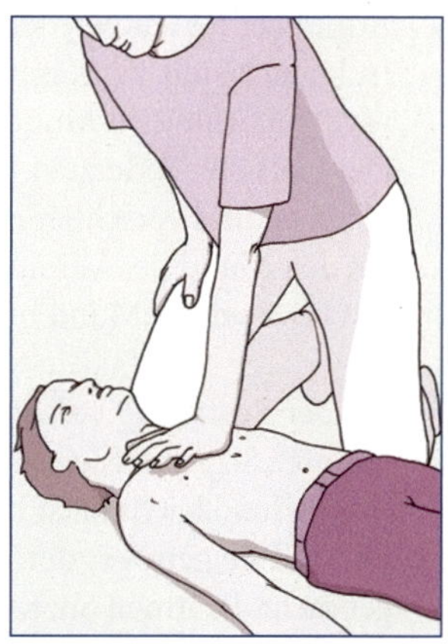

*Abb. 4 Herzdruckmassage bei Kleinkindern*

### 1.3.3 Notfallsituationen

**Verbrennungen**

Verbrennungen und Verbrühungen gehören zu den häufigsten Unfällen im Kindesalter. Beides sind Schädigungen des Gewebes durch Hitzeeinwirkung; bei der Verbrühung erfolgt die Hitzeeinwirkung durch heiße Flüssigkeit. Ähnlich wie bei Vergiftungen sind vor allem Kinder im ersten Entdeckungsalter zwischen 2 und 4 Jahren besonders gefährdet, da sie z. B. neugierig auf den Inhalt der heißen Töpfe auf dem Herd sind.

*Zu den häufigsten Unfällen bei Kindern gehören Verbrennungen und Verbrühungen.*

Sozialassistentin Tina im Einsatz bei einer Familie ist bei der Vorbereitung des Mittagessens, während der 3-jährige Jan auf dem Boden in der Küche spielt. Plötzlich hört sie einen Streit von Jans Geschwistern aus dem Spielzimmer, sie geht zur Tür und hört den Topf mit kochendem Nudelwasser zu Boden fallen. Jan sitzt schreiend neben dem Topf, sein Pullover ist nass und die Hände sind, soweit sichtbar, deutlich gerötet.

Sofortmaßnahmen bei Verbrennungen und Verbrühungen:
- Bewahren Sie Ruhe und beruhigen Sie den Betroffenen.
- Kontrollieren Sie die Vitalfunktionen.
- Entfernen Sie bei Verbrühungen mit Wasser die Kleidung. Handelt es sich jedoch um eine Verbrennung, z. B. wenn Kleidung in die Wunde eingebrannt ist, sollten Sie die Kleidung nicht entfernen.
- Lassen Sie lauwarmes Wasser 15–20 Minuten auf die verbrannten Stellen rieseln. Halten Sie den restlichen Körper mit Decken warm.
- Rufen Sie die 112 an.
- Kann die Wasseranwendung nicht die ganze Zeit durchgehalten werden, decken sie die Brandwunde mit einem sterilen Tuch (z. B. gebügeltes Geschirrhandtuch) ab. Befeuchten Sie das Tuch, nachdem Sie es auf die Wunde gelegt haben (keine nassen Tücher auf die Wunde legen und vor allem nicht andrücken, da Brandwunden sehr druckschmerzhaft sind).
- Geben Sie keine Salben, Puder oder sonstige Mittel auf die verbrannte Stelle.

Vitalfunktionen ► S. 207

Bei Verbrennungen kann sich ein Schock entwickeln, wenn 10–15% der Körperoberfläche (Abb. 5) betroffen sind. Tödlich verläuft eine Verbrennung häufig, wenn 50 % der Körperoberfläche verbrannt sind.

Schock ► S. 216

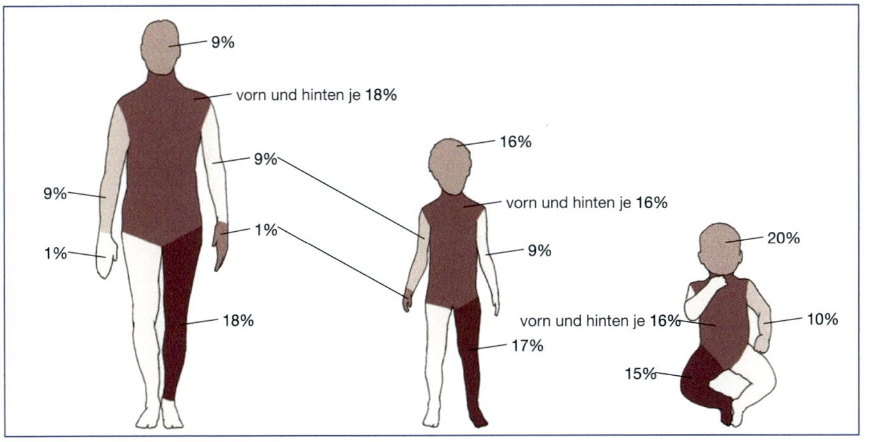


*Abb. 5 Anteile der Körperoberfläche bei Erwachsenen (links), Kindern (Mitte) und Säuglingen (rechts)*

*Viele Vergiftungen können durch Vorsichtsmaßnahmen verhindert werden.*

Unter www.apotheken.de ▹ Giftnotruf Können Sie durch Eingabe Ihres Wohnortes oder Ihrer Postleitzahl die Nummer des entsprechenden Giftnotrufes recherchieren. Bringen Sie die Nummer gut sichtbar in der Nähe des Telefons an.

Vitalfunktionen ► S. 207
Erste-Hilfe-Maßnahmen ► S. 208

**Vergiftungen**

Die meisten Vergiftungen könnten durch Vorsichtsmaßnahmen verhindert werden. Auch hier droht die größte Gefahr Kindern im Entdeckungsalter, die an für sie erreichbaren Giftstoffen „naschen“. Kinder orientieren sich an bekannten Formen und Verpackungen. Sie meinen z. B. die Müslipackung zu kennen und verwechseln sie jedoch mit der Spülmaschinensalzverpackung. Die häufigsten Vergiftungsunfälle erfolgen durch Arzneimittel und Putz- und Reinigungsmittel. Aber auch Zigaretten, Pflanzenschutzmittel, Dünger und Giftpflanzen verursachen Vergiftungsfälle.

Ergreifen Sie bei einer Vergiftung folgende Maßnahmen:

- Kontrollieren Sie die Vitalfunktionen. Ist die betroffene Person ansprechbar und zeigt keine Besonderheiten bezüglich Atmung und Puls, fragen Sie diese nach anderen Anzeichen für eine Vergiftung (z. B. Übelkeit und Schmerzen). Sind die Vergiftungszeichen nicht erkennbar, rufen Sie die nächste Vergiftungszentrale Ihres Bundeslandes an und handeln Sie nach den Angaben der Vergiftungszentrale.
- Sind die Vitalfunktionen nicht erhalten, informieren Sie sofort den Notarzt und ergreifen Sie die Erste-Hilfe-Maßnahmen. Weisen Sie darauf hin, dass es sich bei dem Notfall um eine Vergiftung handelt. Halten Sie das Gift bzw. das eingenommene Mittel bzw. Reste oder die Packung bereit, um Fragen am Telefon beantworten zu können.
- Notieren Sie den Zeitpunkt der Gifteinnahme, das Produkt und die Menge, die eingenommen wurde. Beobachten Sie den Betroffenen und halten Sie die Verpackung des aufgenommenen Stoffes bereit. Erbricht der Betroffene, bewahren Sie das Erbrochene auf.
- Lösen Sie auf keinen Fall Erbrechen aus, denn so gelangt die ätzende Substanz ein weiteres Mal durch die Speiseröhre und verursacht hier Verletzungen. Geben Sie niemals Milch. Milch ist kein Gegengift und beschleunigt bei einigen Giften sogar die Giftaufnahme.

*Krampfanfälle können viele verschiedene Ursachen haben.*

Gehirn ► S. 318

**Krampfanfälle**

Ein Krampfanfall beruht auf einer Funktionsstörung von Teilen des Gehirns. 5–10 % der Bevölkerung erleben einmal im Leben einen Gelegenheitskrampf. Krampfanfälle können verschiedene Ursachen haben. Neben Vergiftungen und Unfällen kann auch Fieber der Auslöser sein. Ein Krampfanfall ist auf jeden Fall ein krankhaftes Geschehen, dessen Ursache ärztlich abgeklärt werden muss, auch wenn die meisten Anfälle nicht lebensbedrohlich sind.

Ergreifen Sie bei Krampfanfällen folgende Maßnahmen:

- Alarmieren Sie den Notarzt, der durch Gabe krampflösender Medikamente den Krampf unterbrechen kann. Versuchen Sie, die betroffene Person vor Verletzungen zu schützen, indem Sie z. B. Gegenstände aus dem Weg räumen, an denen sich die Person beim Fallen stoßen könnte.
- Kontrollieren Sie nach Abklingen des Krampfanfalles die Vitalfunktionen und führen Sie gegebenenfalls die Erste-Hilfe-Maßnahmen durch.

Praxis-Spicker

# Krampfanfall

**WAS KANN ICH BEOBACHTEN?**

- Bewusstseinsstörungen (z. B. kurze „Abwesenheit“, Vor-sich-hin-Starren oder allmählicher Orientierungsverlust bis Bewusstlosigkeit mit plötzlichem Hinstürzen)
- Person nicht ansprechbar bzw. reagiert nicht wie üblich
- unkontrollierte Zuckungen oder extreme Streckung von Gliedmaßen
- bizarre Bewegungen, ziellose, wiederholte Bewegungen, z. B. Nesteln, Zupfen, Kauen, Umherlaufen (bis zu 20 Minuten)
- plötzliches Innehalten in einer Aktivität (bis zu 20 Sekunden)
- Veränderung des Gesichtsausdrucks, z. B. Erstarren, Grimassieren
- Atempause, geweitete Pupillen, Einnässen, Speichelfluss, Schaum vor dem Mund während eines mehrminütigen Anfalls mit Bewusstseinsverlust
- blutige Lippen bzw. Zunge durch Zungenbiss
- ggf. tiefer Schlaf im Anschluss an den Anfall
- spontanes Anfall-Ende, danach Gedächtnislücke bzw. keine Erinnerung an den Anfall

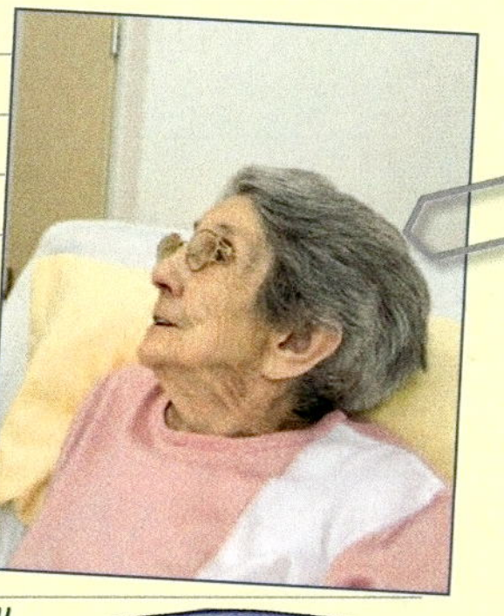

Frau Lehmann hatte Schaum vor dem Mund und Zuckungen am ganzen Körper.

**WAS IST ZU TUN?**

- der Verlauf ist nicht durch „Erste Hilfe“ zu beeinflussen
- Betroffenen nicht festhalten oder gar schütteln
- Schutz vor Verletzungen: z. B. Betroffenen hinsetzen oder in die Seitenlage bringen, ggf. gefährliche (harte, spitze) Gegenstände entfernen; nichts zu essen oder trinken geben, keinen Gummikeil o. Ä. zwischen die Zähne schieben (die Gefahr des Zungenbiss besteht nur zu Beginn)
- Anfallsverlauf, Atmung und Bewusstsein beobachten und dokumentieren
- nach dem Anfall ruhen lassen, nicht alleine lassen; Ansprechbarkeit prüfen
- Anfälle von mehreren Minuten Dauer müssen häufig nach ärztlicher Anweisung medikamentös unterdrückt werden

Frau Lehmann war kurzzeitig nicht ansprechbar, lief immer hin und her und wischte heftig mit den Händen über die Strickjacke.

**HINWEISE:**

Schlafentzug, Flackerlichtreize, Alkohol(-entzug) und Fieber können bei gefährdeten Personen Auslöser für einen Anfall sein. Achten Sie auf Vorzeichen: manche Betroffene sind kurz vor dem Anfall z. B. besonders reizbar oder ängstlich bzw. Stimmung und Verhalten ändern sich.

**MÖGLICHE URSACHEN:**

- fortgeschrittene Demenzerkrankungen
- schwere Infektionen, Gehirn- und Hirnhautentzündungen und hohes Fieber (v. a. bei Kindern)
- Vergiftungen, z. B. auch durch Alkohol, Drogen, Medikamente
- Alkoholentzug; bei bestehender Krampfneigung auch Schlafentzug und Überanstrengung
- Stoffwechselentgleisungen (z. B. Diabetes mellitus)
- Hirnschädigungen (z. B. durch Unfallverletzungen, Tumore)

*Zeichen für eine Atemwegsverlegung sind starker Husten oder Atembeschwerden.*

Atemwege ► S. 267

**Verlegung der Atemwege**

Durch Fremdkörper können die Atemwege, z. B. während des Essens, verlegt, das heißt blockiert oder verstopft werden. Ein Zeichen dafür kann sein, dass sich die betroffene Person an den Hals fasst. Von einer leichten Atemwegsverlegung ist auszugehen, wenn die Person noch sprechen und atmen kann, aber stark husten muss. Kann sie weder sprechen noch normal atmen, besteht eine schwere Atemwegsverlegung.

> Im Kindergarten spielt die 2-jährige Pauline mit kleinen Bausteinen auf dem Boden. Sozialassistent Christian bemerkt plötzlich, dass Pauline einen Hustenanfall bekommt und nach Luft ringt. Ein kleiner Baustein steckt in ihrer Luftröhre und sie läuft blau im Gesicht an.

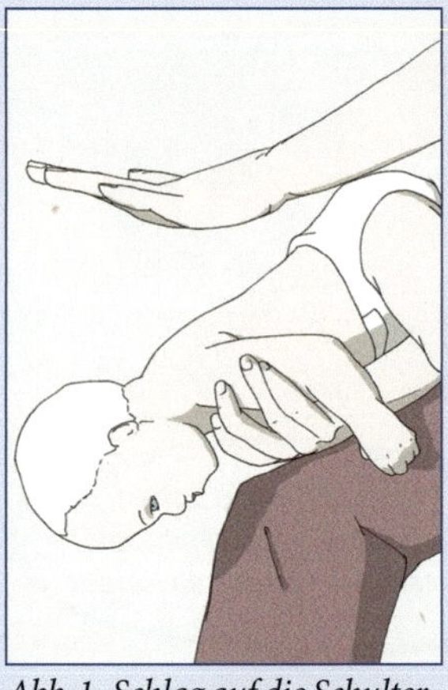

Abb. 1 Schlag auf die Schulterblätter bei Atemwegsverlegung

Ergreifen Sie bei Verlegung der Atemwege folgende Maßnahmen:
- Stellen Sie sich seitlich hinter die betroffene Person, beugen Sie deren Brustkorb weit nach vorn, stützen Sie mit einer Hand den Brustkorb und schlagen Sie mehrmals kräftig mit der flachen Hand zwischen die Schulterblätter. Kleine Kinder können Sie mit dem Bauch nach unten auf Ihren Oberschenkel oder über Ihren Arm legen (Abb. 1). Lassen Sie eine weitere Person parallel dazu den Notarzt alarmieren.
- Wird der Fremdkörper ausgehustet, lassen Sie die betroffene Person trotzdem von einem Arzt untersuchen, um weiteren Komplikationen vorzubeugen.
- Besteht die Atemnot weiter, so wiederholen Sie den Versuch, die Atemwege frei zu machen.

> ! Häufig wird am Tisch sitzenden Personen, die sich verschluckt haben, mit der Hand auf den Rücken geklopft. Diese Maßnahme sollte unterlassen werden, da ein eventuell in der Luftröhre steckender Fremdkörper zwar gelöst werden kann, aber die Gefahr besteht, dass er hierdurch tiefer in die Luftröhre rutscht.

*Allergische Reaktionen rufen häufig Atemstörungen hervor.*

**Allergische Reaktionen**

Bestimmte Nahrungsmittel (z. B. Nüsse und Krabben) können schwere allergische Reaktionen auslösen. Atemstörungen stehen dabei im Vordergrund. Es kann sich jedoch nebenbei auch ein Schock entwickeln.

Allergien ► S. 231
Schock ► S. 216

> Im Kindergarten Sonnenhügel gibt es heute eine Erdbeernachspeise zum Mittagessen. Nach dem Essen klagt die 5-jährige Carolin über Übelkeit und Schwindel. Kurz darauf ringt sie nach Luft und fässt sich an den Hals.

Ergreifen Sie bei allergischen Reaktionen folgende Maßnahmen:
- Kontrollieren Sie alle Vitalfunktionen und rufen Sie den Notarzt.
- Lagern Sie die betroffene Person sitzend und öffnen oder entfernen Sie eng am Hals liegende Kleidungsstücke.
- Kontrollieren Sie bis zum Eintreffen des Notarztes die Vitalfunktionen und führen Sie gegebenenfalls Erste-Hilfe-Maßnahmen durch.

Vitalfunktionen ► S. 207
Erste-Hilfe-Maßnahmen ► S. 208

**Blutende Verletzungen**

Blutet eine Person aus einer Wunde ungewöhnlich stark und/oder kommt eine Blutung innerhalb weniger Minuten nicht zum Stillstand, besteht die Gefahr eines bedeutsamen Blutverlustes. Hohe Blutverluste können zum Schock und damit zum Tode führen; man spricht von Verbluten. Dem Körper fehlt das Transportmittel für den lebensnotwendigen Sauerstoff, dadurch kommt es zur Schädigung der lebenswichtigen Organe, wie z. B. Lunge, Niere und Gehirn.

*Starke Blutungen sind gefährlich, da es zu einem hohen Blutverlust kommen kann.*

Blut ► S. 262
Blutgerinnung ► S. 264
Schock ► S. 216

Die Kinder der Gruppe 3 des Schulhortes Am Platanenweg spielen im Flur Fangen und balgen sich dabei. Der 8-jährige Thomas stößt dabei mit seiner Hand durch die gläserne Terrassentür und blutet stark am Handgelenk.

Ergreifen Sie bei blutenden Verletzungen folgende Maßnahmen:

- Bei allen kritischen Situationen ist zunächst der Notarzt zu alarmieren.
- Lagern Sie den verletzten Körperteil, wenn möglich, hoch und drücken Sie mit Zeige-, Mittel- und Ringfinger das zuführende Blutgefäß ab. Sie müssen so stark und gezielt drücken, dass die Blutung zum Stillstand kommt. Gelingt Ihnen das nicht, drücken Sie direkt mit dem Handballen auf die Verletzung.
- Die akute Gefahr ist so gebannt. Die Verletzung sollte jedoch weiter versorgt werden. Legen Sie einen Druckverband an (Abb. 2):
- Legen Sie eine Wundauflage (z. B. Kompresse) auf die Verletzung und befestigen Sie diese sofort mit zwei Umschlägen eines Verbandes (Binde). Da gezielt Druck auf die Verletzung ausgeübt werden muss, um die Blutung zu stillen, brauchen Sie nun ein Druckpolster. Hierzu können Sie ein geschlossenes Verbandpäckchen auf die Verletzung legen. Befestigen Sie dies durch den Verband, den sie jetzt unter Zug anlegen sollten. Verknoten Sie den Verband zuletzt direkt auf dem Druckpolster. Achten Sie darauf, dass Sie mit dem Druckverband keine Stauung, durch die sich z. B. der Arm blau oder rot verfärbt, erzeugen. Ist der Druckverband nach kurzer Zeit durchgeblutet, öffnen Sie ihn nicht, sondern befestigen Sie über dem ersten Druckpolster ein zweites.

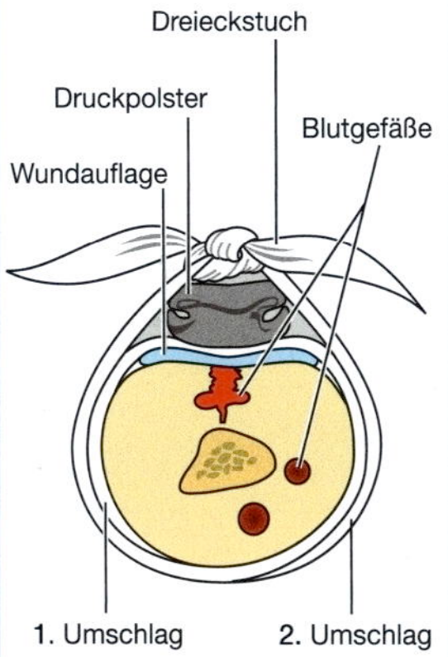


*Abb. 2 Druckverband am Arm*

- Ist die Verletzung versorgt, überprüfen Sie die Vitalfunktionen und ergreifen Sie bei Störungen Erste-Hilfe-Maßnahmen.
- Bei erhaltenen Vitalfunktionen ergreifen Sie Maßnahmen zur Kollaps- und Schockbekämpfung. Legen Sie hierzu die betroffene Person flach auf den Boden, lagern Sie die Beine leicht hoch und halten Sie die Person mit Decken warm.
- Befindet sich ein Fremdkörper (z. B. eine Glasscherbe) in der Wunde, entfernen Sie diese nicht. Es besteht die Gefahr, dass Gefäße, die durch den Fremdkörper verschlossen sind, eröffnet werden. Üben Sie in diesem Fall mit den Fingern Druck auf das verletzte Gefäß aus, ohne den Fremdkörper zu berühren.
- Überprüfen Sie den Impfschutz gegen Wundstarrkrampf (Tetanus).
- Bei Nasenbluten sollten Sie den Betroffenen mit leicht nach vorne gebeugtem Oberkörper aufrecht sitzen lassen, um den Druck des Blutes in den Gefäßen zu verringern. Zusätzlich sollten Sie kalte Tücher, z. B. ein nasses Geschirrhandtuch, in den Nacken legen und ein Tuch bzw. Gefäß zur Aufnahme des Blutes anhalten oder anreichen.

Vitalfunktionen ► S. 207
Erste-Hilfe-Maßnahmen ► S. 208

Praxis-Spicker:
Nasenbluten ► S. 265

*Bei Gewalteinwirkungen auf den Schädel kann auch das Gehirn verletzt sein.*

Gehirn ► S. 318

**Gewalteinwirkung auf den Schädel**

Bei allen Verletzungen im Kopfbereich und bei jeder Gewalteinwirkung auf den Kopf besteht die Gefahr der Mitverletzung des Gehirns.

> Praktikantin Anja wickelt gerade den einjährigen Moritz, da schreit der kleine Jakob. Sie wendet sich Jakob zu. In diesem Moment fällt Moritz vom Wickeltisch. Für einige Sekunden zeigt er keine Reaktion, schreit nicht und bewegt sich nicht. Danach verhält Moritz sich wieder normal.

Ergreifen Sie bei Gewalteinwirkungen auf den Schädel folgende Erstmaßnahmen:

- Jede Person, die nach einer Gewalteinwirkung auf den Schädel auch nur für Sekunden bewusstlos ist, muss ärztlich behandelt werden. Unter Umständen verursacht ein im Gehirn hervorgerufenes Blutgerinnsel erst Stunden nach dem Ereignis eine lebensbedrohliche Situation. Alarmieren Sie den Rettungsdienst.
- Typische Zeichen von Kopfverletzungen sind Erinnerungslücken, Schwindel, Kopfschmerzen, Übelkeit und Erbrechen. Auch in diesen Fällen sollten Sie dafür sorgen, dass die betroffene Person sich nicht weiter verletzt und ärztlich versorgt wird.
- Ist die Person weiterhin bewusstlos, alarmieren Sie den Rettungsdienst, kontrollieren Sie die Vitalfunktionen und leiten entsprechende Erste-Hilfe-Maßnahmen ein.

Vitalfunktionen ► S. 207
Erste-Hilfe-Maßnahmen ► S. 208

**Sofortmaßnahmen beim Schock**

Bei jedem Verunglückten, müssen Sie davon ausgehen, dass sein Zustand nicht nur durch die Verletzung selbst, sondern auch durch einen Schock (Schreck) als Folge der Verletzung beeinträchtigt ist. Es gibt verschiedene Formen des Schocks, viele beruhen jedoch auf einem Missverhältnis zwischen erforderlicher und tatsächlicher Blutversorgung des Körpers. Der mit dem Schock verbundene Blutdruckabfall hat eine unzureichende Versorgung der Körperzellen zur Folge, was zu lebensbedrohlichen Gewebeschäden und zum Tode führen kann.

*Abb. 1 Lagerung bei Blutvolumenmangel*

*Abb. 2 Lagerung bei Blutvolumenmangel (Trendelenburglagerung)*

Ursachen des Schocks können sein:

- größerer Blutverlust (Volumenmangelschock)
- allergische Reaktionen (anaphylaktischer Schock)
- Infektionen (septischer Schock)

Erkennen können Sie einen Schock an einer Erhöhung der Pulsfrequenz über 100 Schläge pro Minute und an einem Abfall des Blutdrucks. Betroffene mit Schock sind blass, kaltschweißig und unruhig. Die Unruhe kann sich bis zur Teilnahmslosigkeit wandeln und in Bewusstlosigkeit übergehen.

Puls ► S. 254
Blutdruck ► S. 255
Blutung ► S. 215
Verbrennung ► S. 211

Handlungsschritte:

- Beruhigen Sie die betroffene Person.
- Versorgen Sie die ursprüngliche Verletzung (z. B. Blutung, Verbrennung).
- Bringen Sie den Betroffenen in Schocklage, indem Sie ihn auf den Rücken legen und die Beine 20 bis 30 cm hoch lagern (Abb.1 und 2).

# 2. Das Immunsystem unterstützen – „Erreger bekämpfen“

**Was ist das Immunsystem?**

Haben Sie sich schon mal gefragt, was eigentlich im Körper passiert, wenn wir von einem schweren Grippevirus oder von Herpes befallen werden? Warum müssen wir vorsichtig sein, wenn wir uns ein Piercing machen lassen? Warum lässt der Körper es zu, dass ein HIV sich in unserem Körper breitmachen kann? Und warum diskutieren wir heute über neue Viruserkrankungen, die es früher nicht gab, wie z. B. Erkrankungen durch das HP-Virus? Das alles hat mit unserem Immunsystem zu tun. Es dient dem Körper vornehmlich zur Abwehr von Krankheitserregern und Fremdstoffen, die von außen in ihn eindringen. Tagtäglich kommen wir in Berührung mit einer Vielzahl an Bakterien, Viren, Pilzen und Parasiten. Einige davon können lebensgefährliche Infektionen auslösen.

HIV ► S. 226

Bakterien ► S. 218
Viren ► S. 218
Pilze ► S. 218
Parasiten ► S. 218

**!** Im Laufe des Lebens infizieren sich etwa acht von zehn sexuell aktiven Menschen mit Humanen Papillomaviren, abgekürzt HPV, meist ohne etwas davon zu merken, da das Virus keine Beschwerden verursacht. Sie sind die häufigsten sexuell übertragenen Viren der Welt. Bisher sind mehr als 120 verschiedene Virustypen bekannt. Da die Viren vor allem bei unter 25-Jährigen sehr weit verbreitet sind, kann schon der erste sexuelle Kontakt zur Ansteckung führen. Einen vollständigen, sicheren Infektionsschutz gibt es für sexuell aktive Menschen nicht. Im schlimmsten Fall kann HPV Gebärmutterhalskrebs auslösen. Deswegen können sich Frauen am besten durch eine Impfung davor schützen, auch wenn diese nur etwa 70 % Schutz vor einer krebsauslösenden HPV-Infektion bietet.

Aktuelle Informationen zu HPV finden Sie unter:

www.rki.de
Infektionskrankheiten A–Z
Humane Papillomaviren

*Infektionen werden durch Krankheitskeime verursacht. Unser Immunsystem schützt uns, damit sie im Körper keinen Schaden anrichten.*

## 2.1 Erreger von Infektionskrankheiten – „Bakterien, Viren und Co.“

Bis ins 19. Jahrhundert hatten die Menschen noch keine richtigen Vorstellungen davon, welches die wahren Ursachen für Infektionen bzw. Seuchen waren. Neben religiösen Erklärungen, die die Seuchen als Bestrafung Gottes deuteten, gab es im Mittelalter diverse Erklärungsansätze. So wurden z. B. verdorbene Winde oder eine schlechte Stellung der Sterne für die Pest verantwortlich gemacht. Obwohl heute allgemein bekannt ist, dass Infektionskrankheiten durch Mikroorganismen verursacht werden, wird in einigen Kulturen z. B. tatsächlich noch angenommen, dass Sex mit einer Jungfrau die Infektionskrankheit Aids heilen könnte.

Aids ► S. 226

Die Welt um uns ist voll mit kleinsten, nur unter dem Mikroskop sichtbaren Lebewesen, den Mikroorganismen. Unser Immunsystem schützt uns vor diesen Eindringlingen, die sonst unseren Körper besiedeln und zerstören könnten. Für viele Mikroben ist der menschliche Körper ein wunderbarer Lebensraum. Die Temperatur ist angenehm und er bietet ausreichend Nährstoffe.

**Zu den Mikroorganismen zählen:**

| | |
|---|---|
| **Bakterien**  | Bakterien sind echte eigenständige Lebewesen. Sie sind überall in großer Anzahl verbreitet. Die meisten Bakterien sind für den Menschen harmlos, einige sogar nützlich (apatogene Bakterien. Die Darmbakterien sind zum Beispiel für die Verdauung notwendig. Es gibt jedoch auch Bakterien, die bei den Menschen Krankheiten auslösen. So verursachen z. B. Streptokokken eine Mandelentzündung (Angina). Diese Art von krankheitsauslösenden Bakterien wird in der Medizin als pathogene Bakterien bezeichnet und kann mit Antibiotika behandelt werden. |
| **Viren**  | Viren sind so klein, dass sie nur im Elektronenmikroskop zu erkennen sind. Sie vermehren sich innerhalb von Körperzellen. Da sie keinen eigenen Stoffwechsel haben, nutzen sie zu ihrer Vermehrung den Stoffwechsel einer lebenden Zelle. Infektionskrankheiten, wie z. B. Grippe, Aids, Hepatitis, Röteln, Masern, Mumps und Windpocken, sind Virusinfektionen. Aber auch Warzen sind ansteckend, da sie durch Viren verursacht werden. |
| **Pilze**  | Auch Pilze verursachen Erkrankungen (Mykosen). Sie befallen vor allem die Haut und die Schleimhäute. Eine bekannte Pilzerkrankung ist der Soor. Der Pilz Candida albicans setzt sich auf die Schleimhäute des Magen-Darm-Traktes. Es bildet sich ein weißlicher Belag. |
| **Protozoen**  | Protozoen bestehen aus einer einzigen Zelle (Einzeller). Erkrankungen durch Protozoen, wie z. B. Malaria oder die Schlafkrankheit, kommen eher in den Tropen vor und spielen in Deutschland nur eine geringe Rolle. Jedoch die Krankheit Toxoplasmose, die u. a. von Katzen übertragen wird, kann vor allem in der Schwangerschaft für den Menschen gefährlich werden und das ungeborene Kind schädigen. |

**!** Einige Mikroorganismen leben auf Kosten anderer Lebewesen. Diese werden als Parasiten bezeichnet. Wenn Mikroorganismen in einer Lebensgemeinschaft zum gegenseitigen Nutzen mit anderen Organismen leben, wird von einer Symbiose gesprochen. Ein Beispiel dafür sind unsere Darmbakterien. Sie sind zur Verdauung und zur Vitaminproduktion lebensnotwendig. Gleichzeitig finden die Darmbakterien in unserem Darm optimale Lebensbedingungen: Es herrscht ein ausgeglichenes Geben und Nehmen.

### 2.1.1 Infektion und Krankheit

Von einer Infektion oder Ansteckung spricht man, wenn ein Erreger in den Körper eindringt und sich dort vermehrt. Der angesteckte Mensch ist nicht krank, scheidet jedoch Erreger aus und verbreitet sie somit. Die Erreger vermehren sich dann weiter im Körper. Diese Zeit nennt man Inkubationszeit. Kommt es zum Auftreten der Krankheitssymptome, wie z. B. Fieber, Schmerzen, Schnupfen, Husten, ist die Infektionskrankheit ausgebrochen.

Praxis-Spicker: Fieber ► S. 221

Schmerzen ► S. 376

**Infektionskrankheiten verlaufen unterschiedlich. Es gibt**
- akute Infektionskrankheiten, die kurz und heftig verlaufen, wie z. B. Grippe,
- chronische Infektionskrankheiten, die über einen sehr langen Zeitraum oder ein Leben lang andauern, wie z. B. Aids.

*Infektionen können kurz- oder langfristig verlaufen.*

### 2.1.2 Infektionswege

Mikroorganismen gelangen über verschiedene Infektionswege durch alle Körperöffnungen und durch kleinste Wunden der Haut bzw. über die Schleimhäute in den menschlichen Körper. Die Möglichkeiten sich anzustecken, die so genannten Infektions- oder Übertragungswege, sind vielfältig:

**Tröpfcheninfektion**

Einige Krankheitserreger werden durch die Luft transportiert. Beim Sprechen, Husten oder Niesen (z. B. beim grippalen Infekt) gelangen feinste Tröpfchen mit diesen Keimen in die Luft und können von anderen Menschen eingeatmet werden. Man nennt dies eine Tröpfcheninfektion.

**Schmier- oder Kontaktinfektion**

Nach dem Toilettengang oder nach dem Naseputzen können Erreger (z. B. von Magen-Darm-Infektionen) an den Händen hängen bleiben und werden dann an Türklinken oder anderen Gegenständen zurückgelassen. Der Nächste, der die Tür öffnet, hat damit die Krankheitserreger an seiner Hand. Diese dringen über Körperöffnungen, z. B. Mund, Nase oder Geschlechtsorgane, in den menschlichen Körper ein. Es handelt sich um eine Schmierinfektion.

**Parenterale Infektion**

Manche Krankheitserreger gelangen durch Verletzungen, Geschlechtsverkehr (z. B. das HI-Virus), infizierte Nadeln oder Insektenstiche direkt in das Blut. Man spricht dann von einer parenteralen Infektion (eine Infektion unter Umgehung des Magen-Darm-Traktes) oder einer hämatogenen Infektion (Infektion über das Blut).

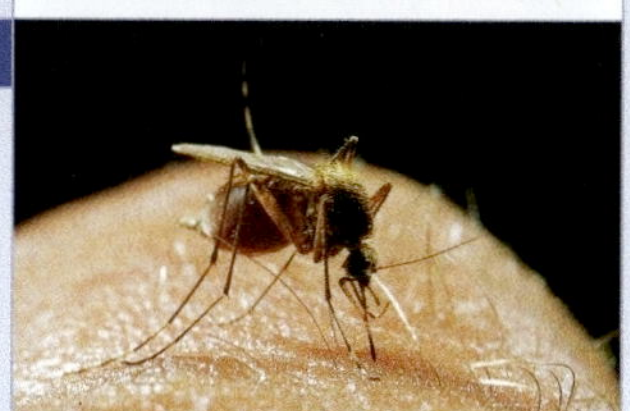

**Lebensmittelinfektion**

Nahrungsmittel können mit Krankheitserregern infiziert sein, ohne dass der Geschmack der Mahlzeit davon beeinträchtigt ist (z. B. Salmonellen). Es handelt sich um eine Lebensmittelinfektion. Auch verkeimtes Wasser kann zur Infektion führen bzw. Durchfall und Hepatitis hervorrufen.

**!** Beherzigen Sie in warmen Urlaubsländern zum Schutz vor Infektionen beim Essen die folgende Regel: Cook it, boil it, peel it, fry it or forget it (Koch es, schäle es, brate es oder vergiss es). Ungeschälte oder bereits zubereitete Rohkost sollte wegen der Gefahr einer Lebensmittelinfektion nicht gegessen werden.

## 2.2 Immunsystem – „Meine persönliche Abwehr"

Mikroorganismen ► S. 218

Ganz so einfach können die Mikroorganismen jedoch nicht in den menschlichen Körper eindringen. Zuerst einmal müssen sie verschiedene Verteidigungsmechanismen des menschlichen Immunsystems überwinden, bis sie sich einnisten können. Grundsätzlich unterscheidet man zwei verschiedene Arten, wie das Immunsystem auf Erreger reagiert:

- die unspezifische, angeborene Abwehr
- die spezifische, erlernte Abwehr

### 2.2.1 Unspezifische, angeborene Abwehr

*Unsere Haut, Schleimhäute, Flimmerhärchen und Magensäure schützen uns davor, dass unerwünschte Mikroorganismen Infektionen verursachen.*

Die unspezifische, angeborene Abwehr ist von Geburt an vorhanden und richtet sich gegen alles, was dem Körper fremd erscheint. Manchmal reicht sie alleine jedoch nicht aus, um den Erreger unschädlich zu machen. Zu der unspezifischen, angeborenen Abwehr gehören zum einen die Barrieren des Körpers, die das Eindringen von Erregern in den Körper zu verhindern versuchen, und zum anderen lösliche Faktoren und Zellen, die Erreger abwehren.

**Natürliche Barrieren gegen Eindringlinge**

Wie sehen nun die erstaunlichen Verteidigungsstrategien aus, die der Körper entwickelt, um das Eindringen von Erregern in den Körper zu verhindern?

Haut ► S. 333
Säureschutzmantel ► S. 235

Die unversehrte Haut bildet eine ausgezeichnete Schutzbarriere. Zusätzlich produzieren die Schweißdrüsen ein saures Sekret, den Säureschutzmantel. Dieser wehrt Bakterien ab, weil er ihre Vermehrung verhindert. Im Schleim der Schleimhäute, z. B. der Atmungsorgane, verfangen sich viele Mikroorganismen. Das Auge wird durch die Tränenflüssigkeit geschützt. In dieser befinden sich Stoffe, die die Zellwände von Bakterien auflösen. Die Flimmerhärchen in den Atemwegen erschweren das Eindringen von Erregern. Zusätzlich können durch Niesen und Husten Mikroorganismen nach draußen transportiert werden. Gelangen Erreger in den Magen, werden sie von der Magensäure abgetötet. Schaffen es die Mikroorganismen trotzdem bis in den Darm, treffen sie dort auf eine Vielzahl für die Verdauung notwendiger, nicht krankmachender Bakterien. Diese helfen, Erreger abzutöten, und erschweren die Ansiedlung anderer Mikroorganismen.

Erhöhte Körpertemperaturen werden wie folgt eingeteilt:

| | |
|---|---|
| erhöhte Temperatur | 37,5–38 °C |
| leichtes Fieber | 38,1–38,5 °C |
| mäßiges Fieber | 38,6–39 °C |
| hohes Fieber | 39,1–39,9 °C |
| sehr hohes Fieber | 40–42 °C |

Atmungsorgane ► S. 267
Verdauung ► S. 283
Harnröhre ► S. 350
Urin ► S. 353

Die in der Scheide lebenden Bakterien produzieren Milchsäure, die vor eindringenden Mikroorganismen schützt. Dringen Erreger in die Harnröhre ein, werden sie durch den Urin meist hinausgespült.

Fieber ist eine wirksame Reaktion des menschlichen Organismus auf Infektionen. Durch die Temperaturerhöhung wird die Vermehrung der meisten Bakterien und Viren gestoppt, da diese ab einer Temperatur von 38,5 °C nicht mehr lebensfähig sind. Fieber bedarf besonderer Beobachtung, die Ursachen dafür müssen abgeklärt werden. Körpertemperaturen über 38 °C belasten den Kreislauf, ab 39,5 °C stark. Ab 42 °C kann Fieber tödlich sein.

*Wenn Mikroorganismen in den Körper eindringen, stehen Fresszellen für die Abwehr bereit.*

**Zellen und lösliche Faktoren**

Gelingt es Mikroorganismen, trotz der Hindernisse in den Körper, also ins Blut oder Gewebe, einzudringen, werden sie in der Regel durch Phagozyten (Fresszellen) phagozytiert (gefressen) und damit unschädlich gemacht. Die wichtigsten Fresszellen sind die Makrophagen (Riesenfresszellen), die Erreger aufnehmen und in ihrem Zellinneren verdauen. Zusätzlich helfen im Blut gelöste Botenstoffe, körperfremde Stoffe zu vernichten.

Makrophagen ► S. 222
Blut ► S. 262

Praxis-Spicker

# Fieber

## WAS KANN ICH BEOBACHTEN?

**Bei der Körperpflege**
- glasige Augen
- verschwitzte Kleidung und Bettwäsche
- Schüttelfrost
- gerötete, heiße Haut, besonders im Gesicht

**Beim Essenanreichen**
- Appetitlosigkeit
- erhöhtes Durstgefühl

**Bei der Beschäftigung**
- Lustlosigkeit
- Unruhe
- Licht- und Geräuschempfindlichkeit

**Bei der Bewegung**
- schnelle Erschöpfung
- Kraftlosigkeit
- Müdigkeit
- Kopf- und Gliederschmerzen

> Frau Möllers Haut fühlt sich heiß an und sie hat großen Durst.

**Bei der Kommunikation**
- Verwirrtheit
- Benommenheit/ verlangsamte Reaktionen

> Frau Möller hat erhöhte Temperatur

## WAS IST ZU TUN?
- Fieber messen (die rektale Messung ist am genausten) und dies dokumentieren
- bei Schüttelfrost: Person mit zusätzlicher Decke zudecken
- bei starkem Schwitzen Kleidung und Bettwäsche nach Bedarf wechseln
- kranker Person zur Seite stehen und für Ruhe und Abdunklung im Zimmer sorgen
- Pflegefachkraft informieren und nach Absprache Getränke anreichen

## HINWEISE:
Fiebersenkende Medikamente dürfen nur auf Anweisung eines Arztes angewendet und fiebersenkende Maßnahmen (z. B. Wadenwickel) nur in Rücksprache mit der Pflegefachkraft durchgeführt werden. Es besteht immer die Gefahr von Kreislaufstörungen und/oder Nebenwirkungen.
Die Körpertemperatur kann durch die Einnahme von Schmerzmitteln verfälscht werden.

## MÖGLICHE URSACHEN:
- Infektionen (z. B. Grippe, Kinderkrankheiten, Entzündungen)
- größere Verletzungen oder Verbrennungen (z. B. nach Operationen)
- hohe Temperatureinwirkungen und ihre Folgen (z. B. Hitzschlag oder Sonnenstich)
- Schädel-Hirn-Verletzungen (Schädigung des Temperaturzentrums)

## 2.2.2 Spezifische, erlernte Abwehr

Mikroorganismen ► S. 218

Manche Erreger sind sehr raffiniert und schaffen es, die unspezifische Abwehr zu überwinden und sich im Körper auszubreiten. Würde der Körper dies wehrlos geschehen lassen, könnten sich die Mikroorganismen so lange auf seine Kosten vermehren, bis der Organismus völlig erschöpft ist und stirbt.
Das spezifische Abwehrsystem ermöglicht es dem Körper, jeden einzelnen Mikroorganismus gezielt zu bekämpfen. Schafft es das Immunsystem, einen speziellen Erreger zu bekämpfen, arbeitet es erfolgreich. Behält das Immunsystem diese Fähigkeit lebenslang, ist Immunität gegen diesen Mikroorganismus entstanden. Dies ist die erlernte spezifische Abwehr.

*Spezifische, erworbene Abwehr bedeutet, dass der Körper den Erreger erkennt und ihn gezielt abwehren kann.*

Das Immunsystem funktioniert ähnlich wie eine gut ausgebildete Polizei. Verschiedene Polizisten (Zellen des Immunsystems) arbeiten in der Verbrecherabwehr (Immunabwehr) zusammen und jeder übernimmt spezielle Aufgaben, um den „Einbrechern“ (krankmachenden Mikroorganismen) das Handwerk zu legen.
Die Zellen des Immunsystems gehören alle zu den weißen Blutkörperchen, den sogenannten Leukozyten, die sich überall im Körper befinden.

Leukozyten ► S. 263

| Zellen des Immunsystems | Aufgabe |
|---|---|
| **Makrophage (Fresszelle)** | – Erkennen der besonderen Kennzeichen von Erregern (Antigenen) und Aktivierung des Immunsystems zur Abwehr von Erregern<br>– Aufnahme und Zerkleinerung von Erregern |
| **B-Lymphozyt** | – Herstellung von Abwehrstoffen gegen Erreger, die als Antikörper bezeichnet werden |
| **T-Lymphozyt** | – Ausbildung von Helfer- und Killerzellen, die die Abwehr von Erregern unterstützen |
| **T-Killerzelle** | – Vernichtung von Eindringlingen (Erregern) |
| **T-Helferzelle** | – Aktivierung der T-Killerzellen und B-Lymphozyten zur Unterstützung der Abwehr von Erregern |
| **T-Gedächtniszelle**<br>**B-Gedächtniszelle** | – Speicherung der besonderen Kennzeichen des Krankheitserregers (Antigens) und somit schnelle Erkennung bei erneuter Infektion |

## 2.3 Infektionskrankheiten – „Angriff der Viren und Bakterien“

Auch ein gesundes Immunsystem kommt gegen eine besonders hohe Anzahl starker Erreger nicht an. Jeder Mensch erkrankt daher gelegentlich an einer Infektionskrankheit. Man unterscheidet bakterielle und virale Infektionskrankheiten.

### 2.3.1 Bakterielle Infektionskrankheiten

Bakterielle Infektionskrankheiten werden durch Bakterien hervorgerufen und können mit Antibiotika behandelt werden. Diese Medikamente töten Bakterien ab oder hemmen deren Wachstum im menschlichen Körper. Bakterien können widerstandsfähig gegen äußere Einflüsse werden. Man bezeichnet diese Eigenschaft als Resistenz. Einige Bakterien haben z. B. eine Resistenz gegen häufig eingesetzte Antibiotika entwickelt. Damit dies nicht passiert, sollte Folgendes beachtet werden:

Bakterien ► S. 218

- Antibiotika sind nur dann einzunehmen, wenn sie vom Arzt verordnet sind.
- Antibiotika sind so lange und in der Dosierung einzunehmen, wie sie verordnet werden. Wird das Antibiotikum zu früh abgesetzt, besteht die Gefahr, dass der Erreger sich so verändert, dass er nicht mehr darauf reagiert (Resistenzentwicklung).

Ein großes Problem stellt die Resistenz der Bakterien in Krankenhäusern dar. Dort überleben resistent gewordene Krankheitserreger auf der Kleidung oder Haut des Personals oder auf Gegenständen und können sehr leicht Patienten infizieren.

Hygienemaßnahmen ► S. 234

**!** MRSA ist die Abkürzung für multiresistenter Staphylokokkus aureus. Multiresistent bedeutet, dass die Bakterien gelernt haben, sich gegen sehr viele Antibiotika zu wehren. Der MRSA stellt in Kliniken ein großes Problem dar.
Bei Gesunden verursacht er keine Beschwerden. Gelangt er jedoch zu einem Patienten, dessen Immunsystem geschwächt ist, vermehrt sich der Erreger explosionsartig und verursacht schwerste, oft tödliche Erkrankungen.

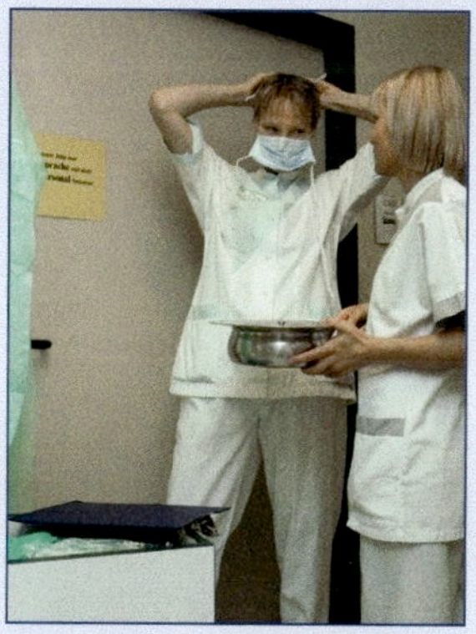

*Abb. 1 In Krankenhäusern und Pflegeeinrichtungen sind bestimmte Hygienestandards zu beachten.*

### 2.3.2 Virale Infektionskrankheiten

Viren sind nur innerhalb von Wirtszellen (z. B. den menschlichen Zellen) vermehrungsfähig, nicht aber für sich selbst außerhalb von Wirtszellen. Die infizierte und zur Virusvermehrung umfunktionierte menschliche Zelle produziert große Mengen Viren. Diese schädigen weitere Zellen, was zu einer Erkrankung führen kann. Da die Viren in die menschlichen Zellen eindringen, sind sie vor vielen Medikamenten geschützt. Eine Virusinfektion wird am besten durch Bettruhe und fieber- bzw. schmerzmindernde Medikamente auskuriert. Fieber sollte als eine positive Reaktion des Körpers gesehen werden, denn es trägt zur Heilung bei. Es existieren jedoch auch sogenannte Virostatika, Medikamente, die die Vermehrung der Viren im Körper hemmen. Sie wirken aber nur gegen manche Viren und können Nebenwirkungen und Resistenz erzeugen.

Fieber ► S. 220
Praxis-Spicker: Fieber ► S. 221

Auf den folgenden Seiten finden sie eine Übersicht zu den bekanntesten bakteriellen und viralen Infektionskrankheiten.

## Bakterielle Infektionskrankheiten

| Infektionskrankheit | Übertragungsweg | Inkubationszeit | Symptome | Vorbeugung und/ oder Therapie | Besonderheiten |
|---|---|---|---|---|---|
| **Angina (Scharlach)** | Tröpfcheninfektion | 2–4 Tage | Starke Schluckbeschwerden sind von Fieber und allgemeinem Krankheitsgefühl begleitet. Die Mandeln sind eitrig belegt und der Gaumen ist stark gerötet. Die belegte Zunge entwickelt sich innerhalb weniger Tage zu einer himbeerroten Zunge. | Durch die Einnahme von Antibiotika werden die Bakterien abgetötet und Komplikationen wie z. B. Nieren- und Herzklappenentzündungen vermieden. | Die Krankheit erzeugt keine Immunität, d. h., man kann wieder daran erkranken. |
| **Hämophilus influenzae b** | Tröpfcheninfektion | bis zu 7 Tagen | Die Krankheit ist für Säuglinge und Kleinkinder besonders gefährlich. Der Erreger kann neben Mittelohr- und Lungenentzündungen eine eitrige Entzündung der Hirnhaut oder des Kehldeckels mit Schluckbeschwerden, hohem Fieber und Atemnot hervorrufen. | Vorbeugend werden Säuglinge und Kleinkinder geimpft. Ist die Krankheit ausgebrochen, werden die Kinder im Krankenhaus behandelt. | Als Folgeschäden können geistige und körperliche Behinderungen entstehen. |
| **Keuchhusten (Pertussis)** | Tröpfcheninfektion | 7–14 Tage | Drei Wochen kommt der Keuchhusten, drei Wochen steht er, drei Wochen geht er. Im ersten Stadium ist er nicht von einer Erkältung zu unterscheiden. Danach kommt es zu den typischen Hustenanfällen mit ziehendem Atemgeräusch und Atemnot sowie Erbrechen. Im letzten Stadium lassen die Hustenanfälle allmählich nach. | Impfungen sind dringend empfohlen, denn Antibiotika sind nur wirksam, wenn sie in der Inkubationszeit genommen werden. Danach ist nur noch eine Linderung der Symptome möglich. | Bei Säuglingen können statt der Hustenanfälle Erstickungen auftreten. |
| **Wundstarrkrampf (Tetanus)** | parentale Übertragung | 3–21 Tage | Die Symptome entstehen durch das Nervengift der Bakterien. Einige Muskeln lassen sich nicht mehr bewegen, werden starr. Andere werden von Krämpfen geschüttelt. | Regelmäßige Impfung, da die Krankheit kaum zu behandeln ist. | 50 % der Infizierten versterben bei vollem Bewusstsein. |
| **Borreliose** | Bakterium wird von der Zecke durch einen Stich übertragen | 1 Tag bis mehrere Wochen | Typisch ist ein Hautausschlag (Wanderröte), der jedoch nur bei etwa der Hälfte der Patienten auftritt. Im weiteren Verlauf treten z. B. grippeähnliche Beschwerden und Gelenkbeschwerden auf, die von Gelenk zu Gelenk wandern können. Wird die Borreliose nicht rechtzeitig behandelt, kann sie zur chronischen Erkrankung der Muskeln, Nerven und Sinnesorgane führen. | Vorbeugend kann man schützende Kleidung tragen und Zeckenschutzmittel verwenden und die Haut nach Zecken absuchen. Man sollte sie dann möglichst schnell entfernen (z. B. mit einer Zeckenpinzette). Die Borreliose wird mit Antibiotika behandelt. | Zecken nicht vor dem Entfernen abtöten, da sie im Todeskampf ihren mit Bakterien gefüllten Inhalt abgeben. |
| **Tuberkulose (TBC)** | Tröpfcheninfektion | 19–56 Tage | Die Tuberkelbakterien können jedes Gewebe des Körpers befallen und bilden dabei die kennzeichnenden kleinen Knötchen (Tuberkel). Die TBC kann in Stadien verlaufen und führt unbehandelt zur Zerstörung der Gewebe. Typische Symptome sind: Husten, leichtes Fieber, Nachtschweiß und Gewichtsverlust. | Behandelt werden die Patienten mehrere Monate mit verschiedenen Antibiotika. | Jeder Husten, der länger als zwei Wochen andauert, sollte von einem Arzt abgeklärt werden. |
| **Salmonellose** | Lebensmittelinfektion | 20–24 Stunden | Symptome der Salmonellose sind Übelkeit, Erbrechen und wässriger Durchfall. Besondere Gefahr besteht für alte Menschen, Kinder und Immungeschwächte, da der große Flüssigkeitsverlust zur lebensbedrohlichen Austrocknung des Körpers führen kann. Außerdem kann der Erreger in die Blutbahn gelangen und eine ebenfalls lebensbedrohliche Blutvergiftung hervorrufen. | Kein Genuss von Speisen, die unvollständig gegarte Eier oder Geflügelteile enthalten (z. B. Tiramisu im Sommer). Die Patienten müssen ärztlich betreut und behandelt werden. | Salmonellosen sind meldepflichtig. |

## Virale Infektionskrankheiten

| Infektions-krankheit | Übertragungs-wege | Inkuba-tionszeit | Symptome | Vorbeugung und /oder Therapie | Besonderheiten |
|---|---|---|---|---|---|
| **Mumps (Ziegenpeter)** | Tröpfchen-infektion | 14–21 Tage | Die Erreger befallen die Ohrspeicheldrüse. Das führt zu einer schmerzhaften Schwellung, die zumeist mit leichtem Fieber einhergeht. | Die beste Vorsorge ist auch hier eine Impfung. Ist die Krankheit eingetreten, können nur die Symptome mit Schmerzmitteln behandelt werden. | Gefürchtete Komplikationen sind die Mumpsmeningitis und die Orchitis (Hodenentzündung), die zur Unfruchtbarkeit führen kann. |
| **Röteln** | Tröpfchen-infektion | 14–21 Tage | Neben den allgemeinen Krankheitsanzeichen wie Fieber, Schnupfen, Hals- und Kopfschmerzen sowie Lymphknotenschwellungen in Hals- und Nackenbereich kommt es zu einem Ausschlag, der am Kopf beginnt und sich über den Körper ausbreitet. | Es gibt keine Therapie. Diese ist in der Regel auch nicht notwendig. Wer die Röteln einmal gehabt hat, ist immun gegen die Erkrankung. Eine Schutzimpfung ist allgemein empfohlen und schützt auch andere (z. B. Schwangere) vor einer Ansteckung. | Röteln können bei Schwangerschaft sehr gefährlich sein, besonders in den ersten Monaten. Es besteht die Gefahr schwerster Missbildungen des Kindes. |
| **Windpocken** | Tröpfcheninfektion. Es ist möglich, dass der Erreger mit der Luft übertragen wird, daher der Name Windpocken. | 14–21 Tage | Zu Beginn treten allgemeine Krankheitssymptome wie Fieber und Kopfschmerzen auf. Auf der Haut entsteht ein Ausschlag in verschiedenen Stadien: wassergefüllte Bläschen, eingetrocknete Bläschen und Krusten. Der Ausschlag ist mit starkem Juckreiz verbunden. | Um den Juckreiz zu mildern, helfen juckreizstillende Medikamente. Zur Vorbeugung ist eine Impfung möglich. Nach überstandener Krankheit besteht lebenslange Immunität. | Das Virus verbleibt nach der Infektion in den Rückenmarksnerven. Bei einer Schwäche des Immunsystems kann er wieder aktiv werden. Er breitet sich dann gürtelförmig als Gürtelrose aus. |
| **Poliomyelitis (Kinderlähmung)** | Schmierinfektion | 5–14 Tage | Die Viren gelangen in das Rückenmark und schädigen dort die Nervenzellen. Es kommt z. B. zu Lähmungen der Beinmuskulatur. | Es gibt keine Medikamente gegen die Kinderlähmung. Vorbeugend ist eine Impfung allgemein empfohlen. | Spätfolgen können neben den Lähmungen ständige Gelenk- und Muskelschmerzen, Müdigkeit sowie Atemprobleme sein. |
| **Frühsommer-Meningo-Enzephalitis (FSME)** | Das Virus wird durch einen Zeckenstich übertragen. | 14 Tage | Die Infektion führt zu Fieber und grippeähnlichen Symptomen, denen eine Entzündung des Gehirngewebes folgen kann. | Es können Maßnahmen zum Schutz vor Zecken ergriffen werden (siehe Borreliose). Es gibt eine Schutzimpfung gegen FSME. Therapiemöglichkeiten bestehen nicht. | Die Krankheit kann lebenslange Folgen haben und vor allem bei alten Menschen tödlich verlaufen. |
| **Erkältungskrankheit (grippaler Infekt)** | Tröpfchen-infektion | wenige Stunden bis Tage | Es kommt zu einer Erkrankung der Atemwege mit Husten, Schnupfen, Heiserkeit, Halsschmerzen, Fieber, Kopf- und Gliederschmerzen. | Es empfiehlt sich, den Körper zu schonen, ausreichend zu trinken und evtl. maßvoll abschwellende Nasentropfen und Schmerzmittel zu verwenden. | Drei Tage kommt sie, drei Tage steht sie, drei Tage geht sie. Behandlungen lindern, aber heilen nicht. |
| **Grippe (Influenza)** | Tröpfchen-infektion (siehe grippaler Infekt) mit dem Influenzavirus. | Stunden bis 7 Tage | Wie bei dem grippalen Infekt handelt es sich um eine akute Erkrankung der oberen Atemwege. Jedoch verursacht das Influenzavirus viel stärkere Symptome: hohes Fieber, Rachenentzündung, Muskel- und Gliederschmerzen, Heiserkeit und Husten. | Bettruhe, Flüssigkeitszufuhr, Wadenwickel; Medikamente zur Fiebersenkung oder Schmerz- und Symptomlinderung können eingenommen werden. Es gibt vorbeugende Schutzimpfungen, die hier empfohlen sind. | Es gibt spezifische Virustatika. Bei Grippe leidet man wochenlang unter Abgeschlagenheit. |
| **Masern** | Tröpfchen-infektion | 8–14 Tage | Zirka 4 Tage nach den ersten Krankheitszeichen wie Fieber, Husten und weißlichen Flecken an der Wangenschleimhaut kommt es zu dem typischen nicht juckenden Masernausschlag, der von hohem Fieber begleitet ist. | Die beste Vorsorge gegen Masern ist die Schutzimpfung. Ist die Krankheit bereits eingetreten, kann man nur die Symptome mit fiebersenkenden und hustenstillenden Medikamenten behandeln. | Eine gefürchtete Komplikation der Masern ist die Gehirnhautentzündung, an der viele Patienten versterben oder bleibende Behinderungen zurückbehalten. |

*Aids ist eine Immunschwäche, die durch das HI-Virus verursacht wird.*

## HIV und Aids – Ignoranz kann tödlich sein!

HIV bedeutet Human Immunodeficiency Virus, d. h. „Menschliches Immunschwäche-Virus". Das HI-Virus kann die Krankheit Aids auslösen.
Aids bedeutet Acquired Immune Deficiency Syndrome, also das Syndrom der erworbenen Immunschwäche. Unter einem Syndrom versteht man einen Komplex verschiedener Erkrankungen und Symptome.

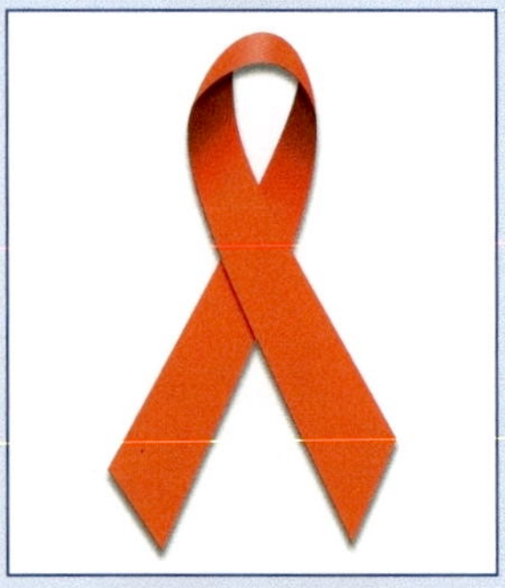

*Abb. 1 Die rote Schleife ist das Symbol für Solidarität mit HIV-positiven und aidskranken Menschen.*

**!** Aids – eine weltweite Epidemie
Weltweit sind seit Beginn der HIV-Epidemie ca. 30 Millionen Menschen an der Krankheit gestorben. Im Jahre 2006 waren ca. 40 Millionen Menschen infiziert. In Afrika ist die Rate der Erkrankungen am höchsten, gefolgt von Asien und Lateinamerika. Nach einer Schätzung des Robert-Koch-Institutes lebten Ende 2008 etwa 63.500 Menschen mit einer HIV-Infektion in Deutschland.
Die Infektionsrate fiel in den 90er-Jahren durch Aufklärung ab. In den letzten Jahren ist sie jedoch wieder angestiegen. Die Aufklärung der 90er-Jahre ist verebbt und besonders die Jugendlichen sind unzureichend über die Ansteckungsrisiken informiert.

Blut ► S. 262

Wo sich das HI-Virus im menschlichen Körper aufhält:
- Blut
- Muttermilch
- Sperma und Vaginalsekret (Scheidenflüssigkeit)

*Die HIV-Infektion geschieht meistens durch ungeschützten Geschlechtsverkehr.*

Erste Hilfe ► S. 208

**Wie kommt es zu einer HI-Virus-Infektion?**
- Der Hauptinfektionsweg ist ungeschützter heterosexueller und homosexueller Sex.
- Ein weiterer Hauptinfektionsweg ist der Gebrauch von bereits benutzten Spritzen.
- Vorsicht ist allgemein bei Kontakt mit Blut geboten, z. B. bei Erster Hilfe an Unfallopfern. Benutzen Sie deshalb immer Einmalhandschuhe.
- Kinder HIV-positiver Mütter können bei der Geburt oder durch das Stillen infiziert werden. Um die Infektionsgefahr zu verringern, werden Kinder HIV-positiver Mütter nicht gestillt.
- Blutkonserven werden in den Industrienationen getestet und stellen praktisch kein Risiko für eine Infektion dar. In den Entwicklungsländern können Blutprodukte und medizinische Instrumente jedoch ein Infektionsrisiko sein.

Informationen zur Prophylaxe von Aids und Materialien zum Bestellen finden Sie unter:
www.machsmit.de

Keine HIV-Infektionsgefahr besteht bei:
- gemeinsamer Benutzung der Toilette
- Händeschütteln
- Anhusten
- gemeinsamer Benutzung von Geschirr
- Zungenküssen, sofern keine blutenden Wunden (z. B. Zahnfleischbluten) vorhanden sind
- Kontakt mit Tränen, Schweiß und Speichel, die Viruskonzentration in diesen Körperflüssigkeiten reicht für eine Ansteckung nicht aus
- Insektenstichen

**Was passiert, wenn das HI-Virus in den Körper eingedrungen ist?**
Nach Eindringen in den Körper beginnt das Virus, T-Helferzellen zu zerstören. Am Anfang kann das gesunde Immunsystem noch ausreichend neue T-Helferzellen produzieren. Im weiteren Verlauf kommt es mit der Produktion nicht mehr nach. Die Zahl der T-Helferzellen sinkt. Der Körper kann sich nicht mehr gegen Krankheitserreger wehren. Selbst normalerweise ungefährliche Krankheitserreger haben leichtes Spiel.

T-Helferzellen ► S. 222

*Das HI-Virus zerstört die T-Helferzellen. Dadurch kann sich der Körper nicht mehr wirksam gegen eingedrungene Mikroorganismen wehren.*

**Wie verläuft Aids?**
Unbehandelt verläuft eine HIV-Infektion in der Regel in mehreren Stadien und führt fast immer zum Tode. Wenige Wochen nach Ansteckung kann es zu einer akuten HIV-Infektion kommen. Die Symptome können ähnlich den Symptomen eines grippalen Infektes (z. B. Fieber, Müdigkeit, Gelenkschmerzen) sein. Deshalb bleibt die Infektion zu Beginn meistens unerkannt. Das birgt die Gefahr, dass Infizierte ihre Sexualpartner anstecken.
Im Anschluss an die akute HIV-Infektion folgt in der Regel eine mehrjährige Phase, in der keine besonderen körperlichen Symptome auftreten. Die veränderten Blutwerte bleiben oftmals unbemerkt. Danach kommt es zu Erkrankungen durch Viren und Bakterien, die sich bei jedem Menschen nachweisen lassen und in der Regel für Personen mit funktionierendem Immunsystem ungefährlich sind. Bei HIV-Infizierten führen sie jedoch zu schweren, langwierigen und oft lebensbedrohlichen Erkrankungen.
Zum Tode führt also nicht das Virus, sondern die Infektionen, die gesunden Menschen mit funktionierendem Immunsystem wenig anhaben können.

*Abb. 2 Aufklärungskampagnen-Poster der Bundeszentrale für gesundheitliche Aufklärung (BZgA)*

**HIV-Therapie: Lebenslänglich**
HIV-Infizierte erhalten eine Kombinationstherapie aus mehreren Medikamenten. Ziel der Therapie ist es, die Menge der im Blut befindlichen Viren zu senken und so die T-Helferzellmenge zu erhöhen. Zurzeit gibt es noch keine Möglichkeit, das Virus vollständig aus dem Körper zu verdrängen. Die Lebenserwartung HIV-Positiver kann jedoch verlängert werden. Die Therapie ist sehr kostspielig und somit hat nur ein geringer Teil der Weltbevölkerung Zugang zu einer Behandlung. HIV-Patienten müssen lebenslang hohe Dosen verschiedener Medikamente einnehmen. Die Therapie hat massive Nebenwirkungen, die auch zum Tode führen können.

*Die Medizin hat bis heute keine Therapie zur vollständigen Bekämpfung des HI-Virus entwickeln können.*

**!**

**Was tun, wenn's doch passiert?**
Haben Sie sich an einer Spritze verletzt, fördern Sie den Blutfluss durch Pressen (1–2 min) und desinfizieren Sie die Einstichstelle mit einem Hautdesinfektionsmittel.
Kamen Sie in Berührung mit infektiösen Körperflüssigkeiten, führen Sie eine Spülung mit Wasser und eine Desinfektion durch. Gehen Sie sofort zum Betriebsarzt. Lassen Sie einen HIV-Test und einen Hepatitis-Test durchführen. Dieser Test sollte nach sechs Wochen wiederholt werden.
Es gibt auch eine Postexpositions-Prophylaxe gegen HIV, die nur bei hoher Gefährdung durchgeführt wird und große Risiken birgt.

*Hepatitis ist eine Entzündung der Leber.*

**Hepatitis**

Hepatitis ist eine durch z. B. Alkohol, Medikamente oder Viren hervorgerufene Leberentzündung. Die sogenannte Virushepatitis unterscheidet man in Hepatitis A–E.

| | Übertragung | Prognose | Impfung |
|---|---|---|---|
| **Hepatitis A** | verunreinigtes Trinkwasser, Säfte oder ungenügend gegarte Nahrungsmittel, fäkaliengedüngtes Gemüse (z. B. Salate) oder auch Meeresfrüchte (z. B. Muscheln) | verläuft in der Regel harmlos, heilt immer aus | ja |
| **Hepatitis B** | ungeschützter Geschlechtsverkehr, Bluttransfusionen, gemeinsame Spritzenbenutzung, Piercing, Tätowierungen, Rasierer | ca. 10 % der Fälle gehen in eine chronische Hepatitis über | ja |
| **Hepatitis C** | siehe Hepatitis B | mehr als 70 % der Fälle gehen in eine chronische Hepatitis über | nein |
| **Hepatitis D** | Infektion nur bei bereits bestehender Hepatitis B möglich | tritt zusammen mit der Hepatitis B auf, die Schädigung der Leber ist ausgeprägter | Hepatitis-B-Impfung |
| **Hepatitis E** | siehe Hepatitis A | gute Prognose, jedoch gefährlich für Schwangere | nein |

**!** Schützen Sie sich vor Ansteckung im Berufsleben. Hepatitis B und C sind zehnmal ansteckender als HIV. Besteht die Möglichkeit, dass Sie mit Blut oder Körperflüssigkeiten in Berührung kommen, tragen Sie stets Handschuhe. Ziehen Sie sich eine Stichverletzung zu, müssen Sie das dem Arbeitgeber melden. In der Regel wird dann Blut sofort und noch einmal nach ca. 3 Monaten abgenommen, um zu prüfen, ob Sie sich angesteckt haben.

*Abb. 1 In warmen Ländern sollte man auf bestimmte Meeresfrüchte wie z. B. Austern verzichten.*

Die Infektion mit den Viren führt gegebenenfalls zu einer akuten Virushepatitis. Die Krankheitsanzeichen der verschiedenen Formen sind nahezu identisch. Kennzeichnend für das Vorstadium sind Appetitlosigkeit, Abgeschlagenheit, Übelkeit, Erbrechen, eventuell Druckschmerz im rechten Oberbauch und Durchfall.

Praxis-Spicker:
Übelkeit/Erbrechen ► S. 280
Durchfall/Diarrhoe ► S. 352

Beobachtung von Stuhl ► S. 351
Beobachtung von Urin ► S. 353

Das Vorstadium dauert einige Tage an, gefolgt von dem eigentlichen Krankheitsstadium, welches ca. 4 bis 8 Wochen lang ist. Es kommt zu einer Gelbfärbung der Haut. Der Stuhl ist hell und der Urin dunkel gefärbt. Die Leber ist vergrößert und unter dem Rippenbogen tastbar. Häufig tritt ein starker Juckreiz auf.

Ein Teil der Patienten bekommt jedoch keine Gelbsucht. Das heißt, die Hepatitis verläuft in diesen Fällen völlig ohne Symptome. Trotzdem kann die Krankheit chronisch werden und Zeitpunkt und Quelle der Infektion sind nicht mehr nachvollziehbar. Mit Laboruntersuchungen des Blutes kann die chronische Hepatitis diagnostiziert werden.

Behandelt wird Hepatitis durch Schonung des Patienten (Bettruhe), Entlastung der Leber (Alkoholverzicht und Meidung von leberbelastenden Medikamenten). Chronische Hepatitis B und C werden z. B. mit Virustatika behandelt. Die Therapie ist teuer und sehr nebenwirkungsreich.

# 2.4 Störungen der Immunabwehr – „Wenn was schiefgeht“

## 2.4.1 Krebs

*Krebserkrankungen können lange im Verborgenen bleiben, da Krebs im Anfangsstadium der Krankheit keine Schmerzen verursacht.*

Einen echten Krebs im Meerwasser haben Sie sicher schon einmal gesehen? Aber was haben diese Tiere mit der Erkrankung Krebs zu tun? Den Namen nutzten Ärzte erstmals für einen bösartigen Tumor der weiblichen Brust. Der Grund war, dass die gestauten Venen, die dieser bösartige Tumor verursachte, im Röntgenbild Krebsfüßen ähnelten.

Unsere Abwehrzellen kontrollieren ständig die Entstehung von Krebs im Körper. Das bezeichnen wir als Immunüberwachung. Unter dem Einfluss bestimmter Faktoren können sich jedoch gesunde Körperzellen zu Krebszellen entwickeln. Diese bösartigen Tumorzellen werden dann unter Umständen von der Immunabwehr nicht mehr erkannt und können sich unkontrolliert und schnell vermehren. Dieser Prozess wird meist nicht bemerkt. Gesundes Gewebe wird dabei zerstört und/oder die Funktion lebenswichtiger Organe beeinträchtigt. Menschen, deren Abwehrsystem schwach ist, erkranken häufiger an Krebs.

Abwehrzellen ► S. 222

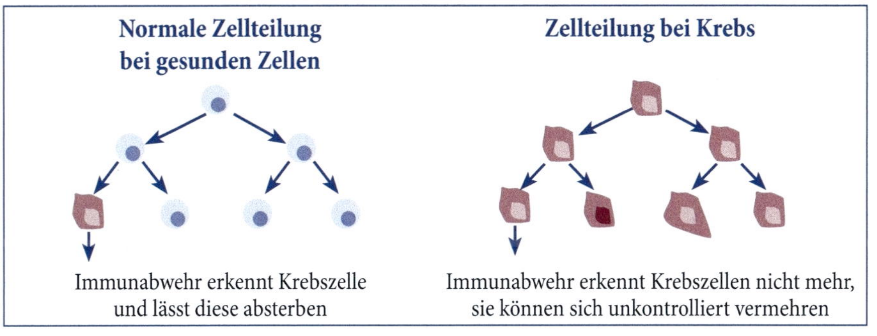


### Ursachen von Krebs

Krebs kann durch verschiedene Ursachen entstehen. Es ist jedoch kompliziert, Ursache und Wirkung von krebserzeugenden Faktoren eindeutig herzustellen. Von drei Faktoren ist heute bewiesen, dass sie Krebs erzeugen können: chemische Stoffe, physikalische Faktoren und Mikroorganismen. Das Risiko, an Krebs zu erkranken, steigt aber auch mit dem Alter und bei familiärer Veranlagung.

Mikroorganismen ► S. 218

| Chemische Stoffe (Beispiele) | Physikalische Faktoren (Beispiele) | Mikroorganismen |
|---|---|---|
| Tabakrauch<br>verschiedene krebserzeugende Stoffe am Arbeitsplatz<br>Ernährungsfehler:<br>verdorbene Lebensmittel (Schimmel)<br>falsche Essenszubereitung (Grillen, Braten), hochprozentiger Alkohol | radioaktive Strahlung<br>UV-Strahlung<br>Röntgenstrahlen<br>Fremdkörper | Humanes Papillomavirus (Gebärmutterhalskrebs)<br>Helicobacter pylori (Magenkarzinom)<br>Hepatitis-B- und -C-Virus (Leberzellkarzinom)<br>Epstein-Barr-Virus (Lymphome)<br>HI-Virus (z. B. Kaposi-Sarkom, malignes Lymphom) |

**!** Der helle Hautkrebs ist heute der häufigste bösartige Tumor. Zu viel Sonne und hohes Alter lösen ihn aus.

**Kann Krebs vererbt werden?**

Krebs ist weder eine ansteckende Krankheit noch wird Krebs vererbt. Vererbt wird nur die genetische Anlage des Körpers, sich gegen bestimmte Krebszellen nicht ausreichend zu wehren. Deshalb tritt Krebs in manchen Familien gehäuft auf.

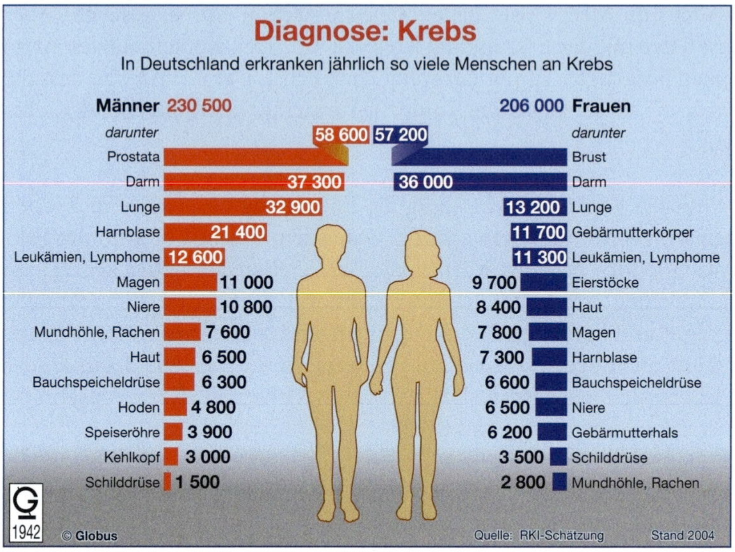


*Krebszellen können trotz vielfältiger Behandlungsmethoden nicht immer komplett entfernt werden.*

Jeder dritte Europäer erkrankt, statistisch gesehen, einmal in seinem Leben an Krebs. Nicht jeder stirbt jedoch daran.

Lymphknoten ► S. 266

Diese Möglichkeiten der Behandlung gibt es derzeit:

- Operation: Hierbei wird der bösartige Tumor aus dem Körper herausgeschnitten. Zur Sicherheit werden das umliegende Gewebe und die in der Region befindlichen Lymphknoten mit entfernt.
- Bestrahlung: Das erkrankte Gewebe wird radioaktiv bestrahlt. Dadurch wird das Tumorgewebe, jedoch auch gesundes Gewebe, zerstört. Das Tumorgewebe reagiert aber empfindlicher auf die radioaktiven Strahlen.
- Chemotherapie mit Medikamenten (Zytostatika): Starke Medikamente hemmen das Wachstum von Krebszellen, aber auch von gesunden, sich schnell teilenden Zellen. Deshalb verliert man bei einer Chemotherapie z. B. auch die Haare.

**Wie kann man einer Krebserkrankung vorbeugen?**

- Vermeiden Sie Rauchen und Passivrauchen.
- Schützen Sie sich vor Strahlung bzw. vor der schädigenden Wirkung der Sonne, verwenden Sie Sonnenschutzcreme und halten Sie sich im Schatten auf.
- Ernähren Sie sich gesund mit viel Obst und Gemüse.
- Reduzieren Sie Ihren Alkoholkonsum. Die krebserzeugende Wirkung vieler Substanzen wird durch Alkohol erhöht und die Immunabwehr geschwächt.
- Reduzieren Sie Ihr Gewicht, denn Übergewicht ist ebenfalls ein Risikofaktor für Krebserkrankungen.
- Beachten Sie die Sicherheitsvorschriften am Arbeitsplatz und zu Hause beim Umgang mit krebserzeugenden Stoffen (z. B. Farben, Lacken und Benzin).
- Informieren Sie sich über Krebsvorsorgeuntersuchungen. Einige Krebserkrankungen sind heilbar, wenn sie frühzeitig diagnostiziert werden.

Gesunde Ernährung ► S. 274
Übergewicht ► S. 296

Weitere Informationen zur Krebsvorbeugung finden Sie unter:

www.krebsinformationsdienst.de oder www.krebshilfe.de

## 2.4.2 Allergien

Kennen Sie das? Jucken im Rachenraum, verbunden mit einer pelzig werdenden Zunge, nachdem Sie Erdbeeren gegessen haben? Nach kalten Wintertagen wird es endlich wieder warm, die Bäume treiben aus und die Pollen fliegen. Doch Sie möchten überhaupt nicht mehr aus dem Haus? Ihre Schleimhäute schwellen an, Sie müssen dauernd niesen und Ihre Augen tränen?
Hierbei handelt es sich um Allergien, unter denen Millionen von Menschen leiden. Bei einer Allergie kann das Immunsystem nicht mehr zwischen harmlosen Fremdstoffen (z. B. Eiweiß in Nahrungsmitteln) und gefährlichen Fremdstoffen (z. B. Krankheitserregern) unterscheiden. Das Immunsystem hält harmlose Substanzen, z. B. Eiweiße in Tierhaaren, für gefährlich und wehrt sich dagegen. Eine Allergie ist eine unangemessene Reaktion des Abwehrsystems auf an sich nicht schädliche Umweltsubstanzen. Diese allergieauslösenden Substanzen werden als Allergene bezeichnet. Fast jeder Stoff kann zum Allergen, also zum Auslöser einer Allergie, werden.

*Allergie bedeutet Überempfindlichkeitsreaktion. Dabei reagiert unser Abwehrsystem auf Substanzen, die eigentlich nicht krank machen.*

Eiweiß ► S. 290

**Typische Allergene:**

| Tierhaare | Hausstaubmilbe | Pollen | Nahrungsmittel | Medikamente und Chemikalien |
|---|---|---|---|---|
|  | 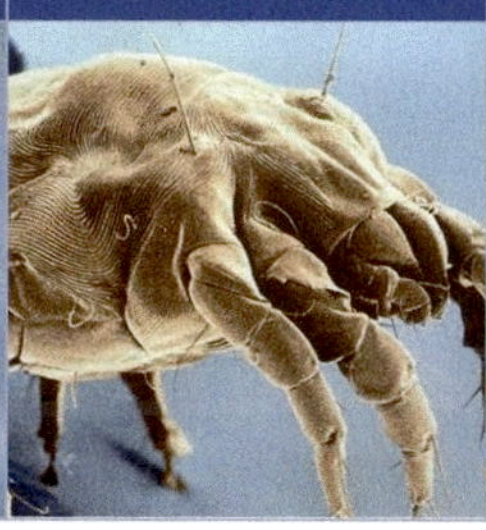 |  |  | 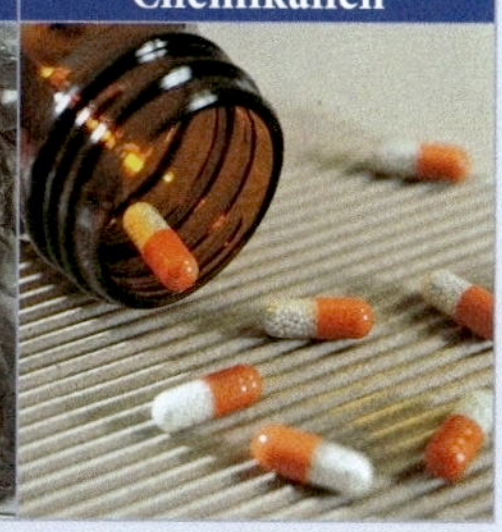 |

Zu den bekanntesten Allergien zählt der Heuschnupfen, der durch Pollen ausgelöst wird und sich mit Symptomen wie Juckreiz in der Nase, Laufen der Nase, Niesen, Tränen der Augen und Rötung der Bindehäute äußert. In vielen Fällen äußert sich die Allergie in Hautausschlägen, die hartnäckig wiederkehren.
Das allergische Asthma wird häufig durch Hausstaub, Schimmelpilze, Tierhaare, Federn und Pollen hervorgerufen. Diese Allergene führen zu einer Verengung der Atemwege. Allergien häufen sich in manchen Familien, denn es gibt eine erbliche Veranlagung für deren Ausbildung. Die Entstehung einer Allergie wird z. B. durch Stress, Rauchen oder seelische Belastung begünstigt.

Praxis-Spicker:
Hautausschlag ► S. 336

Atemwege ► S. 267

**Allergien bei Kindern weiten sich aus**

Das geht aus der Studie „Kinder- und Jugendgesundheitssurvey“ vom Robert-Koch-Institut und der Bundeszentrale für gesundheitliche Aufklärung (BZgA) hervor. Neun Prozent der Kinder bis zu einem Alter von 17 Jahren litten 2008 an einem von Allergenen ausgelösten Heuschnupfen, sieben Prozent an Neurodermitis und drei Prozent an Asthma…

Gekürzter Artikel www.focus.de vom 29.01.2009

Mehr Informationen zu Allergien finden Sie über den Deutschen Allergie- und Asthmabund e.V. unter:

www.daab.de

*Bei Allergien werden Botenstoffe freigesetzt, die allergische Symptome auslösen.*

Antikörper ► S. 222

Bei einem ersten Kontakt löst das Allergen noch keine allergische Reaktion aus, es trifft jedoch die Vorbereitung für die allergische Reaktion beim nächsten Kontakt. Das Allergen bewirkt die Bildung von Antikörpern, die sich an Mastzellen (besondere weiße Blutkörperchen, die im Körper vorhanden sind) binden. Beim zweiten Kontakt verbindet das Allergen die auf den Mastzellen sitzenden Antikörper. Diese Brückenbildung bewirkt die Öffnung der Mastzellen. Dadurch werden Botenstoffe der Mastzellen, insbesondere das Histamin, freigesetzt. Das Histamin bewirkt die allergischen Symptome (Abb. 1).

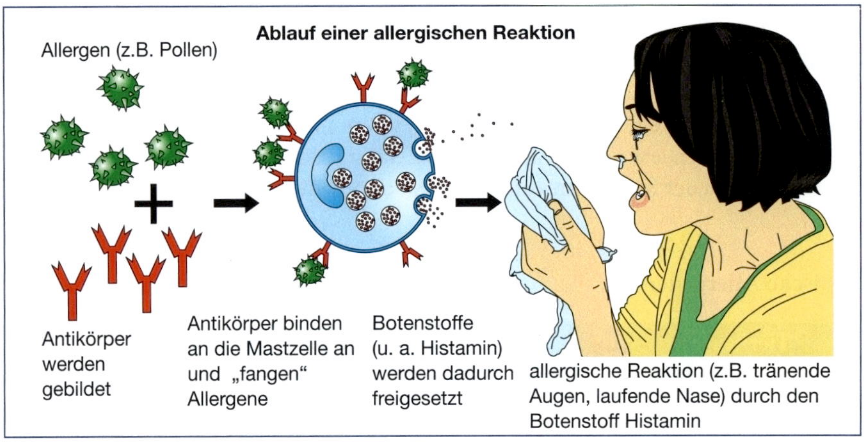


*Abb. 1 Ablauf einer allergischen Reaktion*

**Wie können Sie sich selbst helfen?**
- Versuchen Sie, das Allergen zu meiden.
- Beachten Sie den Pollenflugkalender, wenn Sie allergisch gegen bestimmte Pollen sind.
- Halten Sie die Fenster vor allem in den frühen Morgenstunden geschlossen.
- Saugen Sie täglich Staub.
- Waschen Sie abends Ihre Haare.

**Medizinische Hilfe:**
- Behandlung mit Medikamenten: z. B. Antihistaminika (Medikamente, die das freigesetzte Histamin binden) und/oder Asthmamittel.
- Hyposensibilisierung: Es werden kleine, sich steigernde Dosen des Allergens gespritzt. Dadurch gewöhnt sich der Körper allmählich wieder an die Reizstoffe.

Hygiene ► S. 233
Bakterien ► S. 218

Vor allem wenn Eltern an Allergien leiden, wird empfohlen, die Kinder in den ersten sechs Monaten zu stillen und z. B. Fisch und Ei erst im Kleinkindalter zu geben. Dadurch verringert sich das Allergierisiko für die Kinder.
Rauchen während der Schwangerschaft sowie das Passivrauchen von Säuglingen und Kindern steigern das Risiko, an Allergien zu erkranken.
Die sogenannte „Urwaldhypothese“ geht davon aus, dass Kinder in den Industrienationen ihr Immunsystem durch die übertriebene Hygiene nicht ausreichend trainieren. Das Immunsystem braucht Kontakt mit bestimmten Umweltbakterien, damit es sich richtig entwickeln kann. Das „unbeschäftigte Immunsystem“ reagiert sonst übersteigert. Kinder, die auf Bauernhöfen aufwachsen und dadurch häufig mit Krankheitserregern in Berührung kommen, haben ein geringeres Risiko, an Allergien zu erkranken.

# 2.5 Hygiene – „Wie kann ich Erreger vermeiden?"

## 2.5.1 Hygienemaßnahmen

Hygiene ist die Lehre von der Gesundheit und beinhaltet allgemeine Maßnahmen zum Erhalt der Gesundheit und spezielle Maßnahmen zur Vorbeugung von Krankheiten. Insbesondere sind damit Maßnahmen der Reinigung, Desinfektion und Sterilisation gemeint. Keime oder Erreger auf Oberflächen, an Gegenständen und Böden kann man mit diesen Verfahren vermindern, abtöten oder beseitigen.

*Zu den Maßnahmen der Hygiene gehören Reinigung, Desinfektion und Sterilisation.*

Gesundheit ► S. 202
Reinigung ► S. 183
Erreger ► S. 218

**Reinigung**
Da Schmutz als Nährboden für Keime und Schädlinge dient, ist es wichtig, Kleidung, Arbeitsflächen, Fußböden regelmäßig zu reinigen.
Mit der Reinigung entfernen Sie Schmutz und Krankheitserreger mechanisch (z. B. durch Wischen) unter Verwendung von Wasser und Reiniger (z. B. Seife). Sie können dadurch eine Keimminderung erreichen, aber es werden keine Mikroorganismen abgetötet.

**Desinfektion**
Desinfizieren heißt, krankmachende Mikroorganismen werden durch physikalische oder chemische Maßnahmen (z. B. Desinfektionsmittellösungen) in den Zustand versetzt, dass sie keine Schäden, also Infektionen, mehr verursachen können.

Was Sie bei der Desinfektion beachten müssen:
- Setzen Sie die Desinfektionsmittellösung mit kaltem Wasser an, um starke Dämpfe zu vermeiden, und beachten Sie die genaue Dosierung.
- Halten Sie die angegebene Einwirkzeit genau ein.
- Eine Sprühdesinfektion kann keine gleichmäßige Benetzung der Fläche erreichen, wischen Sie deshalb mit einem Tuch nach. Verwenden Sie die Sprühdesinfektion nur bei ansonsten schlecht zugänglichen Stellen.
- Mischen Sie das Desinfektionsmittel und den Reiniger nicht, da das Desinfektionsmittel unwirksam werden könnte.

**Sterilisation**
Sterilisieren heißt, alle Keime werden abgetötet. Das meistgenutzte Verfahren ist die Dampfsterilisation in einem Autoklav. Dabei wird das zu sterilisierende Material eine bestimmte Zeit hohen Temperaturen und unter Druck stehendem Wasserdampf ausgesetzt.

**!** **Entwicklung der Hygiene in Einrichtungen des Gesundheitswesens**
Bis Mitte des 19. Jahrhunderts wurden Sauberkeit und Desinfektion in Krankenhäusern nicht als notwendig angesehen. Medizinische Geräte wurden nach Benutzung nicht gereinigt, sondern gleich wieder verwendet. Die hohe Sterblichkeit der Kranken wurde trotzdem nicht auf Unsauberkeit zurückgeführt. Man machte die schlechten Ausdünstungen für die Verbreitung von Krankheiten verantwortlich. Viele Menschen starben an Typhus oder Wundinfektionen.
Ignaz Semmelweis (1818–1865) erkannte 1848 in Wien, dass die Ursache des Kindbettfiebers verunreinigte Hände und Instrumente waren. Er ordnete deshalb an, sich vor der Untersuchung der Mütter die Hände mit Chlorkalk zu waschen. Diese wirksame Maßnahme senkte die Sterblichkeit der Mütter von 12 % auf 1 %.

Infektion ► S. 219

## 2.5.2 Hygieneprinzipien in der Pflege

*Persönliche Hygiene und ein gepflegtes Auftreten sind nicht nur im Beruf wichtig.*

Haut ► S. 333
Körperausscheidungen ► S. 349
Bakterien ► S. 218

### Persönliche Hygiene

Eine schmutzige Haut voll Staub, Schweiß und anderen Körperausscheidungen ist eine optimale Grundlage für die Vermehrung von Bakterien und nachfolgender Geruchsbelästigung. Deshalb gelten für die persönliche Hygiene und ein gepflegtes Auftreten vor allem im Beruf folgende Grundsätze:

- Duschen Sie täglich.
- Wechseln Sie täglich Ihre Unterwäsche.
- Waschen Sie mindestens einmal wöchentlich Ihre Haare.
- Binden Sie im Dienst lange Haare zusammen.

**!** Schweiß ist nahezu geruchlos, die eigentliche Ursache für den Schweißgeruch sind Ausscheidungen von auf der Haut lebenden Bakterien, die den Schweiß verzehren. Antitranspirante (Deodorants) verstopfen die Schweißdrüsen, so dass den Bakterien die Nahrung entzogen wird und diese keine Ausscheidungen mehr produzieren können. Durch gründliches Waschen kann man die Bakterien und ihre Nahrung aber auch vermindern.

### Grundlagen der Händehygiene

In Ihrem Berufsleben sind die Hände gefährdet. Sie haben häufigen Kontakt mit Wasser und Chemikalien und können dadurch schnell rissig werden. Diese Risse können wiederum Aufenthaltsort und Eintrittspforte für Krankheitserreger sein. Insbesondere Menschen mit anlagebedingter Hautempfindlichkeit müssen auf richtige Händehygiene und Handpflege achten. Schützen Sie auch im Haushalt und im Garten Ihre Hände. Die Berufsgenossenschaft für Gesundheitsdienst und Wohlfahrtspflege hat folgende Empfehlungen herausgegeben:

| Maßnahme | Produkt |
|---|---|
| **Hautschutz auftragen** | |
| Verwenden Sie vor der Arbeit Hautschutzcreme zum Schutz gegen Feuchtigkeit. | Hautschutzcreme |
| **Schutzhandschuhe tragen** | |
| Benutzen Sie bei Kontakt mit Reinigungs- und Desinfektionsmitteln immer Schutzhandschuhe. Tragen Sie medizinische Einmalhandschuhe bei pflegerischen Tätigkeiten, wie z. B. bei der Körperpflege, beim Umgang mit Ausscheidungen und bei Kontakt mit Pflegemitteln, wie z. B. Cremes, Medikamenten und Salben. | flüssigkeitsundurchlässige Haushaltshandschuhe<br>medizinische Einmalhandschuhe (gepuderte Latexhandschuhe erhöhen das Risiko für Allergien und sollten nicht verwendet werden) |
| **Händereinigung** | |
| Waschen Sie Ihre Hände nicht öfter als nötig, also nur bei sichtbarer oder anzunehmender Verschmutzung. Trocknen Sie Ihre Hände nach dem Waschen gründlich ab. Verzichten Sie auf Uhren, Armbänder und Ringe, weil sich Seifenreste darunter sammeln können. | milde Waschlotion<br>weiche Papierhandtücher |
| **Händepflege** | |
| Verwenden Sie Hautpflegecremes nach Arbeitsende und in der Freizeit. | Pflegelotion oder Pflegecreme (ohne Duft- und Zusatzstoffe) |

**! Wie viel Pflege, wie viel Wasser ist gesund für Ihre Haut?**
Die unverletzte Haut ist als Barriere für Keime kaum zu durchdringen. Zusätzlich verfügt die Haut über einen Säureschutzmantel aus Fett und Milchsäure, der durch den sauren pH-Wert von 5,5 Eindringlinge sofort „lähmt". Eine gesunde Haut ist daher ein wirksamer Schutz vor Mikroorganismen. Zu viel Wasser, Seife und Duschgel zerstören den Schutz der Haut und beeinträchtigen ihre Funktionstüchtigkeit. Trockene und rissige Haut ist die Folge, sie wird gegen Umweltbelastungen und Infektionen schutzlos.

Säureschutzmantel ► S. 334
Mikroorganismen ► S. 218
Infektion ► S. 219

**Händedesinfektion**
Die Hände sind der wichtigste Überträger von Krankheitserregern. Die hygienische Händedesinfektion erfolgt mit einem Händedesinfektionsmittel (z. B. Sterillium), um Krankheitserreger abzutöten und Infektionsketten zu unterbrechen. Die Händedesinfektion dient dem Selbstschutz und Fremdschutz.

Zur hygienischen Händedesinfektion werden ca. 3 ml des Desinfektionsmittels auf die trockene Hand gegeben (Abb. 1) und unter Berücksichtigung der Innen- und Außenflächen, der Handgelenke, Flächen zwischen den Fingern, Fingerspitzen und Nagelpfalze eingerieben (Abb. 2).

Wann führen Sie in Pflegeeinrichtungen die Händedesinfektion durch?
- bei Dienstbeginn und Dienstende
- vor der Essenzubereitung oder Essenverteilung
- vor und nach der Pflege von Personen
- nach der Toilettenbenutzung
- nach dem Naseputzen, Niesen oder Husten
- nach dem Ausziehen von Einmalhandschuhen

Mehr Informationen der Berufsgenossenschaft für Gesundheitsdienst und Wohlfahrtspflege finden Sie unter:
www.bgw-online.de
▷ Kundenzentrum
▷ Hauptsache Hautschutz

Mehr Informationen finden Sie unter:
www.rki.de
▷ Infektionsschutz
▷ Krankenhaushygiene
▷ Empfehlungen der Kommission für Krankenhaushygiene und Infektionsprävention

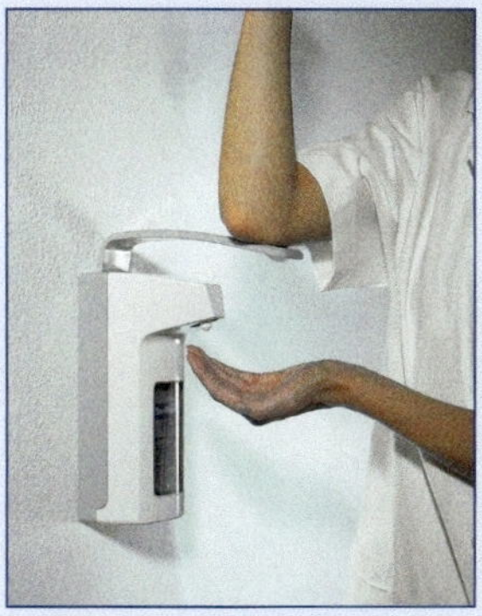
*Abb. 1 Wandspender mit Händedesinfektionsmittel*

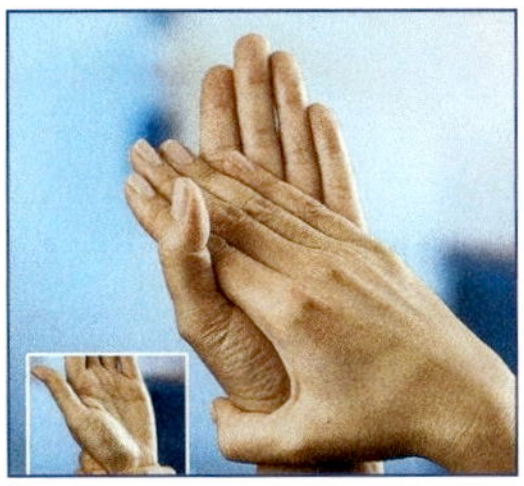
*1. Schritt: Handfläche auf Handfläche*

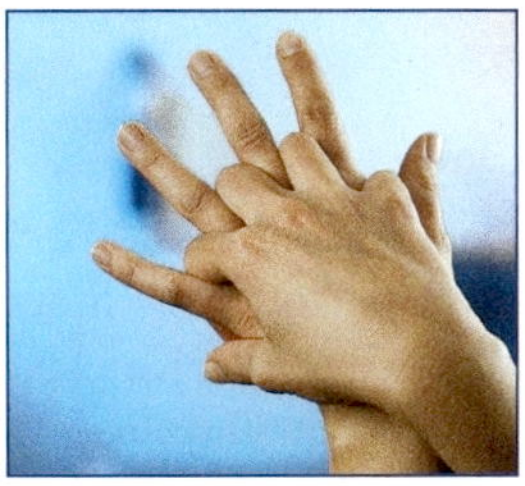
*2. Schritt: rechte Handfläche über linkem Handrücken und linke Handfläche über rechtem Handrücken*

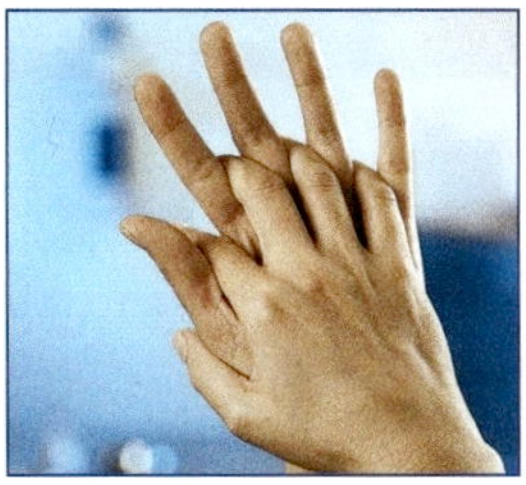
*3. Schritt: Handfläche auf Handfläche mit verschränkten, gespreizten Fingern*

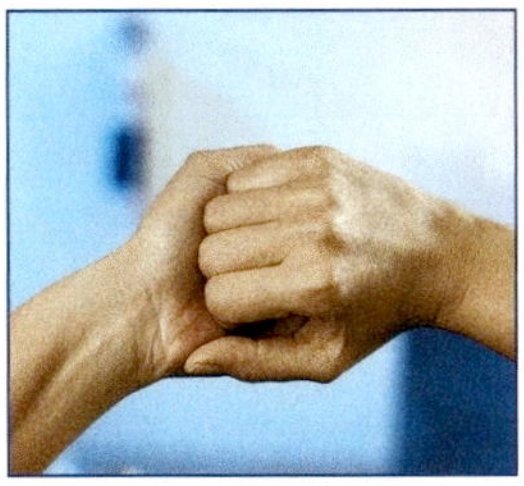
*4. Schritt: Außenseite der Finger auf gegenüberliegende Handflächen mit verschränkten Fingern*

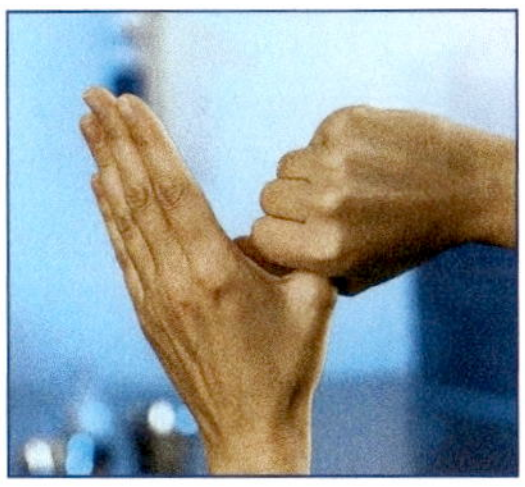
*5. Schritt: kreisendes Reiben des rechten Daumens in der geschlossenen linken Handfläche und umgekehrt*

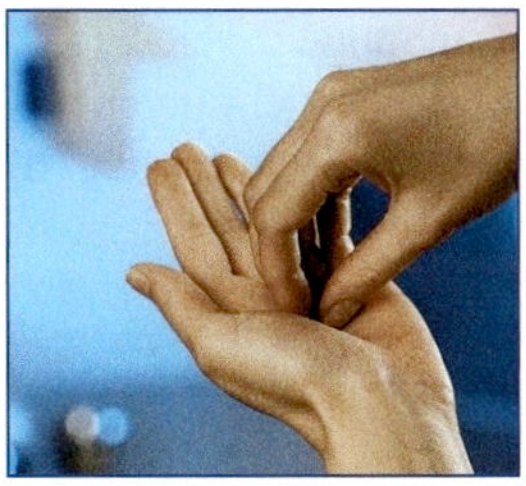
*6. Schritt: kreisendes Reiben hin und her mit geschlossenen Fingerkuppen der rechten Hand in der linken Handfläche und umgekehrt*

*Abb. 2 Durchführung einer Händedesinfektion*

*Die richtige Arbeitsbekleidung gibt Schutz und Sicherheit.*

- **Arbeits- und Schutzkleidung**

Schutz und Sicherheit gibt Ihnen richtige Arbeitskleidung. Diese sollte im sozialen und pflegerischen Bereich folgende Anforderungen erfüllen:

| | |
|---|---|
| **Kleidung**<br> | • bequeme Hose und Kasack oder kurzärmeliges Oberteil<br>• lockerer Schnitt<br>• helles Material (Verschmutzungen sind leicht sichtbar)<br>• Material muss pflegeleicht und bei 60 °C waschbar sein<br>• getragene Kleidung von sauberer getrennt aufbewahren |
| **Schuhe**<br> | • geschlossenes Schuhwerk mit festem Halt am Fuß<br>• atmungsaktiv, wasserabweisend<br>• leicht zu reinigen<br>• keine hohen Absätze<br>• rutschfeste Sohlen |
| **Uhren und Schmuck**<br>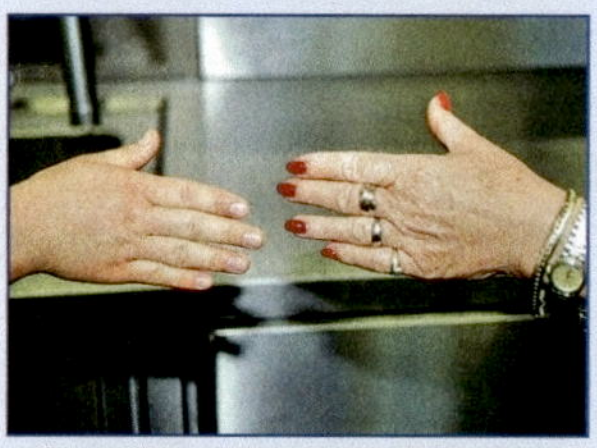 | • Ketten, Armbänder, größere Ohrringe, Ringe und Uhren werden vor Arbeitsbeginn abgelegt<br>• auch infizierte Piercings müssen entfernt werden (Wunde abdecken)<br>• können zum Keimüberträger werden<br>• bergen Verletzungsrisiken<br>• keine langen Fingernägel und Nagelschmuck |

Beim Umgang mit infektiösen Personen empfiehlt die Berufsgenossenschaft für Gesundheit und Wohlfahrtspflege eine persönliche Schutzausrüstung (PSA). Dazu gehören Handschuhe, eventuell Mundschutz und Kittel oder Schürzen, die geschlossen über der Arbeitskleidung getragen werden und so den Kontakt mit infektiösen Körperflüssigkeiten verhindern. Einwegmaterialien sind dabei zu bevorzugen.

§ **Was ist ein Hygieneplan?**

Durch §36 des Infektionsschutzgesetzes wird der Hygieneplan für Pflegeeinrichtungen, Gemeinschaftseinrichtungen sowie Vorsorge- und Rehabilitationseinrichtungen Pflicht. Im Hygieneplan sind zum Beispiel Arbeitsanweisungen erfasst, die die persönliche Hygiene und Händehygiene betreffen. Außerdem ist meist tabellenartig beschrieben, wer wann was womit und wie desinfizieren soll.

Desinfektion ► S. 233
Hepatitis ► S. 228
HIV ► S. 226
Blut ► S. 262
Blutplasma ► S. 262

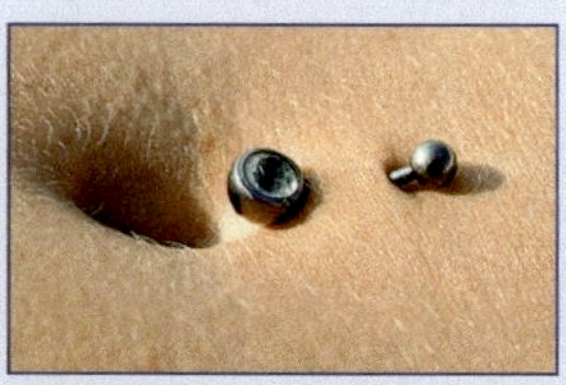

**!** Bei nicht mit der notwendigen Hygiene durchgeführten Piercings oder Tattoos besteht die Gefahr, sich mit Infektionskrankheiten wie z. B. Hepatitis oder HIV anzustecken. In der Folge haben Blutspendedienste eine Sperrfrist erhoben. Je nach Blutspendedienst darf der Spender sechs bis zwölf Monate nach Durchführung eines Piercings oder Tattoos kein Blut bzw. Plasma spenden.

# 2.6 Vorbeugen von Infektionskrankheiten – „Sich gegen Erreger rüsten“

## 2.6.1 Stärkung des Immunsystems

*Das Immunsystem kann durch einfache Dinge wie Sport, Spaß und eine gesunde Ernährung gestärkt werden.*

Wenn Sie Ihr Immunsystem stärken, kann das helfen, Krankheitserreger zu bekämpfen, Krankheiten zu verhindern oder den Krankheitsverlauf zu verkürzen.

**So können Sie Ihr Immunsystem kräftigen:**

- Ernährung: Eine gesunde vitamin- und mineralstoffhaltige Ernährung ist die Grundlage eines gesunden Immunsystems, denn dadurch werden die Botenstoffe und Zellen des Immunsystems aktiviert.
- Sonnenlicht: Sonne in Maßen aktiviert die Abwehrzellen. Schon vor 100 Jahren war das tägliche Sonnenbad ein fester Bestandteil der Tuberkulosetherapie.
- Wechselbäder: Wechselbäder steigern die Durchblutung des Körpers. Dadurch werden die Abwehrzellen besser mit Sauerstoff versorgt. Außerdem gelangen sie durch die bessere Durchblutung schneller zum Einsatzort.
- Spaß: Positives Denken und Lachen (Abb. 1) steigert die Sauerstoffaufnahme. Es steigert die Konzentration der Abwehrzellen in den Schleimhäuten. Das Eindringen der Krankheitserreger wird vermindert.
- Sport: Sport steigert die Durchblutung und stärkt damit das Immunsystem, wenn es sich um Ausdauersport (Abb. 2) handelt. Hochleistungssport bewirkt eher das Gegenteil, weil dieser dem Körper Stress bereitet.
- Schlaf: Wenn Sie schlafen, arbeitet ihr Immunsystem auf Hochtouren. Es produziert besonders viele Abwehrstoffe. Infektionen können so bekämpft werden. Ein Schlafmangel führt nach kurzer Zeit zu einer verminderten Produktion von Abwehrstoffen.
- Stressbewältigung: Stress bewirkt eine Ausschüttung von Botenstoffen, die das Immunsystem hemmen. Versuchen Sie, mit Yoga, autogenem Training oder einer anderen Entspannungstechnik dem Stress entgegenzuwirken.

Gesunde Ernährung ► S. 274
Zellen des Immunsystems ► S. 222
Schlafstörungen ► S. 374

*Abb. 1 Lachen stärkt das Immunsystem.*

*Abb. 2 Regelmäßiger Ausdauersport hat positive Auswirkungen auf den gesamten Körper.*

**Psyche und Immunsystem**

Es ist längst bewiesen, dass es eine Wechselwirkung zwischen Hormon- bzw. Nervensystem und dem Immunsystem gibt.

Botenstoffe des Immunsystems haben eine Wirkung auf das Nervensystem. Umgekehrt beeinflussen Botenstoffe des Nervensystems das Immunsystem. Das bedeutet, dass z. B. durch Stress vermehrt Stoffe ausgeschüttet werden, die das Immunsystem hemmen, indem sie unter anderem die Aktivität der B- und T-Lymphozyten mindern. Durch Stress verschlechtert sich also die Arbeit des Immunsystems und die Betroffenen werden anfälliger für Infektionskrankheiten und Krebserkrankungen. Auch Allergien werden durch Stress begünstigt.

Hormon- und Nervensystem ► S. 312
B- und T-Lymphozyten ► S. 222
Infektionskrankheiten ► S. 223
Krebs ► S. 229
Allergien ► S. 231

**Die Bewältigung von Stress**

Jeder redet von Stress: Stress in der Schule, im Beruf, zu Hause, mit den Eltern, in der Freizeit, ja sogar im Urlaub. Keiner scheint mehr ohne diesen Stress auszukommen. Stress – ein Phänomen unserer Zeit?

Das Wort Stress kommt aus dem Englischen und bedeutet Druck oder Anspannung. Faktoren, die Stress erzeugen, bezeichnet man als Stressoren. Diese können körperlicher Art, wie z. B. Hunger, Schmerzen, Schlafmangel, oder seelischer Art, wie z. B. Konflikte in Familie oder im Beruf, sein. Hinter der Stressreaktion verbirgt sich jedoch ein biologisch sinnvoller Mechanismus. Bei Stress reagiert der Körper so, dass er Energien für Belastungen zur Verfügung stellt und die Leistungsfähigkeit erhöht. In manchen Stresssituationen können wir diese Energien gebrauchen, auf Dauer können diese Reaktionen aber krank machen, wenn kein körperlicher Ausgleich erfolgt.

Schmerzen ► S. 376
Konflikte ► S. 74

Ob ein Gefühl als Stressauslöser wirkt, hängt von der Persönlichkeit des Einzelnen ab. Was für den einen zum starken Stress wird, ist für den anderen eine reizvolle Herausforderung. Stress ist individuell. Empfindet man starken negativen Stress (Disstress), gibt es viele Möglichkeiten, ihm entgegenzuwirken.

- Bauen Sie aufgestaute Wut am besten sofort ab, indem Sie z. B. einen Spaziergang an der frischen Luft machen.
- Wenn Sie eine Situation als Stress empfinden, zeigen Sie ruhig Ihre Gefühle.
- Entspannungsübungen helfen, bei Stress gelassener zu reagieren. Für manche wirken Yoga, autogenes Training oder Muskelentspannung beruhigend. Andere entspannen beim Musikhören, Malen (Abb. 1), Joggen oder Walken.
- Gehen Sie einem Hobby nach. Das baut Eustress, also positiven Stress, auf.
- Belohnen Sie sich mit einem kleinen Geschenk oder einem schönen Erlebnis, wenn Sie eine Stresssituation gemeistert haben.
- Pflegen Sie Kontakte mit Freunden und verabreden Sie gemeinsame Unternehmungen.

*Abb. 1 Ein kreatives Hobby kann entspannen.*

Unbestritten ist, dass die Stressbewältigung ein wesentlicher Faktor zur Stärkung des Immunsystems und damit zur Verringerung der Krankheitshäufigkeit ist. Wenn ältere Menschen im Ruhestand sind und nicht mehr arbeiten, müsste das eigentlich ihrer Gesundheit zugutekommen. Häufig ist es jedoch umgekehrt. Senioren fühlen sich oft unnütz und wissen nichts mit ihrer Freizeit anzufangen. Zusätzlich können andere belastende Situationen, wie z. B. der Verlust des Lebenspartners, zu Unruhezuständen sowie Schlafstörungen führen. Umso wichtiger ist es, alte Menschen in ein soziales Netzwerk zu integrieren: gemeinsame sportliche Aktivitäten, Ausflüge, Theaterbesuche, Spiele, Entspannungsübungen und Gesprächskreise.

Senioren können sich z. B. durch eine Tätigkeit als „Leihoma" oder „Leihopa" in ein soziales Netzwerk integrieren. Mehr Informationen unter:

www.leihomas-leihopas.de

Heutzutage haben viele Kinder einen Terminplan ähnlich dem eines Managers. Kein Wunder, dass Kinder gestresst sind. Entspannung tut not. Dazu gehören viel Bewegung und frische Luft, ausreichende Pausen für freie Aktivitäten, gesunde regelmäßige Mahlzeiten in ruhiger Atmosphäre, Entspannungsbäder oder Atem- und Entspannungsübungen.

Ideen für Entspannungsübungen für Kinder finden Sie unter:

www.zzzebra.de
▹ Sport
▹ Yoga

## 2.6.2 Schutzimpfungen

*Schutzimpfungen schützen vor Infektionskrankheiten und zählen zu den wirksamsten und kostengünstigsten Maßnahmen der modernen Medizin.*

Neben der Stärkung des Immunsystems gibt es noch andere Maßnahmen, um der Entstehung von Infektionskrankheiten vorzubeugen. Die Schutzimpfung ist eine vorbeugende Maßnahme gegen verschiedene gefährliche Infektionskrankheiten. Man unterscheidet passive und aktive Schutzimpfungen.

Bei der aktiven Schutzimpfung wird der Impfstoff in Form abgeschwächter Krankheitserreger in den Körper gebracht, um ihn zur Bildung von Antikörpern und Gedächtniszellen anzuregen. Diese bleiben längere Zeit im Körper des Menschen erhalten. Kommt es später zu einer Infektion mit dem Erreger, gegen den geimpft wurde, können die Gedächtniszellen und Antikörper die eingedrungenen Mikroorganismen sehr schnell unschädlich machen. Die Krankheit bricht dann nicht aus.

Krankheitserreger ► S. 218
Antikörper ► S. 222
Gedächtniszellen ► S. 222

**Immunität durch aktive Impfung**

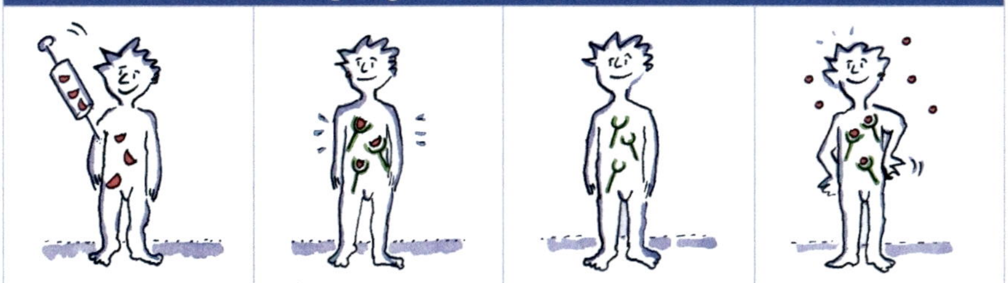

- Krankheitserreger
- Teil des Krankheitserregers bzw. abgetöteter/abgeschwächter Krankheitserreger
- Antikörper

Impfungen gegen folgende Krankheiten werden ab dem Säuglingsalter empfohlen:
- Tetanus
- Poliomyelitis
- Diphtherie
- Röteln
- Mumps
- Masern
- Keuchhusten
- Haemophilus influenza b
- Hepatitis B
- Pneumokokken
- Meningokokken

Ein passiver Impfstoff besteht aus Antikörpern gegen den Erreger. Diese Antikörper werden aus dem Blut von anderen Menschen (Blut-und Plasmaspendern) gewonnen und bei einer Infektion oder bei Ansteckungsgefahr gespritzt. Die Antikörper machen dann die eingedrungenen Krankheitserreger sofort unschädlich. Dieser Schutz hält jedoch nur kurze Zeit an.

**Immunität durch passive Impfung**

- Krankheitserreger
- fremde Antikörper

Den aktuellen Impfkalender für Säuglinge, Kinder, Jugendliche und Erwachsene finden Sie unter:

www.rki.de
▹ Infektionsschutz
▹ Impfen
▹ Impfungen A–Z
▹ Impfkalender und Impfempfehlungen der STIKO

Bei einer Simultanimpfung werden passive und aktive Impfstoffe zugleich geimpft.

**!** Gerade ältere Menschen und alle, die mit Menschen über 60 Jahren arbeiten, sollten sich im Herbst jedes Jahres gegen die echte Virusgrippe impfen lassen. Die sogenannte Grippeschutzimpfung bietet einen relativ hohen Schutz gegen diese Form der Grippe, aber viel wichtiger ist: Sie hilft, einen milderen, komplikationslosen Ablauf der Krankheit zu erreichen.

# 3. Fit bleiben – „Wer rastet, der rostet“

## 3.1 Bewegungsapparat – „Starke Knochen mit Schwung“

Früher bewegten sich die Menschen ständig. Sie jagten Tiere, legten alle Wege zu Fuß zurück, bauten ihre Hütten selbst, pflügten ihre Äcker und wuschen von Hand. Heutzutage nutzen wir häufig das Auto und liegen oft vor dem Fernseher. Viele Arbeiten erledigen wir sitzend mit Hilfe von Technik, z. B. mit dem Computer. So haben wir in den letzten 100 Jahren die meisten Bewegungsmöglichkeiten aus unserem Alltag entfernt.

### 3.1.1 Bedeutung der Bewegung

*Bewegung hält gesund und beugt Krankheiten vor.*

Es ist eindeutig bewiesen, dass regelmäßige sportliche Aktivitäten einige körperliche Funktionen positiv beeinflussen:

- Die Leistungsfähigkeit des Herzens wird gesteigert. Durch regelmäßige Bewegung werden Herzfrequenz und Blutdruck gesenkt. Das entlastet das Herz und schont die Blutgefäße.
- Die Atemmuskulatur wird gekräftigt und das Lungenvolumen wird vergrößert.
- Das Immunsystem wird gestärkt. Der Körper kann sich also besser gegen Infektionen wehren.
- Stoffwechselerkrankungen, wie z. B. Diabetes mellitus, Fettstoffwechselstörungen und Gicht, wird vorgebeugt.
- Die Knochen werden gestärkt.
- Die Figur strafft sich und die Haut wird strahlender.

Herz ► S. 252
Blutdruck ► S. 255
Atmung ► S. 267
Lunge ► S. 267
Immunsystem ► S. 217
Infektionen ► S. 219
Diabetes mellitus ► S. 287
Gicht ► S. 290
Knochen ► S. 243
Haut ► S. 333

Bewegung wirkt sich außerdem positiv auf Schlaf, Gehirndurchblutung und Stimmung aus. Das allgemeine Wohlbefinden steigt, Stress wird abgebaut, die Stressempfindlichkeit sinkt und die Persönlichkeit wird gestärkt.
Bewegung soll Spaß machen. Aber nicht jede Sportart ist für alle und in jedem Alter geeignet. Aber für jeden Menschen kann das Passende gefunden werden. Eine Beratung durch einen Sportarzt bzw. eine gesundheitliche Prüfung vorab ist ratsam, vor allem, wenn bestimmte Risikofaktoren gegeben sind:

- Sie sind älter als 35 Jahre und haben länger keinen Sport getrieben.
- Sie haben Übergewicht (BMI > 30).
- Sie leiden unter Diabetes mellitus.
- Sie haben orthopädische Probleme, z. B. Gelenkschmerzen.
- Sie sind langjähriger Raucher.
- Sie haben erhöhten Blutdruck.
- Sie hatten bereits einen Herzinfarkt.
- Sie haben beim Gehen oder Laufen Schmerzen in den Beinen oder sonstige Beschwerden.
- Sie hatten schon mal einen Schlaganfall.

Übergewicht; BMI ► S. 296
Herzinfarkt ► S. 260

Um die „ideale Belastung“ für den eigenen Körper zu bestimmen, spielt die Frequenz des Herzschlages, also der Puls, eine zentrale Rolle. Die Pulsfrequenz (Zahl der Pulsschläge pro Minute) sollte bei ungefähr 180 Schlägen pro Minute minus dem Lebensalter liegen. Bei einem 20-Jährigen sollte die Pulsfrequenz also 160 Schläge pro Minute betragen. (180 minus 20 Jahre). Dieser Wert ist ein ungefährer Richtwert.

Pulsmessung ► S. 254

**!** Eine richtige Atmung ist beim Sport sehr wichtig. „Laufen ohne Schnaufen“ ist hier die Devise. Das heißt, man sollte sich bei der sportlichen Betätigung noch unterhalten und mühelos durch die Nase atmen können. So wird der Körper ideal belastet. Für den, der durch Bewegung gesund bleiben will, gilt: Es gibt kein „zu langsam“, sondern nur ein „zu schnell“. Man soll nicht versuchen, lange Verpasstes mit Ehrgeiz nachzuholen. Lieber mäßig, aber regelmäßig bewegen. Die sportliche Betätigung sollte nicht zu kurz sein. Ziel ist eine Ausdauerbelastung von ca. 40 Minuten. Dies fördert die Gesundheit optimal. Trainieren Sie mindestens zweimal pro Woche.

*Bewegungserziehung fördert die gesamte Entwicklung des Kindes.*

Muskeln ► S. 249
Knochen ► S. 243
Nervensystem ► S. 312

Bergmann, Brigitte: Bewegung von Anfang an – Bewegungsförderung unter 3-Jähriger, Cornelsen Scriptor, 2008

## „Immer in Bewegung – von Anfang an"

Bei einem Embryo kann man mit Ultraschall schon ca. ab der 7. Schwangerschaftswoche erste Bewegungen beobachten. Bewegung beginnt also schon im Mutterleib und ist bedeutend für körperliche Entwicklung und Wachstum, den Muskel- und Knochenaufbau sowie die Entwicklung des Nervensystems. Die Natur hat Kleinkinder mit einem starken Bewegungs- und Spieldrang ausgestattet. Es ist wichtig, dass Kinder ihren Bewegungsdrang ausleben. Bewegung macht Spaß, schützt vor Übergewicht und macht schlau. Die geistig-seelische Entwicklung eines Kindes ist eng mit der Ausbildung körperlicher Fähigkeiten verbunden. Studien besagen, je mehr sich die Kinder im Schulalltag und im Unterricht bewegen können, desto besser sind die Lernerfolge. Die Aufmerksamkeit der Schüler ist höher und die Lernatmosphäre besser. Darüber hinaus sinkt die Gewaltbereitschaft.
Sport schärft das Wahrnehmungsvermögen, das z. B. im Straßenverkehr gebraucht wird. Außerdem wird der Gleichgewichtssinn geschult, eine wichtige Voraussetzung, um z. B. mit dem Rad sicher durch den Verkehr zu kommen. Das Reaktionsvermögen verbessert sich, das hilft, bei Gefahren schnell und richtig zu reagieren. Wer Bewegungsabläufe trainiert, hat außerdem weniger Unfälle durch Stolpern, Abknicken oder Ausrutschen und kann sich im Fall eines Sturzes besser abfangen. Positive Auswirkungen von Bewegungserziehung sind z. B.:

- Kinder entwickeln ein Gefühl für ihre Gesundheit und ihren Körper.
- Kinder lernen, sich körperlich auszudrücken.
- Die Sinneswahrnehmungen der Kinder werden verbessert und die Körpererfahrungen erweitert.
- Kinder lernen etwas auszuprobieren und Verantwortung zu tragen.

*Bewegung im Alter fördert das Wohlbefinden und die körperliche Verfassung.*

## Fit im Alter

Auch für ältere Menschen ist Bewegung wichtig, um Krankheiten vorzubeugen, soziale Kontakte zu pflegen, Erfolgserlebnisse zu haben und damit Körpergefühl und Lebensqualität zu steigern. Wenn Senioren sich nicht ausreichend bewegen, werden ihre Muskeln schwach und sie neigen zu Stürzen, eine der häufigsten Unfälle bei Älteren. Jeder ältere Mensch sollte seine körperlichen Aktivitäten dem Lebensabschnitt anpassen und dabei drei wichtige Fähigkeiten trainieren, um fit zu bleiben: Ausdauer, Kraft und Koordination. Nicht jeder Sport ist für Senioren geeignet. Er sollte gelenkschonend sein, Überbelastungen vermeiden und auf den ganzen Körper wirken.

| Sportart | Besonderheiten |
|---|---|
| **Wandern, Walking** | ungefährlich, gelenkschonend |
| **Aqua-Jogging, Wassergymnastik** | gutes Kreislauftraining, schonende Kräftigung der Muskulatur |
| **Schwimmen** | gutes Training für Kreislauf und Bewegungsapparat, auch bei Rückenproblemen und muskulären Verspannungen |
| **Radfahren** | gut für den gesamten Bewegungsapparat, ideale Sportart auch bei Hüft- und evtl. auch bei Knieproblemen |
| **Krafttraining** | ideales Training zur Muskelstärkung, auch im hohen Alter; positiver Einfluss auf Beweglichkeit, Stoffwechsel und Kreislauf |
| **Gymnastik** | gutes Training für Kraft, Gleichgewicht, Ausdauer und Beweglichkeit |

### 3.1.2 Aufbau des Bewegungsapparates

Der Bewegungsapparat wird in den passiven und den aktiven Bewegungsapparat unterteilt. Zum passiven gehören alle Knochen, Gelenke, Bänder und Knorpel; also alle Anteile des Bewegungsapparates, die bewegt werden. Der aktive Bewegungsapparat umfasst alle Anteile des Bewegungsapparates, die sich selbst bewegen, also Muskeln mit ihren Sehnen. Die Sehnen bewegen sich jedoch nicht eigenständig.

*Zum Bewegungsapparat gehören der passive und der aktive Bewegungsapparat.*

| Passiver Bewegungsapparat | Aktiver Bewegungsapparat |
|---|---|
| ↓ | ↓ |
| Knochen<br>Gelenke und Bänder<br>Knorpel | Muskeln<br>(Sehnen) |

**Der passive Bewegungsapparat**

- **Die Knochen**

Aufbau eines Knochens

Es gibt flache Knochen, z. B. den Schädelknochen, und röhrenförmige Knochen. Röhrenknochen besitzen einen Knochenschaft (Diaphyse) und zwei Knochenenden, die als Epiphysen bezeichnet werden. Der Übergang von der Diaphyse zur Epiphyse wird als Epiphysenfuge bezeichnet. Die Epiphysenfuge ist die Wachstumszone, in der der Knochen bei Kindern in die Länge wächst. Die Epiphysenfuge verknöchert, wenn das Wachstum abgeschlossen ist. Treten Verletzungen der Epiphysenfuge, z. B. durch Knochenbrüche in diesem Bereich, vor Abschluss des Wachstums auf, kann das zu Wachstumsstörungen des betroffenen Knochens führen. Der betroffene Arm bzw. das betroffene Bein wächst dann z. B. nicht mehr richtig mit.

Jeder Knochen ist von einer Knochenhaut, dem sogenannten Periost, umgeben. Hier verlaufen die Blutgefäße und die Nerven, die den Knochen versorgen.

Blutgefäße ▸ S. 254
Nerven ▸ S. 313

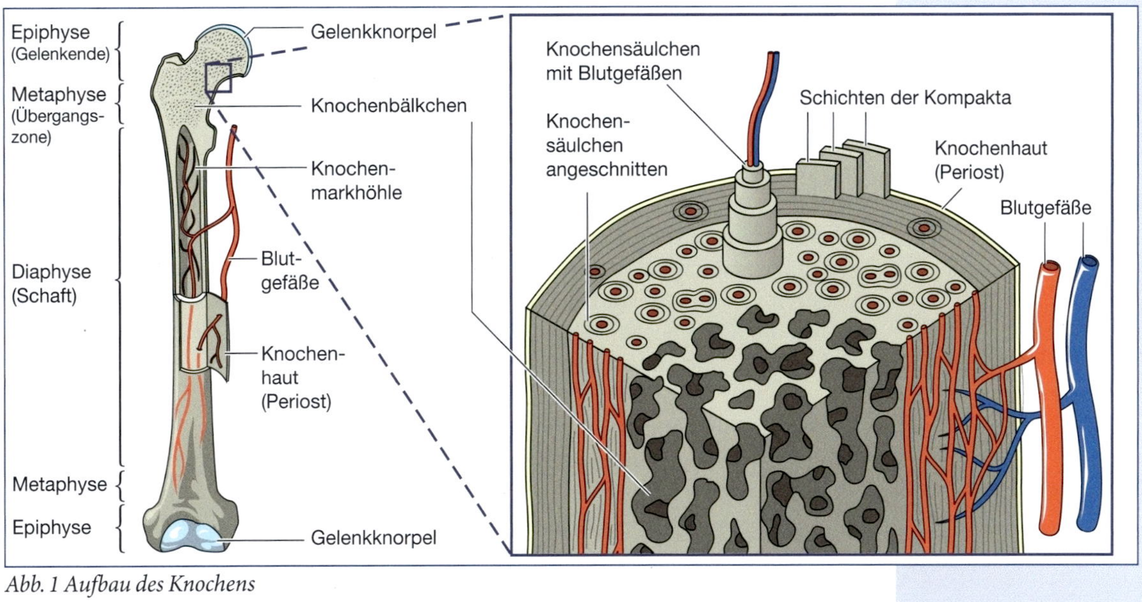


*Abb. 1 Aufbau des Knochens*

*Für die Bildung der Knochensubstanz ist die Aufnahme von Kalzium nötig.*

**Bildung der Knochensubstanz**

Unsere Knochen müssen viele Belastungen aushalten; daher müssen sie sowohl hart als auch etwas biegsam sein, um nicht zu leicht zu brechen. Knochen bestehen aus fester Grundsubstanz und Zellen, die diese feste Grundsubstanz bilden. Die knochenaufbauenden Zellen (Osteoblasten) und die knochenabbauenden Zellen (Osteoklasten) bauen unsere Knochen ständig um, sodass sie optimal an die jeweilige Belastung und das Körpergewicht angepasst sind. Das Grundgerüst zwischen den Knochenzellen besteht aus einem besonders strapazierfähigen Gerüst aus Eiweißfasern. Zwischen den Eiweißfasern sind Mineralien eingelagert. Diese machen den Knochen hart. Zu den wichtigsten Mineralien des Skeletts zählen Kalzium, Magnesium und Phosphor.

**!** Bis der Mensch 30 Jahre alt ist, nimmt der Knochen Kalzium auf. Danach überwiegt der Abbau der Knochensubstanz. Den Abbau kann man jedoch durch reichliche Kalziumaufnahme und Sport verzögern. Je besser Sie Ihre Knochen als junger Mensch durch Ernährung und Training aufgebaut haben, z. B. durch reichlichen Verzehr von Milch und Milchprodukten, desto geringer ist die Gefahr der Knochenbrüchigkeit im Alter.

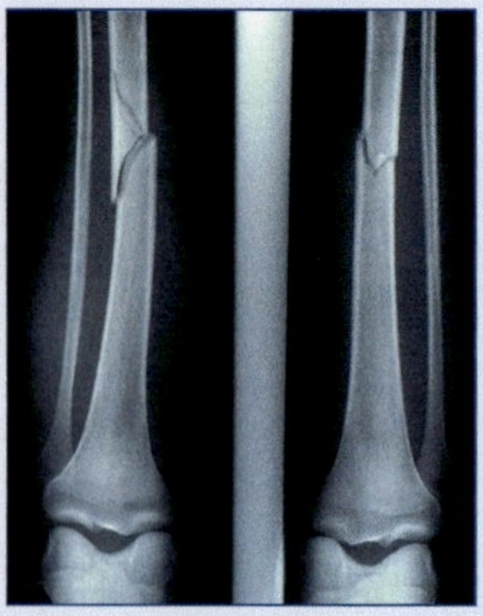

*Abb. 1 Röntgenbild einer Fraktur*

**Knochenbruch (Fraktur) – wenn mal was kaputtgeht**

Eine vollständige Durchtrennung des Knochens in zwei oder mehr Bruchstücke bezeichnet man als Knochenbruch (Fraktur). Ursache hierfür ist bei Kindern häufig ein Sportunfall, bei älteren Menschen die Osteoporose. Ein Knochenbruch ist nicht immer durch sichere Zeichen erkennbar. Schmerzen, Bewegungseinschränkung und Schwellung können auf eine Fraktur hinweisen. Da diese Symptome aber auch bei Prellungen und Verstauchungen vorkommen, wird bei Frakturverdacht ein Röntgenbild (Abb. 1) angefertigt. Bei Frakturen kann es durch Verschiebung der Knochenenden bzw. durch Knochensplitter zur Verletzung von Nerven, Muskeln und Blutgefäßen sowie zu hohen Blutverlusten kommen. Deshalb ist es wichtig, Betroffene nicht zu bewegen und schnell zum Arzt zu bringen

Schmerzen ► S. 376
Nerven ► S. 313
Muskeln ► S. 249
Blutgefäße ► S. 254

**Osteoporose – wenn der Knochen porös wird**

Bei der Osteoporose wird der Knochen insgesamt leichter und bruchanfälliger (Abb. 2). Es verringert sich sowohl der Gehalt an Knochengrundsubstanz als auch der Mineralgehalt, z. B. der Kalziumgehalt. Das Alter ist der größte Risikofaktor für die Osteoporose. Der Hormonmangel bei Frauen in und nach den Wechseljahren trägt besonders zum Knochenschwund bei, Männer sind daher seltener und später betroffen. Typische Folgen der Osteoporose sind spontane Knochenbrüche, z. B. Oberschenkelhals- und Wirbelkörperfrakturen. Letztere erzeugen schwere Schmerzen und weitreichende Bewegungseinschränkungen. Behandelt wird die Osteoporose durch viel Bewegung, kalzium- und Vitamin-D-reiche Ernährung und Medikamente, die den Knochenabbau hemmen. Bei Frauen nach den Wechseljahren können Hormonpräparate sinnvoll sein.

Hormonsystem ► S. 328

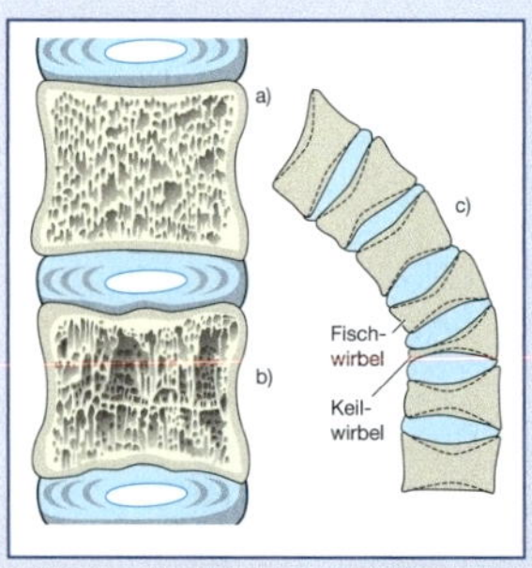


*Abb. 2 a) Normale Knochenstruktur; b) Osteoporose; c) zusammengesunkene Wirbelkörper*

**So beugen Sie schon in jungen Jahren Osteoporose vor:**

- viel körperliche Bewegung, die den Knochenaufbau stimuliert
- nicht rauchen
- Alkohol und koffeinhaltige Getränke in Maßen
- kalzium- und vitaminreiche Ernährung (Milch und Milchprodukte, Fisch und Gemüse)

- **Gelenke, Bänder und Knorpel**

Damit unser Skelett zusammenhält und beweglich ist, sind die Knochen durch Gelenke verbunden. Ein Gelenk (Abb. 3) besteht aus

- den mit Gelenkknorpel überzogenen Gelenkflächen der Knochen (Gelenkkopf und Gelenkpfanne); der Gelenkknorpel fängt Stöße ab und schützt somit die Knochen vor Abnutzung und Verletzungen,
- dem zwischen den Gelenkflächen gelegenen Gelenkspalt, der mit Gelenkschmiere (Synovia) gefüllt ist; die Gelenkschmiere verringert die Reibung der beiden Gelenkenden,
- der Gelenkkapsel, die die Knochen miteinander verbindet und das Gelenk nach außen dicht abschließt, und
- den Gelenkbändern, die dem Gelenk zusätzlichen Halt und Stabilität verleihen.

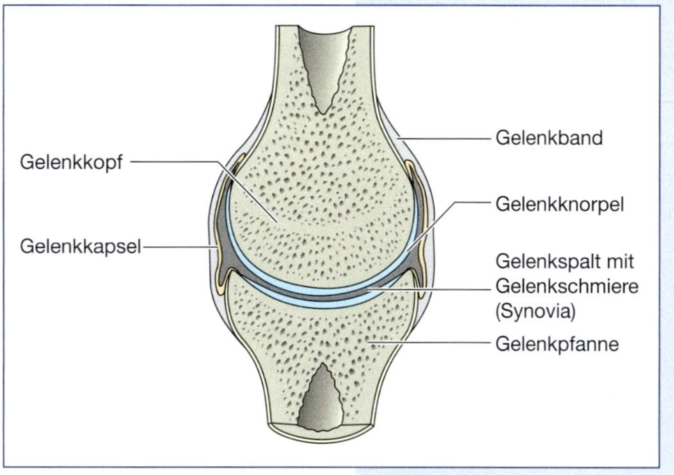


*Abb. 3 Aufbau eines Gelenks (schematisch)*

**Gelenkverschleiß (Arthrose) – wenn die Gelenke sich abnutzen**
Bei der Arthrose werden die Gelenke vor allem durch Abnutzung – z. B. bei Überbelastung der Gelenke durch Übergewicht – oder auch durch Verletzungen oder Fehlstellungen umgebaut, abgebaut und nahezu zerstört. Zu Beginn der Erkrankung ist nur der Knorpel betroffen. Dieser kann dann den Knochen nicht mehr schützen und im weiteren Verlauf kommt es auch zu Knochenschäden. Anfangs klagen Patienten meistens über leichte Schmerzen bei und nach Belastungen, später können schmerzhafte Gelenkschwellungen, -entzündungen, Bewegungseinschränkungen und sogar Versteifungen des Gelenkes auftreten. Am häufigsten sind Knie- und Hüftgelenke (Abb. 4/5) von Arthrose betroffen.

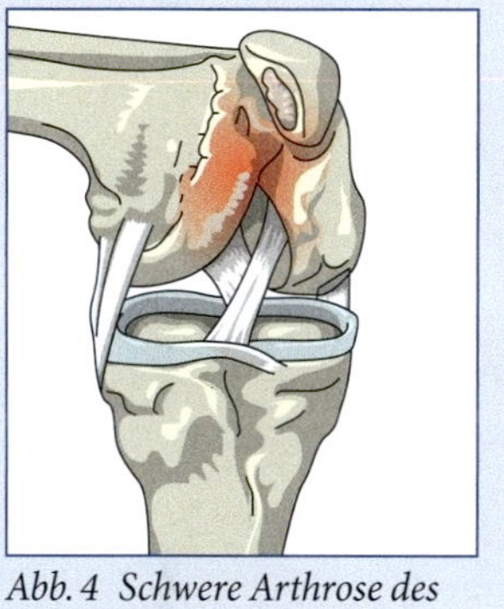

*Abb. 4 Schwere Arthrose des Kniegelenks mit Abbau der Knorpelschicht und Zerstörung der Knochenflanken*

Die Knorpelschicht der Gelenke wird im Alter – wie alle Gewebe – dünner. Gelenke mit starker Belastung sind zuerst und am meisten betroffen. Arthrose ist daher eine typische Alterskrankheit. Einige Vorbeugungsmaßnahmen helfen, die Entstehung der Arthrose bzw. eine Verschlechterung der Beweglichkeit zu verzögern:

- Übergewicht vermeiden: Übergewicht führt zur Überbelastung der Gelenke.
- Gelenke stetig bewegen: Der Knorpel enthält keine Blutgefäße. Er muss sich aus der Gelenkschmiere ernähren. Der An- und Abtransport der Gelenkschmiere, die von der Gelenkkapsel produziert wird, wird durch Bewegung erleichtert. Bewegung pumpt Blut in die Gelenkteile und füttert sie sozusagen.
- Für eine gute Durchblutung sorgen: Nicht rauchen, viel trinken, |Bluthochdruck behandeln, ab und zu eine Wechseldusche nehmen.

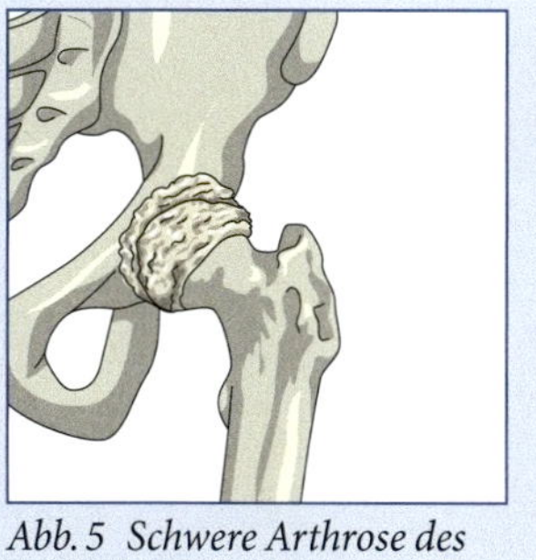

*Abb. 5 Schwere Arthrose des Hüftgelenks mit Zerstörung der Gelenkflächen und aufgehobenem Gelenkspalt*

|Bluthochdruck ► S. 256

Arthrose-Patienten erhalten zusätzlich Medikamente, vor allem gegen Schmerzen. Bei fortgeschrittener Arthrose müssen, wenn nötig, operativ künstliche Ersatzgelenke eingesetzt werden.

*Viele unterschiedliche Erkrankungen werden als Rheuma bezeichnet.*

**Rheuma – der ziehende, reißende Schmerz**

Unter dem Begriff Rheuma werden mittlerweile mehr als 100 verschiedene Erkrankungen zusammengefasst. Gemeinsam haben alle, dass sie zu schmerzhaften Entzündungen der Muskeln, Knochen, Sehnen und Gelenke führen. Auch andere Organe können von rheumatischen Entzündungen betroffen werden. Eine sehr häufige rheumatische Erkrankung ist die chronische Polyarthritis (Abb. 1). Bei dieser kommt es zu einer schmerzlichen Entzündung der Gelenke. Diese schwellen an, sind überwärmt und gerötet. Meistens sind die Gelenkbeschwerden morgens am stärksten. Die Krankheit verläuft in Schüben, die einige Wochen oder Monate andauern können. Unbehandelt drohen ausgeprägte Gelenkveränderungen und auf Dauer schwere Behinderungen.

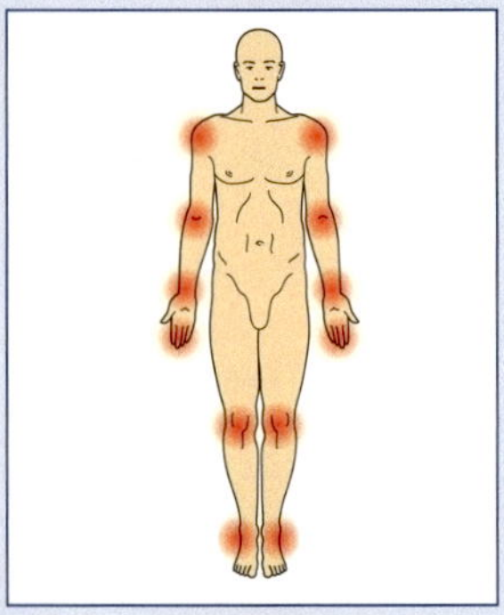

*Abb. 1 Chronische Polyarthritis: meist sind Hände, Kniegelenke, Ellenbogen und Schultern betroffen.*

Muskeln ► S. 249
Knochen ► S. 243
Sehnen ► S. 249
Gelenke ► S. 245
Immunsystem ► S. 217
Gelenkknorpel ► S. 245

Die genaue Ursache für diese Erkrankung ist noch nicht bekannt. Angenommen wird, dass das Immunsystem des Körpers gegen körpereigene Substanzen – z. B. den Gelenkknorpel – arbeitet. Aber auch die genetischen Anlagen eines Menschen haben einen Einfluss auf die Entstehung der Erkrankung. Die chronische Polyarthritis ist eine fortschreitende Erkrankung. Sie lässt sich z. B. mit schmerzlindernden und entzündungshemmenden Medikamenten behandeln. In den letzten Jahren wurden große Fortschritte in der Rheumabehandlung erzielt

- **Die Wirbelsäule:**

Die Wirbelsäule besteht aus 33–34 Wirbeln (Abb. 2). Man unterscheidet:
- 7 Halswirbel
- 12 Brustwirbel
- 5 Lendenwirbel
- Kreuzbein (5 zusammengewachsene Wirbel)
- Steißbein (4–5 zusammengewachsene Wirbel)

Die einzelnen Wirbelkörper bilden die eigentliche „Säule“. Ein Wirbel besteht aus Wirbelkörper und Wirbelbogen, der an der Hinterseite des Wirbelkörpers einen Ring formt. Der Wirbelbogen umgibt das Wirbelloch, durch das das Rückenmark vom Kopf bis zum Gesäß zieht. Dieses verläuft im tunnelförmigen Wirbelkanal, der aus den vielen Wirbelbögen gebildet wird. Das Rückenmark besteht aus Nerven, die jeweils zwischen zwei Wirbeln austreten und je nach Wirbelsäulenabschnitt Arme, Beine und den Körper mit Nervenfasern versorgen. Die Wirbel liegen übereinander und werden durch die zwischen den Wirbeln liegenden Bandscheiben (Zwischenwirbelscheiben) miteinander verbunden. Die Bandscheiben bestehen aus festem Knorpel und einem weicheren Kern. Sie schützen den Wirbel vor Abnutzung und ermöglichen die Beweglichkeit der Wirbelsäule, indem sie für den notwendigen Abstand der Wirbel voneinander sorgen.

Rückenmark ► S. 319
Nerven ► S. 313

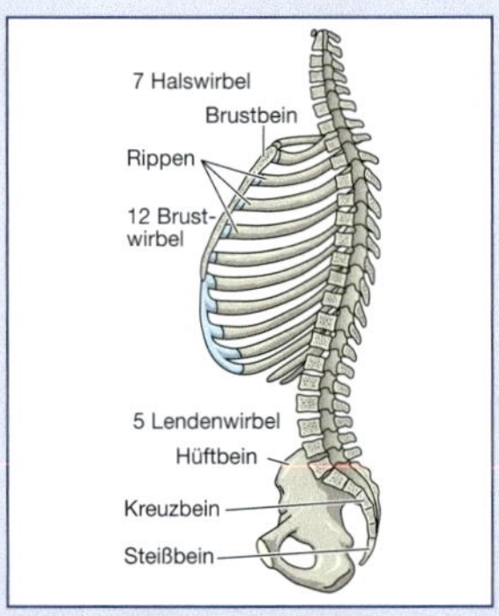


*Abb. 2 Wirbelsäule mit Abschnitten*

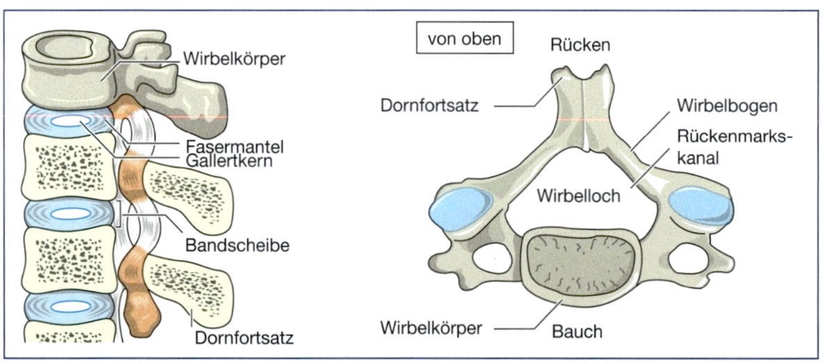


*Abb. 3 Grundaufbau der Wirbelsäule (links) und eines Wirbels (rechts)*

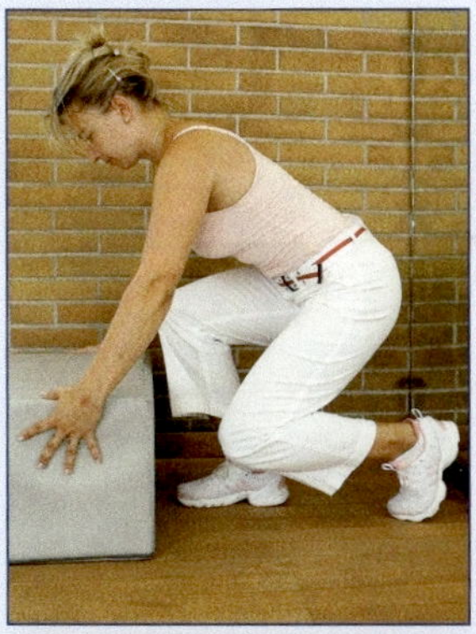

**!** Im Laufe des Tages kommt es durch die Belastung des Körpers zu einem Flüssigkeitsverlust. Deshalb ist der Mensch abends kleiner als morgens, und zwar bis zu 3 cm. Der Grund für das „Schrumpfen" im Alter sind zum einen die Bandscheiben, die mit dem Alter an Wassergehalt einbüßen. Außerdem trägt noch die Osteoporose bei. Sie kann die Körpergröße bis zu 20 cm vermindern.

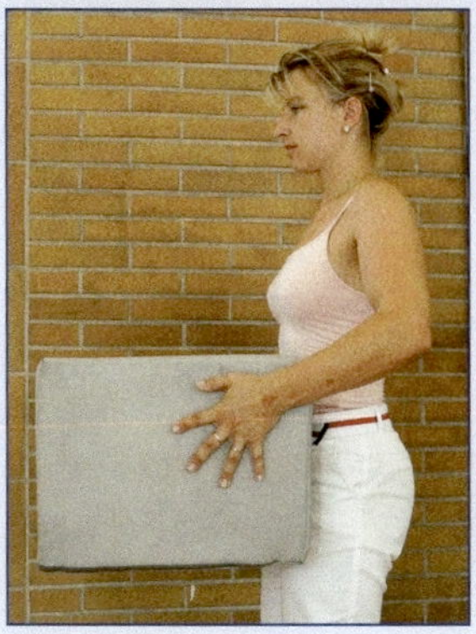

*Abb. 5 Richtiges Heben*

Längere Fehlbelastungen der Wirbelsäule, z. B. durch unsachgemäßes Heben und Tragen sowie überwiegend sitzende Tätigkeit, und Bewegungsmangel können viele Rückenbeschwerden einschließlich Bandscheibenvorfälle begünstigen. Beim Bandscheibenvorfall rutscht ein Teil der Bandscheibe nach hinten oder seitlich hinaus (Abb. 4). In der Regel tritt nicht die gesamte Bandscheibe aus, sondern nur ein Teil des dickflüssigen Kerns. Durch Druck auf das Rückenmark oder einen vom Rückenmark ausgehenden Nerv kann er dabei starke Schmerzen, Gefühlsstörungen und sogar Lähmungen erzeugen. Deshalb sind richtiges Tragen und Heben (Abb. 5) wichtig. Eine kräftige, gut trainierte Rückenmuskulatur ist der beste Schutz vor Rückenleiden.

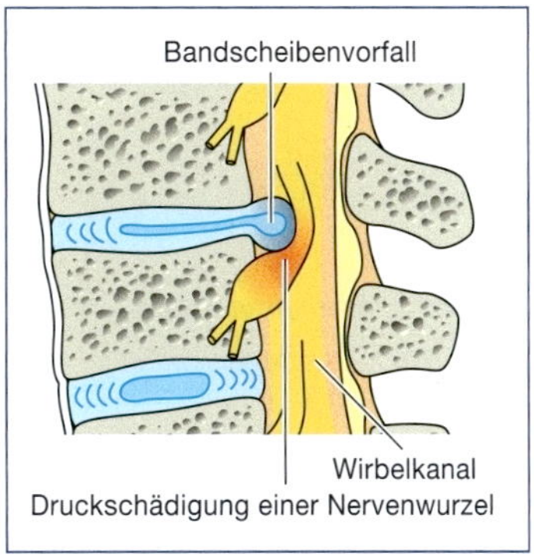


*Abb. 4 Bandscheibenvorfall*

**Wirbelbrüche und Querschnittslähmung**

Die häufigste Wirbelsäulenverletzung ist das Halswirbelsäulen-Schleudertrauma. Es kommt vor allem nach Verkehrsunfällen, Auffahrunfällen und Vollbremsungen vor. Dabei wird die Halswirbelsäule stark nach vorne und anschließend nach hinten geschleudert. Innerhalb weniger Stunden treten Kopf- und Nackenschmerzen auf, die von Schwindel und Übelkeit begleitet sein können. Die Diagnose ist schwierig, aber mit Hilfe des Röntgenbildes kann immerhin eine Fraktur der Halswirbel ausgeschlossen werden. Die Halswirbelsäule wird mit einer Halskrawatte (Abb. 6) ruhiggestellt und zusätzlich werden Schmerzmittel verordnet.

Fraktur ► S. 244

Wirbelsäulenverletzungen haben in den letzten Jahrzehnten zugenommen. Sie entstehen oft durch Verkehrsunfälle, aber auch im Sport (z. B. Reiten, Skifahren, Fallschirmspringen) sowie durch Haushalts- und Arbeitsunfälle.

Vorbeugen von Unfällen im Haushalt ► S. 197

Wirbelkörperbrüche gehen mit plötzlich einsetzenden extremen Rückenschmerzen einher und werden mit Hilfe eines Röntgenbildes bzw. CT/MRT diagnostiziert. Abhängig davon, wie schwierig oder instabil der Bruch ist, kann die Verletzung konservativ (ohne Operation) durch Liegen im Gipsbett und/oder Krankengymnastik oder operativ (durch chirurgische Befestigung der auseinandergebrochenen Teile) behandelt werden. Letzteres ist bei drohender Querschnittslähmung nötig.

Wirbelfrakturen, deren auseinandergebrochene Teile sich zu verschieben drohen, bergen immer das Risiko einer Querschnittslähmung. Unter einer Querschnittslähmung versteht man die Folgen einer Schädigung des Rückenmarks. Es entsteht ein Lähmungsbild mit Ausfall motorischer (z. B. Bewegungseinschränkungen von Armen und Beinen), sensibler (z. B. Gefühlsstörungen) und vegetativer (z. B. Einschränkungen der Kontrolle von Darm und Blase) Körperfunktionen unterhalb der Schädigungsstelle. Wie sich eine Querschnittslähmung äußert, hängt von der Höhe der Verletzung der Wirbelsäule ab. Sind Arme wie Beine von der Lähmung betroffen, nennt man dies Tetraplegie (Vierfachlähmung, da alle vier Gliedmaßen gelähmt sind). Bei ausschließlicher Lähmung der Beine spricht man von einer Paraplegie.

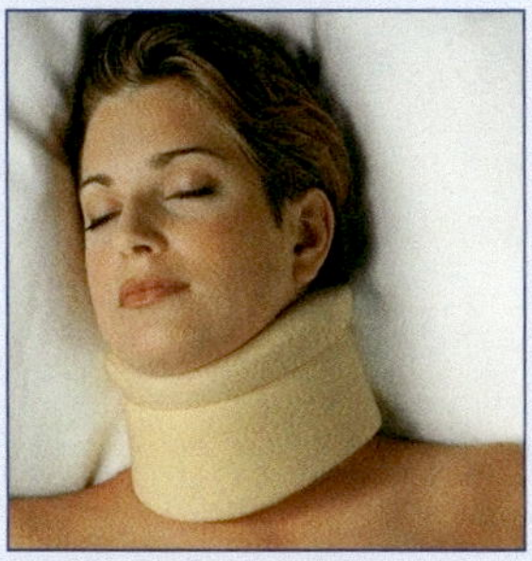

*Abb. 6 Halskrawatte*

Praxis-Spicker

# Lähmungserscheinungen

**WAS KANN ICH BEOBACHTEN?**

**Bei der Körperpflege**
- geringe oder fehlende Fähigkeit zur Selbstpflege
- unsicheres Stehen, Gehen und Sitzen
- Wahrnehmungsstörungen (z. B. bei Berührungen)

**Beim Essenanreichen**
- Kopf kann nicht in Mittelposition gehalten werden
- kraftlose oder steife, wenig gezielte Bewegungen

**Bei der Beschäftigung**
- mangelnde Auge-Hand-Koordination und Feinmotorik
- langsame oder ungezielte Bewegungsausführung
- evtl. Orientierungsstörungen (bei Hirnschädigungen)

**Bei der Bewegung**
- Bewegungseinschränkungen (es können Gliedmaßen, Körperhälften oder alle Körperteile betroffen sein)
- Anspannung kann anfangs stärker sein und langsam nachlassen
- bei schnellen oder einseitigen Bewegungen erhöhter Widerstand
- bei niedriger Muskelspannung schlenkernde Bewegungen
- gleich bleibender Widerstand, z. B. beim Parkinsonsyndrom

**Bei der Kommunikation**
- undeutliche, verwaschene und verlangsamte Aussprache
- Sprachverständnis- und Wortfindungsstörung (z. B. bei Hirnschädigungen)

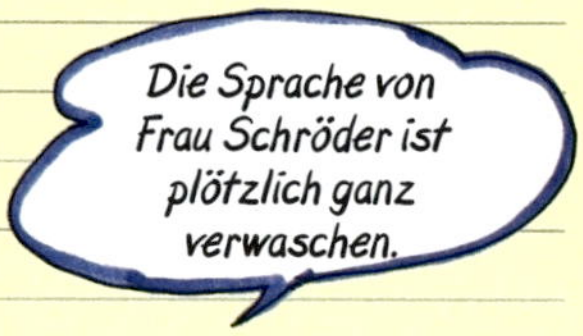


**WAS IST ZU TUN?**
- vorhandene Fähigkeiten nutzen und fördern
- selber geduldig bleiben, Sicherheit vermitteln
- eindeutig kommunizieren, aber nicht kritisieren
- Bewegungsdrang nicht einschränken, Gefahren abwenden
- Hilfsmittel nutzen (siehe S. 361)

**HINWEISE:**

Bei Lähmungen besteht immer die Gefahr der Druckstellenbildung (Dekubitus). Beziehen Sie ressourcen- und wahrnehmungsfördernde Konzepte ein.

**MÖGLICHE URSACHEN:**
- Hirnschädigung (z. B. durch Gefäßschäden, Unfall, Schlaganfall, Infektionen, Vergiftungen)
- Querschnittslähmung (z. B. durch Unfall)
- Muskelerkrankungen und Kontrakturen (z. B. nach Brüchen)
- neurologische Erkrankungen (z. B. Multiple Sklerose, Parkinsonsyndrom)

**Der aktive Bewegungsapparat**

- **Muskeln und Sehnen**

*Durch unsere Muskeln können wir uns überhaupt bewegen.*

Ein Muskel setzt sich aus mehreren Muskelfaserbündeln zusammen. Diese bestehen wiederum aus Muskelfasern, die aus noch kleineren Myofibrillen („Fäserchen") aufgebaut sind. Jede Muskelfaser wird durch einen Nerv gesteuert. In den Myofibrillen befinden sich feine, fadenförmige Eiweißmoleküle, die sich ineinanderschieben, wenn der Muskel arbeitet. Das Muskelgewebe der Skelettmuskulatur sieht unter dem Mikroskop quer gestreift aus (Abb. 1). Die Bewegung der Skelettmuskel unterliegt außerdem unserem Willen, deshalb bezeichnet man die Skelettmuskulatur als willkürliche quer gestreifte Muskulatur. Die Herz- und Eingeweidemuskulatur (z. B. im Darm) arbeitet hingegen automatisch.

Nerven ► S. 313
Aufbau eines Eiweißmoleküls ► S. 290
Herz ► S. 252

Durch das Zusammenziehen (Kontraktion) verkürzt sich der Muskel, weil sich die Muskelweiweiße ineinanderschieben. Ausgelöst wird die Kontraktion durch einen Nervenreiz. So beugen oder strecken die Muskeln ein Gelenk und ermöglichen es, dass wir uns überhaupt bewegen. Eine weitere Aufgabe der Muskulatur ist das Muskelzittern, wenn wir frieren. Dadurch wird Wärme erzeugt. Besonders eindrucksvoll kann man dies beim Zähneklappern beobachten. Für all diese Vorgänge benötigt der Körper Mineralien, z. B. Kalzium und Magnesium. Zu viel oder zu wenig davon kann Muskelkrämpfe wie z. B. Wadenkrämpfe hervorrufen.

Gelenk ► S. 245
Muskelkrämpfe ► S. 250

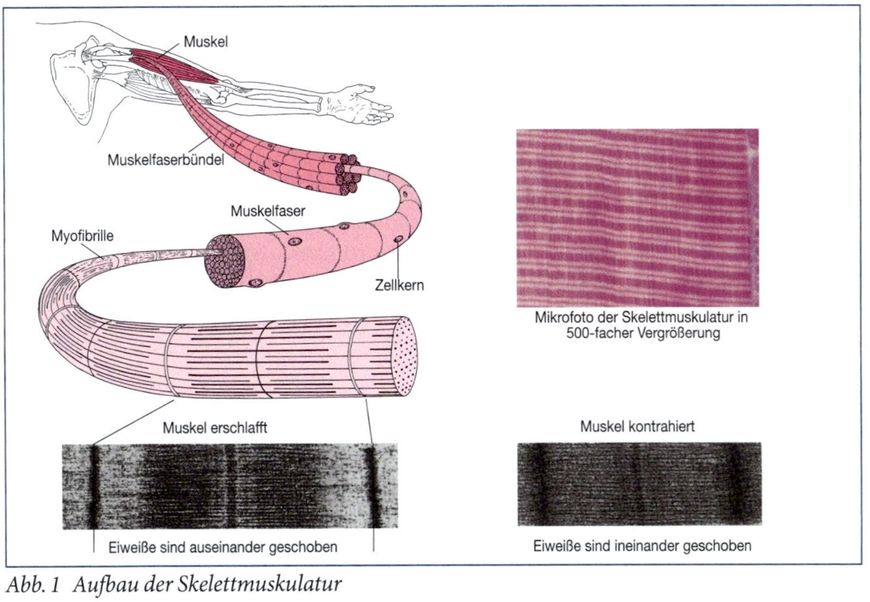


*Abb. 1 Aufbau der Skelettmuskulatur*

Damit die Muskulatur mit dem Knochen verbunden werden kann, brauchen wir Sehnen. Sie verbinden die Muskeln mit den Knochen. Sehnen sind zum Teil sehr lang und ziehen über das Gelenk hinweg bis zu dem Muskel, der bewegt werden soll. Unsere Finger werden z. B. durch Sehnen bewegt, die von den Muskeln der Unterarme stammen. Wären die Sehnen nicht so lang und würden die Muskeln im Hand- und Handgelenkbereich liegen, wären feine Bewegungsabläufe, wie z. B. einen Stift in die Hand nehmen und schreiben, nicht möglich. Die dickste Sehne des Körpers, die Achillessehne (Abb. 2), kann man leicht an der Ferse ertasten.

Die Sehnen sind in Sehnenscheiden eingebettet, die Schutz bieten. Sie vermindern die Reibung der Sehnen am Knochen. Werden die Sehnen jedoch durch Überbelastung stark strapaziert, z. B. beim Stricken oder ständigen Betätigen der PC-Maus, kann es zu einer Sehnenscheidenentzündung kommen.

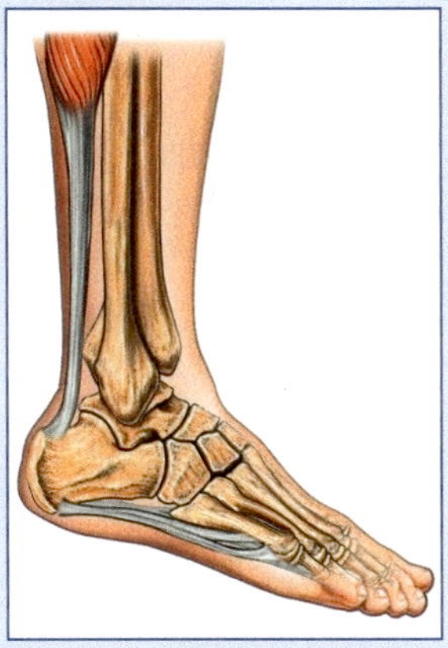

*Abb. 2 Achillessehne an der Ferse*

**Muskelkater – wenn die Muskeln schmerzen**

Myofibrillen ► S. 249

Muskelkater tritt nach einer übermäßig starken, ungewohnten Belastung auf und kann einige Tage andauern. Ursache sind kleinste Verletzungen der Myofibrillen der Muskulatur. Diese repariert der Körper mit einer Entzündung – und die schmerzt. Wer Muskelkater vermeiden will, sollte sich vor dem Sport gut aufwärmen, z. B. durch Laufen auf der Stelle oder Kniebeugen, und sich danach ausreichend dehnen. Sollte es trotzdem zu Muskelkater kommen, entspannen warme Bäder die Muskulatur und verbessern Durchblutung und Heilung

**Muskelkrampf – wenn die Muskeln zu sehr beansprucht werden**

Bei einem Muskelkrampf spannt sich der Muskel unwillkürlich stark an. Häufig treten Muskelkrämpfe in der Nacht auf. Meistens ist die Wadenmuskulatur betroffen. Plötzlich tritt ein heftiger Schmerz auf und der betroffene Muskel ist nicht mehr normal belastbar. Die Ursachen für Muskelkrämpfe können vielfältig sein: zu viel bzw. zu wenig Kalzium oder Magnesium, vorausgehende starke Beanspruchung oder unzureichendes Aufwärmen des Muskels vor dem Sport.
Im Hochleistungssport ist immer wieder zu beobachten, dass der verkrampfte Muskel in die Gegenrichtung gedehnt wird. Das ist nicht unproblematisch, da Muskelverletzungen die Folge sein können. Der Krampf sollte besser durch vorsichtiges Schütteln des Muskels gelöst werden.

**Muskelstoffwechsel – mehr Wissen über den Sport**

Kohlenhydrate ► S. 286

Glykogen ► S. 286
Glukose ► S. 286
Atmung ► S. 267

Unsere körperliche Fitness hängt stark von dem Energieumsatz des Muskels ab. Der Muskel gewinnt Energie durch den Abbau energieliefernder Nähstoffe (z. B. Kohlenhydrate). Die Konzentration der Energie im Muskel ist jedoch sehr gering, sodass sie bei schwerer körperlicher Belastung, z. B. bei einem 800-m-Lauf, nur kurzzeitig reicht. Um erneut Energie bereitzustellen, muss der Körper die im Muskel in Form von Glykogen gespeicherte Glukose abbauen. Für diese „Nährstoffverbrennung" benötigt er Sauerstoff. Deshalb atmen wir verstärkt bei körperlicher Belastung und unser Puls schlägt schneller. So steht dem Muskel ausreichend Sauerstoff zur Verfügung.

Der Glykogengehalt der Muskulatur ist für den Sportler von Bedeutung. Wird den Sportlern am Tag vor einem Wettkampf keine kohlenhydrathaltige Kost gegeben, so stellen sich durch die geringen Glykogenmengen in der Muskulatur Konditionsmängel ein. In Erholungsphasen füllen sich die Glykogenspeicher wieder auf. Deshalb sollte am Tage vor einem Spiel kein Training erfolgen.

Blut ► S. 262

Bei regelmäßigem Sporttraining pumpt das Herz mehr Blut in den Körper; die Herzleistung steigt. Damit gelangt mehr sauerstoff- und nährstoffhaltiges Blut zur Muskulatur. Gleichzeitig erhöht sich der Stoffaustausch zwischen Blutgefäßen und Gewebe. Auch die Anzahl kleiner Blutgefäße im Muskel steigt. Die Zellen nutzen bei gutem Trainingszustand den Sauerstoff viel besser als bei Nichtsportlern. Somit erhöhen sich Ausdauer und Kondition des Sportlers.

*Der Bewegungsapparat verschleißt im Alter.*

Sturzprophylaxe ► S. 358

Im Alter verringern sich auch Muskelmasse und Muskelkraft. Hiervon sind besonders die Muskeln betroffen, durch die unsere Füße gehoben werden. Dadurch kommt es häufig zu Stolperunfällen. Nachlassende Reaktions- und Sehfähigkeit tragen zusätzlich zur Sturzgefahr bei.

**Schutz des Bewegungsapparates: Arbeitsplatzgestaltung**

Bewegungsmangel am Arbeitsplatz ist ein Risikofaktor für eine Vielzahl von Erkrankungen. Personen mit sitzenden Tätigkeiten, die zudem viel am Computer arbeiten, klagen häufig über Rückenschmerzen und Verspannungen (Abb. 1). Das ist zum Glück aber kein unabänderliches Schicksal.

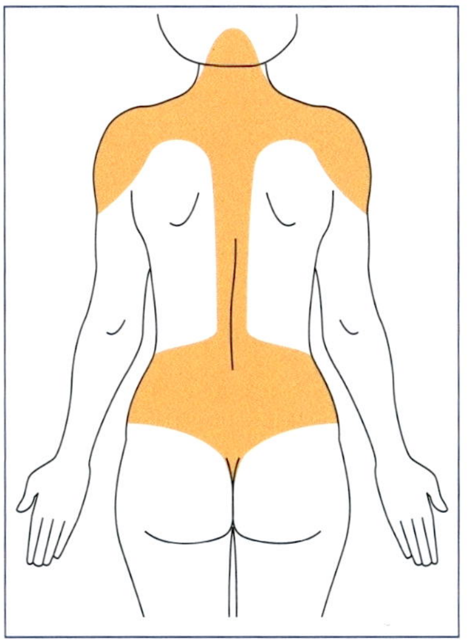

*Abb. 1 Die am häufigsten betroffenen Bereiche für Verspannungen*

Arbeitsplätze sollen ergonomisch gestaltet sein, das heißt, Menschen sollen bei der Ausübung ihrer Berufstätigkeit vor körperlichen Schäden geschützt werden.
Das betrifft den Bau und die Gestaltung der Arbeitstische, Arbeitsstühle, Computer mit Zubehör sowie der Arbeitsplatzumgebung (Lichtverhältnisse, Lärm, Raumgestaltung und auch das Betriebsklima).

**!** Viele Menschen bekommen durch falsche Körperhaltung, z. B. wenn sie am Computer mit hochgezogenen Schultern arbeiten, Muskelverspannungen im Schulter- und Nackenbereich. Diese können Kopfschmerzen, sogenannte Spannungskopfschmerzen, verursachen. Achten Sie deshalb auf eine gute Körperhaltung und machen Sie sich Ihre Sitz- und Arbeitshaltung bewusst. Legen Sie außerdem regelmäßige Pausen ein und lockern Sie Ihre Muskulatur mit verschiedenen Übungen.

Schmerzen ▸ S. 376

**So sieht ein rückenfreundlicher, gesundheitsfördernder Arbeitsplatz aus:**
- Der Bildschirm steht so, dass der Kopf nicht zur Seite geneigt werden muss.
- Ihr Arbeitsstuhl bewegt sich mit und hat eine Höhe, die auf 42–55 cm einstellbar ist.
- Die Schreibtischhöhe ist zur Körpergröße passend verstellbar.
- Platzieren Sie lärmerzeugende Büromaschinen in einem anderen Raum.
- Gestalten Sie Ihren Arbeitsplatz mit persönlichen Details (Fotos, Pflanzen etc.).

*Abb. 2 Folgen körperlicher Beanspruchung durch Fehlhaltung*

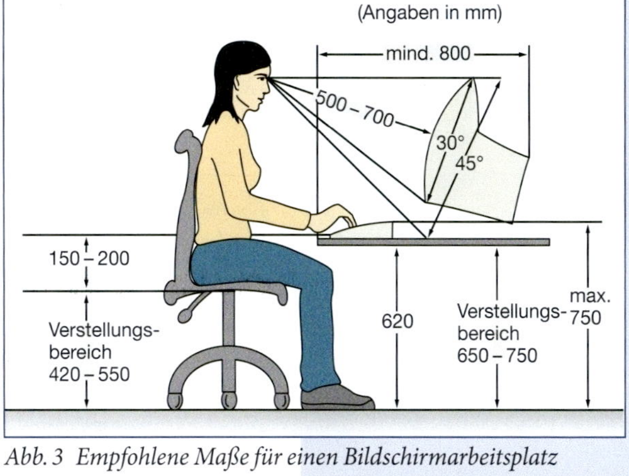


*Abb. 3 Empfohlene Maße für einen Bildschirmarbeitsplatz*

*Herz-Kreislauf-Erkrankungen sind heute die häufigste Todesursache.*

Bedeutung der Bewegung ► S. 241
Stress ► S. 238

## 3.2 Herz-Kreislauf-System – „Herzensangelegenheiten"

Das Herz-Kreislauf-System ist unser Motor, der die verschiedenen Prozesse in unserem Körper antreibt. Wussten Sie aber, dass Erkrankungen des Herz-Kreislauf-Systems statistisch die häufigste Todesursache in Industrienationen sind? Wir gehen nicht sorgsam mit unserem Motor um. Unsere moderne, teilweise ungesunde Lebensweise, zu wenig Bewegung, zu viel Stress und zu viele Kalorien, führt zu den sogenannten Wohlstandserkrankungen. Dazu zählen ganz besonders Erkrankungen des Herz-Kreislauf-Systems.

### 3.2.1 Herz

Von der Geburt bis zum Tod eines Menschen pumpt das Herz das Blut ca. zweitausendmal am Tag durch den Körper. Pausen macht das Herz nie, nicht einmal während wir schlafen. Sie haben sicher schon festgestellt, dass Ihr Herz schneller schlägt, wenn Sie sich anstrengen, z. B. beim Rennen. Das Herz muss schneller arbeiten, denn Ihre Muskulatur braucht mehr Sauerstoff und Nährstoffe.

Muskeln ► S. 249

*Das Herz ist ein Muskel, der das Blut durch den Körper pumpt.*

**Aufbau des Herzens**
Das Herz ist ein Hohlmuskel, der aus zwei Abschnitten – der rechten und der linken Herzhälfte – besteht. Jede Herzhälfte wiederum besitzt einen Vorhof (Atrium) und eine Herzkammer (Ventrikel) (Abb. 1). Durch die Herzscheidewand sind beide Herzhälften voneinander getrennt. Die Herzgröße entspricht beim gesunden Menschen ungefähr der Größe seiner Faust. Das Herz liegt etwa zu zwei Dritteln in der linken Körperhälfte.

Körperkreislauf ► S. 254
Lunge ► S. 267

Dadurch, dass sich der Herzmuskel (Myokard) zusammenzieht, wird das Blut in den Körperkreislauf gepumpt. Die Muskelwand der linken Herzhälfte ist wesentlich dicker, da die linke Kammer das Blut durch den ganzen Körper pumpen muss. Das rechte Herz ist weniger muskelstark, da es das Blut nur bis zur benachbarten Lunge pumpt.

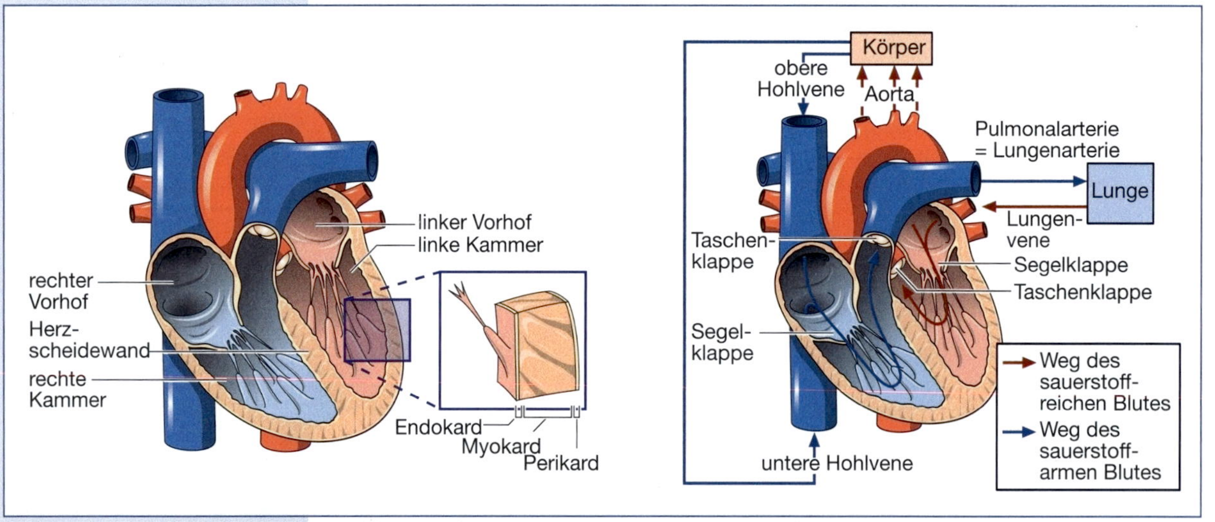


*Abb. 1 Herzkammern mit Herzmuskulatur, Herzklappen und Blutgefäßen*

**Herzklappen und Herzkranzgefäße**

Im Herzen gibt es zwei unterschiedliche Klappensysteme, die die Flussrichtung des Blutes bestimmen und den Rückfluss des Blutes verhindern. Sie funktionieren ähnlich wie Türen, die auch nur in eine Richtung zu öffnen sind und nicht zurückschlagen können. Die Segelklappen liegen jeweils zwischen den Herzvorhöfen und den Herzkammern. Die Taschenklappen befinden sich am Ausgang der rechten Kammer zur Lungenarterie und am Ausgang der linken Kammer zur Aorta, der Hauptschlagader des Körpers.

*Die Klappensysteme im Herzen steuern den Blutstrom in die richtige Richtung.*

Die Herzkranzgefäße (Koronararterien) sind Abzweigungen der Aorta und versorgen den Herzmuskel mit sauerstoff- und nährstoffreichem Blut. Es gibt zwei Herzkranzgefäße, die sich in kleinere Äste aufteilen und den gesamten Herzmuskel versorgen. Verschließt sich ein Herzkranzgefäß, führt das zum Herzinfarkt. Hinter dem Verschluss liegende Teile des Herzmuskels werden nicht mehr mit Sauerstoff und Nährstoffen versorgt und sterben ab.

Herzinfarkt ► S. 260

**Die Aktionsphasen des Herzmuskels – der Herzzyklus**

Der Blutstrom durch den Körper wird durch den Wechsel zwischen Kontraktion (Systole, Pumpphase) und Erschlaffung (Diastole, Füllungsphase) des Herzmuskels gewährleistet (Abb. 2).

Während der Systole spannen sich die Herzkammern an und pumpen das Blut in den Kreislauf. Aus der rechten Herzkammer gelangt das Blut in die Lunge und aus der linken Kammer in die Hauptschlagader (Aorta) und in den Körper.

Lunge ► S. 267

Die Diastole umfasst die Entspannungs- und Füllungsphase des Herzmuskels. Die Segelklappen öffnen sich und Blut strömt aus den Vorhöfen in die Kammern.

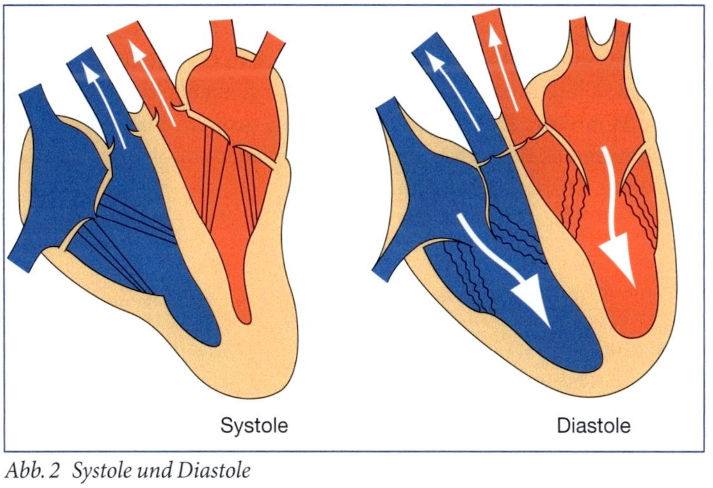


*Abb. 2 Systole und Diastole*

**!** **Herztöne beruhigen Babys**

Frauen nehmen weinende Babys instinktiv auf den Arm, und zwar meistens auf den linken. Dies haben Studien bestätigt. Es soll daran liegen, dass die Babys, wenn sie sich links an die Frau anschmiegen, besser deren Herztöne hören können. Die Töne wirken beruhigend auf Babys, da sie diese noch aus der behaglichen Zeit im Mutterleib kennen. Manche Frühgeborenenstationen spielen Tonbänder mit menschlichen Herztönen ab, um die kleinen Patienten zu beruhigen.

### 3.2.2 Blutkreislauf

*Der Körperkreislauf transportiert das Blut vom Herzen in den Körper und wieder zurück. Der Lungenkreislauf bringt das Blut vom Herzen zur Lunge und wieder zurück.*

Atmung ▸ S. 267

**Transportbahnen des Kreislaufs – Arterien, Venen und Kapillaren**
Das Blut wird durch das Herz-Kreislauf-System im Körper transportiert. Durch Arterien (Schlagadern, Pulsadern) fließt das Blut vom Herzen weg bis in die dünnsten Blutgefäße, die Kapillaren. Dort findet der Stoffaustausch zwischen Blut und Zellen statt. Von den Kapillaren fließt das Blut durch die Venen (Blutadern) zum Herzen zurück. Grundsätzlich gilt: Arterien transportieren das Blut vom Herzen weg, Venen transportieren das Blut zum Herzen hin. Der Sauerstoffgehalt des Blutes hat für die Unterscheidung von Venen und Arterien keine Bedeutung.

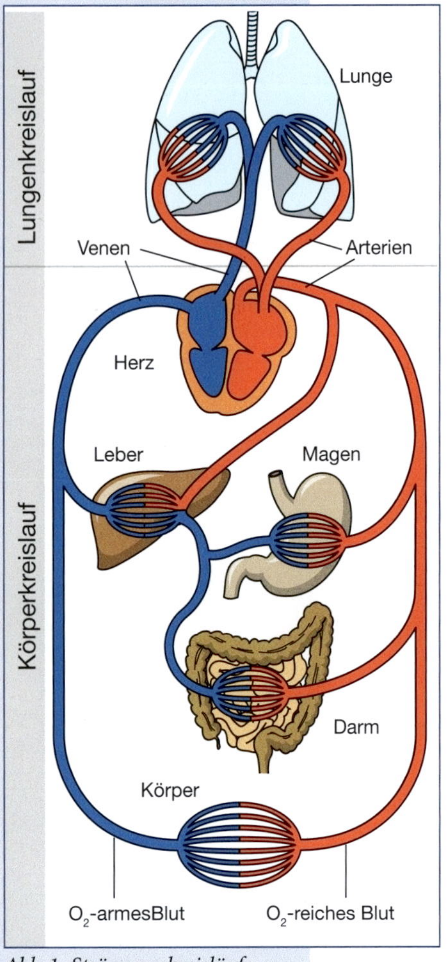

*Abb. 1 Strömungskreisläufe*

**Kleiner Kreislauf (Lungenkreislauf)**
Der rechte Vorhof des Herzens sammelt das gesamte Blut aus dem Körper. Von dort gelangt das Blut durch die rechte Kammer und die Lungenarterie in die Lunge. Dort wird es mit Sauerstoff aus der Atemluft angereichert. Kohlendioxid wird in die Lunge abgegeben und ausgeatmet. Das sauerstoffreiche Blut gelangt über die Lungenvene in den linken Vorhof und wird in die linke Herzkammer weitergeleitet. Diese pumpt es in den Körper.

**Großer Kreislauf (Körperkreislauf)**
Aus der linken Herzkammer gelangt das Blut in die Hauptschlagader, die Aorta. Über die Aorta wird das Blut in die Körperarterien weitergegeben. Diese verzweigen sich immer mehr und werden zu kleinsten Arterien, den Arteriolen, die schließlich in Kapillaren übergehen. Hier wird der Sauerstoff an die Zellen abgegeben und Kohlendioxid in das Blut aufgenommen. Das sauerstoffarme Blut sammelt sich in den kleinsten Venen, den Venolen. Diese münden in die Venen und schließlich in die untere und obere Hohlvene. Die Hohlvenen sind die größten Venen des Körpers. Sie führen das Blut zurück zum rechten Herzvorhof. Hier schließt sich der kleine Körperkreislauf an.

**Pulsmessung**
Der Puls ist eine durch die Pumpleistung des Herzens ausgelöste Druckwelle, die sich in den Arterien tasten lässt. Jeder Pulsschlag wird durch eine Kontraktion des Herzmuskels ausgelöst, Pulsfrequenz und Herzfrequenz sind daher prinzipiell gleich und werden pro Minute angegeben. Man kann den Puls an verschiedenen Körperstellen tasten; je näher eine Arterie am Herzen und an der Körperoberfläche liegt, desto besser. Die Speichenschlagader am Handgelenk (Abb. 2) oder die Halsschlagader sind solche geeigneten Stellen. Man legt drei Fingerkuppen leicht auf die Stelle, unter der sich die Arterie befindet. Der Daumen ist nicht zum Pulszählen geeignet, da er einen eigenen stark spürbaren Puls hat. Wenn man den Puls fühlt und dieser auch regelmäßig ist, reicht es, den Puls 15 Sekunden lang zu zählen und die Zahl dann mit 4 zu multiplizieren, um die Pulsfrequenz pro Minute zu ermitteln. Wenn man z. B. 20 Schläge in 15 Sekunden gefühlt hat, beträgt der Puls 80 (20 x 4 = 80). Der normale Ruhepuls eines Erwachsenen beträgt 60–80.

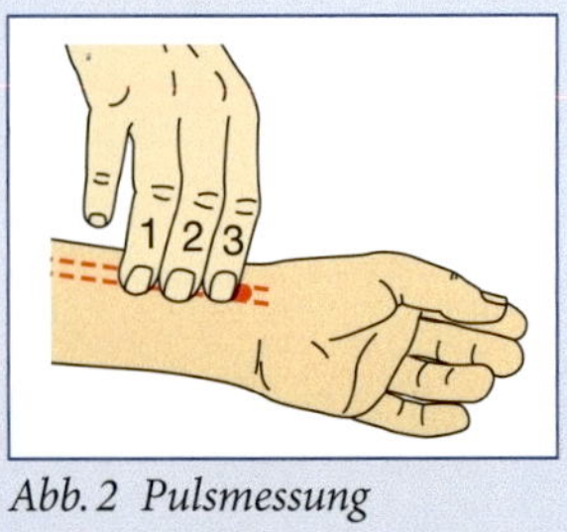

*Abb. 2 Pulsmessung*

**Blutdruck und Blutdruckmessung**

Als Blutdruck bezeichnet man den Druck, den der Blutstrom auf die Arterienwände ausübt. In der Kontraktionsphase des Herzens (Systole) entsteht der höchste Druck, der auf die Gefäße einwirkt – der systolische Blutdruck. In der Erschlaffungsphase des Herzens (Diastole) misst man den niedrigsten Wert in den Gefäßen – den diastolischen Blutdruck. Die Blutdruckwerte können schwanken. In Entspannungsphasen, z. B. beim Schlafen, sinken die Blutdruckwerte. Bei Aufregung und körperlicher Belastung ist der Blutdruck höher als in Ruhe. Auch eine Verhärtung der Arterien im Alter kann den Blutdruck erhöhen. Der Blutdruck wird mit der Einheit mmHg (Millimeter Quecksilbersäule) gemessen, da man mit alten Messgeräten (Abb. 3) den Druck, den das Blut auf eine Quecksilbersäule ausübt, gemessen hat.

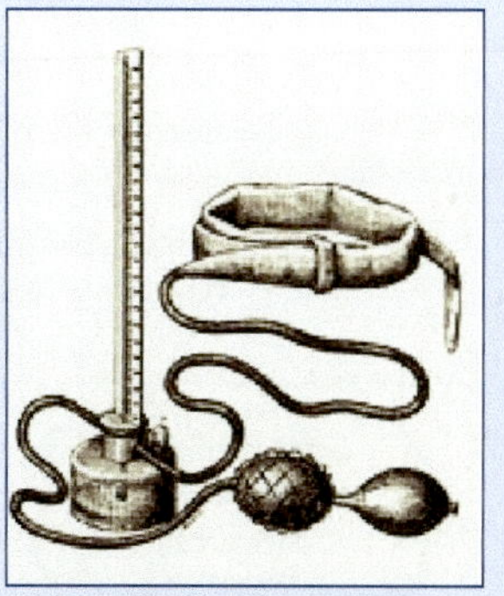

*Abb. 3 Blutdruckmessgerät mit Quecksilbersäule*

Das klassische Blutdruckmessgerät besteht aus Oberarmmanschette, Gummischlauch, Manometer und Gummiball zum Aufpumpen der Manschette. Bei der auskultatorischen Blutdruckmessung, also der Messung mit Abhören der Pulsgeräusche über der Armarterie, benötigt man zusätzlich noch ein Stethoskop. Die korrekte Durchführung der Blutdruckmessung in Ruhe wird am Beispiel der Messung am Arm erläutert:

1. Lagern Sie den Oberarm auf Herzhöhe.
2. Legen Sie die luftleere, passende Manschette an. Der untere Rand der Manschette liegt dabei ca. 2,5 cm oberhalb der Ellenbeuge, die Eintrittstelle der Gummischläuche befindet sich oberhalb der Ellenbeuge.
3. Drehen Sie das Manometerventil zu, um den Luftaustritt zu verhindern.
4. Ertasten Sie den Puls am Handgelenk und pumpen Sie die Manschette so lange auf, bis der Puls verschwindet, danach noch einmal ca. 30 mmHg „dazupumpen“.
5. Legen Sie das Stethoskop in der Ellenbeuge auf und stecken Sie sich die sogenannten „Oliven“, die Ohrstücke, richtig in die Ohren.
6. Drehen Sie das Ventil langsam auf, lassen Sie die Luft aus der Manschette. Dies erfordert Übung. Bitte nur 3 mm pro Sekunde ablassen.
7. Beobachten Sie das Manometer: Der systolische Wert wird beim ersten Ton abgelesen, der diastolische beim letzten deutlich hörbaren Ton.
8. Lassen Sie die Luft aus der Manschette ganz ab und reinigen Sie die Geräte.
9. Dokumentieren Sie die genauen, ungerundeten Werte.
10. Messen Sie, wenn nötig, an beiden Armen und dokumentieren Sie die Werte einzeln.

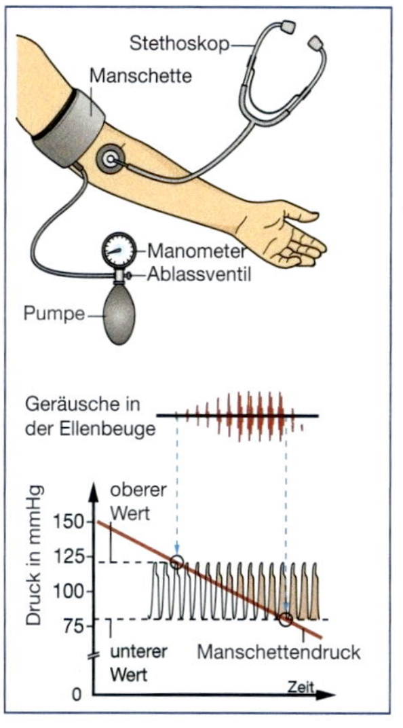


Von dem normalen Blutdruck abweichende Werte sind krankhaft. Zu hohen Blutdruck bezeichnet man als Hypertonie, zu niedrigen Blutdruck als Hypotonie.

| Arterieller Blutdruck: Normalwerte und krankhafte Werte | | |
|---|---|---|
| | systolisch | diastolisch |
| Hypotonie (zu niedrig) | 100 | 60 |
| optimal | 120 | 80 |
| normal | 130 | 85 |
| hochnormal | 130–139 | 85–89 |
| Hypertonie Grad 1 = leichte/sogenannte Grenzwerthypertonie | 140–159 | 90–99 |
| Hypertonie Grad 2 = mittelschwere Hypertonie | 160–179 | 100–109 |
| Hypertonie Grad 3 = schwere Hypertonie | ≥ 180 | ≥ 110 |

*Zu niedriger Blutdruck wird als Hypotonie bezeichnet.*

Praxis-Spicker:
Schwindel ► S. 258
Bewusstlosigkeit ► S. 257

Gehirn ► S. 318
Haut ► S. 333

*Bluthochdruck wird als Hypertonie bezeichnet.*

Praxis-Spicker: Nasenbluten ► S. 265

Herzinsuffizienz ► S. 261
Arteriosklerose ► S. 259
Schlaganfall ► S. 322
Demenz ► S. 323

Ernährung ► S. 274
Stressbewältigung ► S. 238
Bewegung ► S. 241

**Hypotonie (niedriger Blutdruck)**

Die Weltgesundheitsorganisation (WHO) definiert bei Frauen einen Ruheblutdruck unter 100/60 mmHg und bei Männern unter 110/70 mmHg als Hypotonie.

In manchen Fällen verursacht die Hypotonie Beschwerden, wie z. B. Müdigkeit, Schwäche, Schwindel, Ohnmachtsneigung und ggf. Bewusstlosigkeit. Diese Symptome sind Folgen einer Minderdurchblutung des Gehirns. Das Gehirn leidet unter Sauerstoffmangel und kann daher das Bewusstsein nicht aufrechterhalten. Da die Durchblutung insgesamt vermindert ist, kann es auch zu blasser, kalter Haut kommen. Abgesehen von den genannten Symptomen ist die Hypotonie jedoch nicht schädlich für den Körper. Im Gegenteil haben Hypotoniker häufig eine höhere Lebenserwartung, da ihr Herz quasi im Schongang arbeitet. Um die Symptome zu verringern, können die Betroffenen versuchen, ihren Blutdruck durch körperliche Betätigung, den Verzehr von salzhaltigen Speisen, kohlensäurehaltigen Getränken oder die Anwendung von Wechselduschen zu erhöhen.

Abzugrenzen vom harmlosen, anlagebedingten Niedrigblutdruck ist eine wirklich krankhafte Hypotonie bei Herzschwäche, z. B. im Sterbeprozess bei Herzversagen. Diese entsteht, weil das schwache Herz nicht in der Lage ist, einen ausreichenden Blutdruck zu erzeugen.

**Hypertonie (Bluthochdruck)**

Bei der Hypertonie ist der Blutdruck chronisch (über längere Zeit andauernd) erhöht. Die systolischen Werte liegen über 160 mmHg, diastolische Werte liegen über 95 mmHg. Bluthochdruck verursacht meist über lange Zeit überhaupt keine Symptome. Bei sehr hohen Werten kommt es zu uncharakteristischen Symptomen wie Kopfschmerzen, Schwindel, Nasenbluten und Abgeschlagenheit. Hypertonie ist eine häufige Krankheit. Häufig wissen die Betroffenen nicht, dass sie eine Hypertonie haben, denn sie fühlen sich gut. Manchmal wird die Diagnose zufällig bei der routinemäßigen Blutdruckkontrolle beim Arztbesuch gestellt. Oft macht sich die Hypertonie erst durch ihre Spätschäden bemerkbar. Unbehandelter Bluthochdruck schränkt jedoch die Lebenserwartung deutlich ein. Ist der Blutdruck dauerhaft zu hoch, werden die Blutgefäße geschädigt. Dadurch drohen Folgeschäden, die den ganzen Körper betreffen können, z. B.:

- Herzmuskelschwäche (Herzinsuffizienz) und Herzversagen
- Arteriosklerose der Herzkranzgefäße, die einen Herzinfarkt zur Folge haben
- Nierenschäden, die bis zum kompletten Nierenversagen führen können
- Schlaganfall, der zum Absterben von Gehirngewebe führt
- Demenz, weil das Hirngewebe auch ohne Schlaganfall oder mit zahlreichen unbemerkten Mini-Schlaganfällen Schäden davonträgt
- Einschränkung der arteriellen Durchblutung der Beine, die Folge können Amputationen (wie beim „Raucherbein“) sein

Häufige Ursachen des Bluthochdrucks sind Veranlagung, Übergewicht, zu hoher Alkoholkonsum, Einnahme der Antibabypille, seltener andere Medikamente.

Um Bluthochdruck zu behandeln, ist eine Veränderung der Lebensgewohnheiten notwendig. Es gibt nachweislich verschiedene Möglichkeiten, den Blutdruck erfolgreich zu senken, z. B. durch Gewichtsnormalisierung, gesunde fett- und salzarme Ernährung, wenig Stress, Verzicht auf Nikotin, Mäßigung des Kaffee-, Tee- und vor allem Alkoholkonsums und ausreichend Bewegung.

Praxis-Spicker

# Bewusstlosigkeit

## WAS KANN ICH BEOBACHTEN?

- Betroffener fällt hin bzw. liegt am Boden
- nicht ansprechbar bzw. reagiert nicht auf Ansprache oder Schmerzreize
- unfähig, die Umwelt wahrzunehmen
- Muskulatur ist entweder erschlafft oder es bestehen Krämpfe
- Atmung ist beschleunigt oder kann aussetzen
- lebenswichtige Schutzreflexe fehlen, z. B. Husten, Niesen, Würgen
- keine Durchführung geordneter Bewegungen möglich

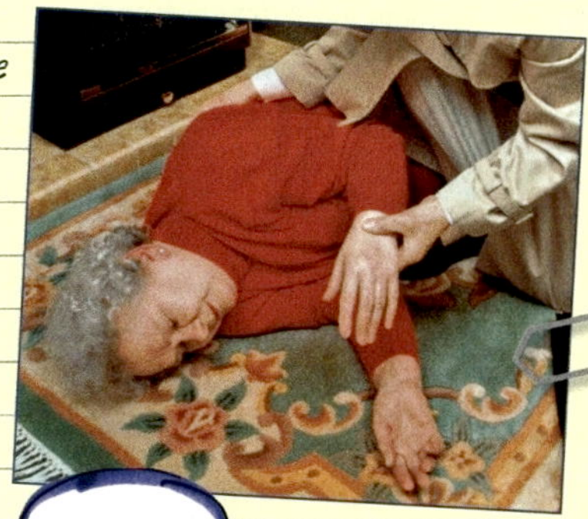

## WAS IST ZU TUN?

- Vitalzeichen überprüfen und ggf. Erste-Hilfe-Maßnahmen einleiten
- Atemwege freihalten
- Betroffenen in stabile Seitenlage bringen
- auf mögliche Verletzungen achten und ggf. versorgen
- sofort eine Pflegefachkraft oder einen Arzt rufen
- Befragen von Augenzeugen zum Hergang

Frau Troglauer ist nicht ansprechbar.

## HINWEISE:

Die Ursachen, die zur Bewusstlosigkeit geführt haben, sind oft nur schwer zu erkennen. Bewusstlosigkeit ist eine schwere Komplikation!
Erst nach der Absprache mit der Pflegekraft die Lagerung durchführen.
Keine Flüssigkeiten oder Medikamente oral anreichen (Ausnahmen sind verordnete Notfallmedikamente, z. B. Nitrosublingualspray).

Frau Troglauer ist ohnmächtig.

## MÖGLICHE URSACHEN:

- Blutdruckabfall (z. B. bei Schmerzen, Schreck, Angst, Ekel oder auch Infektionskrankheiten)
- Störung der Hirndurchblutung (z. B. durch Blutung, Schlaganfall, hohen Blutverlust, niedrigen Blutdruck)
- Störung der Hirnfunktion (z. B. durch Schädel-Hirn-Trauma, Hirnhautentzündung, Epilepsie/Krampfanfälle)
- Stoffwechselstörungen (z. B. Diabetes mellitus, massive Leberschädigung)
- allergische Reaktionen (z. B. nach Insektenstich)
- Vergiftungen (z. B. durch Alkohol, Drogen, Medikamente)
- Unterkühlung
- Herz-Kreislauf-Erkrankungen (z. B. Herzinfarkt, Herzrhythmusstörung)

Praxis-Spicker

# Schwindel

**WAS KANN ICH BEOBACHTEN?**

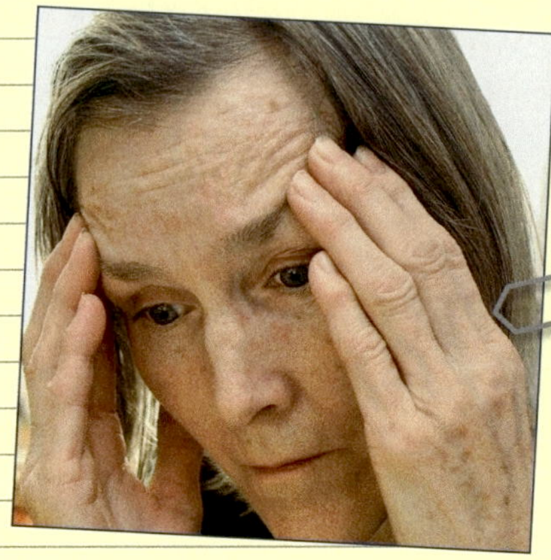

**Bei der Körperpflege**
- Betroffener braucht ggf. Hilfe beim Duschen, Waschen

**Beim Essenanreichen**
- Betroffener braucht ggf. Hilfe beim Essen und Trinken

**Bei der Beschäftigung**
- Ängstlichkeit und Anspannung
- Konzentrationsprobleme, Müdigkeit und Abgeschlagenheit

**Bei der Bewegung**
- Vermeidung von Belastungen und Bewegungen
- Unsicherheitsgefühl beim Aufstehen und Gehen (Sturzneigung)
- Schwarzwerden vor Augen oder Sternchensehen

**Bei der Kommunikation**
- Ohrgeräusche
- Unlust zu kommunizieren
- Äußern von Kreislaufproblemen oder Fallängsten

**WAS IST ZU TUN?**
- Betroffenen hinsetzen oder hinlegen (Beine evtl. hochlagern)
- sofort die Pflegefachkraft informieren
- beruhigend auf Betroffenen einwirken
- Bedürfnisse der betroffenen Person erfragen und berücksichtigen
- weitere Sturzprophylaxen beachten (siehe 360)

**HINWEISE:**

Der Schwindel ist ein Symptom mit vielen Ursachen. Länger andauernde Beschwerden sollten in jedem Fall internistisch und neurologisch abgeklärt werden. Evtl. einen HNO-Arzt hinzuziehen, denn das Gleichgewichtsorgan liegt im Ohr.

**MÖGLICHE URSACHEN:**
- Hirnfunktions- bzw. Durchblutungsstörungen vor allem im Alter (z. B. Arteriosklerose)
- zu schnelles Aufstehen aus dem Liegen bzw. dem Sitzen
- Störung des Gleichgewichtsorgans
- Kopfschmerzen und Migräne
- Gehirntumor
- Unterzuckerung (hypoglykämischer Schock)
- Herzschwäche; Hypo- und Hypertonie
- Alkohol, Nikotin und andere Drogen
- Ängste oder seelische Belastungen, Schreck, Ekel, Engegefühl in Menschenmengen
- Verspannungen im Nackenbereich

## 3.2.3 Krankheiten des Herzens

*Die Arteriosklerose kann durch ungesunden Lebenswandel entstehen und ist Ursache vieler Folgeerkrankungen.*

Arteriosklerose ► S. 259
erhöhter Blutdruck ► S. 255
Diabetes mellitus ► S. 287
Herzinfarkt ► S. 260
Demenz ► S. 323
Cholesterin ► S. 289

### Arteriosklerose

Den Begriff „Arterienverkalkung“ haben Sie bestimmt schon einmal gehört. Gemeint ist damit die Arteriosklerose, die fortschreitende krankhafte Veränderung und Verhärtung der Arterien. Die Risikofaktoren, die zu solchen Gefäßschäden führen können, sind vielfältig: erhöhter Blutdruck, erhöhter Blutfettspiegel, Zuckerkrankheit (Diabetes mellitus), Rauchen, Stress und Bewegungsmangel. Auch allein das Alter ist ein Risikofaktor, sodass die meisten Erwachsenen zumindest ein leichte Arteriosklerose entwickeln. Die Arteriosklerose ist eine schwerwiegende Erkrankung der Arterien und Ursache vieler Folgeerkrankungen, wie Herzinfarkt, Schlaganfall, Demenz und Nierenschwäche.

Zu Beginn einer Arteriosklerose steht eine Verletzung der Gefäßwand – z. B. durch Bluthochdruck oder Giftstoffe aus Zigarettenrauch. Im weiteren Verlauf kommt es zu einer Einlagerung von Cholesterin in der Gefäßwand und nachfolgenden entzündlichen Veränderungen, die schließlich zu einer fortschreitenden Verengung der Gefäßwand führen. Arterien verhärten und die Gefäßweite nimmt ab.

An den veränderten Gefäßwänden können sich außerdem Blutgerinnsel (Thromben) bilden und plötzlich zu einem vollständigen Verschluss der Arterie führen. Diese Blutgerinnsel können sich auch ablösen, in kleinere Arterienäste geschwemmt werden und dort die Blutversorgung blockieren. Dadurch wird Gewebe von der Blutversorgung abgeschnitten und kann absterben (Infarkt). Dies passiert am häufigsten im Gehirn (Hirninfarkt, Schlaganfall) und im Herzen (Herzinfarkt).

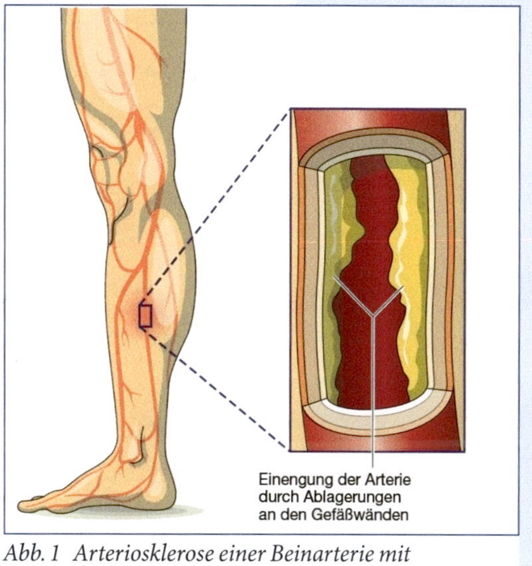


*Abb. 1 Arteriosklerose einer Beinarterie mit Einengung der Arterie*

### Koronare Herzkrankheit

Arteriosklerotische Veränderungen können in allen Arterien des Körpers vorkommen. Häufig sind die Herzkranzgefäße betroffen. Die dadurch bedingte Verengung der Herzkranzgefäße bezeichnet man als koronare Herzkrankheit (KHK).

Die KHK zeigt sich in unterschiedlicher Weise und verschiedenen Schweregraden (Abb. 2). Da die Gefäßweite eingeengt ist und der Herzmuskel zu wenig Blut erhält, kann eine Angina pectoris (schmerzhaftes Engegefühl in der Brust) entstehen. Die Betroffenen empfinden Herzbeklemmungen, die von Schweißausbrüchen, Atemnot und eventuell Todesangst begleitet sein können. Es gibt jedoch auch schmerzfreie Verlaufsformen der KHK. Manche Betroffene erleben Luftnot bei Belastung, weil das Herz unter Blutmangel nicht leistungsfähig ist.

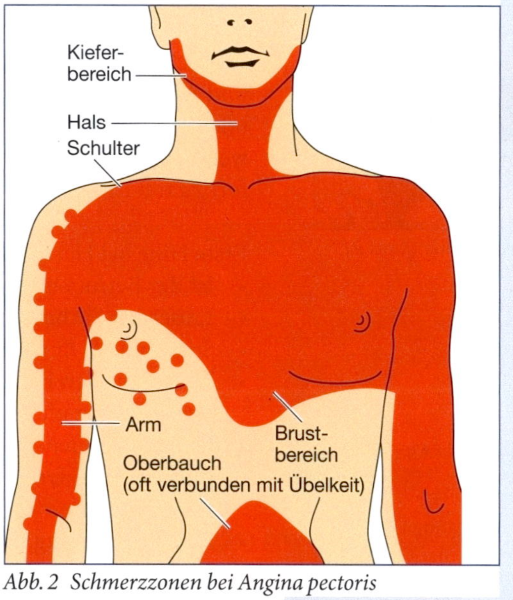


*Abb. 2 Schmerzzonen bei Angina pectoris*

*Bei einem Herzinfarkt wird durch Verschluss eines Herzkranzgefäßes ein Teil des Herzmuskels nicht mehr ausreichend versorgt.*

Arteriosklerose ▸ S. 259
Herzmuskel ▸ S. 253

## Herzinfarkt

Ein Herzinfarkt entsteht durch den Verschluss eines Herzkranzgefäßes infolge eines Blutgerinnsels und/oder arteriosklerotischer Plaques (Ablagerungen). Dadurch entsteht ein Sauerstoff- und Nährstoffmangel im betroffenen Teil des Herzmuskels. Zunächst kommt es zu einer Funktionsstörung des betroffenen Herzmuskelgewebes: der Muskelanteil pumpt nicht mehr und kann gefährliche Herzrhythmusstörungen erzeugen. Daher kann der Herzinfarkt zum plötzlichen Herztod durch Kammerflimmern (die schwerste Herzrhythmusstörung) oder durch akute Herzschwäche (Pumpversagen) führen. Kann die Durchblutungsstörung nicht behoben werden, stirbt der betroffene Muskelbezirk ab und es entwickelt sich innerhalb von Wochen eine Narbe. Narbengewebe ist jedoch gegenüber dem ursprünglichen Gewebe immer minderwertig, eine Narbe pumpt nicht. Es kann daher zu Gerinnseln und Herzschwäche kommen.

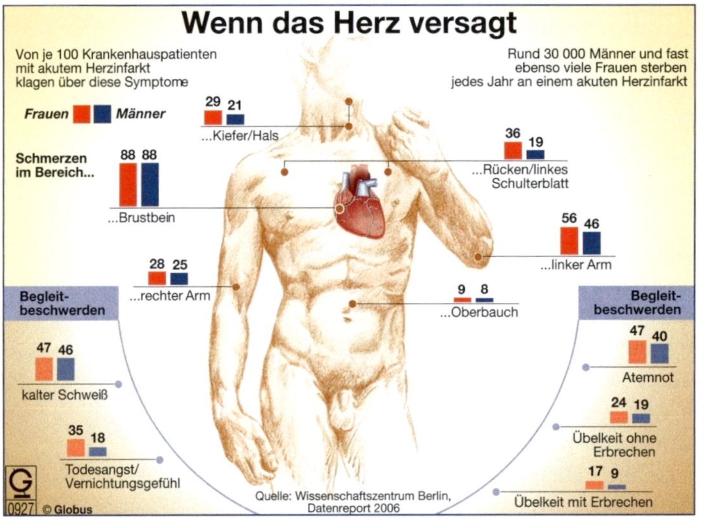


In Deutschland erleiden jährlich ca. 265 000 Menschen einen Herzinfarkt. Für jeden zweiten bis dritten Betroffenen endet der Herzinfarkt tödlich. Oft wäre eine Rettung möglich, wenn rechtzeitig der Notarzt alarmiert würde. Häufig warten Betroffene und Angehörige jedoch erst einmal ab, ob sich die Beschwerden von selber bessern oder verschwinden. Schnelle Hilfe ist bei einem Herzinfarkt entscheidend, da Gewebe abzusterben droht. Daher ist es wichtig zu wissen, was bei Infarktverdacht sofort zu tun ist.

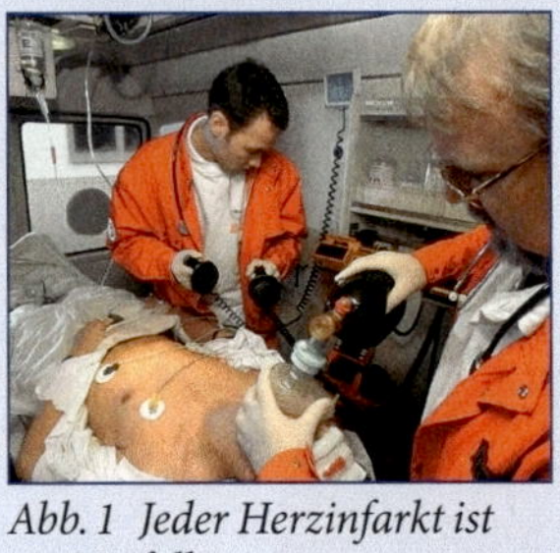

*Abb. 1 Jeder Herzinfarkt ist ein Notfall.*

Erste Hilfe bei Herzinfarktverdacht vor Eintreffen des Notarztes:

- Ist der Betroffene bei Bewusstsein, lagern Sie ihn mit erhöhtem Oberkörper.
- Entfernen Sie beengende Kleidung.
- Sprechen Sie mit dem Betroffenen und beruhigen Sie ihn.
- Fahren Sie den Betroffenen nicht mit dem eigenen Auto ins Krankenhaus und lassen Sie ihn nicht laufen oder selber Auto oder Rad fahren.
- Ist der Betroffene nicht ansprechbar, überprüfen Sie Bewusstsein, Atmung und Puls. Setzen Herzschlag und Atmung aus, beginnen Sie sofort mit der Herz-Lungen-Wiederbelebung.
- Nach Einweisung in das Krankenhaus ist die Aussicht auf Heilung relativ gut. Die häufigste Todesursache nach Infarkt sind Herzrhythmusstörungen, die zum Herzstillstand führen. Mit Medikamenten und/oder Stromstoß (Defibrillation) sind diese oft gut zu behandeln.

Praxis-Spicker: Bewusstlosigkeit ▸ S. 257

Atmung ▸ S. 267
Kontrolle der Vitalzeichen ▸ S. 207
Herz-Lungen-Wiederbelebung ▸ S. 210

**Herzinsuffizienz**

Bei einer Herzinsuffizienz (Herzmuskelschwäche, Pumpschwäche) ist das Herz nicht mehr in der Lage, den Körper ausreichend mit Blut und Sauerstoff zu versorgen. Das Herz kann die erforderliche Blutmenge also nicht mehr durch den kleinen und/oder den großen Kreislauf pumpen. Nach der New York Heart Association (NYHA) wird die Herzinsuffizienz in vier Schweregrade (NYHA 1–4) unterteilt, die sich darin unterscheiden, bei welcher Belastung Beschwerden auftreten: im Stadium 1 kommt es zu Luftnot nur bei sehr starker Belastung, im Stadium 4 treten Beschwerden schon in Ruhe beim bettlägerigen Pflegebedürftigen auf.

Für die Entstehung der Herzinsuffizienz kommen verschiedene Ursachen in Frage. Die häufigsten sind Bluthochdruck und koronare Herzkrankheit (KHK). Außerdem können ein erlittener Herzinfarkt, eine Entzündung des Herzmuskels und Herzklappenfehler zu einer Herzinsuffizienz führen. Die Zuckerkrankheit (Diabetes mellitus) verstärkt die Arteriosklerose und begünstigt sowohl KHK als auch Herzinsuffizienz.

Die Symptome bei einer Herzinsuffizienz sind abhängig vom Schweregrad und von der betroffenen Herzhälfte. Meistens ist die linke Herzseite betroffen. Ist sie in ihrer Funktion eingeschränkt, handelt es sich um Linksherzinsuffizienz, ist hingegen die rechte Herzhälfte betroffen, spricht man von Rechtsherzinsuffizienz. Wenn beide Herzhälften schwach sind, handelt es sich um eine Globalherzinsuffizienz.

*Bei der Herzinsuffizienz kann der Herzmuskel nicht mehr genug Blut durch den Kreislauf pumpen.*

Lungen- und Körperkreislauf ► S. 254
Bluthochdruck ► S. 256
koronare Herzkrankheit (KHK) ► S. 259
Herzinfarkt ► S. 260
Diabetes mellitus ► S. 287
Arteriosklerose ► S. 259

Allgemeine Symptome, die auf eine Herzinsuffizienz hinweisen können, sind z. B.:
- Kurzatmigkeit bzw. Atemnot
- Müdigkeit, Schwindel, Konzentrationsstörungen
- allgemeine Leistungsschwäche
- Wassereinlagerungen in den Beinen (Ödeme, Abb. 2) und/oder in der Lunge
- gehäuftes nächtliches Wasserlassen
- Übelkeit, Appetitlosigkeit und Gewichtsabnahme

Praxis-Spicker: Atembeschwerden/Atemnot ► S. 272
Praxis-Spicker: Schwindel ► S. 258
Praxis-Spicker: Übelkeit und Erbrechen ► S. 280

Durch eine medikamentöse Therapie können die Symptome einer Herzinsuffizienz gebessert und auch ein Fortschreiten verlangsamt werden. Ist die Herzinsuffizienz jedoch bereits weit fortgeschritten, kann in Ausnahmefällen eine komplizierte Herztransplantation das Leben retten. Eine rechtzeitige Behandlung der genannten Risikofaktoren ist jedoch der beste Schutz vor Herzinsuffizienz.

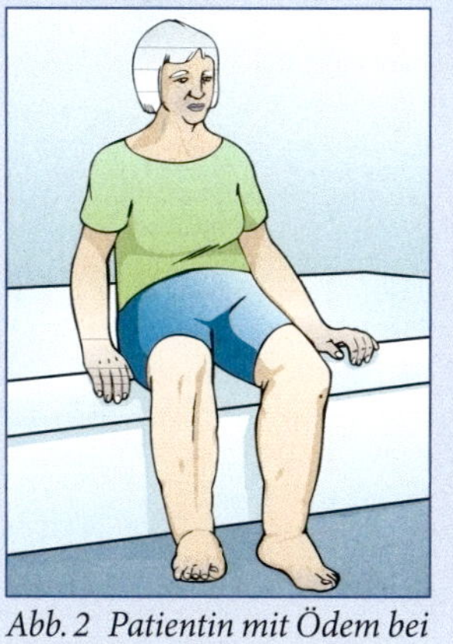

*Abb. 2 Patientin mit Ödem bei Rechtsherzinsuffizienz*

**Herzrhythmusstörungen**

Herzrhythmusstörungen sind Unregelmäßigkeiten der Herzschlagfolge. Herzrhythmusstörungen können völlig harmlos sein, wie leichtes Herzstolpern in Ruhe. Sie kommen auch bei Gesunden vor und werden meistens nicht bemerkt. Es gibt jedoch auch lebensbedrohliche Arten. Herzrhythmusstörungen können mit beschleunigter, verlangsamter und/oder unregelmäßiger Herzaktion einhergehen und treten bei Herzerkrankungen, aber auch Erkrankungen anderer Organe, z. B. bei Blutarmut und Schilddrüsenüberfunktion, Stress und Vergiftungen auf. Symptome sind Herzstolpern, Herzrasen, Schwindel und das Aussetzen des Herzschlages mit Kollaps bzw. Bewusstlosigkeit. Gefährliche Herzrhythmusstörungen wie das Kammerflimmern können zum plötzlichen Herztod führen. Herzrhythmusstörungen werden durch das EKG und auch das Langzeit-EKG über 24 bis 48 Stunden nachgewiesen. Die Therapie ist je nach Ursache der Herzrhythmusstörung verschieden.

Stress ► S. 237
Praxis-Spicker: Bewusstlosigkeit ► S. 257

## 3.3 Blut – „Ein ganz besonderer Saft"

Nährstoffe ► S. 283
Hormone ► S. 328
Bakterien ► S. 218
Viren ► S. 218

Haben Sie gewusst, dass etwa 6 % bis 8 % unseres Körpergewichtes allein aus Blut bestehen? Und dass unser Herz in einer einzigen Minute diese ganze Menge Blut durch unseren Körper pumpt? Unser Blut unternimmt jeden Tag zahllose Rundreisen durch unseren Körper und arbeitet dabei unablässig. Es transportiert z. B. Wasser, Wärme, Sauerstoff, Kohlendioxid, Nährstoffe und Hormone. Als Körperpolizei kämpft es gegen Bakterien und Viren. Es verschließt kleine Wunden und sorgt dafür, dass unsere Organe mit ausreichend Nahrung versorgt und Abfallstoffe entsorgt werden.

### 3.3.1 Aufgaben des Blutes

Das Blut hat verschiedene Aufgaben zu erfüllen:
- Transportfunktion: Das Blut transportiert Sauerstoff von dem Herzen zu den Organen und Kohlenstoffdioxid zurück zur Lunge. Zusätzlich transportiert das Blut noch eine Reihe weiterer Stoffe, z. B. Nährstoffe, Hormone und Medikamente.
- Schutz und Immunabwehr: Das Blut bewerkstelligt eine effektive Abwehr gegen Krankheitserreger.
- Blutgerinnung: Das Blut bildet einen Wundverschluss. So wird der Blutverlust, z. B. bei Verletzungen, begrenzt.
- Wärmeregulierung: Das Blut verteilt die Körperwärme.

Blutgerinnung ► S. 264

### 3.3.2 Zusammensetzung und Eigenschaften des Blutes

*Blut besteht aus flüssigen Bestandteilen (Blutplasma) und aus festen Bestandteilen (Blutzellen).*

Blut besteht zu 55 % aus flüssigen Bestandteilen, dem Blutplasma, und zu 45 % aus festen Bestandteilen, den Blutzellen.

**Blutplasma – der flüssige Teil des Blutes**

Das Blutplasma besteht aus 92 % Wasser und 8 % darin gelöster Stoffe, z. B.:
- Plasmaproteine: kugelförmige Eiweiße mit Transportfunktion, z. B. für Medikamente
- Nährstoffe: Kohlenhydrate, Fette und Eiweiße
- Hormone: chemische Stoffe, die im Körper als eine Art „Nachrichtenübermittler" wirken
- Enzyme: chemische Stoffe, die unsere Stoffwechselvorgänge regulieren, sie werden auch als Biokatalysatoren bezeichnet
- Abwehrstoffe: Antikörper und andere chemische Stoffe, die Krankheitserreger vernichten können
- Gerinnungsfaktoren: sie bewirken den Wundverschluss
- Abbauprodukte, die im Körper anfallen
- Elektrolyte (Mineralsalze) und Spurenelemente, die viele Stoffwechselvorgänge im Körper ermöglichen und erleichtern

Kohlenhydrate ► S. 286
Fette ► S. 289
Eiweiße ► S. 290
Stoffwechselvorgänge ► S. 283

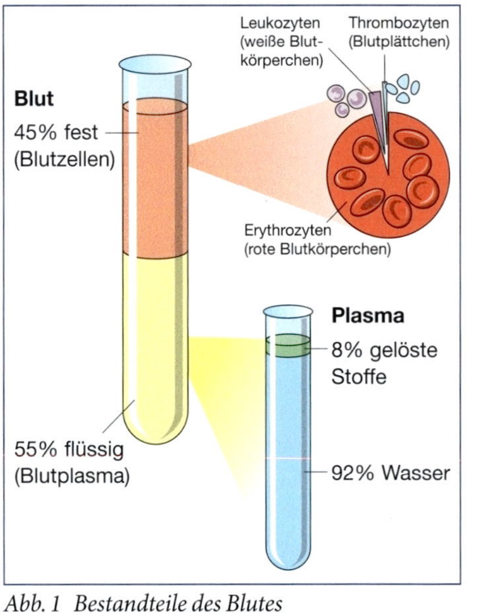


*Abb. 1 Bestandteile des Blutes*

**Blutzellen – die festen Bestandteile des Blutes**

Es gibt drei verschiedene Arten von Blutzellen:

- Erythrozyten (rote Blutkörperchen)
- Leukozyten (weiße Blutkörperchen)
- Thrombozyten (Blutplättchen)

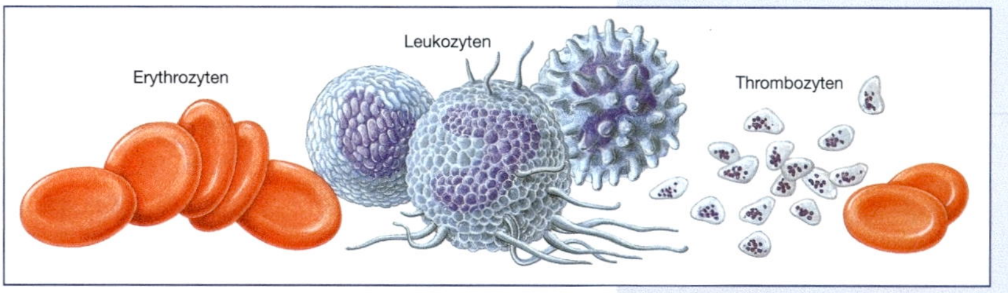


| | Erythrozyten | Leukozyten (Granulozyten, Lymphozyten und Monozyten) | Thrombozyten |
|---|---|---|---|
| **Bildungsort** | rotes Knochenmark | rotes Knochenmark | rotes Knochenmark |
| **Aufgabe** | Transport von Sauerstoff und Kohlendioxid; Träger der Blutgruppe und des Rhesusfaktors | Abwehr von Krankheitserregern, Fremdstoffen, Zelltrümmern und eigenen entarteten Körperzellen; Gedächtnis des Immunsystems | Blutstillung und Blutgerinnung |
| **Lebensdauer** | ca. 120 Tage | wenige Stunden bis 10 Tage | ca. 10 Tage |
| **Abbauorte** | Milz, Leber | Milz, Leber und Infektionsherde | Milz, Leber |
| **Anzahl im Blut** | Männer: 37–47 % des Blutvolumens bzw. ca. 5 Mio./µl<br>Frauen: 42–52 % des Blutvolumens bzw. ca. 4,5 Mio./µl<br>(1µl =1mm$^3$) | 4000–9000 /µl Blut | 150.000–300.000 /µl Blut |
| **Anzahl im Blut zu niedrig** | Anämie | Leukopenie | Thrombopenie |
| **Anzahl im Blut zu hoch** | Polyglobulie | Leukozytose | Thrombozytose |

Die Zählung der drei Blutzellarten, die Messung des Hämatokrits (Blutzellanteil am Blutvolumen) und das Errechnen von Erythrozytengröße und Farbstoffgehalt nennt man Blutbild. Der Ausdruck kommt daher, dass man früher die gefärbten Blutzellen unter dem Mikroskop sah und zählte. Krankheiten, die die Blutbestandteile selbst betreffen, wie z. B. Blutarmut, einige Blutgerinnungsstörungen und Leukämie (eine Form von Blutkrebs), kann man durch das Blutbild feststellen. Andere Erkrankungen, wie z. B. Infektionen oder Diabetes, lassen sich durch weitere Blutuntersuchungen diagnostizieren.

Diabetes ► S. 287

**!** Unter Anämie (Blutarmut) versteht man eine verminderte Zahl von Erythrozyten im Blut und/oder einen verminderten Hämoglobingehalt und/oder einen verminderten Hämatokrit. Hämoglobin ist der Blutfarbstoff, der den Sauerstoff bindet. Da für den Aufbau des Hämoglobins und der roten Blutkörperchen Eisen benötigt wird, kann es besonders bei Frauen durch die Blutverluste der Menstruation zu Eisenmangel kommen. Symptome einer Anämie sind: Müdigkeit, Blässe, Infektanfälligkeit und Haarausfall. Daher sollte auf eine eisenhaltige Ernährung (Fleisch, Vollkornprodukte, Petersilie, weiße Bohnen, Kürbiskerne und Rote Bete) geachtet werden. Wichtig ist auch die ausreichende Aufnahme von Vitamin C, weil dies die Eisenaufnahme erleichtert. Die Diagnose kann nur mit Hilfe des Blutbildes und weiterer Bluttests gestellt werden.

***Unser Blut bindet Sauerstoff. Es ist rot, weil die roten Blutkörperchen den eisenhaltigen Farbstoff Hämoglobin enthalten.***

Menstruation ► S. 330

*Es gibt vier Blutgruppen: A, B, AB und O.*

Antigene ► S. 222

## Blutgruppen

Auf der Oberfläche der Erythrozyten befinden sich verschiedene Strukturen, die man Blutgruppenantigene nennt. Auf Grund dieser unterschiedlichen Antigene werden die Blutgruppen in A, B, AB und O unterschieden. Die Blutgruppen sind wichtig bei der Auswahl des Blutes, das man Kranken im Notfall überträgt. Die Blutgruppen von Spender und Empfänger müssen gleich sein.

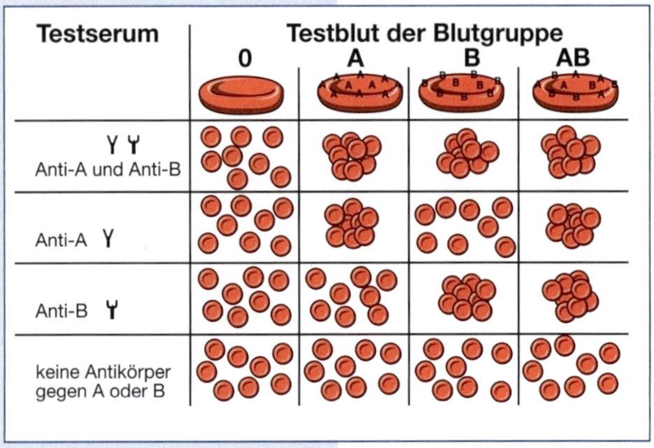


*Abb. 1 Testkarte zum AB-0-System*
*Das Testblut verklumpt (agglutiniert) mit den passenden Antikörpern, die sich im Testfeld befinden:*

*1. Spalte: Blut der Gruppe 0 verklumpt mit keinem der Testseren.*

*2. Spalte: Blut der Gruppe A verklumpt mit Anti-A sowie mit einer Mischung aus Anti-A und Anti-B.*

*3. Spalte: Blut der Gruppe B verklumpt mit Anti-B sowie mit einer Mischung aus Anti-A und Anti-B.*

*4. Spalte: Blut der Gruppe AB verklumpt mit allen drei Testseren*

Hat ein Patient Blutgruppe A, darf er nicht Blut der Blutgruppe B übertragen bekommen, weil es durch Blut einer fremden Blutgruppe zu einer tödlichen Abwehrreaktion des Körpers kommen kann. Diese führt zu einer Verklumpung (Agglutination) der Erythrozyten, dadurch werden die roten Blutkörperchen zerstört und verstopfen die kleinen Blutgefäße. Das kann zu Nierenversagen und zum Tode des Patienten führen.
Bei einer Bluttransfusion spielt neben der Blutgruppe auch der sogenannte Rhesusfaktor eine entscheidende Rolle. Auch dieser ist ein Antigen auf der Erythrozytenoberfläche. Es gibt rhesuspositive Menschen (abgekürzt als Rh+) und rhesusnegative Menschen (abgekürzt rh–). Bei Bluttransfusionen muss immer, auch auf den Rhesusfaktor bezogen, gleiches Blut übertragen werden. Ansonsten kann es auch hier zu einer Verklumpung und Zerstörung der Erythrozyten kommen.

## Blutgerinnung

Dass das Blut nach einer Verletzung automatisch aufhört zu fließen, liegt auch an den Thrombozyten, die bei der Blutstillung und Blutgerinnung eine wesentliche Rolle spielen. Die Blutplättchen bemerken Verletzungen sofort und dichten jede Wunde unverzüglich ab. Bei geringen Verletzungen, die wir deshalb oft gar nicht bemerken, heften sich die Thrombozyten an die geschädigte Gefäßwand an. Dabei zerfallen sie und geben den Botenstoff Thrombokinase, der die eigentliche Blutgerinnung einleitet, frei. So kommt bei einer kleinen Verletzung die Blutung zum Stillstand. Es bildet sich ein sogenanntes Fibrinnetz (Abb. 2), welches das geronnene Blut festzurrt.

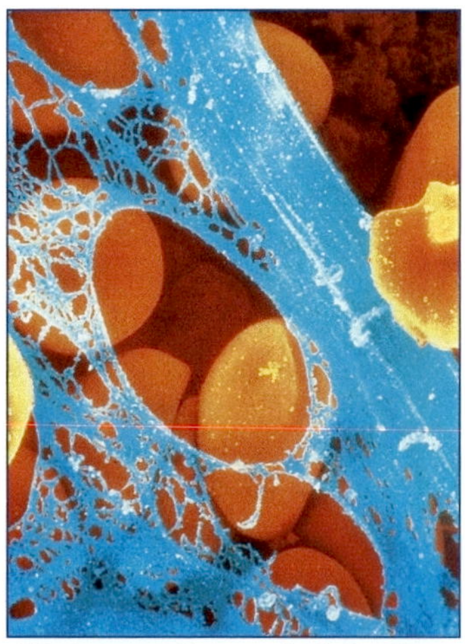

*Abb. 2 Das Fibrinnetz hält die Blutzellen fest.*

Praxis-Spicker

# Nasenbluten

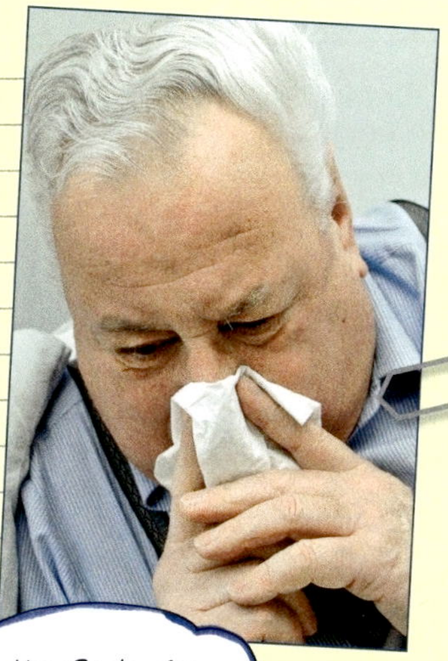


**WAS KANN ICH BEOBACHTEN?**

**Bei der Körperpflege**
- sichtbares Blut am Nasenloch und an der Kleidung
- blutiges Taschentuch nach dem Naseputzen

**Beim Essenanreichen**
- äußern von Blutgeschmack im Mund, blutige Lippen
- Appetitlosigkeit

**Bei der Bewegung**
- Nasenbluten wird stärker bei schnellen Bewegungen und beim Bücken

**Bei der Kommunikation**
- „Näseln" beim Sprechen durch Verkrustungen in der Nase

**WAS IST ZU TUN?**
- Betroffenen aufsetzen
- Kopf nach vorne beugen, sodass Blut nicht in den Rachen läuft
- Taschentuch vor die Nase halten
- kalten, nassen Waschlappen in den Nacken bzw. auf die Stirn legen
- erkundigen und beobachten, ob dem Betroffenen schlecht wird
- gegebenenfalls (auf Grund des Blutgeschmacks) Mund mit Wasser ausspülen
- Blutmenge und Blutungsdauer (in Minuten) abschätzen bzw. messen

**HINWEISE:**

Wenn das Nasenbluten nach 15–20 Minuten immer noch nicht gestillt werden konnte, besteht die Gefahr eines größeren Blutverlustes. Das Austamponieren des Nasenlochs erfolgt erst nach Absprache mit der Pflegekraft! Ist die Blutung gestillt, sollte die Person für einige Stunden nicht schnäuzen!

**MÖGLICHE URSACHEN:**
- grippale Infekte und/oder Allergien mit entzündlicher Schwellung der Nasenschleimhaut
- zu heftiges Naseputzen
- altersbedingte erhöhte Verletzlichkeit der Schleimhäute
- Austrocknung und Rissbildung der Nasenschleimhaut (z. B. durch zu häufiges Nutzen von Nasensprays)
- Blutgerinnungsstörung (z. B. durch Medikamente)
- Hypertonie (Bluthochdruck)
- nach operativen Eingriffen an der Nase
- Verletzungen von außen (z. B. durch Anstoßen der Nase) oder von innen (z. B. durch Nasenbohren oder Fremdkörper)

## 3.3.3 Lymphsystem

*Das Lymphsystem besteht aus den lymphatischen Organen sowie den Lymphgefäßen.*

weißen Blutzellen ► S. 263
Magen-Darm-Trakt ► S. 283
Leukozyten ► S. 263

Das Lymphsystem dient der Reinigung aller Körpergewebe von Fremdstoffen und Krankheitserregern. Es besteht aus den lymphatischen Organen und den Lymphgefäßen (Abb. 1). Die Abwehraufgaben erfüllt das Lymphsystem gemeinsam mit dem Blut bzw. den weißen Blutzellen. Die zweite Aufgabe besteht in den Transportaufgaben der Lymphflüssigkeit, die Flüssigkeit aus allen Organen in den Kreislauf bringt und im Magen-Darm-Trakt auch Fett aufnimmt und den großen Blutgefäßen zuführt.

**Lymphatische Organe und ihre Aufgaben**

- Die Lymphknoten filtern die Lymphe und fangen dabei Krankheitserreger und Krebszellen ab. In den Lymphknoten befinden sich sehr viele Leukozyten, die die Krankheitserreger aufnehmen, vernichten oder durch Antikörper bekämpfen.
- Die Mandeln (Tonsillen) schwellen bei Infekten an, weil sich dort sehr viele weiße Blutkörperchen zur Abwehr bilden.
- Auch die nächste Lymphstation der Mandeln, die Lymphknoten am Kieferwinkel, werden druckschmerzhaft, sobald die „Wächter des Mundraums", die Mandeln, bei einem Infekt Abwehrleistungen erbringen.
- Die Milz dient neben der Krankheitsabwehr dem Abbau von Blutzellen.
- Der Wurmfortsatz, fälschlicherweise oft Blinddarm genannt, hat wahrscheinlich Abwehrfunktionen im Darm.
- Der Thymus liegt im Brustraum hinter dem Brustbein und besteht nur im Kindesalter. Dort werden die Aufgaben im Abwehrsystem erlernt.

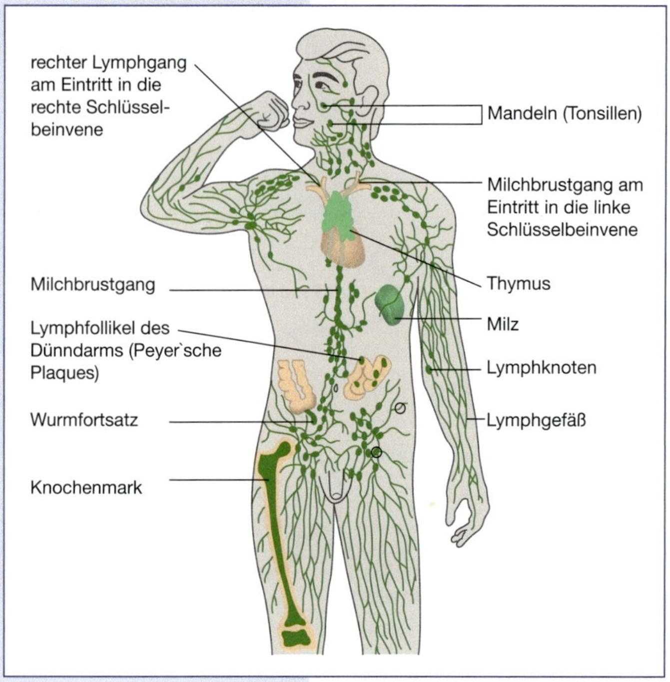


*Abb. 1 Lymphatische Organe*

Blutplasma ► S. 262
Kapillaren ► S. 254

**Lymphe**

In den Körpergeweben wird ein Teil des Blutplasmas aus den Blutkapillaren herausgepresst und sammelt sich zwischen den Zellen. Diese Gewebsflüssigkeit wird als Lymphe bezeichnet. Die Lymphe wird aus dem Gewebe von den dort frei endenden Lymphkapillaren aufgenommen und über die Lymphgefäße aus dem Gewebe wegtransportiert. Sie fließt dann durch die Lymphknoten, wo sie gefiltert wird. Schließlich wird die Lymphe durch die Hauptlymphgefäße zurück in den Blutkreislauf gebracht. Die Hauptlymphgefäße münden in große herznahe Venen. Der Lymphkreislauf dient also dazu, die aus den Blutgefäßen ausgetretene Flüssigkeit wieder zurück in den Blutkreislauf zu bringen. Ohne den Lymphkreislauf würden die Gewebe immer mehr Flüssigkeit ansammeln und so immer mehr anschwellen. Ist ein Lymphgefäß, z. B. wegen einer stark verschmutzten oder infizierten Wunde, überfordert, so entzündet es sich. Man erkennt das betroffene Gefäß an einem dunkelroten Strich auf der Haut, der langsam in Richtung Herz fortschreitet, wenn die Entzündung nicht rechtzeitig behandelt wird. Es kann zu einer „Blutvergiftung" (Sepsis) kommen.

## 3.4 Atmung – „Tief Luft holen"

Unser Atemzentrum im Gehirn sorgt dafür, dass Sie automatisch regelmäßig ein- und ausatmen. An Ihrem 18. Geburtstag haben Sie ca. 141 Millionen Mal Luft ein- und ausgeatmet. Das ist auch notwendig, damit Ihr Körper ständig Nachschub an Sauerstoff bekommt und Kohlendioxid abgeben kann.

*Man unterscheidet untere und obere Atemwege.*

**!** Wenn durch einen Unfall die Atmung ausfällt, kann ein Mensch nur für kurze Zeit (ca. 3 Minuten) ohne Schäden überleben. Danach sterben bereits einige Gehirnzellen ab, bevor nach 10 Minuten der Hirntod eintritt.

Gehirn ▸ S. 318
Atemspende ▸ S. 208

### 3.4.1 Atemwege

Nase ▸ S. 314

Zu den oberen Atemwegen (Abb. 2) gehören Mund, Nase, Nasennebenhöhlen, Rachen (der Raum hinter Nase und Mund) und Kehlkopf. Durch Mund und Nase strömt die Atemluft auf zwei Wegen in den Rachen, von dort aus durch den Kehlkopf in die Luftröhre. Der Kehlkopf trennt die oberen und unteren Atemwege und ermöglicht durch seinen Verschlussmechanismus, dass wir gleichzeitig atmen und schlucken können: Der Kehldeckel verschließt beim Schlucken den Kehlkopf und damit die Luftröhre, sodass Speisen und Getränke nicht in die unteren Atemwege gelangen. Sprechen oder lachen wir beim Essen, gelangt fälschlich Nahrung in die Luftröhre und wir „verschlucken" uns. Sofortiges Husten befördert Nahrungsstoffe wieder aus den Atemwegen hinaus.

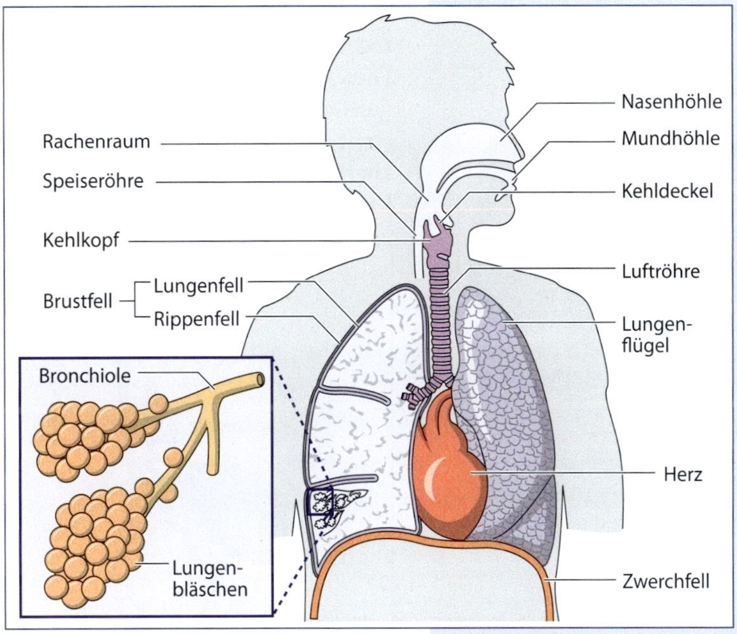


*Abb. 2 Atemwege*

Die unteren Atemwege beginnen am Kehlkopf mit der Luftröhre. Die Luftröhre teilt sich in die zwei Hauptbronchien. Die Hauptbronchien verzweigen sich in den Lungenflügeln zu kleinsten Bronchien, den winzigen Bronchiolen. Die Bronchiolen verteilen die Luft dann weiter in die Lungenbläschen (Alveolen), in denen der Gasaustausch zwischen Luft und Blut stattfindet.

Blut ▸ S. 262

Über die oberen und unteren Atemwege gelangt ein Luftgemisch in die Lungen. Als äußere Atmung bezeichnet man den Gasaustausch in den Lungenbläschen, dabei tritt Sauerstoff aus den Lungenbläschen (Alveolen) in das Blut über und umgekehrt verlässt Kohlendioxid das Blut und tritt in die Lungenbläschen über. Der Sauerstoff, der nun im Blut ist, wird zu jeder einzelnen Zelle des Körpers weitergegeben, um dort an der sogenannten inneren Atmung teilzunehmen. Als innere Atmung bezeichnet man den Sauerstoffverbrauch in den Zellen, bei dem Nahrungsstoffe zur Energiegewinnung chemisch „verbrannt" werden Bei der inneren Atmung entsteht aus Sauerstoff ($O_2$) Kohlendioxid ($CO_2$).

Bakterien ► S. 218
Fresszellen ► S. 222
Kapillaren ► S. 254
rote Blutkörperchen ► S. 263

Damit die Atemwege nicht verstopfen, fangen von der Nase bis zu den Hauptbronchien unzählige feinste Flimmerhärchen Schmutz und Krankheitserreger ab und schicken alles als Schleim verpackt auf direktem Weg zurück. Manchen Eindringlingen, wie z. B. Bakterien, gelingt es jedoch, durch die Kontrollen zu gelangen. Diese Eindringlinge werden in den Alveolen von einem Heer von Fresszellen aufgefressen.
Der Sauerstoff steigt in den Alveolen von dem Luftweg auf die Blutbahn um. Hierzu gelangt er von den Alveolen in kleinste Blutgefäße, die Kapillaren. Sie umgeben die Alveolen. Durch die Kapillaren strömen ständig rote Blutkörperchen, die den Sauerstoff aufnehmen und ihn durch die weiteren Blutbahnen transportieren.

Lungen- und Körperkreislauf ► S. 254

Das sauerstoffreiche Blut gelangt von den Lungenkapillaren in die Lungenvenen, in die linke Herzhälfte, in die Aorta und durch die Verzweigungen des Arteriensystems zu allen Körperzellen. In den Körperzellen sind unsere „Kraftwerke". Sie verbrennen mit Hilfe des Sauerstoffs die Nährstoffe zu Energie, die unser Körper zur Aufrechterhaltung seiner Funktionen und zur Ausführung von Tätigkeiten benötigt. Diesen Vorgang nennt man Zellatmung oder innere Atmung. Er ähnelt chemisch gesehen der echten Verbrennung, nur dass es dabei nicht wärmer wird als 37 °C, da sonst Körperzellen zu Schaden kämen.
Hierbei entsteht Kohlendioxid, das über das Blut zur Lunge geleitet und in die Alveolen abgegeben und ausgeatmet wird.

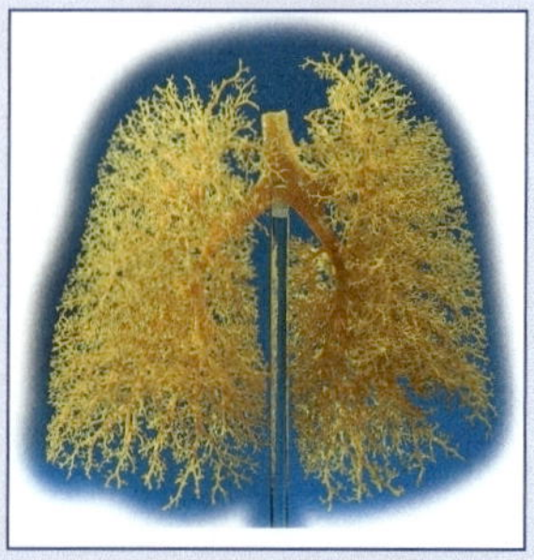

*Abb. 1 Ausgusspräparat einer Lunge*

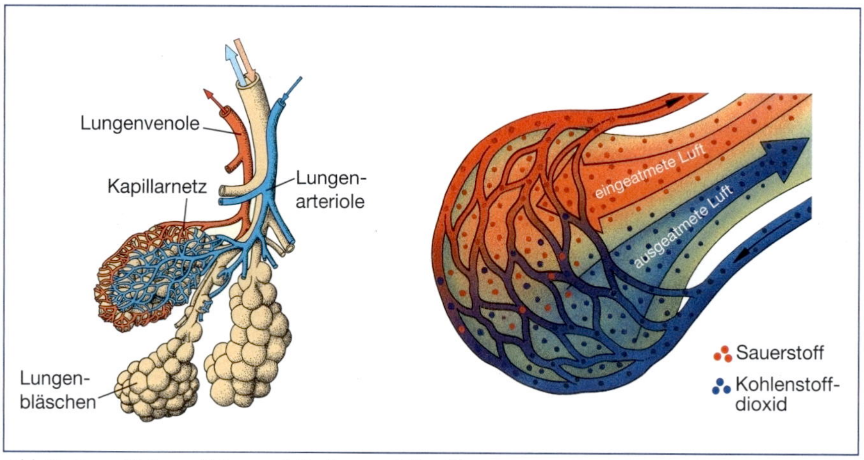


*Abb. 2 Bronchiolen mit Lungenbläschen und Kapillarnetz*

**!** Nicht jede Luft ist dem Körper willkommen. Einer der größten Feinde unserer Atemwege ist der Zigarettenrauch. Nikotin und Teer lähmen die Flimmerhärchen und die Fresszellen. Tote Flimmerhärchen und Schleimhautfetzen blockieren die Bronchien. Durch diese Verengung gelangt Luft noch in die Lunge, aber schwer wieder hinaus. Die Lungenbläschen blähen sich auf und der Gasaustausch ist erschwert. Krankheitserreger fühlen sich in der Lunge jetzt pudelwohl und richten Unheil an. Es kommt zu Entzündungen der Atemwege und Hustenattacken.

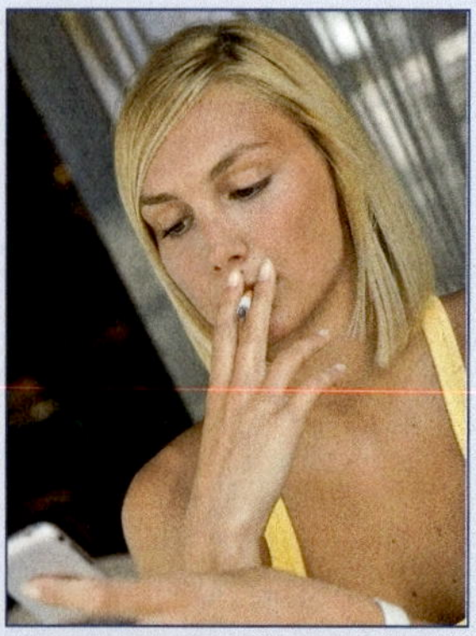

*Abb. 3 Rauchen ist einer der größten Feinde der Atemwege.*

Praxis-Spicker

# Hustenanfall

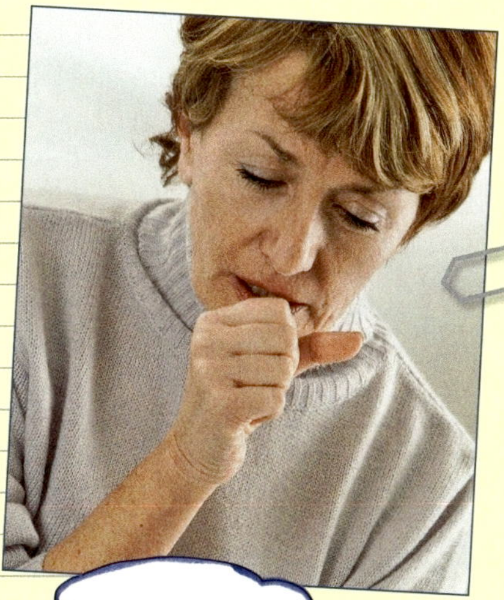

## WAS KANN ICH BEOBACHTEN?

**Bei der Körperpflege**

- roter Kopf, rote Bindehäute im Auge, geschwollene Blutgefäße am Hals
- Abhusten bei der morgendlichen Pflege
- Auswurf bei produktivem Husten

**Beim Essenanreichen**

- vermehrtes Husten bei trockener, krümeliger Kost
- gehäuftes Verschlucken bei flüssigen Nahrungsmitteln

**Bei der Beschäftigung und Bewegung**

- bei körperlicher Anstrengung nehmen Hustenanfälle zu
- schnelle, starke Ermüdung und plötzliche Leistungsschwäche
- starke Einatemgeräusche, hörbares Pfeifen
- erschwertes, verlängertes Ausatmen

**Bei der Kommunikation**

- Atemnot und Hustenanfälle erschweren Kommunikation
- Heiserkeit

## WAS IST ZU TUN?

- regelmäßig für frische Luft sorgen
- Auswurf beobachten (Eiter, Schaum, Blut, Konsistenz, Verfärbung, Geruch weisen auf ernste Erkrankungen hin)
- verordnete Inhalation anwenden (lassen), richtige Anwendung der Geräte überwachen und fördern
- ausreichend trinken (vor allem nach dem Hustenanfall)
- Vitalzeichenkontrolle bei Atemnot

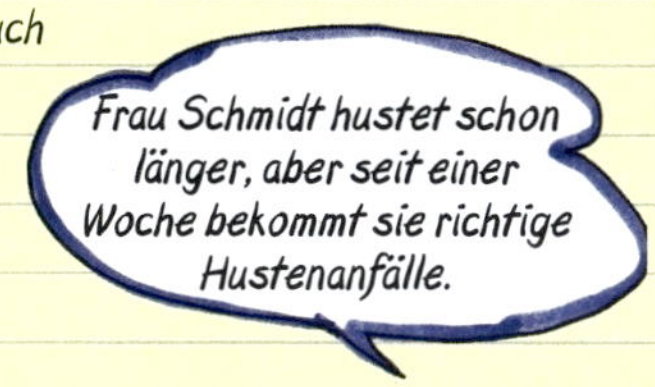


## HINWEISE:

Nach 1 bis 2 Wochen Husten ist es keine banale Erkältung mehr. Ständiges Verschlucken von Speiseteilen kann eine Pneumonie auslösen.

## MÖGLICHE URSACHEN:

- Atemwegsinfektionen, z. B. Virusinfekte (grippale Infekte, Influenza); bakterielle Infektionen (atypische Pneumonie, Pneumokokken- und Keuchhusteninfektionen)
- Aspiration (eingeatmete Nahrungsmittel, Magensaft oder Speichel)
- Rauchen, andere Reizstoffe (z. B. Staub, Abgase)
- Formen der chronischen Bronchitis
- Asthma bronchiale (allergisch, genetisch bedingt oder Mischform)
- Erkrankungen des Lungengewebes (z. B. Lungenentzündung, Lungeninfarkt, Lungenkrebs)

### 3.4.2 Wie der Luftstrom in Gang kommt

*Um atmen zu können, brauchen wir viele Muskeln.*

Lungenbläschen ► S. 267
Muskeln ► S. 249

Praxis-Spicker: Atembeschwerden/Atemnot ► S. 272

Rippenfell ► S. 267
Lungenfell ► S. 267
Lungenflügel ► S. 267
Lunge ► S. 267

Da sich die Luft nicht von allein in die Lungenbläschen begibt, ist eine Reihe von Muskeln notwendig. Der wichtigste Atemmuskel ist das Zwerchfell. Es ist eine große kuppelförmige Muskelplatte, die den Brustraum vom Bauchraum trennt. Das Zwerchfell zieht sich beim Einatmen zusammen und flacht ab. Dadurch vergrößert sich der Brustraum und saugt Luft ein. Die Muskeln, die zwischen den Rippen liegen (Interkostalmuskulatur), drücken die Rippen kräftig nach oben außen. Dadurch wird der Brustkorb noch größer und weiter. Weitere Muskeln am Hals unterstützen das Einatmen vor allem bei Luftnot.
Direkt unter den Rippen liegt das Rippenfell. Es überzieht als hauchdünne Zellschicht den Brustkorb von innen. Es ist durch einen Feuchtigkeitsfilm von dem Lungenfell, das die Lungenflügel überzieht, getrennt. Zwischen Rippenfell und Lungenfell herrscht ein Vakuum. Das heißt, Rippen- und Lungenfell haften aneinander, ebenso, wie sich zwei Glasscheiben, zwischen denen ein Flüssigkeitsfilm liegt, nicht voneinander trennen lassen. Dadurch „kleben“ die beiden Lungenflügel immer ganz eng am Brustkorb, dehnen sich mit ihm aus und verkleinern sich mit ihm.
In der Lunge herrscht beim Einatmen ein Unterdruck. Dehnen sich die Lungen aus, saugen sie automatisch Luft ein. Bei der Ausatmung erschlaffen das Zwerchfell und die Rippenmuskulatur. Dadurch fällt der Brustkorb quasi zusammen und drückt die Luft aus den Lungen hinaus. Ausatmen ist deshalb viel weniger anstrengend als Einatmen. Man unterscheidet zwischen der Brust- und der Bauchatmung.

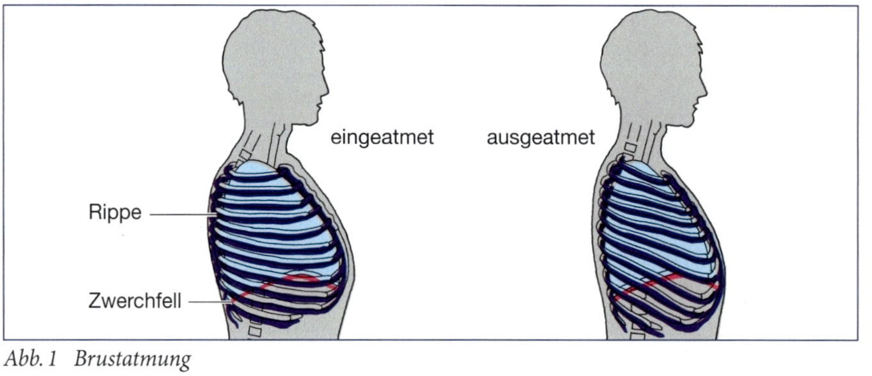


*Abb. 1 Brustatmung*

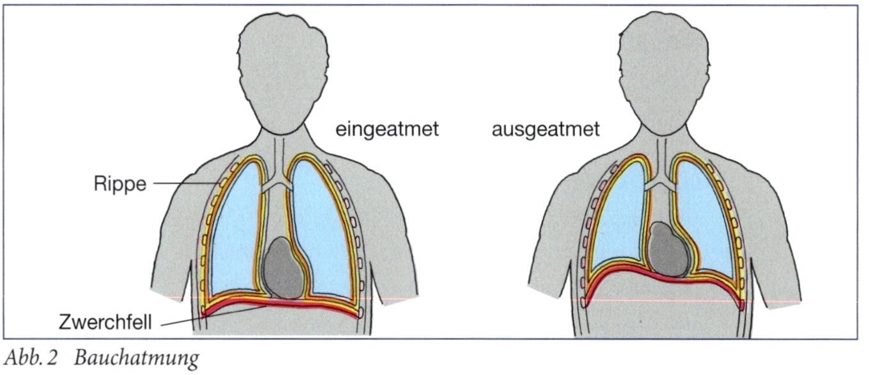


*Abb. 2 Bauchatmung*

**!** Wenn Sie Sport treiben oder sich körperlich anstrengen, braucht Ihr Körper wesentlich mehr Sauerstoff als in Ruhe. Deshalb atmen Sie dann schneller und tiefer. Sie saugen mit jedem Atemzug mehr Luft in die Lungen ein.

## 3.4.3 Häufige Lungenerkrankungen

**Chronisch obstruktive Lungenerkrankung (COPD = chronic obstructive pulmonary disease)**

Die COPD entsteht durch den jahrelangen Einfluss von Schadstoffen auf die Atemwege. So entsteht eine chronische Bronchitis (chronische Entzündung der Bronchien) mit Schädigung und Engstellung der Bronchien und daraus resultierender Erweiterung und Überblähung der Alveolen (Lungenemphysem). Es verschlechtert sich die Atemfunktion mit zunehmender Atemnot zuerst nur unter Belastung, später auch in Ruhe. Die Hauptursache ist das Rauchen.
Typisch für die COPD ist anfangs ein chronischer Husten mit vorwiegend morgendlichem Auswurf. Im weiteren Verlauf kann es infolge der Belastung des rechten Herzens zur Rechtsherzinsuffizienz kommen. Die Betroffenen werden intensiv medikamentös behandelt und benötigen in Spätstadien dauerhaft ein Sauerstoffgerät. Ab der Diagnosestellung sollten alle Schadstoffe in der Atemluft vermieden und Atem- und Muskeltraining durchgeführt werden.

Atemwege ► S. 267
Bronchien ► S. 267

Herzinsuffizienz ► S. 261
Allergene ► S. 231

**Asthma bronchiale**

Zahlreiche Faktoren können Asthma auslösen. Meistens sind es Allergene wie z. B.: Hausstaub, Tierhaar oder Pollen; bei der nicht-allergischen Form auch Veranlagung und psychische Belastungen. Im Asthmaanfall kommt es zu einer Entzündung der Bronchialschleimhaut mit Verengung der Bronchien durch Bronchialmuskelkrampf, Schleimhautschwellung und Schleimansammlung. Typisch ist die anfallsartige Atemnot, bei der vor allem die Ausatmung erschwert ist. Eine Erleichterung der Atmung kann durch bestimmte Haltungen bewirkt werden. Beim Kutschersitz (Abb. 3) wird der Brustkorb gedehnt und ein tiefes Durchatmen ermöglicht. Quälend wirken Husten und Auswurf glasigen, zähen Schleims. Die Betroffenen müssen im Anfall – bei gehäuften Anfällen auch dauerhaft – medikamentös behandelt werden. Allergieauslöser sollten so weit wie möglich gemieden werden.

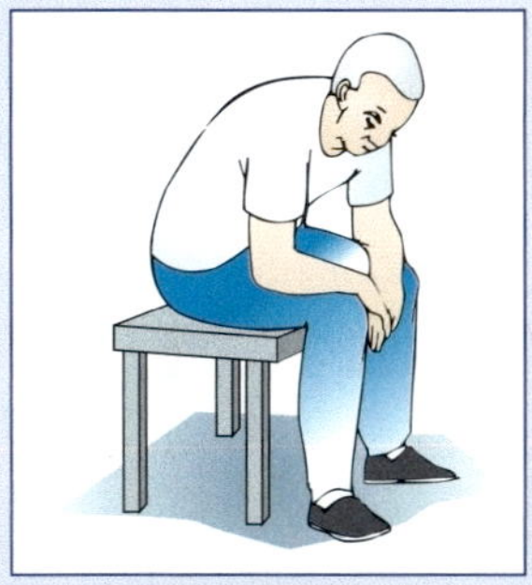

*Abb. 3 Kutschersitz*

Praxis-Spicker:
Atembeschwerden/Atemnot ► S. 272
Schwindel ► S. 258

**Lungenembolie**

Gelangt ein Blutgerinnsel (Thrombus) aus einer Vene des Körperkreislaufs durch das rechte Herz in die Lungenarterien, bleibt das Gerinnsel in den Lungenarterien stecken und verschließt dort einen Teil des Gefäßsystems. Es kommt dadurch zu einer Rechtsherzbelastung und zu einem akuten Sauerstoffmangel des Körpers. Große Gerinnsel verstopfen große Lungenarterien und führen sofort zum Tode. Kleinere Gerinnsel erzeugen mehr oder weniger typische Beschwerden.
Meistens stammen die Thromben aus den tiefen Beinvenen. Die Bildung der Thromben wird durch Risikofaktoren wie z. B. längere Immobilisation (keine Bewegung nach einer Operation oder auf langen Flugreisen), Rauchen, Hormone, Übergewicht, Tumorerkrankungen und Herzinsuffizienz begünstigt. Die Betroffenen haben plötzliche Luftnot, Thoraxschmerzen und Schwindel bis zum Kreislaufzusammenbruch. In solch einem Fall muss der Betroffene sofort ins Krankenhaus.

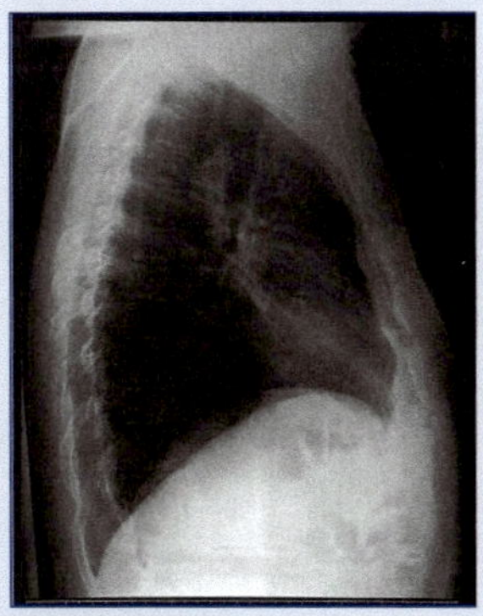

*Abb. 4 Röntgenbild eines Lungentumors im fortgeschrittenen Stadium*

**Lungentumore**

Die häufigste Ursache für die Entstehung von Lungentumoren (Abb. 4) ist das Rauchen oder das Einatmen von Feinstaub. Die meisten Lungentumore sind bösartig. Husten, der mehr als drei Wochen andauert ohne sonstige Infektionsanzeichen, sollte von einem Arzt begutachtet werden. Weitere Symptome können zunehmende Luftnot, blutiger Auswurf, Nachtschweiß und Fieber sein. Je nach Tumorart und -ausdehnung wird operativ, medikamentös und/oder durch eine Strahlentherapie behandelt.

Infektion ► S. 219

Praxis-Spicker:
Fieber ► S. 221

Praxis-Spicker

# Atembeschwerden/Atemnot

## WAS KANN ICH BEOBACHTEN?

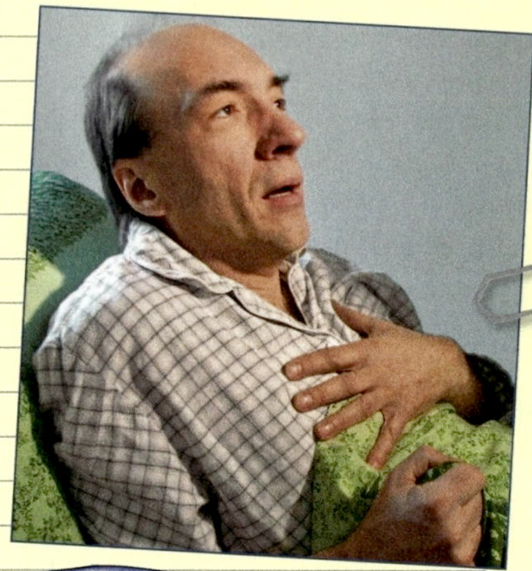

**Bei der Körperpflege**
- die Atmung erleichternde Körperhaltung; aufrechte Haltung; Weigerung, sich flach hinzulegen
- sehr schnelles Ein- und Ausatmen, angespannte Muskeln am Hals
- bläulich-violette Verfärbung von Haut und Lippen

**Beim Essenanreichen**
- hörbare Atemgeräusche
- schnelle und flache Atmung
- verlangsamte Nahrungsaufnahme

**Bei der Beschäftigung**
- Lustlosigkeit, hohes Ruhebedürfnis

**Bei der Bewegung**
- schnelle Erschöpfung
- viele Bewegungspausen bis zur Vermeidung von Bewegung
- Kurzatmigkeit
- Erstickungsgefühle

Herr Müller klagt über Kurzatmigkeit.

**Bei der Kommunikation**
- Äußern von Angstgefühlen bis zur Todesangst
- Betroffener verlangt nach Frischluft

## WAS IST ZU TUN?

Bei Herrn Müller sind starke Atemgeräusche zu hören.

- wenn möglich, die Atmung erleichternde Körperhaltung einnehmen lassen (z. B. Hochlagerung des Oberkörpers oder Kutschersitz, s. S. 271)
- für Frischluftzufuhr sorgen, beengende Kleidung entfernen
- Ruhe bewahren und versuchen, der betroffenen Person die Angst zu nehmen
- betroffene Person nicht alleine lassen
- Pflegefachkraft informieren (besonders bei erstmaligem Auftreten)

## HINWEISE:

Es muss unterschieden werden, ob die Luftnot plötzlich (akut) oder andauernd (chronisch) auftritt.
Bei akuter Luftnot muss sofort ein Arzt verständigt werden!

## MÖGLICHE URSACHEN:

- Lungenkrankheiten (z. B. Asthma bronchiale, Lungenemphysem, COPD)
- Verlegung der Atemwege (z. B. Aspirieren von Nahrung, Tabletten)
- Allergien (Zuschwellen der Atemwege, z. B. bei Wespenstich)
- Herz-Kreislauf-Erkrankungen (z. B. Herzinsuffizienz)
- Infektionskrankheiten (z. B. Keuchhusten, Diphtherie)

## Zum Weiterarbeiten in den Arbeitsbüchern

| Betreuung und Pflege von alten Menschen und Menschen mit Behinderung | | | |
|---|---|---|---|
| | **Schwerpunkt** | **Lernsituation** | **Seite** |
|  | • Erfahrungsaustausch im Internet<br>• hauswirtschaftliche Versorgung<br>• Rheuma<br>• rechtliche Rahmenbedingungen | „Ich war früher eine totale Perfektionistin“ | 133 |
| 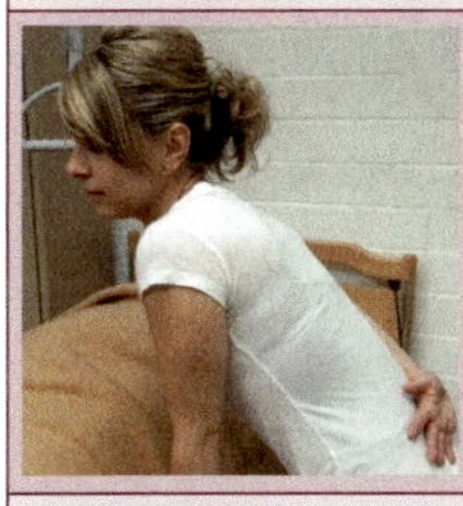 | • persönliche Gesunderhaltung<br>• rückengerechtes Arbeiten<br>• Transfertechniken<br>• Umgang mit Hilfsmitteln | „Mir tat mein Rücken weh“ | 142 |
| 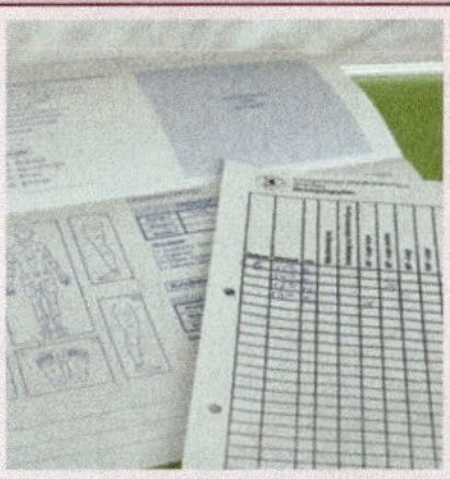 | • Hautbeobachtung<br>• Dekubitusprophylaxe<br>• Kommunikation<br>• Dokumentation | „Der Plan, wo lauter kleine Männchen drauf waren“ | 200 |

| Betreuung und Pflege von Kindern, Jugendlichen und Familien | | | |
|---|---|---|---|
| | **Schwerpunkt** | **Lernsituation** | **Seite** |
|  | • Unfallschutz<br>• Notfallmaßnahmen<br>• Abläufe in der Kindertagesstätte | „… mit einer Platzwunde über der Nase“ | 169 |
|  | • Bedeutung von Bewegung<br>• Planung und Gestaltung von Bewegungsangeboten<br>• motorische Entwicklung<br>• Förderung der Motorik | „An der Sprossenwand hingen manche Kinder wie nasse Säcke“ | 183 |

# 4. Sich gesund ernähren – „Man ist, was man isst“

## 4.1 Ernährung heute – „Wie essen wir?“

Unsere Gedanken kreisen täglich rund 220-mal um das Thema „Essen“, das haben Psychologen herausgefunden. Dabei geht es z. B. darum, was wir Leckeres für das Abendessen einkaufen und kochen sollen, wie viele Kalorien das Stück Schokolade hat oder dass die Erdbeeren auf dem Markt besonders appetitlich aussehen.
Zu welchen Lebensmitteln wir greifen und wie viel Essen die Menschen an welchen Orten einnehmen, hängt von verschiedenen Faktoren ab. Besonders die Kultur bzw. Religion, die Medien, die Erziehung, der Lebensstil sowie verschiedene Erkrankungen beeinflussen unsere Essgewohnheiten.

### 4.1.1 Beeinflussung der Essgewohnheiten durch Erziehung

„Iss deinen Teller leer, damit morgen die Sonne scheint.“ „Wenn du deine Schularbeiten machst, dann bekommst du eine große Portion Eis!“ „Iss den Rest auf, damit du groß und stark wirst.“ Haben Sie schon mal solche Sätze gehört, die Kindern gesagt wurden? So wird früh Essverhalten anerzogen. Dabei wissen wir, dass Sonnenschein nicht davon abhängt, ob wir den Teller leeressen.

Neben derartigen Aussagen beeinflussen auch
- die Geschmacksprägung,
- Familienrituale am Essenstisch und
- Tischsitten

das Essverhalten von Kindern.

*Essgewohnheiten werden anerzogen.*

**Geschmacksprägung**
Welche Vorlieben und Abneigungen bei Speisen Kinder und damit auch die späteren Erwachsenen haben, hängt sehr stark davon ab, welche Lebensmittel sie im Laufe ihrer Kindheit angeboten bekamen. Je größer die Vielfalt der angenommenen Speisen ist, desto größer ist die Wahrscheinlichkeit, dass sich Kinder als Erwachsene gesund und vielseitig ernähren werden.

Einige Faktoren, die bestimmen, dass bei Kindern ein neuer Geschmack akzeptiert wird:
- die Möglichkeit, viele verschiedene Lebensmittel zu kosten (z. B. ein exotisches Obst oder fremdes Gemüse anbieten)
- die Erfahrung neuer Geschmackerlebnisse ganz ohne Druck (z. B. neues Gericht anbieten, aber ohne Zwang, es aufzuessen)
- die Förderung der Selbstständigkeit beim Herstellen und Zubereiten von Speisen (Kinder z. B. Obst für den Obstsalat schneiden lassen)
- Vorbilder: von Personen, die man mag, übernimmt man auch Essgewohnheiten (z. B. das Lieblingsgericht der besten Freundin wird auch eher gegessen)
- angenehme Erlebnisse, durch die neu ausprobierte Speisen positiv besetzt sind (z. B. Essen im Urlaub, ein nettes Abendessen mit Freunden oder auf einer Feier)

**Familienrituale am Essenstisch**
Kinder brauchen Strukturen, die ihnen durch Vorbilder (z. B. die Eltern) vorgelebt werden und die sie im Erwachsenenleben fortführen können. Dazu gehören auch Tischsitten und Familienrituale bei den verschiedenen Mahlzeiten. So kann sich eine sogenannte Esskultur entwickeln, deren Ziel es ist, über bestimmte Rituale Identität, Geborgenheit und Gemeinsamkeit zu vermitteln. Zu den Familienritualen können gehören:
- feste gemeinsame Essenszeiten (z. B. trifft sich die Familie immer zum gemeinsamen Abendessen und spricht über die Geschehnisse des Tages )
- ansprechend eingerichtete Räume (z. B. Esszimmer, Küche) und Dekoration (z. B. ein schön gedeckter Esstisch, Abb. 1 )
- typische Familienspeisen zu gegebenen Anlässen (z. B. Marmorkuchen zum Geburtstag, Gänsebraten zu Weihnachten)
- Tischsitten und Regeln, die für das gemeinsame Essen gelten (z. B. wird erst gegessen, wenn alle etwas auf dem Teller haben, oder man steht erst auf, wenn alle Familienmitglieder mit dem Essen fertig sind)

*Abb. 1 Ein einladender Frühstückstisch vermittelt Geborgenheit.*

## 4.1.2 Beeinflussung der Essgewohnheiten durch Kultur, Religion und Medien

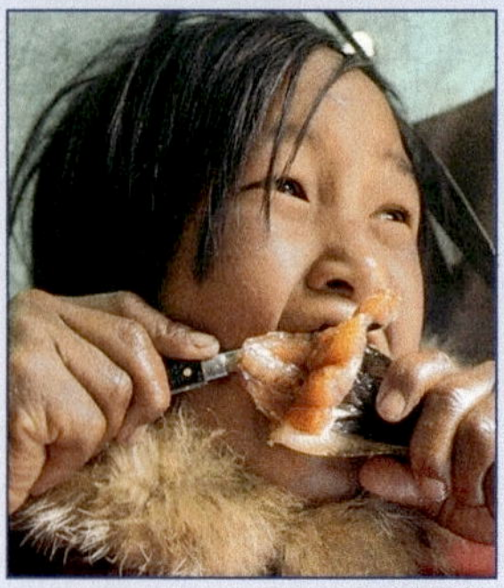

Wie, wann und was gegessen wird, ist auch von religiösen Bräuchen und dem jeweiligen Kulturkreis, in dem man aufwächst, abhängig. Nicht überall auf der Welt hat man dieselben Lebensmittel zur Verfügung. Entsprechend werden auch Mahlzeiten sehr unterschiedlich eingenommen. In Asien gibt es beispielsweise eine Nudelsuppe mit Stäbchen zum Frühstück, in Alaska knabbern die Eskimos getrockneten Fisch, in Kenia kann man sich Insekten schmecken lassen, in England wird oft ein deftiges Morgenmahl mit Würstchen, Speck sowie Eiern aufgetischt. Hier in Deutschland findet man traditionell noch Brötchen, Aufschnitt und Kaffee auf dem Frühstückstisch.

**!** **Andere Länder, andere Sitten: Esskulturen in der Welt**
In China unterscheiden sich die Traditionen beim Essen erheblich von den europäischen. Am Tisch darf geschmatzt und geschlürft werden. Es ist auch üblich, mit vollem Mund zu reden. Selbst Rülpsen ist manchmal erlaubt. Es wird gelacht und gerne laut geredet. Gäste oder ältere bzw. angesehene Personen werden besonders umsorgt. Man reicht ihnen die besten Stücke, meist mit den eigenen Essstäbchen. Bei Tisch entfernt sich der Chinese mit seinen Fingern ungezwungen die Fleischreste zwischen den Zähnen. Das Schnäuzen ist jedoch ein Tabu. Dafür sucht man die Toilette auf.

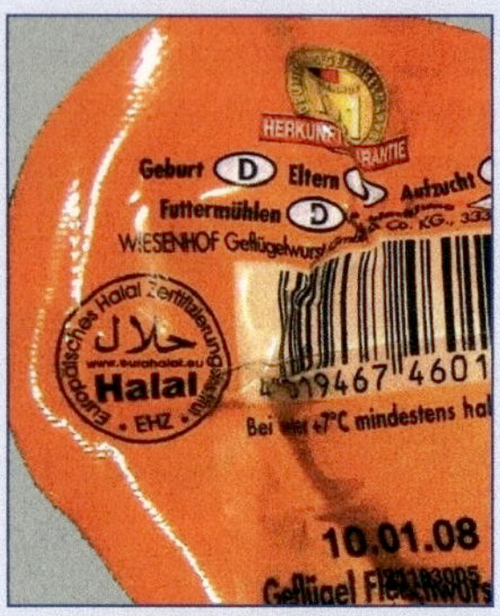


*Abb. 1 Fleischprodukt, das mit der Aufschrift „halal“ gekennzeichnet ist*

Religiöse Bräuche gibt es zum Beispiel im Judentum, wo kein Schweinefleisch gegessen werden darf, weil dieses Tier als unrein gilt. Für Muslime sind Alkohol und Schweinefleisch verboten. Somit wären Gummibärchen für Muslime gegebenenfalls tabu, sofern sie aus Schweinegelatine hergestellt wurden. Gläubige Muslime nehmen nur Nahrung zu sich, die „halal“ ist. Halal bedeutet: „rein und erlaubt“ (Abb. 1). Nach muslimischer Tradition wird Fleisch „geschächtet“. Das heißt, dass ein Tier so geschlachtet werden muss, dass es vollständig ausblutet.

Solche Sitten mögen einem vielleicht eigenartig erscheinen. Aber man sollte sich vor Augen halten, dass auch unsere Tischsitten aus verschiedenen Verboten und Geboten bestehen und ebenso traditionell gewachsen sind. So wurde in katholischen Regionen lange Zeit freitags kein Fleisch gegessen als Gedenken an das Leiden und Sterben von Jesus. Letztendlich hat jedes Land seine gewachsenen Essgewohnheiten.

Viele Menschen machen ihre Auswahl von Lebensmitteln davon abhängig, wie verheißungsvoll diese in den Medien angepriesen werden. Auch prominente Werbeträger, z. B. die Boxer-Brüder Vitali und Vladimir Klitschko, die für eine Süßigkeit werben, gelten als Vorbilder und die beworbenen Produkte werden gekauft. Manchmal auch, wenn für die Gesundheit ein besonderer Nutzen versprochen wird (z. B. Jogurt, der bestimmte Inhaltsstoffe für die Gesunderhaltung des Darms enthalten soll).

### 4.1.3 Beeinflussung der Essgewohnheiten durch Lebensstil und sozialen Standard

Der individuelle Lebensstil, das heißt die Art und Weise der Lebensführung, beeinflusst ebenfalls erheblich die Essgewohnheiten. In diesem Zusammenhang stellen sich folgende Fragen:
- Wie viele Menschen leben in meinem Haushalt?
- Wie viele Stunden verbringe ich zu Hause, auf der Arbeit, in der Schule usw.?
- Wie viele Mahlzeiten nehme ich zu Hause oder außerhalb ein?
- Wo nehme ich meine Mahlzeiten außer Haus ein? Am Schreibtisch, vor dem Fernseher, in der Kantine, im Restaurant oder im Imbiss?
- Koche ich meine Mahlzeiten selbst, wird für mich gekocht oder greife ich zu Fertiggerichten?
- Nehme ich meine Mahlzeiten in der Familie, allein, mit Freunden oder Kollegen ein?

Außerdem hängen die persönlichen Essgewohnheiten auch davon ab, wie viel Geld man für Lebensmittel im Monat ausgeben kann. Eine ausgewogene Ernährung kann relativ teuer sein.

*Die persönlichen Essgewohnheiten sind abhängig von Lebensstil und sozialem Standard.*

**!** Testkäufe ergaben: Ein 15-Jähriger, der sich ausgewogen ernähren möchte, benötigt täglich im Schnitt Lebensmittel im Wert von 4,68 €, wenn er im Discounter einkaufen geht, oder 7,44 €, wenn er sein Essen im normalen Supermarkt kauft. Beim Arbeitslosengeld II beträgt der Tagessatz für Jugendliche aber nur 3,42 €.

(Quelle: Forschungsinstitut für Kinderernährung [FKE] Dortmund 2007)

Untersuchungen haben darüber hinaus gezeigt, dass der Anteil der Personen mit normalem Körpergewicht mit zunehmendem Bildungsniveau steigt.

*Physische und psychische Krankheiten wirken sich auf das Ernährungsverhalten aus.*

## 4.1.4 Beeinflussung der Essgewohnheiten durch Erkrankungen

Neben Einflüssen aus Erziehung, Kultur, Religion und Lebensstil können sich auch verschiedene physische (körperliche) und psychische (seelische) Krankheiten auf unser Ernährungsverhalten auswirken. Während es bei den körperlichen Krankheiten meist eine ärztliche Empfehlung zur Kost gibt, ist es bei den seelischen Krankheiten, die unsere Essgewohnheiten bedingen, oft so, dass man sich selbst bei der Aufnahme von Nahrung einschränkt oder unkontrolliert zu sich nimmt.

**Physische Krankheiten, die Essgewohnheiten beeinflussen:**

| Erkrankung | Welche Besonderheiten liegen vor? | Worauf muss man bei der Ernährung achten? |
|---|---|---|
| **Diabetes mellitus Typ 2 (Zuckerkrankheit) (S. 287)** | Glukoseverwertung ist gestört | Zuckeraustauschstoffe verwenden, Kohlenhydrate über alle Mahlzeiten verteilen |
| **Gicht (Hyperurikämie) (S. 290)** | erhöhte Harnsäurewerte im Blut, Gelenkentzündungen drohen | purinarme Kost (z. B. Milchprodukte, Obst, Gemüse) |
| **Bluthochdruck (Hypertonie) (S. 256)** | erhöhter Blutdruck, Vorstufe von Herz-Kreislauf-Erkrankungen | salzarme, kaliumreiche Kost (z. B. Brot, Milchprodukte, frisches Obst, Gemüse, Kartoffeln mit wenig Salz) |
| **Laktoseintoleranz (Milchzuckerunverträglichkeit)** | Körper kann den Milchzucker aus Speisen nicht spalten | laktosefreie Milch und Jogurt verwenden, eher Hartkäse, Camembert und Edelpilzkäse verzehren |
| **Gastritis** | Magenschleimhautentzündung | leichte, fettarme Kost; mehrere kleine Mahlzeiten |
| **Obstipation (Verstopfung) (S. 293)** | Abführen von Stuhl erschwert | ballaststoffreiche Kost, Obst, Gemüse, Hülsenfrüchte, saure Milchprodukte (z. B. Jogurt, Buttermilch) |
| **Adipositas (Fettsucht) (S. 298)** | über das Normalmaß hinausgehende Erhöhung des Körpergewichts | fett- und energiereduzierte Kost und Bewegungssteigerung |
| **Niereninsuffizienz (Nierenschwäche)** | mangelnde Fähigkeit der Niere, harnpflichtige Stoffe auszuscheiden | Eier, Kartoffeln, Bohnen sowie Getreideprodukte statt eiweißhaltiger Lebensmittel |
| **Nahrungsmittelallergien (S. 231)** | Körper reagiert auf bestimmte Lebensmittel allergisch | allergieauslösende Lebensmittel meiden |

**Psychische Krankheiten, die Essgewohnheiten beeinflussen:**

Zu den psychischen Krankheiten, die auf unsere Ernährungsgewohnheiten einwirken, zählt man vor allen Dingen die Essstörungen. Das Schlankheitsideal unserer Gesellschaft und die Nahrungsfülle unterstützen die Entstehung dieser Krankheiten.

**Magersucht (Anorexia nervosa)**
Die Betroffenen dieser psychischen Erkrankung essen sehr wenig und haben einen regelrechten Zwang zum Hungern. Ihre Gedanken und Interessen kreisen nur noch um die Kalorienmenge der Nahrung und die Gewichtsabnahme. Oft werden Appetitzügler und Abführmittel zur Hilfe genommen. Aber viele fühlen sich trotz des abgemagerten Körpers noch zu dick, haben stets Angst vor einer Gewichtszunahme und verleugnen ihre Krankheit. Meist leiden Mädchen und junge Frauen darunter. Junge Männer sind selten von Magersucht betroffen.

*Abb. 1 Die Betroffenen fühlen sich trotz Untergewichts noch zu dick.*

Praxis-Spicker:
Keine oder verminderte Nahrungsaufnahme ► S. 281

Die körperlichen Folgen des Untergewichtes sind nicht zu unterschätzen: Verlangsamung der Herzaktion, Elektrolytstörungen, Ausbleiben der Regelblutung, Darmträgheit, Nierenversagen, Knochenabbau, Haarausfall sowie Vitamin- und Eiweißmangel. Die schwere Essstörung beginnt meistens in der Pubertät mit einer Diät. Bei ca. 10 % der Betroffenen führt die Krankheit zum Tod. Ärztliche Hilfe ist dringend notwendig, oft auch eine Zwangsernährung in einem Krankenhaus. In einer Behandlung wird versucht, das Essverhalten zu stabilisieren und die hinter der Krankheit stehenden psychischen Probleme zu bearbeiten.

Mehr zu Essstörungen und Hilfe gibt es hier:

www.magersucht-online.de
oder
unter: www.bzga-essstoerungen.de

**Ess-Brechsucht (Bulimia nervosa)**
Menschen, die an dieser Krankheit leiden, verschlingen größere, teilweise ungewöhnlich große Lebensmittelmengen in Heißhungeranfällen und erbrechen diese wieder. Meistens kommt bei ihnen der Würgereiz schon ganz automatisch – ohne laute Würgegeräusche und ohne große Anstrengung. Die Betroffenen halten Diät, denken aber häufig ans Essen. In der Gegenwart anderer Menschen sind die Essgewohnheiten von Bulimikerinnen unauffällig. Die „Fressanfälle“ verlaufen immer heimlich.

Praxis-Spicker:
Übelkeit u. Erbrechen ► S. 280
Unkontrollierte Nahrungsaufnahme ► S. 282

Durch das häufige Erbrechen können Speiseröhre, Magen, Mund und Zähne geschädigt werden. Die Störung im Elektrolythaushalt (Kalium-, Eisen- sowie Kalziummangel) kann wie bei der Magersucht zu Störungen der Herzfunktion führen und somit lebensbedrohlich werden. Auch Vitamin- und Eiweißmangel sind die Folge.
Ähnlich wie bei der Magersucht ist Bulimie eine psychische Erkrankung und auch hierbei haben meist Mädchen im Alter zwischen 18 und 25 Jahren eine übersteigerte Angst vor dem Dicksein. Es gibt aber auch seelische Probleme, die Ursache sein können. Ärztliche Hilfe ist hier ebenfalls unbedingt notwendig. Bulimie-Betroffene sind schwer erkennbar, da sie nicht, wie bei der Magersucht, extrem dünn sind oder auffällig dick. Sie haben eher ein Normalgewicht und müssen deshalb nicht im akuten Stadium ins Krankenhaus.

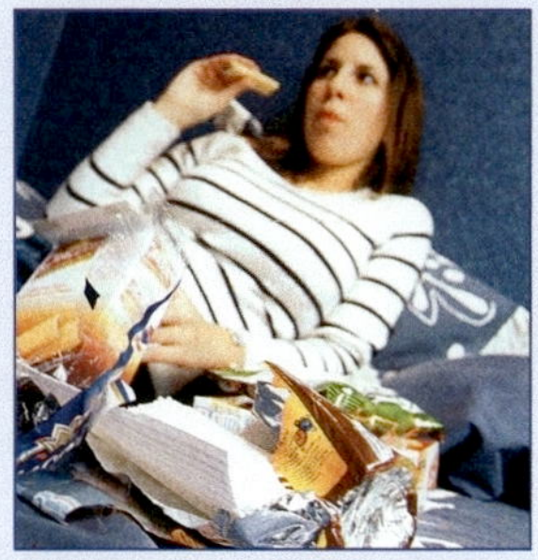

*Abb. 2 Heimliches Essen ist typisch für Bulimie.*

**Praxis-Spicker**

## Übelkeit und Erbrechen

**WAS KANN ICH BEOBACHTEN?**

**Bei der Körperpflege**
- sichtbares Erbrochenes
- säuerlicher Geruch
- blasse und evtl. schweißnasse Haut

**Beim Essenanreichen**
- Appetitlosigkeit
- keine Nahrungsaufnahme

**Bei der Beschäftigung**
- Lustlosigkeit
- Abgeschlagenheit

**Bei der Bewegung**
- Kraftlosigkeit
- zunehmende Übelkeit

**Bei der Kommunikation**
- Klagen über Unwohlsein

**WAS IST ZU TUN?**
- Patient bequem lagern (Oberkörper erhöht)
- Gefäße für Erbrochenes bereitstellen und ggf. auswechseln
- vorhandene Zahnprothesen entfernen
- nach Erbrechen Mundpflege anbieten bzw. durchführen
- kranke Person beruhigen und ihr zur Seite stehen
- beschmutzte Kleidung wechseln
- das Fenster öffnen und für Frischluft sorgen
- Pflegefachkraft informieren

**HINWEISE:**

Anhaltendes Erbrechen kann zur Austrocknung der Person führen. Besonders Kinder und alte Menschen sind gefährdet! Erbrechen muss dokumentiert werden! Wichtige Aussagen: Uhrzeit und Häufigkeit des Erbrechens sowie Menge und Aussehen des Erbrochenen, eventuell Probe nehmen (bei Vergiftungsverdacht).

**MÖGLICHE URSACHEN:**
- Infektionskrankheiten (Magen-Darm-Infekt)
- Vergiftungen (z. B. Lebensmittelvergiftung, Alkoholvergiftung)
- Erkrankungen des Gehirns (z. B. Hirnhautentzündung, Tumor)
- übermäßige Nahrungszufuhr (z. B. bei Ess-Brechsucht)
- Störungen des Gleichgewichtsorgans (z. B. Reisekrankheit)
- hormonell bedingte Übelkeit in der Frühschwangerschaft

Praxis-Spicker

# Keine oder verminderte Nahrungsaufnahme

**WAS KANN ICH BEOBACHTEN?**

**Bei der Körperpflege**
- starke Abmagerung
- hervorstehende Knochen
- faltige und trockene Haut
- Haarausfall
- schnelles Frieren
- brüchige Fingernägel

**Beim Essenanreichen**
- keine Nahrungsaufnahme
- Nahrungsaufnahme nur in sehr kleinen Mengen
- Vermeidung kalorienreicher Speisen

**Bei der Beschäftigung**
- Lustlosigkeit
- Abgeschlagenheit

**Bei der Bewegung**
- Kraftlosigkeit
- Muskelkrämpfe

**Bei der Kommunikation**
- alles dreht sich um das Thema Essen (z. B. bei Magersucht)
- Angst vor Gewichtszunahme (z. B. bei Magersucht)
- Leugnen von Problemen (z. B. bei Magersucht)

Frau Lohde hat stark abgenommen.

Frau Lohde nimmt kaum noch Nahrung zu sich.

**WAS IST ZU TUN?**
- Gewichtskontrolle
- Pflegefachkraft informieren
- Dokumentation der aufgenommenen Nahrungsmenge

**HINWEISE:**

Versuchen Sie niemals, einen Menschen zum Essen zu zwingen! Bei einer lebensbedrohlichen Mangelernährung müssen alle Maßnahmen zur Zwangsernährung durch einen Arzt angeordnet werden!

**MÖGLICHE URSACHEN:**
- Schluckbeschwerden und Schmerzen im Mund
- Zahn- oder Zahnprothesenprobleme
- Verdauungsprobleme (z. B. Verstopfung oder Durchfall)
- Verwirrtheit (z. B. bei Demenz)
- Schmerzen (z. B. bei Magenschleimhautentzündung)
- Nahrungsaufnahme wird als sinnlos gesehen (Selbstaufgabe)
- psychische Störungen (z. B. Magersucht)

Praxis-Spicker

# Unkontrollierte Nahrungsaufnahme

**WAS KANN ICH BEOBACHTEN?**

**Bei der Körperpflege**
- Veränderung und/oder Schwankungen im Körpergewicht
- Magen-Darm-Beschwerden
- verschmutzte Kleidung (z. B. durch Nahrungsmittel oder Erbrochenes)
- wollen sich aus Scham nicht entkleiden
- Veränderungen der Zähne
- versteckte Nahrungsmittel in der Kleidung oder im Bett

**Beim Essenanreichen**
- unkontrollierte Nahrungsaufnahme (phasenweise Essensverweigerung)
- Kau- und/oder Schluckbeschwerden
- Unbehagen beim Essen mit anderen Personen
- einseitiges Essen (Meiden bestimmter Lebensmittel)

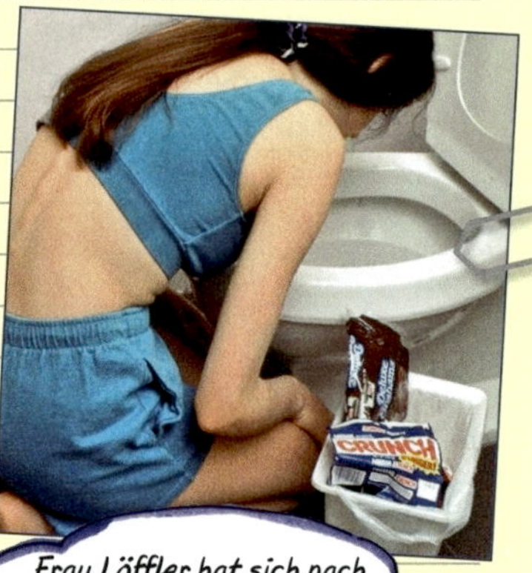


**Bei der Beschäftigung**
- Personen leiden häufig auch unter anderen Zwängen oder Süchten

**Bei der Bewegung**
- Kreislaufprobleme
- treiben häufig übermäßig Sport, damit sie nicht zunehmen

**Bei der Kommunikation**
- ständige und übertriebene Beschäftigung mit dem Thema „Essen“
- häufig gereizt oder launisch
- vernunftswidrige Gedanken und Einstellungen
- Betroffene erfinden typische Ausreden für heimliche Fressattacken, wie z. B. „Ich habe schon gegessen“; „Ich muss noch was erledigen“

Frau Löffler verspürt keine Sättigung.

**WAS IST ZU TUN?**
- dem Betroffenen keine Vorwürfe machen und ermutigen, Hilfe anzunehmen
- auf jeden Fall sollte der Betroffene einen „guten“ Arzt aufsuchen

**HINWEISE:**

Nie die Rolle des Therapeuten übernehmen, das gestörte Essverhalten aber immer ansprechen!
In Absprache mit der Pflegefachkraft die Nahrungsaufnahme und das Körpergewicht dokumentieren

**MÖGLICHE URSACHEN:**
- psychische Störungen (z. B. Bulimie)
- Schwangerschaft
- langer Hungerzustand

## 4.2 Stoffwechsel und Verdauung – „Warum essen wir?“

In unserem Organismus arbeiten Organe und ihre Zellen ohne Pause, auch während des Schlafs. Für diese „Arbeiten“ (z. B. Verdauung, Atmung, Wachstum) benötigt unser Körper Energie und Baustoffe, die auch als Nährstoffe bezeichnet werden. Dazu zählen:

- Kohlenhydrate (z. B. Zucker)
- Fette
- Eiweiße (Proteine)

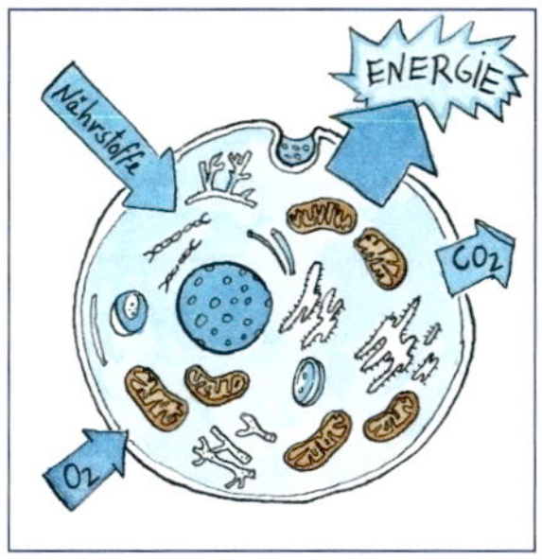


*Abb. 1 Stoffwechsel in der Zelle. – Den ebenfalls zur Aufrechterhaltung des Stoffwechsels erforderlichen Sauerstoff ($O_2$) gewinnen wir durch Atmung.*

**Arbeitsleistung unseres Körpers**

| **Baustoffwechsel**<br>Aufbau und Erhaltung der Körpersubstanz (z. B. Muskelaufbau, Haarwuchs) | **Energiestoffwechsel**<br>Aufrechterhaltung der Körperfunktionen (z. B. Körpertemperatur, Verdauung, Atmung) |
|---|---|

***Die Zerkleinerung der Nahrung in Nährstoffe wird als Verdauung bezeichnet und findet im Magen-Darm-Trakt statt.***

Die genannten Nährstoffe führen wir unserem Körper mit der Nahrung zu. Damit sie zu den Körperzellen gelangen und dort genutzt werden können, müssen sie in kleinste Bausteine zerlegt werden. Diese Zerkleinerung der Nahrung in Nährstoffe heißt Verdauung und findet im Verdauungstrakt des Menschen statt. Die Verwertung der Nährstoffe in den Zellen wird als Stoffwechsel bezeichnet.

Der Verdauungstrakt (Magen-Darm-Trakt) umfasst sämtliche Organe, die die Zufuhr der Nahrung, die Zerkleinerung und die Aufnahme der Nährstoffe ins Blut (Resorption) sowie die Ausscheidung unverdaulicher Nahrungsbestandteile bewerkstelligen (Abb. 2).

Der Magen-Darm-Trakt ist im Prinzip ein langer Schlauch, der im Mund beginnt und im After endet. Leber, Gallenblase und Bauchspeicheldrüse helfen durch ihre Verdauungssäfte, die Nahrung aufzuspalten. Anschließend werden die zerkleinerten Bestandteile ins Blut aufgenommen und zu den Körperzellen transportiert.

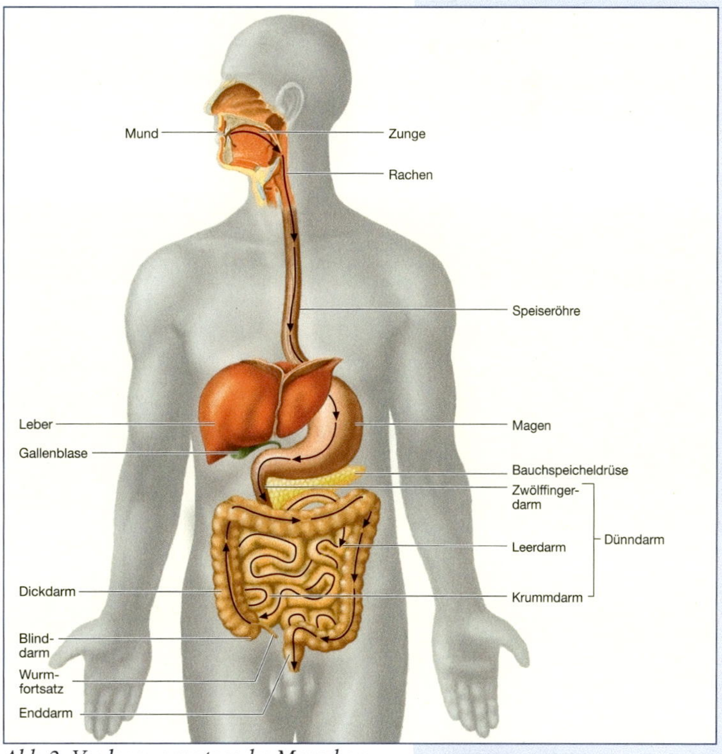


*Abb. 2 Verdauungssystem des Menschen*

*Der Verdauungstrakt beginnt im Mund und endet im After.*

Der erste Teil des Verdauungstraktes liegt im Kopf des Menschen. Hierzu zählen der Mund, die Speicheldrüsen und der Rachen:

- Der **Mund** nimmt die Nahrung auf. Dort wird sie durch Kauen zerkleinert.
- Die Speicheldrüsen produzieren den Speichel, der die Nahrung gleitfähig macht und damit das Schlucken erst ermöglicht. Die Enzyme des Speichels beginnen mit der Zerlegung der Kohlenhydrate (Zucker).
- Der Rachen leitet die Nahrung vom Mund in die **Speiseröhre**.

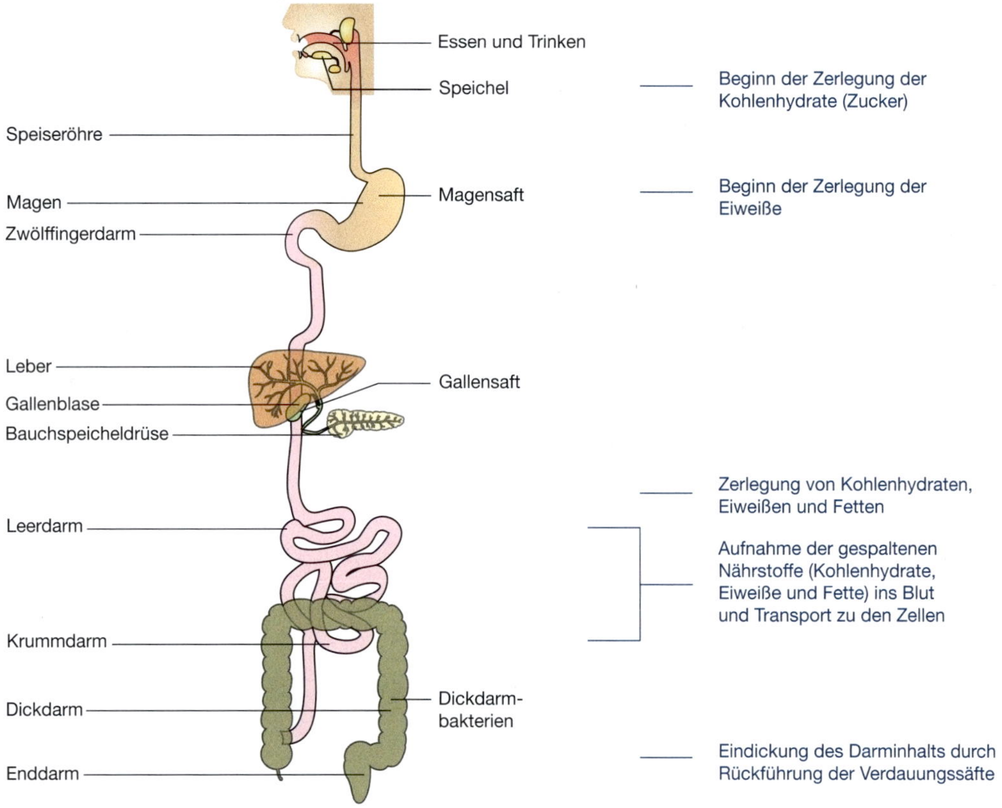


Der zweite Teil des Verdauungstraktes beginnt mit der Speiseröhre und umfasst alle Verdauungsorgane, die im Rumpf des Menschen liegen:

- Die **Speiseröhre** leitet die Nahrung vom Rachen in den Magen.
- Der **Magen** sammelt die Nahrung, tötet mit seiner Säure Keime ab und produziert Magensaft. Hier beginnt die Aufspaltung der Eiweiße.
- Dann geht die Nahrung in den **Dünndarm**. Er wird in drei Abschnitte eingeteilt:
  **Zwölffingerdarm**: Hier münden die Ausführungsgänge der Gallenblase und der Bauchspeicheldrüse. Diese Verdauungsdrüsen geben Enzyme ab, die die weitere Aufspaltung der Nährstoffe ermöglichen.
  **Leerdarm und Krummdarm**: Hier erfolgt die Aufnahme der gespaltenen Kohlenhydrate, Fette und Eiweiße sowie von Wasser und Vitaminen in das Blut.
- Der **Dickdarm** entzieht den unverdaulichen Nahrungsbestandteilen das Wasser, das in den anderen Teilen des Verdauungstraktes zur leichteren Spaltung der Nahrung zugesetzt wurde. Die unverdaulichen Reste werden mit Hilfe von Dickdarmbakterien (Darmflora) zersetzt und in gewissen Zeiträumen als Kot über den After ausgeschieden.

Kot ► S. 350
After ► S. 342

## 4.3 Die Bestandteile unserer Nahrung – „Was steckt drin?“

Im Laufe eines Lebens sind es ca. 60 Tonnen „Nahrungsmittel“, die wir aufnehmen – eine unvorstellbare Menge. Die Zusammensetzung dieser Nahrungsmittel besteht im Wesentlichen aus drei Säulen:

- Nährstoffe
- unverdauliche Stoffe (Ballaststoffe)
- Zusatzstoffe

*Unsere Nahrung besteht aus Nährstoffen, unverdaulichen Stoffen und Zusatzstoffen.*

| Nährstoffe | | |
|---|---|---|
| **Energie und Baustoffe liefernde Nährstoffe** | **nicht Energie liefernde, aber ebenfalls lebensnotwendige Nährstoffe** | |
| Eiweiß = Protein | Vitamine | Wasser |
| Kohlenhydrate (Stärke, Zucker) | Mineralstoffe und Spurenelemente | |
| Fette | sekundäre Pflanzenstoffe = Schutzstoffe aus Obst und Gemüse, essenzielle Aminosäuren und Fettsäuren | |
| **Unverdauliche Stoffe** | | |
| **Ballaststoffe**: unverdauliche Kohlenhydrate aus Pflanzen, die eine wichtige Rolle für die Darmfunktion spielen, indem sie als Quellstoffe das Volumen des Darminhaltes erhöhen, die Darmflora pflegen und Verstopfung verhindern | | |
| **Zusatzstoffe** | | |
| **Natürliche oder chemische Stoffe**, die Aussehen, Geschmack, Beschaffenheit und/oder Haltbarkeit der Lebensmittel verändern oder produktionsbedingt bzw. ungewollt in der Nahrung enthalten sind. Dazu zählen: Farbstoffe, Gewürz- und Aromastoffe, Verdickungsmittel, Konservierungsstoffe, Antibiotika, Wachstumsförderer von Schlachttieren und Umweltgifte (z. B. Schadstoffe und Schwermetalle) | | |

!

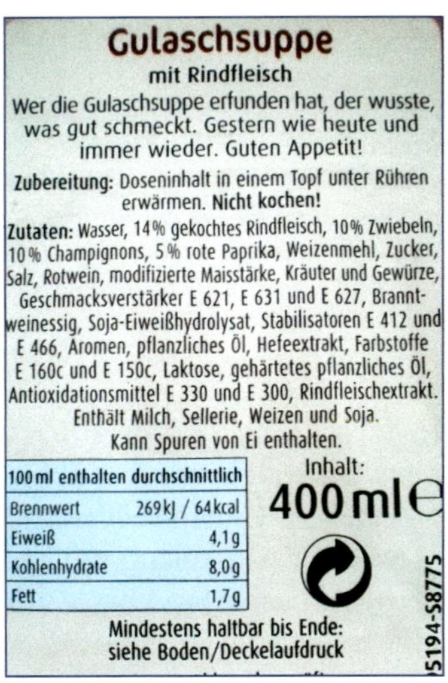


Die offizielle Einheit der Energie ist Kilojoule (kJ). Umrechnung: 1 kcal = 4,19 kJ. Der Energiewert der Nährstoffe (Kohlenhydrate, Fette und Eiweiße) wird häufig auch in Kilokalorien (kcal) angegeben. Man spricht von „Kalorien“, obwohl „Kilokalorien“ gemeint sind.

Achten Sie auch auf das Etikett! Für die Zutatenliste gilt: Zuerst steht die Zutat, die am stärksten im Produkt vorhanden ist. Weiter geht es dann in absteigender Reihenfolge. Ein gezielter Blick auf die Nährstoffangaben gibt Auskunft über die Kilojoule, die Kalorien sowie die Zusammensetzung des Nahrungsmittels.

Kohlenhydrate ► S. 286
Fette ► S. 289
Eiweiße ► S. 290

### 4.3.1 Kohlenhydrate

*Alle Kohlenhydrate werden im Magen-Darm-Trakt zu Einfachzuckern abgebaut und können dann erst ins Blut aufgenommen werden.*

Kohlenhydrate sind die Hauptenergielieferanten für den Körper. Sie werden in Einfach-, Zweifach- und Vielfachzucker unterteilt.
Die bekanntesten Einfachzucker sind Glukose (Traubenzucker) und Fruktose (Fruchtzucker). Die Saccharose (Kristallzucker), die Laktose (Milchzucker) und die Maltose (Malzzucker) sind häufig vorkommende Zweifachzucker. Vielfachzucker, z. B. Stärke (pflanzlich) und Glykogen (tierisch), müssen wie die Zweifachzucker nach Verzehr zuerst in Einfachzucker aufgespalten werden, bevor sie in das Blut aufgenommen werden können.

**Übersicht Kohlenhydrate**

| | Einfachzucker | Zweifachzucker | Vielfachzucker |
|---|---|---|---|
| **Bezeichnung** | Glukose | Laktose | Glykogen |
| **Vorkommen** | Traubenzucker | Milch | Kartoffeln, Fleisch |

**!** Kennen Sie das? Sie essen ein Stück Schokolade, wollen dann immer mehr, bis die halbe Tafel verspeist ist. Gesättigt sind Sie dadurch nur kurzfristig. Essen Sie hingegen einen vollen Teller Nudeln mit Tomatensoße, nehmen Sie ungefähr die gleiche Energiemenge (Kalorien) zu sich. Das Nudelgericht hält aber die nächsten Stunden satt.

*Abb. 1/2 Nudelgerichte bestehen vor allem aus Vielfachzuckern, die während der Verdauung zu Einfachzuckern aufgespalten werden. Dadurch wird ständig Zucker ins Blut abgegeben, was den Blutzuckerspiegel über einen längeren Zeitraum konstant hält. Das gibt uns ein Sättigungsgefühl. Bei der Aufnahme von Einfachzucker (z. B. in Schokolade) hingegen bekommen wir zwar kurzfristig Energie, diese wird aber sofort wieder abgebaut und es setzt schnell wieder ein Hungergefühl ein.*

*Kohlenhydrate werden bei übermäßiger Aufnahme in Fett umgewandelt.*

Energiebedarf ► S. 296

Ist der Einfachzucker im Blut, wird dieser „Blutzucker“ zu allen Körperzellen transportiert. Diese nehmen den Zucker auf und gewinnen Energie aus dessen Abbau. Die gewonnene Energie nutzt der Körper zur Deckung unseres Energiebedarfs. Ist dieser gedeckt, wird der aufgenommene Zucker in Leber und Muskulatur zu Glykogen aufgebaut und dort gespeichert. Diese Glykogenspeicher dienen zwischen den Mahlzeiten zur Energieversorgung des Körpers. Nehmen wir trotz gefüllter Glykogenspeicher weiteren Zucker auf, wird dieser in Fett umgewandelt und im Fettgewebe gespeichert.

**Diabetes mellitus – „Wenn die Körperzellen keine Glukose mehr bekommen“**
Damit die Körperzellen die für die Energiegewinnung notwendige Glukose aufnehmen können, benötigen sie Insulin. Insulin ist ein Hormon. Es wird in der Bauchspeicheldrüse gebildet. Dieses Hormon setzt sich an Rezeptoren der Körperzellen, öffnet die Zelle für die im Blut befindliche Glukose und befördert diese nach der Mahlzeit in die Zellen von Leber und Muskeln. Dort wird die Glukose zu Glykogen aufgebaut. Wenn die Glykogenspeicher voll sind, wird durch Insulin Glukose in Fett umgebaut. Ein Insulinmangel bzw. eine Störung der Insulinwirkung wird als Diabetes mellitus bezeichnet. Es gibt unterschiedliche Diabetestypen.

*Ursache des Diabetes mellitus ist eine fehlende oder verminderte Insulinproduktion der Bauchspeicheldrüse oder eine mangelhafte Insulinwirkung.*

Beim **Typ 1** zerstören Abwehrstoffe des Körpers die insulinproduzierenden Zellen der Bauchspeicheldrüse. Es wird dann kein Insulin mehr gebildet. Nicht nur ältere Kinder, Jugendliche und junge Erwachsene sind betroffen. Es erkranken auch Babys und Kleinkinder. Diese Patienten müssen sich immer Insulin spritzen oder eine Insulinpumpe dauerhaft am Körper tragen.

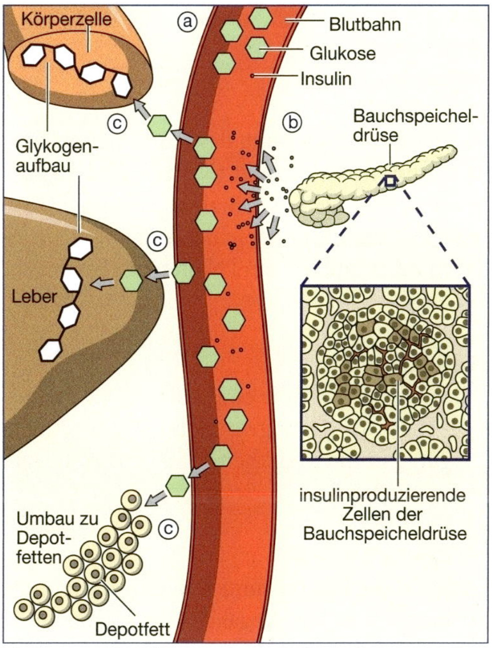


*a) Zwei- und Vielfachzucker aus der Nahrung werden im Darm in Einfachzucker (Glukose) gespalten, die dann in die Blutbahn aufgenommen werden. Der Blutzuckerspiegel (Blutglukosespiegel) steigt an.*
*b) Die insulinproduzierenden Zellen der Bauchspeicheldrüse reagieren auf den Anstieg der Blutzuckerkonzentration mit einer Insulinausschüttung.*
*c) Das Insulin gelangt über die Blutbahn zu den Körperzellen (z. B. Muskel, Leber) und bewirkt dort die Aufnahme von Einfachzucker (Glukose) aus dem Blut in die Zellen – und somit die Senkung des Blutzuckerspiegels (Blutglukosespiegels). Unter Insulinwirkung wird Einfachzucker im Muskel und in der Leber zur Speicherform Glykogen und im Fettgewebe zu Depotfett umgebaut.*

*Beim Diabetes wird zwischen Typ 1 und Typ 2 unterschieden.*

Beim Diabetes **Typ 2** kommt es durch ständige Überernährung zu einer andauernd hohen Insulinproduktion. Nach einiger Zeit werden die Rezeptoren der Zellen unempfindlich gegenüber Insulin. Die Bauchspeicheldrüse produziert immer höhere Mengen des Hormons. Irgendwann ist diese erschöpft und stellt die Insulinproduktion ein. Ursprünglich erkrankten an dieser Diabetesform Patienten ab einem Alter von ca. 40 Jahren. Dadurch, dass heute immer mehr Kinder und Jugendliche zu viel essen und sich zu wenig bewegen, erkranken häufiger auch junge Menschen an dieser Diabetesform. Da die Bauchspeicheldrüse beim Diabetes Typ 2 noch geringe Mengen an Insulin produziert, ist der Typ-2-Diabetiker nicht immer insulinabhängig.

**!** Diabetes mellitus bedeutet „honigsüßer Durchfluss“. Dieser medizinische Fachausdruck stammt aus der Antike, als es noch keine Spezialgeräte gab. Um die Diagnose zu stellen, probierte der Arzt den Urin. Schmeckte er süßlich, wusste er: Diabetes mellitus.

**Was geschieht bei Insulinmangel?**

Der Blutzuckerspiegel steigt an. Der Körper scheidet den überschüssigen Zucker mit viel Urin aus. Dadurch werden große Mengen süßlichen Urins ausgeschieden und der Flüssigkeitsbedarf steigt. Nicht behandelte Diabetespatienten fühlen sich oft müde und neigen zu Infekten. Da der Zucker nicht in die Zellen gelangt, benötigen die Zellen eine andere Energiequelle. Der Körper baut vermehrt Fette und Eiweiße ab. Die Fette werden nicht vollständig abgebaut und es entstehen Ketonkörper – z. B. Azeton –, die den Körper übersäuern. Durch den Fett- und Eiweißabbau kann es zu starkem Gewichtsverlust kommen (vor allem beim Typ 1).

Ausscheidung von Urin ► S. 353
Fette ► S. 289
Eiweiße ► S. 290

*Diabetes kann zu akuten Komplikationen und Spätfolgen führen.*

Die Folgen des Insulinmangels können zu einer Entgleisung des Stoffwechsels führen und die Betroffenen fallen in eine tiefe Bewusstlosigkeit (Koma). Eine weitere Bedrohung für den Diabetiker sind die Spätfolgen. Der hohe Blutzuckerspiegel schädigt die Blutgefäße und vermindert so die Durchblutung verschiedener Organe (siehe Arteriosklerose, S. 259). Dadurch kann es z. B. zu Herz-und Nierenerkrankungen, Erblindung sowie Amputationen kommen.

**Wie sollte sich ein Diabeteskranker verhalten?**

Eine ärztliche Behandlung ist unerlässlich. Wichtig ist, die empfohlene Diät zu halten, sich ausreichend zu bewegen, gegebenenfalls die angeordneten Medikamente einzunehmen bzw. zu spritzen und sich gut über die Krankheit zu informieren (z. B. durch den Besuch von Schulungen für Patienten).

Weiterführende Infos zur Ernährung und zu den Folgen von Diabetes unter:
www.ernaehrung.de
▷ Ernährungstipps
▷ Diabetes mellitus

**Wie sollte sich ein Diabeteskranker ernähren?**

Diabeteskranke, die Insulin spritzen, müssen die Insulin- und Kohlenhydratzufuhr genau aufeinander abstimmen. Dabei helfen z. B. die Angaben der sogenannten Broteinheiten (BE) oder Kohlenhydratheinheiten (KHE) auf den Verpackungen der Lebensmittel. Ärzte und Ernährungsberater leiten die Betroffenen an. Für Diabetiker ist eine gesunde Vollwerternährung wichtig, die Vielfachzucker bevorzugt. Der Grund dafür ist, dass der Vielfachzucker nur langsam ins Blut aufgenommen wird. Demzufolge ist der Insulinbedarf nicht so hoch.

Vollwerternährung ► S. 303
Vielfachzucker ► S. 286

Das sollte ein Diabetiker außerdem beachten:

- fettarme Ernährung, um das Arterioskleroserisiko zu mindern
- Eiweißzufuhr begrenzen
- Alkohol nur in geringen Mengen (max. 30 g am Tag) genießen

Arteriosklerose ► S. 259

Wie sollten Sie im Berufsalltag mit diabeteskranken Kindern umgehen?
An Diabetes erkrankte Kinder sind ebenso leistungsfähig wie andere Kinder. Sie können alles mitmachen und brauchen keine Sonderstellung, wenn ihre Insulinzufuhr vom Arzt gut eingestellt ist. Wichtig ist, dass alle Beteiligten über die Krankheit Bescheid wissen. Sollte es zu einem Notfall kommen, z. B. bei auftretender Unterzuckerung, die mit Bewusstlosigkeit einhergehen kann, ist – wie bei allen Notfällen – sofortige Hilfeleistung gefragt.

Praxis-Spicker:
Bewusstlosigkeit ► S. 257

## 4.3.2 Fette

Fette liefern dem Körper Energie, dienen der Wärmeisolation, als Schutzpolster für die inneren Organe und das Nervensystem sowie als Lösungsmittel für Vitamine (z. B. Vitamin A). In geringen Mengen werden Fette auch für den Aufbau von Körperzellen und die Geschmeidigkeit der Haut benötigt.
Fette bestehen aus einem Glyzerinmolekül und drei daran hängenden Fettsäuren (Abb. 1). Man unterscheidet ungesättigte und gesättigte Fettsäuren. Ungesättigte kommen vorwiegend in pflanzlichen Nahrungsmitteln wie Nüssen oder Raps- und Olivenöl vor. Sie sind für den Körper lebensnotwendig (essenzielle Fettsäuren) und müssen mit der Nahrung aufgenommen werden, da der Körper sie nicht herstellen kann. Gesättigte Fettsäuren finden sich vorwiegend in tierischen Lebensmitteln, wie Butter oder Schmalz. Diese Fette wirken sich ungünstig auf die Blutfettwerte aus und tragen zur Arteriosklerose bei.

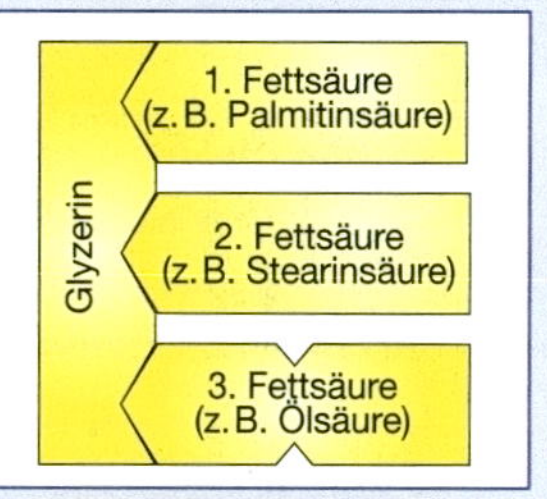


*Abb. 1 Aufbau eines Fettmoleküls*

**Cholesterin übernimmt wichtige Aufgaben im Körper, der Cholesterinspiegel darf aber nicht zu hoch sein.**

### Fettähnliche Stoffe – Cholesterin

Unser Körper benötigt Cholesterin zum Aufbau von Zellen, zur Bildung von Galle, zur Bildung von Hormonen und zur Bildung von Vitamin D. Cholesterin wird zum Teil in der Leber gebildet und zum Teil mit der Nahrung aufgenommen. Der Cholesterinspiegel im Körper darf jedoch nicht zu hoch sein, da Cholesterin mit zur Arteriosklerose beiträgt.

Galle ► S. 283
Hormone ► S. 328
Vitamin D ► S. 291

### Arteriosklerose – „Wenn die Gefäße verstopfen“

Erhöhte Blutfettwerte sind ein wichtiger Risikofaktor für die Entstehung von Arteriosklerose. Dabei lagern sich Fett und Cholesterin an rau gewordenen Stellen in den Blutgefäßen ab. Dies führt zu einer Verengung und im schlimmsten Fall zu einem Verschluss der Gefäße.
Von Arteriosklerose betroffene Gefäße können in unterschiedlichen Körperregionen zu Durchblutungsstörungen oder zu Infarkten (z. B. Schlaganfall, Herzinfarkt) führen.
Beispiele für weitere Risikofaktoren für Arteriosklerose sind: Diabetes mellitus, Nikotinkonsum, Übergewicht und familiäre Veranlagung.

Diabetes mellitus ► S. 287
Nikotinkonsum ► S. 268
Übergewicht ► S. 296

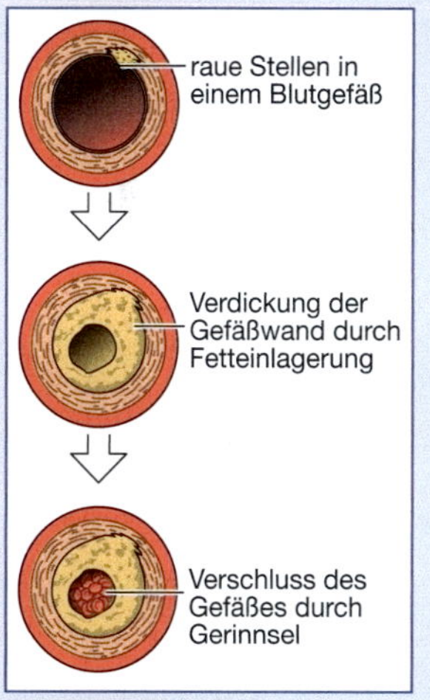


*Abb. 2: Darstellung zunehmender arteriosklerotischer Veränderungen im Gefäßquerschnitt: Ein Schaden in der innersten Gefäßschicht führt zu einem Eindringen von Fettmolekülen mit einer zunehmenden Einengung des Gefäßes, das dann durch ein Blutgerinnsel (Blutpropf, Thrombus) plötzlich verschlossen werden kann.*

*Frankfurter Rundschau, 15. 04. 08*

**Fit durch Fett**

Natürlich belassene Öle und sogar Butter sind für eine gesunde Ernährung wichtig.
Dass die Polster nicht unbedingt etwas mit einem hohen Fettkonsum zu tun haben, legt eine aktuelle internationale Studie nahe... Heutzutage sehen Ernährungsfachleute die Verbannung des Fetts in der Nahrung als den falschen Weg an, um dauerhaft schlank zu werden ... Die vielen guten Eigenschaften von Fett würden dabei übersehen und außerdem bleibe der Lerneffekt aus, wie gesunde Kost beschaffen sein müsste ... Sogar das bei vielen immer noch gefürchtete Cholesterin, wie es in tierischen Fetten vorkommt, ist lebensnotwendig... Zusätzlich sättigt Fett leichter im Gegensatz zu den fettreduzierten Produkten ... Nur so kann der Organismus sie nutzen. Diese so genannten essenziellen Fettsäuren dürfen in der Nahrung nicht fehlen ... Auf der sicheren Seite sei, wer die tierischen Fette, Butter und Co., sparsam wie ein Gewürz behandelt und auch die pflanzlichen Fette aus Ölen und Nüssen auf den Tisch bringt.

*gekürzter Artikel „Fit durch Fett“*

### 4.3.3 Eiweiße (Proteine)

*Eiweiße sind lebensnotwendig, sie werden in pflanzliche und tierische Eiweiße unterschieden.*

Glukose ► S. 286
Atmung ► S. 267
Verdauung ► S. 283
Immunsystem ► S. 217

Eiweiß ist ein hochwertiger und für den Organismus lebensnotwendiger „Baustein". Der Mensch braucht Eiweiß für die Erneuerung und das Wachstum von Zellen, für den Auf- und Umbau von körpereigenen Substanzen, den Ablauf aller Lebensvorgänge (z. B. Atmung, Verdauung, Immunsystem). Überschüssiges Eiweiß kann zu Glukose (Einfachzucker) umgebaut werden und dient dann als Energielieferant. Sind die Glukosespeicher gefüllt, wird das Eiweiß zu Fett umgewandelt und im Fettgewebe gespeichert.

Wir unterscheiden zwischen
- pflanzlichem Eiweiß (in Hülsenfrüchten, Getreide) und
- tierischem Eiweiß (in Fleisch, Käse, Milch, Eiern).

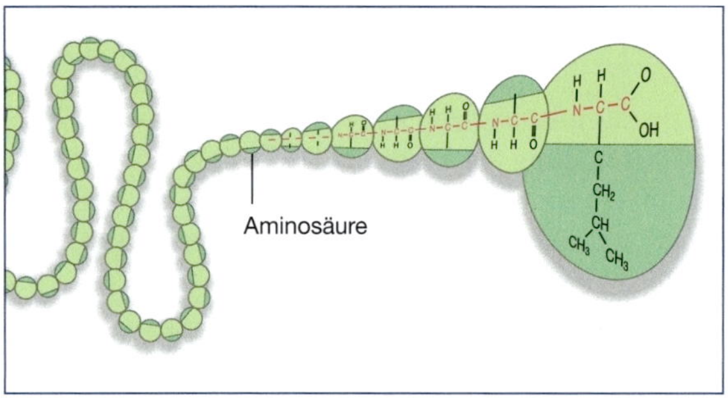


*Abb. 1 Struktur eines Eiweißmoleküls*

Eiweiße bestehen aus vielen miteinander verknüpften Aminosäuren (Abb. 1). Einige davon sind lebensnotwendig, denn der Körper kann sie nicht selbst herstellen. Sie müssen deshalb mit der Nahrung aufgenommen werden. Man nennt sie essenziell (lebenswichtig). Diese essenziellen Eiweiße sind in wesentlich höheren Mengen in tierischen Produkten zu finden. So ist z. B. das Ei für den Körper besonders hochwertig, weil die Zusammensetzung der Aminosäuren im Ei der Zusammensetzung im Körper entspricht. Dadurch kann der Mensch seine Proteine hervorragend aufbauen.

**Gicht – „Zipperlein" der Reichen**

Purine sind Eiweißbausteine, die vor allem in Hülsenfrüchten und Fleisch vorhanden sind. Sie werden im Körper zu Harnsäure umgewandelt und über die Nieren ausgeschieden. Ist die Harnsäurekonzentration im Blut zu hoch, kann es zu Ablagerungen von Harnsäurekristallen in den Gelenken kommen. Hierdurch entsteht eine entzündliche Reaktion des Gelenks (Gichtanfall), die mit Schwellungen, starken Gelenkschmerzen und manchmal mit Gelenkdeformationen einhergeht (Abb. 2)

Gelenke ► S. 245

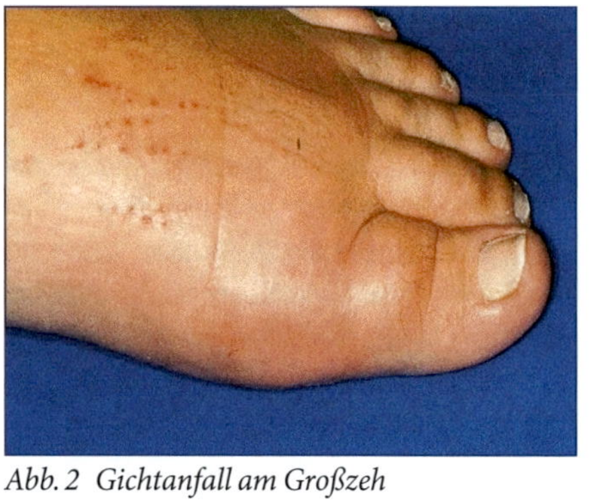

*Abb. 2 Gichtanfall am Großzeh*

Gicht wurde im Mittelalter als „Zipperlein" des reichen Mannes bezeichnet, der sich Fleisch und Alkohol leisten konnte. Für die Behandlung wird eine purinarme Ernährung, z. B. eher Käse, Getreide, Kartoffeln, Gemüse und Obst, empfohlen.

### 4.3.4 Vitamine

Vitamine werden für viele Stoffwechselvorgänge im Körper benötigt. Eine Ihrer Aufgaben ist es, den Enzymen bei der Arbeit zu helfen.

Enzyme ► S. 262

Stehen sie dem Körper nicht in ausreichendem Maße zur Verfügung, finden lebenswichtige chemische Reaktionen nicht statt. Die Folgen sind schwere Mangelerscheinungen, die zum Tod führen können. Da die meisten Vitamine vom Körper nicht in genügender Menge selbst hergestellt werden, müssen sie mit der Nahrung aufgenommen werden.

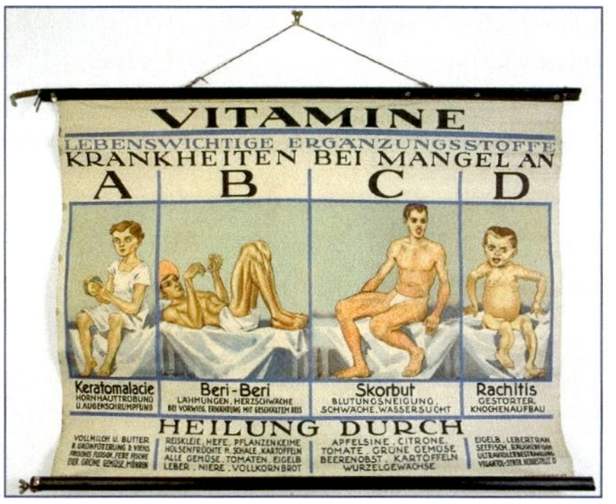


*Abb. 3 Historisches Plakat zu Vitaminmangelerscheinungen*

*Vitamine müssen mit der Nahrung aufgenommen werden, da sie vom Körper nicht ausreichend hergestellt werden.*

Es gibt fettlösliche und wasserlösliche Vitamine. Die fettlöslichen können nur mit Hilfe eines fetthaltigen „Transporters" (z. B. Öl) aus dem Darm in die Blutbahn aufgenommen werden. Werden zu viele fettlösliche Vitamine gegessen – das sind die Vitamine E, D, K, A –, speichern sie sich im Fettgewebe. Das kann zu einer Überdosierung führen. Bei einer Überdosierung der Vitamine A und D kommt es zu Erbrechen und Durchfall. Zu viel Vitamin D führt zusätzlich zu Kalziumablagerungen in den Blutgefäßen, was Arteriosklerose begünstigt. Die wasserlöslichen Vitamine werden über den Urin einfach wieder ausgeschieden, wenn zu viel davon aufgenommen wurden (z. B. Vitamin C).

**Vitamine braucht der Mensch**

für Stoffwechsel, Wachstum und Wohlbefinden.
Vitamine müssen dem Körper über die Nahrung zugeführt werden:

| | für | enthalten in |
|---|---|---|
| Vitamin A | Haut, Schleimhaut, Sehen im Dunkeln | Leber, Eigelb, Milch, Spinat, Karotten |
| Vitamin $B_1$, $B_2$ | Stoffwechsel, Abbau von Kohlenhydraten | Fleisch, Fisch, Milch, Getreide, Bananen |
| Vitamin $B_6$ | Eiweißstoffwechsel, Muskeln, Nerven | |
| Vitamin $B_{12}$ | Aufbau der roten Blutkörperchen | Fleisch, Leber, Eier, Milch |
| Vitamin C | Immunsystem | Paprika, Grünkohl, Zitrusfrüchte, Erdbeeren |
| Vitamin D | Knochenaufbau | Fisch, Leber, Eigelb, Steinpilze |
| Vitamin E | Herz und Kreislauf, Zellschutz | Eier, Nüsse, Sonnenblumen, Olivenöl |
| Beta-Karotin | Zellschutz (Krebsabwehr) | gelbes und grünes Gemüse und Obst |
| Folsäure | Bildung roter Blutkörperchen | Eier, Milch, Getreide, Blattgemüse |
| Niacin | Energiehaushalt der Zellen | Leber, Nieren, Muskelfleisch, Hefe |

INDEXFUNK **5959**

**!** Zum Karottensaft sollte man immer einen Tropfen Pflanzenöl dazugeben. Ansonsten kann das in der Karotte enthaltene Vitamin A vom Körper nicht aufgenommen werden. Wird der Saft zu einer Mahlzeit getrunken, ist das Öl jedoch unnötig.

*Abb. 1 Jodhaltiges Speisesalz*

### 4.3.5 Mineralstoffe und Spurenelemente

Zu den wichtigsten Mineralstoffen (Mineralien) gehören: Kalzium, Eisen, Jod, Natrium (Natriumchlorid = Kochsalz), Magnesium.
Die Mineralstoffe sind für einen reibungslosen Stoffwechsel notwendig. Kommen die Mineralstoffe nur in sehr geringen Mengen im Körper vor, bezeichnet man sie als Spurenelemente. Von besonderer Bedeutung für den menschlichen Körper sind z. B. Eisen (wichtig für den Aufbau des Blutes), Jod (für die Schilddrüsenfunktion), Kalzium (Knochenaufbau) sowie Natrium und Kalium (Wasserhaushalt).

**!** Kakao, Kaffee und Cola sind Kalziumräuber und entziehen dem Körper das Kalzium. Genießen Sie Cola und Kaffee in Maßen! Trinken Sie die Milch häufiger ohne Kakao. Kakao bindet das in der Milch enthaltene Kalzium. Dadurch kann der Mineralstoff nicht ins Blut aufgenommen werden.

### 4.3.6 Sekundäre Pflanzenstoffe

Die sekundären Pflanzenstoffe tragen ihren Namen zu Unrecht, denn zweitrangig (sekundär) sind sie ganz und gar nicht. Sekundäre Pflanzenstoffe dienen den Pflanzen als biologische Abwehr-, Farb-, Duft- und Lockstoffe. Für den menschlichen Körper übernehmen sie viele Schutzfunktionen:

- Sie beugen Krebs vor, z. B. durch Karotinoide, die in Gemüse zu finden sind.
- Sie beugen vor gegen Herzinfarkt, z. B. durch Flavonoide, die als Farbstoffe in Früchten wie Äpfeln und Gemüsesorten enthalten sind. Sie schenken beispielsweise Kirschen, Weintrauben oder Aprikosen ihre Farben.
- Sie regulieren den Blutzuckerspiegel, z. B. durch Phytin im Getreide.
- Sie senken den Cholesterinspiegel durch Phytosterine, die in fast allen Pflanzen vorkommen.
- Sie wirken entzündungshemmend, z. B. durch Saponine, die in Hülsenfrüchten, Hafer und einigen Gemüsearten vorkommen.
- Sie hemmen das Wachstum von unerwünschten Bakterien, Pilzen und Viren, z. B. durch Sulfide, die in Zwiebeln und Knoblauch enthalten sind.

**!** Obst oder Vitamintablette?
Obst und Gemüse liefern beides: Vitamine und sekundäre Pflanzenstoffe. Vitaminpräparate liefern nur Vitamine, nicht jedoch sekundäre Pflanzenstoffe.

### 4.3.7 Wasser

*Der tägliche Flüssigkeitsbedarf liegt bei etwa zwei Litern.*

Der Körper des Menschen besteht zu ca. 65–70 % aus Wasser. Durch die Wasserabgabe über Urin, Schweiß, Stuhl und Atemluft verlieren wir täglich etwa zwei Liter Wasser. Diese verloren gegangene Flüssigkeitsmenge muss wieder zugeführt werden. Dies geschieht zum Teil über Nahrung (z. B. Jogurt, Suppen, Gurken). Der übrige Teil der benötigten Flüssigkeit wird über Getränke aufgenommen.

**!** Kopfschmerzen und Abgeschlagenheit können durch unzureichende Flüssigkeitsaufnahme bedingt sein. Viele vergessen im Alltagstrubel das Trinken. Stellen Sie sich eine Wasserflasche oder eine Kanne ungesüßten Kräutertee neben den Schreibtisch.

### 4.3.8 Unverdauliche Stoffe – Ballaststoffe

*Ballaststoffe sind sättigend, verdauungsfördernd und beugen Erkrankungen vor.*

Ballaststoffe sind unverdauliche Kohlenhydrate aus Pflanzen, die für die Verdauung notwendig sind. Der Magen-Darm-Trakt ist nicht in der Lage, Ballaststoffe, die in Vollkornprodukten, Obst, Gemüse und Hülsenfrüchten vorkommen, aufzuspalten und ins Blut aufzunehmen. Sie haben also keine Bedeutung für die Energiegewinnung. Sie sind jedoch ausschlaggebend für die Verdauung, da sie die Darmtätigkeit anregen und dadurch Verstopfung, Darmentzündungen und Darmkrebs vorbeugen. Außerdem erhöhen sie das Sättigungsgefühl und binden Schadstoffe.

**!** Wenn Sie ein Glas Apfelsaft trinken, haben Sie die Kalorienmenge von drei Äpfeln aufgenommen. Satt sind Sie davon jedoch nicht. Essen Sie hingegen drei Äpfel, dann hat sich das Hungergefühl vermindert. Das liegt an den Ballaststoffen, denn diese haben eine festere Konsistenz. Dadurch verweilen sie länger im Magen, was das Sättigungsgefühl auslöst.

| Ballaststoffe in Lebensmitteln (pro 100 g) | |
|---|---|
| Weizenkleie | 40,0–50,0 g |
| Knäckebrot | 13,0–24,0 g |
| Mehrkornbrot | 5,5–9,0 g |
| Vollkornnudeln | 8,0 g |
| Trockenobst | 5,0–13,0 g |
| Karotten | 3,0 g |

**Praxis-Spicker**

## Verstopfung/Obstipation (verzögerte/beschwerliche Darmentleerung)

**WAS KANN ICH BEOBACHTEN?**

- Betroffene äußern Druck- und Völlegefühl; leichte bis mittelschwere Bauchschmerzen; Blähungen; Kot ist hart, knotig; geringe Kotmenge
- häufig ist der Entleerungsvorgang mit Anstrengungen, Beschwerden und Schmerzen in der Analregion verbunden

**WAS IST ZU TUN?**

- Maßnahmen zur Unterstützung und Regulierung des Stuhlgangs einleiten, z. B. Stuhlgang stets zur selben Tageszeit ermöglichen
- Magen-Darm-Tees verabreichen, Wärmeanwendungen
- Bewegungs- und Flüssigkeitsmangel vorbeugen bzw. beseitigen
- Gabe von Abführmitteln (Laxanzien) nur nach ärztlicher Anordnung

Herr Stephan lehnt Abführmittel ab, weil er Angst hat, es nicht schnell genug zur Toilette zu schaffen.

**HINWEISE:**

Unterstützung und Hilfestellung bei der Stuhlentleerung erfordern ein hohes Maß an Einfühlungsvermögen sowie ein taktvolles Vorgehen.
Wahren Sie die Intimsphäre der betroffenen Person und bieten Sie eine ungestörte, ruhige Atmosphäre bei Toilettengängen.

Herr Stephan hat Blähungen und ein Völlegefühl.

**MÖGLICHE URSACHEN:**

- Veränderungen in der Analregion (z. B. Hämorrhoiden) oder Einrisse in der Analschleimhaut: zur Schmerzvermeidung erfolgt die Zurückhaltung des Stuhls
- Veränderung des Darms (z. B. Verengung oder Aussackungen der Darmwand)
- ballaststoffarme Kost, Flüssigkeits- und Bewegungsmangel
- Einnahme bestimmter Medikamente (z. B. Opioide, Diuretika, Antidepressiva)
- Erkrankungen oder Verletzungen des Nervensystems oder des Rückenmarks

### 4.3.9 Lebensmittelzusatzstoffe

*Lebensmittelzusatzstoffe können gesundheitsschädlich sein.*

Lebensmittelzusatzstoffe sind Stoffe, die Lebensmitteln beigefügt werden, wie z. B. Farbstoffe, Gewürz- und Aromastoffe oder Konservierungsstoffe.
Einige dieser Zusatzstoffe sind wegen möglicher gesundheitsschädigender Folgen umstritten. Erkennen kann man diese Zusatzstoffe neben der tatsächlichen Bezeichnung auf der Verpackung auch als sogenannte „E-Nummer“ (Abb. 1).

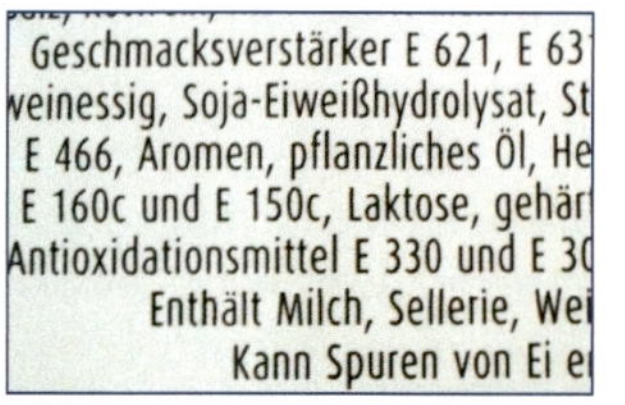


*Abb. 1 E-Nummern auf einer Verpackung*

**!** Der Lebensmittelzusatzstoff Azorubin, auf Verpackungen bekannt als E122, steht in Verdacht, bei manchen Menschen Hautausschlag auszulösen. Mit Azorubin werden z. B. Süßigkeiten, Getränke, braune Soßen oder Fruchtkonserven gefärbt.

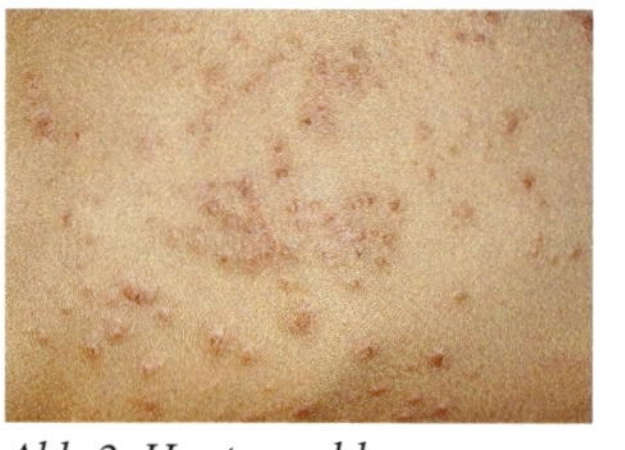

*Abb. 2 Hautausschlag*

#### Gesundheitsgefährdung durch Rückstände in Lebensmitteln

**Pestizide**
Dabei handelt es sich um chemische Pflanzenschutz- und Schädlingsbekämpfungsmittel, die in der Landwirtschaft eingesetzt werden, um die Ernteerträge zu steigern. Diese Substanzen – es gibt sehr viele davon – belasten nicht nur unsere Umwelt. Wissenschaftler konnten nachweisen, dass sie z. T. krebserregend wirken oder z. B. das Nervensystem von Mensch und Tier schädigen können.

Biosiegel ▸ S. 303

**!** Der Einsatz von Pestiziden ist im ökologischen Landbau verboten. Das Biosiegel garantiert Ihnen Lebensmittel ohne Pestizidrückstände.

**Tierarzneimittel – wirklich tierisch gut?**
Rückstände gelangen auch durch die in der Massentierhaltung eingesetzten Arzneimittel in unsere Nahrungsmittel. Antibiotika werden z. B. vorbeugend eingesetzt, damit die Tiere nicht erkranken und dem Landwirt höhere Erträge bringen. Der übertriebene Antibiotikaeinsatz bei Tieren macht viele der Mittel beim Menschen unwirksam.

*Abb. 3 Antibiotika gelangen in unser Fleisch.*

*Die Auswirkungen gentechnisch veränderter Lebensmittel sind umstritten.*

**Gentechnisch veränderte Lebensmittel – eine sichere Sache?**
Gentechnisch veränderte Lebensmittel sind Pflanzenarten, deren Erbgut verändert wurde. So können genmanipulierte Tomaten z. B. über einen längeren Zeitraum frisch und knackig bleiben als nicht veränderte. Nutzpflanzen sollen durch gentechnologische Veränderungen etwa widerstandsfähiger gegen Schädlinge und Krankheiten werden. Aber die Auswirkungen von gentechnisch veränderten Organismen (GVO) auf die Umwelt und den Menschen sind weltweit sehr umstritten. Kritiker befürchten Schäden für die menschliche Gesundheit sowie unkalkulierbare Folgen für die Natur.

**Wie erkenne ich genmanipulierte Lebens- und Futtermittel?**
Gentechnisch veränderte Lebens- und Futtermittel müssen in der Europäischen Union (EU) zum Beispiel auf Verpackungen gekennzeichnet werden. Das gilt für verarbeitete pflanzliche Lebensmittel und Zutaten, wenn sie zu mehr als 0,9 Prozent aus gentechnisch veränderten Pflanzen oder Mikroorganismen hergestellt sind. Nicht jedoch für Tierprodukte. Ein Beispiel: Sie kaufen einen Keks. In diesem ist ein Ei verarbeitet. Das Huhn, das das Ei gelegt hat, bekam gentechnisch verändertes Futtermittel. Auf der Kekspackung muss dies nicht ausgewiesen werden, weil es sich um ein Tierprodukt handelt. Nur der Bauer, der das Futter für die Hühner kauft, bekommt die Information. Organisationen wie z. B. foodwatch e.V. kritisieren diese gesetzliche Regelung deshalb für den Verbraucher als nicht weitreichend genug.
Seit August 2009 gibt es in Deutschland auch ein einheitliches Label für „ohne Gentechnik"-Produkte. Es soll dem Verbraucher mehr Orientierung bieten (siehe Abb. 4). Wenn eine Keksverpackung also dieses Siegel trägt, kann der Käufer sicher sein, dass die Hühner nicht mit gentechnisch veränderten Pflanzen gefüttert wurden. Die Nutzung eines solchen Siegels ist für Lebensmittelhersteller jedoch freiwillig. (Stand Januar 2010)

Ohne Gentechnik

*Abb. 4 Das Bundesministerium für Ernährung, Landwirtschaft und Verbraucherschutz vergibt das Logo „ohne Gentechnik".*

## Achtung: Gen-Food!

**Kennzeichnungspflichtig sind**

1. alle pflanzlichen Lebensmittel, Zutaten oder Zusatzstoffe, die aus gentechnisch veränderten Organismen hergestellt sind – egal, ob man noch gentechnisch veränderte Bestandteile darin nachweisen kann oder nicht.
   **Beispiele:**
   - *Öl aus Gen-Sojabohnen oder -Raps*
   - *Stärke aus Gen-Mais*
   - *Traubenzucker und Glukosesirup aus gentechnisch veränderter Maisstärke*
   - *Zusatzstoffe wie Lezithin und Aromen aus Gen-Sojabohnen*
2. alle Lebensmittel, die selbst ein gentechnisch veränderter Organismus sind
   **Beispiele:**
   - *Mais, Kartoffeln, Tomaten*
   - *Fisch (lebend)*
3. alle Lebensmittel, die gentechnisch veränderte Organismen enthalten
   **Beispiele:**
   - *Jogurt mit gentechnisch veränderten Bakterien*
   - *Weizenbier mit gentechnisch veränderter Hefe*

**Nicht kennzeichnungspflichtig sind:**

- *Fleisch, Milch und Eier von Tieren, die mit gentechnisch veränderten Futtermitteln gefüttert wurden*
- *mit gentechnisch veränderten Hilfsstoffen (Enzymen) hergestellte Lebensmittel, wobei die Hilfsstoffe nicht im Lebensmittel verbleiben; z.B. bei der Käseherstellung*
- *unbeabsichtigte Verunreinigungen mit gentechnisch veränderten Bestandteilen bis 0,9 %*

**Mögliche Formulierungen auf der Verpackung:**

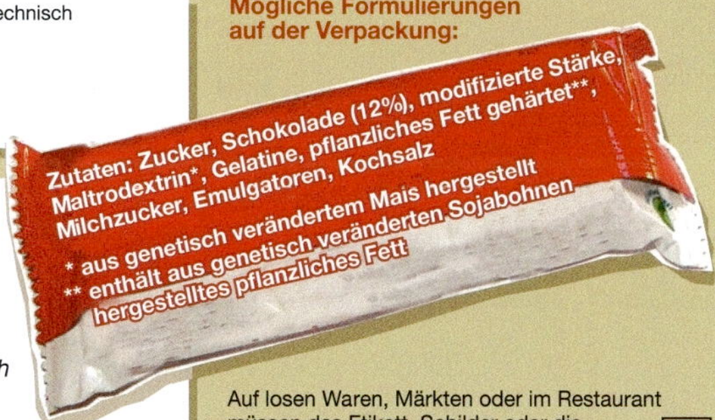


Auf losen Waren, Märkten oder im Restaurant müssen das Etikett, Schilder oder die Speisekarte auf Gen-Food hinweisen.

Quelle: BMVEL © Globus 9200

## 4.4 Die Bedeutung einer gesunden Ernährung – „Wie viel Essen brauchen wir?“

### 4.4.1 Energiebedarf

*Energiebedarf = Grundumsatz + Leistungsumsatz*

Der Energiebedarf des Menschen setzt sich aus dem Grundumsatz und dem Leistungsumsatz zusammen. Der Grundumsatz ist die Energiemenge, die ein Mensch in völliger Ruhe, nüchtern, bei 20 °C innerhalb von 24 Stunden durchschnittlich zur Aufrechterhaltung der Körperfunktionen benötigt. Er wird unter anderem durch das Alter, das Geschlecht und das Gewicht, aber auch durch das Klima und den persönlichen Stress beeinflusst.

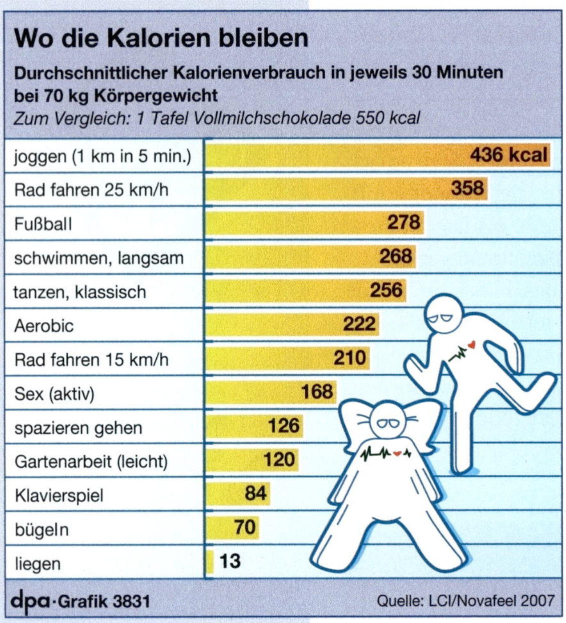


| Alter in Jahren | Körpergewicht in kg | | Grundumsatz in kJ / kcal pro Tag | |
|---|---|---|---|---|
| | Mann | Frau | Mann | Frau |
| 15 – 19 | 67 | 58 | 7 620 / 1 820 | 6 113 / 1 460 |
| 19 – 25 | 74 | 60 | 7 620 / 1 820 | 5 820 / 1 390 |
| 25 – 51 | 74 | 59 | 7 295 / 1 740 | 5 610 / 1 340 |
| 51 – 65 | 72 | 57 | 6 615 / 1 580 | 5 317 / 1 270 |
| > 65 | 68 | 55 | 5 903 / 1 410 | 4 899 / 1 170 |

*Abb. 1 Grundumsatz – Übersicht*

Die Energiemenge, die der Mensch täglich über den Grundumsatz hinaus – für körperliche Arbeit (z. B. berufliche Tätigkeit und Freizeitverhalten) – benötigt, wird als Leistungsumsatz bezeichnet.

### 4.4.2 Entstehung von Übergewicht

Wenn die tägliche Kalorienzufuhr bzw. Kilojoulezufuhr langfristig den Energieverbrauch des Körpers übersteigt, speichert der Körper den Nährstoffüberschuss im Fettgewebe und es entsteht Übergewicht.

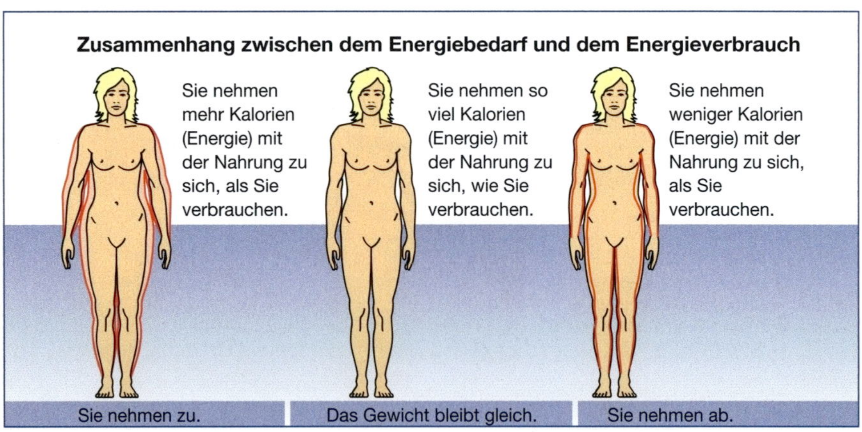

### Der Body-Mass-Index und seine Schwächen

Mit Hilfe des Body-Mass-Index (BMI) können Sie eine Einschätzung Ihres Gewichts vornehmen. Dabei wird das Verhältnis von Körpergewicht zur Körpergröße berechnet. Er gilt als grobe Richtschnur, um ein Gewicht als „normal“ oder von der Norm abweichend zu betrachten.

Ihren BMI können Sie ausrechnen lassen unter:

www.diabetes-deutschland.de/373.htm

*BMI = Gewicht [kg] / Größe [m]²*

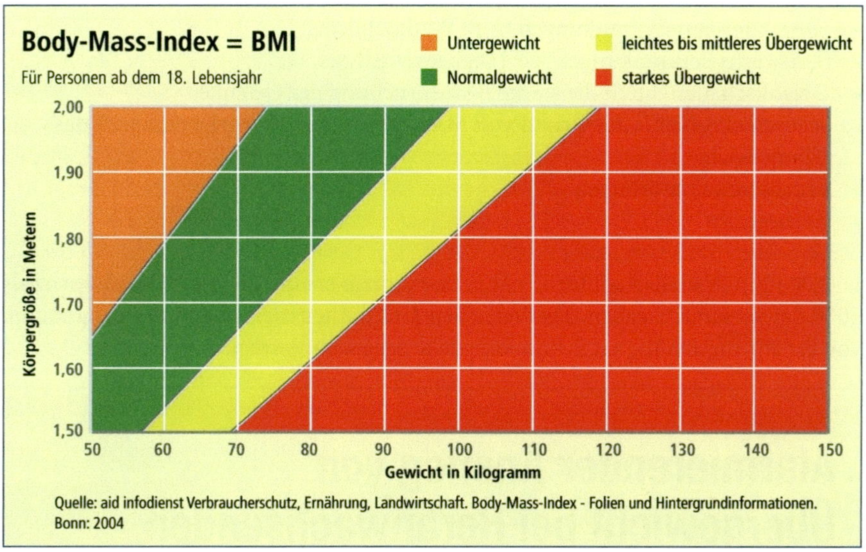


Der Body-Mass-Index gilt jedoch nur für Jugendliche ab 16 bzw. 18 Jahren und Erwachsene (für Kinder gibt es eigene Tabellen), dabei unterscheidet er nicht zwischen Fett- und Muskelmasse. Zum Beispiel fallen Sportler, Bodybuilder oder Schwerstarbeiter bei dieser Methode häufig in die Kategorie „übergewichtig“, weil sie durch die Muskeln mehr wiegen. Auch sehr kleine oder sehr große Menschen werden oft falsch bewertet. Der Body-Mass-Index nimmt auch auf den Körperbau (schlank oder untersetzt) keine Rücksicht. Genauer bestimmen kann man Übergewicht, wenn man den Körperfettanteil oder den Bauchumfang misst.

*Abb. 2 Mit einem BMI von 20 wäre Marilyn Monroe heute für das Modelgeschäft schon zu dick.*

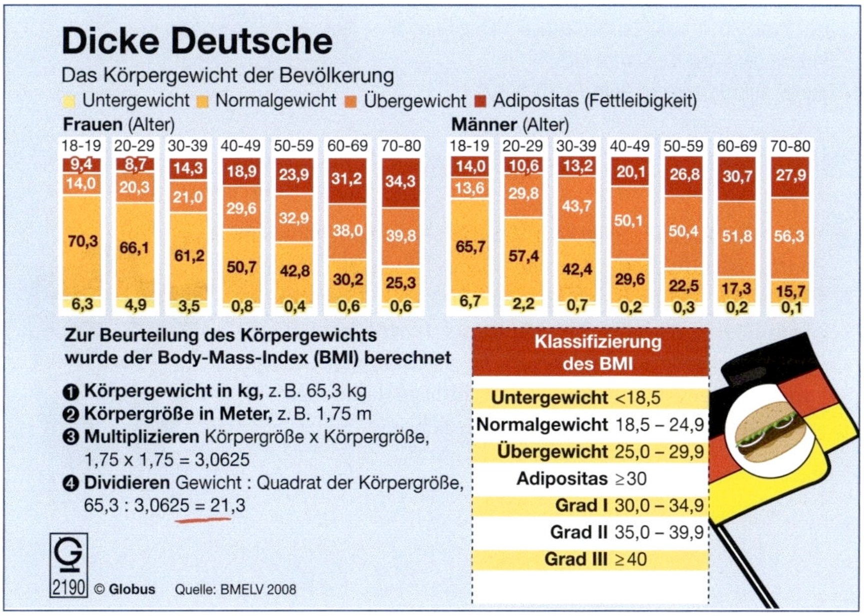

*Starkes Übergewicht wird als Adipositas bezeichnet.*

**Adipositas (Fettleibigkeit, Fettsucht)**

Menschen mit einem Body-Mass-Index (BMI) von 30 und mehr haben starkes Übergewicht. In dem Fall spricht man von Adipositas (Fettsucht oder Fettleibigkeit). Ursachen dafür sind Überernährung und Bewegungsmangel. Die Betroffenen essen in der Regel zu viel, zu fett, zu süß, zu ballaststoffarm und bewegen sich zu wenig. Adipositas kann z. B. zu folgenden gesundheitlichen Schäden führen:

Diabetes mellitus ► S. 287

- Herz-Kreislauf-Erkrankungen (z. B. Bluthochdruck)
- Stoffwechselerkrankungen wie Diabetes mellitus
- Gelenkschäden durch die starke Beanspruchung der Gelenke
- seelische Probleme auf Grund von Minderwertigkeitskomplexen durch das Übergewicht
- Fruchtbarkeitsstörungen
- Krebsgefahr

Die Deutsche Gesellschaft für Ernährungsmedizin ermittelte, dass jährlich mehr als 30 % der Gesamtausgaben des deutschen Gesundheitswesens für die Behandlung von ernährungsbedingten Erkrankungen ausgegeben werden.

## Alarmierender Anstieg von Übergewicht bei Heranwachsenden

### Dicke Fakten

München (dpa) – Das krankhafte Übergewicht bei Kindern und Jugendlichen nimmt in Deutschland nach Expertenaussagen alarmierend zu. Von den 3- bis 17-Jährigen sind rund 15 Prozent übergewichtig und etwa 6 Prozent fettsüchtig…, „Zwei Drittel der fettsüchtigen Kinder hätten nach einer Analyse niemals gemeinsam im Familienkreis am Tisch gegessen. Rund 70 Prozent der deutschen Männer und 50 Prozent der Frauen seien zu dick.“

Quelle: Auszug aus dpa vom 18. 10. 2007

**!** Die Idee für die beliebte TV-Serie „Lazytown“ stammt vom isländischen Aerobic-Vizeweltmeister Magnús Scheving, der auch den Helden „Sportacus“ verkörpert. Damit wird versucht, den Kindern Lust auf Spiel, Bewegung und gesunde Ernährung zu machen und Übergewicht entgegenzuwirken. Die Sendung läuft auch im Deutschen Privatfernsehen erfolgreich.

**Reduktionsdiäten**

Wenn man ein paar Kilos verlieren will, versucht man es meist mit Diät. Diese sogenannten Reduktionsdiäten zielen auf die Abnahme (Reduktion) des Körpergewichts. Es werden zahlreiche Reduktionsdiäten beschrieben, die sich erheblich voneinander unterscheiden. Es gelingt jedoch nur selten, das Körpergewicht dauerhaft zu reduzieren, weil die meisten Diäten nicht auf eine langfristige Änderung der Essgewohnheiten sowie die Einbindung von Bewegung abzielen. Diäten können auch der Einstieg in eine Essstörung sein. Nur wenige Diätformen sind wissenschaftlich überprüft. Im Folgenden werden die bekanntesten Reduktionsdiäten vorgestellt.

Bewegung ► S. 241
Essstörung ► S. 279

| Beispiele | Trennkost, z. B. Hay'sche Trennkost | Formula-Diät, z. B. Slim fast | Fett- und eiweißreiche Diät, z. B. Dr.-Atkins-Diät | Fettarme Diät, z. B. Brigitte-Diät, Weight Watchers |
|---|---|---|---|---|
| |  |  |  |  |
| **Was wird gegessen?** | – kohlenhydrat- und eiweißhaltige Lebensmittel werden getrennt aufgenommen<br>– neutrale Lebensmittel (Fette und Gemüse) zu jedem Gericht erlaubt<br>– man darf essen, soviel man möchte | – Fertigdrinks oder anrührbare Instantpulver ersetzen Mahlzeiten (max. 1200 kcal pro Tag) | – Kohlenhydratzufuhr ist stark eingeschränkt<br>– Fette und Eiweiße dürfen unbegrenzt gegessen werden | – ausgewogene, vollwertige Mischkost<br>– wenig Fett<br>– Brigitte-Diät: max. 1200 kcal täglich.<br>– Weight Watchers: Bewertung der Speisen durch Punkte, deren tägliche Aufnahme eingeschränkt ist |
| **Vorteile** | viel Obst und Gemüse | keine langwierige Vorbereitung der Speisen | keine langwierige Vorbereitung der Speisen | persönliche Zusammenstellung der Speisen; führt ggf. zur Umstellung der Ernährung |
| **Nachteile** | – Gewichtsabnahme nur, wenn die Kalorienzufuhr eingeschränkt wird | – ballaststoffarm<br>– zu wenig Flüssigkeit (Gefahr von Verstopfung) | – große Mengen Fett | – hoher Zeitaufwand für die Zubereitung der Speisen<br>– teure Kursgebühren |
| **Beurteilung** | – Trennen der Lebensmittel ist schwer durchzuhalten<br>– kein Beweis für die Wirksamkeit | – kein Erlernen von gesundem Essverhalten<br>– kein Genuss beim Essen<br>– fehlende Esskultur | – hoher Fettanteil (Risikofaktor für die Entstehung von Herz-Kreislauf-Erkrankungen) | – Erlernen von gesundem Essverhalten<br>– ausgewogenes, schmackhaftes und sättigendes Nährstoffangebot |

Schnelle, gesunde Snacks für zwischendurch sind z. B.:

- ein Apfel, eine Banane oder eine Möhre
- eine Handvoll Mandeln
- 500 ml Buttermilch
- ein Becher Naturjogurt
- ein Vollkornbrötchen oder eine Scheibe Vollkornbrot

**!** Sie fragen sich, wie schlanke Menschen es schaffen, ihr Gewicht ohne Diät zu halten? Mit dieser Trickkiste erreichen und halten Sie Ihr Normalgewicht:
- Essen Sie nur, wenn Sie wirklich hungrig sind.
- Hören Sie auf, wenn Sie satt sind.
- Trösten Sie sich nicht durch Essen.
- Essen Sie nicht aus Langeweile.
- Essen Sie nur, wenn Sie Zeit haben, nicht im Stehen und zwischendurch.
- Essen Sie nur, wenn es Ihnen wirklich schmeckt.
- Nutzen Sie im Alltag alle Gelegenheiten zur Bewegung.

**Fastfood – Verursacher von Übergewicht oder besser als sein Ruf?**
Wer hat nicht schon mal einen Hamburger mit Pommes frites, Döner Kebab, ein Sandwich oder Würstchen mit Brötchen gegessen? Viele Menschen verzehren Fastfood zunächst einmal, weil die Gerichte vergleichsweise günstig sind. Außerdem: kein langes Warten auf das Essen, schnelle Bedienung, gleich bleibendes Angebot. Gesundheitsexperten warnen seit Jahren vor folgenden gesundheitlichen Risiken einer ausschließlichen Fastfood-Ernährung:
- Fastfood ist sehr fetthaltig. Das kann zu Übergewicht führen.
- Fastfood enthält viel Zucker. Die Folge ist Übergewicht.
- Fastfood ist stark gesalzen. Man gewöhnt sich an stark gesalzene Speisen.
- Fastfood ist ballaststoffarm. Man bekommt schnell wieder Hunger.
- Der Vitamin- und Mineralstoffgehalt ist sehr gering. Die Folge sind Mangelerscheinungen.

Fastfood hat sich jedoch verändert und ist in den letzten Jahren mehr geworden als Pizza, Pommes und Hamburger. Das Angebot an schnellem Essen ist immer abwechslungsreicher geworden. Man kann frisch belegte Bagel (Brötchen mit Loch in der Mitte, Abb. 2), Obstsalat oder raffiniert gefüllte Wraps (Teigfladen, in den Salat und andere Zutaten gewickelt sind, Abb. 1) kaufen und dann alles mit einem Smoothie (püriertes Obst) abschließen. Kostengünstiger kann man sich mit einem Apfel und einer leckeren Möhre vitamin- und ballaststoffreich versorgen. Der Snack-Markt wird immer hochwertiger, frischer und vielfältiger. Die Produkte halten länger satt und sind gesund. Man kann sich also auch auf die Schnelle ausgewogen ernähren. Bedenken Sie jedoch immer, dass auch gesunde Fastfood-Menüs z. B. mit fettigen Salatsoßen angeboten werden können. Bei diesen sollten Sie nur sparsam zugreifen.

*Abb. 1 und 2 Es kommt auch beim Fastfood auf die Qualität an.*

### 4.4.3 Empfehlungen zur gesunden Ernährung

In Deutschland gibt es verschiedene Institutionen, die Empfehlungen zur gesunden Ernährung veröffentlichen, z. B. im Auftrag vom Bundesministerium für Gesundheit. Dazu zählen:

- die Deutsche Gesellschaft für Ernährung (DGE)
- der aid infodienst (Verbraucherschutz, Ernährung, Landwirtschaft e. V.)
- verschiedene eingetragene Vereine (z. B. Deutsche Krebsgesellschaft e.V.)
- Krankenkassen und viele mehr

Anlaufstelle für Fragen zur gesunden Ernährung:

www.talkingfood.de
Auf www.was-wir-essen.de erfährt man, wie das Essen auf den Tisch kommt.

**Die 10 Regeln der DGE für eine gesunde Ernährung und der Ernährungskreis**
Die Deutsche Gesellschaft für Ernährung (DGE) hat auf der Basis aktueller wissenschaftlicher Erkenntnisse Regeln für eine vollwertige Ernährung entwickelt. Die Abbildung zeigt die empfohlene Zusammensetzung und das nötige Mengenverhältnis der Nahrungsmittel von sieben verschiedenen Lebensmittelgruppen. Der Ernährungskreis gibt die optimale Mischung der Lebensmittel in unserem Speiseplan an.

Mehr Informationen zu den 10 Regeln für eine gesunde Ernährung finden Sie unter:

www.dge.de

Seit 1956 werden die 10 Regeln für eine gesunde Ernährung von der DGE herausgegeben. Von Anfang an spielten die Abwechslung in der Lebensmittelauswahl und die Empfehlung, reichlich Vollkornerzeugnisse, Obst und Gemüse zu konsumieren, eine zentrale Rolle. Ausreichender Verzehr von Milch und Milchprodukten und eiweißhaltigen Lebensmitteln sowie Zurückhaltung bei der Energieaufnahme, beim Fett- und Alkoholkonsum – diese Aspekte waren immer von Bedeutung. In den ersten Jahren waren das „appetitliche und fröhliche Aussehen“ der Speisen und die „heitere Stimmung beim Essen" ebenso wichtig wie der Hinweis, beim Speiseplan auch an den Geldbeutel zu denken und Marktangebote zu berücksichtigen. Ab 1970 nahm man die Empfehlung auf, die tägliche Nahrungsaufnahme auf mehrere Mahlzeiten zu verteilen. 1976 wurde der Aspekt des nährstoff- und geschmackschonenden richtigen Garens einbezogen. (nach „Die Geschichte der 10 Regeln der DGE“; Quelle: www.dge.de)

*Vollwertig essen bedeutet mehr als die richtige Auswahl der Lebensmittel.*

### Die Ernährungspyramide des aid infodienstes

Der aid hat mit seiner Ernährungspyramide ein einfaches und alltagstaugliches System entwickelt, mit dem jeder – ohne umständliches Kalorienzählen – sein Ernährungsverhalten prüfen und optimieren kann. Das Ampelsystem, Portionsbausteine, die eigene Hand, große und kleine Teller helfen dabei, sich zurechtzufinden.

Weitere Informationen zur Ernährungspyramide finden Sie unter:

www.aid.de

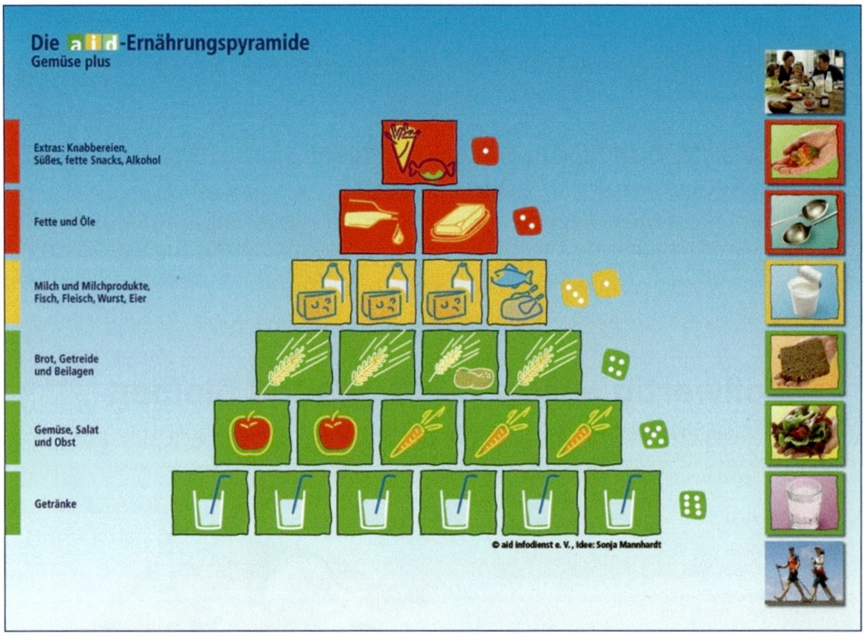


### Die Kampagne „5 am Tag“

Unter der Schirmherrschaft vom Bundesministerium für Ernährung, Landwirtschaft und Verbraucherschutz sowie des Bundesministeriums für Gesundheit wurde die Kampagne „5 am Tag“ entwickelt. Sie empfiehlt 3 Portionen Gemüse und 2 Portionen Obst täglich – möglichst bunt und vielfältig –, um den Körper optimal zu versorgen. Die Kampagne „5 am Tag“ gibt viele Anregungen für die richtige Zusammensetzung des Speiseplans und wie man es schafft, am Tag 5 Portionen Obst und Gemüse zu essen.

Weitere Informationen zur Kampagne „5 am Tag“ finden Sie unter:

www.5amtag.de

### Wie viel ist eine Portion?

Eine Portion messen Sie einfach mit Ihren Händen ab, dabei entspricht eine Portion einer Hand bzw. zwei Händen voll. Auch Kinder können eine Portion mit ihren Händen abmessen. So bekommen sie die auf ihren Bedarf abgestimmte Menge.

| 1 Portion Gemüse kann sein… | 1 Portion Obst kann sein… |
|---|---|
| 1 kleiner Kohlrabi, 1 Paprika oder 1 große Tomate | 1 Apfel, 1 Banane, 1 Orange oder 1 Pfirsich |
| 2 Hände voll Salat oder klein geschnittene Möhren | 2 Hände voll Erdbeeren, Himbeeren oder Trauben |
| 1 kleine Dose Erbsen oder Möhren oder Mais (ca. 125 g) | 4 El Fruchtkompott ohne Zucker bzw. leicht gezuckert |
| 2 Hände voll tiefgekühlter Brokkoli, Spinat oder Champignons (ca. 125 g) | 2 Hände voll tiefgekühlte Beerenmischung |
| 1 Glas Tomaten- oder Karottensaft | 5 Trockenpflaumen oder getrocknete Aprikosen |
| | 1 Glas Fruchtsaft mit 100 % Fruchtgehalt |

### 4.4.4 Besondere Formen der Ernährung

**Vegetarische Ernährung (ovo-lakto-vegetarische Ernährung)**
Vegetarier sind Menschen, die bewusst keine Wurst und kein Fleisch und keinen Fisch essen. Nahrungsmittel wie Getreide, Obst, Gemüse und Hülsenfrüchte bilden die Grundlage der vegetarischen Ernährung, die durch Milchprodukte und Eier ergänzt wird. Bei der richtigen Kombination der Nahrungsmittel wird so der Bedarf an Kohlenhydraten, Fetten, lebensnotwendigen Eiweißen, Vitaminen und Mineralstoffen gedeckt. Der Mensch kann also durchaus auf Fleisch und Fisch verzichten, sofern er seine Nahrungsmittel ausgewogen zusammenstellt.
Untergruppen, die auch zum Vegetarismus zählen, sind die sogenannten Lakto-Vegetarier, die keine Eier, jedoch Milchprodukte essen, und die Veganer, die überhaupt keine Lebensmittel essen, die von Tieren produziert werden. Sie achten unter Umständen auch bei der Kleidung darauf, dass diese nicht aus Tierprodukten wie z. B. Leder oder Pelz hergestellt ist.
Häufig leben Vegetarier insgesamt gesundheitsbewusster, das heißt, sie rauchen weniger, trinken weniger Alkohol und bewegen sich häufiger. Durch die gesunde Lebensweise und auf Grund der bewussten Ernährung sind sie seltener übergewichtig.

*Abb. 1 Mit dem V-Label werden in Europa für Vegetarier geeignete Produkte gekennzeichnet.*

*Abb. 2 Mit dem Bio-Siegel werden bis 2020 Erzeugnisse aus ökologischem Landbau gekennzeichnet.*

*Abb. 3 Das Bio-Siegel wird nach und nach durch das EU-Bio-Logo ersetzt.*

*Abb. 4 Offizielles Zeichen für den fairen Handel – das FAIRTRADE-Gütesiegel*

*Abb. 5 Große Gemüseauswahl auf einem Wochenmarkt*

**Vollwerternährung**
Bei der Vollwerternährung werden vorwiegend lakto-vegetarische Nahrungsmittel gegessen, die möglichst frisch und wenig verarbeitetet sind.
Wie bei der vegetarischen Ernährung werden Vollkornprodukte, Obst und Gemüse, Hülsenfrüchte, Kartoffeln sowie Milch und Milchprodukte bevorzugt. Zusätzlich werden auch geringe Mengen an Fleisch, Fisch und Eiern verzehrt. Menschen, die auf eine Vollwerternährung achten, nehmen ungefähr die Hälfte der Frischkost unerhitzt und unverarbeitet auf.

Die Umwelt- und Sozialverträglichkeit spielt bei vielen gesundheitsbewussten Verbrauchern ebenfalls eine Rolle. Das bedeutet konkret:
- Es werden bevorzugt kontrolliert biologische Erzeugnisse gekauft. Diese werden ohne Pestizide und synthetische Dünger hergestellt. Das entlastet die Böden und der Mensch nimmt dadurch weniger Umweltgifte zu sich.
- Die Nahrungsmittel stammen meist aus der Region und sind der Jahreszeit angepasst. Vollwertkostanhänger kaufen bewusst z. B. im Winter keine Erdbeeren, weil das bedeutet, dass sie von weit entfernten sonnigen Ländern eingeflogen werden müssen. Sie denken: Wer regional kauft, erspart der Umwelt lange Transportwege und unterstützt die heimischen Bauern.
- Umweltschonende Verpackungen oder unverpackte Lebensmittel werden bevorzugt.
- Möglichst werden Lebensmittel aus fairem Handel gekauft.

Pestizide ► S. 294

Unter: www.aid.de
▹ Ernährung
▹ Ernaehrungsfuehrerschein
finden Sie Informationen zum aid-Ernährungsführerschein für Kinder

**Ernährungsempfehlungen für Kinder**

Bei der Ernährung von Kindern ist es wichtig, Speisen so zusammenzustellen und zuzubereiten, dass sie den kindlichen Bedürfnissen gerecht werden.
Auf diese Ernährungsempfehlungen für Kinder und Jugendliche sollten Sie achten:

- Der Bedarf an Flüssigkeit ist bei Kindern und Jugendlichen hoch. Deshalb auf ausreichend Flüssigkeitszufuhr mit ungesüßten oder wenig gesüßten Getränken (wie Wasser, Früchtetee oder verdünnte Säfte) achten.
- Der Eiweißbedarf ist bei Kindern und Jugendlichen höher als bei Erwachsenen, da Eiweiße für das Wachstum benötigt werden. Bieten Sie täglich Milch bzw. Milchprodukte an. Dadurch wird der für den Knochenaufbau benötigte Kalziumbedarf gedeckt.
- Bauen Sie Zwischenmahlzeiten in Form von frischem Obst und Gemüse oder Vollkornprodukten ein. Diese benötigt der Körper zur Deckung des Vitamin- und Mineralstoffbedarfs.
- Die Energiezufuhr darf nicht zu hoch sein. Süßigkeiten nur in Maßen. Bieten Sie lieber eine Bananenmilch oder Obst an.

**So viel sollten Kinder trinken**

| Alter | ml/Tag |
|---|---|
| ab 4 Monate bis unter 1 Jahr | mind. 400 |
| 1 bis unter 4 Jahre | 820 |
| 4 bis unter 7 Jahre | 940 |
| 7 bis unter 10 Jahre | 970 |
| 10 bis unter 13 Jahre | 1170 |
| 13 bis unter 15 Jahre | 1330 |
| 15 bis unter 19 Jahre | 1530 |

**Ernährungsempfehlungen für Säuglinge:**

- Ab dem 5. Monat kann eine Milchmahlzeit langsam durch Gemüsebrei ersetzt werden.
- Ab dem 6. Monat kann die abendliche Milchration durch einen Brei ersetzt werden. Dem Gemüsebrei der Mittagsmahlzeit kann nun 2-mal in der Woche gekochtes, zerkleinertes, mageres Fleisch zugemischt werden.
- Sobald die ersten Zähne da sind, können die Babys schon mal eine Brotkruste zum Knabbern bekommen. So erfolgt Schritt für Schritt der Übergang zur festen Kleinkinderkost und zur Familienkost.

Informationen zur Ernährung in Schwangerschaft und Stillzeit finden Sie unter:
www.rund-ums-baby.de

**!** Stillen hat in den ersten Lebensmonaten mehr Vorteile als Flaschenkost. Die Muttermilch enthält Abwehrstoffe, ist leichter verdaulich und den Bedürfnissen des Babys angepasst. Gestillte Kinder werden seltener übergewichtig und ihr Allergierisiko wird gemindert. Manchen Müttern ist es nicht möglich, ihr Kind zu stillen. Dafür gibt es Säuglingsnahrung, die der Muttermilch angepasst ist.

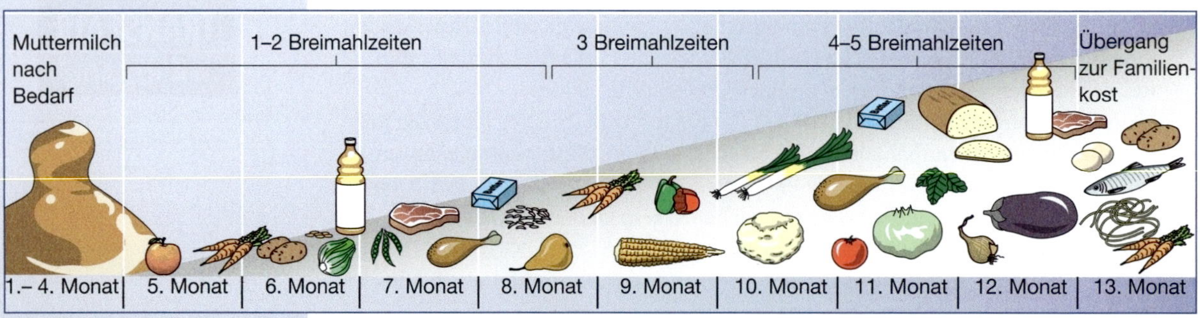


*Abb. 1 Die Entwicklung der Ernährung vom 1. bis zum 13. Lebensmonat*

**Ernährungsempfehlungen für alte Menschen**

Im Alter sinkt der Energiebedarf. Lebenswichtige Nährstoffe wie Eiweiß, Vitamine und Mineralien jedoch braucht der Körper wie in jungen Jahren. Das Essen muss also pro Mengeneinheit mehr Nährstoffe enthalten, man spricht von höherer Nährstoffdichte.

Generell sollten alte Menschen essen dürfen, was ihnen schmeckt. Jedoch empfiehlt sich ein vermehrter Einsatz von vitamin- und mineralstoffreichen Lebensmitteln (Obst, Gemüse, Vollkornprodukte) und eine Senkung von fettreichen Produkten wie Wurst oder Kuchen. Zucker sollte reduziert werden, da im Alter die Gefahr ansteigt, Diabetes zu bekommen. Ballaststoffe sind wichtig, da ältere Menschen häufig an Verstopfung leiden. Auf ausreichende Flüssigkeitszufuhr muss geachtet werden. Das Durstgefühl nimmt im Alter zwar ab, aber der Bedarf ist so hoch wie in jungen Jahren. Auch eine eiweißreiche Ernährung ist wichtig, da Eiweiß für ein intaktes Immunsystem und den Aufbau körpereigener Substanzen notwendig ist. Der DGE-Ernährungskreis hilft auch hier als Richtschnur, wenn es um die Zusammensetzung der Lebensmittelgruppen geht.

Energiebedarf ► S. 296

Eiweiß ► S. 290
DGE-Ernährungskreis ► S. 301

Praxis-Spicker:
Verstopfungen ► S. 293

Mehr Informationen zur Ernährung älterer Menschen und ein Ernährungstagebuch für Senioren finden Sie unter:

www.aid.de
▷ Ernährung
▷ Senioren

Durch Krankheiten und körperliche Einschränkungen erfordert die Ernährung im Alter oft eine besondere Nahrungszusammensetzung (z. B. salzarme Kost) oder bestimmte Kostformen. Bei den Kostformen geht es nicht unbedingt darum, was man isst, sondern in welcher Weise man die Nahrung zu sich nimmt:

- Normalkost (ausgewogene, ballaststoffreiche Kost)
- Schonkost (leicht verdauliche Lebensmittel, durch Kochen oder Dünsten zubereitet für Menschen mit Erkrankungen der Magen-Darm-Schleimhaut oder Gallenblase); pürierte Kost (sehr stark zerkleinerte breiige Kost für Menschen mit Kauproblemen)
- Sondenkost (Nährstoffe werden in aufbereiteter, leicht aufnehmbarer Form durch eine Sonde verabreicht für Menschen mit Schluckstörungen oder ohne Bewusstsein)

Kochen oder Dünsten ► S. 177

Praxis-Spicker:
Schluckbeschwerden ► S. 310

### 4.4.5 Anreichen von Speisen

**Anreichen von Speisen für Menschen mit Beeinträchtigungen**

*Essen kann für Pflegebedürftige ein Höhepunkt oder eine große Belastung sein.*

Wer auf Grund einer körperlichen oder schweren geistigen Beeinträchtigung bzw. altersbedingten Einschränkung sein Essen nicht selbstständig zubereiten oder einnehmen kann, ist mehrmals täglich auf die sensible Hilfe anderer angewiesen. Die Lebenssituation vieler Betroffener lässt Essen und Trinken zu einem besonderen Ereignis im Tagesablauf werden. Für die einen ist es eine Art sozialkommunikativer Höhepunkt des Tages, für andere eine kaum zu ertragende Belastung und schwere Anstrengung.
Häufig ist alten Menschen die Abhängigkeit von Hilfe sehr unangenehm, Menschen mit Demenzerkrankung können im fortgeschrittenen Stadium die Alltagssituation Essen nicht mehr richtig einordnen. Kinder und Jugendliche bevorzugen andere Speisen und Getränke als Erwachsene oder alte Menschen, die Vorlieben sind sehr verschieden. Bestimmte Grundregeln sollten beim Anreichen von Speisen eingehalten werden, um einerseits gesundheitliche Gefahren zu reduzieren und andererseits das soziale Ereignis sinnvoll zu gestalten.

Auswahl und Angebot der Speisen und Getränke:
- Lassen Sie den Pflegebedürftigen Speisen und Getränke immer nach individuellem Geschmack auswählen. Sorgen Sie für Vielfalt und Abwechslung und versuchen Sie, die Vorlieben und Abneigungen zu entdecken.
- Wählen Sie Speisen aus, die als Fingerfood angeboten werden können.
- Geben Sie Menschen mit Kau- und Schluckstörungen keine Nahrung, die stark gekaut werden muss oder sowohl flüssige als auch harte Bestandteile enthält, die Gefahr des Verschluckens ist zu groß.
- Wenn Sie Speisen pürieren müssen, geschieht das kurz vor dem Anrichten auf dem Teller. Kartoffeln, Gemüse, Obst eignen sich gut und können mit etwas Milch, Brühe oder Wasser schmackhaft die richtige Konsistenz erhalten. Wählen Sie Speisen aus, die auch in der normalen Küche in dieser Form gereicht werden könnten. Pürierte Pommes Frites haben keinen Charme, eine Quarkspeise ja.
- Durch das Anreichen sehr saurer oder gewürzter Speisen fördern Sie die Speichelproduktion, dieses kann unter Umständen unerwünscht sein, Milchprodukte regen die Schleimbildung an.
- Seien Sie vorsichtig bei sehr kalten oder heißen Speisen und Getränken, denn sie können die Schleimhaut schädigen, Menschen mit eingeschränkter Temperaturwahrnehmung (z. B. bei Demenz, ausgeprägter geistiger Behinderung, Schlaganfall) können sich nicht selbst schützen.

Praxis-Spicker:
Schluckbeschwerden ► S. 310

Begleitung und Kommunikation:
- Berücksichtigen und fördern Sie alle Eigenaktivitäten des Pflegebedürftigen.
- Kommunizieren Sie gezielt und situationsbezogen, kündigen Sie alle Schritte an, aber lenken Sie die Person nicht ab oder irritieren diese.
- Halten Sie Blickkontakt, beobachten Sie das Schlucken und versuchen Sie, die Bereitschaft für den nächsten Löffel oder Schluck zu erkennen.
- Achten Sie auf eine ansprechende Atmosphäre, z. B. einen schön gedeckten Tisch und appetitlich angerichtete Teller.

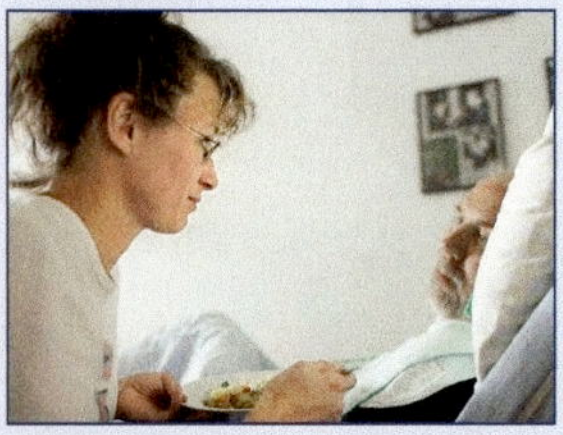

*Abb. 1 Einem bettlägerigen Bewohner wird das Essen angereicht.*

Anrichten von Speisen ► S. 178

Durchführung der Mahlzeit:

*Speisen werden in einer für den Pflegebedürftigen günstigen Position angereicht.*

Der Pflegebedürftige muss möglichst aufrecht sitzen, den Kopf in Mittelposition, leicht nach vorn geneigt, Füße auf feste Grundlage aufgestellt, Unterarme auf Tisch oder Rollstuhllehne abgelegt. Eine reflexhemmende Position ist beim Anreichen von Speisen unverzichtbar. Der Helfer sitzt in einem Winkel von etwa 45° neben dem Pflegebedürftigen, auf dessen Augenhöhe oder leicht darunter, nur so bleibt dessen Kopf leicht geneigt.

Bettlägerige Pflegebedürftige sind in eine Sitzposition zu bringen, die ein bequemes Essen ermöglicht – es sei denn, sie müssen aus medizinischen Gründen flach liegen. Das Kopfteil des Bettes wird bis zu 90° hochgestellt. Dadurch wird der gesamte Rücken unterstützt, der Pflegebedürftige kann in dieser Haltung relativ gut schlucken und das Essen überblicken.

*Abb. 1 Reflexhemmende Position beim Anreichen von Speisen*

- Geben Sie kleine Portionen in den Mund, lassen Sie den Pflegebedürftigen, wenn möglich, mit Handführung selbst handeln.
- Geben Sie mit einem mittelgroßen, nicht zu stark gefüllten Löffel Speisen auf das vordere Drittel der Zunge, drücken Sie die Zungenspitze dabei etwas nach unten und nehmen Sie den Löffel leicht nach oben heraus.
- Berühren Sie mit dem Löffel nicht die Zähne und kratzen Sie nicht an den Lippen, das ist unangenehm und irritierend.
- Geben Sie Flüssigkeiten eher unter die Zunge als auf die Zunge.
- Können Becher oder Gläser nicht gehalten werden, erleichtern Strohhalme, Trinkflaschen oder Spezialbecher die Selbstständigkeit, aber: Bei zerebral bedingten Schluckbeschwerden sollten Getränke am besten mit einem an den Lippen angelegten Becher in kleinen Schlucken unter die Zunge gegeben werden, der Gebrauch von Strohhalmen und Schnabelbechern verstärkt oft die Schluckstörung, z. B. bei sehr alten oder dementen Menschen.
- Wechseln Sie bei starken Schluckstörungen nicht zu schnell zwischen Getränken und Speisen.
- Unterstützen Sie nicht mehrere Personen gleichzeitig, sondern jede Person individuell.
- Bieten Sie kleine Zwischenmahlzeiten und jederzeit zugängliche Snackteller mit mundgerecht zubereitetem Obst, Keksen, Käsewürfeln, Schokolade, Brotwürfeln (Abb. 2) an, wenn zu den Mahlzeiten nicht ausreichend Nahrung aufgenommen wird.

Praxis-Spicker: Schluckbeschwerden ► S. 310

*Abb. 2 „Imbissstation“*

Hilfsmittel:

*Hilfsmittel erleichtern dem Pflegebedürftigen das Essen.*

Hilfsmittel ermöglichen dem Pflegebedürftigen eine größere Selbstständigkeit und erleichtern das Anreichen von Essen und Trinken. Sie sollten wie jedes Tischgeschirr schön anzusehen, angenehm anzufassen sein und sich auch gut im Mundbereich anfühlen. Häufig wird Plastikgeschirr eingesetzt, da solches Besteck als weniger reflexauslösend gilt und Teller oder Becher bei unvorsichtigem Gebrauch nicht so schnell zerspringen. Wenn auf diese Weise das selbstständige Handeln der Pflegebedürftigen begünstigt wird, ist Plastikgeschirr oft eine sinnvolle Alternative.

**!** ...dass durch Plastiklöffel weniger spastische Reflexmuster ausgelöst werden, ist nicht in jedem Fall richtig. Diese können leider auch schneller zerbissen werden und durch Spülmaschinenreinigung werden sie porös. Ältere Menschen und Menschen mit Behinderung lehnen Plastikgeschirr ab, da es an Kindergeschirr erinnert, sie von anderen Menschen abgrenzt und in Form und Farbe nicht ihrem Geschmack entspricht.

Die Hersteller solcher Hilfsmittel versenden Kataloge, in denen die vielfältigsten Hilfsmittel abgebildet und erläutert werden. In medizinischen Warenhäusern werden ausgewählte Artikel ausgestellt und manchmal auch zur Ansicht und Probe zur Verfügung gestellt. In vielen Fällen reicht es aber auch, aus dem Sortiment regulärer Haushaltswaren geeignetes Geschirr auszuwählen. Spezielle Hilfsmittel kommen da zum Einsatz, wo es nicht um Kunststoff oder Porzellan geht, sondern besondere Griffe, Tassen- und Tellerformen, abgewinkelte Gabelzinken oder Messerklingen erforderlich sind.

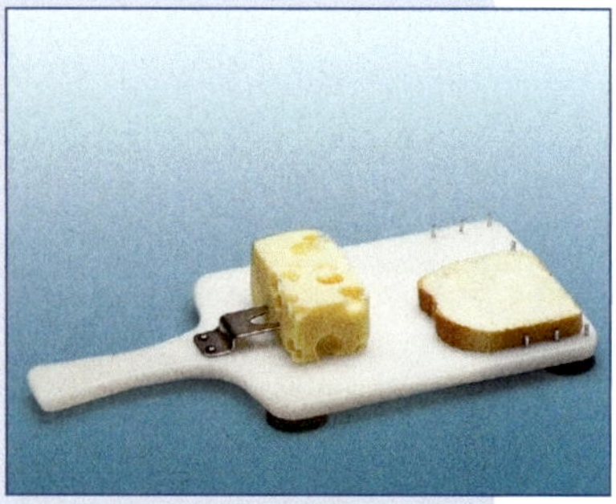
*Abb. 1 Fixierschneidebrett*

*Abb. 2 Die gebogene Messerklinge kann gleichzeitig als Gabel verwendet werden.*

*Abb. 3 Tellerranderhöhung*

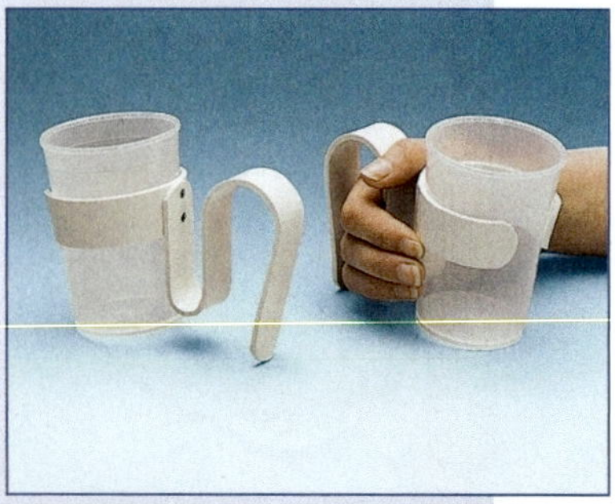
*Abb. 4 Trinkbecher mit Halterung für Pflegebedürftige*

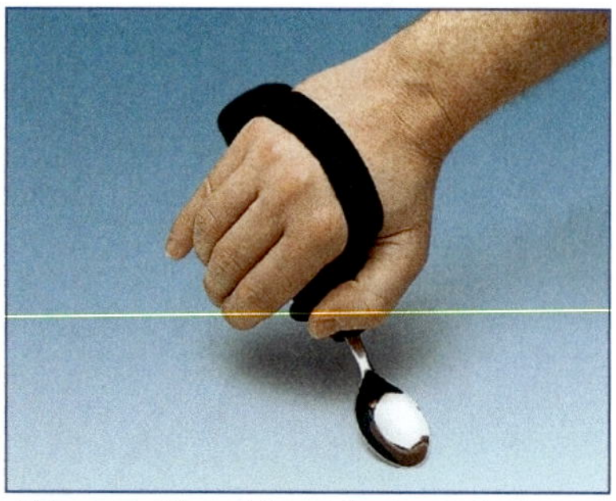
*Abb. 5 Griffband für sicheren Halt des Spezialbestecks*

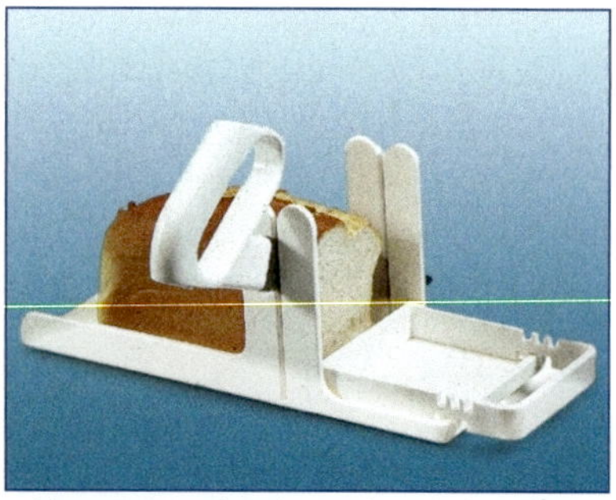
*Abb. 6 Die senkrechte Führung leitet das Messer.*

### Anreichen von Speisen bei Säuglingen und Kleinkindern

Säuglinge:

Säuglinge sind nicht in der Lage, Nahrung selbst zu sich zu nehmen. Sie benötigen die Unterstützung durch eine andere Person. Säuglinge sollten vornehmlich (Mutter-)Milch zu sich nehmen, ca. ab dem 4. oder 5. Monat eventuell auch eine breiige Kost. Reichen Sie dem Säugling folgendermaßen die Nahrung an:

- Halten Sie das Kind leicht geneigt und bauen Sie Blickkontakt auf.
- Achten Sie darauf, wann das Kind satt ist oder wann der nächste Bissen erwartet wird. Das Kind gibt das Esstempo an, es öffnet den Mund, wenn es den nächsten Bissen erwartet, und es dreht den Kopf weg, schluckt die Nahrung nicht oder spuckt den Sauger aus, sobald es fertig ist.
- Beim Füttern mit einer Flasche sollten Sie diese ca. im Winkel von 45° halten (Abb. 7). Die Nahrung darf nicht einfach einfließen, sondern das Kind muss sie aus der Flasche saugen. Dies wird durch die Lochgröße des Saugers reguliert. Je nach Konsistenz der Nahrung variiert die Lochgröße.
- Der Sauger muss immer vollständig mit Milch gefüllt sein. Sonst besteht die Gefahr, dass sich das Kind verschluckt.
- Lassen Sie das Kind nach Beendigung der Mahlzeit aufstoßen, um mitgeschluckte Luft aus dem Magen entweichen zu lassen.
- Bereiten Sie Flaschennahrung nach den Anweisungen des Herstellers zu. Abgepumpte Muttermilch oder Ersatzmilch wird im Flaschenwärmer auf 36 – 37 °C erwärmt. Überprüfen Sie vor der Flaschengabe nochmals die Temperatur der Milch. Dazu tropfen Sie einige Tropfen aus dem Sauger auf die Innenseite Ihres Unterarms. Es sollte kein Temperaturunterschied gefühlt werden.

*Der Säugling gibt Signale, um zu zeigen, wann der nächste Bissen erwartet wird oder wann er satt ist.*

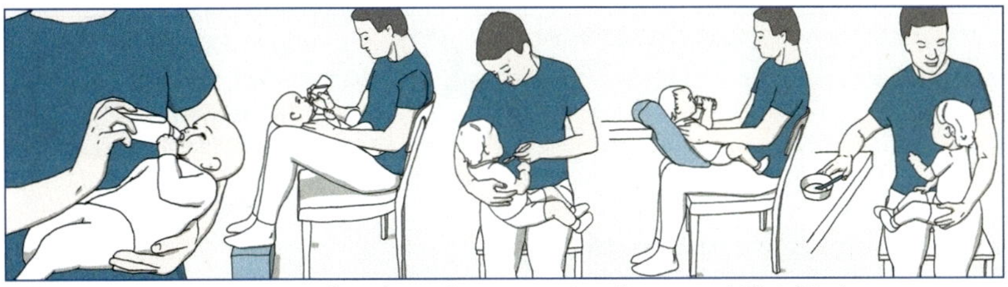

*Abb. 7 Positionen zum Anreichen der Nahrung von Säuglingen und Kleinkindern*

Kleinkinder:

Für Kleinkinder ist Essen ein Erlebnis, das sie gerne mit allen Sinnen erfassen. So ist das „Spielen mit dem Essen" eine Möglichkeit, das Essen zu „begreifen". Fördern Sie die Selbstständigkeit von Kleinkindern und lassen Sie den eigenen Löffel benutzen, auch wenn mal etwas danebengeht.

- Kleinkinder essen möglichst mit anderen zusammen und können ihren Teller sowie die fütternde Person gut sehen. Das Kind soll aber nicht durch permanentes Reden, Musik oder andere Reize vom Essen abgelenkt werden.
- Beim Füttern von Breikost wird der Mund nicht nach jedem Löffel abgewischt, da dies zu einer Überreizung der Mundpartie führt.
- Kleinkinder werden so früh wie möglich an das Trinken aus der Tasse gewöhnt. Durch zu langes und unbeaufsichtigtes Saugen aus Säuglingsflaschen können Zahnfehlstellungen oder Karies entstehen.
- Zwingen Sie Kinder nicht zum Aufessen, wenn diese bereits satt sind.

*Abb. 8 Kinder mögen Gesundes, lustig angerichtet und in mundgerechte Portionen geschnitten, gern.*

Zahnpflege bei Kindern
► S. 348

Praxis-Spicker

# Schluckbeschwerden (Dysphagie)

### WAS KANN ICH BEOBACHTEN?

**Bei der Körperpflege:**
- die Zahnbürste löst starkes Würgen oder Husten aus
- Zahncreme und Wasser können nicht ausgespuckt werden
- Entzündungen oder Verletzungen im Mund- und Rachenbereich

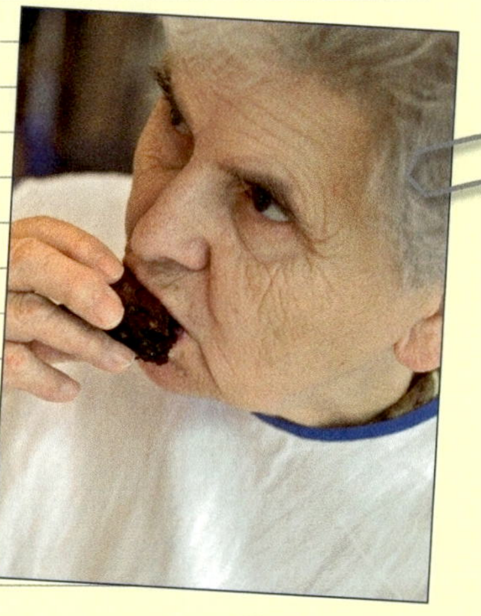

**Beim Essenanreichen:**
- Speisen werden nicht gekaut, kein Abbeißen
- Verschlucken, Husten und Würgen bei breiigen oder flüssigen Speisen
- sichtbare Schluckbewegungen an Hals und Kehlkopf bleiben aus
- Zungenbeweglichkeit reduziert, Mundschluss erschwert bzw. unmöglich
- Nahrungsreste verbleiben unter der Zunge, in den Wangentaschen
- Atembeeinträchtigung beim Essen, ausgeprägter Speichelfluss
- Speise kann nur bei gebeugter Haltung mühsam geschluckt werden

**Bei der Beschäftigung:**
- starke Überforderungsanzeichen, schnelle Erschöpfung

**Bei der Bewegung:**
- Atembeeinträchtigung
- geringe Bewegungsfreude

**Bei der Kommunikation:**
- heisere oder sehr leise und flüsternde Stimme, keine Stimme
- sehr undeutliche Aussprache, keine aktive Sprache oder Lautbildung
- Räuspern oder Husten nicht möglich

Frau John hat nur einen schwachen Hustenreflex, dadurch besteht eine erhöhte Verschluckungsgefahr.

### WAS IST ZU TUN?
- Nahrung und Getränke nur nach Absprache mit der Fachkraft anreichen
- Anreichen in Oberkörperhochlage, Kopf leicht nach vorne gebeugt
- Mundregion nicht ständig säubern, führt zu Überreizung
- Mundöffnung und -schluss nicht erzwingen, nur im Eigenrhythmus des Pflegebedürftigen anreichen
- Zeichen vereinbaren, z. B. für „stopp“ und „weiter“
- Trink- und Nahrungsmenge dokumentieren, bei Infektionsverdacht Informationen weiterleiten

### HINWEISE:
Schluckbehinderungen und -beschwerden sind immer ein Warnsymptom. Strohhalme und „Schnabelbecher“ können Schluckstörungen verstärken. Therapeutische Mund(schluss)übungen nur bei Anordnung und nach Vorgabe durchführen.

### MÖGLICHE URSACHEN:
- Infektionen (z. B. Mandelentzündung), Tumore und Verletzungen im Mund- und Rachenraum
- Lähmungen der Schluckmuskulatur (z. B. nach einem Schlaganfall)
- starke Entwicklungsverzögerung, schwere geistige Beeinträchtigung, Schlaganfall

# Zum Weiterarbeiten in den Arbeitsbüchern

| Betreuung und Pflege von alten Menschen und Menschen mit Behinderung | | | |
|---|---|---|---|
| | Schwerpunkt | Lernsituation | Seite |
|  | • Einkauf<br>• Haushalten mit einem Budget<br>• Verdauungsprobleme<br>• Einsatzort Wohngruppe für Menschen mit Behinderung | „Einkaufswünsche“ | 123 |
|  | • gesunde Ernährung<br>• Anreichen von Speisen<br>• Essgewohnheiten | „So hatte er Spaß beim Essen“ | 166 |

| Betreuung und Pflege von Kindern, Jugendlichen und Familien | | | |
|---|---|---|---|
| | Schwerpunkt | Lernsituation | Seite |
|  | • gesunde Ernährung<br>• Übergewicht<br>• Planung und Gestaltung von Projekten | „Toast mit Schokolade“ | 153 |
|  | • Beobachtung<br>• Umgang mit kranken Kindern<br>• Diabetes mellitus<br>• Einsatzort Schulhort | „Zuckerkrankheit – das haben doch nur alte Leute“ | 177 |

# 5. Nerven und Hormone stützen – „Kurier- und Botendienst des Körpers“

Das Nervensystem ist die oberste Schaltzentrale unseres Körpers. Alle lebensnotwendigen Funktionen verdanken wir unserem Nervensystem. Es arbeitet wie ein perfektes Nachrichtensteuerungssystem, das die Verständigung zwischen den Organen ermöglicht: Die lebenserhaltenden Vorgänge im Körper werden arbeitsteilig von verschiedenen Zellverbänden (Organen) übernommen. Diese unterschiedlichen Aufgaben aufeinander abzustimmen ist ein sehr komplexer Prozess. Das Nervensystem arbeitet eng mit unserem Hormonsystem zusammen.

## 5.1 Nervensystem – „Die perfekte Schaltzentrale für alle Reize“

*Zum Nervensystem gehören das zentrale, das periphere und das vegetative Nervensystem.*

Zum Nervensystem gehören:

- das Nervengewebe
- das zentrale Nervensystem (ZNS) ( Gehirn und Rückenmark)
- das periphere Nervensystem (PNS) (alle Nervenleitungen außerhalb des zentralen Nervensystems)
- das vegetative Nervensystem (VNS) (wird unterteilt in Sympathikus und Parasympathikus)

Gehirn ► S. 318
Rückenmark ► S. 319

### 5.1.1 Nervengewebe

Das Nervensystem besteht aus Nervengewebe und Stützgewebe, das die Nervenzellen umgibt. Alle Nervenleitungen bestehen aus Nervenzellen (Neuronen); diese ähneln den Kabeln einer großen Telefonanlage (Abb.1). Um Befehle über weite Strecken an alle Körperteile zu senden, sind die Nervenzellen bis zu einem Meter lang. Auf Strecken, die länger als ein Meter sind, z. B. vom Gehirn in die Füße, liegen viele Nervenzellen hintereinander.
Damit das zentrale Nervensystem weiß, was im Körper los ist, z. B. sofort erfährt, dass Gefahr droht, leiten zuführende (afferente) Nervenzellen Wahrnehmungen von den Sinnesorganen, der Haut, den Gliedmaßen (Armen und Beinen) und den inneren Organen zum ZNS. Stehen wir z. B. am Lagerfeuer und unser Fuß wird heiß, werden die Empfindungen „Hitze!" und „Schmerz!" sofort von afferenten Nervenfasern ans ZNS gemeldet. Das ZNS versteht die Informationen und ordnet sofort eine Reaktion an: „Fuß wegziehen!" Diese wird von wegführenden (efferenten) Nervenzellen unverzüglich an die entsprechenden Muskeln weitergegeben. Auch Funktionsbefehle zu inneren Organen, Haut und Hormondrüsen gehen über efferente Nerven an die ausführenden Organe.

*Das Nervensystem ist aus spezialisiertem Gewebe aufgebaut.*

Sinnesorgane ► S. 314
Muskeln ► S. 249
Haut ► S. 333
Hormondrüsen ► S. 328

#### Weiterleitung von Reizen

Nervenzellen nehmen Reize auf und leiten diese zur nächsten Nerven-, Muskel- oder Drüsenzelle weiter. Die Reizweiterleitung von Informationen verläuft immer gleich: Der Dentrit, der baumartige Fortsatz, nimmt den ankommenden Reiz auf (ähnlich wie eine Antenne). Die Zellmembran leitet ihn weiter zum Zellleib. Von dort läuft der Reiz nahtlos das Axon entlang bis zur Synapse (Kontaktstelle zwischen zwei Nervenzellen). Die zwei Nervenzellen stoßen an der Synapse nicht direkt aneinander, zwischen ihnen liegt ein schmaler Spalt (synaptischer Spalt). Das Nervensystem hat zwei Sprachen: Strom und Chemie, kleine Stromreize wandern die Nervenzelle entlang. Über den synaptischen Spalt kann der Strom jedoch nicht springen. Daher wird jeder ankommende Stromreiz in Chemie übersetzt: Er führt zur Ausschüttung von Botenstoffen, die die folgende Nervenzelle an Rezeptoren (Empfangsstellen) annimmt, die Information versteht und wieder als Strom weitergibt. Für dringende Informationen ist die normale Weiterleitung über die Membran des Axons zu langsam. Um dies zu verhindern, hat die Natur eine Art „Hotline" eingerichtet, eine schnelle Leitung für wichtige Informationen. Die Reize springen entlang der Nerven in großen Sätzen und erreichen damit in Sekundenbruchteilen das Gehirn, das die zuständigen Muskeln beauftragt, die entsprechenden Bewegungen auszuführen. Die Axone dieser schnell leitenden Nervenzellen sind von einer Isolierschicht, den Schwannschen Zellen, umhüllt. Wickelt sich die Schwannsche Zelle mehrfach um das Axon, entsteht eine dicke Hülle, die als Myelinschicht oder Markscheide bezeichnet wird. Ein Reiz wird nicht direkt an der Axonmembran weitergeleitet, sondern er springt von einer Lücke der Markscheide zur nächsten Lücke. Das spart viel Zeit.

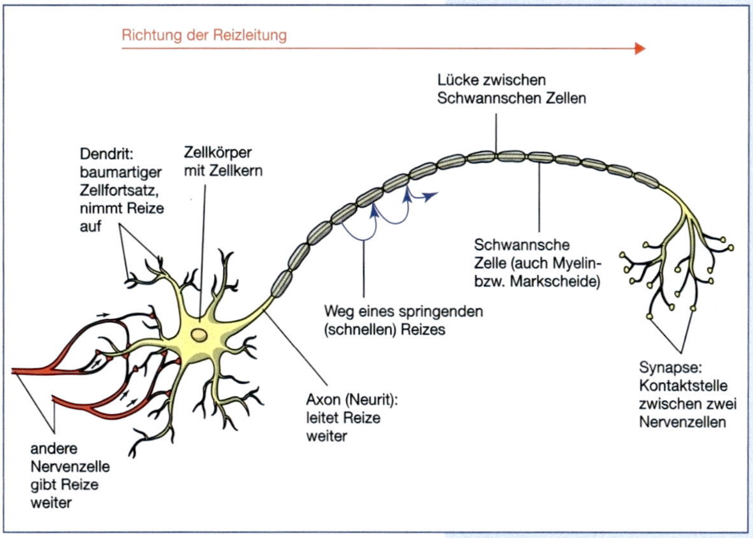


*Abb. 1 Aufbau der Nervenzelle*

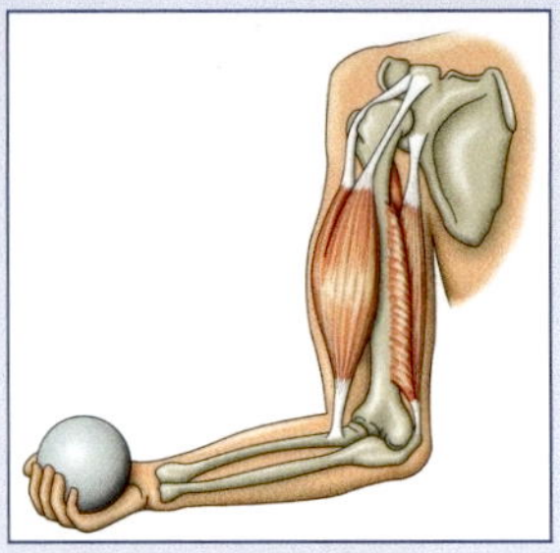

*Abb. 1 Impulse werden zu den Armmuskeln geleitet und der Ball wird gefangen.*

Wie das Nervensystem funktioniert anhand eines Beispiels:
Was passiert im Nervensystem, wenn Sie im Sportunterricht einen Ball auffangen wollen? Der Ball kommt auf Sie zu. Schon erregen sich die Sinneszellen Ihres Auges. Sofort wird die Information über sensorische (Empfindungen betreffende) Nervenfasern zum Gehirn geleitet. Hier werden die Impulse nun verarbeitet und mit bereits gespeicherten Informationen verglichen. Jetzt leiten motorische Nervenfasern vom Gehirn und Rückenmark die Erregung zu den „Erfolgsorganen", also den Armmuskeln. Die Muskeln kontrahieren. Sie fangen den Ball (Abb. 1).

**Die Sinnesorgane und ihre Funktion**
Hören, Sehen, Schmecken, Riechen, Tasten – mit unseren Sinnen können wir unsere Umwelt wahrnehmen. Das Sinnesorgan empfängt einen Reiz und übermittelt diese Informationen in Form eines elektrischen Impulses an das Gehirn. Sofort werden die von den Sinnesorganen kommenden Informationen vom Gehirn analysiert und interpretiert – ein komplexer, aber lebensnotwendiger Vorgang. Zu unseren Sinnesorganen gehören:

Motorik ► S. 90
Wahrnehmung ► S. 116
Gehirn ► S. 318

- **Geruchssinn (Nase)**

Dass wir Gerüche wahrnehmen können, verdanken wir der Riechregion mit ihren Duftrezeptoren, die in der oberen Nasenmuschel liegen (Abb. 2). Es handelt sich dabei um spezielle Nervenzellen, die nur für den Geruch zuständig sind. Jeder Rezeptor ist auf ein bestimmtes Aroma spezialisiert. Bis zu 4000 verschiedene Gerüche kann der Mensch mit seinen Riechschleimhautrezeptoren registrieren. Die Fortsätze dieser Rezeptoren ziehen sich durch feine Löcher in der Schädelbasis zum Gehirn und bilden zusammen den Riechnerv. Der Geschmackssinn ist eng mit der Riechfähigkeit verbunden, weil beim Essen bzw. Kauen Aromen der Speisen an die Riechzellen gelangen. Gerüche können auf Grund der engen Verbindung der Geruchsbahn mit vielen unbewussten Zentren des Gehirns Appetit auslösen bzw. Ekel erregen oder auch starke Erinnerungsbilder und Emotionen hervorrufen.
Bei Schnupfen „schmeckt man nichts". Die Nasenschleimhaut ist durch die Virusinfektion dick angeschwollen. Die Geruchrezeptoren liegen dann zu tief, um von den Aromen erreicht zu werden.

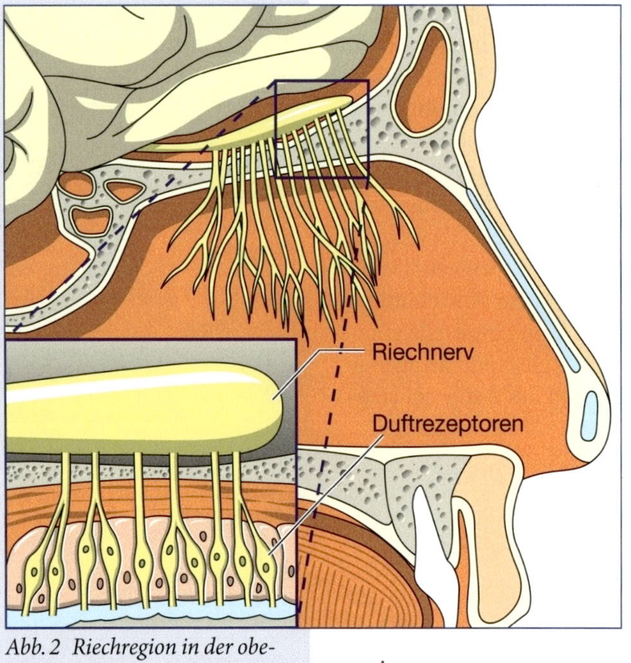


*Abb. 2 Riechregion in der oberen Nasenmuschel mit den Duftrezeptoren*

Im Alter nimmt die Wahrnehmung von Geruch und Geschmack ab. Nahrung wird dann oft als fade empfunden. Der Appetit wird nicht angeregt. Die Folge kann ein chronischer Appetitmangel sein, der zu Mangelernährung, Untergewicht und Infektanfälligkeit führt. Umso wichtiger ist es, die Speisen ansprechend anzurichten und appetitlich zu servieren. So kann ein Teil der fehlenden Schmeckfähigkeit „sinnlich" ausgeglichen werden, denn „das Auge isst mit".

Viren ► S. 218
Infektion ► S. 219
Anrichten von Speisen ► S. 178

- **Gesichtssinn (Auge)**

Das Auge (Abb. 3) hat die Funktion, Lichtstrahlen aufzunehmen, das Licht zu brechen und in der Netzhaut in Nervenimpulse umzusetzen. Diese Nervenimpulse werden über den Sehnerv zum Gehirn weitergeleitet, wo sie in der Sehrinde und anderen Zentren weiterverarbeitet werden.

In der Netzhaut liegen spezialisierte Rezeptoren (Abb. 3), die als Stäbchen und Zapfen bezeichnet werden. Über die lichtempfindlichen Stäbchen werden Schwarz-Weiß-Töne wahrgenommen, auch bei geringem Lichteinfall. Deshalb sieht man nachts alles schwarz-weiß. Die Zapfen ermöglichen uns, Farben zu erkennen, brauchen aber eine höhere Lichtintensität. Macht man nachts das Licht an, ist alles wieder farbig.

Das Gehirn vergleicht die ankommenden Reize aller Sinnesorgane. Passen die Informationen der Augen und Ohren (Sehen und Gleichgewichtssinn) nicht zusammen oder kommen zu viele Reize an, ist das Gehirn überfordert und Schwindel und Übelkeit können auftreten. Je älter man ist, desto leichter treten diese Störungen auf. Kinder lieben Karussells und 3D-Kinos, Ältere verzichten gern auf diese Erfahrungen.

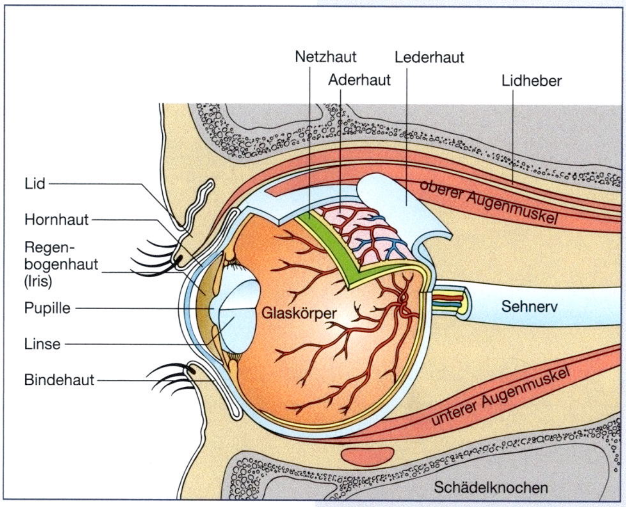


*Abb. 3 Aufbau des Auges (schematisch)*

Hörsinn ► S. 316

Praxis-Spicker:
Schwindel ► S. 258
Übelkeit und Erbrechen ► S. 280

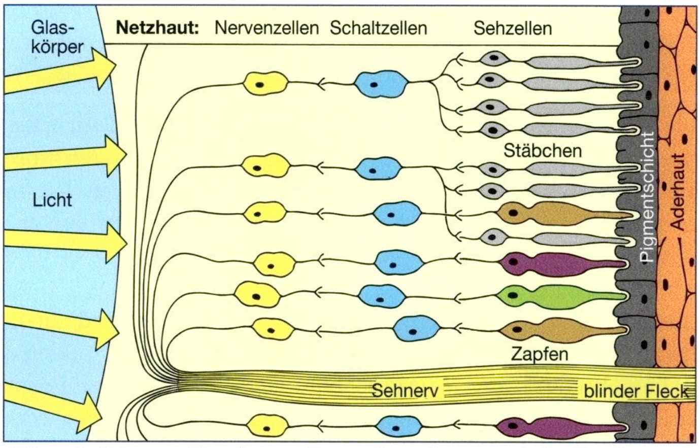


*Abb. 4 Stäbchen und Zapfen empfangen die Lichtreize. Schaltzellen fassen die Meldungen ans Gehirn zusammen.*

Im Alter nimmt die Sehkraft ab. Ein gesunder 80-Jähriger verfügt durchschnittlich nur noch über 50 % der Sehkraft eines 40-Jährigen. Die Gründe sind:

- Trübungen in der Augenlinse, die bis zum „grauen Star“ (Katarakt) führen können
- Abnahme der Anpassungsfähigkeit der Regenbogenhaut (Iris), dadurch können Helldunkelunterschiede nicht mehr gut ausgeglichen werden und die Sehfähigkeit im Dunkeln ist eingeschränkt
- Abnahme der Rezeptormenge in der Netzhaut, weil sich hier Stoffwechselprodukte ablagern, die die Abbildungsgenauigkeit zunehmend beeinträchtigen und bis zur Blindheit führen können

- **Hörsinn und Gleichgewichtssinn (Ohr)**

Das Ohr besteht aus zwei Sinnesorganen: dem Hörorgan (Abb. 1) und dem Gleichgewichtsorgan (Abb. 2).

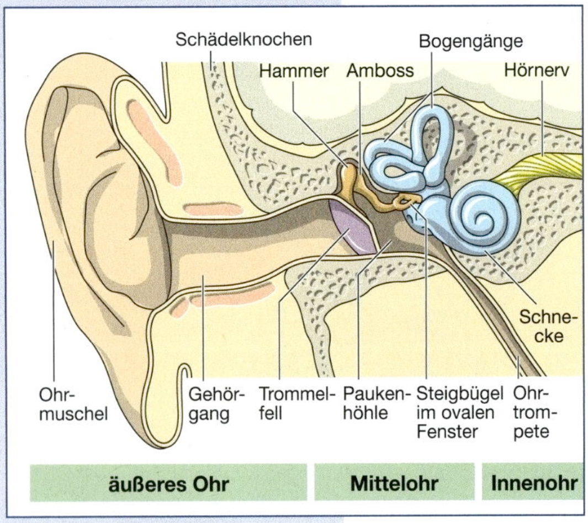


*Abb. 1 Aufbau des Ohrs (schematisch)*

Gehirn ► S. 318

Die Schallwellen gelangen durch das äußere Ohr (Ohrmuschel und äußerer Gehörgang) zum Trommelfell und bringen dieses zum Schwingen. Dadurch geraten die im Mittelohr liegenden Gehörknöchelchen (Hammer, Amboss und Steigbügel) in Bewegung. Der am Ende der Gehörknöchelreihe liegende Steigbügel versetzt das ovale Fenster, das am Beginn des flüssigkeitsgefüllten Innenohres liegt, in Schwingungen. Diese erzeugen eine Druckwelle und damit eine Bewegung der Flüssigkeit des Innenohres. Diese Bewegung führt zu einer Erregung der Hörsinneszellen. Der dadurch entstehende Impuls wird durch die Nervenfasern der Hörsinneszellen weitergeleitet, die zusammen ein dickes Nervenzellbündel, den Hörnerv, bilden. Der Hörnerv übermittelt den Ton über mehrere Schaltzentralen an das Hörzentrum im Gehirn, wo das Gehörte weiterverarbeitet wird.

Ab dem 50. Lebensjahr verlieren wir zunehmend unser Hörvermögen – vor allem für hohe Töne. Dies liegt vor allem am Absterben von Hörsinneszellen im Innenohr. Die Hauptursachen des Nervenzelluntergangs sind ständige Beschallung und Lärm. Durch die dauernde Reizaufnahme verschleißen die Hörzellen des Innenohrs regelrecht.

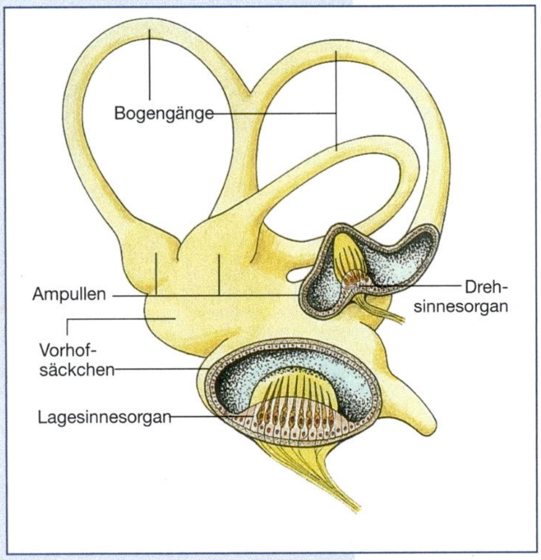


*Abb. 2 Lage der Drehsinnes- und Lagesinnesorgane*

Praxis-Spicker: Schwindel ► S. 258

Dank unseres Gleichgewichtssinns können wir auf einem Balken balancieren, uns überhaupt im Raum orientieren oder unseren Kopf aufrecht halten. Das Organ, das unser Gleichgewicht steuert, sitzt im Innenohr. Die in den Bogengängen angesiedelten Sensoren melden Lageveränderungen im Raum und Drehbewegungen. Als Signal geht die Information über den Gleichgewichtsnerv an das Gehirn.
Diese Information wird ergänzt durch das, was wir sehen und hören. Schwächen in einem der Sinne verschlechtern daher die anderen Sinne und beeinträchtigen die Orientierung und das Allgemeinbefinden. Patienten, die durch eine neue Augenlinse (Staroperation) wieder gut sehen, können gleichzeitig auch wieder besser hören und haben weniger Schwindel.

Die Empfindlichkeit der Sinneszellen lässt im Alter nach. Das führt dazu, dass Drehbewegungen und Lageveränderungen mit Verzögerung wahrgenommen werden und das Gehirn überfordert ist. Manche Ältere reagieren darauf mit Schwindel und Gleichgewichtsstörungen. Wichtig ist es, den Gleichgewichtssinn ständig zu trainieren, um seine Funktion so gut und lange wie möglich zu erhalten. Gehen, Stehen, Laufen und Gymnastik sind sinnvolle Übungen.

- **Geschmackssinn (Zunge)**

Die Geschmackswahrnehmung erfolgt in erster Linie mit der Zunge. Hier sind Geschmacksrezeptoren eingebettet, die in größeren Einheiten zu Geschmacksknospen zusammengefasst sind. Man kann einige von ihnen als unterschiedlich geformte Erhebungen auf dem Zungenrücken sehen; sie werden Papillen genannt (Abb. 3). Die Geschmacksknospen können vier Haupt-Geschmacksrichtungen unterscheiden: süß, sauer, bitter und salzig. Für jede Geschmacksrichtung sind bestimmte Zungenareale besonders empfindlich. „Süß“ kann man z. B. am besten mit der Zungenspitze schmecken. Die Wahrnehmung der fünften Geschmacksrichtung „würzig“ erfolgt über die gesamte Zunge.
Die Nervenfasern der Geschmacksrezeptoren gelangen über mehrere Hirnnerven zum Gehirn. Hier gelangen nun alle Geschmacksimpulse zu Geschmackszentren in der Brücke und im Zwischenhirn, von wo Verbindungen zu anderen Gehirnregionen ausgehen. Ohne die Riechfunktion schmecken wir nur die wenigen „Zungengeschmäcke“; die Nase ermöglicht uns die Wahrnehmung der meisten Aromen und Aromengemische.

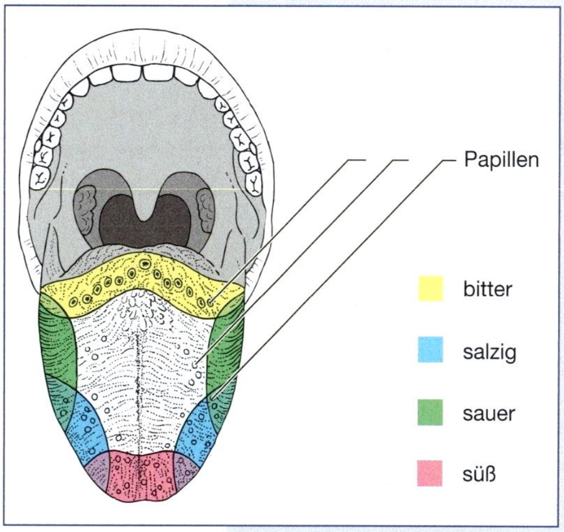


*Abb. 3 Zungenareale für Geschmacksempfindungen*

Brücke ► S. 318
Zwischenhirn ► S. 318

- **Fühlen und Tasten: Sensibilitätsorgane der Haut**

Dass wir Wärme, Druck, Schmerz, Berührungen, aber auch Vibrationen empfinden können, verdanken wir den unterschiedlichen Tastorganen unserer Haut. Dazu gehören Tastkörperchen, die auf Berührung reagieren, und Lamellenkörperchen, die Druck wahrnehmen. Durch die unterschiedlichen Tastorgane spüren wir z. B., dass unsere Kleidung beim Anziehen über die Haut streicht, nehmen danach aber den ganzen Tag über die Kleidung nicht mehr wahr.
Auch beim Schmerz kennen wir verschiedene Qualitäten: Mal ist es ein Oberflächenschmerz, z. B. wenn man sich verbrennt. Dieser wird schnell an das Gehirn gemeldet und oft als heller, stechender Schmerz empfunden. Der Tiefenschmerz hingegen ist anhaltend und dumpf, z. B. ein dröhnender Kopfschmerz.
Alle Sinneseindrücke werden über sensible Nerven zum Rückenmark und von dort weiter zum Gehirn geleitet, wo sie in sogenannten Wahrnehmungsfeldern verarbeitet werden.

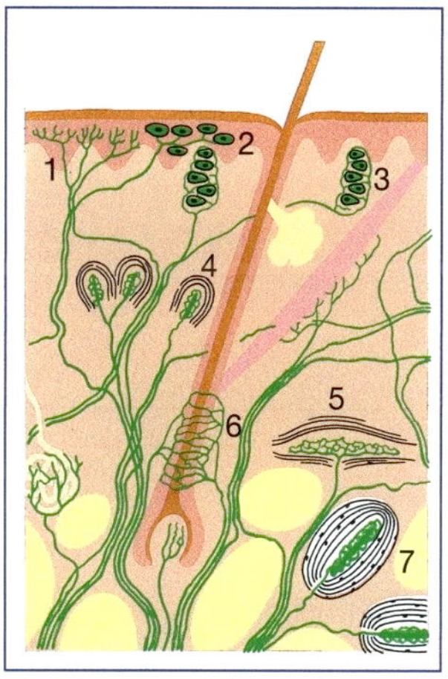


*Abb. 4 In der Haut liegen nicht nur Rezeptoren für Berührung und Druck, sondern auch unterschiedliche Sinneseinrichtungen für weitere Reize.*
*1 freie Nervenendigung: Schmerz*
*2 Tastscheiben: Tasten*
*3 Tastkörperchen: Tasten*
*4 Endkolben: Kälte*
*5 Endplatte: Wärme*
*6 Haarbalggeflecht: Berührung*
*7 Lamellenkörperchen: Druck*

Schmerz ► S. 376
Rückenmark ► S. 319

> Das Berührungs- und Druckempfinden lässt im Alter nach. Die Zahl an Tast- und Lamellenkörperchen kann um bis zu 30 % abnehmen. Außerdem kommt es zu Abbauprozessen an den kleinen Hautnerven, die Sinneseindrücke nur verzögert weiterleiten. Hiervon sind Füße und Hände besonders stark betroffen, da die Nerven den längsten Verlauf bis zum Rückenmark haben und Leitungsstörungen sich hier besonders bemerkbar machen. Auch hier gilt: Training erhält Funktionen.

## 5.1.2 Zentrales Nervensystem (ZNS)

*Gehirn und Rückenmark bilden das zentrale Nervensystem.*

Das zentrale Nervensystem besteht aus Gehirn und Rückenmark. Das Gehirn liegt im knöchernen Schädel, der es von allen Seiten umgibt und schützt. Es ist zusätzlich in Rückenmarksflüssigkeit gelagert und von schützenden Hirnhäuten umgeben. Das Gehirn besteht aus mehreren Teilen mit unterschiedlichen Aufgaben (Abb. 1). Der größte Teil des Gehirns wird vom Großhirn gebildet. Das Großhirn besteht aus zwei Hälften, die durch den Balken miteinander verbunden sind. Hinten in der Schädelhöhle liegt das Kleinhirn. Der übrige Teil des Gehirns wird als Hirnstamm bezeichnet. Zum Hirnstamm gehören Zwischenhirn, Mittelhirn, Brücke und verlängertes Mark. Das verlängerte Mark geht in das Rückenmark über.

**!** Das menschliche Gehirn hat ein Durchschnittsgewicht von 1 300 g und besitzt ungefähr 100 Milliarden Nervenzellen. Das entspricht in etwa der Anzahl an Sternen unserer Galaxie.

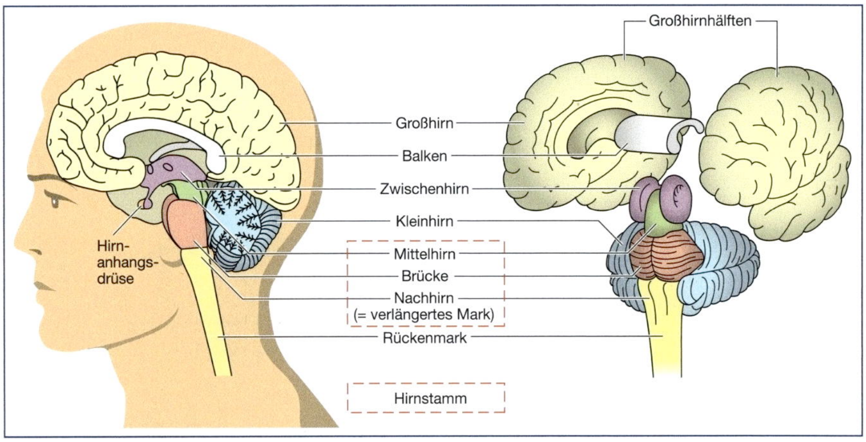


*Abb. 1 Aufbau des Gehirns*

### Großhirn

*Im Großhirn „sitzen" Bewusstsein, Gedächtnis und Verstand.*

Das Großhirn ist das Zentrum aller geistigen Tätigkeiten. Hier sitzen sozusagen unser Bewusstsein, das Gedächtnis und der Verstand. Auch alle seelischen Vorgänge finden hier statt. Bei einem Querschnitt durch das Großhirn kann man eine äußere dunkle Schicht (Hirnrinde = graue Rindenschicht, die „grauen Zellen") und eine helle Schicht (Markschicht = weißes Mark) erkennen. Die graue Rindenschicht besteht hauptsächlich aus den Zellkörpern der Nervenzellen. Hier liegen die Nervenzellen dicht beieinander und können sich über unzählige Kontaktstellen (Synapsen) sehr schnell gegenseitig „Nachrichten" schicken. Dadurch entstehen in der Hirnrinde wichtige Schaltzentren, die einen schnellen Informationsaustausch zwischen den Nervenzellen und somit die Reizverarbeitung im ZNS ermöglichen.
Die Markschicht besteht aus den von Markscheiden umhüllten Fortsätzen der Nervenzellen. Sie stellen die Leitungsbahnen zwischen den verschiedenen Zentren des Gehirns und zwischen ZNS und PNS dar. Sie dienen der Reizweiterleitung.

Nervenzellen ► S. 313
Synapsen ► S. 313
Markscheiden ► S. 313
PNS ► S. 320
Reizweiterleitung ► S. 313

**!** „Streng mal deine grauen Zellen an." Diese Denkaufforderung haben Sie bestimmt schon mal gehört? Und es hat seine Berechtigung, denn in der grauen Hirnrinde findet die Reizverarbeitung statt, also das Denken. Die weiße Substanz dient hingegen der Reizweiterleitung.

### Kleinhirn

Unser Kleinhirn sorgt dafür, dass unsere Bewegungen koordiniert werden und wir überhaupt Bewegungsabläufe erlernen. Das geschieht unbewusst und „vollautomatisch“.
Das Kleinhirn hat auch eine wesentliche Funktion in der Aufrechterhaltung des Körpergleichgewichts (Abb. 2). Es ist besonders empfindlich gegen Alkohol, was sich bei Betrunkenen z. B. im unsicheren, breitbeinigen Gang zeigt.

*Im Kleinhirn werden unsere Bewegungsabläufe koordiniert.*

vegetatives Nervensystem ► S. 320
Hormonsystem ► S. 328
Augen ► S. 315
Ohren ► S. 316
Haut ► S. 333
Atemsystem ► S. 267
Herz-Kreislauf-System ► S. 252

### Hirnstamm

Der Hirnstamm besteht aus verschiedenen Teilen:

- Das Zwischenhirn steuert das vegetative Nervensystem und das Hormonsystem.
- Das Mittelhirn leitet Nervenerregungen, z. B. von Augen, Ohren und Haut, an andere Hirnzentren weiter. Was wir sehen, hören und fühlen, wie z. B. Schmerzwahrnehmungen, wird hier verschaltet.
- Die Brücke enthält Verbindungsbahnen zwischen Großhirn und Kleinhirn.
- Das verlängerte Mark enthält Zentren für die Regulierung wichtiger Lebensfunktionen. Besonders wichtig sind das Atmungs- und Kreislaufzentrum.

Der Rentner Herr Thomas hört Radio und erfährt, dass er bei einem Preisausschreiben des Senders ein Auto gewonnen hat. Sein Gehirn muss zunächst die Impulse aus dem Hörorgan registrieren. Es verknüpft dann diese Informationen mit dem eingespeicherten Selbstbild und der Erinnerung, dass Herr Thomas an einem Preisausschreiben teilgenommen hat. Anschließend aktiviert das Gehirn das Gefühl „Freude“, führt ihm das neue Auto vor Augen und aktiviert dann seine Stimme so, dass er in Jubel ausbricht. All diese Dinge passieren gleichzeitig.

*Abb. 2 Das Kleinhirn steuert die Gleichgewichtskontrolle bei allen Körperbewegungen*

### Rückenmark

Das Rückenmark geht aus dem verlängerten Mark hervor und zieht sich im Wirbelkanal bis in den Lendenwirbelbereich herab. Es bildet die Verbindung zwischen Gehirn und den inneren Organen sowie Muskeln und Haut (Abb. 3). An der dicksten Stelle entspricht der Durchmesser des Rückenmarks ungefähr dem Durchmesser eines Fingers. Das ist erstaunlich, denn darin verlaufen alle vom Gehirn absteigenden und zum Gehirn aufsteigenden Nervenfasern – insgesamt mehrere Millionen Nervenfasern.

Ist der Querschnitt des Rückenmarks geschädigt, bezeichnet man die entstehende Lähmung als Querschnittslähmung.

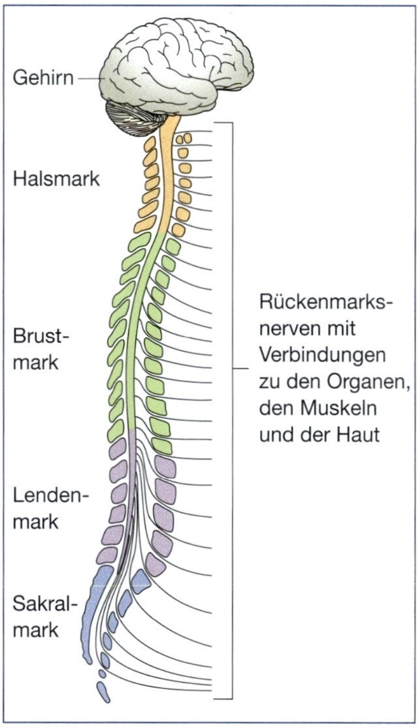


*Abb. 3 Rückenmark*

*Das Rückenmark bildet die Verbindung zwischen Gehirn und inneren Organen, Muskeln sowie Haut.*

Wirbelkanal ► S. 246
Muskeln ► S. 249
Querschnittslähmung ► S. 247

## 5.1.3 Peripheres Nervensystem (PNS)

ZNS ► S. 318
Rückenmark ► S. 319
Muskeln ► S. 249
Sinnesorgane ► S. 314

Zum peripheren Nervensystem gehören alle außerhalb des ZNS (Gehirn und Rückenmark) liegenden Nervenbahnen:
Die Rückenmarksnerven sind die Nerven, die das Rückenmark links und rechts verlassen. Über sie gelangen die Informationen und Empfindungen zu den Organen und Muskeln zum ZNS. Ist ein Rückenmarksnerv eingeengt, wie beim Hexenschuss, so ist ein streifenförmiger Teil des Körpers bzw. Rückens schmerzhaft und verspannt.
Hirnnerven sind die Nerven, die das ZNS oberhalb des Rückenmarks verlassen. Sie versorgen vorwiegend die Muskeln in Kopf- und Halsbereich, die Gesichtshaut und die Sinnesorgane.

## 5.1.4 Vegetatives Nervensystem (VNS)

Atmung ► S. 267
Herzaktivität ► S. 253
Verdauung ► S. 283
Energiestoffwechsel ► S. 283

Das vegetative Nervensystem, auch autonomes Nervensystem genannt, lässt sich nicht durch unseren Willen steuern. Es reguliert lebensnotwendige Funktionen wie z. B. Atmung, Herzaktivität, Verdauung und den Energiestoffwechsel. Unterteilt wird das vegetative Nervensystem in Sympathikus („Anspannungsnerv") und Parasympathikus („Erholungsnerv").

*Parasympathikus = „Erholungsnerv"*

*Sympathikus = „Anspannungsnerv, Stressnerv"*

In Gefahrensituationen, bei Angst oder in Stresssituationen ist der Sympathikus aktiv und ermöglicht das Überleben. Die Pumpleistung des Herzens wird erhöht und die Atemwege werden weit gestellt. So kann mehr Sauerstoff zu den Muskeln gelangen und diese arbeiten besser. Aufmerksamkeit und Konzentration werden erhöht, Verdauung und Darmbewegungen werden eingestellt. Die Energiereserven werden mobilisiert. Das heißt, dass gespeicherter Zucker- und Fettreserven freigesetzt werden, damit der Körper mit ausreichend Energie versorgt wird. So kann er Höchstleistungen vollbringen. Nach dem Ende der Anspannungphase wird der Parasympathikus, der Erholungsnerv, aktiv. Er ist der Gegenspieler des Sympathikus und bewirkt gegenteilige Reaktionen (Abb. 1), z. B. werden die Herzaktivitäten verlangsamt und die Darmbewegungen gefördert. Schlaf und Verdauung sind wieder möglich.

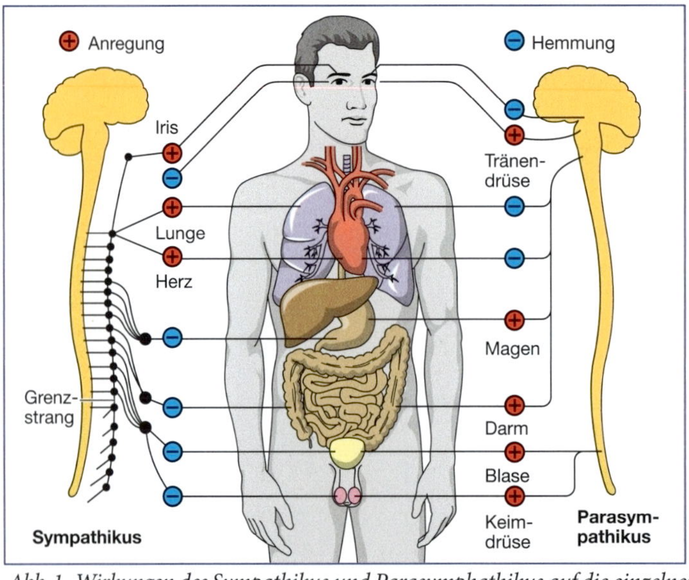


*Abb. 1 Wirkungen des Sympathikus und Parasymphathikus auf die einzelnen Organe*

Praxis-Spicker

# Angst (Phobie)

## WAS KANN ICH BEOBACHTEN?

**Bei der Körperpflege**
- angespannte Körperhaltung
- weit aufgerissene Augen
- starkes Schwitzen/ Kaltschweißigkeit
- Körper- oder Händezittern
- schnelles Atmen/ Kurzatmigkeit

**Beim Essenanreichen**
- Appetitlosigkeit
- Magen- und Verdauungsprobleme

**Bei der Beschäftigung**
- Unkonzentriertheit
- Verweigerung der Beschäftigung

**Bei der Bewegung**
- unsicherer Gang, verkrampfte Haltung
- Schwindelgefühl, Suchen nach Halt

**Bei der Kommunikation**
- Unruhe, schnelles, hastiges Sprechen
- Weinen, „dünne“, zittrige Stimme

Frau Hauser hat große Angst vor einem Sturz.

Beim Gehen ist Frau Hauser immer ganz angespannt und ängstlich.

## WAS IST ZU TUN?

- Ruhe vermitteln mit Worten, Körpersprache, und auch Körperkontakt
- Betroffenen zu ruhigem und gleichmäßigem Atmen anhalten
- alle Handlungen an der Person vorher ankündigen und erklären
- Sicherheit geben (z. B. Betroffenen beim Gehen stützen)
- Auslöser für die Angst suchen bzw. erfragen

## HINWEISE:

Die Anzeichen von Angst sind äußerst vielfältig und können deshalb leicht übersehen oder falsch gedeutet werden! Jede Angst muss ernst genommen werden, auch wenn sie für den Außenstehenden zunächst nicht nachvollziehbar erscheint!

## MÖGLICHE URSACHEN:

- schlechte Erfahrungen (z. B. Stürze, erlebte Kriege, Misshandlung, Drohungen, Verlust der gewohnten Umgebung)
- psychische Krankheiten (Angststörungen, z. B. Platzangst, soziale Angst, Schulangst; Psychosen)
- psychische Symptome von Hirnerkrankungen
- Drogen- und Medikamentenwirkungen, Alkoholentzug
- körperliche Erkrankungen (z. B. Herzinfarkt, Herzinsuffizienz, Erkrankungen mit Luftnot und/oder Schmerz, Demenz)

### 5.1.5 Wenn das Nervensystem krank wird

**Schlaganfall**

Neben Herz-Kreislauf- und Krebserkrankungen sind Schlaganfälle die häufigsten Todesursachen in Deutschland. Bei einem Schlaganfall ist ein Teil des Gehirns funktionslos, weil es von der Durchblutung abgeschnitten wurde. Auslöser eines Schlaganfalls ist entweder ein Verschluss eines Blutgefäßes im Gehirn (durch ein Blutgerinnsel) oder eine Blutung in das Gehirn auf Grund einer geplatzten Gehirnarterie. Entsteht das Blutgerinnsel im Gehirn selbst, spricht man von einem Thrombus (Gerinnsel), wird es von woanders fortgeschwemmt, z. B. aus dem Herzen, nennt man es Embolus („Geschoss“) (Abb. 1).

Ein Schlaganfall führt zu Funktionsstörungen bzw. -ausfällen des Nervensystems. Da es meistens durch eine Arteriosklerose zum Verschluss einer Gehirnarterie kommt, sind die wichtigsten Risikofaktoren für einen Schlaganfall Bluthochdruck, Diabetes mellitus, Rauchen, Antibabypille, erhöhte Blutfettwerte und erbliche Faktoren. Mögliche Vorboten eines Schlaganfalles, wie Gleichgewichtsstörungen mit und ohne Schwindel, Seh- und Hörstörungen, Störungen der Sprache, Unfähigkeit zu lesen oder zu schreiben, Taubheitsgefühle in Arm oder Bein, sind ernst zu nehmende Warnzeichen. Typisch für einen Schlaganfall ist der „schlagartige“ Ausfall von Gehirnfunktionen. Die Symptome hängen davon ab, welche Hirnarterie betroffen ist und welche bzw. wie große Teile des Gehirns deshalb mit Sauerstoff unterversorgt sind und ausfallen. Häufig kommt es bei einem großen Schlaganfall zur halbseitigen Lähmung und zu Sprachstörungen. Für den Patienten ist es wichtig, dass er schnell behandelt wird und das Ausmaß der Sauerstoffmangelschäden gering gehalten wird, um bleibende Gehirnschäden zu minimieren. Durch Rehabilitationsmaßnahmen kann es zur Besserung und auch zur weitgehenden Rückbildung der Ausfälle (z. B. Lähmungen und Sprachstörungen) kommen.

**Epilepsie (Anfallsleiden)**

Unter Epilepsien werden Krankheiten zusammengefasst, bei denen Krampfanfälle durch eine unnormale Erregungsbildung im Gehirn entstehen. Diese wiederkehrenden Krampfanfälle werden als epileptische Anfälle bezeichnet. Nach einem erstmalig aufgetretenen epileptischen Anfall muss eine organische Ursache wie z. B. ein Tumor, Metastasen oder eine Narbe im Gehirn ausgeschlossen werden. Meistens kann keine organische Ursache nachgewiesen werden. Oft ist die Anfallsneigung angeboren oder durch Probleme bei der Geburt entstanden. In vielen Fällen kann die Krampfneigung durch Medikamente (Antiepileptika) verringert werden. Symptome der Epilepsie sind vielfältig; beim sogenannten großen Anfall beobachtet man Bewusstlosigkeit, rhythmische Krämpfe des ganzen Körpers, Zungenbiss und unkontrollierte Urinausscheidung sowie zum Schluss eine Schlafphase.

Der große Anfall erinnert an einen Festplattenabsturz beim Computer. Durch bestimmte (oft nicht erkennbare) Auslöser bricht die gesamte Funktion des Systems (ZNS) zusammen. Nach einer Weile funktioniert alles wieder wie vorher. Kleine Anfälle sind weniger gefährlich. Sie können sich z. B. in unkontrollierten Bewegungen einzelner Gliedmaßen, in Bewusstseinsstörungen und ungewolltem Urinabgang äußern. Bei einem epileptischen Anfall muss man sofortige Hilfe leisten, um den Patienten zu schützen – z. B. vor Verletzungen und Stürzen, indem alle Gegenstände beiseite geräumt werden. Sinnvoll ist es auch, die Dauer des Anfalles zu notieren. Langfristig werden die Patienten medikamentös behandelt.

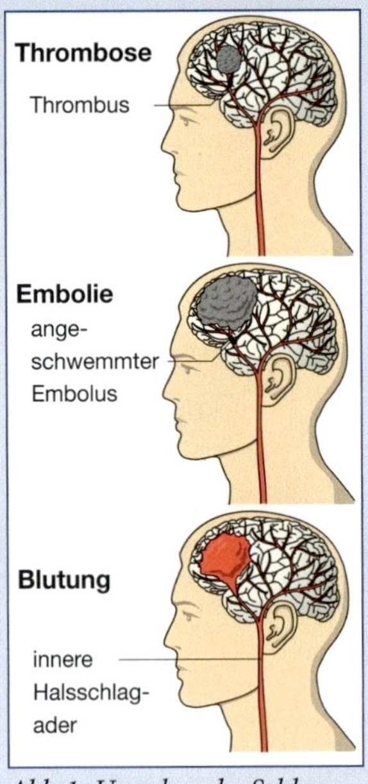


*Abb. 1 Ursachen des Schlaganfalls*

Gehirn ► S. 318
Blutgefäße ► S. 254
Arteriosklerose ► S. 259
Bluthochdruck ► S. 256
Diabetes mellitus ► S. 287

Praxis-Spicker:
Lähmungserscheinungen ► S. 248
Schwindel ► S. 258

***Bei Epilepsien entstehen Krampfanfälle durch unnormale Erregungsbildung im Gehirn.***

Praxis-Spicker:
Krampfanfall ► S. 213
Bewusstlosigkeit ► S. 257

Urinausscheidung ► S. 353

Erste Hilfe ► S. 208

**Demenz und Alzheimerkrankheit**

Unter Demenz versteht man den Abbau der geistigen Leistungsfähigkeit. Besonders die Leistungen des Gedächtnisses (Erinnern) und das Denkvermögen (Denken, Orientieren und Verknüpfen von Denkinhalten) nehmen ab, was dazu führt, dass alltägliche Aktivitäten nicht mehr eigenständig durchgeführt werden können. Es kommt allmählich auch zum Verlust der Persönlichkeit. Die Wahrscheinlichkeit, an einer Demenz zu erkranken, steigt mit zunehmendem Alter. Jedoch ist Demenz keine normale Alterserscheinung, sondern ein Symptom verschiedener Krankheiten. Die häufigste Form der Demenzerkrankungen ist die Alzheimerdemenz, kurz Alzheimer genannt. Bei Alzheimer gehen in einigen Bereichen des Gehirns durch Störungen des Hirnstoffwechsels Nervenzellen zu Grunde. Auch die Arteriosklerose schädigt das Gehirn und trägt oft zur Demenzentwicklung bei: Das schlecht durchblutete Gehirn „hungert aus" und verliert viele Fähigkeiten.

*Vergesslichkeit bei alten Menschen muss nicht gleich Demenz sein.*

Nervenzellen ► S. 313

Im Anfangsstadium der Erkrankung sind die Betroffenen zunehmend vergesslich und haben vor allem zeitliche Orientierungsstörungen. Die Betroffenen wissen z. B. nicht mehr, wo sie ihr Auto geparkt haben oder wo sie gestern waren. Manchmal versuchen sie, ihre Vergesslichkeit zu überspielen, zu leugnen oder zu vertuschen, z. B. indem sie sich Merkzettel schreiben. Der Verlust der geistigen Fähigkeiten schreitet immer weiter fort und der Kranke wird zunehmend desorientierter bezüglich Zeit, Ort und Personen: Die Kranken vergessen dann Namen und Termine, wissen nicht, welcher Wochentag ist. Es kann passieren, dass sie in ihrer eigenen Straße stehen, ohne es zu wissen. Die sprachlichen Fähigkeiten lassen nach. Dem Betroffenen fallen einfache Worte nicht ein und er verwendet unpassende Füllwörter, z. B. „das Ding da, na, das Ding zum Schreiben" statt „der Kugelschreiber". Lesen, Rechnen und Schreiben fallen immer schwerer. Alltägliche Dinge wie Einkaufen, Anziehen und Waschen gelingen nicht mehr. Vertraute Menschen werden nicht mehr erkannt. Die Alzheimererkrankten bemerken ihre zunehmende Unfähigkeit und leiden unter den Reaktionen der Umgebung. Deshalb reagieren sie häufig depressiv oder aggressiv, was für Angehörige und Pflegekräfte zu schwierigen Situationen führen kann. Im Endstadium sind die Betroffenen völlig hilflos und verlieren auch die Kontrolle über ihre Körperfunktionen. Sie erreichen in gewisser Hinsicht wieder das Stadium von Babys.

Kommunikation mit Menschen mit Demenz ► S. 78

Depression ► S. 326

Praxis-Spicker:
Aggression ► S. 325
Verwirrtheit ► S. 324

Schaffen Sie Orientierungshilfen: z. B. große Uhren, Kalender und Beschriftungen. Erhalten Sie die Selbstständigkeit der Betroffenen, indem Sie sie die täglichen Verrichtungen so weit, wie möglich selbst erledigen lassen. Eine vertraute Umgebung und ein regelmäßiger Tagesablauf helfen den Betroffenen, sich zurechtzufinden.

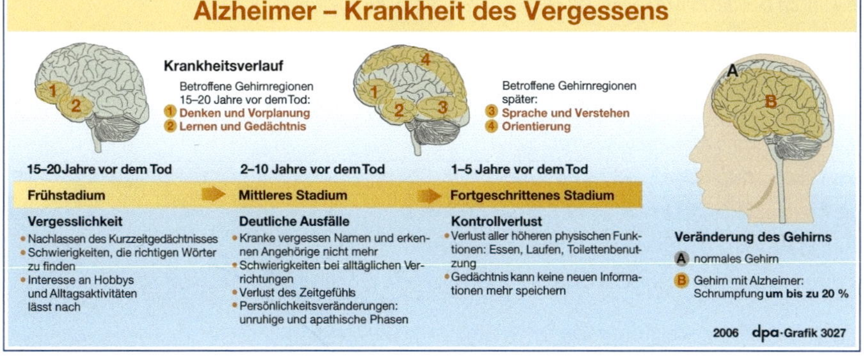

Praxis-Spicker

# Verwirrtheit

## WAS KANN ICH BEOBACHTEN?

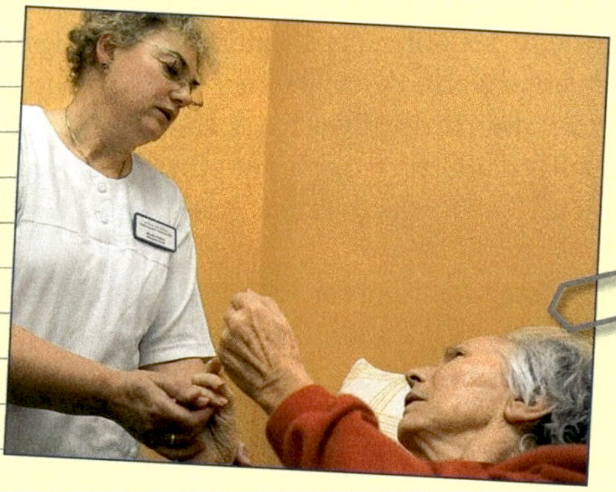

**Bei der Körperpflege**

- Schläfrigkeit oder Aggressivität, Orientierunglosigkeit
- Kleidungsstücke, Pflegemittel und Handlungsabläufe werden verwechselt oder unangemessen eingesetzt

**Beim Essenanreichen**

- Mahlzeiten werden vergessen
- ungewöhnliche Zusammenstellung von Nahrungsmitteln

**Bei der Bewegung**

- Verlaufen, Nicht-zurück-Finden

**Bei der Beschäftigung**

- innere Unruhe
- Leistungsabfall und Konzentrationsstörungen
- Stimmungsschwankungen

**Bei der Kommunikation**

- Desorientierung (Störung des Selbst-, Raum- und Zeitempfindens)
- Gedächtnisstörungen (insbesondere Kurzzeitgedächtnis bzw. Merkfähigkeit)
- Wahrnehmungsstörungen (z. B. Halluzinationen)

Frau Meyer hat sich heute zu Herrn Becker ins Bett gelegt. War der vielleicht erschrocken.

## WAS IST ZU TUN?

Schaffen Sie Orientierungshilfen, z. B.:

- persönlich: ansprechen mit Namen, dem Betroffenen ermöglichen, sich im Spiegel zu betrachten,
- zeitlich: Uhren, Kalender, bewusste Einhaltung des Tag-Nacht-Rhythmus, Mahlzeiten zu festen Tageszeiten, Gespräche
- örtlich: Zimmer und Gegenstände (z. B. mit Foto, Zahlen, Bildern) kennzeichnen

Frau Meyer war heute sehr aggressiv, ich konnte bei ihr nicht die Mundpflege durchführen.

## HINWEISE:

Achten Sie insbesondere auf nonverbale Signale, die ein Betroffener sendet. Vermitteln Sie dosiert Informationen in respektvoller Sprache, wahren Sie die Privatspäre und respektieren Sie Schamgefühle.

## MÖGLICHE URSACHEN:

- Demenzerkrankungen
- Dehydratation/Exsikkose (Flüssigkeitsmangel/Austrocknung)
- eingeschränkte Atmung (Sauerstoffmangel), Herzschwäche
- einschneidende soziale Ereignisse (z. B. Ortswechsel, Tod des Partners)
- Vergiftungen (z. B. Alkohol, Drogen), Nebenwirkungen von Arzneimitteln
- Schädel-Hirn-Trauma oder andere hirnorganische Störung (z. B. nach Sturz, Schlaganfall, bei Hirntumoren oder -metastasen)

Praxis-Spicker

# Aggression

## WAS KANN ICH BEOBACHTEN?

**Bei der Körperpflege**
- Betroffener lehnt Körperpflege ab und möchte nicht berührt werden
- Betroffener neigt zu aggressivem Verhalten

**Beim Essenanreichen**
- Ablehnung von Nahrung bzw. der Hilfestellung (z. B. Ausspucken des Essens, Wegschieben des Tellers)

**Bei der Beschäftigung**
- Lustlosigkeit bis Ablehnung
- übermäßige Aktivität bis Störung

**Bei der Bewegung**
- Betroffener sträubt sich bzw. kooperiert nicht bei der Mobilisation
- starker Bewegungsdrang

**Bei der Kommunikation**
- Verwendung abfälliger Äußerungen und Beschimpfungen
- lautes Reden und Schreien
- Betroffener lehnt Kontakt völlig ab

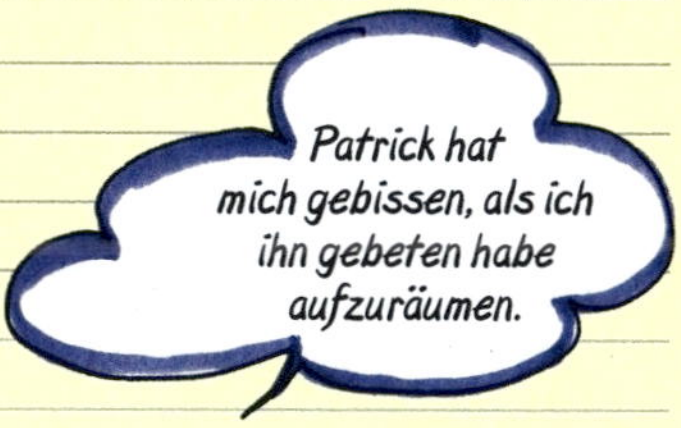


## WAS IST ZU TUN?

- Gefühle des Betroffenen ernst nehmen, nicht belächeln oder negativ kommentieren
- Reizüberflutungen vermeiden (z. B. Fernseher ausschalten)
- Alternativen anbieten, Ablenkung in ruhiger Beschäftigung schaffen
- Biografie (Gewohnheiten, Vorlieben, Abneigungen) beachten
- kein Eingriff in die Privatsphäre des Betroffenen (z. B. Einsperren, Bestrafen)
- dem Betroffenen zur Seite stehen und ihn beobachten

## HINWEISE:

Keine Medikamente/Beruhigungsmittel ohne Verordnung anwenden! Nicht versuchen, den Betroffenen gewaltsam zu beruhigen (führt zu Teufelskreis mit Verschlimmerung/Eskalation).

## MÖGLICHE URSACHEN:

- emotionale Grenzsituationen (z. B. Frustration, Angst, Verzweiflung, Hilflosigkeit)
- fehlende Selbstbestimmung, Freiheitsentzug oder Abhängigkeit von anderen Menschen
- Nebenwirkungen von Medikamenten; Einfluss oder Entzug von Drogen und/oder Alkoholentzug
- krankhafte Veränderungen im Gehirn (z. B. bei Demenzerkrankungen)
- psychiatrische Erkrankungen (z. B. akute Psychose, Manie)
- Schlafdefizit; Schmerzen
- erlerntes Verhalten (Konflikte wurden schon immer auf aggressive Art gelöst)

*Bei der Multiplen Sklerose ist die Erregungsleitung durch zerstörte Markscheiden behindert.*

ZNS ► S. 318
Markscheiden ► S. 313
Erregungsleitungen ► S. 313
Erreger ► S. 218

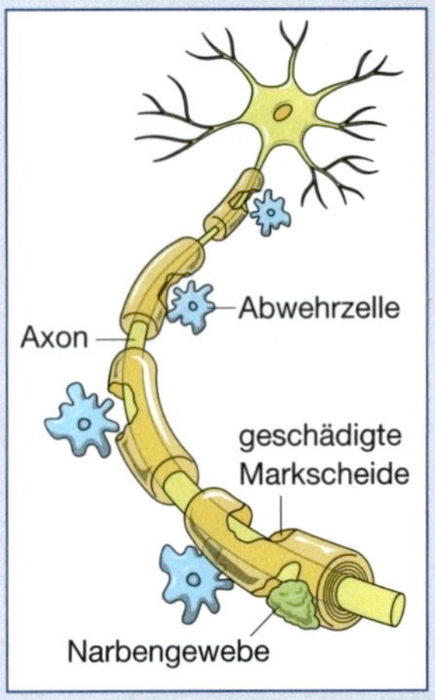


*Abb. 1 Zerstörte Markscheiden*

## Multiple Sklerose

Die Multiple Sklerose (MS) ist eine Erkrankung des zentralenNervensystems, bei der die Markscheiden der Nervenfasern zerstört (Abb. 1) und somit die Erregungsleitungen behindert werden. Diese Krankheit tritt häufiger bei Frauen als bei Männern auf. Bei der MS greifen unsere Abwehrzellen, die sonst gegen fremde Erreger oder Substanzen arbeiten, körpereigenes Gewebe, nämlich die Markscheiden, an.
Zu Beginn sind die Markscheiden an bestimmten Stellen entzündet. Diese Entzündungsherde können sich zurückbilden. Meist gehen die Markscheiden jedoch nach und nach zu Grunde und werden durch Narbengewebe ersetzt. An diesen Stellen ist die Erregungsweiterleitung gestört. Die Reizweiterleitung zwischen den Nervenzellen und den Körperzellen, z. B. den Muskelzellen, kann nicht mehr ungehindert stattfinden. Symptome der MS können sehr verschieden sein. Zu den häufigsten Beschwerden gehören:

- Sehstörungen, die durch eine Entzündung der Sehnervs resultieren, die Patienten sehen auf einem Auge überhaupt nichts oder wie durch einen Schleier;
- Störungen der Körperbewegungen, z. B. Lähmungen, und Sprechstörungen;
- Störungen der Körperempfindungen, wie z. B. Taubheitsgefühle oder Kribbeln an Armen und Beinen.

Weitere Symptome, die auftreten können, sind Geschmacks- und Sprachstörungen, Gleichgewichtsprobleme sowie Blasenfunktionsstörungen. Die Betroffenen können auch unter psychischen Problemen wie Depressionen, Traurigkeit und Antriebslosigkeit leiden. MS ist heute mit Medikamenten behandelbar, aber nicht sicher heilbar. Sie kann bei den Betroffenen sehr unterschiedlich verlaufen. Nach 20 Jahren sind noch ca. ein Drittel der Patienten berufstätig. Erkennt man MS frühzeitig und behandelt konsequent, kann der Verlauf wirksam verlangsamt werden.

## Depressionen

In Gesprächen mit Freunden sagt sich schnell einmal: „Ich bin heute etwas depressiv.“ Gemeint ist damit, dass man einen schlechten Tag, miese Laune oder Kummer hat. Eine Depression ist jedoch eine richtige Krankheit, die sowohl Gedanken, Gefühle und das Verhalten verändert sowie mit körperlichen Beschwerden einhergehen kann. Sie ist gefährlich, da sie die Betroffenen zum Suizid veranlassen kann.

| Psychische Symptome | Körperliche Symptome | Soziale Symptome |
|---|---|---|
| dauerhaft niedergeschlagene Stimmung, niedriges Selbstwertgefühl, Freud- und Interessenlosigkeit, Reizbarkeit, Hoffnungslosigkeit, Selbstmordgedanken | Schlafstörungen, Energielosigkeit, Appetitänderungen, körperliche Beschwerden, die schlecht einzelnen Organen zugeordnet werden können | Isolation, vermindertes Interesse an Freunden, Nachlassen von sozialen Aktivitäten, Hobbys und der Arbeitsleistung |

Jeder Mensch kann an einer Depression erkranken. Eine Depression entsteht meist durch das Zusammenwirken verschiedener Faktoren: z. B. durch angeborene Veränderungen im Gehirnstoffwechsel (Botenstoffmangel), körperliche Erkrankungen, schmerzvolle Erlebnisse, Dauerstress und /oder Drogeneinfluss. Wenn die Veranlagung besteht und dann noch verschiedene belastende Lebensumstände wie Arbeitslosigkeit oder der Tod eines Angehörigen dazukommen, kann das eine Depression auslösen. Bei Verdacht auf eine Depression sollte ein Arzt hinzugezogen werden. Einen positiven Einfluss auf depressive Menschen haben Gespräche, Bewegung, gesunde Ernährung, ausreichend Schlaf, Stressbewältigung und soziale Kontakte. Antidepressiva sind hilfreich, um die chemischen Störungen im Gehirn Depressiver zu bessern und zu normalisieren. Die Äußerung von Suizidgedanken muss stets ernst genommen werden.

Gehirn ► S. 318
Bewegung ► S. 241
gesunde Ernährung ► S. 274
Schlaf ► S. 368
Stressbewältigung ► S. 238

Praxis-Spicker

# Unruhe

## WAS KANN ICH BEOBACHTEN?

Frau Huber ist heute sehr hektisch und kann nicht ruhig sitzen bleiben.

Frau Huber ist sehr fahrig und ihre Konzentrationsfähigkeit ist sehr niedrig.

**Bei der Körperpflege**

- große Ungeduld, körperliche und psychische Anspannung
- geringe oder fahrige Mitarbeit
- Orientierungslosigkeit, Zerstreutheit

**Beim Essen anreichen**

- Appetitverlust, Gewichtsverlust, aber auch Heißhunger

**Bei der Beschäftigung**

- Konzentrationsschwäche
- Sprunghaftigkeit
- schnelle Änderung der Stimmungslage
- erhöhte Reizbarkeit oder auch Ängstlichkeit

**Bei der Bewegung**

- starker Bewegungsdrang bis hin zu Erregungszuständen
- hektisches Aufstehen und -setzen, Hin-und-her-Laufen
- automatische Nestel-, Zupf- und Wischbewegungen

**Bei der Kommunikation**

- Unflexibilität und Beschränkung auf wenige Themen und/oder schnelle Themenwechsel
- geringe Aufnahmefähigkeit
- starke Zurückhaltung und sozialer Rückzug
- Jammern und Klagen

## WAS IST ZU TUN?

- selber ruhig und freundlich bleiben, Sicherheit vermitteln
- eindeutig kommunizieren, aber nicht kritisieren
- Bewegungsdrang nicht beschränken, jedoch Gefahren abwenden

## MÖGLICHE URSACHEN:

- Demenzerkrankungen, vor allem nach Umgebungswechsel wie Klinikeinweisung
- Depression, Angsterkrankungen (Phobien)
- Alkohol- oder Medikamentenentzug oder unerwünschte Nebenwirkungen von Drogen und/oder Medikamenten
- Schilddrüsenüberfunktion
- Aufmerksamkeitsdefizit- und Hyperaktivitätssyndrom (ADHS)
- hirnorganisches Psychosyndrom (HOPS), das heißt, alle seelischen und Verhaltensauffälligkeiten durch organische Hirnkrankheiten wie Schlaganfall, Zerebralsklerose, Tumoren, Metastasen usw.
- Epilepsie

## 5.2 Hormonsystem – „Steuerzentrale lebenswichtiger Botenstoffe“

*Unser Hormonsystem reguliert viele Organfunktionen.*

Blutzuckerspiegel ► S. 287
Niere ► S. 350
Erythrozyten ► S. 263
Pubertät ► S. 100

Hormone sind Botenstoffe, die in den Hormondrüsen gebildet und von dort in das Blut abgegeben werden. Mit dem Blut gelangen die Hormone in den ganzen Körper und wirken dort als eine Art „Nachrichtenübermittler“. Sie übermitteln den Zellen „Informationen“ und sagen, was diese tun sollen, z. B. einen bestimmten Stoff produzieren. Hierzu müssen die Hormone an Rezeptoren der Zielzellen andocken, auf die sie passen. So regulieren die Hormone den Stoffwechsel und die Organtätigkeiten, z. B. reguliert Insulin den Blutzuckerspiegel, das Nierenhormon Erythropoetin reguliert die Erythrozytenbildung, die Schilddrüsenhormone regulieren viele Vorgänge im Körper und die Geschlechtshormone regulieren Pubertät, Geschlechtsmerkmale und Sexualfunktion.

*Hormondrüsen wie z. B. die Schilddrüse werden durch Hypothalamus und Hypophyse gesteuert.*

### Hormondrüsen

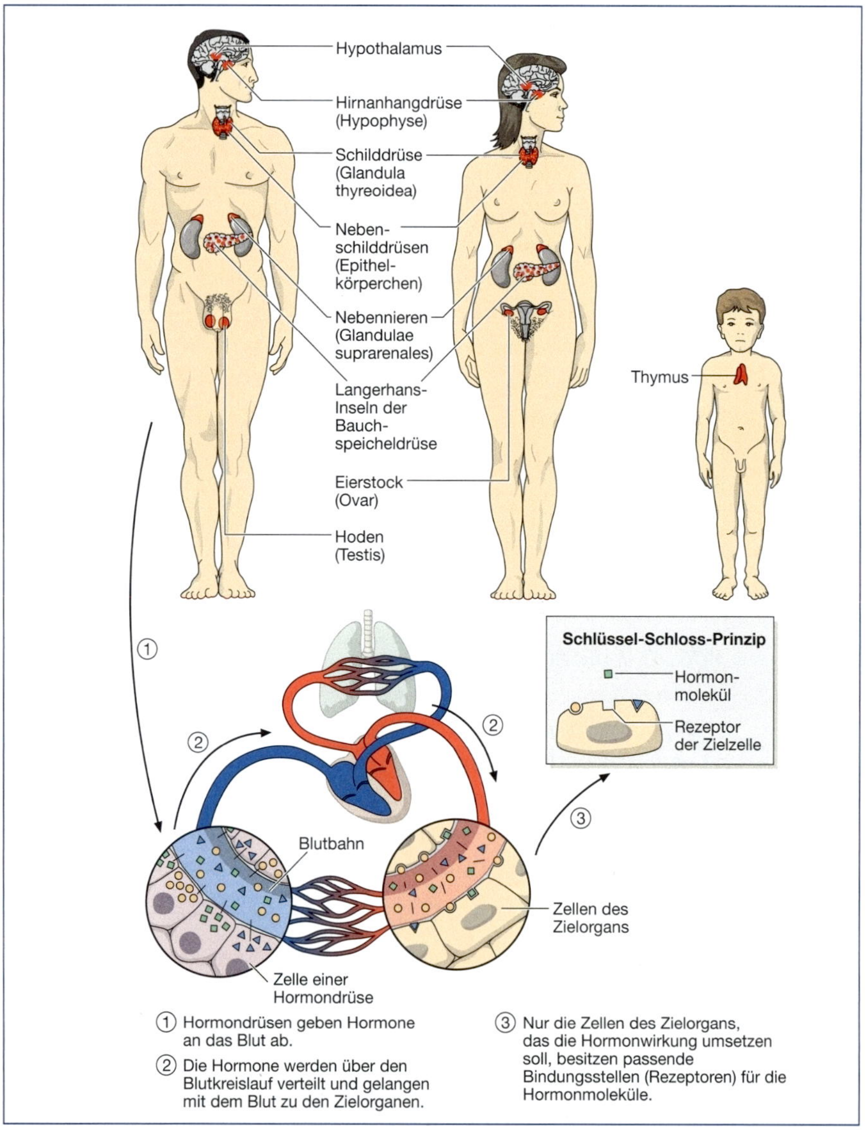


*Abb. 1 Übersicht der Hormondrüsen*

**Steuerung des Hormonhaushaltes**

Während des gesamten Lebens steuert der Hypothalamus, ein spezieller Teil des Gehirns, unseren Hormonhaushalt. Der Hypothalamus misst ständig die im Blut vorhandenen Hormone. Ist die aktuell gemessene Hormonkonzentration gering, regt er durch Freisetzungshormone (Releasinghormone) die Hypophyse (Hirnanhangsdrüse) an, den Hormondrüsen Dampf zu machen. Die Hypophyse reagiert auf die hormonellen Befehle des Hypothalamus, indem sie durch Stimulierungshormone die Hormondrüsen, z. B. die Schilddrüse, die Nebenschilddrüse, die Nebenniere und die Keimdrüsen, aktiviert. Diese führen dann den Befehl von „oben" (Hypophyse) bzw. von „ganz oben" (Hypothalamus) aus und bilden mehr Hormone.

*Der Hypothalamus steuert unseren Hormonhaushalt.*

Gehirn ► S. 318
Blut ► S. 262

**Geschlechtsorgane**

Als Keimdrüsen bezeichnet man die hormonproduzierenden Geschlechtsorgane (Abb. 3 und 4), da sie die Keimzellen (Ei- und Samenzellen) bilden. Keimdrüsen beim Mann sind die Hoden (Testes) und bei der Frau die Eierstöcke (Ovarien). Beim Mann wird durch Hypophysenhormone die Bildung von Testosteron angeregt und damit auch die Produktion von Spermien (Abb. 2) in den Hoden. Bei der Frau produzieren die Eierstöcke die weiblichen Hormone wie Östrogen und Progesteron, die den Verlauf des Menstruationszyklus regulieren.

Menstruationszyklus ► S. 330

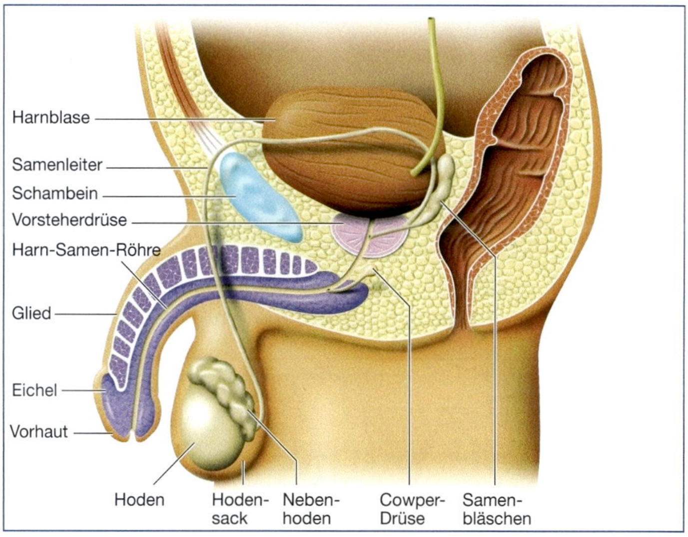


*Abb. 3 Längsschnitt durch das männliche Becken mit den Harn - und Geschlechtsorganen*

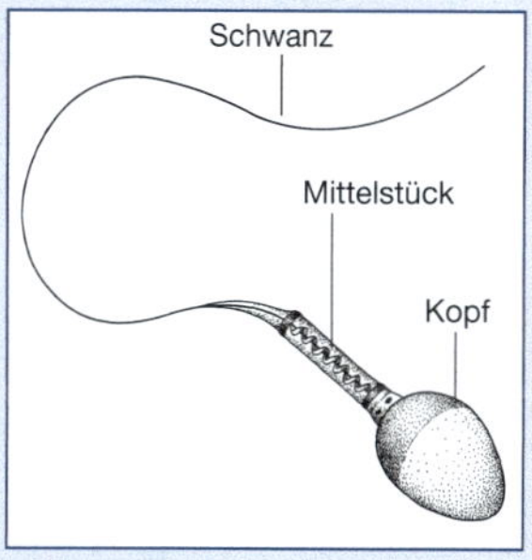


*Abb. 2 Spermium*

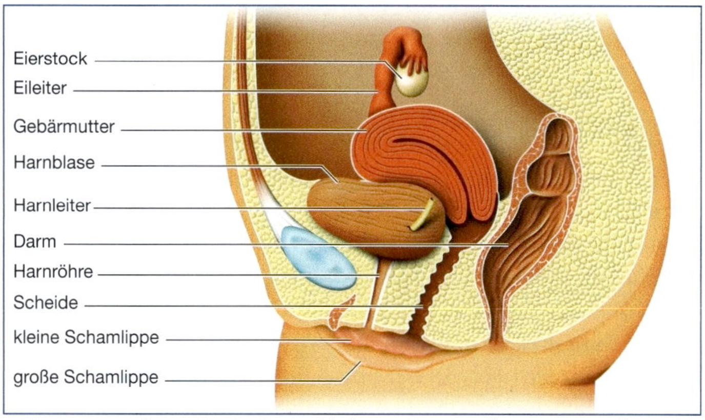


*Abb. 4 Längsschnitt durch das weibliche Becken mit den Harn - und Geschlechtsorganen*

**Menstruationszyklus**

Die sich monatlich wiederholenden, zur Blutung führenden Vorgänge in den inneren Geschlechtorganen der Frau (Abb.1) werden als Menstruationszyklus bezeichnet. Sie sind notwendig, damit eine Frau schwanger werden kann. Die Menstruation setzt mit durchschnittlich 13 Jahren ein.

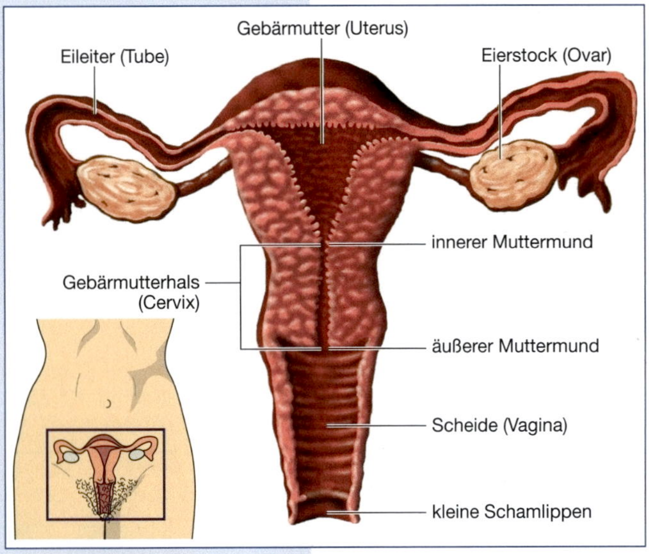


*Abb. 1 Innere Geschlechtsorgane der Frau*

Hypophyse ► S. 328
Blutgefäße ► S. 254

Ein Menstruationszyklus dauert ca. 28 Tage (Abb. 2). Abweichungen um eine Woche (mehr oder weniger) sind gleichfalls normal. Er wird von verschiedenen Hormonen der Hypophyse gesteuert.

Jeder Zyklus beginnt mit der Menstruationsblutung. Sie dauert ca. 3 bis 7 Tage und ist ein Zeichen dafür, dass im vorausgegangenen Zyklus keine Befruchtung der Eizelle stattgefunden hat. Bei der Menstruation wird die innerste Schicht der Gebärmutter, das heißt die oberste Lage der Gebärmutterschleimhaut, zusammen mit der unbefruchteten Eizelle ausgestoßen. Dabei werden die Blutgefäße, die in der Schleimhaut verlaufen, wie bei einer Wunde geöffnet, sodass sowohl Blut als auch Gewebe abgestoßen werden.

Während der Menstruation beginnt im Eierstock erneut eine Eizelle zu reifen. Die Eizelle befindet sich in einer Hülle, dem Eibläschen oder Follikel. Dieser Follikel bildet das Geschlechtshormon Östrogen. Da der Follikel während der Eireifung immer größer wird, bildet er auch immer mehr Östrogen, je reifer die Eizelle wird. Das Östrogen wird ins Blut abgegeben und gelangt so auch zur Gebärmutter, wo es dafür sorgt, dass die mit der Blutung abgestoßene Schleimhaut der Gebärmutter wieder neu aufgebaut wird und zur Vorbereitung einer möglichen Schwangerschaft heranwächst.

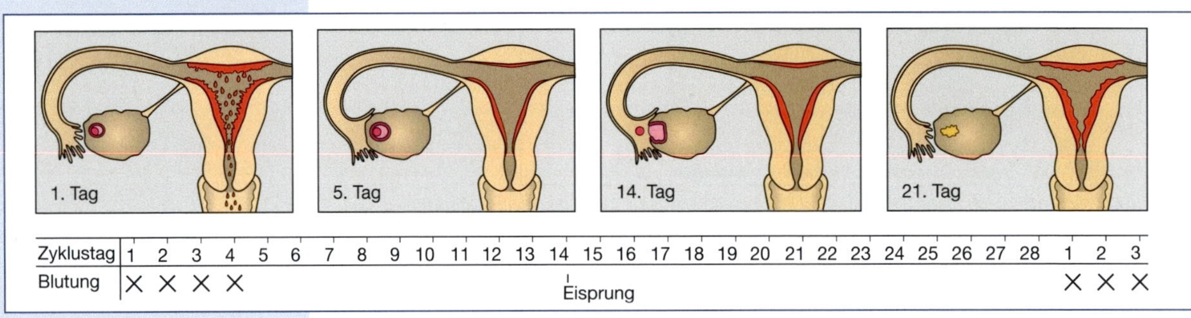


*Abb. 2 Menstruationszyklus*

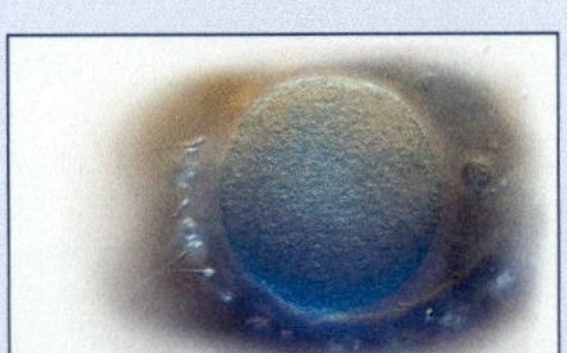

*Abb. 3 Die Spermien haben die Eizelle erreicht. Vergrößerung 100fach.*

Spermien ► S. 329

Ungefähr in der Mitte des Zyklus (also ca. am 14. Tag) ist die Eizelle ausgereift. Der Follikel produziert jetzt sehr viel Östrogen. Die hohe Östrogenkonzentration im Blut teilt der Hypophyse mit, dass ein sprungreifes Eibläschen vorhanden ist, sodass der Eisprung ausgelöst wird. Dabei verlässt die Eizelle das Eibläschen. Der Eileiter ist darauf vorbereitet, nimmt die herausgesprungene Eizelle auf und befördert sie langsam in Richtung Gebärmutter. Wenn eine Frau um diesen Zeitpunkt herum ungeschützten Geschlechtsverkehr hat, wandern die Spermien des Mannes bis in die Eileiter und befruchten die Eizelle (Abb. 3). Die befruchtete Eizelle wandert dann in die Gebärmutter und nistet sich dort ein. Die Frau ist schwanger und ein Kind wächst heran.

Nach dem Eisprung wandelt sich der im Eierstock verbliebene Rest des Follikels zum Gelbkörper um. Der Gelbkörper bildet das Hormon Progesteron und gibt es ins Blut ab. Dies bewirkt am Uterus, dass sich die Schleimhaut auflockert und stärker durchblutet wird. Dabei sondern die Drüsen der Schleimhaut vermehrt Sekret ab.
Ist die Eizelle nicht befruchtet worden, stirbt der Gelbkörper nach zwei Wochen ab und es wird kein Progesteron mehr gebildet. Dadurch wird die Schleimhaut der Gebärmutter abgestoßen. Es setzt also wieder eine Periodenblutung ein.

! Auf den Vorgängen beim Menstruationszyklus beruht die Wirkungsweise der Antibabypille. Dem Körper werden Geschlechtshormone zugeführt, sodass so viel Östrogen und Gestagen im Blut ist, dass die Hypophyse keinen Anlass sieht, auf die Keimdrüsen (Eierstöcke) anregende Hormone auszuschütten. Da aber die Eibläschen im Eierstock ohne diese Hypophysenhormone nicht reifen können, kann es nicht zum Eisprung, also auch zu keiner Befruchtung kommen.

Um das 50. bis 52. Lebensjahr herum endet die Zeit, in der Menstruationszyklen bei einer Frau ablaufen. Die letzte Regelblutung nennt man Menopause. Die hormonelle Übergangsphase von der fruchtbaren Lebensphase zum Alter wird als Klimakterium (Wechseljahre) bezeichnet. Die Eierstöcke schrumpfen allmählich, die Hormonproduktion nimmt ab. Die Sekretproduktion der Scheide lässt nach und es kann leichter zu Reizungen und Infektionen kommen. Das Bedürfnis nach Zärtlichkeit und Sexualität kann jedoch bis ins hohe Alter hinein bestehen bleiben.

Infektionen ► S. 219

## Zum Weiterarbeiten in den Arbeitsbüchern

| Betreuung und Pflege von alten Menschen und Menschen mit Behinderung | | | |
|---|---|---|---|
| | **Schwerpunkt** | **Lernsituation** | **Seite** |
|  | • Sexualität<br>• Nähe- und Intimitätsbedürfnisse<br>• Einsatzort Wohngruppe für ältere Menschen | „Späte Liebe“ | 109 |
|  | • Hörbeeinträchtigungen<br>• Kommunikation und Gesprächsführung<br>• Hilfsmittel | „Manchmal spricht er so leise, dass ich ihn kaum verstehe“ | 186 |
|  | • Demenz<br>• Selbstbestimmung<br>• personenzentrierte Pflege<br>• Kommunikation | „Wo haben Sie meinen Koffer gelassen?“ | 192 |

# 6. Pflege – „Mehr als nur waschen“

## 6.1 Den Körper pflegen – „Wohlfühlen in der eigenen Haut“

Die Körperpflege gehört zu den Grundbedürfnissen eines Menschen. Wir führen diese selbstverständlich jeden Tag eigenständig durch. Wir wollen uns frisch fühlen, nachdem wir morgens aus den Federn springen, wir wollen gepflegt aussehen und diesen Eindruck auch in unserem sozialen Umfeld, z. B. bei Freunden oder in der Familie, hinterlassen.

### 6.1.1 Sinn und Bedeutung der Körperpflege

*Die Körperpflege ist ein individuelles Bedürfnis.*

In der modernen Gesellschaft gelten Körpergerüche als Belästigung. Bereits Kindern wird frühzeitig vermittelt, dass ein ungepflegter Körper zu sozialer Ausgrenzung führen kann. Nicht selten werden dabei Geschichten und Märchen, wie z. B. vom Struwwelpeter (Abb. 1), herangezogen. Körperpflege dient aber auch zur Gesunderhaltung. Das Waschen der Hände, insbesondere nach dem Toilettengang, kann vor ansteckenden Krankheiten schützen.

*Abb. 1 Der Struwwelpeter*

**!** Der Frankfurter Arzt Dr. Heinrich Hoffmann (1809–1894) verfasste 1845 die berühmte Geschichte vom Struwwelpeter, 1970 schuf Hansgeorg Stengel eine abgemilderte, modernere Form der Erzählungen.

*Seht mal her, hier steht er,*
*so ein Struwwelpeter!*
*Haarschopf wüst und speckig,*
*Hemd und Hose fleckig.*
*Finger, Ohren und Gesicht*
*wusch er sich seit Wochen nicht.*
*Socken trägt er keine,*
*putzte niemals seine*
*schief gelatschten Treter.*
*Schäm dich, Struwwelpeter!*

Quelle: „So ein Struwwelpeter“, Stengel, Hansgeorg; Schrader, Karl, Kinderbuchverlag Berlin, NA 2007

### 6.1.2 Wie pflege ich mich persönlich?

*Wir sind von oben bis unten in Haut „eingepackt“.*

Jeder pflegt sich nach persönlichen Bedürfnissen und Gewohnheiten, die durch die Erziehung, das Alter, die Kultur und Religion, das Geschlecht sowie bestimmte Lebensumstände beeinflusst werden. Während der eine ein entspannendes Bad am Abend liebt, bevorzugt ein anderer eine erfrischende Dusche am Morgen. Für den einen ist Körperlotion für die Hautpflege selbstverständlich, andere Menschen verwenden nur Wasser und Seife. Männer benutzen meist seltener Pflegemittel als Frauen, auch wenn es hier in den letzten Jahren eine Trendwende gab.

*Abb. 1 Duschen oder Baden?*

> In den Fünfziger- und Sechzigerjahren war das samstägliche Bad Tradition. Da das Erwärmen des Waschwassers früher unbequem war, wusch man sich oft mit kaltem Wasser. Bei älteren Menschen kann man diese Gewohnheiten oft beobachten.
>
> Durch die wachsende Zahl von Migrantinnen in den Pflegeeinrichtungen ist es wichtig, dass das Pflegepersonal über religiöse Aspekte bei der Durchführung der Körperpflege informiert ist. So bevorzugen z. B. Menschen, die dem Islam angehören, das Waschen unter fließendem Wasser.

*Abb. 2 Seife oder Duschgel?*

## 6.2 Unsere Haut – „Ein echtes Multitalent“

### 6.2.1 Funktionen der Haut

Unsere Haut ist mit einer Fläche von ca. 2 m² das größte Organ des menschlichen Körpers. Ihr Gewicht beträgt, je nach Körpergröße und -umfang, ca. 3–10 kg.

*Die Haut kann durch ihren besonderen Aufbau vielfältige Funktionen ausüben.*

**Die wichtigsten Funktionen sind:**

- Schutzfunktion

Unsere Haut grenzt die Innenwelt von der Außenwelt ab und schützt sich damit vor schädlichen Umwelteinflüssen, wie Kälte, Wärme, gefährlicher Strahlung oder Krankheitserregern.

Krankheitserreger ► S. 218

- Sinnesfunktion

Die Haut hat spezielle Antennen, auch Rezeptoren genannt. Darüber nimmt sie Reize auf, wir spüren z. B. Kälte, Berührung oder Schmerz.

- Temperaturregulationsfunktion

Durch die Schweißabsonderung an die Hautoberfläche und deren Verdunstung kann sich der Körper abkühlen und die Körpertemperatur regulieren. Sie ist sozusagen unsere persönliche Klimaanlage.

- Kommunikationsfunktion

Über die Haut können wir kommunizieren, sie wird auch als Spiegel der Seele bezeichnet. Wir erröten z. B. vor Scham und erblassen vor Neid.

- Ausscheidungsfunktion

Über die Haut werden körpereigene Sekrete wie Schweiß und Talg abgesondert. Bis 10 Liter Schweiß kann ein Mensch am Tag abgeben.

## 6.2.2 Aufbau der Haut

Weitere Informationen zum Thema Haut finden Sie unter: www.2m2-haut.de

Die Haut besteht aus drei Schichten: der Oberhaut, der Lederhaut und der Unterhaut.

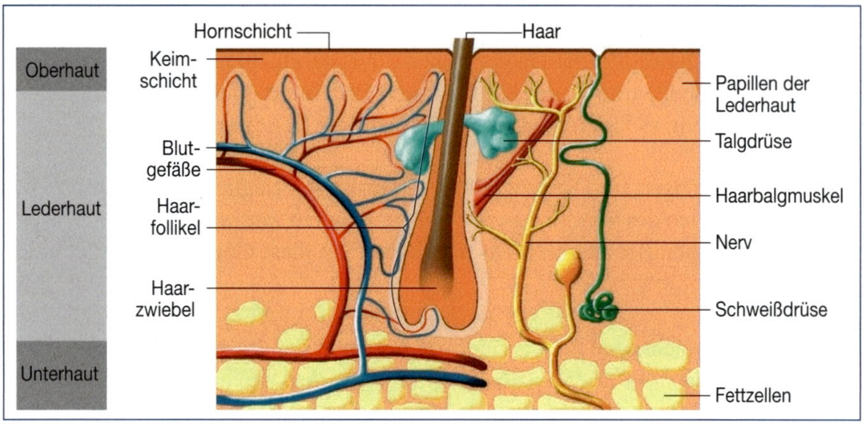


**Die Oberhaut** besteht aus der oberen Hornschicht, deren abgestorbene Zellen als Hautschuppen abgestoßen werden. In der darunterliegenden Keimschicht bilden sich ständig neue Zellen, die die abgestoßenen Zellen ersetzen. Dieser Prozess dauert in etwa 30 Tage. Die Keimschicht enthält darüber hinaus besondere Zellen (Melanozyten), die Pigmente (Melanin) enthalten. Bei Sonnenstrahlung werden diese abgegeben und verleihen der Haut die braune Farbe. Die Urlaubsbräune ist in erster Linie ein Schutz unserer Haut vor Verbrennungen, da sich das Melanin wie ein Schirm über die Zellkerne der Haut legt.

Blutgefäße ► S. 254

**Die Lederhaut** ist fest mit der Oberhaut verbunden. Sie enthält feine Blutgefäße, die die Haut mit Sauerstoff und den nötigen Nährstoffen versorgen. Kollagenfasern und elastische Fasern verleihen der Haut Reißfestigkeit und die notwendige Elastizität. Von den Schweiß- und Talgdrüsen führen Gänge an die Oberfläche, wo diese Sekrete durch Hautporen abgesondert werden und auf der Hautoberfläche den sogenannten Säureschutzmantel bilden, der uns vor dem Eindringen von Krankheitserregern schützt.

Säureschutzmantel ► S. 235

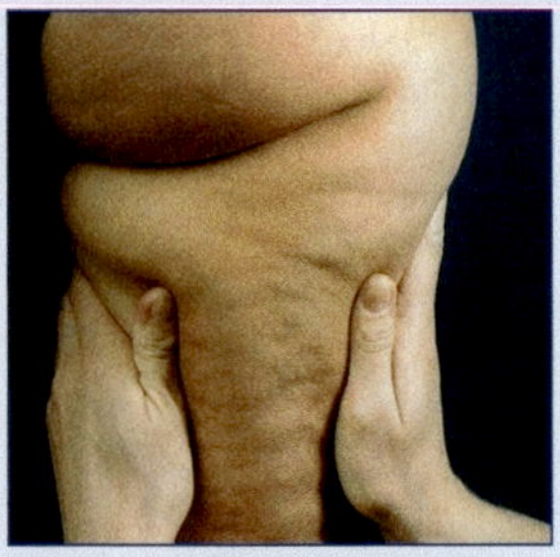

*Abb. 1 Cellulite am Oberschenkel einer Frau.*

**Die Unterhaut** besteht aus lockerem Bindegewebe und eingelagertem Fettgewebe, welches als Stoßdämpfer dient und den Körper gegen Kälte isoliert.

**!** Cellulite, auch Orangenhaut genannt, stellt ein kosmetisches Problem für viele Frauen dar. Cremes zeigen nur wenig Wirkung, da die Ursachen in einer Bindegewebsschwäche oder in einer vermehrten Einlagerung von Fettgewebe in der Unterhaut begründet sind. Mit einer Ernährungsumstellung sowie regelmäßigem Sport kann man diesem Problem eher zu Leibe rücken.

Nervenzellen ► S. 313

In allen Hautschichten sind spezielle Nervenzellen enthalten, die die Sinneseindrücke aus der Umwelt vermitteln. In den Fingerspitzen befinden sich besonders viele Tastkörperchen, die es erlauben, Gegenstände genau zu ertasten.

**Hautanhangsgebilde** ist der Fachbegriff für Organe, die mit der Haut verbunden sind. Dazu zählen Haare, Schweiß-, Talg- und Duftdrüsen, Finger- und Fußnägel.

## 6.2.3 Veränderungen und Krankheiten der Haut beobachten

Um frühzeitig Veränderungen der Haut wahrzunehmen und damit Maßnahmen zur Erhaltung ihrer Funktion einzuleiten, sollten Sie die Haut der betreuten Personen beobachten. Die tägliche Körperpflege eignet sich dazu im besonderen Maße, da die Hautpflege ein wesentlicher Bestandteil der Pflegehandlung ist.

Beobachtung ► S. 119

Um Beobachtungen der Haut besser einschätzen zu können, sind Kenntnisse zu

- Hauttyp,
- Hautfarbe,
- Hautkrankheiten und
- Hautveränderungen von Bedeutung.

### Hauttypen

Sie können Ihren Hauttyp bestimmen, indem Sie zwei Stunden nach dem Waschen einen Spiegel gegen Ihre Stirn drücken. Je nachdem, ob sich Fettspuren zeigen, handelt es sich um einen der im Folgenden beschriebenen Hauttypen:

- trockene Haut: feinporig, nicht glänzend, manchmal schuppig, juckt an den besonders trockenen Stellen
- fettige Haut: großporig, glänzend, neigt zu Hautunreinheiten, z. B. Pickel
- Mischhaut: weist fettige Areale an Kinn, Stirn und Nase auf
- normale Haut: zart, feinporig, gut durchblutet

Die Haut von Säuglingen und Kindern ist fettarm, wasserreich und sehr empfindlich, da die Funktionsfähigkeit noch nicht voll ausgebildet ist. Sie reagiert auf Reize wie Kälte oder Sonneneinstrahlung besonders sensibel.
Jugendliche Haut ist meist gekennzeichnet durch eine unausgeglichene Talgproduktion. An Stirn, Kinn und Nase zeigen sich Pickel oder Mitesser. Liegen viele, zum Teil entzündliche Mitesser vor, spricht man von Akne.

Die Altershaut ist meist trocken, da die Talgproduktion nachlässt. Das Bindegewebe ist nicht mehr so elastisch und straff und sieht daher faltig aus. Durch die nachlassende Melaninproduktion reagiert die Haut von älteren Menschen empfindlich auf Sonneneinstrahlung.

Melaninproduktion ► S. 334

### Hautfarbe

Die Hautfarbe des Menschen ist abhängig von der Anzahl der Pigmentzellen (Farbstoffkörner), des Hämoglobinwertes, der Dicke sowie der Durchblutung der Haut. Veränderungen der Hautfarbe ergeben sich durch bestimmte äußere, situationsbezogene Einflüsse oder durch Krankheiten.

Hämoglobin ► S. 263

| Veränderungen der Hautfarbe | Natürliche Ursachen | Krankheitsbezogene Ursachen |
|---|---|---|
| Rotfärbung | Hitze; körperliche Anstrengung; psychische Erregung (z. B. Scham, Aufregung) | Fieber; Buthochdruck (Hypertonie); Verbrennungen; Allergien |
| Blaufärbung | Kälte | Sauerstoffmangel im Blut bei Herz- und Lungenerkrankungen |
| Blässe | Mangel an Frischluft; psychische Erregung (z. B. Schreck) | Blutarmut (Anämie); Kreislaufversagen; Blutungen; Durchblutungsstörungen |
| Gelbfärbung | übermäßiger Verzehr von Karotten im Kleinkindalter; Neugeborenengelbsucht | zu hoher Gallenfarbstoff im Blut bei Leber- oder Gallenerkrankungen |
| Graufärbung | Sterbeprozess | Tumorerkrankungen |

Praxis-Spicker

# Hautausschlag

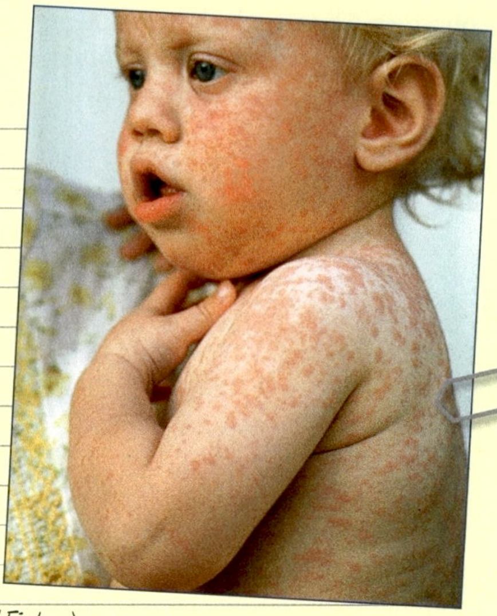

**WAS KANN ICH BEOBACHTEN?**

- geringer bis starker Juckreiz (Kratzspuren)
- trockene, gerötete und schuppende Hautstellen
- flächenhafte Rötung oder gerötete Flecken
- rosafarbene bis bräunliche rundliche Hautflecken
- Bläschen- oder Knötchenbildung
- Schwellungen
- Schmerzen, in einem umschriebenen Bereich
- Unruhe
- nervöses Verhalten
- erhöhte Empfindlichkeit gegenüber äußeren Reizen

**WAS IST ZU TUN?**

- Fachkraft informieren (insbesondere bei Allergien, Schmerzen und Fieber)
- bei Allergien besteht die Gefahr eines Allergieschocks, hier muss die betroffene Person ständig beobachtet werden; gegebenenfalls die Beine hochlagern
- Anwendung von verordneten Arzneimitteln
- Beobachtung der betroffenen Hautstelle(n)

Ich habe Tims Rücken mit Arnikagel eingerieben und sofort bekam er an dieser Stelle rote Flecken und es haben sich Blasen gebildet.

**HINWEISE:**

Diese Hautveränderungen können sich auf einen fest umschriebenen Bereich (z. B. bei Gürtelrose) beziehen oder den ganzen Körper (z. B. bei Sonnenbrand) betreffen. Treten allgemeine Entzündungszeichen auf (Rötung, Schwellung, Schmerzen, Funktionseinschränkung, Überwärmung), können Betroffene erhöhte Temperatur (bis zum Fieber) entwickeln. Hauterkrankungen zeigen sich durch einen Hautausschlag in vielfältigen Formen. Hautausschläge können bei Kindern und Erwachsenen eine Erkrankung darstellen oder sie treten als sichtbare Krankheitszeichen für eine Grunderkrankung auf.

Tim hat im Intimbereich bräunliche runde Hautflecken und er kratzt sich dort häufig.

**MÖGLICHE URSACHEN:**

- Allergien (Unverträglichkeit, z. B. gegenüber einem Medikament oder Nahrungsmittel)
- Pilzinfektionen (z. B. Fußpilz)
- virale (z. B. Windpocken, Röteln, Masern, Scharlach) oder bakterielle (z. B. Akne) Infektionen bei Kindern und Erwachsenen
- Zeckenbiss
- Sonneneinwirkung
- Windeldermatitis

## Krankheiten der Haut

| | |
|---|---|
| **Neurodermitis oder atopes Ekzem** 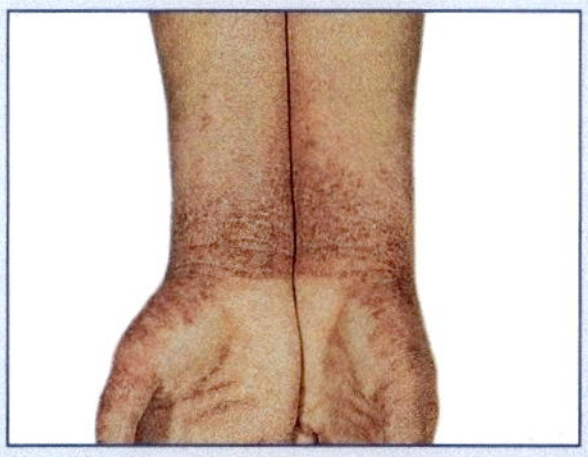 | Bei einem atopen Ekzem handelt es sich um eine chronische Entzündung der Haut, mit zum Teil quälendem Juckreiz. Ursächlich geht man von einer genetischen Anfälligkeit für diese Krankheit aus, wobei Ernährung oder Stress den Verlauf der Erkrankung beeinflussen können. |
| **Warzen** 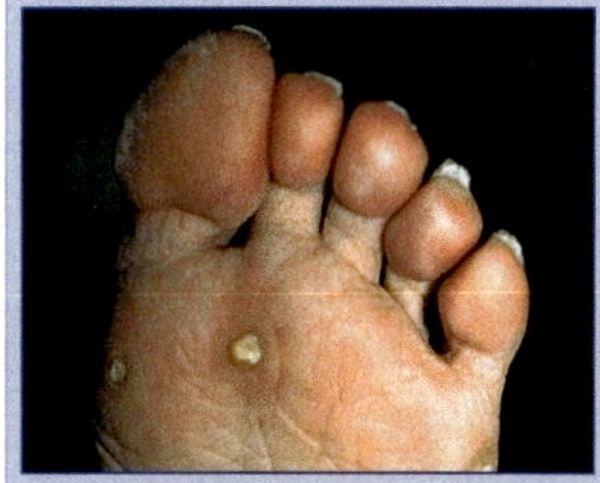 | Warzen sind gutartige Hautneubildungen, die durch Viren hervorgerufen werden. Die Dornwarzen sind dabei ein weit verbreitetes Problem, vor allem an der Fußsohle oder dem Zehenballen. Diese Warzen sehen nicht nur unschön aus, sondern verursachen auch Schmerzen. Sie werden vom Arzt mit speziellen Tinkturen behandelt oder können auch operativ entfernt werden. |
| **Pilzinfektionen** 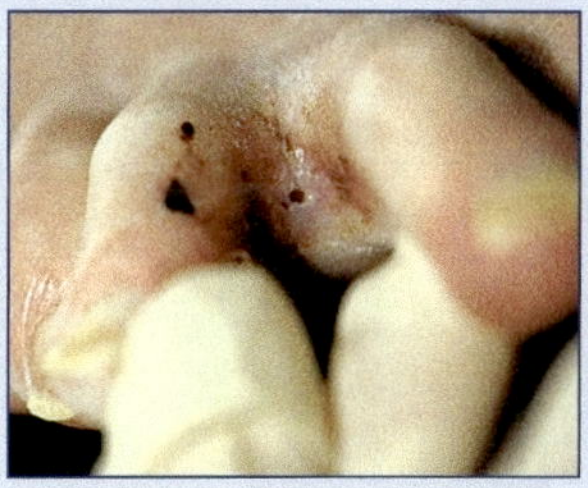 | Pilzinfektionen, auch als Mykosen bezeichnet, können auf der Haut oder auch an den Nägeln sichtbar werden. Die Nägel verfärben sich gelb und verformen sich im Verlauf der Erkrankung. Hautmykosen entstehen häufig durch anhaltende Feuchtigkeit. Im Schwimmbad sollten Sie unbedingt Badelatschen tragen, da sich Pilzsporen im warmen, feuchten Klima sehr wohl fühlen und sich schnell vermehren. |
| **Hauttumore** 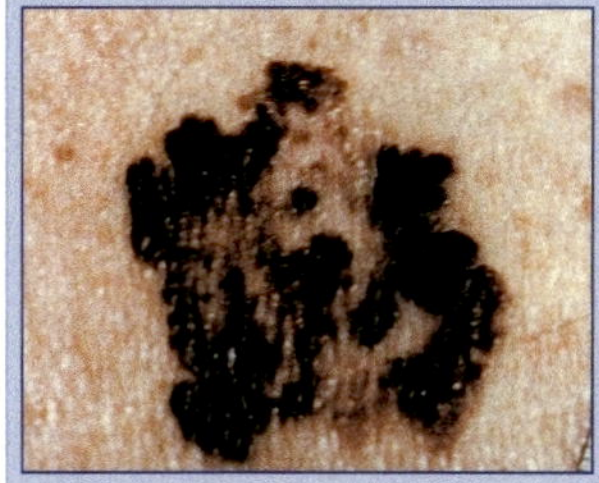 | Hauttumore können in gutartiger oder bösartiger Form auftreten. Ursache kann übermäßige Sonnenbestrahlung sein. Jeder erlittene Sonnenbrand erhöht das Risiko, in späteren Jahren an Hauttumoren zu erkranken. Grundsätzlich sollten Sie die Mittagssonne meiden und frei liegende Hautpartien mit Sonnenschutzmittel (mindestens Schutzfaktor 25) eincremen. Auch ein exzessiver Besuch von Solarien erhöht das Hautkrebsrisiko. |

Viren ► S. 218

**!** Seit Jahrtausenden haben Menschen durch Bemalungen, Tätowierungen und Piercings ihren Körper geschmückt. Piercings und Tätowierungen sind meist Ausdruck eines neuen Körpergefühls. Allerdings sollte man das Infektionsrisiko für z. B. Hepatitis nicht unterschätzen. Ein Piercing kann auch zu Narbenbildung oder Nervenschädigung führen. Sterile Bedingungen und fachmännisches Vorgehen sind absolute Pflicht.

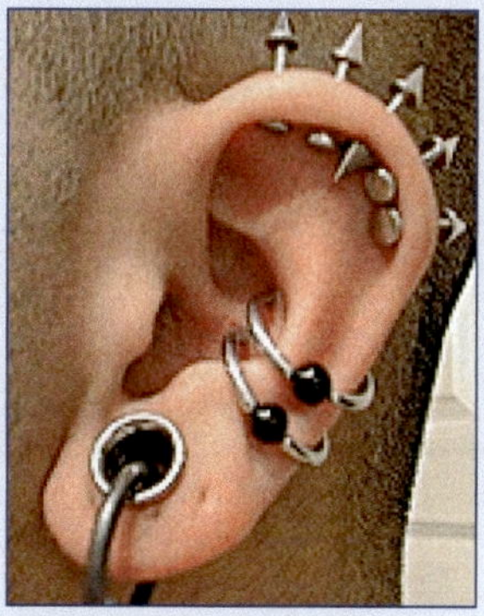

*Abb. 1 Verschiedene Piercings am Ohr*

Hepatitis ► S. 228

## Hautveränderungen bei Kindern

**Storchenbiss:**
Eine harmlose Hautauffälligkeit bei Neugeborenen ist der sogenannte Storchenbiss.
Damit werden hellrote Flecken im Nackenbereich bezeichnet. Die Ursache ist eine Erweiterung der oberflächlichen Blutgefäße der Haut, die sich aber bis zum 1. Lebensjahr zurückbildet.

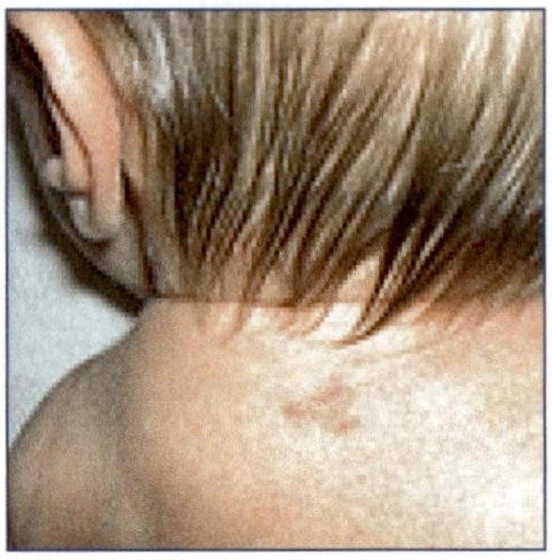

Neurodermitis ► S. 337

**Milchschorf:**
Beim Milchschorf handelt es sich um eine nässende, schuppende, entzündliche Hautveränderung auf dem Kopf des Säuglings. Meist im 3. Lebensmonat beginnend, verschwindet dieses Ekzem innerhalb des ersten Lebensjahres wieder. Wenn nicht, kann es auch das erste Stadium von Neurodermitis sein.

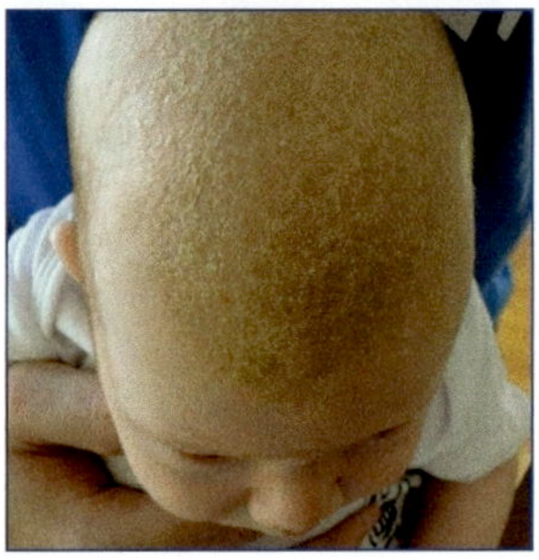

Urin ► S. 353
Stuhl ► S. 351

**Windeldermatitis:**
Dabei handelt es sich um eine Hauterkrankung, die durch die Feuchtigkeit von Urin und Stuhl entsteht, welche durch die Windel permanent auf die Haut einwirkt. Auf der geschädigten Haut können sich zusätzlich Pilze ansiedeln, die neben Rötung und Nässe auch einen massiven Juckreiz hervorrufen. Die Haut sollte so lange wie möglich ohne Windel sein. Zusätzlich wird mit entsprechenden Salben behandelt.

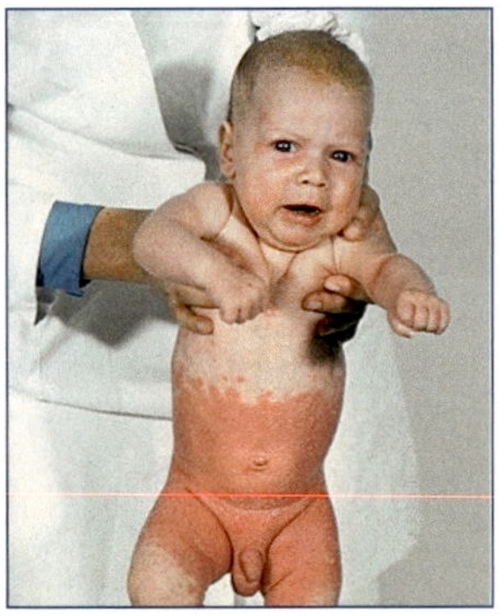

**!** Wenn die Kopfhaut juckt und kribbelt, kann das auch ein Zeichen für Läuse sein. Die Kopflaus ernährt sich von menschlichem Blut und sticht mit ihrem Rüssel durch die Kopfhaut. Ihr Speichel verursacht den Juckreiz. Jeder kann von diesen Tierchen befallen werden, denn es hat nichts mit mangelnder Körperhygiene zu tun. Sie wandern von Kopf zu Kopf und können daher in kurzer Zeit in Gemeinschaftseinrichtungen wie Schulen und Kindergärten übertragen werden.

## Hautveränderungen im Alter

Altersflecken sind bräunliche Flecken, die auf den Handrücken, im Gesicht und auf dem Dekolletee entstehen. Sie entwickeln sich durch eine über Jahre erfolgte Sonneneinstrahlung. Altersflecken sind keine Krankheit, sondern stellen lediglich ein kosmetisches Problem dar.

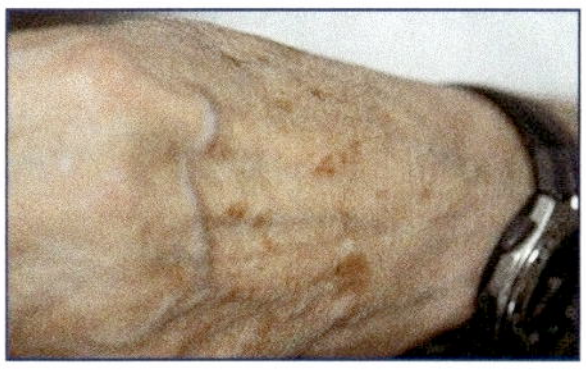

Die Hautspannung hängt vom Wasseranteil der Haut ab. Bei Flüssigkeitsmangel vermindert sich die Hautspannung, es kommt zur Austrocknung, die Haut ist schlaff. Dieses Phänomen nennt man Exsikkose.
Um die Hautspannung zu prüfen, können Sie mit zwei Fingern eine Hautfalte abheben. Bei normaler Spannung glättet sich die Haut sofort wieder, während bei Austrocknung die Falte einige Sekunden stehen bleibt.

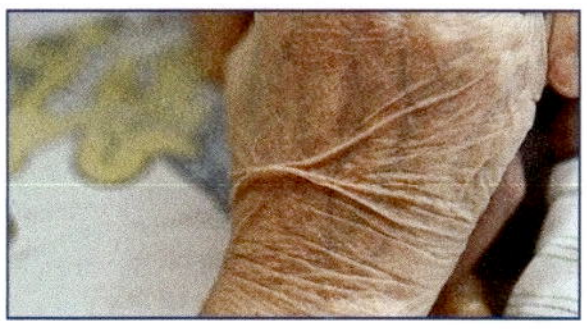

Die Hautspannung kann auch erhöht sein, hier hat sich Flüssigkeit im Gewebe angesammelt, man spricht von einem Ödem. Beobachten kann man dies, indem Sie mit dem Finger die Haut eindrücken. Bleibt die Delle bestehen, die sich nur langsam zurückbildet, liegt ein Ödem vor.

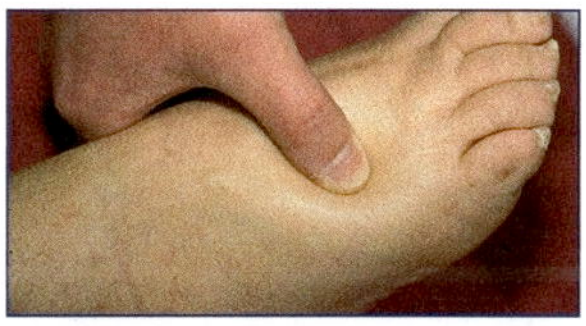

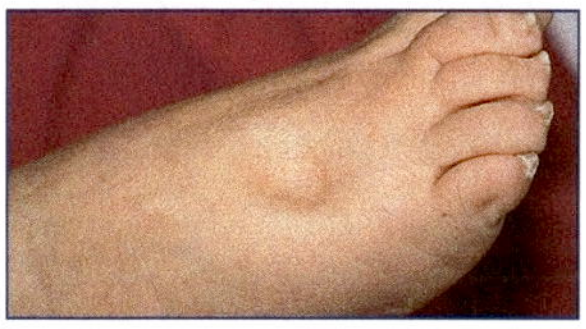

Mit dem Alter gehen Haarfollikel, die die Haarwurzel umschließen, zu Grunde. Die Folge davon ist eine Glatze. Abhängig ist dieser Prozess von den Erbanlagen und dem Geschlecht. Männer verlieren schwerpunktmäßig ihr Kopfhaar am Haaransatz (es bilden sich sogenannte Geheimratsecken) und am Hinterkopf, während bei Frauen das Haar allgemein dünner wird.

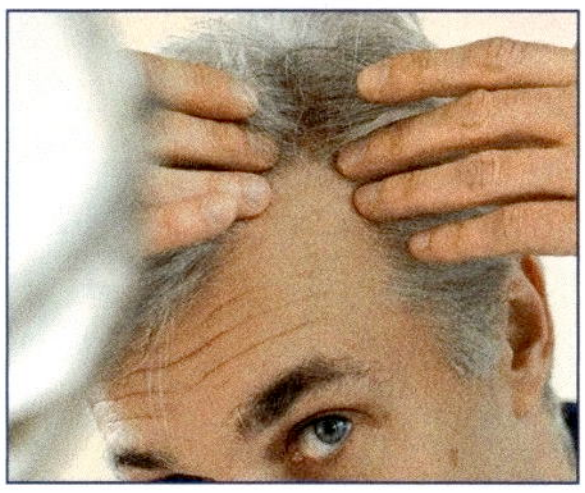

Die Haarfarbe eines Menschen entsteht durch den Melaningehalt. Mit zunehmendem Alter geht die Bildung von Melanin zurück und die Haare ergrauen. Der Zeitpunkt und das Ausmaß sind genetisch bedingt und bei jedem Menschen unterschiedlich.

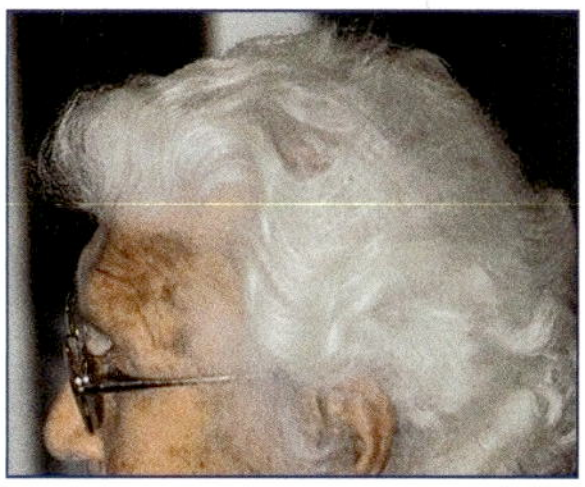

Melaningehalt ► S. 334

## 6.3 Unterstützung bei der Haut- und Körperpflege – „Eine Hand wäscht die andere“

*Die Unterstützung bei der Körperpflege hängt von den individuellen Bedürfnissen und den Ressourcen eines Menschen ab.*

Hautzustand ► S. 335

Die Art der Körperpflege richtet sich nach den Fähigkeiten, den Bedürfnissen und Gewohnheiten des Pflegebedürftigen. Inwieweit Unterstützung durch das Pflegepersonal notwendig wird, ist vom Allgemeinzustand, aber auch von den Bewegungsmöglichkeiten, das heißt von den Ressourcen eines Menschen, abhängig.
Die Haut- und Körperpflege ist eine sehr intime Verrichtung, die hohes Einfühlungsvermögen von Ihnen verlangt, um das Schamgefühl jedes Menschen zu respektieren. Außerdem muss der Hautzustand vorher eingeschätzt werden, um entsprechende Pflegemittel auszuwählen.

Beachten Sie:
- Klopfen Sie vor Betreten des Zimmers deutlich an.
- Informieren Sie den Pflegebedürftigen über jede pflegerische Maßnahme.
- Entfernen Sie die Bettdecke nie ohne Vorankündigung.
- Entblößen Sie nur die Körperregion, die gerade gewaschen wird.
- Halten Sie immer Blickkontakt und erklären Sie jede Tätigkeit.

### 6.3.1 Haut- und Körperpflege im Bett

**Vorbereitung:**
- Heizen Sie den Raum vor.
- Achten Sie auf Sichtschutz.
- Prüfen Sie die Wassertemperatur.
- Erfragen Sie Gewohnheiten und Wünsche.

Bei Säuglingen und Kleinkindern können Sie die Körperpflege auf dem Wickeltisch durchführen. Damit der Körper nicht auskühlt, sollten Sie dabei einen Wärmestrahler einschalten.

Inkontinenzmaterial ► S. 372
Mundpflegetablett ► S. 346

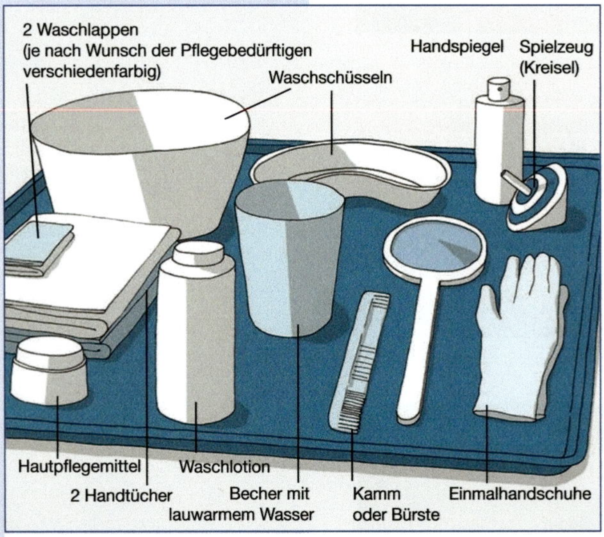


*Abb. 1 Benötigtes Material für die Ganzkörperwaschung*

Stellen Sie die benötigten Materialien bereit (Abb. 1):
- Waschschüssel(n)
- mindestens zwei Handtücher
- mindestens zwei Waschlappen (einer wird für den Intimbereich gekennzeichnet)
- Einmalhandschuhe, evtl. Einwegwaschlappen für die Intimpflege (bei Pilzbefall)
- Waschlotion oder Seife
- Pflegemittel für die Haut
- bei Bedarf frische Bettwäsche
- Kamm, Bürste, Spiegel
- Hände- und Flächendesinfektion
- Einmalwindeln bei Babys und Kleinkindern, evtl.
- Inkontinenzmaterial bei Erwachsenen
- Zahn- und Mundpflegetablett
- Kleidung
- für Säuglinge und Kleinkinder ein Spielzeug zur Ablenkung

**Durchführung:**
Die Reihenfolge der Pflegemaßnahmen kann jederzeit vom Pflegebedürftigen mitbestimmt werden.

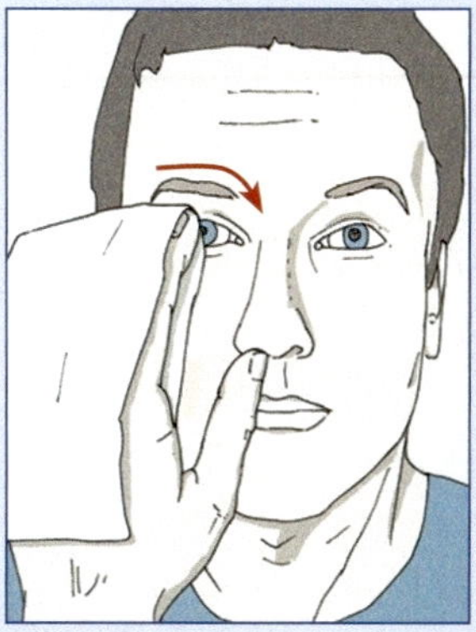
*Abb. 2 Augenreinigung*

- Waschen Sie Gesicht und Augen ohne Waschzusätze.
- Waschen und trocknen Sie die Augen entsprechend dem Tränenfluss vom äußeren zum inneren Augenwinkel (Abb. 2).
- Waschen und trocknen Sie Gesicht, Ohren und Hals.
- Fügen Sie dann Waschlotion zum Wasser hinzu.
- Ziehen Sie dem Pflegebedürftigen die obere Kleidung aus und waschen sowie trocknen Sie Hände, Arme und Achselhöhlen von körperfern nach körpernah (Abb. 3).

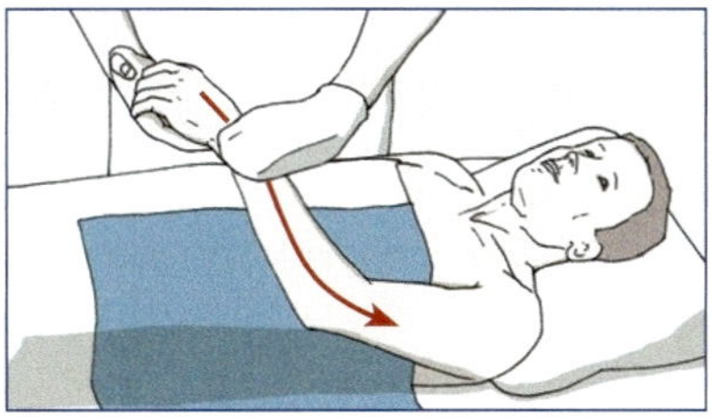
*Abb. 3 Hände von körperfern zu körpernah waschen*

- Waschen und trocknen Sie Brustkorb und Bauch.
- Trocknen Sie die Stellen unter den Brüsten und in der Bauchfalte gut ab, um wunden Stellen (Intertrigo) vorzubeugen.
- Waschen und trocknen Sie den Rücken und das Gesäß.
- Bekleiden Sie den Oberkörper, entkleiden Sie den Unterkörper und decken Sie diesen mit einem Handtuch ab.
- Waschen und trocknen Sie die Beine von körperfern nach körpernah.
- Waschen und trocknen Sie die Füße gut ab, untersuchen Sie dabei die Zehenzwischenräume auf Veränderungen.
- Waschen Sie den Intimbereich, wechseln Sie das Wasser, wenn anschließend andere Körperteile gewaschen werden.
- Kleiden Sie den Pflegebedürftigen frisch an und kämmen bzw. bürsten Sie die Haare.

Intimbereich ► S. 342

Bei der Säuglingspflege sollten die Eltern nach Möglichkeit einbezogen werden bzw. sollten sie diese selbstständig übernehmen.

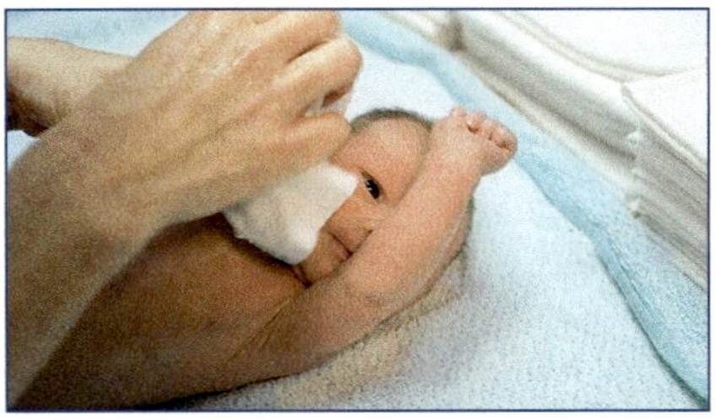
*Abb. 4 Säugling: Gesicht reinigen*

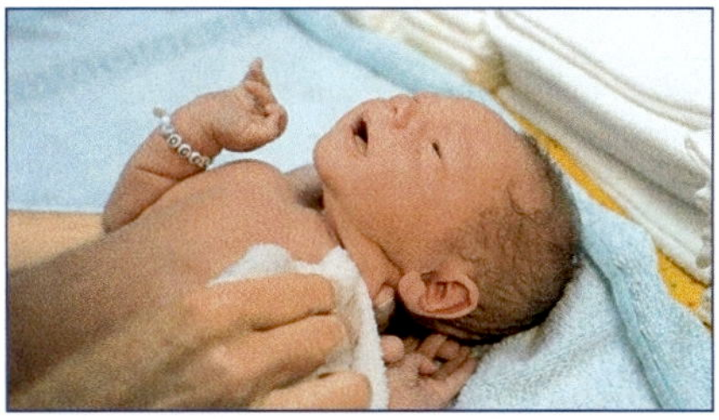
*Abb. 5 Säugling: Vorderseite waschen*

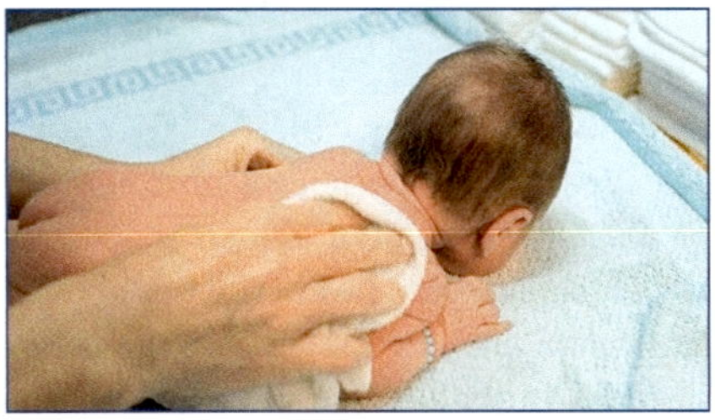
*Abb. 6 Säugling: Rückseite waschen*

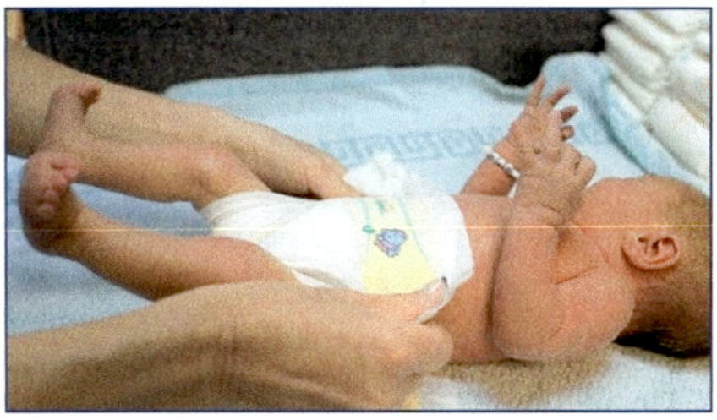
*Abb. 7 Säugling: windeln und anziehen*

*Die Intimpflege ist immer auch ein Eingriff in die Privatsphäre.*

Geschlechtsorgane ► S. 329

**Intimpflege**

Die Intimpflege stellt einen Eingriff in die Privatsphäre des Pflegebedürftigen dar. Sie sollte, wenn möglich, selbstständig vom Pflegebedürftigen durchgeführt werden. Wird Unterstützung notwendig, ziehen Sie aus hygienischen Gründen Handschuhe an.

Bei der Frau/Mädchen:
- Beine aufstellen und leicht spreizen lassen
- zuerst Leisten waschen und gut abtrocknen, um Wundwerden zu vermeiden
- große Schamlippen spreizen und gründlich reinigen und abtupfen (Abb. 1)
- Waschrichtung stets von Schambeinfuge zum After, um Keimverschleppung zu vermeiden

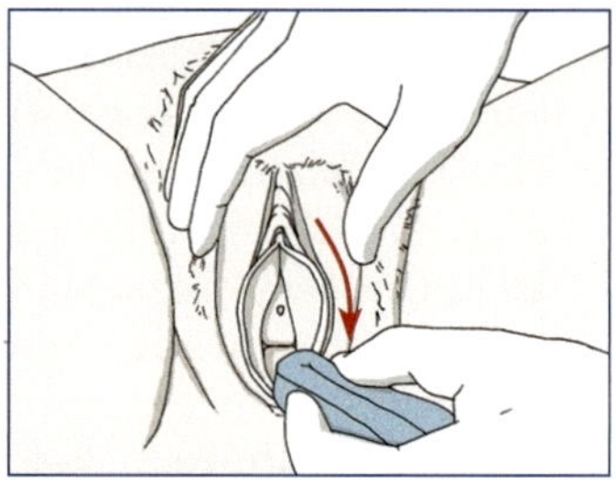

*Abb. 1 Reinigung des Intimbereichs einer Frau*

Beim Mann/Jungen:
- Penis waschen und abtrocknen, dabei Vorhaut zurückschieben (Abb. 2) und Eichel säubern
- Vorhaut wieder vorschieben (Abb. 3), damit Vorhautverengung verhindert wird
- Hodensack von vorne zum Gesäß hin reinigen, um Keimverschleppung zu vermeiden, gut abtrocknen

**!** Bei Jungen bis zum ersten Lebensjahr ist die Vorhaut mit der Eichel verbunden und darf nicht zurückgezogen werden!

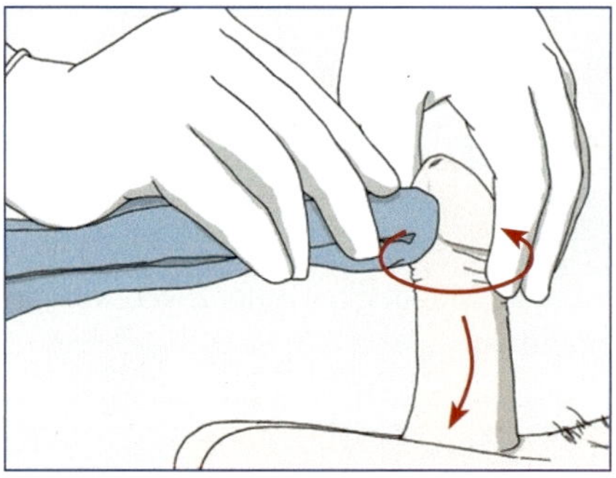

*Abb. 2 Reinigung des Penis bei zurückgezogener Vorhaut*

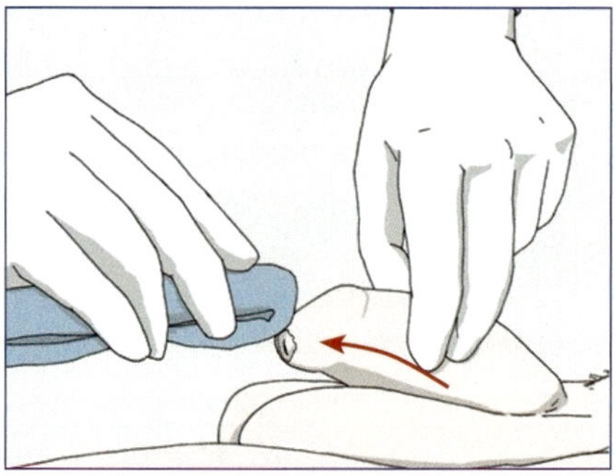

*Abb. 3 Nach der Waschung wird die Vorhaut wieder zurückgeschoben.*

## 6.3.2 Unterstützung bei der Körperpflege außerhalb des Bettes

*Bäder dienen nicht nur der Körperpflege, sondern haben therapeutischen Nutzen und einen Wohlfühleffekt.*

**Baden**

Ein Vollbad hat neben der Pflege auch einen entspannenden Effekt. Es kann weiterhin zu therapeutischen Zwecken, z. B. in der Geburtshilfe zum Anregen der Wehen, genutzt werden. Bei Herz-Kreislauf-Störungen sollten keine Vollbäder durchgeführt werden, da sie für den Pflegebedürftigen zu belastend sind. Die Temperatur des Badewassers sollte ca. 35°–38° Celsius betragen und eine Dauer von 10–20 Minuten nicht überschreiten. Sie unterstützen den Pflegebedürftigen beim Ein- und Aussteigen und achten darauf, dass keine Rutschgefahr besteht, hierzu eignen sich Antirutschmatten. Auf keinen Fall dürfen Sie den Pflegebedürftigen während des Badens alleine lassen. Bei unsicheren Pflegebedürftigen mit Bewegungseinschränkungen eignet sich ein Badewannenlifter, aber auch entsprechende Sitze geben Sicherheit (Abb. 4).

*Abb. 4 Badewannensitz*

### Baden von Säuglingen und Kleinkindern

Vor dem Bad wird der Intimbereich und der Po gereinigt und Pflegemittel sowie frische Sachen bereitgelegt. Die Wassertemperatur soll körperwarm sein, also 36–37° Celsius betragen. Benutzen Sie zur Überprüfung ein Badethermometer. Bei kleinen Kindern steht neben der Reinigung auch der Spaß im Vordergrund. Quietschenten erhöhen das Badevergnügen. Bei Säuglingen können Sie spezielle Badeeimer (Abb. 5) oder Badewannen verwenden, um Sicherheit zu vermitteln. Der Kopf muss von Ihnen besonders gestützt werden. Dabei umgreifen Sie mit einer Hand den Oberarm des Säuglings, schieben den Unterarm unter den Nacken und stützen dadurch das Köpfchen. Die Badezeit sollte nicht länger als fünf Minuten betragen. Hüllen Sie das Baby nach dem Baden in ein Handtuch und trocknen Sie es schnell und gründlich ab, damit es nicht auskühlt. Das Badehandtuch sollte immer griffbereit liegen. Versorgen Sie das Baby mit Pflegemitteln, wickeln es und ziehen ihm frische Sachen an.

*Abb. 5 Säuglingsbad im Badeeimer*

**!** Babys müssen nicht jeden Tag gebadet werden, da die Haut austrocknen kann. Außerdem sollte auf Badezusätze verzichtet werden. Lassen Sie das Baby oder Kleinkind nie alleine in der Wanne!

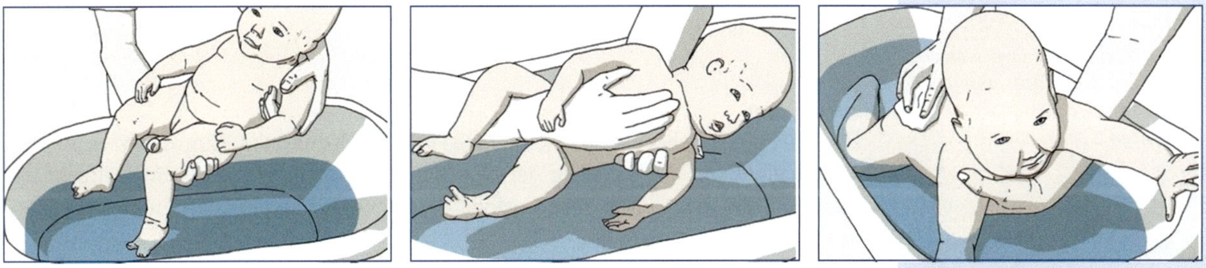

*Abb. 6 Säuglingsbad in der Badewanne*

### Duschen

Der Pflegebedürftige wird beim Duschen gründlicher gereinigt als beim Baden oder Waschen am Waschbecken oder im Bett. Sie begleiten dabei den Pflegebedürftigen, der am besten warm eingepackt im Rollstuhl sitzt, zur Dusche. Zur Sicherheit eignen sich Duschhocker (Abb. 7) oder Duschsitz (Abb. 8), auch sollten Badeschuhe getragen oder eine Antirutschmatte (Abb. 9) benutzt werden, da in der Dusche erhöhte Rutschgefahr besteht. Der Pflegebedürftige darf nicht auskühlen, daher ist ein rasches Abtrocknen und Ankleiden nach dem Duschen notwendig.

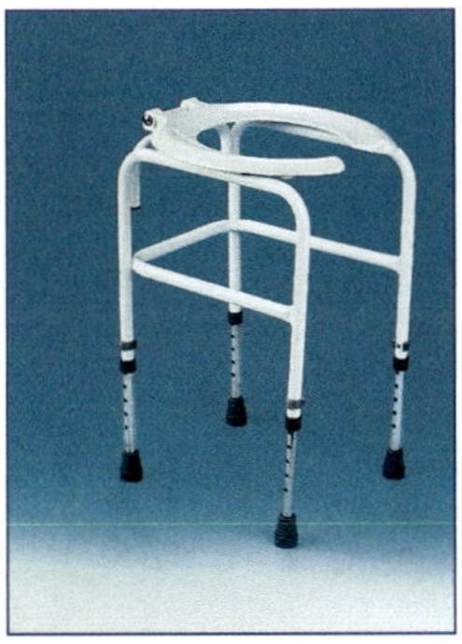

*Abb. 7 Duschhocker*

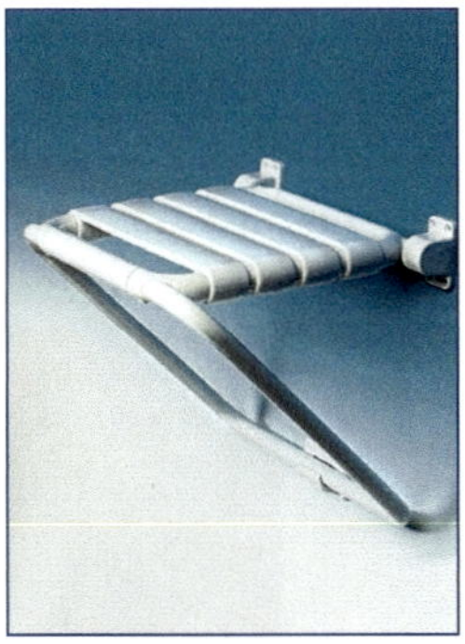

*Abb. 8 Duschsitz*

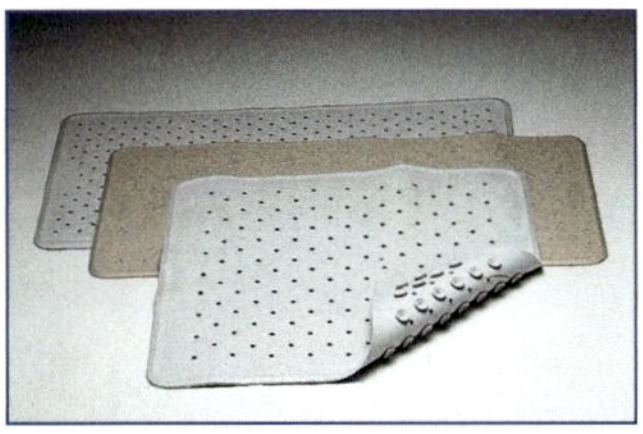

*Abb. 9 Antirutschmatte für den Duschsitz*

### 6.3.3 Spezielle Körperpflege

*Die Pflege von Ohren, Nase, Augen und Haaren wird in die allgemeine Körperpflege einbezogen.*

**Augenpflege**
Der Selbstreinigungsmechanismus des Auges macht eine spezielle Reinigung unnötig. Um eventuelle Verklebungen oder Verkrustungen zu beseitigen, wischen Sie die Augen vom äußeren Augenwinkel nach innen aus (S. 341, Abb. 2).

**Ohrenpflege**
Auch Ohren reinigen sich selbst, somit ist keine spezielle Pflege erforderlich. Seien Sie vorsichtig beim Verwenden von Wattestäbchen, hier besteht die Gefahr, das Trommelfell zu durchstoßen. Außerdem wird das Ohrenschmalz dadurch nach innen gedrückt und kann zur Bildung von Propfen führen.

**Nasenpflege**
Die Nase verfügt auch über einen Selbstreinigungsmechanismus, der durch das Naseschnäuzen unterstützt wird. Bei Menschen, die das nicht mehr bzw. noch nicht können, z. B. weil sie bewusstlos sind, oder auch bei Säuglingen und Kleinkindern wird das von der Pflegekraft übernommen. Dabei werden vorsichtig, nur im Bereich der Nasenflügel, mit einen Watteträger Absonderungen entfernt.

*Abb. 1 Kleinkinder lernen erst im Laufe des 4. Lebensjahres, sich die Nase selbstständig zu schnäuzen.*

> Die Nasenpflege ist besonders bei Kleinkindern und Säuglingen notwendig, da diese fast nur durch die Nase atmen.

**Haarpflege**
Zur Haarpflege gehören die regelmäßige Haarwäsche und das Kämmen bzw. Bürsten der Haare. Die Durchblutung der Kopfhaut wird gefördert und ein Verfilzen der Haare verhindert. Das Frisieren erfolgt entsprechend den Wünschen des Pflegebedürftigen.

*Abb. 2 Haarpflege bei Patientin mit Bettruhe*

> Bei Säuglingen wird das Haar mit einer weichen Bürste gepflegt.

Zum Haarewaschen im Bett können Sie ein spezielles Haarwaschbecken (Abb. 4) verwenden. Dabei wird das Kopfende flach gestellt und eine wasserdichte Unterlage an das Kopfende gelegt. Seien Sie vorsichtig, dass kein Shampoo in die Augen gerät. Passen Sie auch beim Föhnen auf, halten Sie den Föhn mindestens 20 cm von der Kopfhaut entfernt.

> Bei Kindern, die häufig Angst vor dem Haarewaschen haben, kann ein Waschkranz (Abb. 3) benutzt werden.

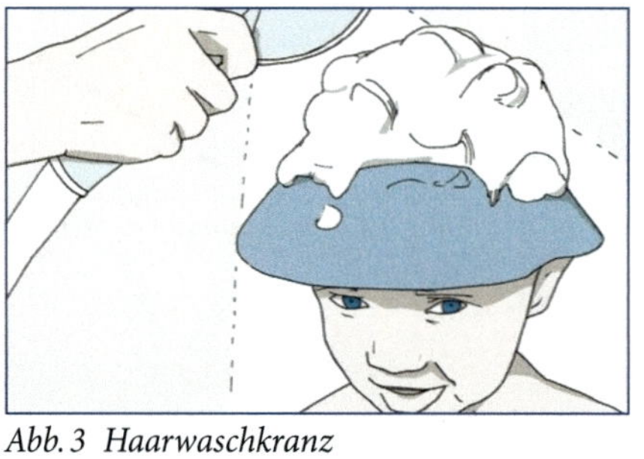
*Abb. 3 Haarwaschkranz*

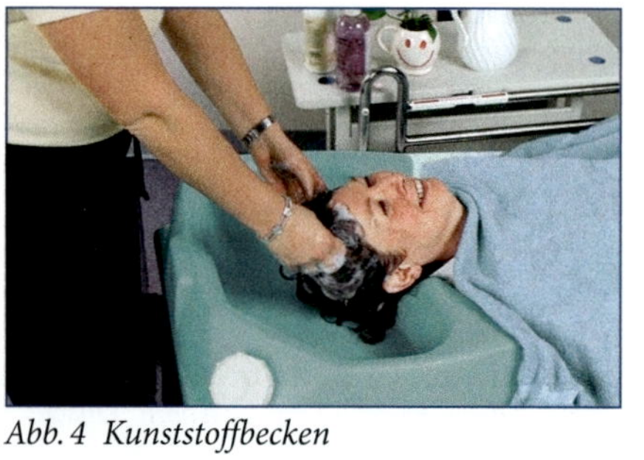
*Abb. 4 Kunststoffbecken*

**Rasur und Bartpflege**

Es wird zwischen Nass- und Trockenrasur unterschieden, je nach Gewohnheit und Bedürfnis des zu Pflegenden. Die Trockenrasur wird mit einem elektrischen Rasierapparat gegen die Haarwuchsrichtung durchgeführt, dabei wird die Haut leicht gespannt. Anschließend werden der Scherkopf entfernt und die Barthaare ausgeklopft. Die Nassrasur erfordert etwas mehr Zeit. Das Gesicht wird angefeuchtet, Rasierschaum aufgetragen und vorsichtig gegen die Haarwuchsrichtung rasiert (Abb. 5). Anschließend entfernen Sie den Restschaum und pflegen das Gesicht, je nach Wunsch, mit Rasierwasser oder Lotion.

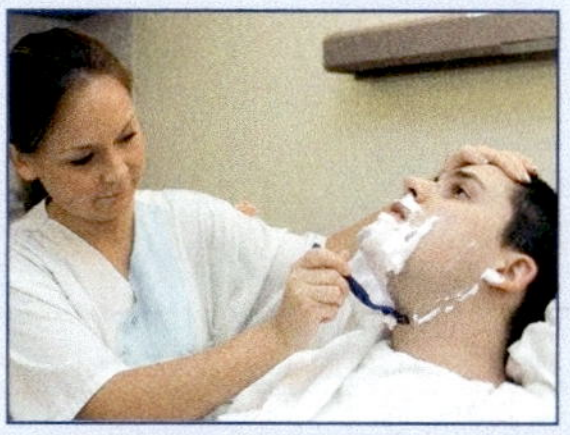

*Abb. 5 Nassrasur*

**Nabelpflege**

Das Kind wird nach der Entbindung von der Nabelschnur getrennt, der Nabelschnurrest fällt nach ca. sieben Tagen ab. Die Nabelpflege wird entweder trocken oder feucht durchgeführt. Entweder bleibt die Wunde offen oder wird durch eine sterile Kompresse abgedeckt.

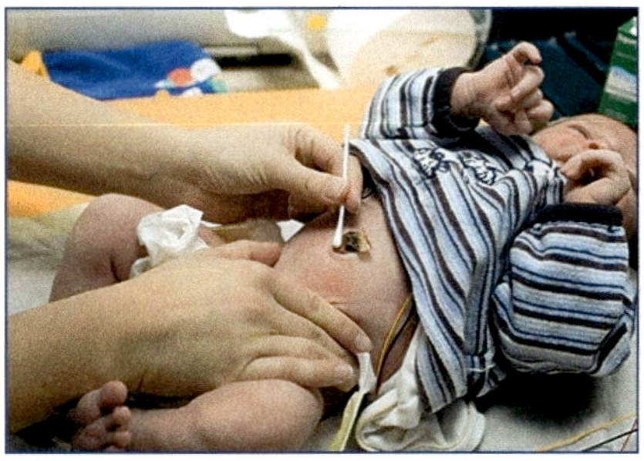

*Abb. 6 Entfernung von Verkrustungen*

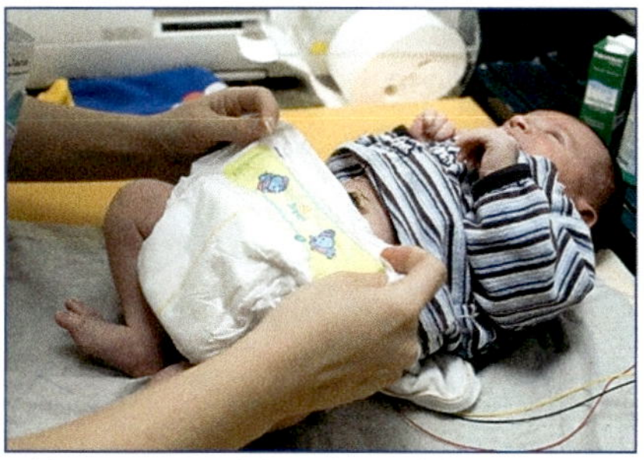

*Abb. 7 Die Windel wird so gefaltet, dass der Nabel frei bleibt*

**Finger- und Fußnagelpflege**

Die Nagelpflege dient hygienischen und kosmetischen Zwecken und sollte im Anschluss an ein Hand- oder Fußbad vorgenommen werden, weil Nägel und Nagelhaut dann weich sind. Fingernägel werden oval rund und Fußnägel gerade geschnitten, um ein Einwachsen der Ränder zu vermeiden. Nagelränder sind mit der Feile zu glätten.

Bei Pflegebedürftigen mit Durchblutungsstörungen oder Empfindungsstörungen sollte die Nagelpflege von einer professionellen Fußpflegerin (Podologin) durchgeführt werden.

Bei Säuglingen oder Kleinkindern verwenden Sie auf Grund der Verletzungsgefahr eine spezielle abgerundete Schere (Abb. 10).

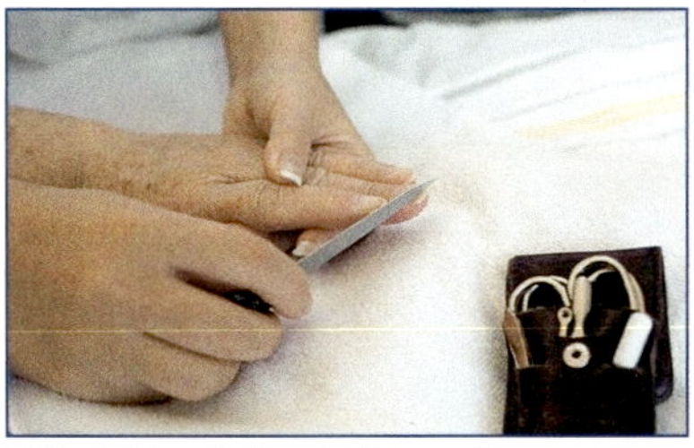

*Abb. 8 Nagelpflege bei Erwachsenen*

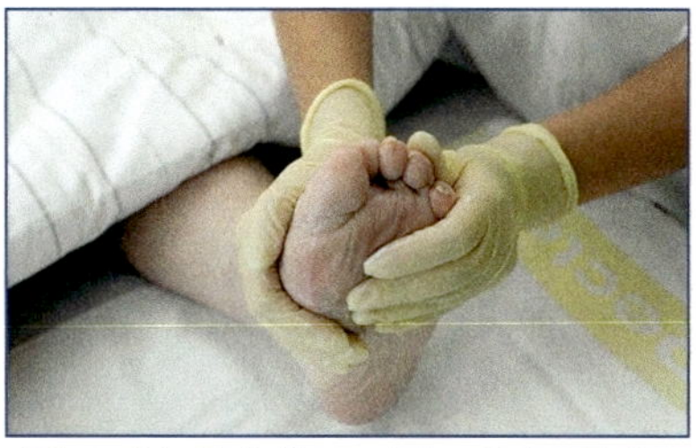

*Abb. 9 Die Fußpflege wird, z. B. bei Fußpilzerkrankungen, mit Handschuhen durchgeführt.*

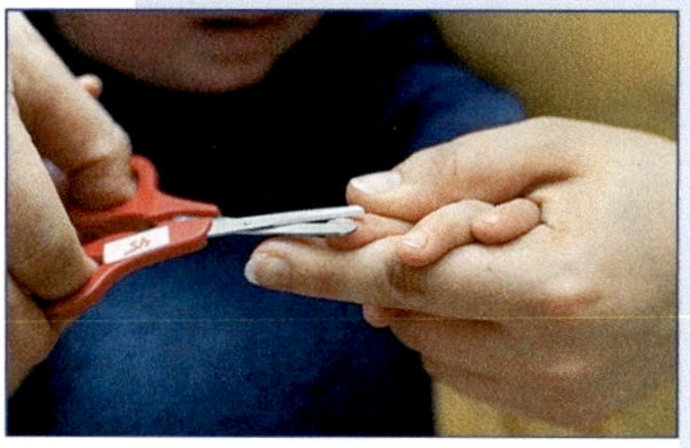

*Abb. 10 Bei Säuglingen und Kleinkindern werden abgerundete Nagelscheren benutzt.*

*Die Mund- und Zahnpflege bedarf besonderer Pflege, um Folgeerkrankungen vorzubeugen.*

Haut- und Körperpflege ► S. 340

**Mund- und Zahnpflege**

Es empfiehlt sich – vorausgesetzt, der Pflegebedürftige kann die Pflege seiner Zähne nicht mehr selbstständig durchführen – diese Tätigkeit vor der Körperpflege vorzunehmen, um ein Frischegefühl hervorzurufen. Zu den pflegerischen Aufgaben gehören die Beobachtung der Mundschleimhaut, der Lippen und Zähne, um Folgeerkrankungen wie z. B. Soor (Pilzinfektion), Parotitis (Entzündung der Ohrspeicheldrüse) oder Karies (Zahnfäule) vorzubeugen.
Zur Durchführung der Mundpflege wird der Pflegebedürftige in die Oberkörperhochlagerung gebracht und über die Tätigkeit informiert.

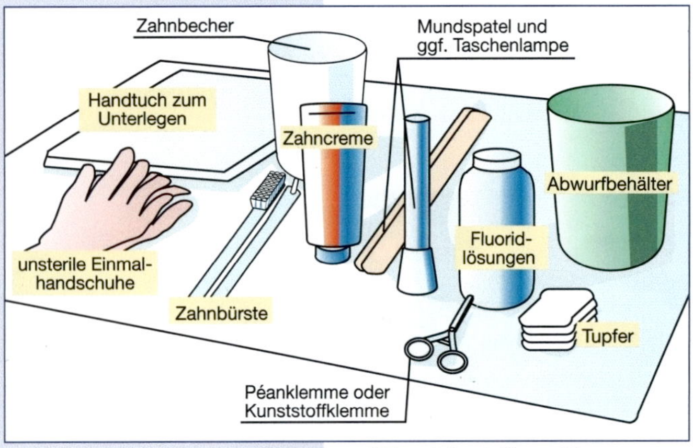


*Abb. 1 Mundpflegetablett*

Legen Sie folgende Materialien bereit:
- Handtuch oder Zellstoff zum Schutz
- Handschuhe
- Zahnbürste
- Zahnbecher
- Zahncreme
- evtl. Fluoridlösung
- Mundspatel
- Taschenlampe
- Tupfer
- Abwurfbehälter
- evtl. Zungenbürste
- evtl. Péanklemme

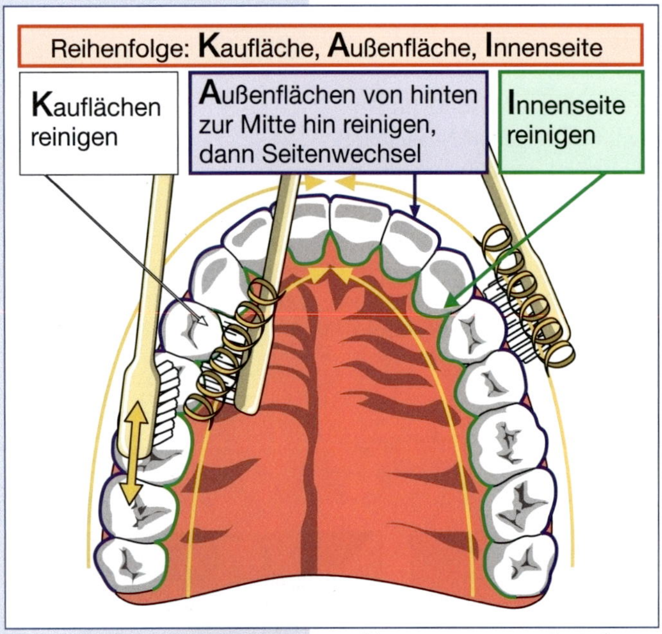


*Abb. 2 Die Reinigung der Zähne erfolgt durch kreisende Bewegungen mit der Kurzkopfzahnbürste nach einem bestimmten Schema.*

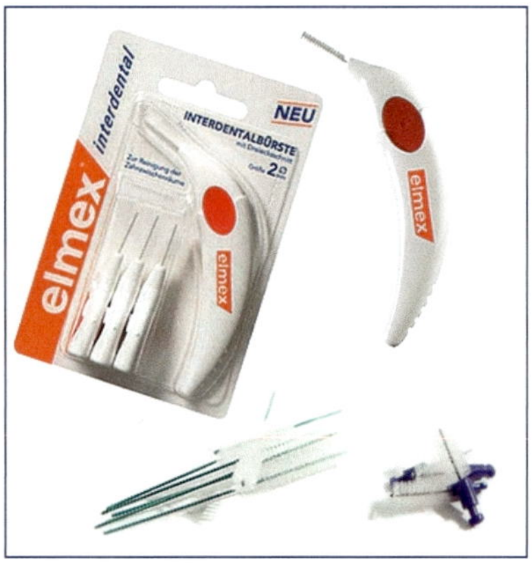


*Abb. 3 Ein wichtiges Hilfsmittel, besonders bei älteren Menschen, bei denen sich das Zahnfleisch zurückzieht, stellen Zahnzwischenraumbürsten dar.*

Bei Pflegebedürftigen, die verwirrt oder gelähmt sind oder bei denen das Bewusstsein eingeschränkt ist, ist es notwendig, die Mundhöhle mit einem Mulltupfer auszuwischen (Abb. 4). Dazu verwenden Sie eine sogenannte Péanklemme (siehe S. 348, Abb. 1), um Bissverletzungen zu vermeiden. Außerdem muss die Kautätigkeit und damit die Speichelsekretion angeregt werden, um einer Ohrspeicheldrüsenentzündung vorzubeugen. Zur Stimulation können zuckerfreie Kaugummis oder Brotrinde gereicht werden. Erfolgt keine Nahrungsaufnahme mehr über den Mund, kann die Pflegekraft zur Anregung des Speichelflusses die Mundhöhle mit Zitronenlösung betupfen. Verwenden Sie hierfür Watteträger oder fertige Lemon Sticks.

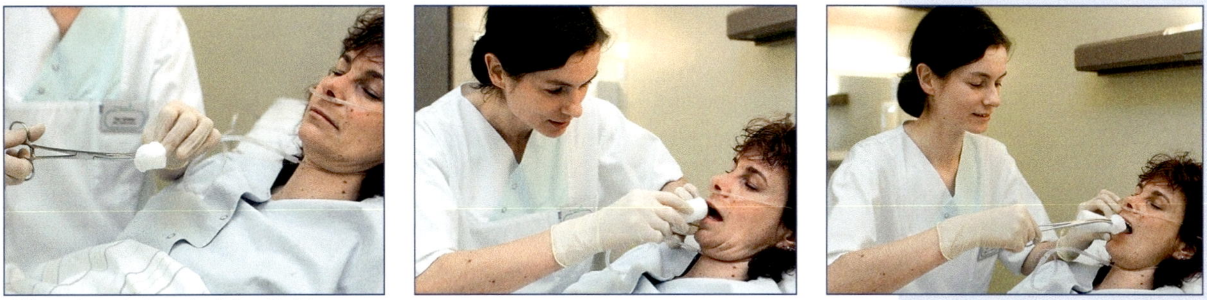

*Abb. 4 Auswischen der Mundhöhle*

## Zahnprothesenpflege

Gerade ältere Menschen tragen auf Grund von Zahnverlusten häufig eine Teil- oder Vollprothese. Zahnprothesen sollten sowohl am Tage als auch nachts getragen werden, um Kieferveränderungen zu vermeiden. Ältere Menschen legen ihre Zahnprothesen in der Regel nachts in ein Reinigungsbad (Abb. 7).
Da diese Zahnprothesen sehr teuer und empfindlich sind, sollten Sie zum Reinigen über dem Waschbecken etwas Wasser einlassen, um Defekte beim eventuellen Herunterfallen zu vermeiden. Tragen Sie dabei aus hygienischen Gründen Handschuhe. Es wird erst die Oberkieferprothese und dann die Unterkieferprothese gereinigt und in dieser Reihenfolge erfolgt auch das Herausnehmen bzw. Einsetzen (Abb. 5 und 6).

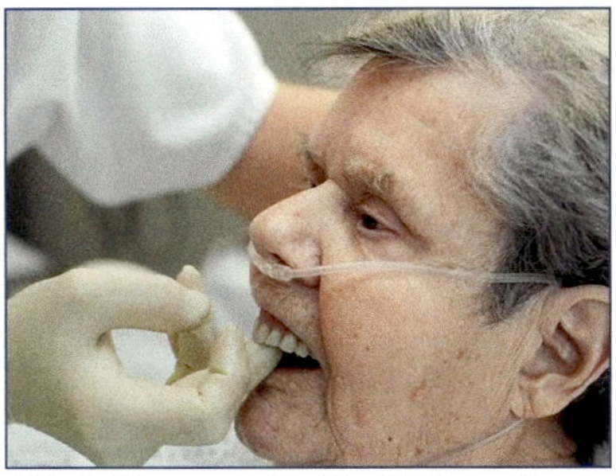

*Abb. 5 Einsetzen der Oberkieferprothese*

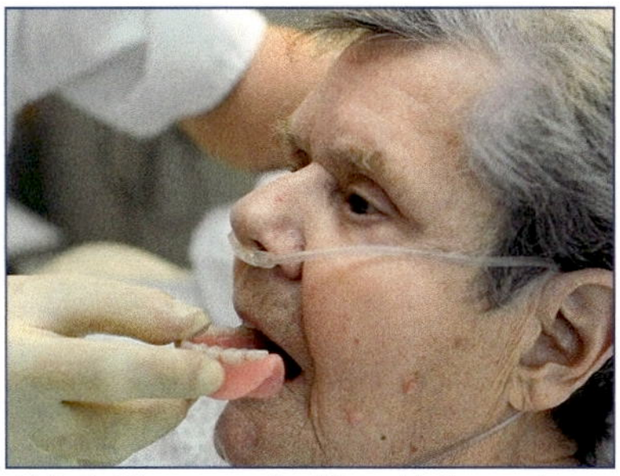

*Abb. 6 Einsetzen der Unterkieferprothese*

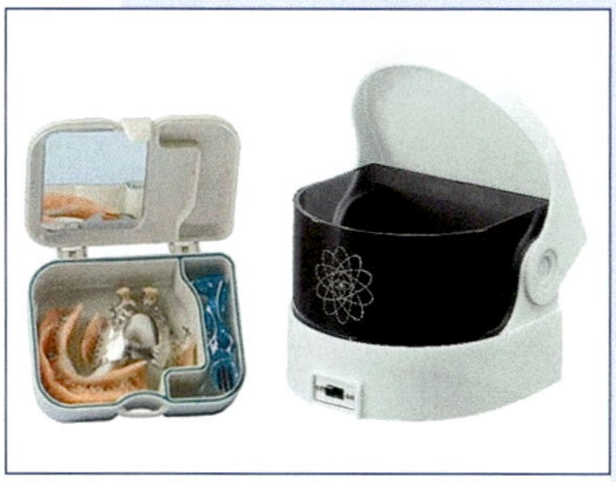

*Abb. 7 Prothesenreinigungsbehälter*

*Abb. 1 Spezielle Zahnbürsten mit rutschfestem Griff gibt es in großer Auswahl.*

## Zahnpflege bei Kindern

Gesunde und gepflegte Zähne sehen schön aus und beugen Folgeerkrankungen vor. Eine regelmäßige und intensive Zahnpflege ist bereits vom Säuglingsalter an notwendig. Zur Säuberung der ersten Milchzähnchen kann ein Wattestäbchen benutzt werden. Sobald das Kind die Zahnbürste halten kann, sollte es spielerisch an die regelmäßige Zahnpflege gewöhnt werden. Eine Unterstützung und Kontrolle der Eltern ist wichtig, da erst zwischen dem vierten und sechsten Lebensjahr die Motorik des Kindes so weit entwickelt ist, um effektives Putzen zu gewährleisten.

**!** Bereits 53 % der fünf- bis siebenjährigen Kinder müssen mit einem ersten Loch im Zahn den Zahnarzt aufsuchen. Aber auch Säuglinge und Kleinkinder können infolge zuckerhaltiger und/oder säurehaltiger Getränke, die über Saugflaschen kontinuierlich auf die Zähne einwirken, an Karies erkranken. Dies wird als Nuckelflaschenkaries (Abb. 2) oder auch Nursing-Bottle-Syndrom bezeichnet.

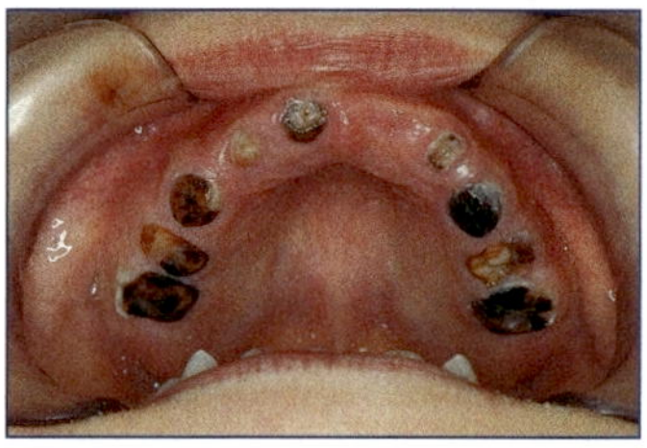

*Abb. 2 Karies der Milchzähne*

Weitere Informationen zum Thema Zahnpflege bei Kindern unter:
www.uniklinikum-leipzig.de
www.verbraucher.org
▹ Zahnpflege

**Pflegetipps:**
- Zähne nach jeder Mahlzeit, wenigstens zweimal am Tag drei Minuten putzen
- fluoridhaltige Zahnpasta verwenden
- Zahnpflegekaugummis ohne Zucker kauen lassen
- richtige Putztechnik beachten (von rot nach weiß)
- Kauflächenversiegelung beim Zahnarzt
- zweimal jährlich Kontrollbesuch beim Zahnarzt

Vom Kiefernorthopäden verordnete Zahnspangen werden unter fließendem Wasser gespült und in speziellen Behältern aufbewahrt. Bei einer festsitzenden Zahnspange, sogenannten Brackets, ist eine besonders gründliche Pflege notwendig.

*Abb. 3 Gemeinsames Zähneputzen in der Kita unter Anleitung einer Erzieherin*

# 6.4 Unterstützung bei der Ausscheidung – „Im Bad und WC ist alles okay“

## 6.4.1. Bedeutung der Ausscheidung für den Einzelnen

Ausscheidung ist ein täglicher, natürlicher Vorgang, bei dem Stoffwechselendprodukte den Körper verlassen, die ihn sonst schädigen würden. Es betrifft jeden und auch mehrmals am Tag. Wenn die Ausscheidung durch verschiedene Faktoren nicht wie gewohnt möglich ist, verursacht dies Unbehagen und unter Umständen sogar Krankheitsgefühle. Denken Sie nur an lange Auto- oder Busfahrten, bei denen Sie Urin oder Stuhl anhalten mussten. Auch Krankenhausaufenthalte, bei denen die Intimsphäre nicht gewahrt werden kann, können sich auf die Ausscheidung auswirken. Das Erbrechen von Mageninhalt zählt auch zu den Ausscheidungen.

Stoffwechsel ► S. 283

## 6.4.2. Aufbau und Funktion der Ausscheidungsorgane

Ausscheidungsorgane sind diejenigen Organe, die eine Ausscheidung von nicht mehr benötigten oder schädlichen Stoffen bewirken. Dazu gehören

- der Darm (Ausscheidung von Stuhl),
- die Nieren (Ausscheidung von Urin),
- die Haut (Ausscheidung von Schweiß) und
- die Lungen (Ausscheidung von Kohlendioxid).

Haut ► S. 333
Lunge ► S. 267

Im Folgenden soll es um Darm und Nieren als Ausscheidungsorgane gehen.

**Aufbau des Dickdarms**

*Der Dickdarm dickt den Darminhalt ein.*

Die durch die Nahrung aufgenommenen Nährstoffe werden im Körper in kleinste Bausteine zerlegt, dann vom Dünndarm ins Blut aufgenommen und zu den Körperzellen transportiert. Im Dickdarm kommt es zur Eindickung des Darminhalts durch Wasserrückführung. Der Dickdarm (Abb. 4) zieht sich wie ein Rahmen um den Dünndarm, zuerst als aufsteigender Teil des Dickdarms, dann als quer verlaufender Dickdarm zur linken Oberbauchhälfte und anschließend nach unten in den linken Unterbauch. Dort schließt sich das Sigmoid an, das in die Ampulle und den Mastdarm (Rektum) übergeht und im After (Anus) mündet.

Verdauungssystem ► S. 283

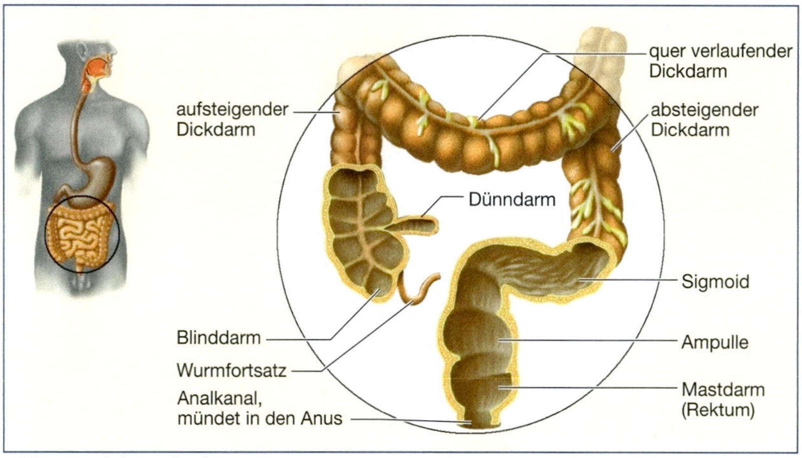


*Abb. 4 Dickdarmabschnitte*

### Funktion des Dickdarms

In der Ampulle werden unverdauliche Nahrungsreste als Stuhl gesammelt, bis der Stuhlentleerungsreflex einsetzt. Wenn sich Ampulle und Mastdarm genug mit Stuhl gefüllt haben, verspürt der Mensch Stuhldrang. Der Anus ist durch einen äußeren und einen inneren Schließmuskel verschlossen. Bei der Stuhlentleerung erschlafft zuerst der innere Schließmuskel, danach der äußere Schließmuskel, dann wird der Bauchmuskel angespannt. Wenn Sie den Stuhlentleerungsreflex häufig willentlich unterdrücken, kann das zur chronischen Obstipation (Verstopfung) führen.

Praxis-Spicker: Verstopfung/Obstipation ► S. 293

### Aufbau und Funktion der Nieren und Harnblase

*Die Nieren produzieren jeden Tag ca. 2 Liter Urin.*

Die Nieren sind bohnenförmige Organe, in denen der Harn produziert und Wasser zurückgewonnen wird.

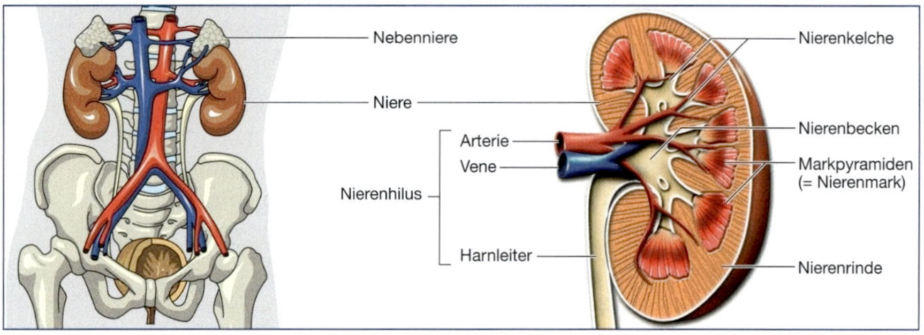


*Abb. 1 Lage und innerer Aufbau der Nieren*

Der Harn (Urin) wird durch den Harnleiter zur Harnblase transportiert. Die Harnblase ist ein muskuläres Hohlorgan und kann ca. 500–1500 ml Urin speichern. Dort wird der Urin gesammelt und dann durch die Harnröhre ausgeschieden. Die Harnblase besitzt einen inneren, unwillkürlichen Schließmuskel und einen äußeren, willkürlichen Schließmuskel, den Beckenbodenmuskel. Durch Anspannen dieses Muskels kann die Urinausscheidung willentlich beeinflusst werden.
Die Harnröhre der Frau ist wesentlich kürzer (3–4 cm) als beim Mann (20–25 cm). Frauen haben deshalb ein größeres Risiko, an Harnblasenentzündungen zu erkranken, da Erreger einen kürzeren Weg vom Harnröhreneingang zur Harnblase haben (Abb. 2/3).

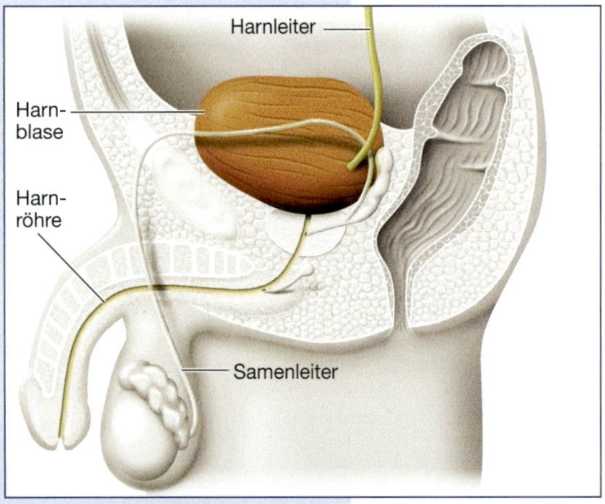


*Abb. 2 Lage der Harnwege beim Mann*

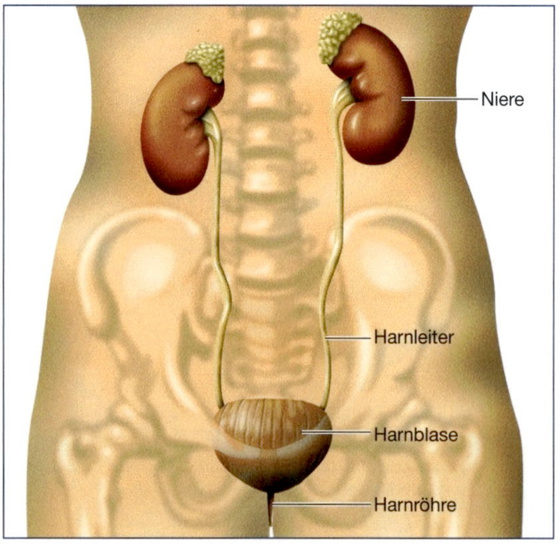


*Abb. 3 Lage der Harnwege bei der Frau*

### 6.4.3. Beobachtung der Ausscheidungen

Die Beobachtung von Ausscheidungen ist ein wichtiger Teil pflegerischen Handelns, denn darüber lassen sich Rückschlüsse auf die Funktion oder Störung des Darms, der Leber, der Niere, der Harnblase oder des Magens ziehen. Diese Tätigkeit kann als unangenehm empfunden werden und Ekel auslösen. Alle Beobachtungen müssen dokumentiert werden und die Fachkraft sollte über auffällige Beobachtungen informiert werden.

*Durch Beobachtung von Ausscheidungen lassen sich Rückschlüsse auf die Funktion oder Störungen von manchen Organen ziehen.*

Beobachtung ► S. 119
Ballaststoffe ► S. 293

**Beobachtung von Stuhlgang**

- Stuhlmenge

Die Normalmengen für Stuhlgang sind sehr verschieden und hängen von der Ernährung ab, ungefähr sind es 100–500 g am Tag. Bei ballaststoffreicher Ernährung wird die Stuhlmenge größer und bei ballaststoffarmer Nahrung geringer.

- Aussehen

Die braune Farbe erhält der Stuhl durch abgebaute Gallenfarbstoffe. Veränderungen von Stuhlgewohnheiten oder Aussehen von Stuhl können auf Erkrankungen hinweisen oder auch durch Lebensmittel oder Arzneimittel entstehen.

| Färbung des Stuhls | Mögliche Ursache |
|---|---|
| braunschwarz | große Fleischmengen, Blutwurst, Blaubeeren, Eisentabletten, Blutungen im Magen-Darm-Trakt |
| grünbraun | Salat, Spinat |
| entfärbt, lehmfarben | Erkrankung der Leber |
| hellrote Blutauflagen | Hämorrhoiden |
| weiße Auflagen | Würmer |

> Kleine Kinder erkunden ihre Umgebung oft mit dem Mund, deshalb sind sie für die Ansteckung mit Würmern besonders gefährdet. Die Ansteckung erfolgt über den Mund, die Eier der Würmer werden durch unsaubere Hände aufgenommen, entwickeln sich im Darm weiter zu Larven und erwachsenen Würmern, die besonders nachts zum After wandern, dort Eier ablegen, starken Juckreiz verursachen und nach dem Kratzen wieder durch den Mund aufgenommen werden können.

**Probleme bei der Stuhlausscheidung**

Wenn die Entleerung des Darmes nur selten, also etwa alle 3–4 Tage, auftritt und der Stuhl hart ist, spricht man von einer Verstopfung oder Obstipation. Oft geht die Obstipation mit Schmerzen beim Stuhlgang einher. Bei chronischer Obstipation ist die Ampulle stark erweitert.

Praxis-Spicker:
Verstopfung/Obstipation
► S. 293

Ampulle ► S. 349

Durch Immobilität, sehr kleine Trinkmengen oder bestimmte Medikamente (besonders starke Schmerzmittel) kann es zu sehr hartem Stuhlgang kommen. Steinartige Gebilde aus massiv eingedicktem Kot nennt man Kotsteine, diese können meist nur chirurgisch entfernt werden.

Wenn drei übelriechende, flüssige Stuhlentleerungen am Tag auftreten, spricht man von Durchfall oder Diarrhoe. Bei anhaltender Diarrhoe und geringer Flüssigkeitszufuhr besteht die Gefahr der Austrocknung.

Praxis-Spicker:
Durchfall/Diarrhoe ► S. 352

Praxis-Spicker

# Durchfall (Diarrhoe)

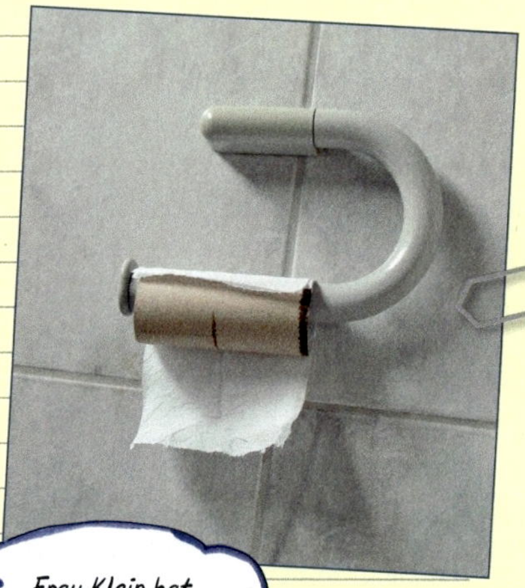


## WAS KANN ICH BEOBACHTEN?

**Bei der Körperpflege**
- verunreinigte Kleidung und Stuhlreste am Körper
- starker Geruch
- Darmentleerungen können mit Krämpfen einhergehen
- Exsikkose (siehe S. 339)

**Beim Essenanreichen**
- Betroffene verspüren zumeist großen Durst
- das Allgemeinbefinden kann erheblich beeinträchtigt sein: oftmals treten Appetitlosigkeit, Übelkeit und Völlegefühl auf
- Verzicht auf Essen und Trinken

**Bei der Beschäftigung**
- Abwesenheit, Antriebslosigkeit

**Bei der Bewegung**
- Unruhe
- Betroffene bewegen sich immer in der Nähe einer Toilette

**Bei der Kommunikation**
- Scham und Rückzug

## WAS IST ZU TUN?

- Beobachtungen des Betroffenen auf eine mögliche Kreislaufschwäche, Stuhlentleerungen, Trinkverhalten, Hautspannung, (Wohl-)Befinden
- Flüssigkeits- und Elektrolytzufuhr (z. B. mittels Tee, Elektrolytpräparaten)
- Hautpflege der Analregion (Waschen nur mit milden Zusätzen, weiches Toilettenpapier, Trockenhalten und bei Bedarf Hautschutzcreme auftragen)
- verständnisvolle Unterstützung

## HINWEISE:

Je nach Schwere und Dauer einer Diarrhoe besteht die Gefahr des Kreislaufzusammenbruchs.
Verabreichen Sie Medikamente nur nach ärztlicher Anordnung.

## MÖGLICHE URSACHEN:

- Darminfektion (z. B. Salmonellen) oder Vergiftungen
- Stress und körperliche Belastungen (z. B. Prüfung, privater Stress)
- chronisch entzündliche Darmerkrankungen (z. B. Morbus Crohn)
- Medikamente (z. B. Antibiotika, Laxanzienmissbrauch)
- Tumorerkrankungen (z. B. Dickdarmkrebs)

**Beobachtung von Urin**

- Urinmenge

Die Normalmengen der Urinausscheidung sind sehr unterschiedlich und hängen von verschiedenen Faktoren ab, wie z. B. Ernährung, Trinkmenge, Schwitzen oder von verschiedenen Erkrankungen. Bei einem gesunden, erwachsenen Menschen sind es 1,5 bis 2 Liter am Tag. Ausscheidungsmengen darüber werden Polyurie (große Urinmenge) genannt, welche z. B. ein Hinweis auf Diabetes mellitus sein kann. Weiterhin kann eine Polyurie auch durch Medikamente bedingt und gewollt sein, wenn z. B. durch Diuretika (sogenannte „Wassertabletten“) abgelagertes Wasser aus dem Gewebe wieder ausgeschieden werden soll. Urinmengen unter 500 ml am Tag werden Oligurie genannt. Physiologisch kann Oligurie vorkommen bei hoher körperlicher Belastung, viel Schwitzen, bei Fieber oder Erbrechen. Oligurie kann auch ein Hinweis auf Herz- oder Nierenerkrankungen sein.

Diabetes mellitus ► S. 297

Praxis-Spicker:
Fieber ► S. 221

Herz ► S. 252
Nieren ► S. 350

- Aussehen des Urins

Normaler Urin ist bernsteinfarben und klar. Veränderungen im Aussehen oder Beimengungen sowie der Geruch können auf Erkrankungen oder Veränderungen in der Nahrungsaufnahme hinweisen.

| Färbung des Urins | Mögliche Ursache |
|---|---|
| dunkelbraun | Gallenfarbstoffe bei Lebererkrankungen, sehr geringe Trinkmengen |
| durchsichtig, wasserfarben | große Trinkmengen |
| rötlich | übermäßiger Verzehr von Roter Bete |
| milchig-trübe | Eiweiß durch bakterielle Entzündungen der Harnwege oder Nierenschäden |
| Blutbeimengungen | Blasenentzündung, Tumorerkrankungen |

**Beobachtung von Erbrochenem**

Der Brechreiz wird ausgelöst durch

- ekelerregende Reize, z. B. unangenehme Gerüche oder Anblicke,
- Bulimie (Ess-Brechsucht),
- erhöhten Hirndruck, z. B. bei Schädelhirntrauma,
- Vergiftungen oder
- Magen-Darm-Infektionen.

Praxis-Spicker:
Übelkeit und Erbrechen
► S. 280

Bulimie ► S. 279
Vergiftungen ► S. 212

| Aussehen des Erbrochenen | Mögliche Ursache |
|---|---|
| grünlich-bräunlich | Galle, z. B. durch Dünndarmverengung oder -entzündung |
| schleimig | Bronchitis oder eine Magenentzündung (Gastritis) |
| braun und faulig stinkend nach Kot | Darmverschluss |
| schaumig | Vergiftung, z. B. mit Spülmittel |
| hellrote Blutbeimengungen | Blutung oberhalb des Magens, z. B. Nasenbluten |
| braunschwarze Blutbeimengung (kaffeesatzartig) | wenn das Blut durch den Kontakt mit Magensäure schon zersetzt wurde, z. B. durch Magengeschwür oder Blutungen von Krampfadern in der Speiseröhre |

Wenn gesunde Säuglinge eine halbe bis eine Stunde nach der Mahlzeit erbrechen, liegt in der Regel keine Erkrankung vor. Bei einem Herauslaufen von Nahrung aus dem Mund spricht man von atonischem Erbrechen, das kann auf eine Veränderung im Bereich des Mageneingangs hinweisen. Auch Erbrechen in hohem Bogen (spastisches Erbrechen) kann durch eine Veränderung im Bereich des Mageneingangs oder Magenausgangs hervorgerufen werden.

## 6.4.4 Unterstützung bei der Urinausscheidung

*Ab dem 3. Lebensjahr können Kinder Urin und Stuhlgang willkürlich ausscheiden.*

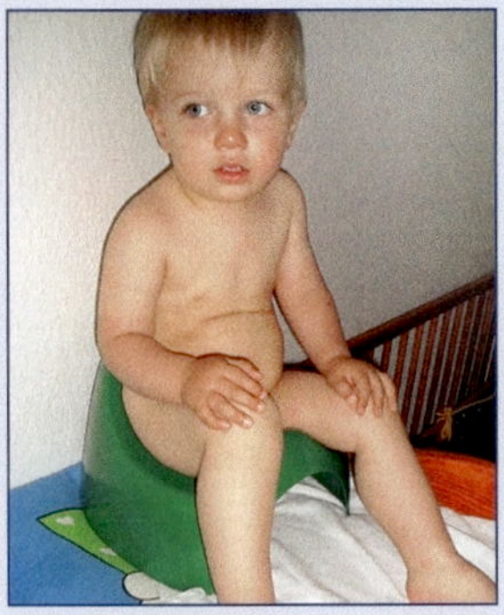

*Abb. 1 Kind auf dem Töpfchen*

**„Sauberkeitserziehung“**
Schon in den frühesten Kinderjahren lernen Menschen, die Ausscheidung willentlich zu steuern. Kinder werden gelobt, wenn sie sich vor dem Toilettengang melden und „sauber“ werden. Sie sind stolz, wenn sie keine Windel mehr brauchen.
Das willentliche Beherrschen der Blasen- und Aftermuskulatur ist erst ab dem 3. Lebensjahr möglich. Es setzt die Wahrnehmung eines Druckgefühls in Blase und After voraus und das Erkennen von Zusammenhängen zwischen dieser Wahrnehmung und der Entleerung. Das Kind lernt, einen Vorgang, der vorher unwillkürlich abläuft, nun willentlich zu steuern. Am praktischsten wird in der warmen Jahreszeit mit der Sauberkeitserziehung begonnen. Das Kind merkt, wenn es ohne Windel läuft und die Hose nass wird, die Sachen lassen sich leichter wechseln und das Kind verkühlt sich nicht so schnell. Kinder lernen am besten am Vorbild der Eltern, älterer Geschwister oder Kinder in der Kindertagesstätte, zur Toilette zu gehen.

So unterstützen Sie das Kind beim selbstständigen Benutzen der Toilette und beim Sauberwerden:
- Der Toilettenaufsatz muss fest und sicher aufliegen.
- Um sicher auf den Toilettenaufsatz zu steigen, kann eine kleine Fußbank hilfreich sein.
- Nachts sollte länger eine Windel verwendet oder als Matratzenschutz eine Gummiunterlage benutzt werden.

**!** Die Harnblase des Kindes muss trainiert werden, das heißt, erst ab einer bestimmten Menge Flüssigkeit ist ein Harndrang zu spüren. Um das Sauberwerden zu fördern, sollten Sie also nicht aufhören, dem Kind abends etwas zu trinken zu geben, oder es nicht nachts aufwecken und zur Toilette bringen. Das Kind muss lernen, alleine aufzuwachen, wenn es den Harndrang verspürt.

*Abb. 2 Steckbecken (links)*

**Unterstützung bei Pflegebedürftigen**
Bei Pflegebedürftigen, die bettlägerig sind, wird zur Unterstützung der Urinausscheidung eine Urinflasche oder ein Steckbecken verwendet. Beim Anlegen von Urinflasche oder Steckbecken achten Sie darauf, Einmalhandschuhe zu tragen und vor allem die Intimsphäre des Pflegebedürftigen zu wahren. Andere Personen sollten möglichst das Zimmer verlassen. Nach der Ausscheidung sorgen Sie dafür, dass sich der Pflegebedürftige mit Zellstoff oder Waschlappen reinigen kann. Sie sollten auch ein Handtuch zur Reinigung der Hände nicht vergessen bzw. die Reinigung selbst übernehmen.

*Abb. 3 Urinflasche für Männer*

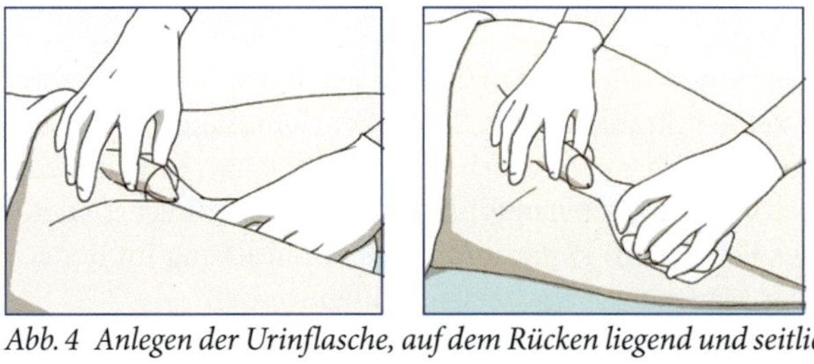

*Abb. 4 Anlegen der Urinflasche, auf dem Rücken liegend und seitlich*

**Unterstützung bei Harninkontinenz? – Förderung der Kontinenz!**

Menschen, die an Inkontinenz leiden und ihren Urin nicht willentlich halten können, sprechen dieses Problem meist nicht gerne an, schämen sich, verlieren an Selbstvertrauen und Selbstachtung. Sie ziehen sich zurück und meiden Kontakt mit Freunden und Angehörigen, haben Angst vor schlechtem Eigengeruch, gehen mehrmals vorsorglich auf die Toilette oder schränken ihre Flüssigkeitsaufnahme ein.
Für die Pflege eines inkontinenten Menschen benötigen pflegende Angehörige mehr Zeit durch nötige Körperpflege und Reinigen der Wäsche als für die Pflege eines kontinenten Menschen. Die finanzielle Belastung durch Wäschereinigung, Hilfsmittel und Vorlagen ist hoch. Ältere Menschen haben ein größeres Risiko, in ein Pflegeheim eingewiesen zu werden, wenn sie inkontinent sind. Wenn Pflegebedürftige ins Pflegeheim ziehen, versuchen Pflegefachkräfte, Inkontinenzprobleme zu erfassen, zu analysieren, die Inkontinenzart einzuschätzen und passende Maßnahmen zur Förderung der Kontinenz zu finden.

*Wenn Menschen Urin nicht willentlich halten können, spricht man von Inkontinenz.*

Körperpflege ▸ S. 340
Wäschepflege ▸ S. 189

**!** In einer Schweizer Studie wurde als wichtiges Ergebnis herausgefunden, „dass zum Zeitpunkt der Aufnahme 35 % und nach zwei Jahren 61 % der Bewohner urininkontinent sind“ (Heilberufe 1/2009). Das heißt, dass nach Heimaufnahme auch das Risiko steigt, inkontinent zu werden.

| Inkontinenzart | Definition | Maßnahmen zur Förderung der Kontinenz |
|---|---|---|
| **Stressinkontinenz** | Urintröpfeln bei körperlicher Belastung, wie Husten, Niesen, Lachen, durch Schwäche der Beckenbodenmuskulatur, z. B durch Schwangerschaft oder Alter | Beckenbodentraining, medikamentöse oder chirurgische Therapie |
| **Dranginkontinenz** | plötzlicher starker Harndrang, z. B. durch Vergrößerung der Prostata | Toilettentraining: Pflegebedürftige werden zu bestimmten oder individuellen Zeiten zur Toilette begleitet<br>Blasentraining: das Fassungsvermögen der Blase wird durch Verlängerung der Phasen zwischen dem Urinlassen trainiert<br>medikamentöse oder chirurgische Therapie |
| **funktionelle Harninkontinenz** | Unfähigkeit, die Toilette rechtzeitig zu erreichen, ohne dass eine Blasenfunktionsstörung vorliegt, z. B. durch körperliche Einschränkung oder bei psychischer Erkrankung | kurze Wege zur Toilette, einfach zu handhabende Kleidung, Toilettensitzerhöhung |

Wichtig bei allen Formen der Inkontinenz ist es, dass Sie die Kontinenz fördern, das heißt auch, einfühlsam auf Probleme und Wünsche einzugehen, Inkontinenzmaterial zur Verfügung stellen und vor allem genügend zu trinken anzubieten. Wenn der Bewohner das Gefühl hat, er fällt zur Last ,oder er bekommt keine Unterstützung, zur Toilette zu gehen, kann es sehr schnell passieren, dass dadurch erst eine Inkontinenz ausgelöst wird.

**!** Weniger zu trinken bedeutet nicht, weniger oft zur Toilette zu müssen. Je weniger Sie trinken, desto kleiner wird mit der Zeit das Fassungsvermögen der Harnblase und Sie müssen noch öfter zur Toilette. Hinzu kommt, dass durch wenig Flüssigkeit der Harndrang zwar erst geringer wird, der Urin aber länger in der Harnblase verbleibt und so die Gefahr von Bakterienvermehrung und Harnwegsinfektion und infolgedessen auch die Inkontinenzgefahr zunimmt.

Harnblase ▸ S. 350

### 6.4.5 Unterstützung beim Stuhlgang

Bewohner, die bettlägerig sind oder im Rollstuhl sitzen, unterdrücken häufig den Stuhlgang, da der Transfer zur Toilette zu mühselig ist. Um die Kontinenz zu erhalten, ist es aber wichtig, dass Sie dem Bewohner eine Entleerung zu festgesetzten Zeiten sowie seine individuellen Gewohnheiten ermöglichen. Wahren Sie die Intimsphäre und berücksichtigen Sie das Schamgefühl der Bewohner.

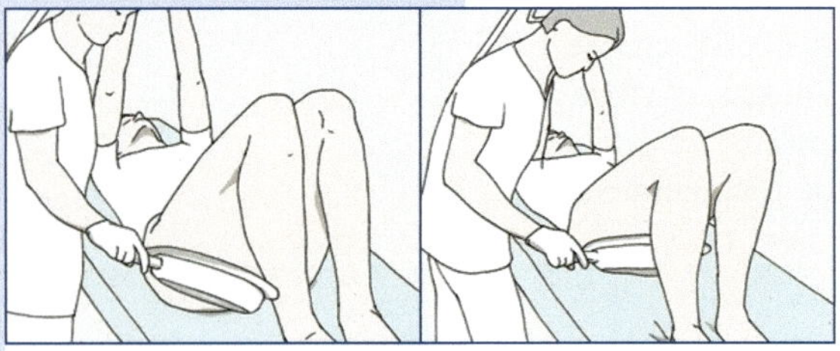

*Abb. 1 Unterschieben des Steckbeckens (1. Möglichkeit)*

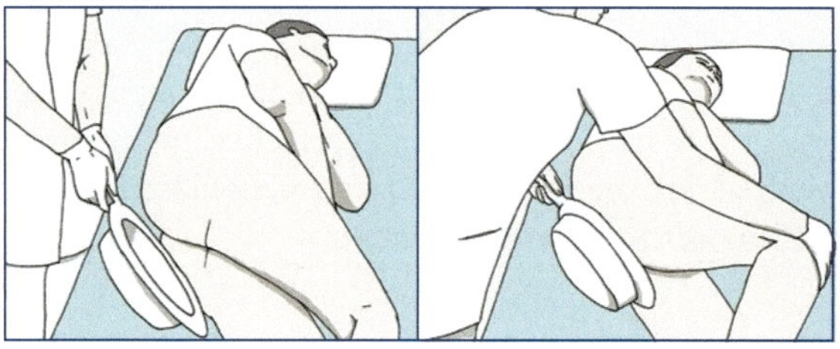

*Abb. 2 Unterschieben des Steckbeckens (2. Möglichkeit)*

Es gibt zwei Möglichkeiten zum Unterschieben des Steckbeckens:
- Der Pflegebedürftige stellt beide Beine auf, hält sich am Bettaufrichter fest und hebt das Gesäß an. Währenddessen schiebt die Pflegefachkraft ihm das Steckbecken unter das Gesäß (Abb. 1).
- Der Pflegebedürftige dreht sich auf die Seite. Die Pflegefachkraft schiebt das Steckbecken mit dem Griff zur Seite (damit der Griff nicht unter dem Oberschenkel liegt) und hält es, während sich der Pflegebedürftige zurückdreht (Abb. 2).

*Abb. 3 Toilettenstuhl*

Desinfektion ► S. 233

Der Pflegebedürftige nimmt eine für ihn bequeme Lage der Beine ein und wird gut zugedeckt. Die Klingel wird in Reichweite gelegt und der Pflegebedürftige nach Möglichkeit allein gelassen.
Zum Entfernen des Steckbeckens trägt die Pflegefachkraft Einmalhandschuhe. Der Pflegebedürftige hebt sein Gesäß hoch oder dreht sich auf die Seite. Die Pflegefachkraft zieht das Steckbecken weg und säubert den Intimbereich mit Zellstoff und Einmaltüchern, sofern der Pflegebedürftige dies nicht selbst übernehmen kann. Anschließend werden dem Pflegebedürftigen ein feuchter Waschlappen und ein Handtuch zur Reinigung der Hände gereicht. Die Pflegefachkraft lüftet das Zimmer und entleert und desinfiziert das verwendete Steckbecken. Wenn der Pflegebedürftige zwar aufstehen, aber nicht gehen kann, wird ein Toilettenstuhl (Abb. 3) eingesetzt.

Unterstützung bei Stuhlinkontinenz
- Stellen Sie Gehhilfen bereit, dass bei Stuhldrang möglichst schnell die Toilette erreicht werden kann.
- Sorgen Sie für saubere Toiletten, damit die Betroffenen sich wohlfühlen.
- Beachten Sie das Schamgefühl.
- Stellen Sie die Ernährung um, falls Obstipation die Ursache ist.
- Wechseln Sie regelmäßig Hilfsmittel, z. B. Einlagen.
- Führen Sie eine gute Hautpflege durch.
- Führen Sie Toilettentraining durch, es soll bewirken, dass die Stuhlentleerung nur einmal am Tag zur bestimmten Zeit erfolgt.
- Empfehlen Sie Beckenbodentraining, so wird der Schließmuskel trainiert.

Praxis-Spicker: Verstopfung/Obstipation ► S. 293

Hautpflege ► S. 340
Toilettentraining ► S. 355

**Unterstützung bei Obstipation**

Im Alter ist Darmträgheit keine Seltenheit. Die Körperfunktionen und auch die Darmfunktion laufen langsamer ab. Natürliche Mittel, um die Verdauung anzuregen, sind Naturjoghurt mit Weizenkleie oder Leinsamen. Diese dürfen Sie jedoch nur verabreichen, wenn die älteren Menschen auch genügend trinken. Ansonsten ist die Gefahr eines Darmverschlusses durch Quellen der Getreidekörner und anschließendes Verstopfen im Darm zu groß.

Praxis-Spicker: Verstopfung/Obstipation ► S. 293

Günstig auf regelmäßigen Stuhlgang wirken sich aus:
- saubere Toiletten
- regelmäßige Zeiten für den Stuhlgang
- eine möglichst entspannte Atmosphäre
- die Wahrung der Intimsphäre

**Unterstützung bei Diarrhoe**

Wegen des hohen Flüssigkeitsverlustes sollten Sie für reichlich Flüssigkeit sorgen, am besten Kamillentee und Gemüsebrühe. Besonders viel Wert müssen Sie jetzt auf die Hautpflege legen. Die Haut ist durch dünnflüssigen Stuhlgang stark belastet, reinigen Sie mehrmals täglich. Bei Rötungen empfiehlt sich, in Öl getränkte Tücher zur Reinigung zu verwenden.

Praxis-Spicker: Durchfall/Diarrhoe ► S. 352

Geben Sie Kleinkindern einen geriebenen Apfel, der enthält Pektin, welches im Darm viel Wasser binden kann. Auch gekochte, pürierte Möhren und Kartoffeln oder Zwieback können bei Durchfall Linderung verschaffen.

## 6.4.6 Unterstützung beim Erbrechen

- Setzen Sie den Pflegebedürftigen auf, unterstützen Sie seinen Kopf und halten Sie eine Brechschale unter den Mund.
- Säubern Sie zwischen dem Erbrechen den Mund mit Zellstoff.
- Unterstützen Sie nach dem Erbrechen bei der Mundpflege, beim Waschen und Anziehen frischer Kleidung, überwachen Sie die Kreislaufsituation.
- Lagern Sie den Pflegebedürftigen und lüften Sie das Zimmer.
- Inspizieren Sie das Erbrochene, dokumentieren Sie (wie, in Stößen, Schwall, gewürgt, Farbe) und entsorgen Sie es.
- Bringen Sie Bewusstlose in die stabile Seitenlage.

Aussehen von Erbrochenem ► S. 353
Beobachtung von Erbrochenem ► S. 353
Stabile Seitenlage ► S. 208

*Abb. 4 Haltung des Kindes beim Erbrechen*

Säuglinge und Kleinkinder halten Sie beim Erbrechen so, dass Sie den Kopf an der Stirn abstützen (Abb. 4). Streicheln Sie über den Rücken, das beruhigt. Um einem Flüssigkeitsverlust entgegenzuwirken, bieten Sie dem Kind immer wieder löffelweise Wasser oder Tee an. Pfefferminztee oder Kamillentee wirken auf den Magen beruhigend.

Praxis-Spicker: Bewusstlosigkeit ► S. 257

# 6.5 Unterstützung bei eingeschränkter Mobilität – „Nichts so können, wie man möchte“

*Aktivierende Pflege bedeutet, so viel wie nötig, aber so wenig wie möglich zu unterstützen.*

Die Unterstützung von Menschen mit Einschränkungen in ihrer Beweglichkeit ist Schwerpunkt der pflegerischen Arbeit. Jede individuelle Maßnahme zur Aktivierung und Bewegungsförderung von Menschen wird als Mobilisation bezeichnet. Ziele sind, vorhandene Fähigkeiten zu erhalten, zu steigern und Folgeerkrankungen vorzubeugen. Um die Selbstständigkeit zu fördern, die Motivation zu verbessern und somit das Selbstwertgefühl zu steigern, sollten Sie die Ressourcen (eigene Fähigkeiten) des Pflegebedürftigen unbedingt in die Pflege einbeziehen.

## 6.5.1 Bedeutung von eingeschränkter Mobilität für den Menschen

Bewegung ► S. 241

Sich bewegen zu können ist etwas Elementares. Es dient der Entwicklung und ist Ausdruck von Lebensfreude. Bewegung hat viele positive Effekte für Körper, Geist und Seele.

Bewegung ist so selbstverständlich, dass die Bedeutung dieser Fähigkeit erst bei Verlust deutlich wird. Zum Beispiel kann es notwendig werden, dass Sie durch einen Unfall oder eine Operation einige Tage Bettruhe einhalten müssen und Ihren geliebten Hobbys nicht mehr nachgehen können. Das hat neben den körperlichen Einschränkungen auch Auswirkungen auf Ihre Psyche und Ihre sozialen Kontakte. Vermutlich sind sie missgestimmt, weil Sie sich nicht wie gewohnt mit Freunden treffen können.

Bereits im Alter von 30 Jahren kommt es zu Veränderungen am Bewegungssystem. Ohne ausreichend sportliche Betätigung baut sich Muskelmasse ab, Gewebe erschlafft und die Elastizität der Sehnen und Bänder lässt nach.

Muskeln ► S. 249
Sehnen ► S. 249
Bänder ► S. 245

*Eingeschränkte Mobilität hat körperliche, seelische, geistige und soziale Einschränkungen zur Folge.*

Gelenke ► S. 245
Arthrose ► S. 245
Schmerzen ► S. 376

Bei älteren Menschen können Sie einen unsicheren Gang beobachten, der auf Grund von Abnutzungserscheinungen an Gelenken (Arthrose) und daraus resultierender Schmerzen hervorrufen wird. Dadurch entsteht ein Teufelskreis, der Mensch bewegt sich immer weniger, was weitere Bewegungseinschränkungen zur Folge hat. Es ist wichtig, dass Sie den zu Pflegenden über diese Zusammenhänge informieren, um eine Einsicht in notwendige Bewegungsübungen zu erzielen.

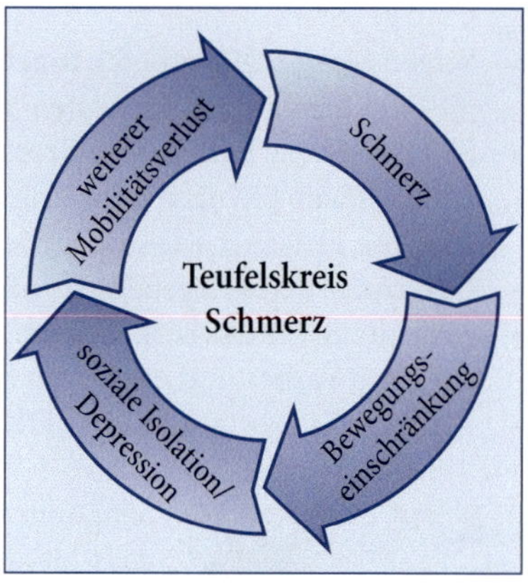


**Sturzprophylaxe**

Durch den reduzierten Allgemeinzustand und die eingeschränkte Beweglichkeit im Alter besteht auch die Gefahr eines Sturzes. Durch entsprechende Maßnahmen der Sturzprophylaxe können Sie Stürzen beim Pflegebedürftigen vorbeugen:

- Achten Sie auf festes Schuhwerk.
- Sorgen Sie für ausreichend Licht in seinem Umfeld.
- Leiten Sie den Pflegebedürftigen an, die Handläufe oder Hilfsmittel, wie Rollatoren, zu benutzen.
- Beseitigen Sie eventuelle Stolperfallen, wie Teppiche oder Kabel.

Hilfsmittel ► S. 359

Einschränkungen in der Beweglichkeit können aber auch auf Grund von Krankheiten, Unfällen (Abb. 1) oder Behinderungen dauerhaft bestehen, was für den Betroffenen eine schwierige Situation darstellt. Er muss lernen, damit umzugehen. Jeder Mensch zeigt sehr unterschiedliche psychische Reaktionen. Angst, Wut, auch Aggressionen, die sich auch gegen die Pflegekraft richten können, sind nur einige mögliche Emotionen (Gefühlsäußerungen). Sie sollten versuchen, sich immer wieder in die Situation des Pflegebedürftigen hineinzuversetzen, um ein besseres Verständnis zu erlangen.
Neben den psychischen Veränderungen kommen soziale Folgen hinzu, die das Leben beeinträchtigen. Die Teilnahme am gesellschaftlichen Leben ist erschwert, die Abhängigkeit von anderen Menschen steigt, der Beruf kann eventuell nicht mehr ausgeübt werden und somit kann es zum sozialen Rückzug und zur Vereinsamung kommen.

Um Bewegungseinschränkungen ausgleichen zu können, stehen verschiedene Hilfsmittel, wie z. B. Rollatoren (Abb. 2), Unterarmgehstützen (Abb. 3) oder Rollstühle (Abb. 4), zur Verfügung und unterstützen die soziale Integration.

Praxis-Spicker:
Angst ► S. 321
Aggressionen ► S. 325

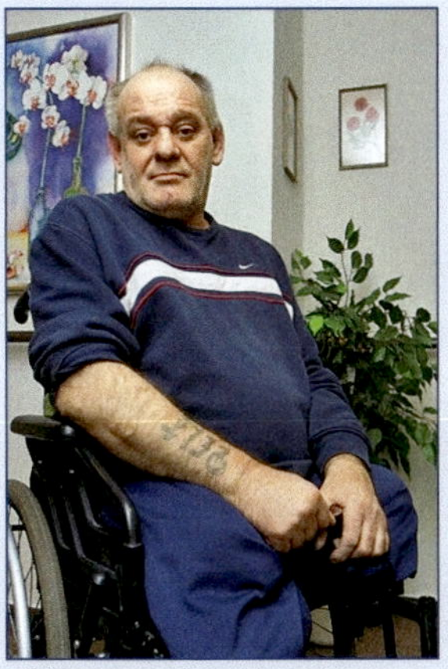
*Abb. 1 Mann nach Unterschenkelamputation*

*Abb. 2 Rollator*

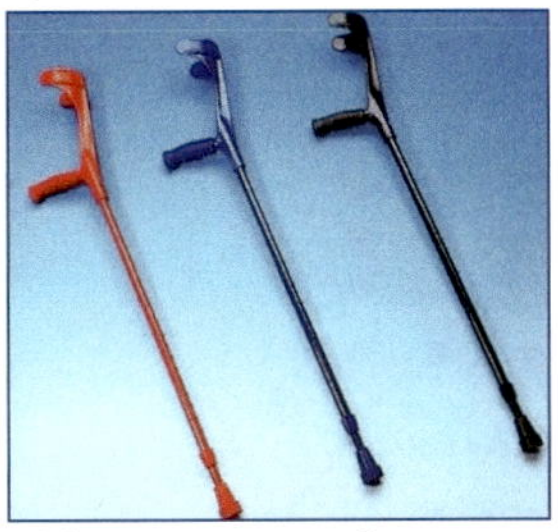
*Abb. 3 Unterarmgehstützen*

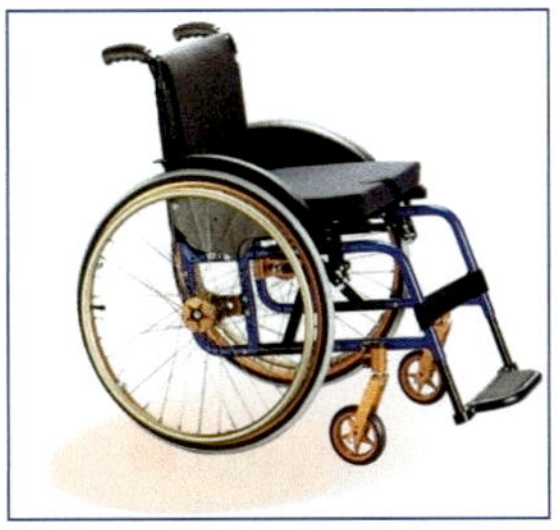
*Abb. 4 Aktivrollstuhl*

## Bewegungsübungen

Einfache Bewegungsübungen werden eingesetzt, um verlernte Bewegungsmuster wieder zu erlernen oder um die Bewegungsfähigkeit zu erweitern. Sie können den Pflegebedürftigen zu diesen einfachen Bewegungsübungen anleiten. Im Rahmen der täglichen Körperpflege lässt sich das gut umsetzen:

| | | |
|---|---|---|
| **aktiv** | von Pflegebedürftigen nach Anleitung selbstständig durchgeführte Übungen |  |
| **assistiv** | gemeinsam von Pflegebedürftigen und Pflegenden durchgeführte Übungen, Übergang zwischen passiven und aktiven Übungen |  |
| **resistiv** | gegen einen Widerstand durchgeführte Übungen |  |
| **passiv** | ohne Mithilfe der Pflegebedürftigen durchgeführte Übungen, sofern der Pflegebedürftige nicht in der Lage ist, die Übungen selbstständig durchzuführen |  |

***Durch individuelle Übungen wird die Bewegungsfähigkeit und Selbstständigkeit des Pflegebedürftigen gefördert.***

Die folgenden Übungen können unter Berücksichtigung medizinischer Anordnungen mit pflegerischer Anleitung von den Pflegebedürftigen durchgeführt werden.

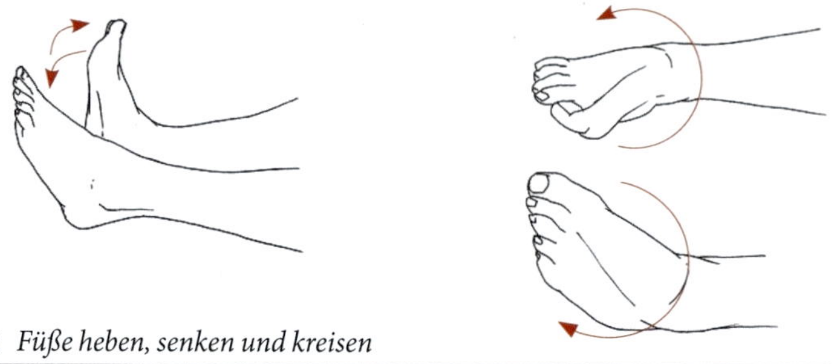

*Abb. 1 Füße heben, senken und kreisen*

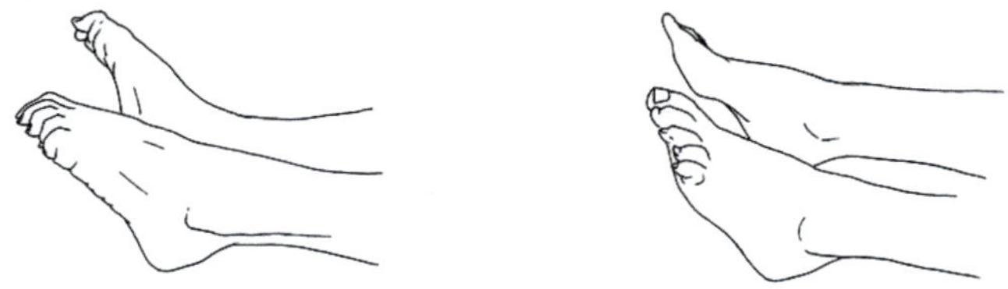

*Abb. 2 Zehen einkrallen und lösen*

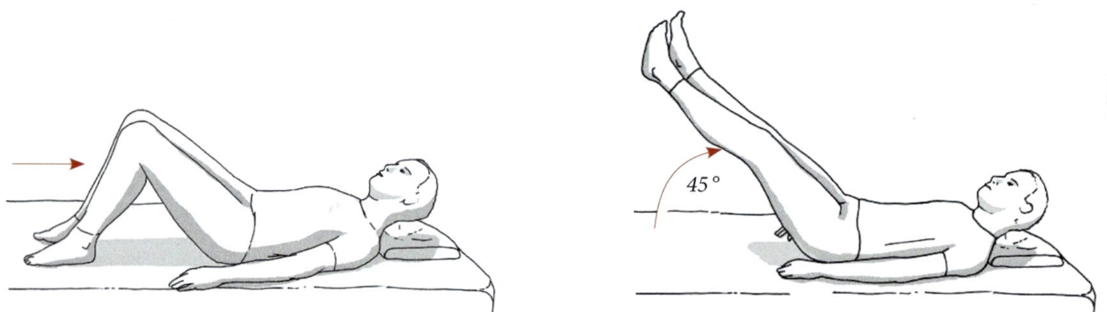


*Abb. 3 Knie anziehen und strecken*

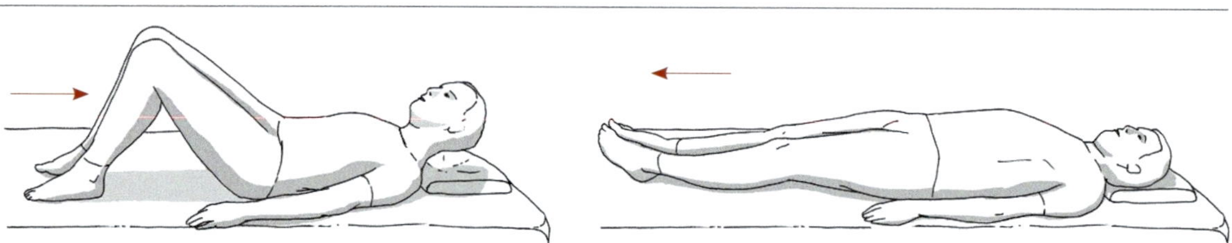

*Abb. 4 Beine aufstellen und wieder hinlegen*

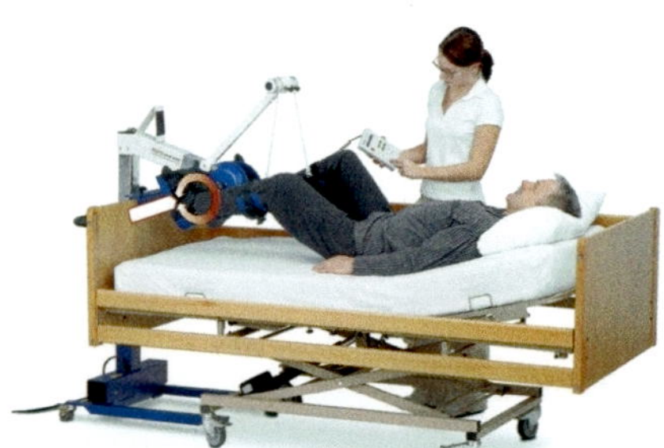

*Abb. 5 Bewegungstraining ist auch im Bett möglich.*

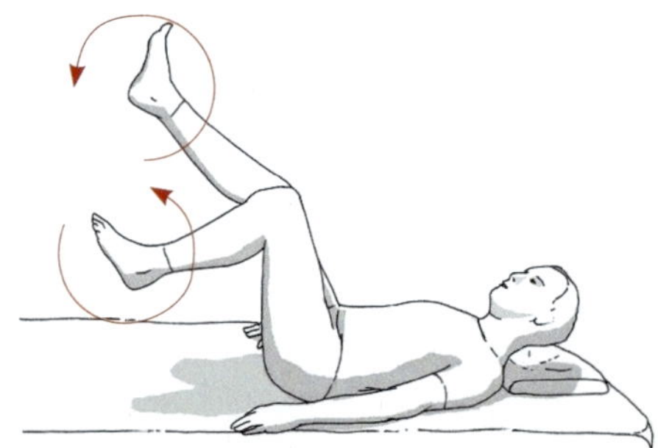

*Abb. 6 Rad fahren*

## 6.5.2 Prophylaxen bei längerer eingeschränkter Mobilität

Durch eine längere eingeschränkte Mobilität und vor allem durch Bettlägerigkeit kann es z. B. zu Thrombosen, Kontrakturen oder auch zu Dekubitalgeschwüren kommen. Die Vorbeugung dieser Erkrankungen nennt man Prophylaxen.

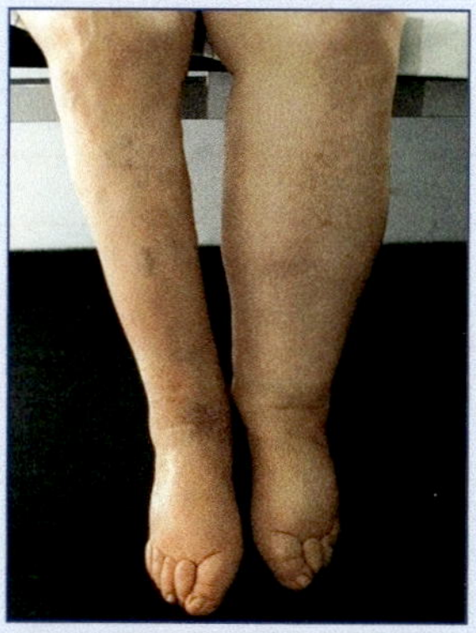

*Abb. 7 Beinvenenthrombose*

Thrombosen ► S. 259
Venen ► S. 254
Arteriosklerose ► S. 259

**Thromboseprophylaxe**
Eine Thrombose entsteht durch Blutpfropfbildung oder den Verschluss eines Blutgefäßes, meist der Vene, z. B. tiefe Beinvenenthrombose (Abb. 7). Unter Thromboseprophylaxe versteht man alle vorbeugenden Maßnahmen, um die Entstehung einer Thrombose zu verhindern. Alte Menschen, Frauen, Menschen mit Übergewicht und Patienten nach Operationen haben ein hohes Thromboserisiko. Die Ursachen der Thrombose sind:
- Verlangsamung der Blutströmung, verursacht durch lange Bettruhe, Immobilität, Krampfadern, Herzschwäche
- Veränderung der Gefäßwände, verursacht durch Entzündung der Blutgefäße, Verengung durch Arteriosklerose, Schäden durch Verletzung
- Beschleunigung der Blutgerinnung, verursacht durch Flüssigkeitsmangel, Operationen, Einnahme von bestimmten Medikamenten (z. B. Anti-Baby-Pille)

Durch verschiedene Maßnahmen können Sie das Risiko einer Thrombose verringern:
- Mobilisation: kleine Spaziergänge, Gang zur Toilette, Schritte im Zimmer
- Bewegungsübungen: können auch bettlägerige Bewohner durchführen, z. B. Zehen krallen, Füße heben, senken und kreisen
- Sohlendruck erzeugen: ist auch im Bett durchführbar, Füße gegen einen Gegenstand (z. B. Tennisball oder Bettende) drücken
- Kompressionsverband und Kompressionsstrümpfe: diese unterstützen die Wadenmuskulatur und führen damit zur Verengung der Venen und somit zur Förderung des venösen Rückflusses, sie werden nur bei mobilen Bewohnern angewandt
- medizinische Thrombose-Prophylaxe-Strümpfe (MTS) (Abb. 8): diese fördern auch den venösen Rückfluss und werden während der gesamten Liegezeit von bettlägerigen Menschen getragen
- Ausstreichen der Venen: die Beine werden herzwärts ausgestrichen
- entstauende Lagerung: die Unterschenkel können bis zu 20 cm erhöht gelagert werden, z. B. vor dem Anlegen von Kompressionsverbänden oder -strümpfen
- eine ausreichende Flüssigkeitszufuhr (1,5 -2 l täglich)

Bewegungsübungen ► S. 359

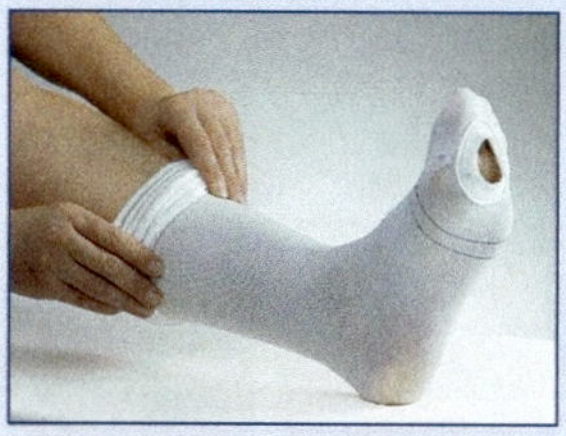

*Abb.8 MTS*

**Kontrakturenprophylaxe**
Eine Kontraktur ist eine Bewegungseinschränkung der Gelenke, die durch Verkürzung von Muskeln, Sehnen, Bändern oder Verwachsungen der Gelenkflächen zur völligen Einsteifung der Gelenke führt. Ursachen können sein:
- Immobilität
- Entzündungen an Gelenken
- Lähmungen durch Nervenschädigung
- Schmerzen und die daraus resultierende Vermeidung von Bewegung

Aktive oder passive (ohne Mitwirkung des Pflegebedürftigen) Bewegungsübungen sind Maßnahmen, die einer Kontraktur vorbeugen. Durch wechselnde Lagerungen können Bewegungsübungen ergänzt oder unterstützt werden.

Gelenke ► S. 245
Muskeln ► S. 249
Sehnen ► S. 249
Immobilität ► S. 360
Nerven ► S. 313
Schmerzen ► S. 376
Lagerungen ► S. 363

*Ein Dekubitalgeschwür entsteht durch langes Liegen auf einer Stelle.*

## Dekubitusprophylaxe

Durch langes Liegen auf einer Stelle ist die Haut nicht durchblutet und es kommt durch den Sauerstoffmangel zum Absterben von Gewebe.

Lähmung ► S. 247
Bewusstlosigkeit ► S. 207
Inkontinenz ► S. 355

Neben Druck und Zeit sind verschiedene Risikofaktoren für das Entstehen eines Dekubitalgeschwürs (Druckgeschwür) verantwortlich:

- Immobilität durch Lähmung oder Bewusstlosigkeit
- feuchte Haut bei Inkontinenz oder Schwitzen
- schlechter Allgemeinzustand
- Wahrnehmungsstörungen

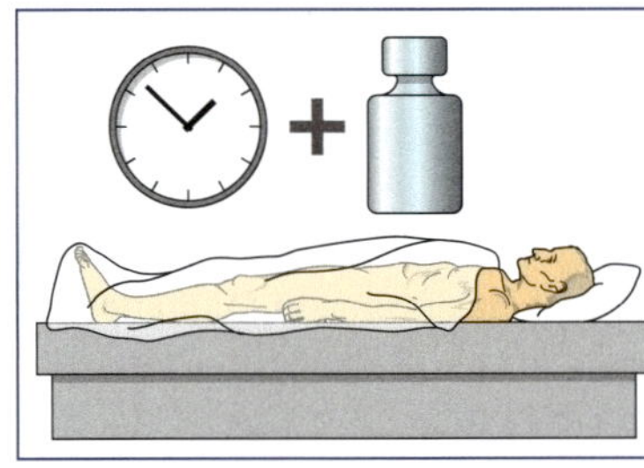

*Abb. 1 Einfluss von Zeit und Druck*

Praxis-Spicker:
Lähmungserscheinungen ► S. 248
Bewusstlosigkeit ► S. 257

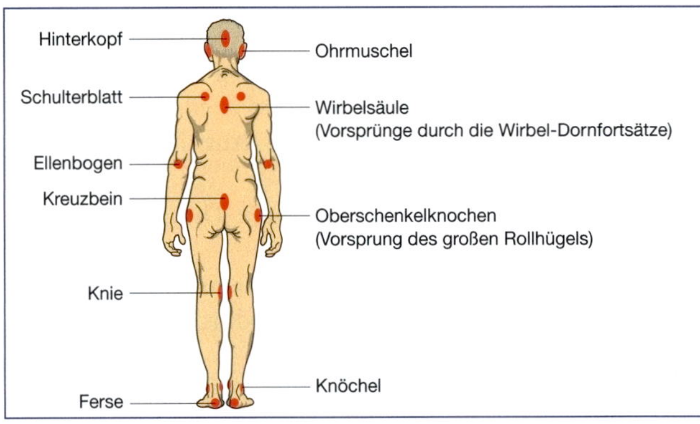


*Abb. 2 Gefährdete Körperstellen*

Je nach Schweregrad des Dekubitalgeschwürs werden vier Stadien unterschieden:

| **Stadium 1:** nicht wegdrückbare Hautrötung, Minderdurchblutung | **Stadium 2:** Hautdefekt ist als Blase, Geschwür oder Abschürfung zu sehen | **Stadium 3:** Defekt aller Hautschichten, örtlicher Gewebstod (Nekrose) | **Stadium 4:** Haut- und Gewebsdefekt; Schädigung von Knochen, Muskeln, Sehnen |
|---|---|---|---|

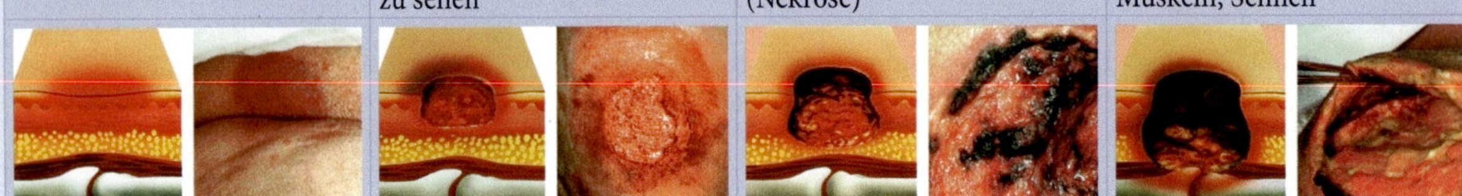

Beobachten der Haut ► S. 335
Lagerung ► S. 363
Betten ► S. 368
Haut ► S. 333

Zur Prophylaxe gehören neben einer gewissenhaften Risikoeinschätzung mittels spezieller Skalen (z. B. Braden-Skala) folgende Maßnahmen:

- Beobachten Sie die Haut gewissenhaft, um eine Rötung frühzeitig zu erkennen.
- Lagern Sie den gefährdeten Patienten regelmäßig, um eine Druckentlastung zu gewährleisten.
- Achten Sie beim Betten auf ein faltenfreies Laken.
- Regen Sie den Pflegebedürftigen zur Mobilisation an, um die Durchblutung anzuregen.
- Pflegen Sie die Haut entsprechend dem Hauttyp, um diese geschmeidig zu halten.
- Achten Sie auf ausreichende Flüssigkeitszufuhr und bedarfsgerechte Ernährung.

### 6.5.3 Lagerungen

*Lagern beugt Folgeerkrankungen vor und muss regelmäßig erfolgen.*

Kann der Pflegebedürftige zeitweise oder auf Dauer nicht mehr das Bett verlassen, kommt dem Lagern eine große Bedeutung zu. Durch Lageveränderungen beugen Sie einem Druckgeschwür (Dekubitus) vor. Die Lageveränderung sollte regelmäßig, am besten nach einem Lagerungsplan, vorgenommen und dokumentiert werden.

| Lagerungsart | Beschreibung | Anwendungsbereich | Abbildung |
|---|---|---|---|
| **Rückenlage** | Pflegebedürftiger liegt flach auf dem Rücken oder mit leicht erhöhtem Oberkörper | im Wechsel mit anderen Lagerungen, mit erhöhtem Oberkörper zur Kommunikation mit anderen, zum Fernsehen oder zu anderen Beschäftigungen, dabei aber große Belastung der dekubitusgefährdeten Stellen von Gesäß und Rücken | 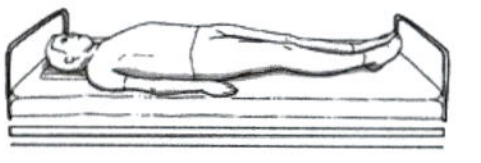 |
| **30°-Seitenlage** | Pflegebedürftiger wird durch Lagerungskissen um ca. 30° angehoben, Kopf leicht erhöht | im Wechsel mit anderen Lagerungen, zur Dekubitusprophylaxe | 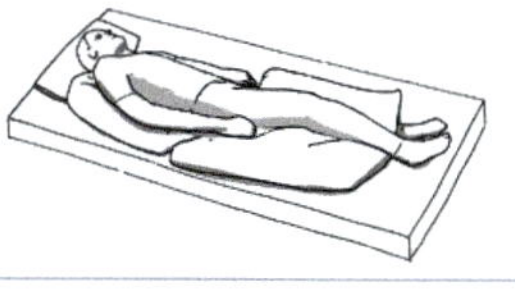 |
| **Bauchlage** | sofern der Pflegebedürftige dies toleriert, Bauchlage mit Kissen unter dem Kopf, Arme nach oben, unter dem Kopf verschränkt oder seitlich gelagert | im Wechsel mit anderen Lagerungen, beste Entlastung des Rückens und Steißbeins, ältere Menschen lehnen diese Lage oft ab, da sie sie nicht kennen bzw. als unbequem empfinden | 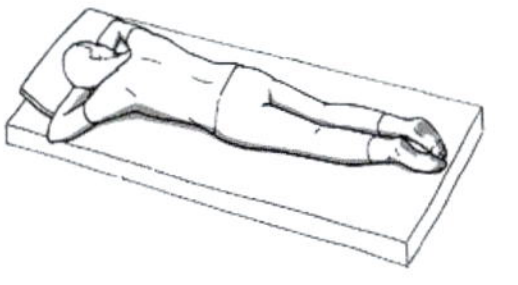 |
| **135°-Seitenlage** | Pflegebedürftiger liegt fast auf dem Bauch. Große Kissen unter das angewinkelte Knie, unter den Bauch, Brustkorb und Kopf legen. | im Wechsel mit anderen Lagerungen, zur Dekubitusprophylaxe, stabiler als 30°-Lagerung, nicht ganz so unbequem wie Bauchlage | 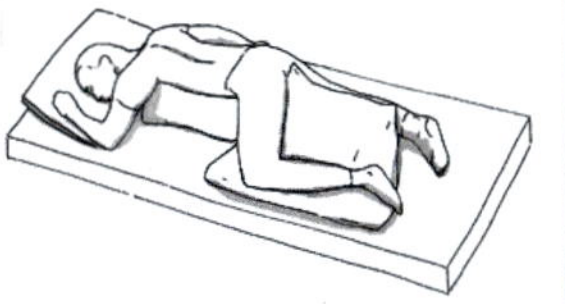 |

**Lagerungsplan**

| Art der Lagerung | Zeit der Lagerung | | | | | | | |
|---|---|---|---|---|---|---|---|---|
| | Uhr | Uhr | Uhr | Uhr | Uhr | Uhr | Uhr | Uhr |
| 30° links | | | | | | | | |
| 30° rechts | | | | | | | | |
| schiefe Ebene links | | | | | | | | |
| schiefe Ebene rechts | | | | | | | | |
| V-Lagerung | | | | | | | | |
| A-Lagerung | | | | | | | | |
| T-Lagerung | | | | | | | | |
| 135° links | | | | | | | | |
| 135° rechts | | | | | | | | |
| 3-Kissen-Lagerung | | | | | | | | |

*Lagerungshilfsmittel ermöglichen und erleichtern die Lagerung.*

**Lagerungshilfsmittel**
Lagerungshilfsmittel (Abb. 1–3) sind Gegenstände, die Ihnen die Lagerung erleichtern oder auch erst eine spezielle Lagerung ermöglichen. Vorteilhaft sind Lagerungshilfsmittel mit Polyesterolfüllung, da sie sich der Körperform anpassen und das eigene Körpergefühl fördern.

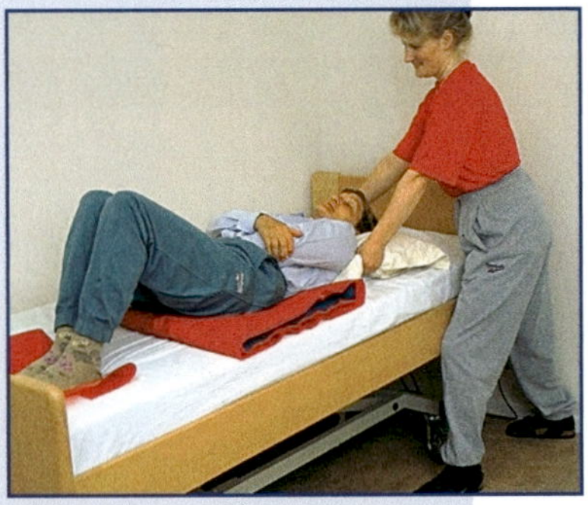
*Abb. 1 Antirutschmatte*

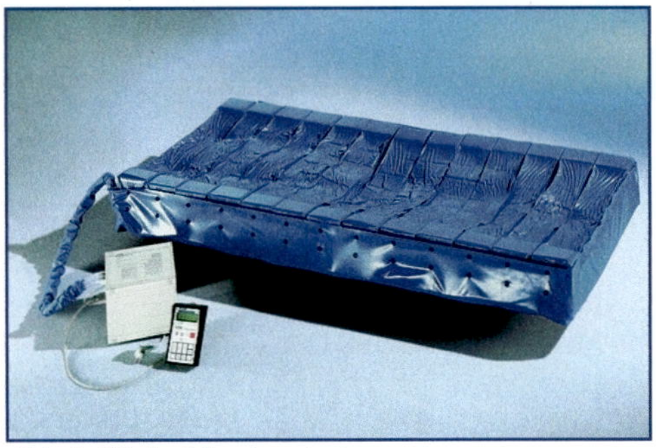
*Abb. 2 Wechseldruckmatratze*

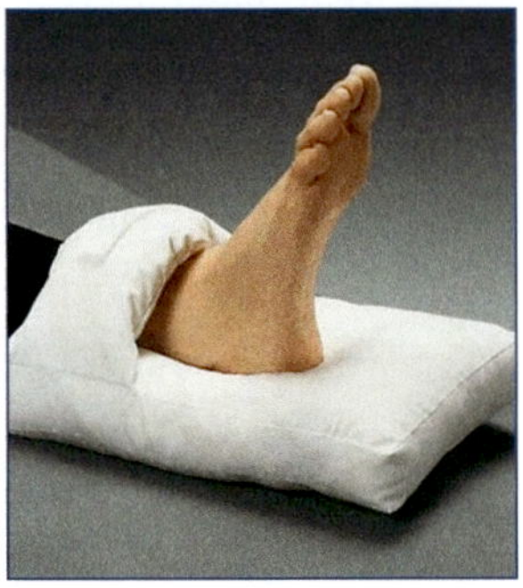
*Abb. 3 Fersenlagerungskissen*

Was sollten Sie beim Lagerungswechsel beachten?
- Legen Sie sich alle Materialien in Reichweite.
- Informieren Sie den Pflegebedürftigen über Ihr Vorhaben.
- Stellen Sie das Bett auf Ihre Arbeitshöhe.
- Beziehen Sie beim Lagerungswechsel den Pflegebedürftigen aktiv mit ein.
- Fragen Sie den Pflegebedürftigen, ob er bequem liegt.
- Stellen Sie abschließend das Bett wieder herunter.

## 6.5.4 Transfertechniken

Rückengerechtes Arbeiten ► S. 247/251

Das Umlagern und Umsetzen von bewegungseingeschränkten Pflegebedürftigen erfordert Kenntnisse über natürliche Bewegungsabläufe eines Menschen. Sie sollten ohne großen Kraftaufwand arbeiten, auch um die eigene Gesundheit zu erhalten. Hier können Sie sich wieder bestimmter Hilfsmittel bedienen, die in großer Auswahl zur Verfügung stehen.

Um einen Patientenlifter (Abb. 4) sachgemäß zu bedienen, ist es notwendig, dass Sie sich mit den technischen Funktionen und unterschiedlichen Einsatzmöglichkeiten vertraut machen. Auch ein Rutschbrett (Abb. 5) oder eine Drehscheibe (Abb. 6) erleichtern den Transfer eines zu Pflegenden aus dem Bett in den Rollstuhl und fördern seine Selbstständigkeit.

*Abb. 4 Patientenlifter*

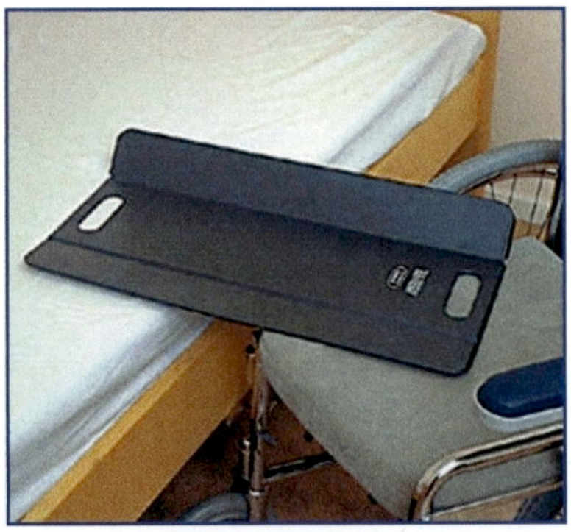
*Abb. 5 Rutschbrett*

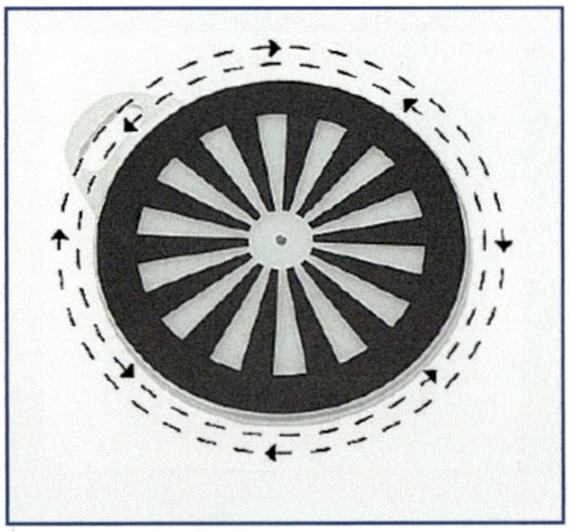
*Abb. 6 Drehscheibe*

### Transfer vom Bett in den Rollstuhl

*Achten Sie beim Transfer auf die Sicherheit des Pflegebedürftigen und die eigene Gesundheit.*

Der Transfer ist für stark immobile Menschen geeignet, z. B. einen Pflegebedürftigen mit einem schlechten Allgemeinzustand nach einer schweren Operation oder einen Pflegebedürftigen mit einer Lungenentzündung. Der Transfer erfolgt in drei Schritten:

| Bewegungsschritt | Unterstützung durch Pflegende | |
|---|---|---|
| **Pflegebedürftiger bewegt sich zur Bettkante** | Das Bett auf Arbeitshöhe bringen. Pflegebedürftigen in drei oder mehr Schritten (a. Beine nacheinander, b. Becken, c. Schultergürtel mit Kopf und Armen zusammen) an die Bettkante bewegen. Das Bett wieder herunterlassen, damit der Pflegebedürftige die Füße auf den Boden aufsetzen kann und dabei nicht aus dem Bett herausrutscht. |  |
| **Pflegebedürftiger setzt sich an der Bettkante auf** | Beine und Oberkörper gleichzeitig bewegen, Beine aus dem Bett heraus und dabei Oberkörper anheben. Je nach Möglichkeit nutzt der Pflegebedürftige den Patientenaufrichter und führt die Bewegungen selbst aus. Der Pflegebedürftige sitzt so, dass er mit beiden Füßen Bodenkontakt hat. Beide Füße müssen festen Halt haben, der Pflegebedürftige zieht seine Schuhe an oder wird dabei von der Pflegenden bei Bedarf unterstützt. | 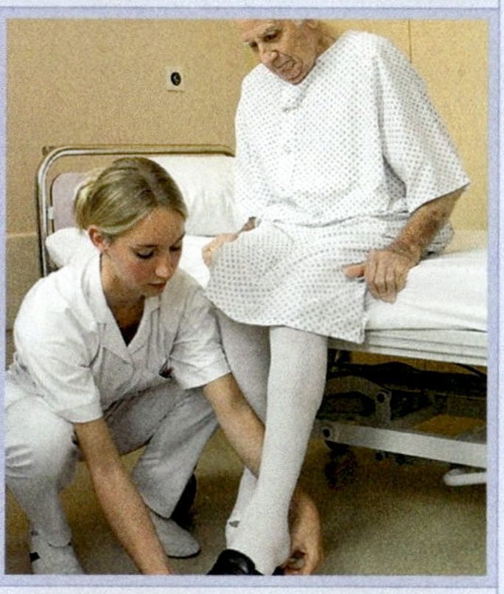 |
| **Pflegebedürftiger setzt sich in den Stuhl** | Der Pflegebedürftige legt die Arme um den Hals oder auf die Schulter der Pflegenden; sie legt beide Hände flach auf die Schulterblätter oder auf beide Gesäßhälften des Gegenübers. Ihre Füße bilden ein Dreieck, in dem sich die Füße des Pflegebedürftigen befinden. Dadurch verhindert sie das Wegrutschen des Pflegebedürftigen nach unten. Danach geht die Pflegende leicht in die Knie und lehnt sich langsam nach hinten und erreicht so das Kräftegleichgewicht mit dem Pflegebedürftigen. Dabei dreht sie sich mit ihm um das gemeinsame Drehzentrum, die Füße, und lässt ihn langsam auf den Stuhl nieder. | 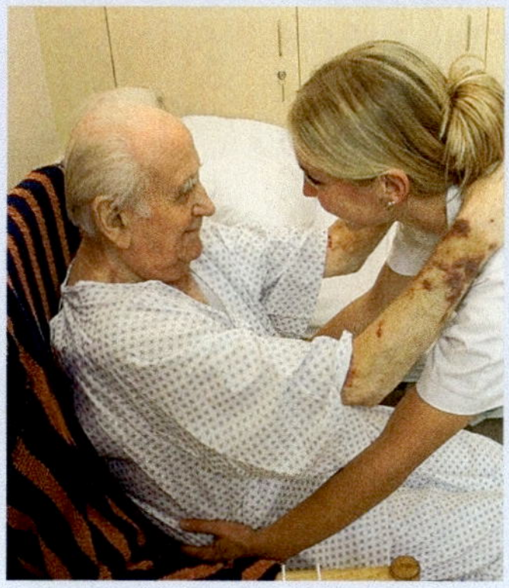 |

Achten Sie darauf, dass Sie festes Schuhwerk tragen, um einen sicheren Stand zu gewährleisten und dem Pflegebedürftigen das Gefühl von Sicherheit zu vermitteln. Sie dürfen nicht vergessen, die Bremsen des Rollstuhls anzuziehen.

*Beim Transfer von Säuglingen folgt man den natürlichen Bewegungsmustern des Kindes.*

Entwicklung der Motorik ► S. 90

### Transfer von Säuglingen und Babys

Die Bewegungsmöglichkeit eines Menschen verändert sich im Laufe des Lebens. So zeigt ein Säugling erst wenige Bewegungsmuster. Die Bewegungen sind noch sehr unkoordiniert. Im Laufe des ersten Lebensjahres erlernt das Kind viele Bewegungsabläufe und benötigt dabei mehr oder weniger Unterstützung durch die Bezugsperson.

Beim Transfer eines Säuglings nimmt die Bezugsperson über Berührung Kontakt zum Kind auf und folgt bei der Bewegung in Geschwindigkeit und Kraftaufwand den natürlichen Bewegungsmustern des Kindes (Abb. 1 und 2).

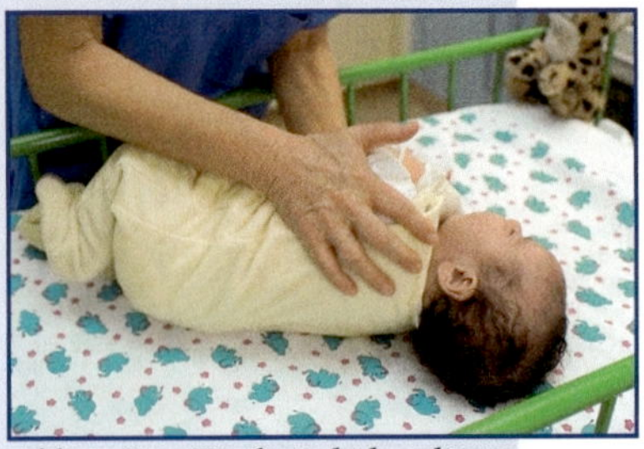

*Abb. 1 Das Kind wird über die Schulter in Seitenlage gedreht und dann aufgenommen.*

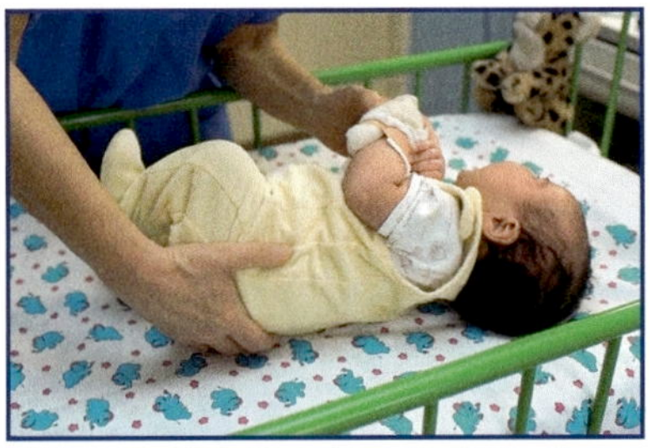

*Abb. 2 Das Kind wird in seiner Eigenbeweglichkeit unterstützt, indem es beim Drehen von der Rücken- in die Bauchlage in der Hüfte unterstützt wird.*

*Abb. 3 Zum Aufrichten kommen Krabbelkinder über den Vierfüßlerstand und den Einbein-Knie-Stand.*

Beim Tragen gibt es verschiedene Möglichkeiten, wie Sie das Baby halten können (Abb. 4–7). Wichtig ist, dass die physiologische Entwicklung des Bewegungsapparates durch das Tragen positiv beeinflusst wird. Beim Tragen auf der Hüfte oder im Tragetuch sind die Hüftgelenke so gespreizt, dass einer Fehlentwicklung vorgebeugt wird.
Das Baby kann in den ersten sechs bis acht Wochen seinen Kopf noch nicht halten, so dass Sie das Köpfchen mit der Hand stützen müssen.

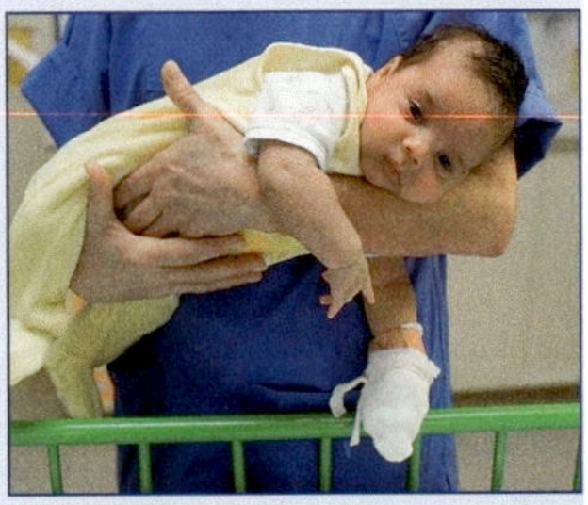

*Abb. 4 Flugzeugposition*

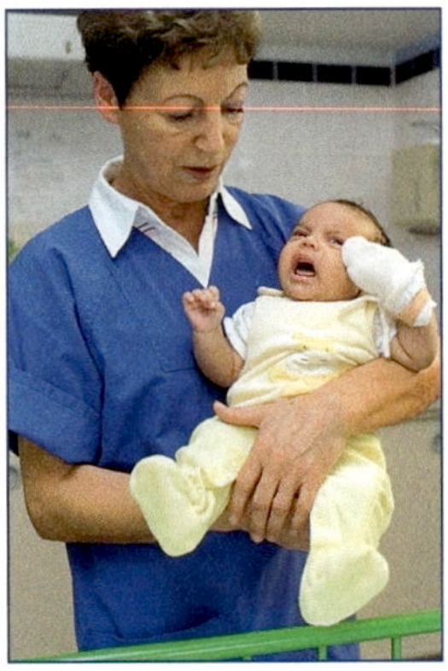

*Abb. 5 Tragen vor dem Bauch*

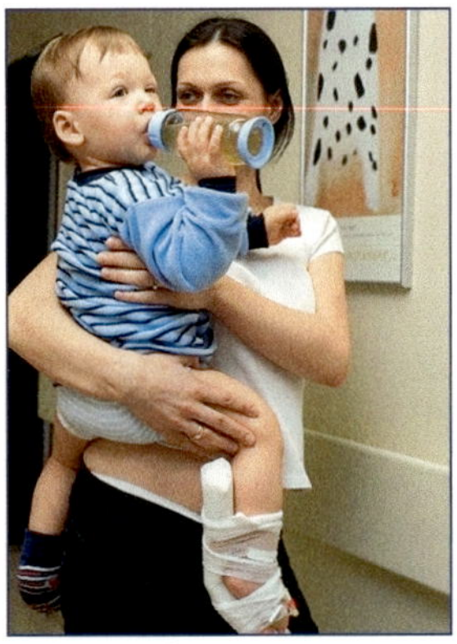

*Abb.6 Hüftsitz*

*Abb. 7 Tragen im Tragetuch*

### 6.5.5 Unterstützung beim An- und Auskleiden

Die Kleidung dient, neben dem Schutz des Körpers vor Kälte und UV-Strahlung, auch als Schmuck. Sie drückt Persönlichkeit und Stimmung eines Menschen aus, signalisiert den sozialen Status und die Zugehörigkeit zu einer Gruppe.

Sie können den Pflegebedürftigen bei der Auswahl der Kleidung, entsprechend der Witterung, unterstützen, beim An- und Auskleiden behilflich sein, aber ihn auch beim Umgang mit Hilfsmitteln (Abb. 8 und 9) anleiten, um somit die Selbstständigkeit zu fördern.

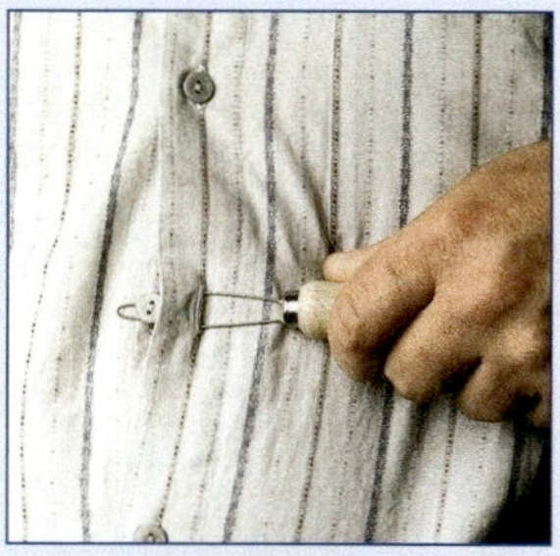
*Abb. 8 Knöpfhilfe*

Inkontinenz ► S. 355

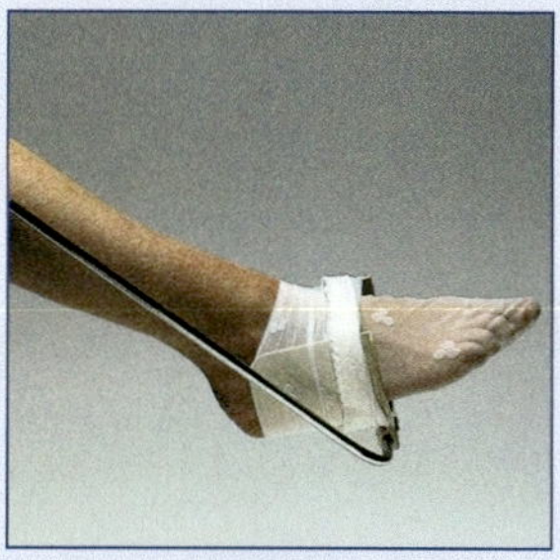
*Abb. 9 Strumpfanzieher*

Älteren Menschen, die inkontinent sind, sollten Sie zu bequemer Kleidung raten, die leicht zu öffnen ist.
Bei Menschen mit Bewegungseinschränkungen auf Grund einer Halbseitenlähmung legen Sie die Kleidungsstücke so bereit, dass der Betroffene zuerst die beeinträchtigte Seite ankleidet (Abb. 10). Beim Auskleiden soll er mit der gesunden Seite beginnen.

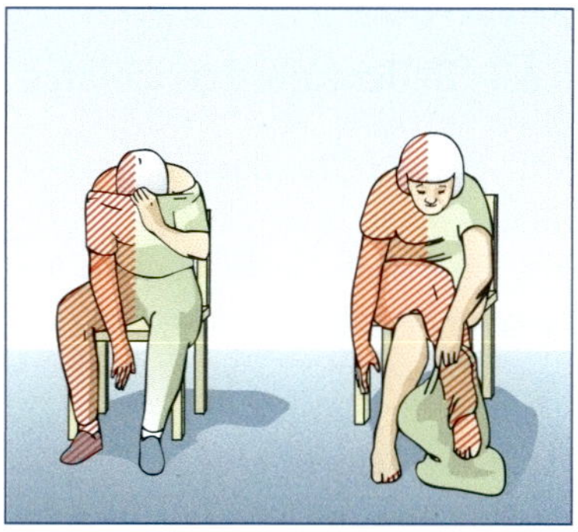
*Abb. 10 Anziehtraining bei Halbseitenlähmung*

Babys werden mehrfach am Tag an- und ausgezogen. Das sollten Sie an einem vorgewärmten Ort, am besten auf dem Wickeltisch, tun. Die Sachen werden bereitgelegt und die Öffnungen mit der eigenen Hand geweitet. Auf keinen Fall dürfen Sie an den kleinen zarten Fingern oder Zehen ziehen.
Da der Kopf des Babys im Verhältnis zum Körper sehr groß ist, sollte dieser immer mit einem leichten Mützchen (Abb. 11) bedeckt sein, um Wärmeverlusten vorzubeugen.
Beim Ankleiden im Kindergarten beachten Sie, dass Sie dem Kind nicht alles abnehmen, sondern die Zeit einräumen, die es für das Anziehen benötigt. Das erfordert viel Geduld auf beiden Seiten, aber das Kind wird stolz sein, wenn es z. B. das erste Mal seine Schleife am Schuh selbst gebunden hat.

*Abb. 11 Baby mit Baumwollmützchen*

**Gefährliche Kordeln – die Schere als Lebensretter**

Kordeln an Kinderkleidung abzuschneiden kann Leben retten. Kürzlich hat sich wieder ein Kleinkind in Berlin an seiner Kapuzenkordel stranguliert, als sich diese in einem Spalt der Rutsche verfing. Der Dreijährige starb. ... Textilindustrie und -handel [haben sich] selbst verpflichtet, bei Kleidung für die Kleinen auf riskante Schnüre zu verzichten....Wichtig ist auch, Kordeln an gebrauchten Kleidungsstücken von Geschwistern oder vom Flohmarkt zu entfernen.
Quelle: gekürzter Artikel; test 05/2002, www.test.de/themen/kinder-familie/meldung/-gefaehrlichekordeln

*Abb. 12 Für das Herumtollen im Freien eignen sich wetterfeste, bequeme Sachen.*

# 6.6 Betten und Schlafen – „Wie man sich bettet, so schläft man“

*Abb. 1 Sandmännchen*

„Schlaf schön“ oder „Ich wünsche dir eine gute Nacht“, mit diesen Worten wurden Sie vermutlich früher ins Bett gebracht. Vielleicht noch einen Gutenachtkuss, eine Gutenachtgeschichte oder der Abendgruß des Sandmännchens (Abb. 1) ließ Sie zufrieden einschlafen. Es gibt viele Schlafrituale, die auch für Erwachsene noch unverzichtbar sind, um einen erholsamen Schlaf zu finden. Die meisten Menschen können in ihren eigenen Betten am besten schlafen und haben z. B. in einem Hotelbett im Urlaub Schlafprobleme.

## 6.6.1 Bedeutung des Schlafes

Schlaf ist ein Grundbedürfnis des Menschen, genauso wie Essen und Atmen. Er ist für den Menschen lebensnotwendig und dient als Aufbau- und Erholungsphase. Haben Sie ausgeschlafen, sind Sie leistungsfähiger und können sich auf die Anforderungen der Schule viel besser konzentrieren.

*Schlaf dient der Erholung, wobei die Dauer und die Qualität von verschiedenen Faktoren beeinflusst werden.*

**!** Das Schlafbedürfnis ist bei den Menschen sehr unterschiedlich. Die Chronobiologie unterscheidet den Euletyp und den Lerchetyp. Jugendliche entwickeln sich meist in der Pubertät zum Euletyp, sind bis in die Nacht hinein aktiv, schlafen gerne lange und finden morgens schwer aus dem Bett. Das kann sich im Laufe des Lebens ändern. Der Lerchetyp wird abends früh müde und ist morgens zeitig wach und auch gleich leistungsfähig. Kenntnisse über Ihren persönlichen Biorhythmus sind nützlich, auch um Ihre Lernphasen effektiv zu gestalten.

Lernphasen ► S. 44

Neben den individuellen Schlafbedürfnissen benötigen wir im Krankheitsfall oder nach überstandener Krankheit (Rekonvaleszenz) bedeutend mehr Schlaf.

| Schlafbedarf nach Lebensalter | |
|---|---|
| Neugeborene | ca. 20 Stunden pro Tag |
| 2.–4. Lebensjahr | ca. 16 Stunden pro Tag |
| 4.–7. Lebensjahr | ca. 12–14 Stunden pro Tag |
| 8.–10. Lebensjahr | ca. 10–12 Stunden pro Tag |
| 11.–14. Lebensjahr | ca. 9–11 Stunden pro Tag |
| 15.–18. Lebensjahr | ca. 8–10 Stunden pro Tag |
| Erwachsene | ca. 6–8 Stunden pro Tag |
| alte Menschen | ca. 5–6 Stunden pro Tag |

## 6.6.2 Bett und Matratze

Menschen können vorübergehend oder auf Dauer in ihrem Allgemeinzustand so eingeschränkt sein, dass sie den Tag größtenteils im Bett verbringen müssen. Dabei unterscheidet man Pflegebetten (Abb. 2), wie sie meist im Altenheim oder in der häuslichen Pflege zum Einsatz kommen, oder Krankenhausbetten (Abb. 3). Für Säuglinge und Kleinkinder werden abhängig von den Anforderungen entsprechende Bettchen (Abb. 4–6) zur Verfügung gestellt. Die Betten müssen

- höhenverstellbar sein, damit die Pflegekraft rückengerecht arbeiten kann,
- leicht zu reinigen und zu desinfizieren sein,
- kippbar an Kopf- und Fußende sein,
- beweglich sein durch Rollen, die auch fixierbar sind,
- die Möglichkeit bieten, Hilfsmittel anzubringen.

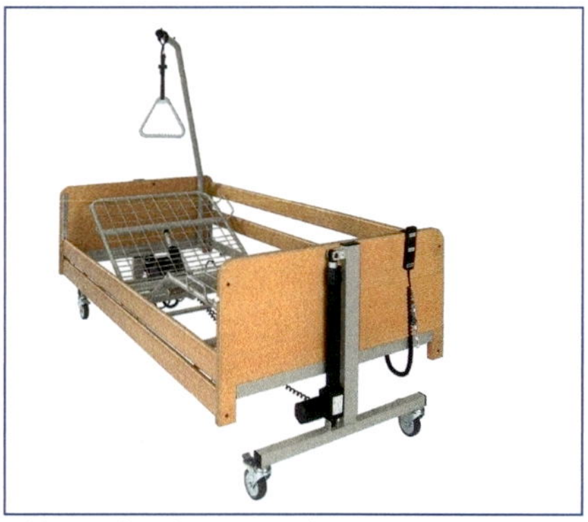

*Abb. 2 Pflegebetten werden in Einrichtungen der Altenhilfe sowie in der häuslichen Pflege eingesetzt.*

*Abb. 3 Krankenhausbett*

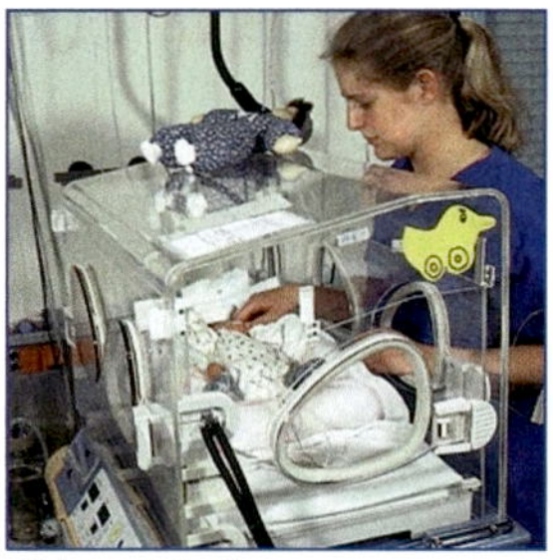

*Abb. 4 Inkubator*

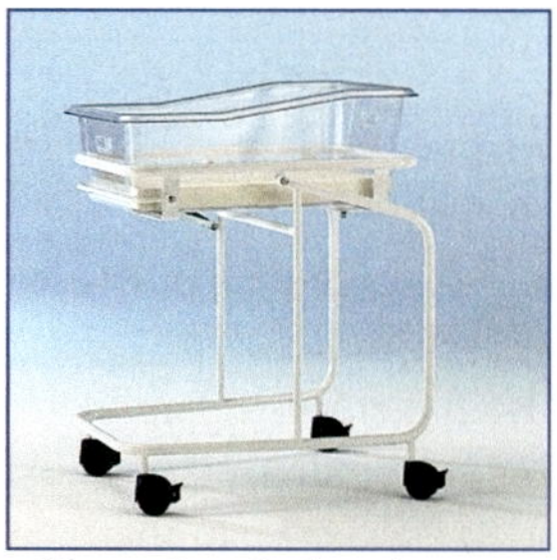

*Abb. 5 Plexiglasbett (Wärmebett)*

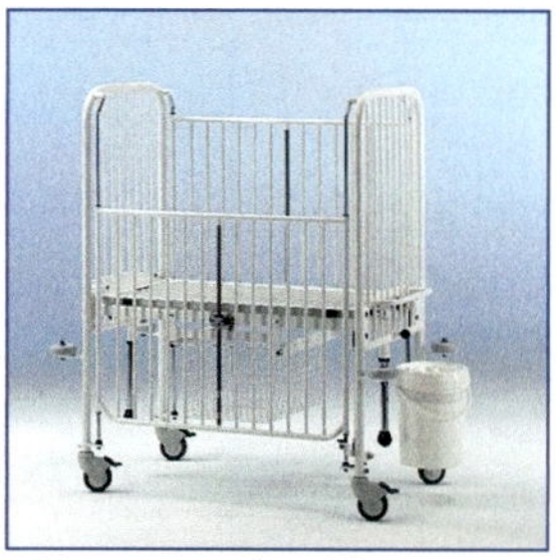

*Abb. 6 Gitterbett klein*

Die Matratze sollte formstabil sein und bietet als Lagerungsuntergrund eine wichtige Voraussetzung für die Qualität des Liegens und Schlafens. Das Anbringen von Seitengittern an einem Pflegebett ist eine freiheitsentziehende Maßnahme und muss ärztlich angeordnet oder richterlich genehmigt werden.

Für Neugeborene eignet sich in den ersten Wochen ein Stubenwagen (Abb. 7), der mit einem Himmel ausgestattet ist. Er lässt sich durch die Wohnung schieben und bietet dem Säugling auf Grund seiner Begrenztheit eine Art Nest. Im Alter von ungefähr vier Monaten kann das Baby in ein Gitterbettchen umziehen. Die Abstände zwischen den Gitterstäben dürfen höchstens 6 bis 7,5 cm betragen, um die Gefahr, dass das Köpfchen dazwischengerät, auszuschließen.

*Abb. 7 Stubenwagen*

## 6.6.3 Richten des Bettes

Hygiene ► S. 233

Das tägliche Richten des Bettes ist notwendig, damit sich der Pflegebedürftige wohlfühlt. Dabei sollten Sie einige hygienische Grundsätze sowie Arbeitsschutzmaßnahmen beachten. Arbeiten Sie möglichst zu zweit, um eine Sturzgefahr des Pflegebedürftigen in Seitenlage zu verhindern. Stellen Sie das Bett auf Arbeitshöhe, dies gewährleistet eine rückenschonende Arbeitsweise. Der Wäschewechsel kann an einem leeren Bett oder an einem Bett, in dem ein pflegebedürftiger Mensch liegt, erfolgen.

Desinfektion ► S. 233

Grundsätze beim Wäschewechsel:
- Legen Sie Ihren Schmuck ab.
- Waschen und desinfizieren Sie Ihre Hände vor und nach dem Wäschewechsel.
- Tragen Sie die Bettwäsche stets körperfern.
- Ziehen Sie die Bettwäsche von oben nach unten (vom Kopfteil beginnend nach unten zum Fußteil) ab.
- Legen Sie die Wäsche nicht auf dem Fußboden ab (Gefahr der Keimverschleppung).
- Sammeln und kennzeichnen Sie infizierte Wäsche nach Vorschrift.

*Aus hygienischen Gründen sollte das Bett regelmäßig frisch bezogen werden.*

Dekubitusprophylaxe ► S. 362

Wechseln Sie das Stecklaken (Abb. 1) täglich und ziehen Sie das Bettlaken glatt. Achten Sie auf faltenfreien Sitz, damit es beim Pflegebedürftigen nicht zu Druckgeschwüren kommen kann. Das Kopfkissen und die Bettdecke werden aufgeschüttelt, wobei Sie aus hygienischen Gründen ein übermäßiges Aufwirbeln von Staub verhindern sollten.

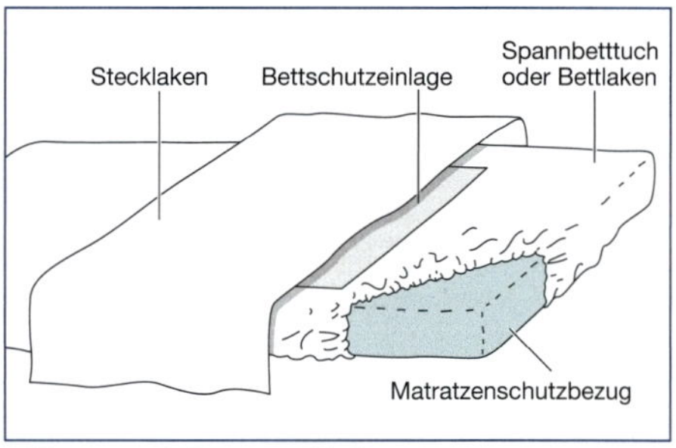


*Abb. 1 Bettlaken, Stecklaken*

**Wechsel der Bettwäsche am leeren Bett**
- Stellen Sie das Bett flach und legen Sie die Bettdecke auf einen Stuhl.
- Ziehen Sie den Bettdeckenbezug ab.
- Lösen Sie das Stecklaken, Bettlaken oder Spannbettlaken an den Enden, nehmen die Wäsche vorsichtig zusammen und versenken diese in den Wäschesack.
- Breiten Sie das frische Bettlaken oder Spannbettlaken aus, schlagen es an den Enden ein und ziehen Sie es straff (Abb. 2).
- Legen Sie das frische Stecklaken über die Bettmitte und schlagen Sie es straff ein. Achten Sie darauf, dass die Bezüge von Bettdecke und Kopfkissen bis in die Ecken ausgefüllt sind.

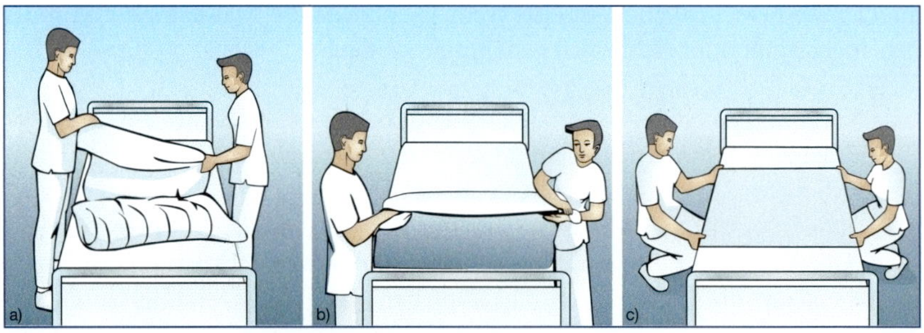


*Abb. 2 Wechseln der Bettwäsche am leeren Pflegebett*

**Wechsel der Bettwäsche bei bettlägerigen Pflegebedürftigen**
Beachten Sie in jedem Fall die individuellen Wünsche des Pflegebedürftigen und informieren Sie ihn über jeden Ihrer Handlungsschritte.

- Halten Sie den Pflegebedürftigen beim Betten von der Seite fest, damit er sich sicher fühlt und nicht aus dem Bett stürzen kann (Abb. 3).
- Lösen Sie das Bettlaken und das Stecklaken seitlich und schieben es an den Pflegebedürftigen.
- Ziehen Sie das frische Laken und das Stecklaken auf und stecken es an der Seite fest.
- Leiten Sie den Pflegebedürftigen an, sich auf die andere Seite zu rollen, oder unterstützen Sie ihn dabei.
- Entfernen Sie die Schmutzwäsche und spannen Sie die saubere Bettwäsche ein.

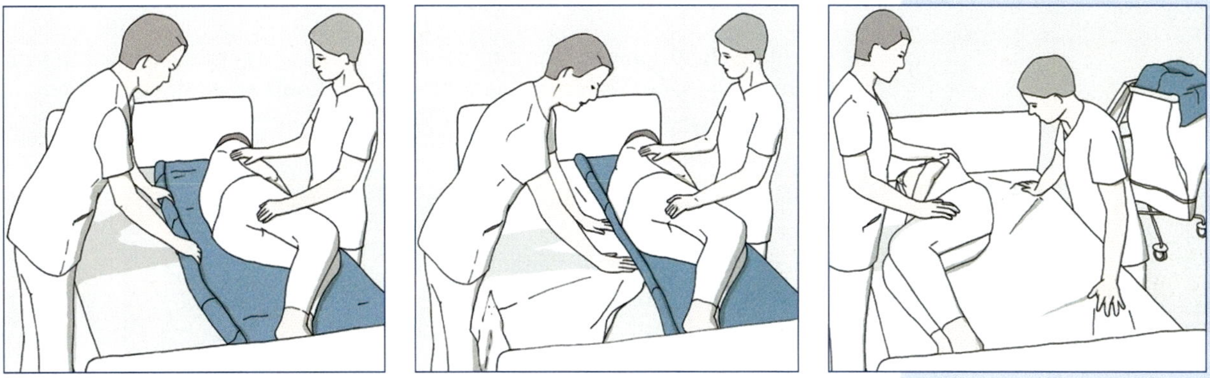

*Abb. 3 Wechseln der Bettwäsche von der Seite*

Wenn sich der Pflegebedürftige noch aufrichten kann, können Sie den Wäschewechsel auch von oben nach unten durchführen. Entweder setzt er sich im Bett auf oder Sie bitten ihn, mit Hilfe des Bettaufrichters das Gesäß anzuheben (Abb. 4).

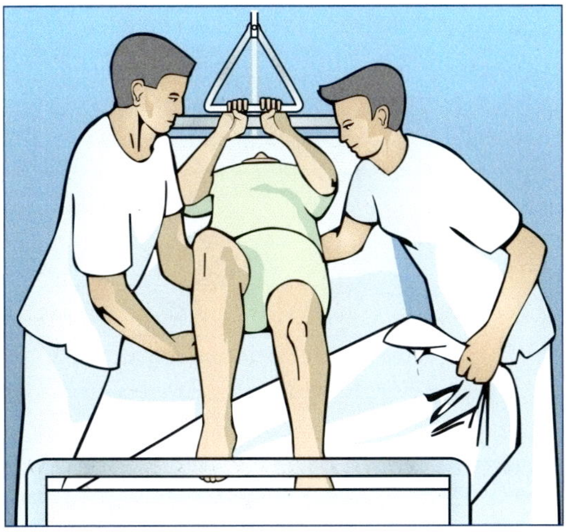

*Abb. 4 Entfernen des Bettlakens*

*Babys sollten nur in einem Schlafsack schlafen.*

Bei Babys legen Sie unter das Köpfchen eine Mullwindel, die seitlich unter das Laken gesteckt wird. Bei Bedarf, wenn das Baby gespuckt hat, können Sie diese problemlos auswechseln. Während früher die Bauchlage bei Babys favorisiert wurde, wird heute ausschließlich die Rückenlage empfohlen, um dem plötzlichen Kindstod effektiv vorzubeugen. Benutzen Sie eine Nässeschutzauflage, die luftdurchlässig und waschbar sein sollte

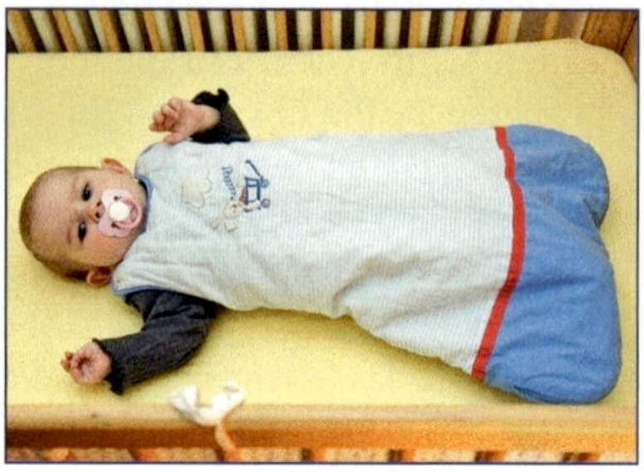

*Abb. 1 Baby im Schlafsack*

! Achtung, Erstickungsgefahr: Babys sollten aus Sicherheitsgründen nur in einem Schlafsack (Abb. 1) schlafen. Verzichten Sie auf Kopfkissen oder Bettdecken.

Bei älteren Pflegebedürftigen, die inkontinent sind, legen Sie eine saugfähige Bettschutzeinlage unter das Stecklaken. Gummitücher werden auf Grund eventueller Hitzestaus nicht mehr verwendet. Bei Antidekubitusmatratzen (ADM) sollte keine Bettschutzeinlage verwendet werden, da die Wirkung der ADM eingeschränkt wird.

*Abb. 2 Inkontinenzunterlage*

## 6.6.4 Schlafstörungen und Schlafprobleme

*In Alter leiden viele Menschen unter Schlafstörungen.*

Während der Säugling das Ein- und Durchschlafen erst lernen muss, kommt es im Alter bei ca. 40 bis 60 % aller Menschen zu Veränderungen und Störungen des Schlafes. Neben altersbedingten Veränderungen können Schlafstörungen vielfältige Ursachen haben und sollten, wenn sie länger als vier Wochen anhalten, behandelt werden.
Wir unterscheiden Einschlaf- und Durchschlafstörungen, wobei Frauen häufiger von Schlafstörungen betroffen sind (Abb. 3).

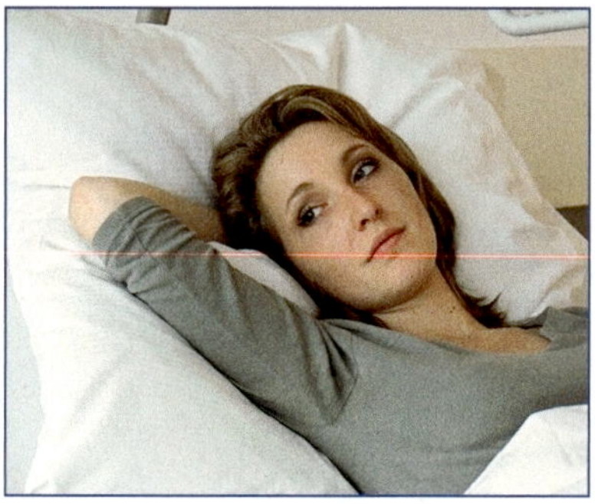

*Abb. 3 Frauen leiden häufiger unter Schlafstörungen.*

**Ursachen von Schlafstörungen**

| Körperliche Ursachen | Psychische Ursachen | Umweltbedingte Ursachen |
| --- | --- | --- |
| Schmerzen<br>Immobilität<br>Atemnot (auch bei Schnupfen)<br>spätes Essen<br>Inkontinenz | Sorgen<br>Probleme<br>Ängste ( z. B. vor einer Klausur)<br>Stress | Wärme, Kälte<br>Schichtarbeit<br>Licht<br>Fernsehen<br>Lärm |

Um die Ursache der Schlafstörung herauszufinden, kann der Betroffene ein Schlafprotokoll führen. Dabei sollten sowohl Medikamente, Genussmittel als auch Ruhe- und Aktivitätsphasen zeitlich genau aufgeführt werden.

*Schlafstörungen können oft mit einfachen Mitteln behoben werden.*

Name, Vorname
Tag/Datum

| | Montag | Dienstag | Mittwoch |
|---|---|---|---|
| abends ausfüllen | | | |
| Genussmittel: | | | |
| · Alkohol | 1 Glas Sekt | 1 Glas Bier | ... |
| · Kaffee, Tee, Cola | 2 Tassen Tee | 2 Tassen Tee | ... |
| · Nikotin | | | |
| Medikamente: | | | |
| · Schlafmittel | 1 Schlaftablette | keine | |
| · Sonstiges: | | | |
| Liegezeit tagsüber | 1,5 Stunden | 30 min | |
| zu Bett gegangen um | 23 Uhr | 23 Uhr | |
| morgens ausfüllen | | | |
| aufgestanden um: | 6:30 Uhr | 7 Uhr | |
| nachts erwacht um: | 2 Uhr und um 4 Uhr | - | |
| Schlafbeurteilung: | | | |
| · gut | von 23 bis 2 Uhr gut, | gut ein- und | |
| · befriedigend | dann schlecht | durchgeschlafen | |
| · schlecht | geschlafen | | |
| · sehr schlecht | | | |

*Abb. 3 Schlafprotokoll*

## La-le-lu, nur der Mann im Mond hört zu ...

... rund 40 % der Deutschen berichten, dass bei Vollmond die Furcht vor den schlaflosen Nächten steigt. Wissenschaftler verschiedener Disziplinen sind diesem Phänomen nachgegangen. Ihr eindeutiges Ergebnis: Zwischen Schlaflosigkeit und Vollmond besteht keinerlei Zusammenhang. Zwar bewirkt die Gravitationskraft des Mondes Ebbe und Flut, dies bedeutet jedoch nicht, dass – nur weil der Mensch zu 70 % aus Wasser besteht – auch bei ihm ein Kommen und Gehen der Gezeiten einsetzt. Ebenso wenig konnten das Mondlicht betreffende Untersuchungen eine Korrelation zwischen Schlaf und Vollmond erkennen lassen, da eine Hemmung der Ausschüttung des Schlafhormons Melatonin nachweisbar erst bei einer Lichtstärke ab 180 Lux eintritt. Das Mondlicht bringt es gerade mal auf 0,2 Lux, eine Deckenlampe hingegen auf 300 bis 400 lux. Wer gut schlafen will, sollte erst einmal die künstlichen Lichtquellen abschalten.

Quelle: Mythos Mond, Berliner Zeitung, Gesundheit, 15.7.2004

**Schlafunterstützende Maßnahmen**

*Schlafmedikamente sollten nicht ohne ärztliche Überwachung eingenommen werden.*

- Verzichten Sie auf Alkohol, er führt zu Schlafunterbrechungen.
- Vermeiden Sie abends Kaffee, Cola oder andere koffeinhaltige Getränke.
- Vermeiden Sie reichhaltige Mahlzeiten zu später Stunde.
- Erlernen Sie Entspannungstechniken, wie Yoga oder autogenes Training.
- Gehen Sie erst zu Bett, wenn Sie müde sind, und lüften Sie das Zimmer.
- Nehmen Sie pflanzliche Heilmittel, wie z. B. Baldrian, Hopfen, Melisse ein, diese wirken schlaffördernd.
- Nehmen Sie ein warmes Bad.
- Gönnen Sie sich entspannende Massagen.

Praxis-Spicker

# Schlafstörungen

## WAS KANN ICH BEOBACHTEN?

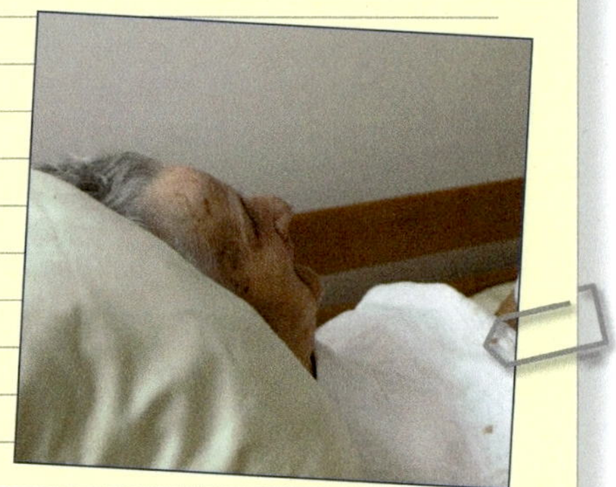

**Bei der Körperpflege**
- Betroffene kommen morgens nicht aus dem Bett
- das Bett ist nach unruhigem Schlaf stark zerwühlt
- schnelles Frieren

**Beim Essen anreichen**
- Appetitlosigkeit
- Teilnahmslosigkeit

**Bei der Beschäftigung**
- Desinteresse, Lustlosigkeit bis Greizthei
- Betroffene schlafen während der Beschäftigung ein

**Bei der Bewegung**
- Kraftlosigkeit und schnelle Ermüdung

**Bei der Kommunikation**
- Konzentrationsschwäche

## WAS IST ZU TUN?
- Wohlbefinden herstellen (z. B. Entspannungstechniken unterstützen)
- Vermeiden von Umgebungsreizen (z. B. Licht, Lärm, große Wärme oder Kälte)
- tagsüber ausreichende Bewegung, aber (körperliche) Aktivitäten nicht zu spät beenden
- nur leichte Abendmahlzeiten
- täglich zur selben Zeit ins Bett gehen
- Mittagsschlaf vermeiden
- Einschlafrituale finden (z. B. Lüften des Zimmers, Toilettengang, Nachtwäsche anziehen, Zähne putzen, Musik, warmes Bad)

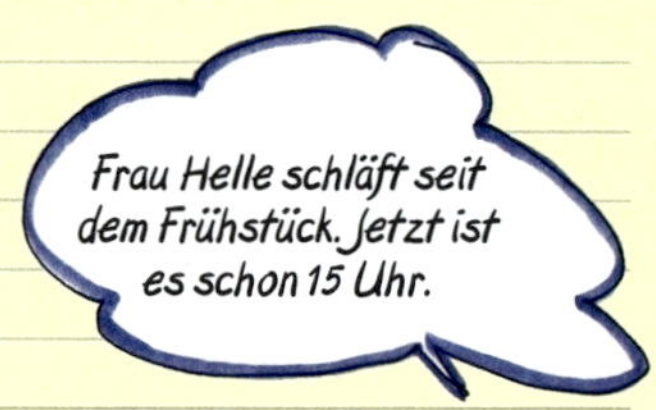


## HINWEISE:
Gelegentliche Schlafstörungen sind unproblematisch, andauernde Schlafstörungen haben negative Auswirkungen. Verabreichen Sie schlaffördernde Medikamente und auch Kräutertees nur nach ärztlicher Anordnung.

## MÖGLICHE URSACHEN:
- bevorstehende Untersuchungen oder Operationen
- psychische Ursachen (z. B. Ängste, Konflikte, Burn-out-Syndrom, Depression)
- eine ungewohnte Umgebung (z. B. nach Umzug)
- schlechte Schlafhygiene (z. B. zu kalte/warme Zimmertemperatur, grelles Licht und Lärm, unruhige Mitbewohner, pflegerische Maßnahmen, falsche Matratze)
- Schmerzen oder andere körperliche Beschwerden
- Nebenwirkung von Arzneimitteln (z. B. nächtliches Wasserlassen)
- Bewegungsmangel

## Zum Weiterarbeiten in den Arbeitsbüchern

| Betreuung und Pflege von alten Menschen und Menschen mit Behinderung | | | |
|---|---|---|---|
| | Schwerpunkt | Lernsituation | Seite |
|  | • Haut- und Körperpflege<br>• Umgang mit Schamgefühl<br>• Unsicherheit | „Gleich am ersten Tag musste ich eine Bewohnerin ganz allein waschen“ | 150 |
| 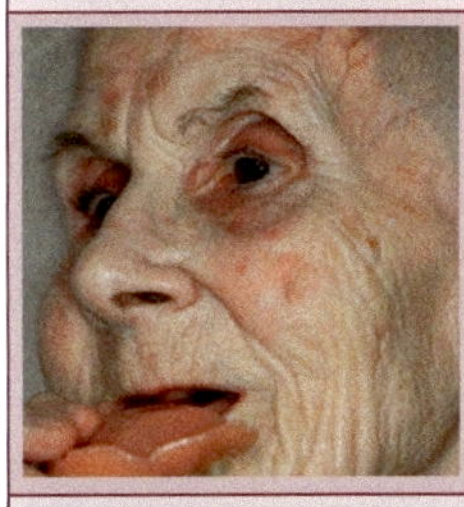 | • Mund- und Zahnpflege<br>• Umgang mit Hilfsmitteln und Prothesen<br>• Bedürfnisorientierung | „Ich behalte meine Zähne“ | 159 |
|  | • Unterstützung bei der Körperpflege<br>• Kontrakturenprophylaxe<br>• Inkontinenz<br>• Hygiene | „Wie ein kleines Kind“ | 176 |
| 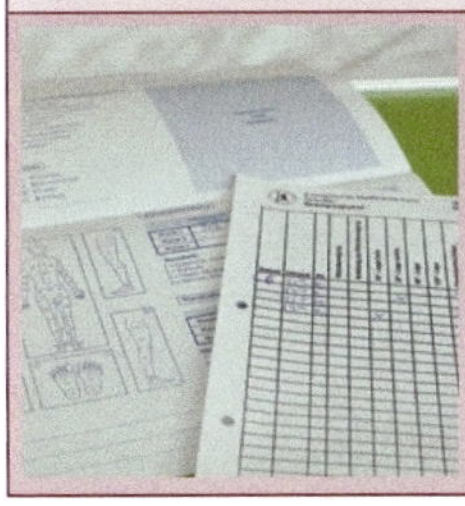 | • Hautbeobachtung<br>• Dekubitusprophylaxe<br>• Kommunikation<br>• Dokumentation | „Der Plan, wo lauter kleine Männchen drauf waren“ | 200 |

| Betreuung und Pflege von Kindern, Jugendlichen und Familien | | | |
|---|---|---|---|
| | Schwerpunkt | Lernsituation | Seite |
|  | • Hautbeobachtung<br>• Parasitenbefall<br>• Hygiene | „Krabbelnde Plage“ | 148 |

# 7. Mit Schmerzen umgehen – „Wenn es wehtut“

## 7.1 Schmerzempfindung – „Eine vertraute Erfahrung“

*Schmerzerleben ist sehr individuell und wird durch viele Faktoren beeinflusst.*

Auf die Frage „Was ist Schmerz?“ kann jeder eine Antwort finden, die jedoch ganz unterschiedlich ausfällt. Jeder hat irgendwann im Laufe seines Lebens Schmerzen gehabt und weiß, was für ein unangenehmes Gefühlserlebnis es ist. Schmerzen werden sehr verschiedenartig wahrgenommen, von der Häufigkeit bis zur Schwere.

### 7.1.1 Phänomen Schmerz

*Schmerz ist vor allem bei alten Menschen ein häufig auftretendes Phänomen.*

Bewegungsapparat ► S. 243

Das Phänomen Schmerz lässt sich in Anlehnung an die Definition von McCaffery u. a. (1999) wie folgt beschreiben: „Schmerz ist das, was der Betroffene über die Schmerzen mitteilt. Sie sind vorhanden, wenn der Patient sagt, dass er Schmerzen hat.“ In der Pflege ist Schmerz eine sehr häufige Erscheinung. Über 30 % der alten Menschen leiden unter Schmerzsymptomen. Hauptursache hierfür sind Erkrankungen des Bewegungsapparates. Schmerz kann in allen Altersstufen vorkommen mit und ohne nachvollziehbare Ursache und mit unterschiedlichen Symptomen. Das Phänomen Schmerz setzt sich aus verschiedenen Faktoren zusammen:

| Lokalisierung und Ausbreitung | Dauer und Verlauf | Schmerzqualität |
|---|---|---|
| • lokal (auf einen Ort beschränkt, z. B. Ohrenschmerzen)<br>• diffus (nicht lokal zuzuordnen, z. B. Koliken)<br>Der wahrgenommene Ort muss nicht immer mit der Schmerzursache identisch sein. Hilfreich kann auch eine Körperabbildung sein, auf welcher der Pflegebedürftige den Schmerzort kennzeichnet. | • kurz<br>• lang andauernd<br>• immer wiederkehrend<br>• stärker werdend<br>• schwächer werdend | • stark<br>• schwach<br>• dumpf<br>• stechend<br>• brennend<br>• wehenartig<br>• nagend<br>• krampfartig<br>• klopfend |

Grundsätze der Weltgesundheitsorganisation (WHO):

Kein Mensch muss unter Schmerzen dauerhaft leiden.

Der Schmerz eines Menschen ist so, wie er ihn empfindet.

Schmerz bedarf keiner Interpretation, sondern der fachgerechten Intervention.

### 7.1.2 Schmerzweiterleitung im Gehirn

Sensibilitätsorgane der Haut ► S. 317
Weiterleitung von Reizen ► S. 313
Rückenmark ► S. 319
Gehirn ► S. 318
Muskeln ► S. 249

Stellen Sie sich vor, Sie stoßen sich Ihr Knie an einer Tischkante: Wie funktioniert die Schmerzleitung vom Stoßen des Knies bis zum Schmerzensschrei?

- Sie stoßen sich und die freien Nervenendigungen der Haut reagieren. Botenstoffe werden ausgeschüttet, was dazu führt, dass an der freien Nervenendigung ein Signal in Form elektrischer Impulse entsteht. Diese elektrischen Impulse werden zum Rückenmark geleitet.
- Das Rückenmark reagiert in Hundertstelsekundenschnelle und leitet den einströmenden Schmerz weiter an das Gehirn, sodass der Schmerz wahrgenommen wird. Von dort aus zu den Muskeln über motorische Nervenfasern, sodass Sie z. B. das Knie wegziehen. Und schließlich über das vegetative Nervensystem zu den anderen Organen, so haben Sie z. B. erhöhten Blutdruck.
- Absteigende Nervenbahnen vom Gehirn zum Rückenmark können bei heftigen Schmerzen sogar die Schmerzstärke hemmen. Körpereigene Substanzen (Endorphine) unterbinden im Rückenmark die Weiterleitung, wie auch bestimmte Medikamente es tun.

## 7.2 Arten von Schmerz – „Der gute und der böse Schmerz“

Schmerzen werden unterteilt in plötzlich auftretende (akute) Schmerzen und lang anhaltende, wiederkehrende (chronische) Schmerzen. Daneben kann Schmerz auf verschiedene Arten auftreten, z. B. als:
- Oberflächenschmerz (Hautverletzungen)
- Tiefenschmerz (Muskel-, Gelenk- und Sehnenschmerzen)
- Eingeweideschmerz (Schmerzen in den inneren Organen)

### 7.2.1 Akuter Schmerz

Der akute Schmerz wird auch der „gute“ Schmerz genannt. Dazu zählen z. B. Schmerzen wie Zahn- oder Magenschmerzen. Neben der schlechten Eigenschaft, dass etwas „wehtut“, hat er auch etwas Gutes, Nützliches an sich – er schützt auch vor weiteren Folgen. Das Auftreten von Schmerzen (z. B. Zahnschmerzen) bewahrt uns vor einer weiteren, tiefergehenden Entzündung. Der schmerzende Zahn veranlasst uns, zum Zahnarzt zu gehen, bevor eine Entzündung den Knochen angreift.

***Akuter Schmerz ist das Frühwarnsystem unseres Körpers.***

### 7.2.2 Chronischer Schmerz

Schmerz kann auch als ständiger Begleiter in Form von chronischen Schmerzen vorhanden sein. Dieser ist bis heute in seinem Verlauf und in seiner Entstehung noch nicht bis ins Detail geklärt. Er kann ohne ersichtliches körperliches Leiden aber auch als psychischer Schmerz auftreten (z. B. Trauerschmerz). 5 bis 8 Millionen Menschen leben mit behandlungsbedürftigen, chronischen Schmerzen. Neuere Erkenntnisse haben ergeben, dass sich Nervenzellen bei einer dauerhaften Schmerzwahrnehmung verändern und überempfindlich reagieren. Das Nervensystem reagiert auch schon bei harmlosen Reizen und der Schmerz wird chronisch. Es bildet sich ein sogenanntes „Schmerzgedächtnis“.

Nervenzellen ► S. 313
Arthrose ► S. 245
Rheuma ► S. 246
Osteoporose ► S. 244

Typische Erkrankungen mit länger andauerndem Schmerz sind z. B.:
- Erkrankungen des Bewegungsapparates (Arthrose, Rheuma, Osteoporose)
- Kopfschmerzen
- tumorbedingte Schmerzen

Für Betroffene bedeuten Schmerzen immer einen Verlust der Lebensqualität. Der Alltag wird bestimmt durch ständige Arztbesuche, Klinikaufenthalte, Nebenwirkungen von Tabletten und letztendlich die Tortur der körperlichen und seelischen Beeinträchtigung (z. B. Rückenschmerzen). Diese Lebensumstände können dazu führen, dass viele Aktivitäten und somit die Teilnahme am gesellschaftlichem Leben begrenzt oder gar nicht möglich sind. Das Ausüben eines Berufes oder die Gestaltung der Freizeit kann beeinträchtigt sein und zur sozialen Isolation oder Depression führen.

***Chronische Schmerzen bedeuten immer einen Verlust der Lebensqualität.***

Teufelskreis Schmerz ► S. 358
Depression ► S. 326

| | Akuter Schmerz | Chronischer Schmerz |
|---|---|---|
| Dauer | wenige Stunden | Monate bis Jahre |
| Lokalisation | gut lokalisierbar | schlecht lokalisierbar |
| Ursache | lokale Schädigung | zentrale und psychische Störung |
| Bedeutung | Warnfunktion, somit positiv | keine Warnfunktion, somit negativ |
| Verlauf | Besserung in kurzer Zeit | oft schleichende Verschlechterung |

### 7.2.3 Beobachtung und Behandlung von Schmerzen

*Schmerzbeobachtung und Schmerzerfassung ist eine wichtige Therapiesäule.*

**Beobachtung und Einschätzung von Schmerzen**

Die Beobachtung und das Beschreiben von Schmerzen ist eine sehr wichtige Voraussetzung für das Einleiten von Behandlungsmöglichkeiten, insbesondere bei chronischen Schmerzen. Schmerzäußerungen des Pflegebedürftigen können Sie z. B. durch das Stellen folgender Fragen erfassen und an die Pflegefachkraft weitergeben:

- Wo haben Sie Schmerzen?
- Wie fühlt sich der Schmerz an?
- Was für ein Schmerz ist es?
- Wie lange haben Sie schon Schmerzen?

Praxis-Spicker:
Unruhe ► S. 327
Aggressivität ► S. 325

Demenzkranke oder geistig beeinträchtigte Menschen äußern Schmerzen oftmals in Form von Stöhnen, Schreien, Unruhe oder Aggressivität. Über Schmerzen klagende Kinder müssen ganz genau beobachtet werden. Sie verneinen den Schmerz oft aus Angst vor einer Spritze. Kinder sollten den Schmerz möglichst mit Hilfe von Abbildungen beschreiben. Sogenannte numerische Rangskalen (NRS) und visuelle Analogschmerzskalen (VAS, Abb. 1) helfen bei der Erfassung der Schmerzintensität. Die Pflegefachkraft kann z. B. fragen: „Auf einer Skala von null bis zehn, wobei null keine Schmerzen und zehn den stärksten Schmerz darstellt, wie schätzen Sie Ihre Schmerzen ein?"

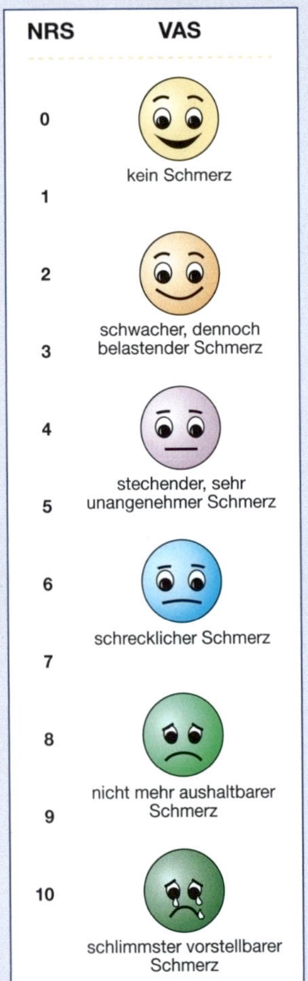


*Abb. 1 Numerische Rangskala (NRS) im Vergleich zur Analogschmerzskala (VAS)*

**Behandlung leichter Schmerzen**

Bei akut auftretenden Schmerzen wird häufig schnell zu Tabletten gegriffen, die dann für eine Linderung sorgen, aber nicht die Ursache beheben. Halsschmerzen werden z. B. oft mit Lutschtabletten behandelt, die betäubend wirken. Schluckbeschwerden, Brennen und Kratzen sind damit vorübergehend beseitigt. Schmerztabletten werden häufig bei akut auftretenden Schmerzen wie Kopfschmerzen, Zahnschmerzen oder Verstauchungen eingenommen. Sie wirken in der ersten Phase der Schmerzentstehung, indem sie die Bildung körpereigener Botenstoffe hemmen. Die Ursache für die Schmerzentstehung ist durch die Tabletteneinnahme jedoch nicht behoben. Rezeptfreie Schmerzmittel sollten nicht über längere Zeit eingenommen werden, ohne dass durch einen Arzt die Ursache des Schmerzes abgeklärt wird. Die Dosierung und die Verabreichungsform von Schmerzmitteln bei Kindern bedürfen einer besonderen Aufmerksamkeit und müssen ärztlich abgesprochen werden.

**Behandlung extremer Schmerzen**

Operationen, Unfälle oder Tumore können von extremen Schmerzen begleitet sein. Hierbei reichen leichtere Mittel häufig nicht mehr aus. Diese Beschwerden müssen mit Opioiden wie z. B. Morphin behandelt werden. Im Gegensatz zu den nichtopioiden Analgetika wirken Opioide im Zentralnervensystem. Sie erschweren hier die Weiterleitung von Schmerzimpulsen. Opioide wirken weiterhin angstlösend, beruhigend und stimmungsaufhellend. Es können jedoch auch Nebenwirkungen wie Übelkeit, Erbrechen, Atemdepressionen und Verstopfung auftreten.

**Behandlung chronischer Schmerzen**

Bei der Behandlung von chronischen Schmerzen werden die Schmerzmittel (Analgetika) nach der Uhr gegeben. Außerdem ist eine enge Zusammenarbeit zwischen dem Betroffenen und anderen Therapeuten für bestimmte Begleitmaßnahmen Voraussetzung. Bei chronischen Rücken- und Gelenkschmerzen steht die Mobilisation im Vordergrund.

akuter Schmerz ► S. 377
Botenstoffe ► S. 328
ZNS ► S. 318

**Alternativen zur schulmedizinischen Schmerzbehandlung**
Neben der Schmerzbehandlung mit Medikamenten stehen Ihnen einige alternative Methoden zur Verfügung. Diese sollten Sie jedoch immer nur in Absprache mit einer Fachkraft oder einem Arzt anwenden:

- **Wickel und Auflagen**

Kleinere Erkrankungen (z. B. Hals- oder Ohrenschmerzen (Abb. 2–5)) oder Verletzungen können durch verschiedene Wickel oder Auflagen selbst behandelt oder die Therapie kann damit unterstützt werden. Diese dürfen jedoch nicht bei jedem Pflegebedürftigen angewendet werden. Es besteht die Gefahr von Allergien, Verbrennungen und Thrombose. Wickel und Auflagen werden immer in Absprache mit dem Arzt und dem Pflegebedürftigen durchgeführt.

Thrombose ► S. 259

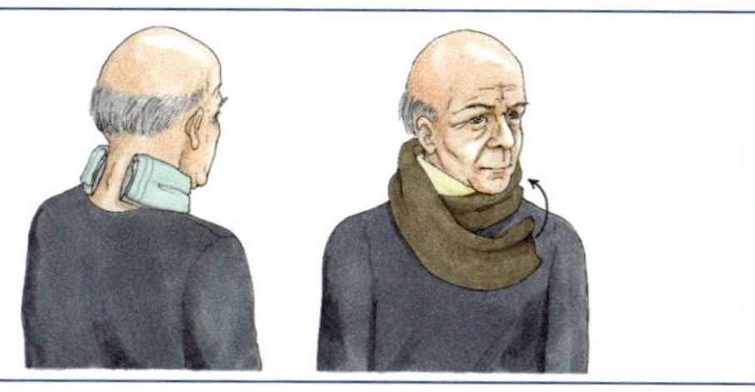

*Abb. 2 Speisequark wird auf ein Baumwolltuch gestrichen; das Tuch wird zum Päckchen gefaltet, vorn an den Hals gelegt und für mind. 30 Minuten mit einem Schal fixiert.*

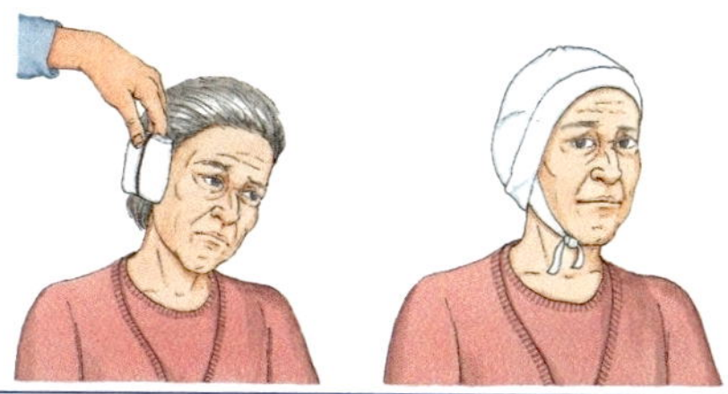

*Abb. 3 Eine zerkleinerte, leicht zerdrückte Zwiebel wird in ein Tuch gewickelt und auf einem umgedrehten Topfdeckel über einem Topf mit Wasser erhitzt. Die Auflage kommt mind. 30 Minuten auf die Ohrmuschel und wird mit einer Mütze fixiert.*

- **Wärmeanwendungen**

Wärmeanwendungen, z. B. mit einer Wärmflasche (Abb. 4) oder einer Rotlichtlampe (Abb. 5), entspannen die Muskulatur und sind somit bei Koliken und Krämpfen gut anzuwenden. Wärme erweitert die Gefäße und führt dann zu einer verbesserten Durchblutung und Nährstoffversorgung, was ebenso den Abtransport von Schlackenstoffen begünstigt.

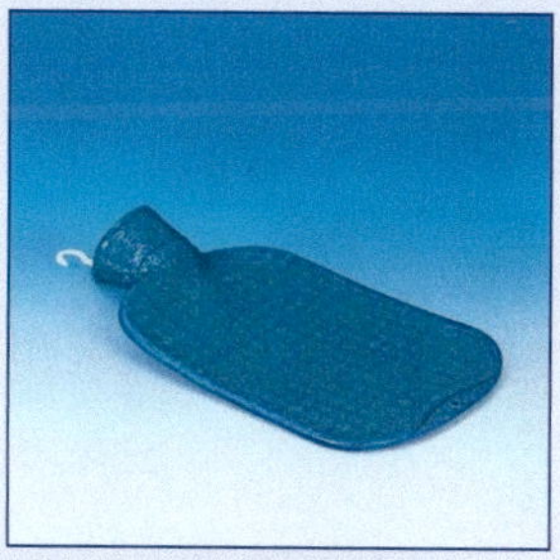

*Abb. 4 Wärmflasche*

**!** Vorsicht bei entzündlichen Prozessen z. B. im Bauchraum. Durch die Wärme und Muskelentspannung kann die Entzündung verstärkt werden. Deshalb bei unklaren Entzündungsprozessen immer den Arzt fragen.

- **Kälteanwendungen**

Im Gegensatz zur Wärmeanwendung kommt es hier zu einer Gefäßverengung, wodurch die Entwicklung entzündlicher Prozesse verzögert wird. Nach der anfänglichen verminderten Durchblutung kommt es dann zu einer reflektorischen Verstärkung der Durchblutung und dadurch zu einer Steigerung der Wärmeabgabe.

*Abb. 5 Rotlicht*

- **Bewegungsanwendungen**

Trotz Schmerzen sollte keine Schonhaltung gefördert werden, indem die Pflegekräfte dem Betroffenen alles abnehmen. Kleine Spaziergänge über den Flur oder der Gang zur Toilette sollten in Begleitung selbstständig erfolgen. Verschiedene Bewegungsübungen sind auch bei eingeschränkter Mobilität möglich.

Bewegungsübungen ► S. 359

- **Wohlfühlanwendungen**

Entspannungsübungen wie Yoga oder autogenes Training sind individuell zu gestaltende Anwendungen. Der Betroffene sollte versuchen, Entspannungsmöglichkeiten zu finden, sich vom Schmerz abzulenken und die Muskulatur zu entspannen.

# 8. Sterben und Tod – „Das Leben ist endlich“

## 8.1 Abschied nehmen – „Wenn etwas zu Ende geht“

Abschied nehmen heißt, etwas zurückzulassen. Junge Menschen erfahren das, wenn eine Liebesbeziehung zu Ende geht oder sie eine vertraute Umgebung verlassen, z. B. die Schule, oft auch das Elternhaus und den Wohnort, um an einem fremden Ort eine Ausbildung zu beginnen.
Der größte Abschied ist wohl der Abschied vom Leben, also der Tod. Auf Grund verbesserter Lebensbedingungen und Gesundheitsversorgung hat sich in den letzten Jahren die Lebenserwartung zwar kontinuierlich erhöht, trotz alledem ist das Leben eines Menschen endlich. Allerdings verdrängt eine Vielzahl der Menschen den eigenen Tod. Mit diesem werden oftmals Gefühle von Angst, Ungewissheit, Abhängigkeit und Ausgeliefertsein verbunden („Wird mein letzter Wunsch beachtet?“, „Kann ich in Würde und ohne Schmerzen sterben?“) .

*Die meisten Menschen sterben in Krankenhäusern und Pflegeeinrichtungen.*

Der Umgang mit Sterben und Tod ist in unserer Gesellschaft schwierig. Kranke und sterbende Menschen werden häufig in Institutionen betreut. An der letzten Lebensphase eines Menschen haben die Familie, Bekannte und Freunde oftmals keinen oder nur einen geringen Anteil. Krankenhäuser und Pflegeeinrichtungen sind die Orte, an denen die meisten Menschen sterben (Abb. 1). Die Konfrontation mit Krankheit, Altern, Verlust, Einsamkeit und Tod ist daher ein wesentlicher Bestandteil der sozialen und pflegerischen Arbeit in den genannten Einrichtungen. Neben körperlichen Hilfestellungen ist insbesondere die geistig-seelische Unterstützung bedeutsam.
Folgende Fragen sind dabei wichtig:

- Welche Beschwerden können bei einem sterbenden Menschen auftreten – und wie können diese gelindert werden?
- Was muss ich bei der Sterbebegleitung beachten?
- Wie führe ich Gespräche mit den Angehörigen eines sterbenden Menschen?
- Wie kann ich einem trauernden Menschen beistehen?
- Wie gehe ich mit der eigenen Angst, Hilflosigkeit und Trauer um?

Hospiz ► S. 384

**Wo sterben Menschen in Deutschland?**

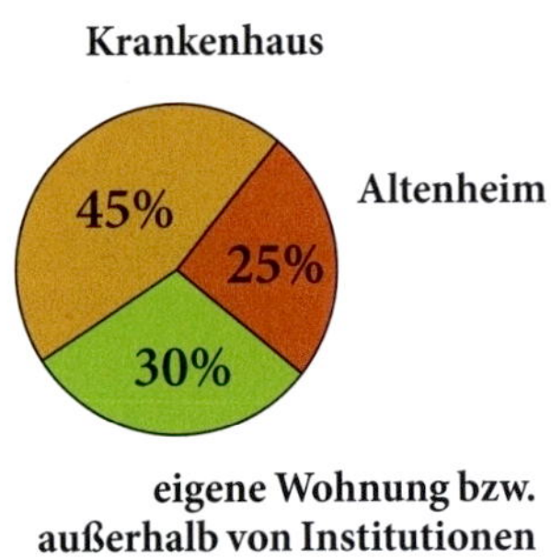


Laut einer Statistik des Deutschen Hospiz- und Palliativ-Verbandes e.V. aus dem Jahr 2004 entschlafen 44.000 Menschen (also 5–6 % der Sterbenden) auch in stationären und ambulanten Hospizen.

Quelle: Untersuchung der Enquete-Kommission 2005

*Abb. 1 Wo sterben Menschen in Deutschland?*

**!** Ende der 60er-Jahre brachte die aus der Schweiz stammende Ärztin Dr. Elisabeth Kübler-Ross die gesellschaftliche Diskussion über das Sterben ins Bewusstsein. Dass der Tod zu einem Thema in Krankenhäusern wurde und dass Angehörige in ihrer Trauerarbeit unterstützt werden, ist ihr Verdienst. Kübler-Ross' Anliegen war es, Gefühle und Gedanken Sterbender zu erfahren, um zu lernen, welche Pflege und Betreuung sie benötigen.

Kübler-Ross, Elisabeth: Interviews mit Sterbenden, Droemer Knaur, München 2001

## 8.2 Sterben begleiten – „Leben bis zuletzt"

### 8.2.1 Sterben – ein individuelles und prozesshaftes Geschehen

*Die letzte Phase des Lebens, das Sterben eines Menschen, kann kurz sein oder länger dauern. Sterben ist ein individueller Prozess.*

Jeder Mensch stirbt seinen eigenen individuellen Tod. Dennoch haben Sterbeforscher Phasen beobachtet, welche die meisten Sterbenden unterschiedlich stark und lang durchleben. Die nachfolgenden Erläuterungen stellen mögliche Phasen in einem Sterbeprozess dar.

**Nicht-wahrhaben-Wollen („Nicht ich") – die erste Konfrontation mit dem Sterben-Müssen**

**Verhalten:** Neue, ungünstige Informationen (z. B. Untersuchungsergebnisse) werden nicht zur Kenntnis genommen und der Betroffene reagiert mit Verdrängung: Er fordert z. B. neue Untersuchungsergebnisse an.
**Handlungsmöglichkeit:** Versuchen Sie nicht, mit rationalen Argumenten zu überzeugen, bewerten Sie das Verhalten nicht. Signalisieren Sie Gesprächsbereitschaft.

**Zorn („Warum ich") – gegen das unausweichliche Schicksal wird verzweifelt angekämpft**

**Verhalten:** Der Betroffene kann ungerechtfertigte Äußerungen gegen die Pflegenden vorbringen, es erfolgt eine aggressive Auseinandersetzung mit dem nahenden Tod.
**Handlungsmöglichkeit:** Fühlen Sie sich in die Situation des sterbenden Menschen ein. Versuchen Sie, die Vorwürfe des Sterbenden auszuhalten – sie sind nicht gegen Sie persönlich gerichtet.

**Verhandeln („Jetzt noch nicht") – der sterbende Mensch findet sich mit seinem Schicksal ab, hofft aber auf eine günstige Wende**

**Verhalten:** Der Betroffene beteiligt sich an therapeutischen Maßnahmen und äußert Versprechen und Gelübde, z. B.: „Wenn ich den Lungenkrebs bekämpft habe, rauche ich nicht mehr!"
**Handlungsmöglichkeit:** In Gesprächen muss die Hoffnung, die dem sterbenden Menschen gemacht wird, auf einen realen Hintergrund zurückgeführt werden. Nur so ist eine Auseinandersetzung mit der Situation möglich.

**Depressive Reaktion („Was bedeutet diese Situation für mich?") – Trauer und Niedergeschlagenheit können den sterbenden Menschen überfluten**

**Verhalten:** Die depressive Reaktion ist Folge der gedanklichen Auseinandersetzung mit dem Tod und der Trennung von Liebgewonnenem. Es erfolgt ein Rückzug in die eigene Gedankenwelt – der Mensch erinnert sich vielleicht an sein Leben, an Dinge, die er unterlassen hat, oder er bereut bestimmte Handlungen.
**Handlungsmöglichkeit:** Signalisieren Sie Gesprächsbereitschaft, nehmen Sie Veränderungen wahr und zeigen Sie echte Anteilnahme (z. B. Hand halten) und Verständnis für die Ängste des sterbenden Menschen.

**Zustimmung („Ich kann mein Schicksal annehmen") – der sterbende Mensch stimmt seinem Schicksal zu**

**Verhalten:** Der sterbende Mensch löst sich von seinen sozialen Beziehungen und betrachtet das Sterben als Erlösung – eine körperliche und geistige Erschöpfung ist wahrnehmbar. Er entwickelt eine besondere Sensibilität seiner Umgebung gegenüber.
**Handlungsmöglichkeit:** Es ist wichtig, den Prozess des Loslassens zu akzeptieren – für den sterbenden Menschen gehört dies zum Abschiednehmen. Begegnen Sie dem Menschen mit Einfühlungsvermögen.

### 8.2.2 Bedürfnisse eines sterbenden Menschen

*Die Würde und die Einzigartigkeit des Menschen stehen im Zentrum der Sterbebegleitung.*

Der sterbende Mensch hat bestimmte körperliche und psychische Bedürfnisse. Diese äußern sich bei jedem Menschen individuell. Werden Schmerzen, Wünsche und Bedürfnisse eines sterbenden Menschen wahrgenommen, müssen diese an die verantwortliche Pflegekraft weitergegeben werden.

| Körperliche Bedürfnisse | Psychische Bedürfnisse |
|---|---|
| • Befreiung von Schmerzen | • Nähe und Kontakt |
| • Linderung von körperlichen Beschwerden (Übelkeit, Erbrechen, Verstopfung) | • Regelung von persönlichen Angelegenheiten |
| • Hilfe bei Atemnot und Beklemmung | • Wahrung der Würde |
| • Minderung des Durstgefühls | • Wunsch nach Wahrheit |
| • Ruhe | • Begleitung durch Angehörige |

Im Vordergrund der Begleitung eines sterbenden Menschen steht das Recht auf einen friedvollen, schmerzfreien und würdevollen Tod. In einem Arbeitspapier des „Southwestern Michigan Service Educational Council“ von 1975 wurden die Rechte des Sterbenden aus dessen Perspektive aufgelistet:

„Ich habe das Recht, bis zum Tod als lebendiger Mensch behandelt zu werden.“

„Ich habe das Recht, Hoffnung zu bewahren, auch wenn sich die Gründe meines Hoffens verändern, und von Menschen gepflegt und begleitet zu werden, die diese Hoffnung stützen.“

„Ich habe das Recht, meine Gefühle und Empfindungen, die der nahende Tod in mir auslöst, auf meine Weise auszudrücken.“

„Ich habe das Recht auf Mitbestimmung bezüglich der mich betreffenden Pflege. Ich habe das Recht auf die volle Aufmerksamkeit der medizinischen und pflegerischen Möglichkeiten, selbst wenn ich offensichtlich nicht mehr geheilt werden kann.“

„Ich habe das Recht, nicht einsam sterben zu müssen. Ich habe das Recht, nicht unnötig leiden zu müssen.“

„Ich habe das Recht, eine ehrliche Antwort auf meine Fragen zu erhalten.“

„Ich habe das Recht, nicht getäuscht zu werden.“

„Ich habe das Recht, dass meine religiösen Gefühle, Riten und Wünsche respektiert werden.“

„Ich habe das Recht auf den Beistand meiner Familie und Freunde, damit ich den Tod bejahen kann, und auch meine Angehörigen haben das Recht, Hilfe zu erhalten, damit sie meinen Tod besser akzeptieren können.“

„Ich habe das Recht, in Frieden und Würde zu sterben.“

Quelle: Aus Kessler, David, „Die Rechte des Sterbenden“, Kreuz Verlag, 2003

### 8.2.3 Unterstützende Mitwirkung bei der Betreuung und Pflege eines sterbenden Menschen

*Die Begleitung eines sterbenden Menschen umfasst sorgende Zuwendung, Einfühlungsvermögen und Anteilnahme.*

Zu den allgemeinen Aufgaben der Begleitung eines sterbenden Menschen gehören:

**Vermeidung zusätzlicher Schmerzen und unnötiger Anstrengungen**

Eine sorgfältige Durchführung der notwendigen Prophylaxen kann zusätzliche Schmerzen und körperliche Beeinträchtigungen verhindern. Wenn allerdings die Maßnahmen den sterbenden Menschen zusätzlich belasten, sollten Sie darauf verzichten (z. B. Durchführung einer Ganzkörperwaschung).

Prophylaxen ► S. 361

**Regelmäßige Mundpflege und Flüssigkeitszufuhr**

Die Mundtrockenheit ist für einen sterbenden Menschen eine zusätzliche Belastung. Eine regelmäßige Mundpflege verhindert das Austrocknen der Mundschleimhaut. Ebenso belastend ist ein Durstgefühl. Diesem kann, wenn es gewünscht wird, mittels oraler Flüssigkeitszufuhr (schluck- oder tropfenweise) begegnet werden. Bieten Sie dem Betroffenen z. B. ein mit Flüssigkeit getränktes Tuch oder einen Tupfer an.

**Nähe spürbar machen – Zuwendung und Körperkontakt**

Stehen Sie dem sterbenden Menschen bei und lassen Sie ihn nicht allein. Vermitteln Sie ein Gefühl der Nähe, Geborgenheit und Anteilnahme, z. B. durch Halten der Hände, Berührungen oder Gespräche.

**Zuhören und beobachten**

Ein bewusstes Beobachten und einfühlendes Zuhören hilft, die Bedürfnisse des sterbenden Menschen zu erkennen und so dessen Ängste und Nöte zu erfahren. Vermeiden Sie die Verwendung von Floskeln („Das wird schon wieder“). Nehmen Sie sich Zeit.

**Achtung und Respekt ausstrahlen**

Die individuellen Bedürfnisse und Wünsche eines sterbenden Menschen müssen akzeptiert werden. Begegnen Sie Ihrem Gegenüber wertschätzend und mit Respekt.

**Gefühle ernst nehmen und zulassen**

Nehmen Sie die Gefühle des sterbenden Menschen ernst. Auch Sie dürfen eigene Gefühle zum Ausdruck bringen – das zeichnet mitfühlende, empathische Begleiter aus. Allerdings sollten diese Gefühle niemals überhandnehmen.

**Schaffen einer ruhigen und angenehmen Atmosphäre**

Das Bewohner- bzw. Krankenzimmer ist für den Sterbenden kein funktionaler Raum – für ihn wird es das letzte Zuhause. Schaffen Sie einen vertrauten Ort mit einer angenehmen Atmosphäre.

**Einbeziehung von Angehörigen und nahen Personen**

In der letzten Phase des Lebens kann die Einbeziehung von Angehörigen, Freunden oder Bekannten ein wichtiges Bedürfnis sein. Zeigen Sie auch den Angehörigen gegenüber Verständnis.

Es ist wichtig, dass jede Maßnahme auf ihre Notwendigkeit geprüft wird. Die verbleibende Zeit soll möglichst mit den Betroffenen zusammen geplant werden und keine zusätzliche Belastung darstellen.

demenzielle Erkrankungen ► S. 323

**Betreuung von sterbenden Menschen mit Demenz**
Eine Unterstützung und Begleitung gestaltet sich insbesondere bei Menschen mit demenziellen Erkrankungen schwierig. Wir können sehr schwer ihre Erlebenswelt, ihre Wünsche und Bedürfnisse am Lebensende erfassen, da diese oftmals durch den Betroffenen nicht mehr geäußert werden können. Damit wird eine individuelle und bedürfnisorientierte Begleitung sehr schwierig.
Der an Demenz erkrankte Mensch ist nicht mehr fähig, seine Biografie aufzuarbeiten. Er kann keine Lebensbilanz ziehen, was wir häufig als ein wichtiges Bedürfnis des sterbenden Menschen beobachten können. Heute geht man davon aus, dass der sterbende demenzkranke Mensch seine Situation intuitiv erfasst. Wahrnehmbar kann z. B. Angst durch Unruhe, aggressives Verhalten, erhöhter Puls und beschleunigte Atmung sein.

**Betreuung von sterbenden Menschen mit Behinderungen**
In der Realität wird oftmals davon ausgegangen, dass Menschen mit Behinderungen die Auseinandersetzung mit ihrem Sterbeprozess nicht in vollem Ausmaß begreifen können. Betreuende sind sich oft unsicher darüber, wie mit sterbenden und trauernden Menschen gesprochen werden soll und welche individuellen Bedürfnisse vorhanden sind. Aber Menschen mit Behinderungen können sehr feinfühlig und emotional reagieren – unabhängig davon, ob sie ihre Gefühle verbal bzw. nonverbal zum Ausdruck bringen können. Äußerungen sollten Sie ernst nehmen und entsprechend den Fähigkeiten der betreuenden Person reagieren. Seien Sie ehrlich und empathisch, vor allem dann, wenn sich Gefühle wie Überforderung und Unsicherheit einstellen.

Einen Artikel zur Sterbebegleitung von Kindern finden Sie unter:
www.fabtext.de/
▷ Magazin
▷ Kinder sterben anders

Informationen zu Kinderhospizen finden Sie hier
www.deutscher-kinderhospiz-verein.de/

www.kinderhospiz-sterntaler.de/

Schophaus, Michael: Im Himmel warten Bäume auf dich. Goldmann, München 2002

**Wenn ein Kind stirbt**
Die Betreuung und Pflege eines sterbenden Kindes stellt für alle Beteiligten eine besondere Herausforderung dar. Es ist im Lebensentwurf von Eltern nicht vorgesehen, dass sie ihr eigenes Kind zu Grabe tragen müssen. Somit befinden sich nicht nur das sterbende Kind, sondern auch die Eltern, Geschwister, Großeltern und der Freundeskreis in einer belastenden Situation.
Das Kinderhospiz leistet eine umfassende Unterstützung in allen Phasen der Bewältigung von Krankheit und Sterben. Bei diesen Aufenthalten liegt der Schwerpunkt in der ressourcenorientierten Pflege sowie in der psychosozialen Betreuung und Unterstützung des erkrankten Kindes. Auch die Eltern erfahren eine Entlastung durch Beratung und Beistand. Selbst nach dem Versterben eines Kindes haben Eltern und Geschwister die Möglichkeit, weiter die Einrichtung zu besuchen, um Gesprächs- und Beratungsangebote zu nutzen oder die Erinnerung an die gemeinsam verbrachte Zeit zu pflegen. Für hinterbliebene Brüder und Schwestern gibt es spezielle Angebote, sich mit dem Verlust auseinanderzusetzen.

**!** **Hospiz** (lat.: hospitium – Gastfreundschaft, Bewirtung, Herberge)
Die moderne Hospizbewegung und die Palliativmedizin entstanden in den 1960er-Jahren in England und gehen wesentlich auf Cicely Saunders zurück.
Hospize machen es sich zur Aufgabe, Menschen in der letzten Phase einer unheilbaren Krankheit zu unterstützen und zu pflegen, damit sie in dieser Zeit so bewusst und zufrieden wie möglich leben können. Sie zielen weder darauf ab, den Tod zu beschleunigen, noch ihn hinauszuzögern. Hospize legen einen Schwerpunkt auch auf die Trauerbegleitung der Zurückbleibenden.

## 8.3 Trauer und Trost – „Die Seele leidet"

**Was ist Trauer?**
Das Annehmen des Verlustes eines Menschen ist eine der schwersten Aufgaben, die wir zu bewältigen haben. Trauer bezeichnet die Gefühle wie Schmerz, Einsamkeit, Verzweiflung oder Zorn, die Hinterbliebene nach dem Verlust eines Menschen erfahren. Trauer umfasst für den Menschen den Prozess des Verlustes und die Anpassung an die neue Lebenssituation, in der er sich befindet.

*Trauer gehört zum Leben und ist eine normale Reaktion beim Erleben von Verlusten.*

**Trauerreaktionen**
Trauernde durchleben verschiedene Äußerungen in ihren Gefühlen, Gedanken, Verhaltensmustern und körperlichen Reaktionen. Der Abschied von einem nahestehenden Menschen bedeutet oftmals Schmerz und seelisches Leid. Der Verlauf des Trauerprozesses und die Reaktionen sind individuell und werden von vielen Faktoren beeinflusst, z. B.

- von den Gefühlen (z. B. Verlust von Hoffnung, Hilflosigkeit),
- von dem individuellen Verhaltensmuster der Betroffenen (z. B. Trauer zulassen oder sich abschotten),
- von der Lebenseinstellung der Betroffenen (z. B. Sterben als Teil des Lebens verstehen oder Wut über den Verlust),
- von den jeweiligen Umweltfaktoren (z. B. Angehörige oder Freunde, die Unterstützung und Hilfe bieten, oder Einsamkeit) und
- von der Art des Todes (z. B. unheilbare Krankheit oder Suizid).

Die folgende **Tabelle** enthält mögliche Reaktionen auf den Verlust eines Menschen.

| **Gefühle** |
|---|
| Abgestumpftheit, Erschöpfung, Aggression, Hass, Zorn, Wut, Angst, Hilflosigkeit, Sehnsucht, Befreiung, Dankbarkeit, Leere, Gleichgültigkeit, Traurigkeit, Kummer, Schmerz, Verzweiflung, Einsamkeit, Schuldgefühle, innere Unruhe |
| **Körperliche Reaktionen** |
| Appetitlosigkeit, Verdauungsstörungen, Beklemmung, Herzklopfen, Kurzatmigkeit, Zittern, Muskelschwäche, Müdigkeit oder Überaktivität, Störungen der Konzentration und Merkfähigkeit |
| **Gedanken und Wahrnehmungen** |
| Rückzug (evtl. in eine Fantasiewelt mit dem Verstorbenen) |
| **Verhaltensänderungen** |
| Weinen, Schreien, Lachen, Beschäftigung mit Dingen, die an den verstorbenen Menschen erinnern, sozialer Rückzug, Desinteresse an Aktivität, Verlangsamung, Zerstreutheit |

„Trauer – ein Bekenntnis der Liebe zum Verstorbenen"

**Die Begleitung eines trauernden Menschen – wie soll ich mich verhalten?**
Die Hinterbliebenen brauchen Ruhe und Zeit, um sich von dem Verstorbenen verabschieden zu können.
Für eine hilfreiche Unterstützung ist eine wertschätzende Haltung der Pflegenden notwendig. Das Erinnern an das Verlorene und die Möglichkeit, Gefühle zu äußern und diese auch auszuleben, können den Prozess der Trauer erleichtern. Es ist wichtig, dass sich die Betroffenen in ihrer individuellen Art angenommen fühlen und von Pflegenden nicht bewertet werden.

*Ein einfühlender und verständnisvoller Umgang ist für die Trauerbegleitung grundlegend.*

**abstrakt:** Abstrakt zu denken heißt, dass man intensiv über Probleme nachdenken kann und sich eigene Lösungsstrategien überlegt.

**akut:** plötzlich auftretend, heftig

**Amputation:** operative Abtrennung eines Körperteils

**Anthroposophie:** Die Anthroposophie wurde von Rudolf Steiner entwickelt. Dabei betrachtet man den Menschen in seiner Beziehung zum Übersinnlichen.

**Antibiotika:** Sammelbegriff für Medikamente, die Bakterien im Körper abtöten oder in ihrem Wachstum hemmen

**Antidepressiva:** unterschiedliche Arten von Medikamenten, die gegen Depressionen, Zwangsstörungen (z. B. das Ritzen, also bewusste Selbstverletzung), Panik bzw. Angstattacken verschrieben werden

**apathisch:** teilnahmslos sein

**Aspekte:** von lat. aspectus = Anblick, Ansicht; bezeichnen verschiedene Möglichkeiten der Betrachtung

**Austamponieren:** Ausstopfen, z. B. von Wunden

**Ausscheider:** Personen oder Tiere, die nach durchgemachter Infektion über einen Zeitraum weiterhin Erreger über den Stuhl, Harn oder Speichel ausscheiden, ohne dabei selbst krank zu sein

**Auswurf:** Sekrete der Schleimhaut der gesamten Atemwege

**Autoklav:** Dampfsterilisator. Dient der Sterilisation (Keimfreiheit) medizinischer Materialien, die heißen Dampf vertragen. Für empfindlichere Materialien gibt es andere Methoden, Keimfreiheit zu erzeugen.

**Autonomie:** bei Staaten Selbstständigkeit mit eigener Gesetzgebung, bei Menschen Unabhängigkeit

**Autorität:** Autorität ist das Ansehen und die Macht einer Person. Dadurch kann man Einfluss auf andere Personen nehmen.

**barrierefrei:** Gegenstände, Medien und Einrichtungen müssen so gestaltet werden, dass sie von jedem Menschen, unabhängig von einer eventuell vorhandenen Behinderung, uneingeschränkt benutzt werden können

**Biografie:** Beschreibung des Lebens eines Menschen

**Bliss-Symbolsprache:** Zeichensprache, die über Karten, Hefte oder Computer eingesetzt wird, für nicht sprechende Menschen, für die die inhaltliche Vielfalt und Logik des Systems ein Vorteil ist

**Blutfettwert:** Werte der Fette, z. B. Cholesterin und Triglyzeriden, im Blut. Die Fette erfüllen wichtige Funktionen und sind unschädlich, wenn ihre Konzentration im Normbereich liegt.

**Boardmarker-System:** Computerprogramm Boardmaker™ kombiniert 4900 Zeichnungen und 2600 Fotos zu verschiedenen Sachgebieten; es wird über einen PC, aber auch über Symbolkarten, Kommunikationshefte usw. verwendet.

**Brutto-Netto-Differenz:** Unterschied zwischen den Summen Brutto und Netto

**Bürgschaft:** einseitig verpflichtender Vertrag, durch den sich der Bürge gegenüber dem Gläubiger eines Dritten (des sogenannten Hauptschuldners) verpflichtet, für die Erfüllung der Verbindlichkeiten des Dritten einzustehen. Der Gläubiger will sich durch die Bürgschaft für den Fall einer Zahlungsunfähigkeit seines Schuldners absichern. (§765 BGB)

**Charta der Vereinten Nationen**: Die Verfassung der Vereinten Nationen (UN) beinhaltet völkerrechtlich verbindliche Verhaltensabsprachen, die den Frieden und die wirtschaftliche Sicherheit weltweit stärken.

**Chronobiologie:** Wissenschaft vom zeitlichen Ablauf und Rhythmus der Körperfunktionen

**chronologisch:** in einer zeitlichen Abfolge

**CT:** Abkürzung für Computertomografie. Ein spezielles Röntgenverfahren, das Querschnittsbilder verschiedener Körperregionen liefert.

**Darmflora:** Gesamtheit der Mikroorganismen, die sich im Darm befinden und für den Menschen, z. B. für die Verdauung und Vitamin-K-Bildung (also die Blutgerinnung ) und das Abwehrsystem, sehr wichtig sind

**delegieren:** Aufgaben, Pflichten o. Ä. an andere Menschen weitergeben/übertragen

**dialogisierendes Lesen**: Beim dialogisierenden Lesen versuchen Erwachsene, das Kind zu aktivieren, sich mit dem Buch auseinanderzusetzen. Das Kind soll Bilder benennen und umschreiben. Es kann weiter Beziehungen zwischen den Bildern herstellen oder auch eine Geschichte vorausdeuten.

**Diktatur:** Regierungsform, bei der eine Person oder eine Personengruppe die alleinige Macht hat

**Down-Syndrom:** auch Trisomie 21. Bei der Verschmelzung der Ei- und Samenzelle von Mutter und Vater entsteht eine Verdreifachung des 21. Chromosoms. Typische körperliche Merkmale: Herzfehler, Seh- oder Hörschwäche, Infektionsanfälligkeit, geringe Muskelspannung, kleine Veränderungen der Finger, Augenstellung, der Nase. Lern-, Sprach- und Wahrnehmungsentwicklung ist ebenfalls verändert, Informationsverarbeitung erschwert. Musisch-kreative und soziale Kompetenzen sind häufig nicht beeinträchtigt.

**Egozentrismus:** Im Kleinkindalter sieht das Kind die Welt nur aus seiner eigenen Perspektive, weil ihm andere Maßstäbe fehlen.

**Einwascher:** Gerät für die Fensterreinigung, um die Glasflächen zu befeuchten, sodass der Schmutz leichter zu entfernen ist. Anschließend muss die Glasfläche mit einem Fensterabzieher abgezogen werden.

**EKG:** Ist die Abkürzung für Elektrokardiogramm. Stellt mit Hilfe eines speziellen Gerätes die elektrischen Aktivitäten des Herzmuskels dar – z. B. zur Diagnostik von Herzrhythmusstörungen sowie zur Erkennung eines Herzinfarktes.

**Ekzem:** Hautausschlag

**Elektrolythaushalt:** Gleichgewicht des Wasser- und Salzgehaltes im Körper

**Elektrolytstörung:** Störung im Wasser- und Salzhaushalt des Körpers

**Elektrolytzufuhr:** Zufuhr lebensnotwendiger Mineralien, zum Beispiel Natrium, Kalium, Magnesium

**Emotion:** Emotionen sind Gefühle oder Erregungszustände, die das Verhalten von Menschen steuern oder beeinflussen. Sie äußern sich körperlich (z. B. Zittern, Schweißausbrüche) und seelisch (z. B. Freude, Trauer, Angst, Wut).

**Empathie:** einfühlendes Verstehen und Nachvollziehen fremden Erlebens

**Entwicklungsstand:** sagt aus, wie weit sich der Mensch bereits entwickelt hat

**Enzym:** Katalysator, der die Reaktionen im Körper beeinflusst und beschleunigt

**Eurhythmie:** Tanzkunst, die Rudolf Steiner mitentwickelte. Sie ist weniger artistisch und körperbetont als Ballett. Körper und Geist sollen dabei in Einklang kommen.

**Fairer Handel:** Handel, bei dem die Preise für die gehandelten Produkte üblicherweise über dem jeweiligen Weltmarktpreis liegen. So soll den Produzenten ein höheres und verlässlicheres Einkommen als im herkömmlichen Handel ermöglicht werden.

**Fassungsvermögen:** Das Fassungsvermögen gibt z. B. an, wie viel kg Wäsche pro Waschgang in die Trommel gegeben werden können.

**Feinstaub:** Damit werden sehr kleine, kaum sichtbare Staubteilchen bezeichnet. Feinstäube entstehen z. B. bei Verbrennungsprozessen in Industrieanlagen (z. B. Kraftwerken) oder in Dieselmotoren. Aber auch Tabakrauch und Kopierer produzieren Feinstaub, der sich ungehindert in der Lunge anlagert. Feinstaub kann Atemwegserkrankungen wie Entzündungen, Asthma, Bronchitis oder Krebs auslösen.

**Fingerfood:** Speisen, die man mit den Fingern anstatt mit Besteck isst, z. B. Appetithäppchen

**Frischkost:** rohe, ungekochte Nahrung

**Fürsorgepflicht:** Verantwortung zur Ergreifung aller Maßnahmen zur Gesunderhaltung der Arbeitnehmer, z. B. Arbeitsschutzmittel stellen, Belehrungen, Arbeitsanweisungen und Betriebsanweisungen, Weiterbildung

**Gallenfarbstoffe:** gelbgrüne Farbe der Gallenflüssigkeit

**Gallseife:** Seifenstück, das aus Kernseife und Rindergalle besteht

**Gene:** Gene sind die Erbanlagen des Menschen. Sie werden mit der Befruchtung gebildet und sind in den Zellen gespeichert.

**Gesundheitsfond:** System der zentralen Finanzverwaltung der Beiträge der Krankenversicherten, bei dem das Geld an die Krankenkassen ausgezahlt wird

**Girokonto:** ein von Kreditinstituten für Bankkunden geführtes Kontokorrentkonto zur Abwicklung des Zahlungsverkehrs. Zahlungen werden zu Gunsten und zu Lasten des Girokontos gebucht.

**glutenhaltig:** Lebensmittel/ Nahrungsmittel, die Klebereiweiß enthalten. Klebereiweiß ist ein natürliches Protein. Viele Menschen haben eine Intoleranz gegenüber Gluten und es kann bei Aufnahme zu gesundheitlichen Problemen führen.

**Hämorrhoiden:** Beschwerden verursachende, arteriovenöse Gefäßpolster, die ringförmig unter der Enddarmschleimhaut angelegt sind

**Herztransplantation:** das Einsetzen eines Spenderherzens

**Hexenschuss:** plötzlich stechender Schmerz im Rücken, der durch Reizung der Nerven, welche die Wirbelsäule versorgen, ausgelöst wird. Ursachen: plötzliche Belastungen des Rückens bei Untrainierten.

**HNO-Arzt:** Abkürzung für Hals-Nasen-Ohren-Arzt

**hyperglykämischer** Schock: durch extrem erhöhten Blutzuckerspiegel beim Zuckerkranken auftretende Störung bzw. Verlust des Bewusstseins.

**ideologisieren:** zu einer Weltanschauung erheben

**Individuum:** Ein Individuum ist ein einzelner Mensch in der Gesellschaft. Durch seine Eigenheiten und Eigenarten wird er einzigartig.

**Infektionskette:** Übertragung von Krankheitserregern von Mensch zu Mensch, von Mensch zu Tier (und umgekehrt) oder von Tier zu Tier, auch Mensch–Gegenstand–Mensch ist ein häufiger Weg.

**Infrastruktur:** Gesamtheit aller öffentlichen Einrichtungen und Institutionen eines Staates, z. B. Gebäude, Verwaltung, Behörden, Straßennetz und Telekommunikation

**Inhalation:** Einatmen von Arzneimitteln

**Instinkt:** Instinkte sind Verhaltensweisen, die von einem inneren Antrieb ausgelöst werden. Sie steuern insbesondere das Verhalten von Tieren. Der Mensch regelt sein Verhalten meist nicht aus einem inneren Antrieb, sondern entscheidet selbst.

**institutionelle** Rahmenbedingungen: Voraussetzungen innerhalb einer Einrichtung, die die Tätigkeit der Mitarbeiterinnen beeinflussen, z. B. Personalschlüssel, Raumausstattung

**Insulinpumpe:** medizinisches Gerät, das kontinuierlich über einen Katheter Insulin in den Körper leitet

**internistisch:** die innere Medizin betreffend (im Gegensatz zu chirurgisch)

**Interpretationen:** Erklärungen, Auslegungen, Deutungen

**Ketonkörper:** beim Abbau von Fett entstehende Substanzen, die den Körper übersäuern können. Ihr Nachweis ist bei Diabetikern ein Alarmsymptom.

**Kindbettfieber:** Wochenbettfieber; eine schwere, ggf. tödliche Infektionskrankheit bei Müttern im Anschluss an die Entbindung. Die leere Gebärmutter ist nach der Geburt ein idealer Nährboden für Keime, die sich bis zur Blutvergiftung (Sepsis) vermehren können.

**Kommunikationsverhalten:** Unter Kommunikationsverhalten versteht man alle Verhaltensweisen, die dem wechselseitigen Austausch von Informationen aller Art dienen.

**kompensieren:** ausgleichen

**Kompetenz:** Unter Kompetenz werden alle Fähigkeiten, Wissensbestände und Denkmethoden verstanden, die ein Mensch in seinem Leben erwirbt (Weinberg, 1996).

**konfessionell:** auf ein bestimmtes Bekenntnis (aus dem Lateinischen: confessio = Geständnis, Bekenntnis) bezogen

**Konjunktur:** zyklische Veränderungen einer Marktwirtschaft durch Schwankungen der Nachfrage, Preise, Beschäftigung, Produktion und Zinsen

**Konsistenz:** Beschaffenheit, Festigkeit

**Kolik:** starke, bewegungsunabhängige, meist wehenartige, krampfartige Schmerzen

**Krallengriff:** Um beim Schneiden keine Verletzungen zu erleiden, wird das Lebensmittel mit den Fingern wie eine Kralle fixiert.

**Langzeit-EKG:** Registrierung des Elektrokardiogramms über einen längeren Zeitraum von meist 24 Stunden

**Laxanzien:** Abführmittel

**lebensmittelecht:** unschädlich; keine geruchliche oder geschmackliche Wirkung auf Lebensmittel

**Lemon Sticks:** in Zitronenglyzerinlösung getränkte Watteträger

**Löb-System:** Bildersammlung von Reinhold Löb für geistig behinderte Menschen aus 60 Bildkarten zu verschiedenen Themen wie Nahrungsmitteln, Körperhygiene, Spielen und Beschäftigung usw.

**Logopädie:** behandelt Stimm-, Sprech- und Sprachstörungen

**Lungenemphysem:** die krankhafte Überblähung der Lunge. Folge langjähriger Lungenerkrankungen; Hauptursache ist das Zigarettenrauchen.

**Manie:** krankhafte Hochstimmung mit negativen Folgen und somit eine psychische Störung

**Mediation:** Vermittlung, ein strukturiertes, freiwilliges Verfahren zur Vermeidung oder Bearbeitung von Konflikten

**Medikation:** Verordnung von Medikamenten, meist durch Ärzte

**Metastasen:** Tochtergeschwülste, die sich bei Krebs im Körper verbreiten

**Migrantenfamilien:** Familien, die aus dem Ausland einwandern. Sie sind manchmal schwer im Inland zu integrieren.

**Morbus Crohn**: chronisch-entzündliche Darmerkrankung, die im gesamten Magen-Darm-Trakt von der Mundhöhle bis zum After auftreten kann

**MRT:** Abkürzung für Magnetresonanztomografie. Diagnostisches Hilfsmittel zur Darstellung der inneren Organe und Gewebe mit Hilfe von Magnetfeldern. Strahlenfrei, aber sehr teuer.

**Muslime:** Anhänger des Islam. Das Wort kommt aus dem Arabischen und bedeutet „der sich (Gott) Unterwerfende" oder „sich (Gott) Hingebende". Weltweit wird die Zahl der Anhänger, die auch als Moslems bezeichnet werden, auf 1,2 – 1,4 Milliarden geschätzt. Damit sind sie nach den Christen die zweitgrößte Religionsgemeinschaft.

**Nationalsozialismus:** Hiermit wird in der deutschen Geschichte die Zeit der Diktatur der Nationalsozialisten unter Hitler von 1933 bis zum Ende des Zweiten Weltkrieges bezeichnet.

**neurologisch:** das Nervensystem betreffend

**Nitrosublingual®Spray:** Medikament zur symptomatischen Behandlung verengter Herzkranzgefäße; hilft kurzfristig gegen Brustschmerzen und Luftnot, die durch Minderdurchblutung des Herzmuskels entstehen

**Normalisierungsprinzip:** Ziel ist die Gestaltung des Lebens von (erwachsenen) Menschen mit Behinderungen/Beeinträchtigungen in allen Lebensphasen und -bereichen, die den Möglichkeiten von Menschen ohne Behinderungen/Beeinträchtigungen entspricht („so normal wie möglich").

**objektiv:** unvoreingenommen, unabhängig von persönlichen Interessen und Gefühlen

**ökonomisch:** Ökonomisch steht für wirtschaftlich, also in welchem Verhälnis der Aufwand zum Ertrag steht.

**oral:** durch den Mund, auch: mündlich

**Postexpositionsprophylaxe:** allgemein Maßnahmen nach möglichem Kontakt mit Erregern einer Infektionserkrankung, um deren Ausbruch zu verhindern oder deren Verlauf zumindest abzumildern

**paraphrasieren:** etwas so umschreiben, dass es besser verständlich wird, erklären mit anderen Worten

**Parkinsonsyndrom:** chronische Erkrankung des Nervensystems mit Bewegungsstörungen wie Starre von Gliedmaßen und andererseits Zittern. Führt ggf. zum Verfall motorischer und geistiger Fähigkeiten, da Nervenzellen abgebaut werden.

**Patchwork:** aus verschiedenen Teilen zusammengesetzt

**personenbezogene** und personenbeziehbare Daten: Angaben zu einer bestimmten Person bzw. Angaben, die einer bestimmten Person zugeordnet werden können

**Pflegediagnosesysteme:** Arbeitshilfen, in denen Erkenntnisse und Beobachtungen über Patienten beschrieben, bewertet und pflegerische Konsequenzen in strukturierter Form dokumentiert werden. (siehe auch „standardisierte Verfahren")

**Pfropfen:** den Gehörgang verschließende Anhäufung von Ohrenschmalz

**Pilzsporen:** hier: Keimträger

**plan:** Topfboden ist eben, damit ein besserer Wärmeübergang von Kochstelle zu Topfboden gewährleistet ist

**plötzlicher** Kindstod: Tod im 1. Lebensjahr ohne erkennbare Ursache

**Portfolio:** systematische Sammlung von Arbeiten zu einem Thema

**produktiver** Husten: Husten mit Auswurf

**Prostata:** Vorsteherdrüse, Teil der inneren männlichen Geschlechtsorgane

**psychische Störungen**: Denken und Emotionen können einen Betroffenen in seinem Verhalten so stark beeinflussen, dass er nicht mehr wie andere Menschen am Alltagsleben teilnehmen kann.

**psychosozial:** soziale Gegebenheiten betreffend, die die Psyche beeinflussen

**purinarme Ernährung:** Ernährung, die purinreiche Nahrungsmittel, wie z. B. Fleisch sowie Hülsenfrüchte und Alkohol, möglichst meidet.

**PVC:** Abkürzung für Polyvinylchlorid, sehr widerstandsfähiger, strapazierfähiger und leicht zu reinigender Kunststoff, der unter anderem als Fußbodenbelag verwendet wird

**Referenznorm:** Bezugsnorm, die z. B. angibt, welche Stufe der Sprachentwicklung ein Kind mit 12 Monaten erreicht hat

**reflexauslösend:** Auslösung einer unwillkürlichen, raschen und gleichartigen Reaktion eines Organismus auf einen bestimmten Reiz

**reflexhemmend:** Hemmung einer unwillkürlichen, raschen und gleichartigen Reaktion eines Organismus auf einen bestimmten Reiz

**Reklamation:** Beanstandung einer Ware, wenn diese fehlerhaft ist

**rektal:** über den After, z. B. rektale Fiebermessung im Darm, rektale Arzneimittelgabe als Zäpfchen oder Einlauf

**ressourcenorientiert:** Orientieren an den eigenen Stärken und Fähigkeiten, Deutlichmachen der eigenen Ressourcen (Quellen von Kraft und Wohlbefinden)

**Rückstellprobe:** Es werden täglich kleine Mengen der zubereiteten leicht verderblichen Speisen in der Gemeinschaftsverpflegung ab 30 Personen für mind. 5 Tage aufbewahrt (laut DIN 10526). Auf den Proben müssen Datum und Uhrzeit kenntlich gemacht werden. Beim Auftreten von Erkrankungen können die Rückstellproben Klarheit bringen, ob diese Speisen Ursache waren und nicht.

**Schächten:** bedeutet, ein Tier nach ritueller – also religiöser Vorschrift – durch einen Schnitt in den Hals zu schlachten. Bezweckt wird damit, dass das Tier möglichst rückstandslos ausbluten kann, da der Verzehr von Blut sowohl im Judentum als auch im Islam verboten ist.

**Schädel-Hirn-Trauma:** Kopfverletzung, bei der das Gehirn und/oder der Schädelknochen verletzt werden, Schweregrade reichen von der einfachen Schädelprellung ohne Bewusstlosigkeit über die häufige Gehirnerschütterung ohne nachweisbaren Hirnschaden bis hin zu schwersten offenen Schädel- und Gehirnverletzungen.

**Schizophrenie:** Schizophrenie ist eine tiefgreifende psychische Erkrankung. Schizophreniekranke sind zum Teil nicht in der Lage, zwischen Wirklichkeit und den eigenen Vorstellungen zu unterscheiden.

**Schonhaltung:** meist unnatürliche Körperhaltung, die der menschliche Körper spontan einnimmt, um Schmerzen zu vermeiden

**schöpferisch:** künstlerisch schaffend

**Schweigepflicht:** rechtliche Verpflichtung, in beruflichem Kontext anvertraute Daten nicht an Dritte weiterzugeben

**Selbstbildung:** Der einzelne Mensch ist aktiver Gestalter der eigenen Lern- und Bildungsprozesse.

**Sozialverhalten:** alle zwischenmenschlichen Verhaltensweisen und Beziehungen

**Sozialwissenschaftler:** untersucht das Verhältnis von Mensch und Gesellschaft, z. B. als Pädagoge, Soziologe, Sprachwissenschaftler

**Spiritus:** 96 %iger Alkohol (Ethanol)

**Stagnation:** Bei Stagnation findet keine Entwicklung mehr statt.

**standardisierte** Verfahren: Methoden, die auf festgelegten Strukturen und Regeln beruhen. Sie dienen der Vereinheitlichung und Vereinfachung, z. B. von Beobachtungen oder Arbeitsprozessen.

**Standards:** eine Vorgehensweise, die sich als sinnvoll erwiesen hat und deshalb als relativ verbindlich gilt, Regeln und Normen

**Standby-Modus:** Betriebsbereitschaft eines Gerätes

**Stimmmodulation:** verschiedene Tonarten der Stimme nutzen, um die Sprache mit zu gestalten

**Stockflecken:** Schimmelflecken, die auf Grund von Feuchtigkeit und Wärme auftreten können. Sie stellen ein Risiko für die Gesundheit dar.

**subjektiv:** individuell beeinflusst, von persönlichen Interessen und Gefühlen bestimmt

**Suizid:** willentliches Beenden des eigenen Lebens, Selbstmord/Selbsttötung

**Symptome:** im allgemeinen Sprachgebrauch Anzeichen, Warnzeichen, Vorbote, Kennzeichen, Merkmal. In der Medizin ist ein Symptom ein Krankheitszeichen (z. B. Schmerz, Hautausschlag).

**Talker:** Formen computerbasierter oder elektronischer Hilfen, z. B. Tonband, dass gesprochene Texte abspielt, oder Tastatur mit Buchstaben oder Symbolen, die geschriebene Informationen in synthetische Sprache umsetzt.

**Thoraxschmerzen:** Schmerzen im Brustkorb, die von allen Organen des Brustkorbes einschließlich der Wirbelsäule verursacht werden können

**trägerbezogen:** auf den jeweiligen Träger der Einrichtung abgestimmt

**Tuberkulosetherapie:** Tuberkulose wird mit verschiedenen kombinierten Antibiotika über viele Monate behandelt. Die Therapie ist nur bei ausreichender Ernährung und Hygiene sowie bei Empfindlichkeit der Erreger auf die 3 bis 4 gleichzeitig einzunehmenden Antibiotika Erfolg versprechend.

**Tumor:** Geschwulst (gutartig oder bösartig (Krebs)

**Typhus:** hoch fieberhafte bakterielle Infektionskrankheit, die mit schweren Durchfällen einhergeht

**Unterdruck:** niedrigerer Druck als der Umgebungsdruck.

**Vakuum:** Begriff kommt aus dem Lateinischen und bedeutet frei oder leer. Im Allgemeinen wird unter dem Begriff „Vakuum" ein luftleerer Raum beschrieben.

**Verhalten:** Summe aller Körperbewegungen, Körperhaltungen und des Ausdrucksverhaltens eines lebenden tierischen Organismus in seiner Umwelt

**Vibration:** Schwingung, Erschütterung (vgl. Vibrationsalarm der Handys)

**Vorbinder:** Schürze oder Tuch, das zum Schutz der Kleidung vor den Bauch gebunden wird

**Vorlegebesteck:** spezielles Besteck, das für das Entnehmen aus Schlüsseln oder von Platten verwendet wird

**Weimarer** Republik (1919–1933): Hiermit mit wird in der deutschen Geschichte die Zeitspanne zwischen der Novemberrevolution (09.11.1918) und dem Beginn der nationalsozialistischen Diktatur bezeichnet.

**Weltwirtschaftskrise:** schwerer volkswirtschaftlicher Einbruch der global miteinander verflochtenen Industrienationen durch massive Überproduktion und spekulative Finanzströme

**zerebral** bedingt: durch Hirnschädigung beeinflusst

**Zerebralparese:** Bewegungsstörung, die vom Zentralnervensystem ausgeht, bei der Zusammenspiel und die Bewegungsabläufe der Muskeln gestört sind. Diese betrifft das Gehen, Stehen, Sitzen ebenso wie Kauen, Schlucken oder Sprechen. Ursache kann eine frühkindliche Hirnschädigung sein (z. B. Sauerstoffmangel bei der Geburt), eine Entzündung des Gehirns oder auch ein Unfall mit starken Kopfverletzungen.

**Zerebralsklerose:** schwere Durchblutungsstörungen des Gehirns, die meist auf einer Arterienverkalkung beruhen

**Bildquellen**

S. 14 Krüper, W., Bielefeld S. 15 www.hotel-tannenhof.de S. 24 Wirtz,P., Dormagen S. 25 Krüper, W., Bielefeld S. 28 /1-4 Cornelsen Verlagsarchiv S. 29 akg-images S. 30/1-2 Krüper, W., Bielefeld; S. 30/3 optiplan® S. 32 Krüper, W., Bielefeld S. 33 Krüper, W., Bielefeld S. 36 Krüper, W., Bielefeld S. 37 Krüper, W., Bielefeld S. 40 Krüper, W., Bielefeld S. 43 Krüper, W., Bielefeld S. 45 Krüper, W., Bielefeld S. 48 Krüper, W., Bielefeld S. 50 Krüper, W., Bielefeld S. 52 Krüper, W., Bielefeld S. 53 Krüper, W., Bielefeld; Wirtz, P., Dormagen S. 54 project-photo S. 56 project-photo S. 60 Cornelsen Verlagsarchiv, Krüper, W., Bielefeld ; project-photo; Photothek/T. Köhler S. 64 project-photos S. 67 Krüper, W., Bielefeld S. 68 Krüper, W., Bielefeld S. 70 project-photo S. 76 project-photo S. 77 project-photo S. 78 Krüper, W., Bielefeld S. 79 /2 NASA/STAR child images S. 79/3 Widgit Development Office, Cubbington S. 80/1 picture-alliance/dpa/Wolfgang Thieme; S. 80/2 Wikipedia/ Graphophile S. 81 Krüper, W., Bielefeld S. 83 Krüper, W., Bielefeld; Wirtz, P., Dormagen S. 84 project-photo S. 86 mauritius images/workbookstock S. 88 project-photo S. 89/2 project-photo; S. 89/3 Lull, A., Berlin; S. 89/4 Krüper, W., Bielefeld S. 90/1 mauritius images/(re)view; S. 90/2 mautitius images/imagebroker/Klaus-Peter Wolf; S. 90/3 corbis/duomo/corbis edge; S. 90/4 mauritius images/imagebroker/Stefan Obermeier S. 91 project-photo S. 92 Krüper, W., Bielefeld S. 93/4 Cornelsen Verlagsarchiv; S. 93/5 www.seniola.de S. 96 Krüper, W., Bielefeld S. 97 profilphoto/Marek Lange, Berlin S. 98 Krüper, W., Bielefeld S. 99 Krüper, W., Bielefeld S. 100 Krüper, W., Bielefeld S. 103 DRS (CH) S. 104 project-photo S. 106 www.holzfarm.de S. 107 www.montessori-shop.de (Bamberg) S. 108 www.pixelio.de/Marianne Hauck S. 112 project-photo S. 113 project-photo S. 114 Cornelsen Verlagsarchiv S. 115 Krüper, W., Bielefeld; Wirtz, P., Dormagen S. 116 Fotolia/Andreas Rodriguez S. 118 Cornelsen Verlagsarchiv S. 122 Krüper, W., Bielefeld S. 128 Anja Doehring, Lübeck S. 133 Krüper, W., Bielefeld S. 134 Krüper, W., Bielefeld S. 135 Krüper, W., Bielefeld S. 137/1 Krüper, W., Bielefeld; S. 137/2 project-photo S. 141 Krüper, W., Bielefeld S. 142 Krüper, W., Bielefeld S. 144 Krüper, W., Bielefeld S. 145/1 Krüper, W., Bielefeld; S. 145/2 picture-alliance/dpa/Rolf Vennensernd; S. 145/3 picture-alliance/dpa/Jan-Peter Kasper S. 146 Krüper, W., Bielefeld S. 147 Krüper, W., Bielefeld S. 148 mpfs.de S. 149 S. picture-alliance/dpa/Jan-Peter Kasper S. 150 Krüper, W., Bielefeld S. 151/1 Wirtz, P., Dormagen; S. 151/3-5 Krüper, W., Bielefeld S. 151/2 www.pixelio.de/karin02689 S. 152 project-photo S. 153 Okapia/Christian Grzimek S. 157 www.pixelio.de/knipseline S. 158 project-photo S. 160 www.pointofcareer.de/uploads/_dokumente/MusterArbeitsvertrag.pdf S. 161 project-photos S. 163 www.pixelio.de/lindenbaum S. 164 Krüper, W., Bielefeld S. 165/2,4 Cornelsen Verlagsarchiv; S. 165/3 Fotofinder/Mauritius images; S. 165/5 Prügel, J., Berlin; S. 165/6 Wirtz, P., Dormagen S. 167 Anker, M., Berlin S. 169 Anker, M., Berlin S. 170 Hempel, B., Leipzig S. 171 Hempel, B., Leipzig S. 174 project-photo S. 178/1-4 Hempel, B., Leipzig S. 179 aid/Peter Meyer, Bonn S. 180 project-photo S. 181 Krüper, W., Bielefeld S. 184 Hempel, B., Leipzig S. 185 Krüper, W., Bielefeld S. 187 Krüper, W., Bielefeld S. 188 Krüper, W., Bielefeld S. 190 Hempel, B., Leipzig S. 191 Hempel, B., Leipzig S. 192 www.pixelio.de/Gerd Altmann S. 193/2 www.pixelio.de/Paul-Georg Meister S. 193/3 www.pixelio.de/Gabi Schoenemann S. 194/1 Hempel, B., Leipzig ; S. 194/2 Krüper, W., Bielefeld S. 196 www.pixelio.de/Gabi Schoenemann S. 198/1-5 www.wikipedia.de/phrood S. 198/6-10 www.wikipedia.de/Torsten Henning; S. 198/11-15 www.wikipedia.de/Epop S. 199/1 www.pixelio.de/elipa; S. 199/2 Krüper, W., Bielefeld; S. 199/3 www.pixelio.de/Viki75; S. 199/4 Alamy S. 200 Peter Frischmuth/Argus; Medical-pictures/Begsteiger S. 204 project-photo S. 205 project-photo S. 210 Krüper, W., Bielefeld S. 213 Krüper, W., Bielefeld S. 219/1 project-photo S. 219/2 Shutterstock/Paul Prescott, S. S. 219/3 Bellmann, H. S. 219/4 Shutterstock/Daniel Fleck S. 221 Krüper, W., Bielefeld S. 223 Krüper, W., Bielefeld S. 226 www.wikipedia.de/Christian Heldt S. 227 BZgA, Köln S. 228 project-photo S. 231/1,3-5 project-photo; S. 231/2 www.br-online.de/wissen-bildung/collegeradio/medien/biologie/staub/bildarchiv/ hausstaubmilbe_gross.jpg S. 235 Bode-Chemie, Hamburg S. 236/1 Krüper, W., Bielefeld; S. 236/2 neoLab Migge, Heidelberg; S. 236/3 aid/Peter Meyer, Bonn; S. 236/4 www.pixelio.de/die alex S. 237/1 www.pixelio.de/ RainerSturm; S. 237/2 www.pixelio.de/Klicker S. 238 www.pixelio.de/Maren Beßler S. 244 Alamy/Mike Hill S. 247/5 Krüper, W., Bielefeld; S. 247/6 Lohmann & Rauscher S. 248 Krüper, W., Bielefeld S. 249 Alamy/Nucleus Medical Art S. 255 Cornelsen Verlagsarchiv S. 257 gettyimages/Vincent Oliver S. 258 Fotofinder/Bildagentur-Online S. 260 Das Fotoarchiv, Essen/ Jochen Tack S. 264 Boehringer, Ingelheim (Nilsson) S. 265 Fotofinder/Bildagentur-Online/Begsteiger S. 268/1 Cornelsen Verlagsarchiv; S. 268/3 Fotofinder/Bildstelle/ Orectia Sarl S. 269 Fotofinder/ A1PIX/ BIS S. 271 Fotofinder/Deepol S. 272 Fotofinder/Medical-pictures S. 273 Krüper, W., Bielefeld S. 275 Bildstelle/ Action Press/ REX FEATURES LTD. S. 276/1 www.images.de/biosphoto/Antoine Lorgnier; S. 276/2 gettyimages/ digital vision; S. 276/3 gettyimages/John Eastcott&Yva/ National Geographics; S. 276/4 www.wiesenhof.de S. 279/1 Prisma/ f1online; S. 279/2 A1PIX S. 280 Krüper, W., Bielefeld S. 281 Krüper, W., Bielefeld S. 282 Fotofinder/ Visum S. 285 Cornelsen Verlagsarchiv S. 286 /1 www.wikipedia.de/cc/André Karwath S. 286/2 Fotolia/Vladimir Melnik S. 290/2 Medical-picture, Köln S. 291 TV-yesterday/Weber, München S. 292 Cornelsen Verlagsarchiv S. 293 Jörg Lantelmé/Kassel S. 294/1 Cornelsen Verlagsarchiv; S. 294/2 A1PIX/BIS; S. 294/3 picture-alliance/dpa/epa hirten S. 295 www.foodwatch.de (Berlin) S. 297 picture-alliance/photoshot S. 298/1 picture-alliance/ZB/Hans-Jürgen Wiedel; S. 298/2 Promo/SUPER RTL S. 300 www.salomon-online.com S. 302 aid-infodienst, Bonn S. 303/1 European Vegetarian Union, Neukirch (CH); S.303/2 bio-siegel.de; S.303/3 www.ec.europa.eu; S.303/4 European fairtrade S. 303/5 Groger, U., Bielefeld S. 304 aid/Peter Meyer, Bonn S. 305 Wirtz, P., Dormagen S. 306 Krüper, W., Bielefeld S. 307 Krüper, W., Bielefeld S. 308 Thomashilfen, Bremerförde S. 309 Hempel, B., Leipzig S. 310 Krüper, W., Bielefeld S. 311/1 www.pixelio.de/Elisabeth Patzal; S. 311/2–4 Krüper, W., Bielefeld S. 321 Krüper, W., Bielefeld S. 324 Krüper, W., Bielefeld S. 325 www.photothek.net/Ute Grabowski S. 327 Krüper, W., Bielefeld S. 330/3 Nilson, L., Stockholm S. 331/1–2 Krüper, W., Bielefeld; S. 331/3 arteria-photography, Kassel S. 332 Beltz & Gelberg Verlag, Weinheim S. 334 Sabine Gütt, Hamburg S. 336 Okapia/Lowell, Georgia/Science Source S. 337/1 Hoting, Dr. Edo, Hamburg; S. 337/2-4 Arteria-Photography, Kassel; S. 337/5 ART WORX TATTOO/ Fort Smallwood, Maryland (USA) S. 338/1 Malinas Welt, Tettnang; S. 338/2 Stephan Böhning, Berlin S. 338/3 Arteria-Photography, Kassel ; S. 338/4 Ullstein Bild/ Peter Arnold Inc. S. 339 /1,4,5,7 Arteria-Photography, Kassel; S. 339/2,3 Krüper, W., Bielefeld; S. 339/6 Superbild/PHA Phanie S. 341 Krüper, W., Bielefeld S. 342 Thomashilfen, Bremervörde S. 343/5 Lull,A., Berlin; S. 343/7-9 Russka S. 344/1 Wario Images/ Foto-Bergsteiger; S. 344/2,4 Krüper, W., Bielefeld S. 345 Krüper, W., Bielefeld S. 346 Elmex GmbH, Lörrach (Pressebild) S. 347 Krüper, W., Bielefeld S. 348/1 aronal/elmex GmbH, Lörrach; S. 348/2 Dr. Cleve, F., Kevelaer; S. 348/3 Krüper, W., Bielefeld S. 352 www.pixelio.de/gay S. 354/1 Lull,A., Berlin; S. 354/2 Lohmann&Rauscher; S. 354/3 Russka S. 356 Schäfer, S., Klinik- und Altenheimbedarf S. 357 Krüper, W., Bielefeld S. 359/1 Krüper, W., Bielefeld; S. 359/2 Wirtz,P.; S. 359/3,4 Cornelsen Verlagsarchiv S. 360 Motomed S. 361/7 Arteria-Photography, Kassel; S. 361/8 Cornelsen Verlagsarchiv S. 362 Paul Hartmann AG S. 364/1,4-6 Etac GmbH, Merl; S. 364/2 ADL-GmbH; S. 364/3 www.amandowitz.de S. 365 Krüper, W., Bielefeld S. 366 Krüper, W., Bielefeld S. 367/8,9 Thomashilfen, Bremervörder; S. 367/11,12 Krüper, W., Bielefeld S. 368 picture-alliance/Thomas Uhlemann S. 369/2,4 Cornelsen Verlagsarchiv; S. 369/3 www.innovamed.at; S. 369/5,6 www.liko.com; S. 369/7 Stephan Böhning, Berlin S. 372/1 Krüper, W., Bielefeld; S. 372/2 Lohmann&Rauscher; S. 372/3 project-photo S. 374 Krüper, W., Bielefeld S. 375/1–3 Wirtz, P., Dormagen; S. 375/2 arteria-photography, Kassel; S. 375/4,5 Krüper, W., Bielefeld S. 379 Proaktivo S. 384 picture-alliance/KNA-Bild/Barbara Esser

**Illustrationen**

S.16 Welz, N., Berlin S. 17 Welz, N., Berlin S. 18 Welz, N., Berlin S. 19 Welz, N., Berlin S. 20 Welz, N., Berlin S. 21 Welz, N., Berlin S. 22 Welz, N., Berlin S. 27 Welz, N., Berlin S. 34 Welz, N., Berlin S. 38 Welz, N., Berlin S. 39 Mair, J., München S. 41 Welz, N., Berlin S. 44 Welz, N., Berlin S. 45 Welz, N., Berlin S. 46 Mair, J., München S. 62 Welz, N., Berlin S. 63 Welz, N., Berlin S. 64 Welz, N., Berlin S. 65 Welz, N., Berlin S. 66 Welz, N., Berlin S. 67 Welz, N., Berlin S. 69 Welz, N., Berlin S. 71 Welz, N., Berlin S. 72 Welz, N., Berlin S. 74 Welz, N., Berlin S. 84 Welz, N., Berlin S. 85 Welz, N., Berlin S. 86 Welz, N., Berlin S. 90 Mair, J., München S. 94 Welz, N., Berlin S. 99 Welz, N., Berlin S. 110/1 Mair, J., München; S. 110/2 Welz, N., Berlin S. 111 Welz, N., Berlin S. 113 Welz, N., Berlin S. 116 Welz, N., Berlin S. 117 Welz, N., Berlin S. 118 Welz, N., Berlin S. 120 Welz, N., Berlin S. 125 Welz, N., Berlin S. 126 Welz, N., Berlin S. 132 Welz, N., Berlin S. 136 Welz, N., Berlin S. 139 Heinisch, G., Berlin S. 140 Welz, N., Berlin S. 143 Welz, N., Berlin S. 150 Welz, N., Berlin S. 154 Welz, N., Berlin S. 166 Welz, N., Berlin S. 169 Welz, N., Berlin S. 176 Cornelsen Verlagsarchiv S. 177 Cornelsen Verlagsarchiv S. 182 Welz, N., Berlin S. 183 Welz, N., Berlin S. 192 Welz, N., Berlin S. 202 Welz, N., Berlin S. 203 Welz, N., Berlin S. 208/1-6 Schlund, B., Hamburg; S. 208/7,8 Mall, K., Berlin S. 209 Schlund, B., Hamburg S. 210/2 Mall, K., Berlin; S. 210/3,4 Schlund, B., Hamburg S. 211 Schlund, B., Hamburg S. 214 Schlund, B., Hamburg S. 215 Mall, K., Berlin S. 216 Krausen, S., Berlin S. 217 Welz, N., Berlin S. 218 Welz, N., Berlin S. 222 Welz, N., Berlin S. 232 Mair, J., München S. 233 Welz, N., Berlin S. 239 Welz, N., Berlin S. 240 Welz, N., Berlin S. 241 Welz, N., Berlin S. 243 Mair, J., München S. 244 Mair, J., München S. 245 Mair, J., München S. 246 Mair, J., München S. 247 Mair, J., München S. 249 Krischke, K., Marbach S. 250 Welz, N., Berlin S. 251 Mair, J., München S. 252 Mair, J., München S. 253 Mair, J., München S. 254 Mair, J., München S. 256 Welz, N., Berlin S. 259 Mair, J., München S. 261 Krausen, S., Berlin S. 262 Mair, J., München S. 263 Biste, G., Schwäbisch-Gmünd S. 264 Mair, J., München S. 266 /1 Mall, K., Berlin; S. 266/2 Welz, N., Berlin S. 267 /1 Mair, J., München; S. 267/2 Welz, N., Berlin S. 268 Krischke, K., Marbach S. 270 Mair, J., München S. 271 Krausen, S., Berlin S. 274 Welz, N., Berlin S. 275 Welz, N., Berlin S. 283/1 Welz, N., Berlin; S. 283/2 Mair, J., München S. 284 Mair, J., München S. 285 Welz, N., Berlin S. 287 Mair, J., München S. 288 Welz, N., Berlin S. 289 Mair, J., München S. 290 Cornelsen Veralgsarchiv S. 296 Mair, J., München S. 299 Welz, N., Berlin S. 304 Mair, J., München S. 309 Schlund, B., Hamburg S. 312 Welz, N., Berlin S. 313 /1 Welz, N., Berlin; S. 313/2 Mair, J., München S. 314 Mair, J., München S. 315/1 Biste, G., Schwäbisch-Gmünd S. 315/2 Mair, J., München S. 316/1 Mair, J., München S-316/2 Lieder, Ludwigsburg S. 317/1,2 Krischke, K., Marbach S. 318 Mair, J., München S. 319 Mair, J., München S. 320 Krischke, K., Marbach S. 322 Mair, J., München S. 326 Mair, J., München S. 328 Mair, J., München S. 329/2 Krischke, K., Marbach S. 329/3,4 Mair, J., München S. 330/1,2 Mair, J., München S. 332 Welz, N., Berlin S. 333 Welz, N., Berlin S. 334 Faust, St., Berlin S. 335 Welz, N., Berlin S. 340 Schlund, B., Hamburg S. 341 Schlund, B., Hamburg S. 342 Schlund, B., Hamburg S. 343 Schlund, B., Hamburg S. 344 Schlund, B., Hamburg S. 346 /1 Krausen, S., Berlin; S. 346/2 Mair, J., München; S. 349 Faust, St., Berlin S. 350 Mair, J., München S. 354 Schlund, B., Hamburg S. 356 Schlund, B., Hamburg S. 359 Welz, N., Berlin S. 360 Schlund, B., Hamburg S. 362 Mair, J., München S. 363 Schlund, B., Hamburg S. 367 Krausen, S., Berlin S. 368 Welz, N., Berlin S. 370/1 Mair, J., München; S. 370/2 Krausen, S., Berlin S. 371/1 Schlund, B., Hamburg; S. 371/2 Krausen, S., Berlin S. 379 Heinisch, G., Berlin S. 381 Heinisch, G., Berlin

**Wir danken für die freundliche Unterstützung bei der Entstehung der Fotos:**

**Bürgerhaus e.V.**
**Kindertagesstätte Knirpsenland, Berlin**

# Sprungbrett Soziales Kinderpflege

**Die Lehrwerksreihe für die Kinderpflege, Kindertagespflege und sozialpädagogische Assistenzberufe.**

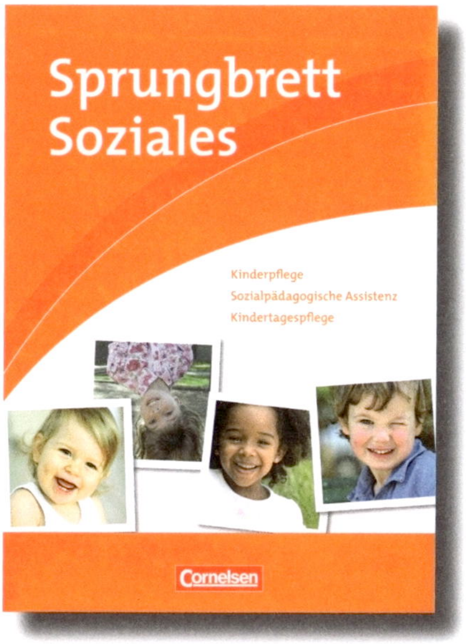


Schülerbuch
[Best.-Nr. 4558427]
978-3-06-455842-7

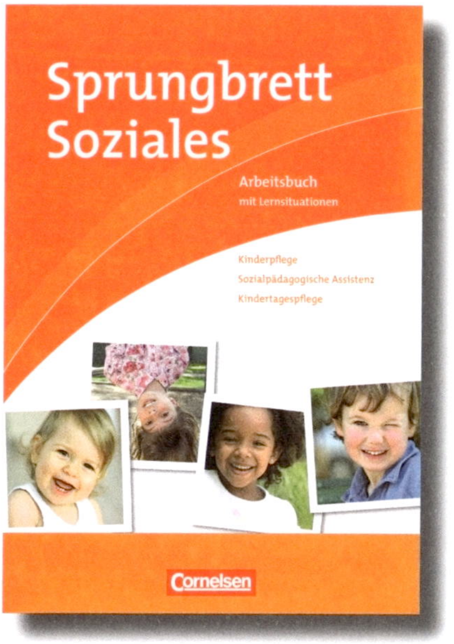

**Rechtliche Grundlagen und Rahmenbedingungen der Kindertagespflege**
Schülerbuch
[Best.-Nr. 4506138]
978-3-06-450613-8

# Wie sagt man's am besten in Englisch?
# *How do you say it in English?*

### Was für eine Arbeit machst du? – *What is your job?*

Ich arbeite in einem sozialen Assistenzberuf.
*I work in health and social care.*

Ich bin Sozialassistentin/Pflegeassistentin.
*I am a social care assistant / health care assistant.*

Ich begleite Menschen in ihrem Alltag.
*I look after people in their day-to-day life.*

Ich arbeite in einer Kinderkrippe / in einem Kindergarten / in einem Schulhort.
*I work in a crèche / in a nursery / at an after-school club.*

Ich kümmere mich um Kinder.
*I look after children.*

Ich arbeite in einem Altenheim.
*I work in a residential home for the elderly.*

Ich bin verantwortlich dafür, dass es den Bewohnern gut geht.
*I am responsible for the welfare of the residents.*

Ich arbeite in einem Wohnheim für Menschen mit Mehrfachbehinderungen.
*I work in a residential home for people with complex disabilities / complex special needs.*

Ich kümmere mich um Menschen mit Behinderungen.
*I look after people with disabilities/special needs.*

Achtung! *It is important to talk about people with disabilities / special needs and NOT disabled people. The disability does not define the person! Many people are offended by the word „disabled“*